돈, 소유, 영원

Money, Possessions and Eternity
by Randy Alcorn

Copyright ⓒ 1989, 2003 by Eternal Perspective Ministries.
(Revised and Updated Edition 2003)
All rights reserved.

Korean translation copyright ⓒ 2013 by Togijangi Publishing House
2F, 71-1, Donggyo-ro, Mapogu, Seoul 04018, Korea

This Korean edition is published by arrangement with
Tyndale House Publishers, Inc.
(351 Executive Drive Carol Stream, IL 60188 USA)

본 저작물의 한국어판 저작권은 Tyndale House Publishers, Inc.와의 독점 계약으로 한국어 판권은 '도서출판 토기장이'가 소유합니다. 저작권법에 의하여 한국 내에서 보호를 받는 저작물이므로 무단 전재와 무단 복제를 금합니다.

특별한 표기가 없는 모든 성경 구절은 개역개정성경을 인용한 것입니다.

돈, 소유, 영원

랜디 알콘 지음 · 김신호 옮김

토기장이

추천의 글

'영원의 관점에서 돈과 소유를 바라보자'

저자는 이 책을 통해 영원의 관점에서 '돈과 소유'를 볼 수 있도록 도와준다. 우리 안에 잠들어 있는 영원의 감각을 일깨워 준다. 사람들은 물질만능주 속에 살아가고, 교회마저도 번영신학의 위기 속에 빠져 있는 이때에, 저자는 우리가 경계해야 할 물질만능주의와 번영신학의 정체를 밝혀 준다. 또한 돈과 소유를 바라보는 양극단을 경계하고, 성경적인 관점에서 돈과 소유를 균형 있게 이해하도록 도와준다.

예수님이 말씀하신 비유 가운데 돈과 소유와 관련된 비유가 가장 많다. 왜냐하면 돈과 소유는 우리가 매순간 숨 쉴 때 필요한 산소처럼, 매일 마시는 물처럼, 매일 먹는 양식처럼 우리 곁에 있기 때문이다.

저자는 우리에게 돈과 소유에 대한 올바른 가치관을 갖도록 도와준다. 특별히 하나님의 관점, 성경적 관점, 영원의 관점에서 돈과 소유를 바라볼 수 있도록 도와준다. 우리는 많은 가정과 공동체의 문제가 돈과 소유에서 비롯된다는 것을 무시할 수 없다. 돈 때문에 갈등하고, 돈 때문에 관계가 깨어지는 것을 자주 본다. 카드 빚을 갚지 못해 자살하는 것도 보게 된다. 돈은 사람들에게 행복을 약속하지만, 잘못 다루면 인생을 무너뜨릴 수도 있다. 그래서 위험한 것이다.

함부로 만져서는 안 될 것이 돈과 섹스와 권력이다. 특별히 돈은 섹스와 권력과 연결되어 있기 때문에 정말 조심스럽게 다루어야 한다. 이 책은 우리에게 청지기 정신을 갖고 살도록 도와준다. 저축과 나눔, 그리고 드림의 원리를 가르쳐 준다. 특별히 빚에서 자유케 되는 성경적 원리와 방법을 가르쳐 준다. 그런 면에서 이 책은 이론적인 책이라기보다 원리를 실천에 옮겨 삶의 변화를 만들어 내도록 도와주는 실용서라고 할 수 있다.

이 책을 빚 때문에 고통받는 분들에게 추천하고 싶다. 소유보다 존재의 중요성을 깨닫고 싶은 분들에게 추천하고 싶다. 소유를 초월해서 자족함에 이르는 원리를 배우고 싶은 분들에게 추천하고 싶다. 이 책을 재정적인 어려움을 겪고 있는 가정과 교회에 추천하고 싶다. 재정에 대한 올바른 자녀 교육의 지침을 원하는 부모님들에게 추천하고 싶다. 성경적 재정관을 가르치기 원하는 분들, 청지기적 삶의 중요성을 가르치기 원하는 사역자들에게 추천하고 싶다.

강준민 목사 L.A. 새생명비전교회 담임

'주님만을 주인으로 삼아라'

• 많은 사람들이 돈과 소유를 자기 마음대로 할 수 있는 자신의 것으로 생각한다. 그래서 돈과 소유의 사용에 있어서 타협점을 찾고, 합리적인 이유를 찾아 그것에 만족해한다. 그러나 과연 그것이 하나님께서 원하시는 삶일까?

이 책은 저자가 14년 동안 목회하면서 성경을 통해, 다른 사람들과의 관계를 통해, 그리고 개인적 경험을 통해 발견한 개념들을 정리한 것이다. 그는 돈과 소유의 사용이, 우리가 가진 영원한 가치를 확실하게 보여준다고 말한다. 즉, 돈으로 하는 일들이 우리가 어느 나라에 속했는지 확신시켜 준다는 것이다. 영원의 관점에서 무엇이 유익한지 말이다.

나는 돈과 소유를 올바르게 사용하기 원하는 사람들에게, 그리고 소유를 어떻게 다뤄야 하는지 하나님의 말씀에서 그 원리를 찾기 원하는 사람들에게, 더 나아가 돈과 소유의 속박을 깨고 주님만을 주인으로 삼아 참 자유인의 삶을 살기로 결단한 모든 이들에게 이 책을 추천한다.

김병삼 목사 만나교회 담임

'항상 성경 옆에 가까이 두고 읽어야 할 책!'

● 랜디 알콘의 책들은 언제나 성경적이고 매우 충실하다. 나는 그의 책이라면 내용도 보지 않고 바로 구매할 정도로 그를 매우 신뢰한다. 특히 「돈, 소유, 영원」은 탁월하다. 그 이유는 첫째, 어느 페이지를 펼쳐 읽어도 정신이 번쩍나게 하는 신앙의 도전을 준다. 둘째, 돈과 소유의 문제는 신앙생활에 있어서 가장 중요한 주제 중 하나인데, 이 주제에 관한 설교나 강의를 준비할 때 이 책은 최고의 참고서가 된다. 나는 아직 이 책만큼 섬세하고 철저하게 파헤치는 책을 보지 못했다.

랜디 알콘의 돈과 소유에 대한 성경적이면서도 실제적인 가르침은 자신이 실천하지 않고는 쓸 수 없는 내용들이다. 그래서 삶의 체험과 성경의 진리가 하나되어 정리된 이 책은, 물질만능주의에 함몰되어가는 현대 그리스도인들과 교회지도자들이 반드시 읽어야 할 책이다. 책상 옆에 가까이 두고 성경과 더불어 자주 펴서 읽어야 할 책이다. 이 책을 가지고 함께 소그룹 스터디나 세미나를 여는 교회들이 많아진다면 한국 사회가 더욱 건강해질 것이라고 확신한다.

이재훈 목사 온누리교회 담임

'한국 교회의 현재 상황을 극복할 귀중한 대안'

성경이 돈에 대하여 그렇게 많이 말씀하고 있다는 것은 적잖이 놀라운 일이다. 그런데도 교회와 그리스도인이 돈에 대한 가르침을 '성경에서 말하는 대로' 듣기 불편해한다는 것은 크게 우려할 일이다.

랜디 알콘은 돈과 연관된 문제를 폭넓게 다루면서 한편으로는 성경 말씀을 명백하게 중심 기준으로 삼고 있다. 말씀의 기준을 어떤 식으로든 약화시키는 것을 단호하게 거부한다. 그는 그저 문자적으로 성경을 보는 것이 아니라, 관련 성경 구절의 전후 문맥을 깊이 들여다보며 뜻을 읽어 낸다.

더 나아가 성경만 해설하지 않고 돈에 대한 오늘날의 상황을 현실적으로 검토한다. 그는 구체적인 예를 들며, 돈에 대한 오늘날 세계의 구조를 차분하게 살피며 기독교적인 비평과 대안을 제시한다. 다양한 상황을 충분히 포용하면서 그리스도인 개인이 인격적으로 결단할 여지를 넉넉하게 열어 놓는다.

이 책이 가장 근본적으로 토대를 두고 있는 것은 '영원'이다. 영원한 하나님의 나라가 지금 우리가 살고 있는 세계처럼 아주 실제적이라고 확신하는 것이다. 깊이 공감한다. 지금 우리가 갖고 있는 자의식은 영원한 나라에서도 이어질 것이다. 지금 여기에서 어떻게 사는지가 영원한 나라에서의 삶에 분명한 영향을 끼칠 것이다.

우리는 이 책을 읽으면서, 우리가 얼마나 '자본주의의 물신숭배'에 깊이 빠져 있는지, 그리고 교회가 거기에 얼마나 많이 타협하고 있는지를 깨닫고 놀라게 될 것이다. 그리고 책에 인용된 신앙 선진들의 기록을 통해, 돈에 대한 '영원의 관점'이 이천 년 기독교 역사에서 얼마나 줄기차게 흘러왔는지, 그리고 그 열매가 얼마나 아름다운지를 발견하고 감격하게 될 것이다.

벌써 십오륙 년 전의 일이다. 나는 어느 기독교 텔레비전의 연말 대담을 진행했다. 교계에서 존경받는 목사님 세 분을 모시고 그 해 한국 교회의 사역을 정리하는 자리였다. 교단들의 선거가 중심 주제는 아니었지만, 정직성과 리더십 쪽으로 얘기가 흐르면서 한 분이 이런 말씀을 하셨다.

"나는 교계 임원 선거에서 돈 봉투를 주고받는 목사와 장로들은 천국을 믿지 않는다고 봐요. 그들이 진짜로 천국과 지옥이 있다는 것을 믿는다면, 나중에 예수 그리스도 앞에 설 때 어떻게 되려고 그런 짓을 하겠어요?"

한국 교회의 리더십에서 돈 문제는 몇 가지 핵심 중 하나다. 목회자를 비롯한 리더들이 돈에 대하여 이 책의 내용과 진지하게 대화한다면, 한국 교회의 현재 상황을 극복할 귀중한 대안을 얻을 것이다. 재정 관리의 투명함과 재정 사용의 탁월함 없이 한국 교회가 지금의 부정적인 상황을 극복할 가능성은 희박하다.

현장 교회의 목회자로서 나는 이 책을 읽으면서 돈에 대한 성경의 가르침을 더 깊이 연구하여 연속적으로 설교해야겠다는 생각을 갖게 되었다. 진심으로 교회를 사랑하고 삼위일체 하나님께 더 온전히 헌신하려는 사람들, 그리고 예수 그리스도의 십자가의 복음을 온 세상에 전하는 데 깊은 열망을 갖고 있는 사람들과 함께 일정 기간 이 책을 읽고 대화를 나누며 삶의 변화를 시도하면 좋겠다고 생각했다.

돈은 돈이다. 돈을 돈으로 보지 못하면서부터 돈은 우리에게 신이 된다. 저자는 돈을 돈으로 볼 수 있는 길을 제시한다.

"영원의 관점으로 돈을 돈이게 하라."

지형은 목사 말씀삶공동체 성락성결교회 담임

'돈에 대한 태도가 당신의 인격과 신앙을 결정한다'

- 오늘날은 '눈에 보이지 않는 신'(Yahweh-God)과 '눈에 보이는 신'(Mammon)이 공존한다. 성경이 말하는 참 신과 이에 필적하는 라이벌 신(a rival god) 사이에서 수없이 갈등하고 휘둘리는 것이 현대인들이다. 예언자 엘리야가 여호와와 바알 사이를 수없이 넘나드는 이스라엘 백성을 향하여 결단을 촉구했던 그 음성이 여전히 유효하다.

현대판 바알인 돈 앞에 속절없이 무너지는 그리스도인들에게 성경적 물질관을 구체적으로 가르치는 책이 출간되었다. 영원의 관점에서 재물을 어떻게 관리할지에 대하여 이보다 쉽고 진솔하고 구체적이며 성경적인 책을 일찍이 본 적이 없다. 돈에 대한 태도가 그 사람의 인격과 신앙을 결정한다. 인생의 최대 길잡이로 이 책을 적극 추천한다.

차준희 교수 한세대 구약학 교수, 한국구약학회 회장

'이 세상과 천국, 물질과 영원은 긴밀하게 연결되어 있다!'

• 영원과 천국에 대한 글로 유명한 랜디 알콘이 이 세상의 구체적인 문제인 돈과 소유를 다룬 책 「돈, 소유, 영원」을 내놓았다. 이 세상과 천국, 물질과 영원이 별개의 것처럼 여기는 사람도 있겠지만, 사실 성경은 둘 사이의 긴밀한 연관성을 말한다. 천국은 이 세상에 영향을 미치고, 이 세상에서의 삶은 천국을 결정한다. 영원과 시간은 상호간에 영향을 미치게 되어 있다. 바람직한 믿음생활이란, 천국을 앞당겨 이 세상에서 실현하는 것이고, 영원을 이 시간에서 살아내는 것이다. 그러므로 영원과 천국의 관점에서 이 세상과 물질을 보아야 제대로 볼 수 있다. 따라서 영원과 천국에 대하여 오랫동안 연구하고, 많은 글을 썼던 랜디 알콘이 이 책을 쓴 것은 당연하다. 이 책은 성경의 탄탄한 기초 위에 서 있다. 그리고 "돈과 소유를 올바르게 사용하기 위한 핵심은 영원의 관점에 있다"는 저자의 전제는 타당하다. 돈과 소유에 대한 우리의 일상의 선택은 영원한 결과를 낳게 되기 때문이다. 결과적으로 우리의 믿음은 돈과 소유를 대하는 태도에 달려 있다.

성경은 돈에 대해 약 2,350구절 정도 언급하고 있는데, 이는 믿음이나 기도, 천국에 대한 구절들보다 훨씬 많다. 예수님도 비유에서 돈과 소유에 대한 문제들을 많이 다루셨다. 그것은 바로 재물에 대한 태도가 우리의 신앙과 인격을 드러내기 때문이다. 성경은 재물에 대한 분명한 관점을 제공하고 있다. 모든 소유의 주인은 하나님이시고, 우리는 이것을 잠시 맡은 청지기이며, 마지막 날에 결산이 있음을 분명하게 말하고 있다. 우리에게 주어진 동안에 영원한 것, 하나님의 나라, 즉 더 상위의 가치로 바꾸지 않으면 사라질 것이라고 말하고 있다.

랜디 알콘은 이 책에서 물질만능주의나 기복주의, 아니면 금욕주의의 극단에 서지 않고 어떻게 올바른 재물관을 가지고 살아갈 것인가를 자세하게 알려 준다. 돈과 소유의 문제를 성경적인 관점으로 집중하면서 소유를 목적으로 삼지 않고, 어떻게 소통하며 사용할 것인가를 가르쳐 준다. 성도 자신뿐 아니라 돈과 소유에 대한 자녀 교육을 어떻게 할 것인가에 대한 지침도 준다. 이 책에는 돈과 소유의 문제를 성경적으로 가르치기 원하는 목회자, 성경적인 재물관을 확립하기 원하는 성도, 자녀들에게 올바른 재물관을 심어주기 원하는 부모들이 반드시 읽고 숙지해야 할 사항들이 담겨 있다.

돈과 소유를 영원한 천국을 위해 쌓아 두기 원하는 성도들에게 필독을 권한다.

한기채 목사 중앙성결교회 담임

'이 메시지가 바로 그의 삶'

• 「돈, 소유, 영원」은 성경 다음으로 내 삶과 사역에 영향을 끼친 책이다. 모든 크리스천이 하나님의 마음이 담긴 이 책을 정독한다면, 어디에서 어떤 사역을 하든지 재정이 모자라는 일은 생기지 않을 것이다. 랜디 알콘을 옆에서 지켜본 한 사람으로서 나는, 이 메시지가 그의 삶이고 그의 삶이 바로 이 메시지임을 확신한다. 이 책을 추천하는 특권을 주신 하나님께 감사드린다.

로날드 W. 블루 론블루&컴패니 CEO

'여러 세대에 영향을 끼칠 운명적인 책'

● 「돈, 소유, 영원」은 여러 세대에 영향을 끼칠 '운명적인 책'이다. 영원을 기억하며 어떻게 돈을 다루어야 하는지에 대해 하나님이 원하시는 것을 다룬 고전적인 연구이다. 그러기에 확신을 갖고 이 책을 추천한다.

하워드 데이톤 크라운재정사역 CEO

한국 독자들에게 띄우는 편지

「돈, 소유, 영원」이 한국어로 출간된 것을 기쁘게 생각합니다. 하나님이 당신의 삶 속에 이 책을 사용하시기를, 또한 이 책이 한국 교회에 격려가 되기를 간절히 바랍니다.

하나님은 돈과 소유에 대해 많은 말씀을 하셨습니다. 그런데 그것은 세상이 말하는 것과 완전히 다릅니다. 예를 들어, 예수님은 "주는 것이 받는 것보다 복이 있다"(행 20:35)고 말씀하셨습니다. 그러나 세상은 우리 자신을 먼저 생각하라고, 최대한 얻고 모으라고, 그것을 붙잡아 누리라고 말합니다. 하나님의 방법은 세상의 방법과 다릅니다. 분명한 것은 하나님의 방법이 항상 더 낫고, 우리에게 기쁨을 줍니다.

만일 당신이 그리스도를 주님으로 모셨다면, 언젠가 우리가 하늘나라에서 만날 날을 기대합니다. 그날에 우리는 이곳에서의 삶을 돌아보며 우리에게 맡기신 돈과 소유로 누군가를 섬길 수 있는 기회를 주신 주님께, 그분의 영광을 위해 살아갈 수 있는 기회를 주신 주님께 감사하게 될 것입니다.

이 책이 당신에게 그리스도를 보다 충성되게 따르고 그분의 기쁨을 경험하는데 도움이 되길 바랍니다.

영원에 투자하길 바라며
랜디 알콘

감사의 글

이 책을 저술할 때, 많은 도움을 준 이들에게 마음 깊이 감사의 뜻을 전한다.

초판을 쓸 때, 친절하게 도와준 웬델 하우리와 캔 피터센에게 감사한다. 이 책의 영향력을 늘 상기시켜 주고 격려해준 켄 테일러에게 감사한다. 개정판을 제안해준 틴데일하우스의 론 비어스에게 감사한다. 원고를 세밀하게 검토해준 데이브 린스테드와 메어리린 레이맨에게 감사한다.

내게 뛰어난 통찰력을 주는 동역자들인 휴지 맥크래란, 하워드 데이톤, 다릴 힐드, 타드 하프, 토니 시마루스티, 데이빗 윌스, 론 블루에게 감사한다. 특별히 론 블루는 전문가의 의견을 아낌없이 들려주었다. 또한 교회의 빚과 도박, 모금에 대해 나와 오랫동안 대화를 나눠준 베리 아놀드에게 감사한다. 오랜 친구 스티브 킬스에게 감사한다.

수년 전 이 책을 쓰도록 격려해준 로드 모리스와 내용에 대한 유익한 아이디어를 준 레리 가드바우에게 감사한다. 웨스턴신학교에서 영원한 상급에 대한 자신의 통찰력을 나눠준 블루스 윌킨슨에게 감사한다.

EPM(Eternal Perspective Ministries, 영원의 관점의 사역)의 뛰어난 동역자인 케티 노퀴스트와 탁월한 스텝인 보니 히스텐드, 자넷 알브스에게 감사한다. 내게 격려를 아끼지 않은 EPM 이사들에게도 감사한다.

삶과 드림의 모험에 있어 신실한 파트너인 아내 낸시에게 감사한다. "드림에 대해 열린 마음을 가진 사랑하는 당신, 정말 감사해요."

마지막으로 나의 사랑하는 구세주 예수 그리스도께 진심으로 감사드린다. 그분은 오직 한 분이신 청중이시고, 이 책의 모든 것이 궁극적으로 추구하는 유일하신 분이다.

개정판 서문

이 책의 초판을 완성한 1988년 이후 실로 많은 변화가 있었다. 예를 들어, 철의 장막은 과거의 역사가 되었다. 서구 사회의 부는 증가하는 반면, 미개발국가들은 더욱 빈곤해졌다. 미국에서는 돈을 벌기 위해 경쟁하는 텔레비전 프로그램이 폭발적인 인기를 끌었고, 1988년 이후에는 벼락부자를 꿈꾸는 시민들이 로또에 수천만 달러를 쏟아 부었다.

미국 바나리서치(Barna Research)는 1999년에 비해 2000년 일인당 헌금액이 806달러에서 649달러로 19퍼센트 하락했다고 발표했다. 발표에 따르면, 크리스천 17퍼센트가 십일조를 한다고 응답했지만 실제로는 단 6퍼센트만 십일조를 하고 있었다. 또한 거듭난 그리스도인이라고 말하는 성인의 12퍼센트가 십일조를 하고 있었다. 청년들은 더 적게 드렸다. 2000년에 한 푼도 헌금하지 않은 크리스천은 23퍼센트였고, 그 비율은 전에 비해 44퍼센트 증가한 것이었다. 오늘날은 '영원의 관점'에서 본 돈과 소유에 대한 성경적인 안목이 절실히 필요한 때이다.

"재정에 대한 하나님의 관점을 배우고 적용하는데 사람들이 진정 관심이 있을까" 고민하고 있을 때, 나는 「부자 그리스도인」(The Treasure Principle, 생명의 말씀사, 2002)이라는 소책자를 출간했다. 그 책은 이러한 내

고민을 깨끗이 씻어 주었는데, 발행되자마자 5쇄를 찍었고 5개월 만에 십만 부가 팔렸다. "사람들이 진정으로 드리는 것에 관심이 있는가?" 대답은 예스였다.

「부자 그리스도인」은 청지기직의 여러 영역 중 단 한 부분만 다루고 있어 아쉬움이 컸다. 그래서 나는 이 책「돈, 소유, 영원」을 통해 청지기직에 대한 모든 것을 전하려고 시도했다. 이 책의 초판 역시 놀라운 반응을 일으켰다. 나는 많은 독자들로부터 엄청난 편지와 이메일을 받았는데, 그들은 돈과 소유에 대한 자유와 기쁨을 누리고 있었다. 누군가는 이 책을 통해 기업의 회장 자리를 내려놓고 선교단체로 들어갔다고 했고, 또 누군가는 수백만 달러를 하나님 나라에 드리게 되었다고 간증했다. 이 책을 통해 교회가 어떻게 바뀌었는지 간증한 목사들도 있었다. 이 모든 변화들은 내가 아닌, 이 책의 토대가 되는 성경 말씀의 능력에 대한 찬사였다.

어떤 교회들은 이 책을 재정관련 교재로 사용하고 있다고 했다. 그러나 전체적으로 보면, 성경적인 재정과 청지기직 원리를 가르치는 교회는 10퍼센트에 불과했고, 성경적인 재정원리를 가르칠 준비가 된 목회자도 15퍼센트에 불과했다. 청지기직에 대한 강좌나 성경공부를 가르치는 신학교도 2-4퍼센트에 불과했고, 기독교 대학은 그보다 더 적은 1-2퍼센트였다. 성경을 가르치고, 다른 사람을 훈련시켜야 할 목회자를 키우는 신학교에서 이런 교육을 안 한다는 게 안타까울 뿐이다. 나는 이 책이 언젠가 그들에게도 쓰임 받게 되기를 소원한다.

이 책은 초판을 전체적으로 수정했다. 어느 한 페이지도 수정하지 않고 지나친 곳이 없다. 더욱이 마지막에 나오는 스터디 가이드는 그룹 토의에 도움이 될 것이다. 이 책에 미처 다 싣지 못한 내용은 독자들이 개인적으로 EPM 웹사이트(www.epm.org)에서 찾아보기를 바란다.

나는 초판을 썼을 때보다 지난 14년 동안 배우게 된 것이 훨씬 많다. 그러나 결코 변하지 않은 것은, 내 생각보다 하나님과 그분의 말씀이 먼저라는 점이다. 이 책 곳곳에 성경 말씀을 인용해놓았기 때문에 독자들은 진리를 통해 자신의 결론을 끄집어 낼 수 있으리라 믿는다. 내 통찰력에 대해서는 확신할 수 없지만, 하나님의 통찰력에 대해서는 절대적으로 확신한다. 개정판은 최신 이슈를 다루었고, 초판의 내용을 보완하거나 교정했다. 또한 수년간의 경험과 수많은 사람들과의 교제는 더 나은 책이 나올 수 있도록 도왔다. 초판을 집필할 때 나는 담임목사로 한 교회를 섬겼고, 개정판을 집필할 때는 선교단체를 섬기고 있었다.

1988년, 이 책의 주제가 나를 사로잡았고 우리 가족의 삶을 변화시켰다. 그리고 이후 이 책에 제시된 진리에 대한 믿음의 시험을 받았다. 조금 더 시간이 지나봐야 알겠지만, 나는 반석이 되는 진리를 발견했다고 감히 말할 수 있다.

이 책을 통해 돈, 소유, 영원에 대한 성경의 관점을 공부하고 적용함으로써, 내가 그러했듯 당신의 마음이 감동되고 당신의 삶이 영원히 변화되기를 기도한다.

서문

"가짜 믿음의 소유자는 말뿐인 신념을 위해 싸우기는 해도, 어려움에 처하면 그 신념을 단호하게 거부한다. 그는 항상 도망갈 궁리를 하기 때문에 언제라도 뛰쳐나갈 비상구를 가지고 있다. 우리에게는 마지막 날에 해야 할 일을 바로 오늘 하며 하나님을 신뢰하는 준비된 그리스도인들의 무리가 절실히 필요하다." (A.W. 토저)

이 책은 적의 영토를 공격한다. 적군이 점령하고 있는 지역을 공격해 들어가 통과한다. 참되신 왕에게 그 땅을 회복시켜 드리기 위해서이다.

사탄은 물질만능주의의 우두머리이다. 맘몬은 돈과 소유에 대한 기득권을 가지고 있으며 어둠의 왕이라고 불린다. 사탄은 싸움에서 지지 않는 한 순순히 영토를 내놓지 않을 것이다. 돈과 소유라는 주제에 대한 치열한 영적 전쟁을 감안할 때, 독자들은 반드시 기도하면서 이 책을 읽어야 한다.

돈과 소유의 사용은 우리가 가진 영원한 가치를 확실하게 보여 주는 선언이다. 돈의 사용은 우리가 어느 나라에 속했는지를 확인시켜 준다. 만약 당신이 하나님 나라의 확장을 위해 물질을 사용한다면, 그것은 사탄을 대적해 그리스도께 투표하는 것이고, 지옥에 반대해 하늘나라에 표를 던지는 것이다. 하지만 우리의 자원을 이기적이고 무관심하게 사용한다면, 그것은 사탄의 목표 달성을 돕는 것이다.

돈과 소유를 올바르게 사용하기 위한 핵심은 올바른 관점, 즉 '영원의 관점'에 있다. 우리 각자의 삶은 마치 우주적인 바이올린의 줄을 가로지르는 활처럼, 움직일 때마다 그 소리가 영원까지 울려 퍼진다. 그 소리는 아무리 작더라도 결코 사라지지 않는다. 이처럼 오늘 내가 행하는 일은 영원과 밀접한 관계가 있다. 그것은 영원의 운명을 만들어 가는 소재이다. 돈과 소유로 행하는 매일의 선택은 영원한 결과를 낳는다.

안타깝게도 많은 그리스도인들이 "이 땅에서의 불순종의 삶이 영원에 아무런 영향을 끼치지 않는다"라고 잘못 믿고 있다. 돈과 소유를 자기 마음대로 할 수 있다고 생각한다. 그러나 이제는 이러한 거짓에 더 이상 속지 말자. 이 땅에서 하나님을 대충 믿어도 모든 것이 잘될 것이라고 착각하지 말자.

이 책에는 많은 사람들의 감정을 상하게 할 내용들이 분명히 있다. 어떤 부분은 글을 쓴 나조차 불편하게 했다. 하지만 그것은 우리가 원하는 삶에 제동을 거는 말씀이기 때문에 그런 것이다. 우리는 말씀의 원리에 충실해야 한다. 또한 베뢰아 사람들이 "이것이 그러한가 하여 날마다 성경을 상고"(행 17:11)했던 것처럼, 이 책에 인용된 수백 개의 구절들을 주의하여 검토해야 한다.

하나님의 말씀이 곡물이라면 우리의 말은 짚이다. 그분의 말씀은 사르는 불이고 바위를 쳐서 부스러뜨리는 방망이이다(렘 23:28-29). 나는 이 책이 널리 퍼져 있는 의견이나 학설이 아닌 하나님의 말씀의 빛 안에서만 판단되어지길 원한다. A.W. 토저는 "하나님의 말씀을 듣지 않는 사람의 말은 어떤 것도 듣지 말라"고 경고했다. 내 말이 성경에 부합되지 않는다면, 모두 무가치할 것이다. 그러나 하나님의 가르침에 일치하는 만큼, 당신이 이 책을 심각하게 읽어나가길 바란다.

물질에 대한 우리 마음의 태도를 점검하는 최선의 방법은, 하나님 말씀의 원리들을 우리 마음 가장 깊은 곳에 자리 잡게 하는 것이다.

"하나님의 말씀은 살아 있고 활력이 있어 좌우에 날선 어떤 검보다도 예리하여 혼과 영과 및 관절과 골수를 찔러 쪼개기까지 하며 또 마음의 생각과 뜻을 판단하나니"(히 4:12).

차례

추천의 글
한국 독자들에게 띄우는 편지
감사의 글
개정판 서문
서문

제1부 • '돈과 소유'로부터의 도전

Chapter 1 돈, 하나님에게 왜 그토록 중요한가?	27
Chapter 2 금욕주의의 허점	45
Chapter 3 물질만능주의의 본성	67
Chapter 4 물질만능주의의 치명적인 함정	85
Chapter 5 교회 안에 만연한 물질만능주의	113
Chapter 6 번영신학 : 부(富)의 복음	135

제2부 • 영원의 관점에서 바라보는 '돈과 소유'

Chapter 7 두 가지 보물, 두 가지 관점, 두 주인	163
Chapter 8 청지기의 영원한 운명	185
Chapter 9 청지기의 영원한 상급	209
Chapter 10 청지기와 주인	233
Chapter 11 순례자 영성	263

제3부 • '돈과 소유'의 드림과 나눔

Chapter 12 십일조 : 드림 훈련의 시작점   285

Chapter 13 드림 : 하나님의 은혜에 보답   317

Chapter 14 구제와 영혼 구원을 위한 나눔   359

Chapter 15 사역의 재정과 모금활동 : 중요한 윤리문제   391

제4부 • '돈과 소유'를 어떻게 다루며 다스릴 것인가?

Chapter 16 돈 벌기, 재산 모으기, 라이프스타일 선택하기   437

Chapter 17 빚 : 빌리는 것과 빌려주는 것   469

Chapter 18 저축, 은퇴, 보험   499

Chapter 19 도박, 투자, 상속   529

Chapter 20 크리스천 가정은 물질만능주의와 어떻게 싸울 것인가?   561

Chapter 21 어떻게 자녀들에게 '돈과 소유'에 대해 가르칠 것인가?   575

결론 • 이제, 우리는 어떤 방향으로 나아가야 하는가?   591

부록
스터디 가이드

1

'돈과 소유'로부터의 도전

MONEY · POSSESSIONS · ETERNITY

Chapter 1
돈, 하나님에게 왜 그토록 중요한가?

"하나님과 더불어 다른 모든 것을 가졌을지라도, 하나님 한 분만 가진 사람보다 더 많이 가진 것은 아니다."(C.S. 루이스)

"예수님은 그 어떤 주제보다 돈에 대해 많이 말씀하셨다. 왜냐하면 돈이 인간의 본성을 가장 잘 드러내기 때문이다. 돈은 사람의 인격을 적나라하게 드러내는 거울이다. 성경을 통해 우리는 인격의 성숙도와 돈을 다루는 것 사이에 밀접한 연관이 있음을 발견할 수 있다."(리처드 할버슨)

만일 우리가 성경의 편집자라면, 돈과 소유에 대한 많은 부분을 삭제하고 싶을지도 모른다. 왜냐하면 성경은 이 한 주제에 대해 지나치게 많은 부분을 할애하고 있기 때문이다. 성경은 돈에 대해 때로는 너무 장황하고 극단적으로 언급한다. 그래서 많은 사람들이 현실성이 떨어져 보이는 성경 말씀에서 발길을 돌린다. 그뿐인가. 성경은 우리가 추구하는 삶을 방해하고, 마치 용서받지 못할 죄라도 범한 것처럼 우리를 궁지로 몰아넣는다. 그래서 우리는 이런 죄책감에서 벗어나기 위해 말씀의 의미를 온갖 화려하고 매력적인 해석으로 포장한다.

'돈과 소유'의 측면에서만 본다면 성경은 오늘날에는 결코 출판될 수 없었을 것이다. 설사 출판되더라도 비평가들의 혹평을 받고 사라져 버렸을 것이다.

대부분의 사람들은 성경을 통해 재정적인 지침이 아닌 위로와 안락함만을 얻길 원한다. 만약 재정적인 지침을 얻고자 한다면 성경 대신 〈월스트리트저널〉, 〈포춘〉, 〈포브스〉, 〈머니〉 등의 경제 전문지를 볼 것이다. 성경은 영적인 것과 하늘나라에 대한 것만 다루어야 하고, 돈은 눈에 보이는 이 땅에 속한 것이라고 생각한다. 성경은 종교적인 것이고, 돈은 세상적인 것이라고 구별한다. 하나님은 사랑과 은혜에 대해서만 말씀하시게 하고, 돈과 소유에 대해서는 우리 마음대로 하고자 한다.

성경의 저자이자 편집자이신 하나님은 무슨 이유로 믿음과 기도에 대한 내용보다 두 배나 많이(약 2,350 구절) 돈에 대해 언급하셨을까? 이는 천국과 지옥에 대한 내용보다 더 많은 수이기도 하다. 예수님은 정말 중요한 것이 무엇인지 모르셨다는 말인가?

16년 전 목회를 할 때, 돈에 대한 설교를 3주에 걸쳐 준비한 적이 있다. 그때 돈에 대한 성경 구절을 모두 찾기 위해 여러 주를 보내면서 각 구절들이 다른 구절들과 연결되어 있음을 발견하게 되었다. 그리고 작업을 마칠 즈음에는 이 주제에 대한 또 한 권의 책을 얻게 되었다.

나는 성경이 돈에 대해 얼마나 많이 말하고 있는지를 깨달았다. 그리고 우리가 돈에 대해 어떤 관점을 가져야 하는지, 또 그것을 가지고 무엇을 해야 하는지도 분명해졌다. 이전에는 왜 이런 사실들을 발견하지 못했을까? 아마도 신학교에서 돈을 주제로 한 강의를 한 번도 듣지 못했기 때문인지도 모른다. 나는 이 주제에 대하여 연구를 거듭한 끝에 하나님이 우리가 생각하는 것보다 훨씬 더 돈에 대해 관심이 많으시다는 것을 확신하게 되었다.

이 주제에 대한 성경의 많은 가르침은 나를 사로잡았다. 수많은 질문이 마음속에서 떠나지 않았다. 하나님은 왜 돈과 소유에 대해 그리도 많은 지침들을 주셨을까? 이 세상의 구세주로 오신 예수님은 왜 그 어떤 주제보다 돈과 소유에 대해 더 많이 다루셨을까? (이 땅에서 하신 말씀 중 15퍼센트가 돈과 소유에 대한 것이었다.)

예수님은 돈과 소유에 대해, 우리가 모르는 그 무엇을 알고 계시는 것일까?

돈과 구원

삭개오가 자기 재산의 반을 팔아 가난한 사람에게 나누어 주고, 부정하게 속여 빼앗은 것이 있다면 네 배로 갚겠다고 했을 때, 예수님은 단순히 "참 좋은 생각이야"라고 말씀하지 않으셨다. "오늘 구원이 이 집에 이르렀다"(눅 19:9)고 말씀하셨다. 이것은 놀라운 사실이다. 예수님은 삭개오가 하나님의 영광과 다른 사람의 유익을 위해 하나님의 돈을 자발적이고도 기쁘게 나누려는 그 마음을 보시고 그에게 구원을 베푸셨다.

반면 부자 청년은 삭개오와 달랐다.(마 19:16-30 ; 눅 18:18-30). 성실하고 예의 바르며 성공한 젊은 사업가인 그는 어떻게 하면 영생을 얻을 수 있는지 예수님께 여쭈었다. 예수님은 그에게 하나님의 계명들을 언급하셨고, 그는 모든 계명을 다 지켰다고 대답했다. 그때 예수님은 자신이 원하시는 궁극적인 결론을 말씀하셨다. "네가 온전하고자 할진대 가서 네 소유를 팔아 가난한 자들에게 주라 그리하면 하늘에서 보화가 네게 있으리라 그리고 와서 나를 따르라"(마 19:21).

우리라면 이런 상황에서 어떻게 행동했을까? 먼저, 이 청년이 영적인 부분에 관심을 가진 것에 대해 칭찬하며 이렇게 말할 것이다. "믿기만 하세요, 그것이 전부예요. 하나님을 당신 삶 속에 모셔 들이세요. 당신이 해야 할 일은 그 외엔 아무것도 없어요." 만약 이때 부자 청년이 "좋습니다, 제가 믿습니다"(아무 비용도 들지 않는데 그렇게 하지 않을 이유가 어디 있겠는가?)라고 대답한다면, 우리는 그를 그리스도의 제자로 여기며 전도유망한 청년 사업가가 회심한 것에 대해 뿌듯해 할 것이다. 그리고 얼마 지나지 않아 그의 회심에 대한 책과 글들이 잇달아 발표되고, 그는 텔레비전이나 라디오 대담에도 출연하게 될 것이다. 또한 그는 교회에서도 직분을 맡고 선교단체의 임원으로 추대되고, 대형집회의 강사로 전국을 누비고 다닐 것이다. 그리고 결국 이런 활동을 통해 그의 재산은 더 늘어날 것이다.

'영접하게 만드는 세련된 기술'이 없었던 예수님은 '변화를 위해 지불해야 할 것'에 대해 이렇게 말씀하셨다. "너의 소유를 다 팔아 가난한 자들에게 주고 나를 따르라." 우리는 그가 "이 말씀을 듣고 재물이 많으므로 근심하며 가버렸다"(마 19:22)라는 결과를 보면서 예수님이 잘못 말씀하셨다고 어리석게 추측할 수도 있다. 그렇게 신실한 부자 청년은 슬퍼하며 떠나버렸다. 잠재력이 많은 제자 후보자를 아깝게 잃어버린 예수님은 제자들에게 이렇게 말씀하셨다. "내가 진실로 너희에게 이르노니 부자는 천국에 들어가기가 어려우니라"(마 19:23). 예수님이 부자가 천국에 들어가는 것은 낙타가 바늘구멍으로 들어가는 것보다 더 어렵다고 말씀하시자 제자들은 몹시 놀랐다(마 19:23-25). 그들은 돈이 진정한 영적 결단과 성장에 얼마나 방해되는지를 이해하지 못했던 것이다. 그것은 우리 역시 마찬가지다.

여기서 예수님이 재산의 10퍼센트만 가난한 사람에게 나누어 주라고 말씀하지 않으셨음을 주의하라. (부자 청년이 율법을 제대로 지켰다면 이미 그렇게 행하고 있었을 것이다.) 또한 예수님은 "돈을 은행에 맡겨 원금을 보전하면서 거기서 나오는 이자를 가지고 가난한 사람들에게 나누어 주라"고도 말씀하지 않으셨다. 만약 이렇게 말씀하셨다면 청년은 즐거이 순종했을 것이다. 그러나 예수님은 모든 것을 포기하고 따르라고 하시면서 그를 막다른 골목으로 몰고 가셨다.

성경을 보면, 예수님이 제자들을 부르실 때 소유를 다 팔아 나누어 주라고 요구한 적이 없으시다. 그러나 부자 청년에게는 돈이 곧 신(神)임을 아셨다. *우리 안에 있는 다른 모든 신을 내려놓지 않는 한, 하나님은 우리의 왕좌에 앉으실 수 없다.* 그리스도가 우리의 돈과 소유의 주인이 되지 않는 한, 그분은 우리의 진정한 주인이 되실 수 없다. 예수님은 삭개오의 행동을 통해 그의 영적 상태를 평가하신 것처럼, 소유를 포기하지 않으려는 부자 청년의 행동을 통해 그의 영적 상태를 간파하셨다. 예수님은 이들의 속마음을 아신 것처럼 우리의 속마음도 아시며, 우리의 마음과 영혼 모두를 살피신다. 또한 우리에게 돈과 소유의 속박에서 벗어나 하나님만을 주인으로 모시라고 요구하신다. 이 원리는 만고불변의 진리이다. *우리의 영적 상태와 돈과 소유에 대한 행동 사이에는 아주 밀접하고 강력한 상관관계가 있다.*

삭개오와 부자 청년 이야기는 우리와 상관없는 먼 나라 이야기가 아니다. 사람들이 세례 요한에게 회개의 합당한 열매를 어떻게 맺어야 하느냐고 물었을 때, 그는 먼저 옷과 음식을 가난한 자들에게 나누어 주라고 했다. 세리에게는 정해진 세금 이상으로 징수하지 말라고 했고, 군인들에게는 돈을 강탈하거나 거짓으로 고발하지 말고 월급에 만족하며 살라고 했다.

사람들은 세례 요한에게 돈과 소유에 대해 묻지 않았다. 단지 영적인 변화를 위해 합당한 열매를 맺으려면 어떻게 해야 하는지를 물었다. 그런데 세례 요한의 대답은 모두 돈과 소유와 관련 있었다. 이 두 가지는 하나님을 따르려는 우리에게도 밀접한 관련이 있다.

성경을 보면, 에베소의 마술사들이 진정으로 회개를 했음을 나타내 주는 부분이 있다. 그들은 오늘날의 화폐로 약 육백만 달러에 해당하는 엄청난 가치의 마술 책들을 스스로 불살랐다(행 19:19). 또한 초대 교회 성도들은 다른 사람의 필요를 채우기 위해 자신의 돈과 소유를 기꺼이 드렸다(행 2:44-45, 4:32-35). 그런데 자신의 재산을 자원하는 마음으로 다른 이들과 나누던 그들의 모습이 우리에겐 낯설어 보인다. 하지만 중요한 것은 회심과 성령 충만을 통해 초자연적인 경험과 초자연적인 반응을 하는 것은 그때나 지금이나 동일하다는 사실이다. 초자연적인 삶을 사는 초대 교회 성도들에게는 나누는 것이 당연한 행동이었다.

만일 세례 요한이나 초대 교회 성도들이 오늘날 우리의 돈과 소유에 대한 생각과 행동을 보고 우리의 영적 상태를 평가한다면, 그들은 과연 어떤 결론을 내릴까? 돈과 소유를 다루는 데 있어 하나님의 초자연적인 능력이 아니면 설명할 수 없는 일들을 오늘날 그리스도인의 삶 속에서도 찾아볼 수 있는가?

가난한 과부와 부유한 중년 남자

당신이 재정 상담가라고 가정해 보라. 오늘 면담 약속이 두 개 잡혀 있는데, 첫 번째 손님은 가난한 과부이고, 두 번째 손님은 부유한 중년 남자이다.

첫 번째 손님은 6년 전에 남편을 잃은 한 과부이다. 그녀는 "제게 남은 것이라곤 2달러뿐이에요. 냉장고도 텅 비었죠. 그런데 하나님이 이 2달러를 헌금하라고 하시는 것 같아요. 제가 어떻게 해야 되지요?"라고 묻는다. 당신이라면 어떻게 대답하겠는가? 아마도 당신은 이렇게 말할지 모른다. "당신은 참 자비로운 마음을 가졌군요. 그렇지만 하나님은 당신에게 분별력을 주셨답니다. 하나님도 당신의 이런 마음을 충분히 아시지만, 당신이 먼저 자신을 잘 돌보기를 원하실 거예요. 저는 이 2달러로 내일 당신이 먹을 음식을 사는 게 하나님의 뜻이라고 확신해요. 하나님은 당신의 필요를 채우길 원하세요. 당신이 2달러를 드린다고 해서 하늘에서 음식이 내려올 거라 믿는 건 아니죠? 하나님은 우리가 현명하게 행동하기를 바라세요."

두 번째 손님은 열심히 일해서 성공한 중년의 농부이다. 그는 "올해 수확이 너무 많아 낡고 좁은 창고를 허물고 큰 창고를 지으려고 합니다. 미래를 위해 넉넉하게 저축한 다음, 빨리 은퇴해서 여행이나 다니고 골프나 치면서 노후를 즐기려구요. 어떻게 생각하세요?"라고 묻는다. 당신이라면 어떻게 대답하겠는가? 아마도 당신은 이렇게 말할지 모른다. "참 좋은 생각입니다. 당신은 열심히 일했고, 하나님은 그에 따른 많은 축복을 주셨습니다. 그것은 당신의 사업이고, 당신의 소출이고, 당신의 돈입니다. 당신의 남은 생을 위해 충분히 저축할 수 있다면 그렇게 하세요. 언젠가 저도 당신처럼 되면 좋겠습니다."

당신도 이 가난한 과부와 부유한 남자에게 한 조언이 적절하다고 생각하지 않는가? 그런데 하나님은 어떻게 말씀하시는가? 성경은 이에 대해 정확하게 말씀해 준다.

우리는 마가복음 12장에서 한 가난한 과부를 만날 수 있다. 그녀는 동전 두 개를 성전 헌금함에 넣었다. 이것은 그녀가 가진 전부였다. 이 광경을 목도하신 예수님은 어떻게 반응하셨는가? 과부에게 보다 냉철해질 필요가 있다고 말씀하셨는가? 아니다. 예수님은 그녀를 칭찬하셨다. "내가 진실로 너희에게 이르노니 이 가난한 과부는 헌금함에 넣는 모든 사람보다 많이 넣었도다 그들은 다 그 풍족한 중에서 넣었거니와 이 과부는 그 가난한 중에서 자기의 모든 소유 곧 생활비 전부를 넣었느니라 하시니라"(막 12:43-44).

예수님은 제자들을 불러 바로 이 과부가 너희가 따라야 할 모범이라고 가르치셨다. 예수님은 과부의 행동을 성경에 기록하심으로써 그녀의 믿음과 헌신의 마음을 후대의 그리스도인들이 본받도록 하셨다.

또한 누가복음 12장에서는 한 부자를 만날 수 있다. 성경은 그가 부정직하게 부를 축적했다거나 종교적인 열심이 없다고 말하진 않는다. 추측컨대 그는 대부분의 유대인처럼 매주 회당에 나가고, 일 년에 세 번씩 성전을 방문하고, 십일조와 기도 생활을 했을 것이다. 그는 성공하기 위해 열심히 일했고, 지금 필요에 의해 더 큰 창고를 지으려고 한다. 그의 목적은 열심히 돈을 모아 빨리 은퇴하고 즐기는 것이다. 그런데 이때 하나님이 무엇이라 말씀하셨는가? "어리석은 자여 오늘 밤에 네 영혼을 도로 찾으리니 그러면 네 준비한 것이 누구의 것이 되겠느냐 하셨으니 자기를 위하여 재물을 쌓아 두고 하나님께 대하여 부요하지 못한 자가 이와 같으니라"(눅 12:20-21).

교회 안팎 사람들의 기준으로 볼 때, 이 과부의 행위는 어리석고 부자는 지혜로워 보인다. 그러나 이 두 사람의 마음을 꿰뚫어 보시고, 영원의 관점에서 무엇이 유익한지를 아시는 하나님은 가난한 과부는 지혜롭고, 부자는 어리석다고 보셨다.

이처럼 돈에 대한 우리의 사고는 하나님의 의도와 근본적으로 다를 뿐 아니라 때로는 정반대임을 알 수 있다. 우리가 이 성경 구절들을 심각하게 받아들인다면, 다음과 같은 질문을 주의 깊게 해 볼 필요가 있다. 기독교 잡지나 대담 프로그램에 가난한 과부가 자주 등장하는가, 아니면 어리석은 부자가 자주 등장하는가? 기독교 기관이나 단체에서 누가 더 존경과 관심을 받는가? 대부분의 교회에서 어떤 사람이 더 존경을 받는가? 일반적으로 직분을 맡고 사역의 방향을 결정하는 사람들은 어떤 종류의 사람인가? 오늘날 가난한 과부는 너무 적고, 어리석은 부자는 너무 많지 않은가?

돈이 말해 주는 것

삭개오와 부자 청년, 그리고 가난한 과부와 어리석은 부자의 이야기에서 보았듯이 우리는 돈을 다루는 태도를 통해 그 사람의 진정한 인격을 알 수 있다. 또한 이는 그의 영적인 상태를 나타내기도 한다.

만약 성경이 모든 사람과 모든 연령층에 적용된다면, 풍요로운 시대에 사는 사람이나 생활 수준이 높은 나라에 사는 사람에게는 특별한 규정이 있어야 하지 않을까? 어떤 사람이 25세에 일을 시작해서 65세까지 매년 25,000달러를 벌었다고 가정해 보자. (건강보험, 퇴직연금, 예금 이자, 보너스, 상속, 사회 보장 혜택 등의 추가 소득은 일단 생각하지 말자.) 별로 많지 않은 연봉 같지만 40년간 그는 백만 달러나 벌었다. 우리는 하나님 앞에서 삶을 결산해야 하기 때문에(롬 14:12 ; 고후 5:10), 다음과 같은 질문에 대답할 수 있어야 한다. "돈이 모두 어디에 쓰였는가?", "내게 주신 부를 사용하여 영원을 위해 한 일은 무엇인가?"

가난한 과부에 대한 구절을 마가는 이렇게 기록했다. "예수께서 헌금함을 대하여 앉으사 무리가 어떻게 헌금함에 돈 넣는가를 보실새"(막 12:41). 예수님은 우연히 보신 것이 아니다. 예수님은 사람들이 어떻게 헌금하는지를 의도적으로 관찰하시고 살피셨다. 예수님은 헌금함에 얼마나 가까이 계셨을까? 돈의 액수를 확인할 수 있을 정도로 가까이 계셨다. 한 여자가 넣은 동전이 구리로 만든 것임을 알 수 있을 만큼 가까이 계셨다(막 12:41-42). 예수님은 사람들이 헌금하는 것을 주의 깊게 살피셨고, 이것을 통해 제자들을 가르치길 원하셨다(막 12:43-44). 이 성경 구절은, 돈의 권한이 나에게 있다고 생각하는 우리를 아주 불편하게 만든다. 인정하고 싶지 않지만, 하나님은 그것이 하나님의 권한이라고 말씀하신다. 단지 그 돈을 우리에게 맡기셨을 뿐이다. 그러므로 하나님이 우리가 그 돈으로 무엇을 하는지 관심을 가지시는 것은 당연하다. 바로 이 순간에도 하나님은 우리가 돈을 어떻게 사용하는지 살펴보고 계신다. 지금 당신은 어떻게 돈을 사용하고 있는가?

본향으로 더 가까이 나아감

우리가 주님을 그 무엇보다 우선순위에 두고, 우리 자신을 부인하고, 우리의 십자가를 지고 그분을 따르는 것이(마 10:38 ; 막 8:34 ; 눅 14:27) 돈과 소유를 다루는 것에 전혀 영향을 미치지 않을 수도 있을까?

돈과 소유에 대한 가르침 만큼은 애써 적용하지 않고 싶어 하는 사람들이 있다. 오늘날에는 구약의 십일조, 재산을 팔아 나눴던 신약 시대의 나눔, 이자를 받으면 안 된다는 말씀, 빚에 대한 경고, 욕심으로 재산을 축적해서는 안 된다는 말씀 등을 결코 적용할 수 없는 원리라고 확신하는 사람들도 있다. 이제 우리는 스스로에게 돈과 소유에 대한 진지한 질문을 던질 때다.

돈과 소유의 문제는 우리의 영적인 생활뿐만 아니라 가정생활에도 영향을 끼치고 있다. 오늘날 결혼의 반은 이혼으로 끝나며, 이혼한 사람들의 80퍼센트가 재정 문제로 헤어진다. 돈 문제를 바르게 다룰 수만 있다면 다른 삶의 영역들도 제자리를 찾게 될 것이다.

우리는 우리가 중요하다고 생각해서 밑줄 친 성경 구절보다 그냥 건너뛴 구절에서 더 많이 배울 때가 종종 있다. 지금도 돈과 소유에 대한 수많은 말씀이 우리를 향해 끊임없이 발사되고 있음을 깨달아야 한다. 나는 C.S. 루이스가 하나님을 '초월적 방해자'라고 표현 한 것에 깊이 공감한다. 하나님은 우리가 그분의 소맷자락을 잡아 현관 밖으로 끌어낸 다음 못으로 문을 박아도, 우리 삶에 들어오셔서 '간섭'하는 분이시다. 하나님은 우리에게 성대한 잔치를 열어 주기도 하시지만, 그것이 인간들을 어떻게 타락시키는지도 잘 알고 계신다.

우리는 안정된 삶을 뒤흔드는 성경 말씀을 붙잡으면 붙잡을수록 더욱 고통스러워진다. 예수님은 돈에 대한 말씀으로 우리에게 상처를 주신다. 그리고 우리가 치료되었다고 생각하는 순간, 또 다른 예리한 말씀으로 우리를 찌르신다. 그때 우리가 할 수 있는 선택은, 예수님이 원하시는 것을 완전히 이루실 때까지 상처를 받더라도 순종하든지 아니면 도망치는 것뿐이다. 단기적으로 보면 도망치는 것이 쉬운 선택이다. 그러나 참 제자는 이것으로 만족할 수 없다.

이쯤에서 책을 덮고 떠나는 독자도 있을 것이고, 불편해도 계속 고민하며 읽어 나가는 독자도 있을 것이다. 나는 당신의 불편한 마음을 진심으로 공감한다. 어쩌면 당신은 "*나는 지금에 만족해. 그러니까 이런 문제로*

고민하고 싶지 않아"라고 말할지도 모른다. 그런데 당신은 *진정 만족하고 있는가?* 성령님과 동행하는 참 그리스도인이 예수님의 말씀을 벗어나 진정한 만족을 누린다는 것이 가능할까? 잠시는 가능할지 모른다. 자기만족? 물론 이것도 가능할 것이다. 그러나 그것은 진정한 만족이 아니다.

나는 예수님이 "나를 따르라"고 하셨을 때, 우리보다 훨씬 깊이 생각하셨다는 것을 알기에, 마음에 온갖 괴로운 감정과 갈등을 가지고 살고 싶지 않다. 그분이 나를 위해 준비해 두신 말씀들을 하나도 놓치고 싶지 않다. 하나님이 당신의 삶을 진정으로 만지셨다면, 아마 당신도 나와 같은 생각이라고 믿는다. 나는 하나님이 '내가 돈을 어떻게 다루는지'에 대해 살피시는 게 두렵다. 하지만 그것보다 그분이 내게 아무 관심도 갖지 않으실까 봐 더 두렵다.

신약 성경을 피상적으로 읽지 않는다면, 돈과 소유에 대한 주제가 제자도의 핵심임을 알 수 있을 것이다. 만약 성경이 돈과 소유에 대해 단지 몇 구절로 불명확하게 다루었다면, 우리는 책임을 회피하기 위해 어영부영 넘어가고 싶을 것이다. 그러나 우리가 "주님은 돈과 소유에 대해 충분히, 그리고 정확하게 말씀해 주지 않으셨어요"라고 아무리 항변해도, 하나님은 "내가 얼마나 더 자세히 말했어야 하느냐? 이 구절들이 불분명한 것이 문제냐, 아니면 지나치게 분명한 것이 문제냐?"라고 물으실 것만 같다.

나는 돈과 소유에 대한 하나님의 뜻을 알아가는 과정에서 기쁨과 자유로움을 누렸다. 내가 청지기로 성숙해져 가는 과정은 영적 성숙과도 밀접하게 연결되어 있었다. 정확하게는 영적 성숙을 가속시켰다고도 할 수 있다. 다른 어떤 분야보다도 돈과 소유를 다루는 분야에서 믿음, 신뢰, 은혜, 헌신, 하나님의 공급하심을 더 많이 배울 수 있었다.

그리고 나는 사도 바울이 왜 "하나님은 즐겨 내는 자를 사랑하신다"(고후 9:7)라고 했는지 이해하게 되었다. 기쁨으로 드리는 사람은 하나님을 더 깊이 사랑하게 된다. 나의 경우, 전도하는 기쁨에 견줄 만한 기쁨 중 하나가 돈과 소유로 지혜로운 결정을 하고, 자비로운 선택을 하는 것이다. 둘 다 기쁨이 넘치는 최고의 예배 행위다. 우리는 이것을 위해 지음받았다.

나는 설교자나 비평가가 아닌 가슴 뛰는 학습자로서 이 책을 집필하고 있다. 마치 어린아이가 숲속에 숨겨진 멋진 길을 발견한 심정으로 말이다. 나는 많은 그리스도인이 이 위대한 모험에 동참하기를 간절히 바란다. 이것은 실제로 경험해야만 이해할 수 있기 때문이다. 단지 구경꾼의 마음으로 이 책을 집었더라도 동참자가 되어 이 책을 마치게 되길 바란다. 하나님의 은혜에 대해 말만 하는 사람이 아니라, 마음속 깊이 그 은혜를 체험하기를 바란다.

나의 배경과 관점

나는 전문적인 재정상담가가 아니며 이 책 역시 돈에 대한 일반적인 것을 다루지 않는다. 나는 14년간 목회를 했고, 지난 13년간은 비영리 단체의 책임자였다. 경제학이나 회계학을 전공하지 않았고, 오로지 성경을 연구하면서 성경적인 상담과 저술 활동을 해왔다. 가장 위대한 신학자요, 선생이요, 상담가이신 하나님은 그리스도인의 삶의 중심에는 돈과 소유의 문제가 있다고 말씀하셨다. 나는 이것을 성경과 인간관계, 또한 개인적인 경험을 통해 깨닫게 되었고, 이를 주제로 이 책을 쓰게 되었다.

어떻게 돈과 소유를 우리 인생에 가장 중요한 것으로 바라볼 것인가? '우리가 돈으로 하는 일'(이 단어들은 신중하게 골랐다)이 영원을 향한 우리의 여정에 어떤 영향을 줄 것인가? 나는 이 주제에 대한 연구를 통해, 우리가 오직 한 사람, 오직 한 장소를 위해 지음 받았음을 분명하게 깨닫게 되었다. 그 한 분은 예수 그리스도이시고, 그 한 장소는 하늘나라이다.

이 책은 재정적인 목표를 성취하는 방법을 다루지 않는다. 그렇지만 재정적인 목표를 설정하는 방법과 기초를 제시하고, 그 목표를 성취하는 데 적용할 원리들을 나눌 것이다. 재정적인 목표를 이루는 방법을 다루는 책들은 조심해서 읽어야 한다. 그 책에 적힌 충고들은 우리가 성경적이고 그리스도 중심의 바른 목표를 설정했을 때에만 유익하다.

예를 들어, 카누를 잘 다뤄서 어떻게 강을 따라 내려가는지를 배우는 것도 중요하지만, 강물이 어디로 흘러가는지를 아는 것은 더 중요하다. 우리는 튼튼한 카누를 만드는 정교한 기술이나 급류를 타고 내려가는 운항 기술을 배우기 전에, 목적지가 어디에 있는지를 먼저 확인해야 한다. 만약에 목적지가 상류에 있다면, 카누를 버리고 강이 아닌 육지로 이동할 계획을 세워야 한다. 힘든 여행이 될지라도 정확한 목적지에 도달하는 것이 가장 중요하지 않겠는가? 나는 우리가 다루는 대부분의 재정적인 문제가 그 문제의 핵심과 한참 떨어져 있다고 생각한다. 우리는 청지기로서의 삶을 살아가는 데 있어서 본질적인 것보다 비본질적인 것에 더 집중하는 경향이 있다. 이는 집의 기초나 골조를 세우기 전에 지붕부터 덮으려고 애쓰는 것과 같다.

목사, 교사, 상담자, 성경 연구가로서나 자신뿐 아니라 오늘날 그리스도인들의 성향을 관찰한 결과 돈에 대한 것보다 눈먼 영역은 없다는 것을 확신하게 되었다.

"너희는 이 세대를 본받지 말고 오직 마음을 새롭게 함으로 변화를 받아 하나님의 선하시고 기뻐하시고 온전하신 뜻이 무엇인지 분별하도록 하라"(롬 12:2).

세상에 순응하는 것은 물결을 따라 헤엄치며 내려가는 것처럼 자연스러운 현상이다. 그렇지만 우리가 하나님의 말씀대로 돈과 소유에 대한 태도를 바꾸리라 결심한다면, 사정은 완전히 달라진다. 우리는 책장에 꽂혀 있는 돈 버는 방법, 돈 쓰는 방법, 투자하는 방법에 대한 책들과 잡지들을 옆으로 밀어 놓고, 성경을 붙들어야 한다. 성경은 '당신이 필요로 하는 유일한 투자 가이드북'이란 제목을 부칠 수 있는 유일한 책이다.

다시 원점에서

우리는 돈에 대한 기초를 잘 다지기 위해 다음 사실들을 잘 이해해야 한다.

- 돈이란 무엇인가?
- 돈은 누구의 것인가?
- 하나님은 돈을 어떻게 보시는가?
- 이 세상과 하늘나라 중 어느 곳을 위해 돈을 사용할 것인가?

지금부터 우리는 이 네 가지 문제를 다루려고 한다. 또한 돈에 대해서만 다루지 않고, 여러 장에 걸쳐 영원히 남을 것이 무엇인지, 이것이 돈과 어떤 관계가 있는지를 보다 넓은 관점에서 살펴볼 것이다. 나는 바로 이 부분이 기독교 재정 관련 책들이 빠뜨린 중요한 점이라고 생각한다. 영원의 관점으로 돈과 소유를 바라보지 않는다면 불분명하고 근시안적이고 단기적인 안목으로 돈을 사용하며 살 수밖에 없다. 이것이 왜 이 책의 초점을 보험이 아닌 '보장', 안전이 아닌 '유일한 피난처', 믿을 만한 여러 것이 아닌 '유일한 신뢰', 돈이 아닌 '원리', 부동산이 아닌 '진정한 재산'에 두는지에 대한 이유이다. 이 책은 '순자산 계산 공식'(자산-부채=순자산, 우리는 순자산을 자신의 가치로 잘못 생각하기 쉽다.)을 다루지 않는다. 대신 하나님이 어떻게 우리 삶의 가치를 평가하시는지를 다루고 있다. 또한 인플레이션의 위협을 다루지는 않지만, 우리로 하여금 청지기의 역할을 못하게 만들고 우리를 넘어뜨리려는 사단의 세력을 다루고 있다. 뿐만 아니라 이 책은 절세 방법이나 재테크 비법, 예산 세우는 법, 혹은 벼락부자가 되는 방법도 다루지 않는다.

그렇지만 이 책을 통해 우리는 성경적인 원리를 우리의 돈과 소유에 적용할 수 있는 실제적인 도움을 얻게 될 것이다. 예를 들면, 하나님께 소유권을 이전하는 법, 전략적인 경제 생활 방법, 사역할 때 돈을 모금하는 방법 등 다양한 영역에서 실제적인 도움을 얻게 될 것이다. 부와 건강에 대하여 복음을 왜곡시키고, 종교적인 물질만능주의에 빠져 있는 이 시대의 타락상도 보게 될 것이다. 또한 사유 재산에 대한 성경의 가르침이나 어떻게 가난한 사람들을 도우며 잃어버린 영혼들을 구할 수 있는지, 오늘날에도 십일조를 꼭 해야 하는지에 대해서도 다루게 될 것이다.

뿐만 아니라 돈을 빌리고 빌려 주는 것에 대한 성경의 가르침과 크리스천들이 신용카드를 사용하고 교회가 대출을 받는 것 등이 갖는 위험에 대해서도 살펴볼 것이다. 진정한 만족이 무엇인지, 어떻게 '원하는 것'이 아닌 '꼭 필요한 것'에 초점을 맞춰 생활해 나갈 수 있는지도 살펴볼 것이다. 청지기로서 우리의 잘못된 삶을 정당화시키는 소비문화의 속임수도 폭로할 것이다.

지혜로운 재정 상담의 중요성과 어떤 종류의 보험을 갖는 것이 옳은지, 그리스도인으로서 위험 부담을 안고도 투자하는 것이 적절한지에 대해서도 다루게 될 것이다. 성경적인 저축의 의미와 탐욕스럽게 부를 축적하는 것의 차이점도 조사할 것이다. 또한 우리가 죽을 때 자녀들에게 남겨야 하는 것과 남기지 말아야 하는 것은 무엇인지도 살펴볼 것이다. 아울러 우리 자녀들이 돈과 소유를 영원한 가치의 '대체품'이 아닌 '도구'로 여길 수 있도록 양육하는 방법도 고민해 볼 것이다.

우리는 이 모든 것들을 현재의 스쳐 가는 희미한 손전등 불빛이 아닌 영원한 미래의 밝은 태양빛 아래서 살펴볼 것이다. 돈에 대한 성경적인 진리를 추구함에 있어 끊임없이 현재와의 연관성과 실용성 측면을 살펴볼 것이다.

진정한 제자의 삶 끝에는 비교할 수 없는 상급이 예비되어 있다. 나는 우리가 함께 그 힘난한 길로 향하는 첫걸음을 담대하게 내딛기를 소원한다. 제자를 가장한 어리석은 부자가 되지 않겠노라고 결단하자. 가난한 과부의 마음을 닮겠노라고 다짐하자. 진정한 회개는 마음과 영혼의 회심뿐 아니라 지갑의 회심이 동반되어야 한다는 마르틴 루터의 깨달음을 함께 배워 나가자.

Chapter 2
금욕주의의 허점

"만일 금이나 은 그 자체가 악이라면, 그것을 피하는 사람들은 마땅히 칭송을 받아야 한다. 그러나 그것이 이웃의 필요를 채우거나 하나님께 영광을 돌리는 데 사용되는 선한 피조물이라면, 그것은 사람들을 어리석게 만들지 않으므로 피하지 않아도 괜찮다."(마르틴 루터)

"우리는 피조물이 반드시 필요할 곳에만 쓰여야 한다는 비인간적인 철학에서 떠나야 한다. 왜냐하면 그러한 철학은 하나님이 우리에게 은혜로 베푸신 좋은 것들을 누리지 못하게 할 뿐 아니라 행여 그것을 누리려는 사람들을 바보로 만들기 때문이다."(존 칼뱅)

나는 내가 가진 돈과 소유를 어떻게 사용해야 할지 하나님의 응답을 간절히 원할 때가 있다. 필립 얀시는 이런 나의 딜레마를 다음과 같이 대신 표현해 주었다.

"대부분의 그리스도인들에게는 자신을 따라다니며 집요하게 괴롭히는 문제가 하나씩 있다. 어떤 사람에게는 성적인 유혹이고, 어떤 사람에게는 끊임없는 의심이다. 그런데 내게는 그것이 '돈'이다. 돈은 나를 쫓아다니며 균형을 잃게 하고, 안식을 빼앗으며, 불편하게 하고, 두려워하게 한다.

나는 돈 문제를 완전히 반대 방향에서 공략하고 싶을 때가 있다. 재산을 다 팔고 그리스도인 공동체에 들어가 의지적으로 빈곤의 삶을 살고 싶을 때가 종종 있다. 또 어떤 때는 죄책감에서 벗어나 우리 사회의 풍족한 열매들을 마음껏 누리고 싶기도 하다. 나는 돈에 대해 전혀 생각하고 싶지 않을 때가 대부분이지만 돈에 대한 성경의 강력한 가르침에 반응하지 않고 지나갈 수는 없다."

하나님은 성경을 통해 우리가 믿기만 하면 변화될 수 있는 영역을 주셨다. 아울러 우리가 자유롭게 움직이고 선택할 수 있는 자유의지도 주셨다. 나는 이러한 자유에 감사하지만, 이것은 많은 질문들을 불러일으킨다. 우리는 이 문제를 세계 곳곳에는 도움의 손길이 필요하고, 하나님의 것들로부터 우리 마음을 빼앗으려는 것도 많다는 관점에서 바라보기로 하자.

우리는 집과 자가용을 소유해도 되는가? 그렇다면 두채 혹은 두 대는 괜찮은가? 어떤 종류의 집이나 차를 가져야 하나? 비싼 옷을 입어도 괜찮은가? 구두는 몇 켤레를 가져야 많이 갖는 것인가? 가끔 골프 치는 것은 괜찮지만 골프 클럽의 회원이 되는 것은 사치인가? 저녁에 외식을 해도 좋은가? 그렇다면 어디에서 얼마나 자주 해야 하는가? 300달러가 드는 휴가는 괜찮지만 3,000달러가 든다면 가지 말아야 하는가? 재정적인 결정이 하나님을 기쁘시게 한다는 확신을 가지려면 어떻게 해야 하는가?

'물질만능주의'는 하나님 중심이 아닌 돈과 물질이 중심인 사고다. 이것은 그리스도인의 삶 가운데 어느 영역에서도 허용되면 안 된다. 그런데 물질만능주의 말고 또 다른 극단이 존재할까? 그렇다. 그것은 바로 '금욕주의'이다. 금욕주의자들은 돈이나 물질을 악한 것으로 본다. 그들은 적게 소유하는 것이 더 영적인 것이라고 생각하며 꼭 필요한 것이 아니면 갖지 않는다.

물질만능주의와 금욕주의는 둘 다 똑같이 돈과 소유에 대한 잘못된 이해에 뿌리를 두고 있다. 우리는 앞으로 교회 안팎에 만연한 물질만능주의를 심도 있게 살펴볼 것이다. 먼저 이 장에서는 돈이 악한지 선한지에 대해 생각해 보고 금욕주의를 역사적, 성경적 관점에서 검토해 볼 것이다.

돈의 본질에 대한 이해

우리의 삶과 돈의 올바른 관계를 이해하기 위해서는 먼저 돈이 무엇인지 이해해야 한다. 돈은 동그랗게 만든 금속, 색깔을 입힌 종이 이상이다. 그것은 거래를 손쉽게 만드는 도구이다. 농부는 쇠고기나 우유, 달걀보다 나무가 더 필요하다. 목재업자는 많은 재목보다 쇠고기나 우유, 달걀이 더 필요하다. 그래서 그들은 서로의 물건을 교환함으로써 서로의 필요를 채운다.

돈은 이러한 거래를 신속하게 해주고 여러 사람을 참여하게 하여 거래의 범위를 넓히는 도구다. 돼지 두 마리를 쟁기 하나와 곡식 세 말로 교환하는 대신, 한 사람이 다른 사람에게 돼지 두 마리에 해당되는 '사전에 합의된 돈'을 지불하면 된다. 돈은 시간과 에너지를 절약한다. 누가 돼지나 쟁기를 메고 다니기를 원하겠는가?

하나님은 돈의 편리함을 이스라엘 백성들이 누리도록 권장하셨다. 예배드리는 장소가 집에서부터 너무 떨어져 있으면 곡식과 포도주와 짐승 등의 십일조를 돈으로 교환한 후, 이것을 예배 장소에서 원하는 물건으로 바꿔 드리라고 말씀하셨다(신 14:24-26).

화폐는 물물교환보다 훨씬 융통성이 있다. 돼지를 팔아 50달러를 받았다면, 쟁기나 곡식뿐 아니라 원하는 것을 무엇이든지 살 수 있다. 곡식 대신 커피나 말의 안장, 전등, 혹은 책도 살 수 있다.

돈의 편리함을 깨닫게 되자, 사람들은 경제 활동에 동참하게 되었다. 물론 이것은 그들이 같은 경제 체계 안으로 들어왔기 때문에 가능했다. 서로가 합의하지 않으면 돈은 아무런 가치가 없다. 돈 그 자체로는 아무런 가치가 없는 것이다. 돈은 단지 부를 상징할 뿐 부는 아니다. 돈은 먹을 수도 없고, 밭을 갈 수도 없다. 100달러짜리 지폐를 껌을 버리는 데 사용할 수는 있어도 그것뿐이다. 실용적인 관점에서 보면 돈은 별 가치가 없다.

돈은 자산에 대한 보증, 지불 수단, 교환의 도구, 그 이상 아무것도 아니다. 돈은 도덕적으로 중립이다. 청교도인 윌리엄 에임스는 이렇게 표현했다. "부란 도덕적으로 선한 것도, 나쁜 것도 아니다. 다만 사람들이 그것을 선하게 사용할지 악하게 사용할지에 대해 무관심할 뿐이다."

돈의 양면성

돈을 삶의 향상을 위해 사용하면 사회적, 경제적 이점이 있다. 성실한 농부가 한 자루의 곡식을 가족을 먹이는 데 사용하면, 단순한 가치를 지닌 돈도 선하게 사용될 수 있다. 예를 들어, 이웃의 헛간이 불에 타면 곡식을 나눠 줄 수 있지만 그 곡식을 팔아 그가 원하는 것을 사도록 돈을 줄 수도 있다. 이때 곡식과 돈은 동일한 가치를 가지지만, 돈의 쓰임새가 곡식보다 더 다양하다.

그리스도인은 곡식이나 재목, 돈으로 자비를 베풀 수 있다. 또한 음식, 옷, 숙소를 제공하거나 성경 번역, 출판, 선교사 후원, 예배당 건축 등을 하는데 돈을 사용할 수도 있다. 이런 면에서 보면 돈은 유익해 보인다. 그러나 정말 좋은 일을 하는 것은 돈이 아니라 '돈을 사용하는 사람'이다. 도덕적이거나 비도덕적인 것은 사람이지, 물건은 도덕적으로 중립이다. 돈은 선한 것의 도구이지 선한 것 자체는 아니다. 컴퓨터가 책을 쓸 책임이 없고 야구방망이가 홈런을 쳐야 할 책임이 없는 것처럼, 돈이 선한 일을 해야 할 책임은 없다.

돈은 노예를 사고, 그 노예를 때릴 채찍을 사는 데 사용될 수 있다. 또한 섹스를 하거나 판사에게 뇌물을 주고, 마약을 사거나 테러리스트에게 자금을 대는 데 사용할 수도 있다. 선한 것이 사람 안에 있듯 악한 것도 돈이 아닌 사람 안에 있다.

물은 하나님의 선물로 우리에게 생명을 준다. 그러나 물을 잘 통제하지 못하면 홍수가 나고, 물에 빠져 죽는 등 여러 피해를 입는다. 불 역시 하나님의 선물이다. 그러나 불 역시 잘 통제하지 못하면 비참한 파괴와 죽음을 경험하게 된다. 잘 사용하면 유용한 것일수록, 잘못 사용하면 악용될 가능성이 크다. 따라서 돈은 선하거나 악하게 사용될 가능성이 무한하다.

만일 이 세상이 도덕적으로 중립적이라면, 돈도 도덕적으로 중립인 형태로 사용될 것이다. 그러나 세상은 중립적이지 않다. 죄악이 가득하고 저주 아래 있다. 이것이 문제이다. 죄악이 만연한 세상에서 돈은 중립적인 교환의 수단이 아닌 권력의 도구가 되었다. 죄인의 손에서 권력은 억압의 도구가 되고, 돈은 거짓 우상과 숭배의 대상이 되어버렸다. 하나님을 거부한 죄인들은 그분을 섬기는 대신 자신과 돈이라는 신을 섬기게 되었다.

돈 자체는 잘못된 것이 아니지만 돈을 섬기는 것은 심각한 잘못이다. "부하려 하는 자들은 시험과 올무와 여러 가지 어리석고 해로운 욕심에 떨어지나니 곧 사람으로 파멸과 멸망에 빠지게 하는 것이라 돈을 사랑함이 일만 악의 뿌리가 되나니"(딤전 6:9-10).

돈의 악용과 남용을 보면서 리처드 포스터는 "돈은 가치중립적이 아니라 사탄적 속성을 지닌 '능력'"이라고 주장했다. 나는 이것이 논리적으로 금욕주의 혹은 이원론적 사고로 이끄는 과장이라고 생각하지만, 돈이 사탄의 목적을 위해 사용될 수 있다는 것은 인정한다.

돈은 선한 일, 악한 일 모두에 사용될 수 있기 때문에, 만일 사용하는 사람이 악하면 악용되기가 훨씬 쉽다. 주님이 다시 오셔서 더 이상 저주와 악이 없는 새 땅에서 살게 될 때까지 인간의 죄성은 문제가 될 것이다 (계 21:1-5).

선한 목적으로 돈이 사용될 때

예수님은 제자들에게 "불의의 재물로 친구를 사귀라 그리하면 그 재물이 없어질 때에 그들이 너희를 영주할 처소로 영접하리라"(눅 16:9)고 하셨다. 여기에 나오는 단어들의 정확한 의미를 나중에 다루겠지만, 요점만 말하면 '세상적인 재물'(문자적으로는 불의한 돈의 신, 즉 맘몬)을 선한 일에 사용하라는 의미다. 다시 풀어 말하면 "악하게 사용되는 돈을 선한 목적으로 사용하라. 이 낡은 지폐를 유심히 살펴보라. 마약이나 섹스, 부정과 불의한 목적으로 사용되었던 돈의 더러운 냄새를 맡아 보라. 이 돈은 도둑질한 것일 수도 있고, 또 누군가는 이 돈을 얻기 위해 살인을 저질렀을 수도 있다. 비록 그랬을지라도 지금은 네 손에 쥐어져 있으니, 이것을 지혜롭게 영원한 목적을 위해 사용하라."

예수님은 우리가 이 땅에서의 삶과 다가올 그날을 위해 돈을 선한 목적으로 사용해야 한다고 분명하게 말씀하셨다. 인간은 그리스도에 의해 회복될 수 있고, 그때 그를 통해 돈은 선하게 사용될 수 있다. 그러나 돈의 위험을 잊어서는 안 되기에 예수님은 "집 하인이 두 주인을 섬길 수 없나니 혹 이를 미워하고 저를 사랑하거나 혹 이를 중히 여기고 저를 경히 여길 것임이니라 너희는 하나님과 재물을 겸하여 섬길 수 없느니라"(눅 16:13)고 경고하셨다.

일단 돈을 삶의 주인으로 허락하면, 돈은 '맘몬'이 되고 그 맘몬의 탐욕은 다른 모든 것을 왕좌에서 끌어내린다. 그때 맘몬은 사람의 무시무시한 주인이 된다. 하지만 하나님을 주인으로 섬기는 사람에게 돈은 좋은 종이 된다.

돈을 무턱대고 악하다고 간주하는 것은 어리석다. 그러면 '돈을 선한 목적으로 결코 사용할 수 없다'는 의미가 되지 않는가. 또한 돈을 선하다고 간주하고 그것의 영적 위험성을 간과하는 것도 어리석다. 예수님은 우리에게 돈을 사용하라고 주셨지 섬기라고 주신 것이 아니기 때문이다.

따라서 우리의 목표는 돈을 십자가에 못 박아 없애는 것이 아니라, 돈을 잘 사용할 수 있도록 훈련하고 절제하면서 조심히 다루는 것이다. 돈은 일시적으로 통제할 수는 있으나 조금만 방심하면 맹수로 변해 덤벼든다는 것을 잊어서는 안 된다.

돈이 우리를 지배하게 해서는 안 된다. 새 차를 살 수 있는 큰돈을 모았다고 해서 맘몬이 돈의 용도를 결정하게 해서는 안 된다. 오직 하나님만이 모든 돈의 처분권을 갖고 계신다. 우리는 맘몬이 말하는 대로 행동하는 것이 아니라, 하나님의 말씀에 귀를 기울여야 한다. 돈이 의사를 결정하는 데 한 요소가 될 수는 있지만, 유일한 요소가 되어서는 결코 안 된다. 맘몬이 아닌 하나님이 돈의 결정권자이시기 때문이다. 돈이 있든 없든 맘몬이 삶을 지배하게 허용해서는 안 된다.

돈은 질병도 아니고 치료약도 아니다. 돈은 돈이지 그 이상도 그 이하도 아니다. 우리는 돈을 좋게 사용할 수도, 나쁘게 사용할 수도 있다. 그러나 어떻게 사용하든 돈은 항상 영적인 삶에 중대한 영향을 끼친다. 즉, 이 세상과 다가오는 세상 모두에 영원한 결과를 낳는다.

돈과 소유에 대한 두 가지 반응

돈은 항상 악하다는 것과 돈은 항상 선하다는 것은 똑같이 잘못된 사고다. 이 두 관점은 편협한 생각의 기초가 된다. 불행하게도 이런 관점은 영적인 삶에 해를 끼친다.

돈에 대한 잘못된 사고로부터 비롯된 두 가지 극단적인 철학이 바로 금욕주의와 물질만능주의이다. 마르틴 루터는 인간을 '술에 취해' 말에서 떨어졌다가 다시 안장에 올라 반대편으로 떨어지는 어리석은 사람으로 묘사했다. 여기서 한편이 금욕주의라면 다른 한편은 물질만능주의인 것이다.

유진 피터슨과 달라스 윌라드를 포함한 여러 영성가들이 '금욕주의'를 명상, 기도, 금식과 같은 영성 훈련과 연관 지어서 긍정적으로 본다. 나 역시 영성 훈련을 강조하는 그들의 생각에 동의하고, 이 훈련이 교회 안에서 회복되어야 한다고 믿는다. 그러나 내가 이 책에서 말하는 금욕주의는 일반적으로 통용되는 극단적이고 이원론적인 금욕주의를 가리킨다.

엄격하게 자기부정을 하는 금욕주의자는 기본적인 필수품을 제외하고는 그 어떤 것도 소유하지 않는다. 금욕주의는 영적인 세계는 선하고 물질 세계는 악하다는, 플라톤의 이원론에 뿌리를 두고 있다. 그래서 우리는 영적인 것에 가치를 두는 이원론자가 금욕주의자가 되는 것을 쉽게 볼 수 있다. 그들은 육체적인 즐거움이나 편리함을 거부하는 것이 죄를 피하는 방법이라고 생각한다. 교회사에 나타난 금욕주의자들은 거의 모든 소유와 즐거움을 포기했다. 아시시의 성 프란치스코는 수사들이 성경 이외의 책을 갖는 것을 금했다. 이와는 대조적으로 사도 바울은 다른 책들도 중요시하여 감옥으로 책을 가져달라고 부탁했다(딤후 4:13). 성 프란치스코는 돈을 사탄으로 간주하고 멀리하라고 가르쳤다. 그래서 그와 그의 제자들은 돈을 만지지도 않았다. 그들은 가난을 자랑으로 여겼고, 음식 구걸을 덕으로 여겼으며 또 그것을 하나님께 상급을 받는 방편이라고 생각했다.

교회사에 보면 많은 금욕주의자들이 결혼을 하지 않았다. 혹 결혼을 하더라도 배우자와의 성관계를 피했다. 실제로 교부 오리게네스는 우상 숭배와 간음의 죄를 짓지 않기 위해 마태복음 5장 29 – 30절, 19장 12절의 말씀처럼 자신의 성기를 제거했다. 어떤 사람들은 자기 몸을 채찍으로 때렸고, 세상에서 자신을 분리시킨다는 목적으로 탑의 꼭대기에서 대부분의 시간을 보냈다.

말씀과 금욕주의

구약 성경과 유대적 사고를 살펴보면, 이원론과 금욕주의 모두를 배척하고 있다. 영적인 세계와 물질적인 세계의 신은 따로 존재하는 것이 아니다. 하나님만이 유일한 신이시다. 하나님이 영의 세계와 물질세계를 우리가 누리도록 지으셨다.

작은 종파인 에세네파를 제외하고 대부분의 유대인들은 물질세계가 악하다는 개념을 믿지 않는다. 그들은 *물질을 하나님 아버지의 사랑의 공급, 하나님의 손에서 나온 선물로 생각한다.* 또한 늘 감사하는 마음으로 하나님의 공급하심을 기억하고 즐거워하는 절기를 국가적으로 기념한다(신 16:15). 이러한 절기는 그들에게 곧 축제이다. 하나님은 이 절기 때 십일조를 따로 떼어놓으라고 명령하셨다(신 14:22-26). 이 축제의 날에는 예배하고 교제하고 기념하는 모든 과정에 큰 기쁨이 있었다.

또한 유대인들은 성관계를 하나님의 선물로 이해했다. 물론 혼인관계 이외의 성관계는 엄격히 금지했지만 부부관계에서는 즐겼다(잠 5:18-19). 실제로 아가서는 부부의 성적인 즐거움을 노래하고 있다. 율법학자였다가 사도가 된 바울은, 고린도 교인들에게 "물질의 부도덕성을 피하라"고 했을 뿐 아니라, 교회 안의 금욕주의자들에게 "배우자와의 성관계를 피하지 말라"고도 권면했다(고전 7:3-5). 사탄은 무엇이든 극단으로 몰고 간다. 루터는 이렇게 말했다, "사탄은 우리가 말의 안장에서 균형을 잃어 어느 쪽으로 넘어지든 상관하지 않는다."

성경은 물질적인 것과 영적인 것의 관계를 설명하지, 둘 중 어느 하나만 중요하다고 말하지 않는다. 물질적인 것이 영적인 것보다 앞서면 안 되지만, 물질을 누리는 것도 필요하고 정당한 일이다.

팀 한셀은 금욕적인 그리스도인이 성경을 잘못 이해하고 있는 것에 대해 이렇게 말했다.

"역설의 역설처럼 들리겠지만, 예수 그리스도를 향한 그들의 헌신은 축복이 아닌 감옥이 되어버렸다. 모든 것을 해야 할 일과 하지 말아야 할 일로 나누는 데 눈이 먼 그들은, 예수님의 삶 중심에 있던 축제의 삶을 깨닫는 데 실패했다. 그들은 예수님이 아픔과 슬픔으로 가득 찬 세상에 사셨지만, 항상 잔치의 주인이나 손님으로서 참여했음을 잊었다. 예수님은 값비싼 향유로 몸이 적셔지는 것을 허락하셨다. 결혼식의 포도주와 예복에도 관여하셨다. 예수님의 삶에는 금식보다는 축제가 훨씬 많았다. 그분이 가는 곳마다 새끼 염소와 양고기, 살진 송아지, 포도, 석류, 올리브, 대추야자, 우유, 벌꿀 등이 가득했다."

사도 바울은 디모데에게 "믿음에서 떠나 미혹하는 영과 귀신의 가르침을 따르는"(딤전 4:1) 사람이 있다고 경고한다. 그리고 이러한 가르침에 책임이 있는 사람들을 "양심이 화인을 맞아서 외식함으로 거짓말하는"(딤전 4:2)자들로 묘사한다. 그는 이러한 신학적인 범죄자들에게 체포 수배령을 내렸다. 그리고 그들에 대해 이렇게 설명하고 있다.

"혼인을 금하고 어떤 음식물은 먹지 말라고 할 터이나 음식물은 하나님이 지으신 바니 믿는 자들과 진리를 아는 자들이 감사함으로 받을 것이니라 하나님께서 지으신 모든 것이 선하매 감사함으로 받으면 버릴 것이 없나니 하나님의 말씀과 기도로 거룩하여짐이라"(딤전 4:3-5).

"하나님께서 지으신 모든 것이 선하다"는 성경 말씀은 금욕주의의 죽음을 선포한다. 무엇이든 성경적인 관점에서 감사함으로 받으면(물론 하나님의 말씀을 거역하는 것이 아니어야 함), 소유하고 즐기는 것은 선한 일이다.

새 하늘과 새 땅은 에덴동산보다 즐길 것이 더 많은 좋은 낙원(계 21-22장)일 것이다. 나는 「영원의 관점에서 본 하늘나라」(In Light of Eternity: Perspective' on Heaven)를 통해 성경에 기록된 하늘나라에서 우리가 누릴 수 있는 즐거움을 구체적으로 소개했다. 하늘나라에서 우리는 온전하고 정결하게 변화된 새 몸으로 하나님이 허락하신 것들을 즐기고, 하나님과 그분의 선물로 인해 충만하게 기쁨을 누릴 것이다. 함께 모여 잔치하는 것(마 8:11)처럼 하늘나라의 기쁨은, 물질세계와 육체적인 즐거움이 악하지 않다는 것을 증명한다.

금욕주의의 긍정적인 면

그렇다고 해서 모든 금욕주의자를 매도하는 것은 옳지 않다. 리처드 포스터는 금욕주의자들의 긍정적인 면을 알려 주었다. 금욕주의자 중 주님께 깊이 헌신된 사람들이 있다. 성 프란체스코와 그의 제자들도 그중 하나다. 그들은 삶에 대한 사랑으로 가득 차 있었다. 유머가 넘쳤고, 친절했고, 즐겁게 노래했으며, 맡겨진 일들을 잘 해냈다. 즐거움을 죄악시하는 고대 금욕주의자도 있었지만, 가진 것 없이도 기쁘게 산 사람도 있었다. 그들은 빵 부스러기와 냉수 한 잔을 놓고도 만찬을 즐길 수 있었다.

오늘날 자외선 차단제와 골프채 없이 사막으로 들어가는 사람들이 있을까? 그런데 하나님을 만나기 위해 아무것도 없이 정말 사막으로 들어간 성도들이 있었다. 또한 오늘날에는 샴페인, 밴드 연주, 각종 요리와 음료수, 달콤한 디저트가 빠진 즐거운 잔치는 상상하기 어렵다. 그러나 그리스도를 따르는 몇몇은 신선한 빵 한 조각과 냉수 한 잔의 기쁨이 현대의 모든 쾌락보다 훨씬 크다는 것을 발견했다. 이렇듯 우리는 우리보다 앞서 살았던 금욕주의자들의 삶을 통해 배울 수 있는 교훈을 잊지 말아야 한다.

한편 오늘날은 금욕주의보다 물질만능주의로 인해 어둠에 빠지는 사람이 훨씬 많다.

마더 테레사의 삶

금욕적인 삶을 선택한 사람들의 모범을 찾기 위해 먼 옛날까지 돌아갈 필요는 없다. 1997년 타계한 캘커타의 마더 테레사가 이끄는 사랑의 선교 수녀회(the Missionaries of Charity)를 대표적으로 들 수 있다. 그들은 '가난의 서약'을 통해 그들이 섬기는 가난하고 병든 사람들과의 하나 됨을 추구했다. 나는 그들의 사역을 직접 보면서 칭송을 보내지 않을 수 없었다. 지금도 세계 곳곳에서 일하는 그들은 진정한 섬김이 무엇인지 생생하게 보여 준다.

마더 테레사와 그녀의 동역자들이 존경을 받는 것은 사실이지만, 그들의 물질관이 전적으로 성경적인 것은 아니라고 본다. 마더 테레사의 삶과 사역을 기록한 자료를 보면, 그녀는 기증받은 첨단 장비들의 가치를 격하시켰고, 또 다른 동역자들에게도 그렇게 가르쳤음을 알 수 있다. 그녀는 오래전부터 있던 카펫과 온수 파이프를 제거했다. 그런데 그 과정을 지켜보면, 카펫을 판 수익금으로 가난한 사람들을 도울 수 있다고 생각한 흔적은 없다. 오히려 카펫 없이 살 수 있다면 그렇게 살아야 한다고 믿었던 것 같다.

욕심이 없어 보이는 이러한 행동은 자칫 영적으로 해석되기 쉽다. 그러나 이것이 성경의 가르침과 일치하는가? 아니다. 따뜻한 물과 집안의 공기는 아픈 사람에게 더 큰 도움을 주었을 것이다. 마더 테레사는 이미 가지고 있는 것을 포기하는 선택을 했다. 그래서 따뜻한 물이 주는 혜택 대신 난로나 나무로 불을 지피는 불필요한 수고를 했다. 도대체 카펫이 무슨 해를 끼치는가? 예전부터 잘 사용해 오던 것을 거리에 내던진 게 무슨 유익이 되는가?

편리한 현대적 문물이 모두 잘못된 것인가? 카펫이나 온수는 사치스럽다고 피하면서 왜 사랑의 선교 수녀회는 환자를 치료하기 위해 의약품을 사용했는가? 왜 마더 테레사는 트럭이나 비행기를 타고 다녔는가? 현대의 기술이 바람직하지 않다면, 왜 그곳의 수녀들은 안경을 끼고 있었는가? 온수나 카펫 없이 생활할 수 있는 것처럼 그것들 없이도 지낼 수 있었을 텐데 말이다.

지금 나는 그들의 헌신과 희생을 폄하하자는 것이 아니다. 단지 금욕주의의 피할 수 없는 모순을 지적하고 있는 것이다. 모든 형태의 금욕주의는 결국 선택적이고 인위적일 수밖에 없다. 예를 들어, 아미쉬 마을 사람들은 전기 사용을 금하는 대신, 가스 엔진이나 도르래, 바퀴 등 다른 현대 기술로 에너지를 만들어 사용한다. 그런데 호롱불이 전깃불보다 더 영적인가? 아니면 촛불이나 성냥불, 아예 불이 없는 것이 더 영적인가? 즐거움이 영적이지 못하다면, 항상 적게 먹고 적게 자야 한다. 물질이 정말 나쁘다면, 타락하지 않기 위해 먹지도 말고 마시거나 입지도 말아야 한다. 또한 우리 육체는 물질적이므로 금욕주의는 자기 학대와 자살로 이어질 수밖에 없다. 매일 적당하게 타협하지 않는다면, 순수한 금욕주의자의 수명은 줄어들 수밖에 없는 것이다.

금욕주의의 문제

루터를 포함한 종교개혁자들은 가톨릭이 가르치는 금욕주의를 배척했다. 청교도인을 종종 금욕주의자로 묘사하지만 사실은 그렇지 않았다. 그들의 신조 중 다음과 같은 것이 있다.

"세상에 있는 모든 것은 하나님의 선한 선물이다. 그러므로 우리가 그 모든 것을 누리도록 축복하시는 하나님의 뜻을 훼손시키지 않고 세상의 것을 비난하는 것은 불가능하다. 이를 믿는다면 부요함은 경건함을 동반하고, 많이 가지면 가질수록 그것으로 선한 일을 할 수 있는 기회도 많아진다."

청교도인 윌리엄 에임스는 수도사들의 '가난의 서약'을 이렇게 말하며 배척했다. "하나님 앞에서 장점이 훨씬 많은 것들을 영적 완전함을 판단하는 잣대로 전락시켜 버렸다. 이것은 정신 나간 일일뿐 아니라 미신적이며 악한 생각이다."

금욕주의에 대한 몇 가지 문제들을 살펴보자.

첫째, 가난이 경건함은 아니다. 성경 어디에도 가난이 고결하다는 말씀은 없다. 물론 하나님은 가난한 사람을 돌보시지만, 그것은 가난이 가치 있기 때문이 아니다. 그분의 긍휼하심 때문이다. 부유함과 가난함 모두 영적인 증거가 아니다. "여호와는 가난하게도 하시고 부하게도 하시며 낮추기도 하시고 높이기도 하시는도다"(삼상 2:7).

성경은 가장 이상적인 상태를 가난함과 부유함, 그 중간 어디쯤이라고 말하고 있다. "나를 가난하게도 마옵시고 부하게도 마옵시고 오직 필요한 양식으로 나를 먹이시옵소서 혹 내가 배불러서 하나님을 모른다 여호와가 누구냐 할까 하오며 혹 내가 가난하여 도둑질하고 내 하나님의 이름을 욕되게 할까 두려워함이니이다"(잠 30:8-9).

부유함과 가난함 둘 다 죄를 짓도록 유혹한다. 17세기 목사였던 리처드 백스터는 "가난함에도 유혹이 있다 … 가난한 사람들은 결코 이루지 못할 부유함과 풍요함을 추구하다가 인생을 망칠 수 있다. 결코 누리지 못할 이 세상을 사랑하다가 파멸할 수 있다."

둘째, 영성의 문제는 물질이 아닌 마음에서 비롯된다. 손에 술 한 병들지 않고도 알코올중독자가 될 수 있듯, 가진 것이 없어도 '마음으로' 물질만능주의자가 될 수 있다. 금욕주의자는 그리스도보다 자기 부인을 더 신뢰한다. 부자들이 자기의 소유를 자랑하듯이 가난한 자들은 가지지 않은 것을 자랑할 수 있다. 많이 가진 사람은 진심으로 기도하는 반면에, 가진 것이 없는 사람은 전혀 기도하지 않을 수 있다. (상식과 경험에 의하면, 반대의 경우가 훨씬 더 많다.)

우리는 성자에 대한 고정 관점이나 외면의 모습으로 의로움을 판단하지 않도록 조심해야 한다. 성자라는 단어를 들을 때, 엄격한 금욕생활을 한 성 프란체스코만 떠올리는 편협한 관점을 배척하자. 오히려 C.S. 루이스가 담배를 피우며 옥스퍼드 이글(Oxford Eagle)이나 차일드 펍(Child Pub) 같은 술집에서 사회적인 이슈에 대해 동료들과 논쟁을 하는 모습이나 R.G. 르투르노가 새로운 굴착기 모델을 구상하기 위해 온갖 상상력을 동원하는 모습도 포용할 수 있을 만큼 마음을 넓히자. 성자들은 다양한 모습으로 다가온다. 그러므로 본질이 아닌 비본질적인 요소로 성급히 결론을 내리는 잘못을 범하지 말자.

셋째, 금욕주의는 하나님이나 사람에게 인정받으려는 시도일 수 있다. 하나님을 기쁘시게 하는 것과 자기 부인을 통해 인정받으려고 노력하는 것은 별개의 문제이다. 금욕주의적인 생활방식은 하나님과 다른 사람에게 감동을 주기 위한 노력이 될 수 있다. 예수님은 사람들 앞에서 헌금과 기도, 금식 등의 자기 부인을 통해 자신을 드러내려는 바리새인을 정죄하셨다(마 6:1-18). 물질만능주의자처럼 순수하지 못한 동기가 금욕주의자를 강하게 몰아갈 수 있다.

어떤 금욕주의자는 자신의 죄책감을 이겨내기 위해 고통을 감내한다. 그들은 자신의 죄 때문에, 혹은 자신은 가난하지 않은데 다른 사람들이 가난하게 사는 것 때문에 죄책감을 느끼기도 한다. 그러나 성령님이 함께 하시는 의미 있는 고통은 경건한 것이지만, 고통 그 자체가 경건은 아니다. 고통을 통해 그리스도께 더 가까이 나아가게 되면 하나님이 영광을 받으시지만(벧전 2:20), 그저 경건해 보이려는 노력이라면 하나님을 기쁘시게 할 수 없다. 다른 이들의 유익을 위해 우리가 자기를 부인하면 하나님이 영광을 받으시지만, 죄책감을 없애려는 의도나 자신의 유익을 위한 자기 부인은 하나님께 영광이 될 수 없다.

고난을 신성시하는 사고는, 우리가 하나님께 빚을 졌기 때문에 그리스도의 고난이 아닌 우리의 고난을 통해 하나님의 구원이 이루어진다는 생각에서 비롯된다. 그러나 고난이나 빈곤 그 자체가 가치 있거나 속죄의 능력이 있는 것은 아니다. 타락한 천사인 사탄과 구원받지 못한 사람은 지옥에서 영원히 고통받을 것이다. 그럼에도 불구하고 그들의 고통은 속죄하는 능력이 전혀 없지 않는가. 하나님은 고난을 통해 그분의 은혜를 체험하게 하시고 인격을 세우시고 정결하게(롬 5:3-4) 하시지만, 그 자체가 우리의 죄악을 속죄하는 것은 아니다.

로마 가톨릭의 연옥 사상이 많은 크리스천 금욕주의자들의 사고에 침투해 있다. 그러나 우리의 고난이 하나님 앞에서 우리의 죄를 없앤다는 생각은 비성경적일 뿐 아니라 교만한 사고다. 오직 그리스도의 십자가만이 죄를 구속한다. 하나님은 이러한 구속을 '받아들이라'고 우리를 부르셨지, 고난을 '반복하라'고 부르신 것이 아니다.

넷째, 금욕주의자는 자신과 다른 생활 방식의 사람을 정죄할 수 있다.
자신의 생활 방식이 다른 사람을 판단하는 잣대가 되는 것이다. 예를 들어 나는 집이 없는데 누군가는 가지고 있거나, 내 집과 차보다 누군가가 더 좋은 것을 가지면 그들이 자신보다 영적이지 않다고 판단할 수 있다.

금욕주의자가 자신의 육적인 모습을 부인하면, 오히려 육체에 대한 집착이 커지는 경우도 종종 있다. 우리의 부르심은 하나님을 추구하는 것이지, 성자나 성자의 겉모습을 따르는 데 있지 않다.

다섯째, 문명의 이기(利器)들은 사역의 효율성을 높일 뿐만 아니라, 영적생활을 추구할 수 있는 시간도 준다. 성경이 쓰여진 당시 사람들은 농사를 짓고, 가축을 기르고, 음식을 준비하는 데 대부분의 시간을 보냈으니 오늘날도 문명의 이기를 사용하지 말아야 한다고 주장하는 사람들이 있다. 그러나 전자레인지나 식기세척기 때문에 가정이나 교회 안팎에서 다양한 사역을 할 수 있는 시간을 벌게 되지 않았는가?

예수님이 손으로 나무를 자르셨을 것이라고 상상하는가, 아니면 그분의 목공소에서 최고 성능의 도구들을 사용하셨을 것이라고 생각하는가? 오늘날 예수님이 계셨더라면 문명의 이기들을 사용하시지 않았겠는가? 설마 톱을 사용하는 것이 덜 영적이라고 믿으셨겠는가? 혹 배는 타도 자동차를 타는 것은 주저하셨겠는가? 많은 사람들이 더 잘 들을 수 있는데 마이크 사용을 피하셨겠는가?

여섯째, 모든 그리스도인이 사회에서 빠져나와 돈 버는 일을 그만두는 것은 재앙에 가깝다. 모든 사람이 가난의 서약을 한다면 누가 '사랑의 선교 수녀회'를 돕겠는가? 그들이 사역하면서 사용하는 최신 의료 기술은 누가 공급하며, 그들이 끼고 있는 안경은 누가 만들며, 물건을 나르는 데 사용하는 트럭은 누가 만들며, 비행기는 누가 고칠 것인가? 성 프란체스코와 그의 제자들은 돈을 만지는 것조차 거부했지만 음식은 종종 구걸했는데, 그들의 필요를 채우기 위해 '누군가'는 반드시 돈을 벌어야 했다. 소득을 창출하는 것은 삶의 필요한 한 부분이지 비(非)영적인 것이 아니다. 물건을 생산하는 사람을 '세상적' 혹은 '비종교적'이라고 하면서,

아무것도 생산하지 않고 생산하는 사람에게만 의존하는 사람을 영적이라고 말하는 것은 앞뒤가 맞지 않다.

우리는 경제적으로 검소하게 생활하면서 소득의 많은 부분을 도움이 필요한 사람들에게 베푸는 사람을 칭찬해야 한다. 우리는 결코 경제생활을 악하다고 말해서는 안 된다. 또한 빈곤을 없애는 데 도움이 되기보다 도리어 빈곤한 삶을 추구하고, 경제 시스템으로부터 도피하여 소득 창출을 경멸하는 데까지 가서는 안 된다.

일곱째, 금욕주의의 여러 형태가 전도에 도움이 되지 않는다. 모든 그리스도인이 물질적인 유혹을 피하기 위해 사회로부터 격리된 삶을 산다면 사람들이 어떻게 복음을 들을 수 있겠는가? 마더 테레사는 사람들로 붐비는 도시 한복판에서 섬겼지만, 많은 금욕주의자들은 은둔생활을 하며 다른 사람들을 섬길 기회를 잃어버린다.

이 땅에서 우리의 사명 중 하나는, 비그리스도인의 '어깨를 토닥여 주는 것'이라고 사도 바울은 분명히 말한다. 우리는 적극적으로 그들의 삶에 개입해 우리의 빛 된 삶을 보여 주어야 한다(고전 5:9-10). 예수님께서 말씀하신 것처럼, 우리는 세상에 들어가 살되, 그것에 속하지는 말아야 한다(요 17:15-16).

세상으로부터 물러나서 정기적으로 고요한 시간을 갖는 것은 매우 유익하다. 그러나 그것은 하나님께 더 가까이 나아가고, 또한 다시 세상으로 돌아가 물질만능주의자들에게 다가서기 위한 것이어야 한다. 우리는 물질만능주의와 싸워야 한다. 하나님의 상급은 사회로부터 격리될 때가 아니라 세상 속에서 하나님을 충실하게 섬길 때 주어진다.

여덟째, 금욕주의는 그것이 약속하는 것을 제공해 주지 못한다. 많은 사람들이 금욕적인 생활을 추구하면 평안과 순수함, 거룩함을 얻으리라 기대하지만, 바울은 이에 대해 경고했다(딤전 4:1-5). 또한 금욕주의는 그 목적을 이루지 못할 것이라고 했다. "이런 것들은 자의적 숭배와 겸손과 몸을 괴롭게 하는 데는 지혜 있는 모양이나 오직 육체 따르는 것을 금하는 데는 조금도 유익이 없느니라"(골 2:23). 거룩함의 기초는 금욕이 아니라 그리스도와의 연합이다(골 3:1-17).

역사는 세상으로부터의 격리가 우리의 죄성을 없애거나 억제하지 못함을 증거해 준다. 어느 저자는 "수도사 집단도 부(富)를 다루는 비성경적인 태도로부터 결코 자유롭지 못하다. 그들도 재산을 늘리는 일에 매진하고, 온갖 종류의 탐욕에 빠져 타락하고 말았다"고 말했다.

아홉째, 예수님은 소박하게 사셨지만 금욕주의자는 아니셨다. 실제로 예수님은 세리들과 술주정뱅이들과 함께한다고 정죄를 받으셨다(마 11:19 ; 눅 7:34). 예수님은 포도주를 드셨을 뿐 아니라 혼인 잔치에서 포도주를 만드셨다(요 2:1-11). 부유했던 마리아, 마르다, 나사로, 니고데모, 삭개오, 아리마대 요셉과 마찬가지로 가난한 세례 요한, 바디매오에게서도 똑같은 감동을 받으셨다(마 27:57-61 ; 요 19:38-42). 예수님은 부유한 여자들로부터 물질적인 후원을 받으셨으며(눅 8:2-3), 돌아가시기 전 비싼 향료를 몸에 바르는 것을 기꺼이 허락하셨다(마 26:6-13 ; 눅 7:36-50 ; 요 12:1-8).

그리스도의 탄생은 가난한 목자와 부유한 왕 모두의 관심을 끌었다. 예수님의 십자가 옆에 함께 달린 강도와 장례를 위해 무덤을 기증한 부자가 그의 죽음에 함께했다. 예수님은 가난한 자와 부유한 자 모두의 친구가 되어 주셨다. 재산과 상관없이 그분 앞에 무릎 꿇는 모든 이를 기뻐하셨다.

고민해야 할 질문

금욕주의자의 생활 방식은 받아들이지 않으면서, 그들의 삶을 배우는 것이 가능한가? 우리는 우리보다 더 소박하고 절제된 생활을 한 과거와 현재의 많은 그리스도인들의 삶을 따를 수 있을까? 소유로부터 나를 떼어놓기 위해 충분한 분량을 포기하고, 동시에 우리 자신과 다른 사람의 유익을 위해 충분한 분량을 가지는 것이 가능한가? 돈은 사용하라고 준 것이지, 섬기라고 준 것이 아니라는 예수님의 명령을 지킬 수 있는가? 돈을 영원한 목적을 위해 투자한다는 말을 이해했는가? 세상 속에 살며 물질만능주의에 오염되지 않는 것이 가능한가? 이 질문들은 분명한 푯대를 향해 달려가며 소박한 삶을 사신 하나님의 아들, 예수 그리스도를 따르려고 노력하는 우리 앞에 놓인 도전과 기회들이다.

Chapter 3
물질만능주의의 본성

"실제적인 삶의 의미가 신분과 소득, 그리고 권한의 지속적인 증대에 있다고 믿는 미국인들이 100년 전부터 점점 많아지고 있다."(로버트 벨라)

"오늘날 사람들은 정신병자처럼 풍요를 향한 욕망에 사로잡혀 현실 감각을 완전히 잃어버렸다."(리처드 포스터)

"돈이 마음을 지배하고 있는 곳에는 하나님의 권위가 사라진다." (존 칼뱅)

미국의 연재만화 "케시"에서 다음과 같이 두 남녀가 자신들이 가진 물건들을 나열하는 장면이 나온다.

"정글 근처도 가지 않으면서 구입한 탐험용 옷."
"에어로빅을 하지도 않으면서 갖고 있는 에어로빅용 운동화."

"물 근처도 가지 않으면서 차고 있는 다이버용 시계."
"산악지대를 갈 기회도 없으면서 갖고 있는 사륜구동 차량의 열쇠."
"좋아하지 않는 가구 사진으로 가득 찬 읽지 않는 잡지."
"사용법도 모르는 재정 관리 소프트웨어."
"화가 이름도 모르고 가지도 않을 전시회 포스터."

마지막 장면에서 두 사람은 서로 멍하게 쳐다보다가 이렇게 대화를 나눈다. 한 사람이 "멍청한 물질만능주의가 몰려왔네요"라고 말하자 다른 한 사람이 "네, 우리가 원하고, 또 우리에게 필요한 것을 찾아다녔는데 결국 그것과는 전혀 관계없는 것만 구입했네요"라고 대답한 것이다.

쇼핑은 이제 가장 보편적인 오락으로 자리 잡았다. 매년 미국 미네소타 주의 '몰 오브 아메리카'(Mall of America, MOA)에 다녀가는 사람들이 디즈니랜드, 그랜드 캐니언, 그랜드 올 오프리 방문객을 합친 것보다 많다. 요즘은 쇼핑몰에서 더 이상 사람들에 휩쓸려 다니거나 카탈로그를 뒤적일 필요가 없다. '진을 뺄 때까지 쇼핑'하는데 필요한 것은 신용카드와 전화, 그리고 홈쇼핑 채널이다. 아니면 이베이(ebay, 인터넷경매사이트)에서 밤낮으로 경매에 입찰할 수 있다.

물질만능주의에 대한 연구

1955년 〈포춘〉에서 사회에 첫발을 디딘 25세 청년 그룹을 연구했다. 이들은 대개 가정과 지역 사회에서 봉사를 하고 있었다. 그런데 1980년에는 전혀 다른 결과가 나왔다. 25년 사이 물질만능주의의 영향은 놀라울 정도로 커져 있었다. 작가 그웬 킨케드는 그녀가 인터뷰한 사람들의 태도를 다음과 같이 요약했다.

"그들은 물질적 욕구를 만족시킬 수 있는 가장 빠른 수단이 사업이라고 믿고 있었다. 미래의 성공이나 전통, 윤리에 대해서는 관심이 거의 없었다. 그들은 즉각적인 결과를 원했고, 상류층의 삶을 누리기 원했다. 코네티컷보험회사 연수생인 테리 미첼은 "전 돈 쓰는 걸 좋아해요. 그리고 제가 가진 어떤 명품도 포기하고 싶지 않아요. 저는 큰 집에서 사립학교를 다니며 자랐고, 16세에 제 말과 차를 가졌어요."

고생하며 자란 세대의 눈에는 이들 세대가 욕심 많은 세대로 보일 것이다. 그들은 원칙도 없고 원대한 꿈도 업신여긴다. 최고가 되지 못한다면 무엇 때문에 목표를 세우고, 왜 그것을 이루기 위해 자신의 삶이 방해받아야 하느냐고 반문한다. 그들은 자신의 시장가치를 높이는 데만 집중하다 보니 경력에 도움이 되지 않는 일은 생각조차 하지 않는다. 그러나 승진 기회나 더 많은 연봉을 주는 일을 찾는 데는 타고난 재능이 있다.

워싱턴 D.C.에 있는 전력회사 컨설턴트인 드와잇 빌링스리는 이들의 공통적인 정서를 다음과 같이 묘사했다. "전 누구의 명령도 받고 싶지 않아 회사를 차렸어요. 예상보다 많은 돈을 벌었지만 여기에 만족하지는 않아요. 이제는 돈을 더 모아 메이저리그 야구팀이나 미식축구팀을 소유하려고 해요."

그들은 최신 전자제품에 열광하고, 잦은 여행을 부끄러워하지 않는 물질만능주의자들이다. 그들 중에는 자녀를 가진 사람이 거의 없다. 그들은 자녀를 키울 여유가 없다고 말한다. 시카고 북부 어느 신탁회사의 기획이사 에드워드 빔은 이 현상을 다음과 같이 설명한다. "전 아이들을 사랑하지만 자녀를 원하진 않아요. 제가 너무 이기적이라 아이들에게 필요한 걸 제공해줄 수 없을 것 같아요. 그러면 그들에게 충분한 관심을 보이지 못하는 제 자신에게 죄책감을 느끼게 될 거고, 그들이 제 관심을 뺏어 간 것에 대해서는 제 자신에게 분개할 거예요."

요즘 많은 신혼부부들은, 집을 소유하는 것이 자녀를 갖는 것보다 더 바람직하다고 생각한다. 결국 이것은 자녀를 갖는 것과 보다 높은 생활 수준 중 하나를 선택하는 문제가 될 것이다. 한 여성은 "우리 부부의 생활 방식으로는 자녀를 잘 양육하면서 좋아하는 모든 것을 누리는 게 불가능해요"라고 말했다.

공공서비스나 자원봉사, 혹은 사회 문제에 관심은 있다고 하지만, 실제로 그것을 위해 시간을 내는 사람은 거의 없다. 앞에서 언급한 1955년 청년 그룹은 종교가 사회와 가정을 끈끈하게 묶어 주는 역할을 한다고 긍정적인 반응을 보였지만 오늘날에는 자유를 박탈하거나 시대에 뒤진 것으로 간주하고 있다. 이들 대부분은 자신을 불가지론자, 혹은 은밀하고 개인적인 종교인이라고 부른다.

1980년 〈포춘〉 기사 이후, 긴 세월이 지났지만 사람들은 점점 더 물질만능주의에 빠져들고 있다. 최근 PBS(미국공영방송)는 '오늘날 밀어닥친 물질만능주의의 재앙'에 대한 반발로 발생한 '부자병'을 스페셜 프로그램으로 방영했다. 이 프로그램에서는 새로운 '재앙'의 증상들을 집중 조명하면서 다음과 같은 통계를 보여 주었다.

- 일주일에 평균 6시간을 쇼핑하나 자녀들과는 단 40분을 보낸다.
- 텔레비전 시청자들은 20세가 될 때까지 백만 번의 광고를 본다.
- 최근에는 대학 졸업생보다 파산 신청을 하는 사람이 더 많다.
- 이혼하는 부부의 90퍼센트가 돈 문제로 이혼한다.

이 프로그램은 도덕적인 기준이 아닌 실용적인 관점에서 물질만능주의를 배척했다. 제작자가 물질만능주의를 반대하는 주된 이유는, 단순히 '물질적 부요함이 우리를 행복하게 해주지 못한다'는 사실이었다.

물질만능주의의 유래

고대 이집트 투트 왕의 보물을 견학한 사람들은, 물질만능주의가 20세기 후반에 처음으로 일어났거나 산업 혁명이나 서구 자본주의의 출현과 함께 나타난 것이 아님을 확신하게 된다. 물질만능주의는 예수님 시대에도 팽배했지만 그때 시작된 것은 아니었다. *물질만능주의는 아담과 하와가 하나님이 에덴동산에서 금지한 것을 얻기 위해 하나님께 불순종하며 그들의 욕망을 따르기로 선택했을 때 시작되었다.* A.W. 토저는 그들의 죄와 우리의 죄가 어떻게 지속적으로 영향을 미치는지 다음과 같이 설명한다.

"하나님은 사람을 창조하시기 전에, 그들이 생명을 유지하고 즐길 수 있도록 편리하고 쾌적한 환경을 먼저 준비해 놓으셨다 … 이 모든 것은 인간을 위해 만들어진 것으로 이는 곧 인간에게 종속되었음을 의미한다. 인간의 마음 깊은 곳에는 거룩한 장소가 있는데, 이곳에는 하나님 외에 다른 것이 들어와서는 안 된다. 그 안에는 그분이 허락하신 수천 가지 선물들이 자리를 잡으면 안 된다. 그러나 죄가 인간을 혼란스럽게 만들어, 하나님의 선물이 영혼을 파멸시키는 잠재적인 원인이 되게 했다.

대적은 우리 마음 중심에 물질이 들어오도록 유인하기 시작했다. 이제 물질이 우리 마음을 점령해 버렸다. 그러자 우리는 마음의 평화를 누릴 수 없게 되었고, 도덕적인 어둠과 완고함, 공격적인 침략자들이 마음의 첫 번째 자리를 차지하기 위해 자기들끼리 싸우게 되었다."

이것은 단순한 예화가 아니다. 정확하고 영적인 분석이다. 인간의 마음속에는 항상 더 소유하려는 뿌리 깊은 욕망이 박혀 있다. 이것이 물질을 탐내게 만든다. 소유대명사 '나의,' '나의 것' 자체는 아무 죄가 없다. 하지만 모든 사람이 끊임없이 그 단어를 사용한다는 것은 중요한 의미가 있다. 인간의 참된 본성이 무엇인지를 천 권의 신학서적보다 더 잘 표현하고 있기 때문이다. 또한 이는 우리의 내면을 잘 표현해 준다. 이제 우리의 내면은 뿌리 깊게 물질적인 것으로 박혀 있어서 무엇을 정리해야 할지조차 못하는 지경에 이르렀다. 물질은 인간에게 필요한 것이지 인간을 압도하라고 만들어진 것은 결코 아니다. 하나님의 선물이 이제 하나님의 자리를 차지하게 되면서 모든 만물이 혼란에 빠지게 되었다.

물질만능주의가 무엇인가?

뉴웹스터사전에는 물질만능주의를 "물질적인 것을 유일하고 근본적인 실체로 보고 모든 존재와 과정과 현상, 그리고 결과까지도 물질적인 것으로 설명된다고 보는 이론"으로 정의한다. 우리는 이 정의로부터 두 가지 다른 정의를 유추할 수 있다. "인생의 유일하고 가장 높은 가치이자 목적은 물질적인 행복에 있다. 인간은 지적이나 영적인 것보다 물질적인 것에 더 몰두하고 더 많은 물질을 소유함으로써 행복해진다." 간단히 말하면, 물질만능주의자는 세상의 것과 하나님의 것에 잘못된 가격표를 붙이고 있는 셈이다.

물질만능주의는 우리의 믿음에서 시작한다. 이 믿음은 단순히 우리가 믿는다고 '말하는 것'이나 신조가 아니라, 우리가 실제로 살아가는 삶의 철학을 의미한다. 진실한 그리스도인이라면 물질만능주의의 흐름을 거부해야 한다. 그렇지 않다면 그리스도인이 될 수 없다. 그럼에도 불구하고 물질에 점령당한 채 살고 있다면, 그가 가장 중요하게 여기는 것은 물질임이 분명하다.

하나님은 사람을 사랑하시고, 그가 물질을 이용하도록 만드셨다. 하지만 물질만능주의자는 거꾸로 물질을 사랑하고 사람을 이용한다. 오늘날 사회 전반에 걸쳐 사람을 물건처럼 대하는 예들을 들어보자. 경제 시장에서 사람은, 단지 회사의 이익에 공헌하는 가치만을 지니는 '소비자'로 간주된다. '소비자'가 자기 회사의 상품을 소비함으로써 그 제품에 중독되든, 약해지든, 살이 찌든, 병에 걸리든 아랑곳하지 않고 판매에만 열을 올린다.

물질만능주의에 대해 경각심을 가질 필요는 있지만, 그것 때문에 놀랄 이유는 없다. 자연스럽게 인류 대대로 내려온 인간의 존엄성을 거부하면, 창조주와 그의 진리를 배척할 수밖에 없다. 인간을 우연히 생겨난 존재로 믿으면 다른 사람들도 그런 식으로 보는 것이 자연스러운 현상이다. 젊은 사람들에게 사람이 동물과 기본적으로 다른 것이 없다고 가르치면서, 동물처럼 행동하는 것에 놀라서는 안 된다.

물질만능주의는 단순히 사회의 낙오자나 방치된 거리의 아이들이나 교육개혁자만 만들어 내지 않는다. 가장 우수한 가정과 장차 정재계의 인사나 의사, 변호사 등 인재를 만들어 낸다. 슬픈 얘기지만 물질만능주의자는 가정과 학교, 언론매체, 교회에서 배운 대로 살아갈 뿐이다. 모든 사람은 무엇인가에 가치를 두고 살아간다. 당신은 물질만능주의가 팽배한 이 세대에서 물질만능주의적 가치 외에 다른 어떤 것을 기대하는가? 사회의 일원으로서 우리는 심은 것을 그대로 거둔다.

물질만능주의는 국가의 도덕성을 회복하자고 외치는 정치가의 연설이나 수준 높은 윤리 강의를 통해 고쳐질 수 없다. 오직 하나님에 대한 우리의 관점을 바꿈으로써 고칠 수 있다. 다시 말해 이러한 변화는 우리 자신과 돈과 소유의 적절한 위치를 분명하게 해주는 하나님에 대한 지식과 그것을 믿는 믿음으로만 가능하다.

물질만능주의는 우리가 오직 한 사람(예수)과 한 장소(하늘나라)를 위해 창조되었다는 것을 깨닫지 못한 결과이다. 그리스도를 아는 우리들은 언젠가 하늘나라에서 그분과 함께 있을 것이다. 그때까지 우리는 다른 어떤 것에도 만족할 수 없다. 물질만능주의가 행복을 준다는 사탄의 속삭임은 거짓말이다. "만일 당신이 이것을 가지면, 분명히 행복해질 것이다." 이 거짓말을 붙들고 사는 한, 우리는 물질만능주의자에서 벗어날 수 없다.

말씀의 경고

성경에는 물질만능주의에 대한 이야기가 차고 넘친다. 돈과 소유에 대한 아간의 욕심은 수십 명의 사람들을 죽게 만들었다(수 7장). 선지자 발람은 돈을 받는 대가로 하나님의 백성을 저주하려고 했다(민 22장). 들릴라는 돈 때문에 삼손을 배반하고 그를 블레셋 사람에게 넘겼다(삿 16장). 솔로몬 왕은 더 많은 부를 쌓으려는 욕망으로 인해 하나님께 불순종하며 많은 말과 금, 은과 아내들을 소유했다(신 17:16-17). 게하시는 부를 얻기 위해 나아만에게 거짓말하고 엘리사를 속인 결과 문둥병에 걸렸다(왕하 5:20-27). 최후의 반역에서 가룟 유다는 대제사장에게 이렇게 말했다. "내가 예수를 너희에게 넘겨주리니 얼마나 주려느냐?" 유다는 그때은 30냥에 하나님의 아들을 팔았다(마 26:14-16, 47-50, 27:3-10).

초대 교회가 성령의 폭발적인 능력으로 탄생한 직후, 자신의 소유를 팔아 얼마를 감추고도 전부를 드렸다고 거짓말한 아나니아와 삽비라는 죽임을 당했다(행 5:1-11). 이러한 일들이 초대 교회 당시 발생한 것은 결코 우연이 아니다. 하나님은 이렇게 분명히 물질만능주의를 징계하셨다. 하나님이 마치 이렇게 말씀하시는 것 같다. "교회는 물질만능주의나 탐욕, 사기 등의 악영향으로부터 면제되는 곳이 아니다. 나는 그것으로 인해 교회를 타락시키는 사람들을 단호하게 심판할 것이다." 연이어 나오는 마술사 시몬의 이야기도 동일한 메시지를 전해 준다(행 8:18-21). 예수 그리스도는 어떤 형태나 어떤 시대이든 물질만능주의에 대해서 강력하게 경고 하신다. "모든 탐심을 물리치라 사람의 생명이 그 소유의 넉넉한 데 있지 아니하니라"(눅 12:15).

탐욕은 소유욕과 탐심이 겉으로 드러난 것이다. 소유욕은 우리가 가지고 있는 것과 관계가 있고, 탐심은 우리가 원하는 것과 관계가 있다. 소유욕은 가지고 있는 것을 쉽게 나누려고 하지 않는다. 또한 하나님이 주시지 않은 것을 가지려고 마음을 쏟는다. 내 것이 아닌 것을 가지려는 열망인 것이다.

탐욕은 하나님과 맞서는 심각한 행위다. 하나님은 정욕을 품은 자를 간음한 자라고 하시듯(마 5:28), 탐욕을 품은자를 우상 숭배자라고 하신다(골 3:5). 탐욕은 돈을 섬기는 행위이자, 기본적인 첫째 계명 "나는 … 네 하나님 여호와니라 … 너는 나 외에는 다른 신들을 네게 두지 말라"(출 20:2-3)를 어기는 행위이다. 여덟 번째 계명은 탐욕의 또 다른 산물인 도적질 하지 말라는 것이고(출 20:15), 열 번째 계명 또한 탐심에 대한 경고이다(출 20:17). 놀랍게도 십계명 중 세 가지가 물질만능주의를 금하는 내용이다.

탐욕은 전쟁을 포함해 거의 대부분의 파괴적인 행위의 원인으로 간주된다(약 4:1-3). 돈과 소유물에 대한 욕심이 수만 가지 사회악의 뿌리가 되고, 참되신 하나님을 배신하게 하는 가장 근본적인 원인이 된다(딤전 6:10).

물질만능주의자는 사회의 모든 영역에 있다. 자본주의 물질만능주의자와 공산주의 물질만능주의자가 있고, 공화당 물질만능주의자와 민주당 물질만능주의자가 있고, 경영자 물질만능주의자와 노동자 물질만능주의자가 있고, 세속적 물질만능주의자와 종교적 물질만능주의자가 있다. 탐욕은 모든 경제 원리, 사회 시스템, 정치, 정당, 종교, 경제 활동 등 어디에서나 볼 수 있다. 그것은 인간의 기본적인 죄성의 한 부분이다.

물질만능주의를 극복하지 못한 부유한 자나 사회에는 어떤 일이 일어나는가? 기본적인 물리 법칙이 그 해답을 준다. 질량이 증가하면 인력도 증가한다. 이것은 왜 행성이 크면 클수록 더 많은 위성을 궤도에 붙잡고 있는지를 보면 알 수 있다. 마찬가지로 더 많이 소유하면 할수록 그 소유는 우리를 붙들고, 그 굴레 안에 매이게 한다. 결국 거대한 블랙홀처럼 우리가 우리 자신과 소유물을 구별하지 못할 때까지, 또한 우리가 우상화한 그 물질의 신에게 복종할 때까지 잔인하게 우리를 빨아들일 것이다. 이것이 물질만능주의의 종착점이다.

예수님은 이렇게 가혹한 운명에 직면한 우리에게 복된 소식을 주신다. 그분은 우리에게 지금까지 살아온 삶의 방식을 바꾸고, 풍성한 나눔의 장으로 나아오라고 요구하신다. 풍성한 나눔은 소유물로부터 해방을 주며, 물질의 굴레를 깨고 나올 수 있게 해준다. 또한 이 땅의 물질세계의 중력에서 빠져나와 하늘나라의 보화 주위에 새로운 궤도를 만들게 한다.

물질만능주의의 어리석음

물질만능주의는 단순히 잘못된 것을 넘어 어리석은 사고다. 자신의 이익에만 민감한 이들에게 예수님은 이렇게 말씀하셨다. "사람이 만일 온 천하를 얻고도 제 목숨을 잃으면 무엇이 유익하리요 사람이 무엇을 주고 제 목숨과 바꾸겠느냐"(마 16:26).

어리석은 부자의 비유에서는 자신을 성공한 사업가로 여기는 사람이 등장한다(눅 12:16-21). 어리석음의 핵심은 진실을 깨닫지 못하거나 그것을 무시하는 것이다. 어리석은 부자는 그의 삶의 주인이 자기 자신이라고 생각했다. 그는 그를 향한 하나님의 계획을 고려하지 않고, 자신의 계획을 세웠다. 그는 현재의 유한성, 미래의 영원성, 그리고 현재의 선택이 미래를 결정한다는 세 가지 기본적인 사실을 깨닫는 데 실패했다.

어리석은 부자는 물질만능주의자였다. 그는 죽음을 피하거나 무한정 연기할 수 있는 것처럼 비이성적으로 행동했다. 그는 자신의 날이 얼마나 남았는지 계산하지 않음으로써 지혜로운 삶을 사는 데 실패했다(시 90:12).

성경 말씀은 우리 인생을 '풀과 같은' 것으로, 우리의 업적을 '들의 꽃'으로 묘사한다(사 40:6). 풀은 시들고 꽃은 떨어지는 것처럼 영원의 눈으로 보면 이 땅의 삶은 눈 깜빡할 사이에 지나간다(사 40:7-8).

"사람은 존귀하나 장구하지 못함이여 멸망하는 짐승 같도다"(시 49:12).

"진실로 각 사람은 그림자같이 다니고 헛된 일로 소란하며 재물을 쌓으나 누가 거둘는지 알지 못하나이다"(시 39:6).

그리스의 한 철학자는 이렇게 말했다. "모든 사람은 다른 사람들만 죽어야 할 운명이라고 생각한다." 물질을 쌓기 위해 질주하는 것은, 나는 죽음의 법칙에서 예외라고 증언하는 것과 마찬가지다. 2001년, 미국 뉴욕에서 벌어진 9·11 테러 사건은 수많은 미국인에게 인간의 유한성을 상기시켜 준 충격적인 사건이었다.

어리석은 부자는 하나님을 향해서는 부자가 아니었다(눅 12:21). 다시 말해 그는 하나님 중심으로 돈을 다루지 않았다. 그는 자기중심적으로 돈과 소유를 쌓아 올리려만 했지, 하나님을 섬기고 다른 사람의 필요를 채우는 데는 쓰지 않았다. 그는 너무 거만하고 이기적이었기 때문에 얼마를 가지고 얼마를 나누어야 할지 하나님의 인도하심을 구하지 않았다. 또 '성공'에 집착하다 보니 주변 사람들의 필요를 채우는 것에 마음을 쓸 여유도 없었다. 성경 말씀은 "그가 모태에서 벌거벗고 나왔은즉 그가 나온 대로 돌아가고 수고하여 얻은 것을 아무것도 자기 손에 가지고 가지 못하리니"(전 5:15)라고 말한다. 그러나 어리석은 부자는 '성공하기' 위해 동분서주한다.

거부였던 록펠러가 죽자, 많은 사람들이 그의 회계사에게 이렇게 물었다. "그가 얼마나 남겼습니까?" 그때 회계사는 유명한 말을 남겼다. "그가 가진 전부를 남겼습니다." 우리 역시 이 땅에서 쌓은 모든 물질을 가지고 갈 수 없다.

우리는 이 땅에서의 시간이 얼마나 짧은지 실감하기 위해 신문에 나오는 사망자 약력을 읽어 볼 필요가 있다. 또한 얻고자 애쓰는 모든 것이 어떻게 끝날지 확인하기 위해 고물상이나 쓰레기 하치장에 가 볼 필요가 있다. 지혜로운 사람은 미리 생각한다. 그러나 어리석은 사람은 내일이 없는 것처럼 행동한다.

역전 이론

누가복음 16장 19–31절을 보면 한 부자와 가난한 나사로 이야기가 나온다. 이 부자는 호화롭게 살았고 건강했다. 나사로는 거지였고 "그 부자의 상에서 떨어지는 것으로 배불리려" 했다(눅 16:21). 여기서 당신에게 "부자가 되고 싶소, 아니면 나사로가 되고 싶소?"라고 묻는다면, 당신은 아마도 부자를 선택할 것이다. 성경은 이 부자가 부정직했는지, 종교적이었는지, 아니면 보통 사람이었는지 아무것도 언급하지 않는다. 하지만 그가 가난한 나사로를 무시한 것은 사실이었다. 그는 하나님이 주신 재물을 도움이 필요한 다른 사람들을 위해 사용하지 않았다.

두 사람 모두 죽었다. 나사로는 하늘나라에 갔고 부자는 지옥에 갔다. 부자가 아브라함에게 나사로를 보내 자신의 고통을 덜어달라고 간청했을 때, 아브라함은 이렇게 대답했다. "너는 살았을 때에 좋은 것을 받았고 나사로는 고난을 받았으니 이것을 기억하라 이제 그는 여기서 위로를 받고 너는 괴로움을 받느니라"(눅 16:25). 자, 지금은 부자와 나사로 중 누가 되고 싶은가? 당신은 아마도 이전의 선택을 바꾸었을 것이다. 아브라함이 강조했듯 죽고 나서는 우리의 선택을 바꿀 수 없다.

이 비유에는 강력하지만 종종 간과되기 쉬운 '역전 이론'이 담겨 있다. 즉, 이 비유는 영원의 세계에 들어가면 이 땅에서의 모습과 반대 상황에 있는 자신을 발견하는 경우가 많음을 가르쳐 준다. 이 땅에서 나사로는 구걸하며 비참하게 살았으나 부자는 매일 호화롭게 살았다. 그러나 죽은 다음, 그들의 상황은 역전되었다. 부자는 지옥에서 고통을 당했고, 거지 나사로는 하늘나라에서 기쁨을 누렸다.

물론 가난하면 하늘나라에 가고, 부유하면 지옥에 간다는 것이 이 비유의 결론은 아니다. 그러나 이 비유는 실제와 동떨어진 이야기가 아니고 사도들뿐 아니라 예수님의 다른 많은 가르침을 확실하게 해주는 이야기다.

예수님의 탄생을 기대하면서 마리아는 이렇게 고백했다. "주리는 자를 좋은 것으로 배불리셨으며 부자는 빈손으로 보내셨도다"(눅 1:53). 예수님은 "가난한 자는 복이 있나니"라고 말씀하셨다. 그분이 "화 있을진저 너희 부요한 자여"라고 하신 이유는, 언젠가 그들의 상태가 역전될 것이기 때문이었다(눅 6:19-25). 심령이 가난하고, 애통하고, 온유하고, 의에 주리고, 목마르고, 핍박을 받는 사람은 해방되고, 채워지고, 상급을 받게 될 것이다. 이 땅에서 칭찬받은 사람은 하늘나라에서 귀히 여김을 받지 않을 것이고, 이 땅에서 칭찬받지 못한 사람은 하늘나라에서 귀히 여김을 받을 것이다(마 6:1-4,16-18). 이 땅에서 칭송받는 사람은 하늘나라에서 비천해지고, 이 땅에서 비천했던 사람은 하늘나라에서 존귀함을 얻을 것이다(마 23:12).

자기 재산을 부풀리기 위해 가난한 사람을 억압한 부자는 언젠가 반드시 심판을 받는다. 가난한 사람들은 바로 이 사실에 용기를 내야 한다(약 5:1-6). 요한계시록 18장 7절을 보면, 바벨론을 향한 다음과 같은 계시가 있다. "그가 얼마나 자기를 영화롭게 하였으며 사치하였든지 그만큼 고통과 애통함으로 갚아 주라."

이 역전이론이 신학적으로는 이해하기 어려울 수 있지만, 일시적인 희생은 영원한 보상을 주고, 일시적인 탐닉은 영원한 대가를 치러야한다는 것을 우리에게 상기시켜 준다. 또한 크리스천 노동자들에겐 격려를, 그들을 통해 이익을 챙기는 경영주들에게는 경고를 준다. 그리고 가난하고 연약한 사람에겐 위로가, 부유하고 권력 있는 사람에겐 위협이 된다. 이것은 또한 신약 성경의 가르침과 일치한다. 물질만능주의는 잘못되었을 뿐만 아니라 어리석다는 전제를 확실하게 해주는 것이다. 반면 하나님을 신뢰하고 이웃을 돌보며 그들과 나누는 일은 옳은 일일뿐 아니라 현명한 행동이다.

언젠가 거꾸로 된 이 세계가 바로 서게 될 날이 올 것이다. 영원의 세계에서 되돌릴 수 있는 것은 아무것도 없다. 당신이 지혜롭다면 이 땅에서 사는 동안 하늘나라의 삶을 위해 준비해야 하지 않겠는가?

물질만능주의의 인식

존 웨슬리는 이렇게 말했다.

> "참된 기독교가 전해지는 곳은 부지런함과 검소함이 나타날 수밖에 없고, 그로 인해 부가 자연스럽게 창출된다. 그런데 여기서 생긴 부유함이 교만함과 세상을 사랑함과 영적 삶을 파괴하는 모든 기질들을 낳는다. 이것을 막지 못하면, 기독교는 자체적 모순에 빠지게 될 것이다. 그리고 바로 서는 것도, 누군가에게 지속적인 영향을 끼치는 것도 불가능하게 될 것이다. 불행하게도 기독교가 전파되면, 기독교의 기초를 갉아먹는 악영향도 끼치게 되었다."

우리 교회의 파송선교사가 돌아와 한 달간을 지낸 뒤 이런 고백을 했다. "나는 여기서 물질만능주의에 압도당했어요." 또한 1년의 안식년을 보내고 다시 선교지로 돌아간 다른 선교사에게 이렇게 물은 적이 있다. "안식년을 보내면서 가장 충격적인 일은 무엇이었나요?" 그의 대답은 나를 부끄럽게 만들었다. "가장 충격적인 것은, 사람들이 집을 추위나 비로부터 자신을 보호하는 공간이 아닌, 과시하려고 짓는 것이었어요. 세상은 자신의 재산을 전시하고, 누가 더 잘 사는지를 과시하는 전시관이 되어버렸어요."

이들은 모두 다른 문화권에서 선교를 하다가 온 사람들이다. 만약 이들이 1-2년 더 머문다면, 자신도 모르게 물질만능주의에 물들게 될지 모른다. 참으로 슬픈 일이다. 개구리를 냄비에 넣고 온도를 조금씩 올리면 아무 저항 없이 서서히 죽어가듯이, 우리도 모르는 사이에 물질만능주의에 잠식당할 수 있다. 그때 우리는 물질만능주의를 '탈선'이 아닌 '정상'으로 간주하게 된다.

물질만능주의를 다루기 어려운 가장 큰 이유는, 그것이 이미 우리 삶의 많은 부분을 잠식했기 때문이다. 어둠 속에만 살면 그 어둠의 정도를 알지 못한다. 이처럼 우리도 우리가 물질만능주의에 빠진 것을 모를 수 있다. 그렇기 때문에 우리는 성경에 기록된 물질만능주의에 대한 경고를 절박한 심정으로 읽어야 한다. 그리고 이 문제를 극복하기 위해 노력하고 기도해야 한다.

잠시라도 하나님의 관점으로 물질만능주의에 빠진 세상 사람들을 바라본다면, 정신병동에 갇힌 환자가 자기 머리를 계속 벽에 박는 모습을 보며 느끼는 공포와 동정심을 동일하게 가지게 될 것이다.

오랫동안 그리스도인에게 물질만능주의는 그것이 잘못되었다는 정도로만 여겨져 왔다. 그러나 이제 물질만능주의에 대한 새로운 접근이 필요하다. 물질만능주의는 어리석고 실제로 미친 짓이다.

돈이나 땅, 집, 자동차, 옷, 여행 등으로 만족을 얻고 있다면, 그것은 물질만능주의에 속박되어 있음을 의미한다. 물질만능주의에 속고 있는 것이다. 이것은 마치 마약에 중독되듯 우리의 유일한 희망은 더 많이 소유하는 데 있다고 착각하게 만든다. 하나님은 우리를 향해 다가올 세상을 위해 준비하라고 촉구하시지만 떠들썩한 물질문명의 한복판에서는 그분의 소리가 잘 들리지 않는다.

Chapter 4
물질만능주의의 치명적인 함정

"영혼은 영적인 것이고 부유함은 세상적인 것이다. 그렇다면 세상적인 것이 어떻게 영적인 존재를 채울 수 있는가? 인간이 세상적인 것을 갈망하면서 기대한 바를 얻지 못하는 것은 얼마나 슬픈 일인가! 이 간극을 채우면서 동시에 영혼을 만족시키는 것은 불가능하다."(토마스 왓슨)

"엄청난 재물을 모으기에 가장 적합한 사람은, 그 재물을 누리기에 가장 부적합한 사람이다."(맥스 군터)

"내가 알고 있는 가장 가난한 사람은 돈밖에 없는 사람이다."(록펠러)

호화 유람선에서 디너파티가 열렸다. 한 아름다운 젊은 여성이 부자들 사이에 앉아 있었다. 그녀 가까이 앉아 있던 백만장자가 쪽지로 "1만 달러를 줄 테니 오늘밤 나와 함께 잠자리에 들지 않겠소?"라는 제안을 했다. 젊은 여성은 부끄러운 표정으로 잠시 생각하더니 "좋아요"라고 적어 보냈다. 몇 분 뒤, 이 두 사람은 파티장을 빠져나갔다. 두 사람만 있게 되자, 그는 다시 젊은 여성에게 물었다. "10달러를 줄 테니 나와 함께 잠자리에 들겠소?" 여성은 화가 잔뜩 나서 이렇게 말했다. "도대체 나를 어떤 여자로 생각하는 거예요?" 그는 당연한듯 이렇게 대답했다. "우리는 이미 당신이 어떤 여자인지에 대해 합의했소. 이제 당신의 가격을 정하는 일만 남았소."

우상 숭배와 간음

사탄은 모든 사람에게 '정해진 가격'이 있다는 가정하에 행동한다. 불행하게도 이 생각이 옳을 때가 종종 있다. 단기간에 엄청난 이익을 얻을 수 있다면, 자신의 원칙을 기꺼이 깰 사람들이 많기 때문이다.

구약에서는 이스라엘 민족을 창녀가 된 신부로 묘사한다. 그들은 자신의 합법적인 남편인 하나님을 저버리고, 가장 많은 돈을 지불하는 사람에게 그들의 몸을 팔았다. 선지자들은 이 황당한 상황을 실감나게 표현하기 위해 여러 비유를 사용했다(사 57:3-9 ; 렘 3:1-10). 이스라엘 민족의 불순종을 이처럼 구역질나게 묘사한 이유는, 다른 신들을 쫓아다니는 영적인 간음이 하나님의 마음을 얼마나 상하게 만들었는지를 제대로 표현하기 위함이다.

신약에서는 탐심을 우상 숭배라고 말한다(골 3:5). 우상 숭배는 유일하신 하나님 외에 다른 것을 예배하고 섬기는 것을 말한다. 돈을 포함하여 우리가 가지고 있는 모든 것은, '도구'가 되든지 아니면 '우상'이 된다. 우리가 가진 것을 하나님의 의도에 맞게 도구로 사용하지 않으면, 그것은 우상으로 돌변할 수 있다. 그리스도의 신부인 교회에게 있어 우상 숭배는 우리를 죽기까지 사랑하신 남편에 대한 간음과 같다.

허버트 슈로스버그는 물질만능주의라는 우상 숭배적 본성을 이렇게 설명한다.

"물질만능주의는 '전지전능한 돈을 추구하는' 가치 체계를 일컫는 표현으로, 돈과 소유를 종교적 추구의 최종 목표로 떠받드는 사고에 근거하고 있다. 사람들 또한 여기에 궁극적인 의미가 있다고 열심히 좇아가고 있다. 그리고 다른 모든 우상 숭배와 마찬가지로, 인생의 최고 의미를 창조주가 아닌 피조물 안에서 찾으려고 하며 인간의 삶을 파멸로 이끄는 파괴적인 요소에서 그 해답을 찾으려 한다."

성경 말씀은 이러한 파괴적인 요소에 대해 이렇게 말한다.

"부하려 하는 자들은 시험과 올무와 여러 가지 어리석고 해로운 욕심에 떨어지나니 곧 사람으로 파멸과 멸망에 빠지게 하는 것이라 돈을 사랑함이 일만 악의 뿌리가 되나니 이것을 탐내는 자들은 미혹을 받아 믿음에서 떠나 많은 근심으로써 자기를 찔렀도다"(딤전 6:9-10).

돈을 사랑하는 것은 자신을 파괴시키는 속성이 있음을 주목하라! 그것은 우리를 계속 찔러 고통 속에서 살게 한다. 우리가 추구하는 것이 결국 우리를 파멸로 이끄는 것이다. 우리는 우상이 결코 줄 수 없는 것을 돈에게 기대한다.

예수님은 부자가 영적으로 불리하다고 말씀하셨다(마 19:23-24). 문제는 하나님이 부자를 사랑하지 않으신다는 데 있는 게 아니라, 부자가 하나님을 사랑하지 않는 데 있다. 부자는 사랑할 만한 것을 너무 많이 가지고 있다. 모든 것을 가졌는데 왜 하나님을 필요로 하겠는가? 이것이 바로 "하나님과 맘몬을 둘 다 섬겨서는 안 된다"고 말씀하지 않고, "하나님과 맘몬을 둘 다 섬길 수 없다"라고 말씀하신 이유이다(마 6:24). 왜 그런가? 그것은 한 여자가 두 남편을 가질 수 없는 것과 같다. 이것은 하나님을 바람난 여자의 남편으로 만드는 것이다. 하나님은 우리가 돌아오기를 간절히 바라신다. 하지만 세상과 바람을 피우는 한, 하나님은 그분의 은밀한 공간에 우리를 들어오게 허용하지 않으실 것이다. 하나님은 반쪽짜리 남편이 되실 수 없다. 하나님은 우리가 그분을 주님으로 따르지 않으면서 '구세주'라 부르는 것을 몹시 싫어하신다.

물질만능주의는 하나님이 가장 미워하시는 두 가지, 우상 숭배와 간음으로 구성되어 있다. 하나님이 얼마나 물질만능주의를 혐오하시는지는 마지막 심판 때에 보게 될 것이다. "그 음행의 진노의 포도주로 말미암아 만국이 무너졌으며 또 땅의 왕들이 그와 더불어 음행하였으며 땅의 상인들도 그 사치의 세력으로 치부하였도다"(계 18:3). 오늘날 우리들은 하나님의 백성에게 전하는 음성을 명심해서 들어야 한다.

> "내 백성아, 거기서 나와 그의 죄에 참여하지 말고 그가 받을 재앙들을 받지 말라 그의 죄는 하늘에 사무쳤으며 하나님은 그의 불의한 일을 기억하신지라 그가 준 그대로 그에게 주고 그의 행위대로 갑절을 갚아 주고 그가 섞은 잔에도 갑절이나 섞어 그에게 주라 그가 얼마나 자기를 영화롭게 하였으며 사치하였든지 그만큼 고통과 애통함으로 갚아 주라"(계 18:4-7).

9·11 테러 당시, 경제적인 번영의 상징으로 우뚝 솟은 세계무역센터

가 완전히 주저앉은 광경은 영원히 잊히지 않을 것이다. 이 비극적인 사건은 하나님 앞에서 교만한 모든 인간의 업적과 번영이 반드시 심판 받는다는 사실을 상기시켜 주었다. 경제적인 바벨론이 무너지면 물질만능주의의 왜곡된 철학으로 이익을 챙겼던 상인들이, "화 있도다 화 있도다 큰 성이여 세마포 옷과 자주 옷과 붉은 옷을 입고 금과 보석과 진주로 꾸민 것인데 그러한 부가 한 시간에 망했도다"(계 18:16-17)라고 절규한다.

우리는 이러한 황폐함에 대해 모든 하늘이 슬퍼하리라고 생각하지만, 사실은 물질만능주의의 요새가 파괴된 것에 대해 하늘에서는 큰 기쁨의 잔치가 벌어진다. "하늘과 성도들과 사도들과 선지자들아, 그로 말미암아 즐거워하라 하나님이 너희를 위하여 그에게 심판을 행하셨음이라"(계 18:20). 결국 하나님은 물질만능주의의 요새를 허무실 것이다. 하지만 우리는 삶 속에서 먼저 그것을 부수려고 애써야 한다.

언젠가 '하나님께 드리는 것'에 대한 설교를 준비하고 있었다. 그러나 맘몬에 붙들린 많은 사람들이 말씀을 들을 준비가 되어 있지 않아 마음이 무거웠다. 그래서 나는 부활주일 다음 주부터 설교를 하기로 마음먹었다. 부활주일에 여러 예배가 있었지만, 나는 아내와 함께 시간을 내어 교회 근처에서 열리는 작은 기도회에 참석했다. 우리는 그 기도회를 통해 하나님의 능력을 체험했다. 그 다음 주에 내가 여섯 번의 설교를 하는 동안 그 작은 방에서는 기도회가 있었다. 내 친구가 중보기도자 55명과 함께 내가 설교를 할 때마다 번갈아 기도하도록 한 것이다.

기도가 중요한 이유는 무엇인가? 구원을 위한 전투가 치열하듯이, 우리 삶의 소유권을 차지하기 위한 전투도 똑같이 치열히다. 하나님의 은혜는 우리를 구원하시고, 거룩하게 하시고, 능력을 주시는 은혜. 하나님의 능력은 불신자가 회심하기 위해서만 필요한 것이 아니다. 성도들이 순종하고 기뻐하는 데도 필요한 능력이다. 죄의 속박으로부터 해방시키는 은혜가 물질만능주의의 구속으로부터 자유롭게 되기 위해서도 절실하게 필요하다.

우리가 참으로 원하는 것은?

다음 질문에 답하기 전까지는 물질만능주의를 비롯한 그 어떤 우상숭배로부터도 구원받을 수 없다. "당신이 정말 원하는 것은 무엇인가? 당신의 마음 가장 깊은 곳에 있는 갈망과 요구는 무엇인가?" 성경은 이 질문에 분명한 답을 주고 있다.

> "하나님이여 사슴이 시냇물을 찾기에 갈급함 같이 내 영혼이 주를 찾기에 갈급하니이다 내 영혼이 하나님 곧 살아 계시는 하나님을 갈망하나니"(시 42:1-2).
>
> "하나님이여 주는 나의 하나님이시라 내가 간절히 주를 찾되 물이 없어 마르고 황폐한 땅에서 내 영혼이 주를 갈망하며 내 육체가 주를 앙모하나이다"(시 63:1).
>
> "하나님이여 주의 인자하심이 어찌 그리 보배로우신지요 사람들이 주의 날개 그늘 아래에 피하나이다 그들이 주의 집에 있는 살진 것으로 풍족할 것이라 주께서 주의 복락의 강물을 마시게 하시리이다 진실로 생명의 원천이 주께 있사오니 주의 빛 안에서 우리가 빛을 보리이다"(시 36:7-9).
>
> "너희는 여호와의 선하심을 맛보아 알지어다"(시 34:8).
>
> "의에 주리고 목마른 자는 복이 있나니 그들이 배부를 것임이요"(마 5:6).

"예수님께서 서서 외쳐 이르시되 누구든지 목마르거든 내게로 와서 마시라 나를 믿는 자는 성경에 이름과 같이 그 배에서 생수의 강이 흘러나오리라"(요 7:37-38).

"나는 알파와 오메가요 처음과 마지막이라 내가 생명수 샘물을 목마른 자에게 값없이 주리니"(계 21:6).

"성령과 신부가 말씀하시기를 오라 하시는도다 듣는 자도 오라 할 것이요 목마른 자도 올 것이요 또 원하는 자는 값없이 생명수를 받으라"(계 22:17).

1647년 웨스트민스터 소요리문답에 따르면, "사람의 첫째 되는 목적은 하나님을 영화롭게 하고, 영원토록 그분을 즐거워하는 것"이라고 한다. 하나님은 그분 안에서 우리가 최고의 기쁨을 발견하도록 부르셨다. 우리가 만일 다른 사물이나 사람에게서 이 기쁨을 찾으려고 한다면 그것은 우상 숭배다. 우상 숭배는 잘못일 뿐 아니라 항상 실패로 끝날 수밖에 없다. 우리의 원대로 되지 않는다. 하나님 한 분 외에는 다른 어떤 것도 대신 예배를 받을 자격이 없다.

어거스틴은 회심 전의 자신의 부도덕하고 물질적인 삶을 돌아보며 이렇게 기도했다.

"내가 잃어버릴까 봐 두려워하던 공허한 쾌락을 당신이 제거해 주셨을 때, 그때 찾아온 기쁨이 얼마나 달콤했는지요! 당신은 그것들을 내게서 몰아내 주셨고, 내게는 당신만이 최고의 기쁨이 되셨습니다. 당신은 그것들을 몰아낸 다음 그 자리에 앉으셨고, 당신은 그 어떤 것보다 더 감미로운 기쁨이 되셨습니다."

물질만능주의는 우리를 어떻게 파멸시키는가?

물질만능주의는 우리에게 어떤 영향을 미치는가? 이제부터 이 질문에 대한 열 가지 답변을 하려고 한다.

1. 물질만능주의는 우리의 영적인 삶을 방해하거나 파괴시킨다

예수님은 라오디게아 성도들이 물질적으로는 부요하지만 하나님의 일에 대해서는 가난한 것을 책망하셨다(계 3:17-18). 물질만능주의는 우리 자신의 영적인 가난을 깨닫지 못하게 한다. 청교도인 리처드 백스터는 "인간은 부요할 때, 마음이 부풀고 기분이 좋아져서 자신이 병든 것을 미처 깨닫지 못한다"라고 말했다. 어거스틴은 「고백록」에 "하나님, 하나님은 당신 자신을 위해 우리들을 만드셨고, 우리 마음은 당신 안에서 안식을 발견할 때까지 안식할 수 없습니다"라고 기록했다. 같은 맥락에서 철학자 블레이저 파스칼은 다음과 같이 고백했다. "인간들은 도움이 안 되는 것을 추구하며, 주위에 있는 모든 것으로부터 공허를 채우려고 헛된 노력을 한다. 이러한 노력이 전혀 도움이 되지 않는 것은, 이 끝없는 공허는 영원하고 변하지 않는 것에 의해서만 채워질 수 있기 때문이다. 하나님 외에 누가 채울 수 있겠는가?"

물질만능주의는 하나님 밖에서 의미를 찾으려는 헛된 수고다. 우리가 궁극적인 만족을 그리스도와 하늘나라가 아닌 사람이나 다른 장소에서 찾는다면, 우리는 우상 숭배자가 된다. 말씀에 의하면 물질만능주의는 악할 뿐 아니라 가치가 없다.

"어느 나라가 그들의 신들을 신 아닌 것과 바꾼 일이 있느냐 그러나 나의 백성은 그의 영광을 무익한 것과 바꾸었도다 너 하늘아 이 일로 말미암아 놀랄지어다 심히 떨지어다 두려워할지어다 여호와의 말씀이니라 내 백성이 두 가지 악을 행하였나니 곧 그들이 생수의 근원되는 나를 버린 것과 스스로 웅덩이를 판 것인데 그것은 그 물을 가두지 못할 터진 웅덩이들이니라"(렘 2:11-13).

목말라 죽어 가는 사람이 물을 저장할 수 없는 웅덩이를 미친 듯이 파고 있다고 상상해 보자. 찌는 듯한 햇볕 아래, 이 사람은 갈증을 해소하기 위한 마지막 방편으로 모래 한 움큼을 입에 집어넣었다. 그러자 목이 막히고 구토가 나오면서 거의 죽게 되었다. 그런데 돌을 던지면 닿을 만큼 가까운 거리에 신선하고 깨끗한 샘이 있다는 것이 바로 선지자 예레미야를 통해 하나님이 그려 주신 그림이다. 하나님 외에 다른 것에서 생명을 찾으려는 시도는 모두 헛될 수밖에 없다. 물질만능주의는 막다른 골목처럼 스스로 완전히 자멸하는 길이다.

2. 물질만능주의는 축복을 저주로 바꾼다

존 스타인벡이 아드레이 스티븐슨에게 보낸 편지가 1960년 1월 28일자 〈워싱턴포스트〉 신문에 실렸다. "우리는 얼마나 이상한 종족인가! 하나님이 우리에게 누리라고 주신 것을 모으려고만 하지, 나누려고 하지 않는다. 만일 한 나라를 파괴시키기 원한다면, 많은 것을 주면 된다. 그것은 사람들을 불행하게 할 것이다."

철의 장막 시대에 박해받던 루마니아 목사가 한 모임에 참석해서 이런 간증을 했다. "경험상, 그리스도인은 고난의 시험을 당할 때 95퍼센트가 잘 견디어 시험을 통과하지만, 성공의 시험을 당할 때는 95퍼센트가 넘어집니다." 이것은 토마스 칼라일의 관점과 같은데, 그는 "역경을 견디기 어렵다. 하지만 성공은 역경보다 백 배나 더 견디기 어렵다"라고 했다.

에스겔은 "네 지혜와 총명으로 재물을 얻었으며 금과 은을 곳간에 저축하였으며 네 큰 지혜와 네 무역으로 재물을 더하고 그 재물로 말미암아 네 마음이 교만했도다"(겔 28:4-5)라고 했다. 실제로 하나님이 주신 축복을 자신의 공로로 돌리기 시작할 때, 우리는 사탄이 좋아하는 교만의 죄를(딤전 3:6) 짓게 된다. 호세아는 이것을 이렇게 표현했다. "그들이 먹여 준 대로 배가 불렀고 배가 부르니 그들의 마음이 교만하여 이로 말미암아 나를 잊었느니라"(호 13:6).

하나님과 동행하는 가난하고 겸손한 사람이 축복을 받게 될 때 일어나는 변화는 인생의 큰 모순 중 하나다. 그는 점차 주님으로부터 멀어지면서 결국 심판받을 교만한 부자가 되어버린다. 하나님은 왜 그분을 떠난 서구 나라에게 아직도 물질의 축복을 주시는지 의아해 하는 사람도 있다. 그러나 그 '축복'은 축복으로 변장한 저주일지도 모른다. 가장 큰 축복은 하나님을 전심으로 따르기 위해 그분께 돌아서는 것이지, 물질의 노예가 되는 것이 아니다. 성공한 그리스도인이 재산을 저주가 아닌 축복이 되도록 다루는 것은 큰 도전이 된다.

성경에서 물질의 부는 항상 영적인 책임(막 10:23-25)*과 맞물려 있다*. 예수님은 부자가 하늘나라에 들어가는 것이 얼마나 어려운지를 심각하게 말씀하셨다. 그러므로 하늘나라의 일원이 되는 것이 인간이 누릴 수 있는 최고의 축복이라면, 이 땅에서 잘사는 것이 하나님으로부터 온 축복인가를 신중히 생각해 봐야 한다. 하나님이 어리석은 부자를 축복하셨는가? 나사로에게 무관심했던 부자를 기뻐하셨는가? 부유하고 악한 이스라엘과 바벨론과 앗시리아의 왕들을 축복하셨는가? 국민들은 비참하

게 살아가는데, 자신의 치부(致富)를 위해 국가 자금을 사용하는 오늘날의 부유한 지도자들은 진정으로 축복받은 사람들인가?

출애굽한 뒤, 하나님은 이스라엘 백성을 사랑하는 마음으로 메추라기를 보내주셨다. 그들이 자신들의 환경에 대해 불평할 때, 다시 메추라기를 "냄새도 싫어하기까지"(민 11:18-20) 보내셨다. 물질의 축복은 하나님의 축복일 수 있다. 하지만 그것을 하나님 대용으로 취급하기 시작하면 축복은 곧 저주로 바뀐다. 하나님이 누군가를 저주하시려고 할 때, 재물을 무더기로 쏟아붓는 것보다 더 효과적인 방법은 없다는 것을 성경과 역사는 우리에게 교훈한다.

3. 물질만능주의는 불행과 염려를 가져온다

많은 사람들은 끊임없이 '만일 ~만 가질 수 있다면'이라는 기대 속에서 살아간다. '월급이 인상되기만 한다면, 월급을 많이 주는 직장을 다닐 수만 있다면, 새 차를 살 수만 있다면, 별장이나 명품들을 살 수만 있다면 얼마나 행복할까!'하고 생각하는 것이다. 이러한 바람은 '돈이 더 많이 있다면 하나님께 더 많이 드릴 수 있을 텐데'라는 마음으로 옮겨 간다. 하지만 불행하게도 적게 가져서 적게 드린 사람이, 부유하게 되었을 때 많이 드리는 것을 본 적이 거의 없다.

C.S. 루이스의 「나니아 연대기 : 사자, 마녀, 그리고 옷장」(The Lion, the Witch, and Wardrobe)에서 마녀의 터키과자를 맛본 에드먼드는 그것을 더 얻기 위해 형제들을 배신한다. 하지만 무엇이든 탐닉하면 할수록 식상해지고 만족은 줄어든다. 이처럼 '부유함의 미끼'는 '노예와 중독으로 이끄는 낚시 바늘'을 숨기고 우리에게 접근한다.

당신은 누구처럼 되고 싶은가? 당신이 아는 어느 부자처럼 되고 싶은가? 그러나 부로 인해 가정이 파괴되고, 삶이 망가진 사람이 부지기수라는 사실은 무엇을 말하는가? 자신의 돈과 권력으로 인해 결국 비참한 생을 살게 된 하워드 휴즈의 삶을 생각해 보라. 또한 다음 거부들의 증언을 주목해 보라.

> "나는 엄청난 돈을 벌었지만, 그것이 나를 행복하게 해주지는 못했다."(존 D. 록펠러)
> "2억 달러는 어떤 사람도 죽일 수 있을 만큼 큰 돈이다. 그러나 거기에는 즐거움이 없다."(W.H. 벤더빌트)
> "나는 세상에서 가장 불쌍한 사람이다."(존 애스터)
> "나는 수리공으로 일했을 때, 더 행복했다."(헨리 포드)
> "백만장자는 웃을 때가 거의 없다."(앤드류 카네기)

아론 백 박사는 자살 기도로 입원한 환자들을 10년 동안 연구한 뒤, 그 결과를 한 정신의학 잡지에 기고했다. 그 결과에 의하면, 자살을 시도하게 만드는 열다섯 가지 주요 위험 요소 중 하나가 '재정적인 자원'이었다. 그는 "자원이 늘어날수록 자살 기도 위험도 증가한다"라고 덧붙였다. 주가가 큰 폭으로 하락해서 자살하는 사람도 있고, 성공한 전문가들 중 고혈압과 높은 스트레스 지수를 가진 사람이 많은 것도 바로 이 때문이다.

나는 수명을 예측하는 테스트를 받아 본 적이 있다. 그 테스트는 통계적 확률에 근거해서 운동을 하는 사람은 수명이 몇 년 더하고, 흡연자는 몇 년을 감하는 등의 방법을 사용했다. 그때 나를 놀라게 한 지문이 있었는데 바로 "당신의 연봉이 5만 달러 이상이면 2년을 감하라"였다.

물질만능주의는 '염려의 어머니'다. 예수님이 이 세상과 하늘나라의 보화에 대해 설교하시기 전, 먼저 물질적인 것에 대한 염려를 하지 말라고 경고하신 것은 놀랄 일이 아니다(마 6:25-34). 사람들은 욕심과 이기심, 그리고 두려움과 불안 때문에 하늘나라가 아닌 이 세상에 보화를 쌓는다. 그렇지만 우리의 소망을 이 땅의 보화에 두는 것은 염려를 증폭시킬 뿐이다. 왜 그런가? 세상의 보화는 너무나 일시적이고 불확실하기 때문이다.

재산전부를 주식에 투자한 사람의 희망은 주가에 따라 오르락내리락한다. 모든 재산을 은행에 예금한 사람은 은행이 망할 때 같이 망하며, 농사짓는 것이 전부인 사람은 농사를 망치거나 농산물의 가격이 내려가면 망하게 된다. 하지만 하나님께 소망을 둔 사람은 하나님이 실패하셨을 때만 (결코 그럴 일은 없지만) 망한다.

세상의 부에 마음을 고정하면, 영광의 하나님과 그분의 도우심, 상급을 빼앗길 뿐 아니라 불안정한 삶을 살 수밖에 없다. 물질만능주의자가 하나님 나라를 향하는 법은 없기 때문이다.

바울은 부자들에게 "정함이 없는 재물에 소망을 두지 말고 오직 우리에게 모든 것을 후히 주사 누리게 하시는 하나님께 두며"(딤전 6:17)라고 했다. 솔로몬은 "노동자는 먹는 것이 많든지 적든지 잠을 달게 자거니와 부자는 그 부요함 때문에 자지 못하느니라"(전 5:12)는 말씀에서 깊은 통찰력을 보여 준다. 많이 가질수록 더 많이 염려하게 된다.

4. 물질만능주의의 종착역은 공허함이다

전도서는 성령의 수많은 책 중 가장 강력하게 물질만능주의의 폐해를 폭로하고 있다. 솔로몬은 수많은 노예들과 금과 은, 많은 첩들을 두었을 뿐 아니라, 삶의 의미를 찾기 위해 쾌락, 웃음, 술, 사업, 건축, 농사 등 여러 분야를 추구했다고 자세하게 설명하고 있다(전 2:1-11). 그는 "무엇이든지 내 눈이 원하는 것을 내가 금하지 아니하며 무엇이든지 내 마음이 즐거워하는 것을 내가 막지 아니하였으니"(전 2:10)라는 철학을 추구하며 최고의 성공과 명성을 얻었다. 그러나 많이 가지면 가질수록 그는 더 많은 유혹에 빠지게 되었다. 그의 탐닉은 결국 죄로 연결되었고, 그의 죄는 불행으로 이어졌다. 다음은 솔로몬이 전도서 5장 10 – 15절에서 고백한 내용이다. 각 성경 말씀 다음에 나오는 말은 내가 덧붙인 설명이다.

"은을 사랑하는 자는 은으로 만족하지 못하고"
: 많이 가지면 가질수록 더 많이 원하게 된다.
"풍요를 사랑하는 자는 소득으로 만족하지 아니하나니"
: 많이 가지면 가질수록 만족함은 줄어들게 된다.
"재산이 많아지면 먹는 자들도 많아지나니"
: 많이 가지면 가질수록 더 많은 사람들이 달려든다.
"그 소유주들은 눈으로 보는 것 외에 무엇이 유익하랴"
: 많이 가지면 가질수록 진정한 필요가 충족되지 못함을 깨닫게 된다.
"노동자는 먹는 것이 많든지 적든지 잠을 달게 자거니와 부자는 그 부요함 때문에 자지 못하느니라"
: 많이 가지면 가질수록 걱정할 것이 더 많아진다.
"내가 해 아래에서 큰 폐단 되는 일이 있는 것을 보았나니 곧 소유주가 재물을 자기에게 해가 되도록 소유하는 것이라"
: 많이 가지면 가질수록 소유에 집착하며 나 자신을 상하게 한다.
"그 재물이 재난을 당할 때 없어지나니"

: 많이 가지면 가질수록 더 많이 잃는다.

"그가 모태에서 벌거벗고 나왔은즉 그가 나온 대로 돌아가고 수고하여 얻은 것을 아무것도 자기 손에 가지고 가지 못하리니"

: 많이 가지면 가질수록 떠날 때 더 많이 남기게 된다.

거부였던 솔로몬은 말년에 "그 후에 내가 생각해 본즉 내 손으로 한 모든 일과 내가 수고한 모든 것이 다 헛되어 바람을 잡는 것이며 해 아래에서 무익한 것이로다"(전 2:11)라고 고백했다. 그의 삶은 가지면 가질수록 허무하게 되었다. 그런데 아직도 많은 사람들이 '돈이 조금만 더 있으면 행복해질 것'이란 말에 속아 신기루를 쫓고 있다. 솔로몬은 모든 것을 가졌었다. 모든 신기루를 다 쫓아다녔다. 하지만 돈보다 신기루가 먼저 사라졌다.

다음 성경 구절을 묵상해 보라. "은을 사랑하는 자는 은으로 만족하지 못하고 풍요를 사랑하는 자는 소득으로 만족하지 아니하나니 이것도 헛되도다"(전 5:10). 이 말씀을 영어 성경(NIV)은 "Whoever loves money never has money enough;whoever loves wealth is never satisfied with his income. This too is meaningless"라고 기록했다. 여기서 'never'(결코)는 솔로몬의 경험에서 나온 말로 예외가 없다는 뜻이다. 다시 말해 "진정으로 만족하기 위해서는 돈에 대한 당신의 태도를 바꾸어야 한다"는 의미인 것이다.

돈 자체는 결코 해답이 아니다. 우리에게 필요한 것은 돈에 대해 근본적으로 다른 관점을 갖는 일이다. 우리는 돈으로 삶을 무의미하게 만드는 대신, 돈을 의미 있게 쓸 수 있는 순수한 기회를 찾아야 한다. 7장에서 살펴보겠지만 이것이 바로 예수님이 우리에게 요구하시는 바다.

5. 물질만능주의는 값없이 주시는 구원과 은혜를 깨닫지 못하게 한다

하나님이 주시는 가장 큰 축복은 부자뿐 아니라 가난한 사람도 똑같이 누릴 수 있다. 부유함으로 인해 고통과 혼란을 적게 겪은 가난한 사람이 오히려 감사하는 삶을 사는 경우도 훨씬 많다. "너희 모든 목마른 자들아 물로 나아오라 돈 없는 자도 오라 너희는 와서 사 먹되 돈 없이 값 없이 와서 포도주와 젖을 사라"(사 55:1)는 말씀이 바로 모든 사람에게 주시는 하나님의 가장 큰 축복이다. 이와 동일한 초대가 성경의 마지막 장에 반복적으로 나온다. "목마른 자도 올 것이요 또 원하는 자는 값없이 생명수를 받으라"(계 22:17). 정말 가치 있는 것은 돈으로 살 수 없다. 하나님의 아들 예수 그리스도는 죽음으로 구원의 값을 지불하셨고, 그분에게 나아오는 모든 사람에게 자신을 값없이 주셨다. 돈으로는 구원을 살 수도, 심판을 피할 수도 없다. "재물은 진노하시는 날에 무익하나"(잠 11:4). 주후 3세기경 테르툴리아누스는 "하나님의 것은 돈으로 살 수 있는 게 아무것도 없다"라고 말했다.

물질만능주의의 최종적인 모순을 이해하기 위해서는 존 파이퍼의 경고를 귀담아 들을 필요가 있다.

> "동해상에 비행기가 추락하여 269명이 영원한 나라로 간 사건을 생각해 보자. 추락하기 전, 그들은 유명한 정치가, 기업의 중역, 플레이보이, 할아버지를 만나러 가는 선교사 자녀였다. 하지만 추락 후, 그들은 모두 신용카드, 명품 드레스, 성공 기법을 담은 책, 유명 호텔 숙박권 등을 모두 버려두고 하나님 앞에 서게 된다. 모두가 빈손으로, 오직 그들의 마음에 간직한 것만 가지고 하나님 앞에 나란히 서게 된다. 그 날에는 돈을 사랑한 사람이 얼마나 어리석고 비참한지 깨닫게 될 것이

다. 마치 인생을 기차표 수집을 위해 다 보냈지만, 결국 그 표에 깔려 마지막 기차를 놓친 사람처럼 말이다."

6. 물질만능주의는 하나님으로부터의 독립을 선언하게 한다

나 자신을 믿는데 왜 하나님을 믿어야 하는가? 필요한 것을 모두 가지고 있는데 왜 하나님을 신뢰해야 하는가? 모든 것이 잘 돌아가고 있는데 왜 기도해야 하는가? 내 소유의 빵집을 가지고 있는데 일용한 양식을 얻기 위해 기도해야 할 이유가 어디 있는가? 이처럼 풍족함은 신앙생활의 핵심인 믿음과 기도의 가장 큰 적이다. 우리는 자신의 '경제적인 독립'을 자랑하지만, 매 순간 호흡을 선물로 주시는 하나님 없이 어떻게 살겠는가? 경제적인 독립이라는 말 자체가 신성 모독일 수 있다.

하나님의 돌보심에 대해 알렉산더 맥클래런은 이렇게 기록하고 있다.

"하나님이 손을 벌려 우리를 도와주시지 않으면, 우리는 길이 없는 막다른 골목까지 가게 된다. '이제 다 끝났어'라고 절규하는 절망의 순간, 우리는 그분의 자비로운 손이 우리를 잡아 주길 바란다. 그런데 그때까지 우리는 결코 하나님을 찾지 않는다. 만일 우리의 필요가 채워지길 원한다면, 약점이 사라지길 원한다면, 염려되는 일을 해결할 수 있는 지혜를 갖길 원한다면, 우리는 필요한 것이 모두 보관된 창고로 가야 한다. 그러나 창고 문 앞에서 그저 앉아 있기만 하면, 우리는 문지방에서 굶어 죽을 것이다. 은행 금고에 아무리 많은 돈이 예금되어 있더라도, 은행에 가지 않으면 빈털터리로 살 수밖에 없는 것처럼 말이다. 믿음으로 주님이 계신 거룩한 동산에 서지 않는다면, 하나님의 공급하심은 우리에게 아무런 의미가 없고, 그때 우리는 풍요 속의 빈

곤을 누리게 될 것이다."

당신을 창고나 금고에 접근하지 못하게 하고, 하나님의 공급하심을 누리는 데 필요한 '단순한 믿음'을 갖지 못하게 방해하는 것은 무엇인가? 그것은 부, 혹은 부라는 환상이다. 부는 우리의 필요로부터 우리를 격리시킨다. 더 정확하게 표현한다면, *부는 꼭 필요한 것이 무엇인지 분간하지 못하도록 우리를 방해한다.*

7. 물질만능주의는 교만과 엘리트 의식을 갖게 한다

사람이 부유해지면 자기가 잘해서 그렇게 됐다고 자랑하면서 점점 교만해지고 감사하지 않게 된다. 이것을 증명하는 구절이 성경 곳곳에 있다(신 6:1-15,31:20,32:15-18 ; 대하 26:6-16 ; 시 49:6-8,52:7 ; 잠 30:8-9 ; 호 13:4-6). 바울은 교만한 고린도 교인들에게 "누가 너를 남달리 구별하였느냐 네게 있는 것 중에 받지 아니한 것이 무엇이냐 네가 받았은즉 어찌하여 받지 아니한 것 같이 자랑하느냐"(고전 4:7)라고 묻는다. 디모데에게는 "네가 이 세대에서 부한 자들을 명하여 마음을 높이지 말고"(딤전 6:17)라고 했다. 결국 우리에게 지성(단 2:21)과 은사(롬 12:6)를 주셨고 돈을 벌 수 있는 능력(신 8:18)을 주신 분은 하나님이라는 것이다.

교만의 가장 흉측한 모습 중 하나는, 특정 계층에 속한 것을 과시하며 자신의 우월함을 나타나는 '엘리트 의식'이다. 이 엘리트 의식이 인종차별과 민족주의, 교파주의의 핵심을 이루고 있다. 또한 배타적인 클럽이나 식당, 호텔, 사립학교, 사교클럽, 친목단체, 교회, 그리고 수많은 제휴관계들의 배후에 보이지 않는 힘이 되고 있다.

나는 어느 병원 대기실에서 "특정한 그룹의 독자만을 위해 제작된,

일반 잡지와는 전혀 다른 잡지"라고 소개하는 잡지 하나를 보게 되었다. 그 잡지에는 "저희 잡지는 고품격을 유지하기 위해 발행 부수를 제한하고 있습니다. 저희는 십만 명 이상의 구독자를 받지 않습니다"라고 적혀 있었다.

추가로 십만 부를 더 발행한다고 해서 잡지의 질이 떨어진다는 것이 말이 되는가? 이것은 엘리트의식에서 기인한다. "나는 이 잡지를 구독할 정도로 특별한 사람이지만 당신은 아니야"라는 과시하고 싶은 인간의 욕망에 호소하는 것이다.

예수님은 모든 사람을 위해 이 땅에 오셨다. 바울은 교만한 고린도 교인들에게, 교회는 '하찮은 사람'으로 구성되었다고 상기시키고 있다(고전 1:26-31). 엘리트 의식은 자신이 다른 사람보다 더 가치 있다고 생각하게 부추긴다. 주님은 부자가 가난한 사람을 멸시하는 것을 가장 싫어하신다. 그런데 여러 모임이나 사회에서, 심지어는 교회 안에서조차 주님이 싫어하시는 분위기가 조성되고 있다.

8. 물질만능주의는 부정과 착취를 증진시킨다

돈에는 권력이 있다. 권력 자체가 악은 아니지만 위험한 것은 사실이다. 오직 전지전능하신 하나님만이, 오직 선하신 하나님만이 권력을 바르게 행사하실 수 있다. 이 세상에서 끊임없이 독재자들이 나오는 것을 보면 "권력은 부패하고, 절대 권력은 절대적으로 부패한다"는 옛 속담이 사실임이 분명하다.

야고보는 부자가 가난한 사람에게 부정을 행사하면 하나님의 심판을 받을 것이라는 가정하에 부자를 정죄하고 있다(약 5:1-6). 구약의 선지자들은 부자가 가난한 사람들을 압제하는 것에 대해 지속적으로 경고하고 있는데, 이것은 의로운 부자가 드물다는 인상을 강하게 남긴다(사 10:1-3 ; 렘 5:27-28,15:13 ; 호 12:7 ; 암 5:11 ; 미 6:12).

부자는 '물질적'이기 쉽다. 물질적인 사람은 항상 공정하지 못하다. 재산이 많으면 많을수록 부정행위를 할 기회가 많아진다. 물론 부자가 가난한 사람보다 죄가 더 많다는 뜻은 아니다. 부자가 누군가를 매수하고, 자기 뜻대로 행동할 수 있는 수단과 기회가 더 많다는 의미다.

빌립보에서 바울은 "점으로 그 주인들에게 큰 이익을 주는"(행 16:16) 고통받는 여종을, 미래를 예언하는 사탄으로부터 해방시킬 때까지는 복음 전파에 아무 문제가 없었다. 여종은 고통에서 자유해졌지만, 그녀의 주인들은 그런 것에 대해 전혀 관심이 없었다. 자신의 수입원이 끊어진 것에만 관심이 있었다. "여종의 주인들은 자기 수익의 소망이 끊어진 것을 보고 바울과 실라를 붙잡아 장터로 관리들에게 끌어 갔다가"(행 16:19).

나는 의롭게 사는데 어떻게 이런 불법과 부정이 생기느냐고 비난하기 전에, 바로 얼마 전까지만 해도 미국에서 노예 제도는 합법적이었으며, 이 제도로 이익을 챙긴 사람들이 있다는 사실을 잊어서는 안 된다. 또한 이러한 악명 높고 이기적인 사례를 찾기 위해 멀리 갈 필요도 없다. 오늘날 고소득을 보장하는 낙태술은 낙태 옹호론자에게는 돈을 벌게 해주었고, 아이를 돌보는 비용을 낭비하지 않으려는 부모에게는 경제적인 혜택을 주었다. 많은 부부들이 순전히 경제적인 이유로 낙태를 한다는 것이 얼마나 큰 비극인가?

또한 술이나 마약, 음란물, 매춘 시장은 돈을 벌기 위해 주저하지 않고 인간을 이용한다. 나는 강력한 군사적 방어체계가 정당하다고 믿지만, 어떤 회사들은 무기를 만들어 엄청난 이익을 챙긴다. 자신들의 이익을 위해 어느 곳에서든 전쟁이 일어나는 것을 환영하고, 인간의 생명을 담보해 무차별적으로 무기를 생산하고 판매한다.

경제적인 이득을 위해 인간을 이용하는 가장 명백한 사례는 담배 회사 같다. 50년 후에는 흡연으로 인한 심각한 질병과 죽음의 명백한 증거들을 직면함으로써 자신들의 수억 달러 사업을 변호해야 할 때가 올 것이다. 공개되지 않은 인간의 고통으로 이익을 보고, 연구 결과와 통계 수치를 속이고 없애며, 변호할 수 없는 것을 변호하기 위해 수많은 로비스트와 선동가를 고용하는 완강함은, 전지전능한 '돈의 제단'에 도덕성을 바친 것이 분명하다. 이런 기업인이 교회에 출석하는지, 십일조를 하는지 안 하는지는 중요하지 않다. 그들은 경제적인 이득에만 눈이 먼 물질만능주의를 구체적으로 표현해 준다.

9. 물질만능주의는 부도덕성과 가정의 붕괴를 가속시킨다

미국에서 일어나는 모든 범죄의 99퍼센트가 돈과 섹스 때문에 일어나는데, 돈으로 인한 범죄가 섹스로 인한 범죄보다 네 배나 많다. 물질만능주의가 불법의 배후로 자리 잡고 있다. 그러나 물질만능주의는 겉으로는 합법적으로 보이고, 때로는 칭찬과 부러움을 불러일으키기까지 한다.

하나님은 이스라엘 왕에게 말의 수나(권력), 아내(쾌락), 그리고 금(소유물)을 늘리지 말라고 경고하셨다(신 17:6-17). 왜 그런가? 그것들이 마음의 중심을 차지하게 될 것을 아셨기 때문이다. 대신 왕좌에 오르는 날 왕이 자신의 손으로 율법을 기록하게 함으로써 하나님의 말씀과 가까이하게 가르치셨다. 즉, 왕은 신분상의 특권이 아니라는 것과 그 왕권이 율법 아래에 있음을 깨닫게 하셨다. 왕은 하나님 앞에서 가장 낮은 계층의 백성과 조금도 다를 것 없는 종이 되어야 했다. 그런데 솔로몬 왕은 이 모든 경고를 무시했고, 그 결과 그와 그의 나라는 대가를 지불해야 했다. 사업이나 정계, 종교계를 막론하고 모든 지도자가 경험하는 가장 큰 유혹은 자신들은 특권을 누릴 자격이 있다고 생각하는 것이다.

물질의 번영과 권력, 특권을 향유하는 사람은 성적인 부도덕을 탐닉하는 경우가 많다. "소득이 증가함에 따라 배우자의 부정도 증가한다. 이는 남편과 아내 모두에게 해당된다"는 연구결과가 있다. 통계에 의하면, 최저 임금을 넘지 않는 남성들 중 31퍼센트가 간음을 하는데 비해, 이들보다 세 배의 소득이 있는 남성들은 70퍼센트가 간음을 한다고 한다.

사실 소득 자체는 문제가 아니다. 그것으로 인한 생활 방식이 문제가 된다. 그리스도인이 일 년에 백만 달러를 번다고 해도 관대하게 나누고 검소하게 생활하면, 그는 수많은 유혹을 물리칠 수 있다. 우리가 얼마를 버느냐가 문제가 아닌 것이다. 문제는 얼마를 움켜쥐고 있느냐이다. 이러한 통계를 비추어 볼 때, 부유한 사람일수록 더 많은 부정을 저지른다는 것은 전혀 놀랄 일이 아니다. 결국 물질에 빠진 사람들은 성적인 유혹을 억제하기가 쉽지 않다.

언론을 통해 잘 알려진 사람들에게서 우리는 물질만능주의와 성적인 부도덕성의 상관관계를 발견할 수 있다.

"사람들이 롤모델로 삼는 사람들에 의해 한 나라의 미래나 장래의 행복이 많이 좌우된다. 미국에서 가장 존경받는 사람은 누구인가? 종교지도자들, 인권운동가들, 이타적인 사회개혁가들인가? 아니다. 미국의 영웅과 우상은 재벌, 연예인, 록 가수 등이다. 그들은 한 손에는 술잔을 들고 다른 한 손에는 다른 남자의 아내를 끼고 의기양양하게 몸을 흔들며 걷고, 저주하고, 속인다. 그런데 이런 그들의 생활이 우리의 가슴속에 새겨지고 있다. 이런 유명인들을 존경하는 것은, 그들에게 닥친 처참한 운명이 우리에게도 닥칠 수 있다는 것을 시사한다."

종종 간통은 이혼으로 결말이 나는데, 이로 인해 너무나 많은 아이들이 상처를 받고 있다. 이혼까지 가지 않더라도, 간통은 가정을 파괴시키고, 타락한 사회에서 도덕적인 안식처로서의 가정의 위치를 무너뜨리고 있다. 물질만능주의가 부도덕성을 증대시켜 가정의 붕괴를 초래하고 있으며 더 나아가 사회의 타락에 공헌하고 있는 것이다.

존 파이퍼는 물질만능주의의 공허함과 그것으로 인한 부도덕성을 재차 강조한다.

"숙박료가 하루에 140달러인 도시 한복판에 있는 호텔 40층에 머물면서, 담배 연기로 가득한 컴컴한 라운지에서 처음 만나는 매력적인 아가씨들과 10달러짜리 칵테일을 마시며 밤을 지새우는 남자, 그리고 해바라기에 둘러싸인 값싼 여관방에서 석양을 바라보며 아내에게 사랑의 편지를 쓰는 남자 중 누가 더 인생의 깊은 만족을 느끼겠는가?"

성적인 부도덕함과 부의 연관성은 거의 대부분의 유혹에도 똑같이 적용된다. 어느 유명한 운동선수에게 왜 마약에 손을 댔느냐고 묻자 그의 대답은 의외로 단순했다. "돈이 너무 많아서 그 돈으로 무엇을 할지 몰랐기 때문입니다." 즉, 그가 가진 돈이 죄짓는 기회를 제공한 것이다.

10. 물질만능주의는 우리의 목적을 딴 곳으로 돌린다

존 웨슬리는 '부흥의 가장 큰 걸림돌인 돈을 사랑하는 죄'에 맞서는 설교가 너무 없다고 안타까워했다.

> "초기 감리교인들은 가난했다. 그러나 시간이 지나면서 20배, 30배, 혹은 100배로 부유해졌다. 그런데 이런 부의 증가가 경건의 감소를 가져왔다. 성도들은 돈을 더 많이 가질수록, 주님을 덜 사랑하게 되는 듯 보였다."

예수님은 복음에 대한 우리의 자세를 "더러는 가시떨기 위에 떨어지매 가시가 자라서 기운을 막았고"(마 13:7)라고 비유로 말씀하셨다. 그리고 나중에 제자들에게 이 말의 의미를 설명하셨다. "가시떨기에 뿌려졌다는 것은 말씀을 들으나 세상의 염려와 재물의 유혹에 말씀이 막혀 결실하지 못하는 자요"(마 13:22). 여기서 부와 염려 사이에는 분명한 상관관계가 있음을 주목하라.

아내와 나는 25년간 한 집에서 살았다. 첫 9년 동안은 거실에 허름하고 낡은 오렌지색 카펫이 깔려 있었다. 하도 낡은 카펫이라 우리는 별 신경을 쓰지 않았다. 그러다가 새 카펫을 샀는데, 그만 첫날 카펫에 불똥이 떨어져 조그만 구멍이 생겼다. 낡은 카펫이라면 전혀 신경 쓰지 않았을 텐데 이번에는 달랐다. 새 카펫에 대한 안타까움과 걱정이 폭발했다. 그러면서 어떤 소유물을 즐기는 동안은, 하나님과의 친밀한 관계를 형성하고, 말씀과 기도에 집중하며, 가족전도와 구제 활동을 해야 할 시간을 빼앗아 간다는 사실을 분명하게 깨달았다.

우리는 소유물이 늘어날 때마다 그것들을 생각하고, 청소하고, 수리하고, 정리하고, 재배치하고, 교체하는 데 많은 시간을 보낸다. 우리는 텔레비전만 사는 것이 아니다. 텔레비전에 안테나를 연결시킬지 아니면 케이블을 신청할지 결정해야 한다. 그리고 DVD플레이어를 구입하면 영화DVD를 사거나 빌리기 시작한다. 그리고 영화를 실감나게 감상하기 위해 좋은 스피커도 설치하고 안락의자도 구입한다. 그때쯤 되면 이웃이 더 좋은 텔레비전을 구입하는데, 그럼 우리의 것도 다시 업그레이드를 해야 한다. 모두 돈과 수많은 시간, 에너지, 관심을 요구하는 일이다.

하나님의 뜻을 이루는 것을 방해하는 건 비단 나쁜 텔레비전 프로그램만이 아니다. 좋은 프로그램만 본다 해도 그 시간만큼 가족과의 교제나 말씀을 묵상하는 일, 기도하는 일, 사람들과 교제하는 일, 혹은 도움이 필요한 사람들을 섬기는 일을 위한 시간은 줄어든다.

또한 어떤 구매는 삶의 우선순위를 재정립하게 하고 사역에 쓰임받지 못하게 만든다. 만약 보트를 산다면, 문제는 단지 돈 뿐이 아니다. 이제 보트를 사용함으로써 구입의 정당성을 보여줘야 한다. 따라서 예배를 자주 빠지게 되는 등 선한 일들을 할 시간이 없다. 예수님이 말씀하신 것처럼, 염려와 재물이 우리를 얽매고 열매 맺지 못하게 만드는 것이다.

만일 투자용 부동산을 구입했다고 가정해 보자. 구입 시 상당한 계약금을 지불했고, 매달 월세도 지불해야 한다. 그런데 점차 지불해야 할 고지서가 쌓이고, 세금은 인상되고, 수리할 곳도 늘어난다. 그러면 재정적인 지출과 더불어 스트레스가 쌓이고 의도치 않게 시간의 지출도 늘어난다. 좋은 세입자를 찾는 일도 만만치 않고, 또 세입자가 집을 잘못 관리하거나 임대료를 제때 내지 못할까 봐 걱정하고, 기물 파손 등 여러 손실 가능성을 생각해야 하고, 모든 것이 제대로 돌아가게 하기 위해 동분서주해야 하는 등 많은 것들을 감수해야 한다. 그리고 몇 년마다 다시 새로운 입주자를 찾아야 하고 그때마다 집을 깨끗하게 정리해야 한다. 그러다가 고속도로가 관통하게 되어 집값이 떨어질 거라는 소문이 들리면,

시의회 회의에 참석해 자신의 집이 아닌 다른 땅을 관통하도록 로비를 해야 한다. 이 모든 일은 내가 실제로 본 어느 집의 일이다!

그리스도인이 임대 부동산을 갖는 게 잘못이라고 지적하는 게 아니다. 문제는 내가 그것을 소유했느냐, 그것이 나를 소유했느냐이다.

어느 날 휴지 맥클레런이 공항에서 아는 사람을 만났다. 그는 얼굴에 수심이 가득했다. 무슨 문제가 있는지 묻자 그는 한숨을 쉬며 대답했다. "이제야 혼자 조용히 주말을 보낼 수 있다고 생각했어요. 그런데 플로리다 주에 있는 별장 수리를 감독하러 가야 해요." 그는 전용제트기가 이륙하기를 기다리며 풀이 죽은 채로 앉아 있었다. 그는 보통 사람들이 꿈속에서나 얻을 수 있는 모든 것을 소유했지만, 그 소유의 노예가 되어 주말을 즐길 여유조차 없이 살고 있었다.

내가 여기서 지적하고 싶은 것은 '물질의 횡포'다. 문제는 물건 자체가 아니라, 그것으로 인해 하나님 나라에 투자될 수 있는 시간과 열정, 돈의 자원이 고갈되는 것이다. 질문의 핵심은 "그리스도인이 이런 것을 소유해야 하는가?"가 아니라 "이런 것을 소유하는 게 하나님이 원하시는 것인가?"이다. 혹 당신은 *이런 것을 소유함으로써 하나님이 하기 원하시는 다른 일을 못하게 되진 않았는가?* 하나님 나라를 위한 이득이 소유로 인해 따라오는 책임을 능가하는가? 나의 자원 – 실제로 하나님의 자원 – 을 이렇게 사용하는 것이 주님을 섬기고 헌신하는 일인가, 아니면 방해하는가? 이 질문들에 대한 대답은 사람마다 다를 수 있다. 그러나 모든 결정을 내리기 전에 이 질문을 반드시 해야 한다.

서커스에서 접시를 돌리는 연기자가 접시를 떨어뜨리지 않으려고 한쪽 접시에서 다른 쪽 접시로 재빠르게 움직이듯, 많은 사람들이 소유물이나 사건, 활동에 매여 하나님이 부르신 목적과 원하시는 행동을 놓치고 있다.

바울은 디모데에게 "병사로 복무하는 자는 자기 생활에 얽매이는 자가 하나도 없나니 이는 병사로 모집한 자를 기쁘게 하려 함이라"(딤후 2:4)고 말했다. 바울은 여기서 민간인의 관심사가 잘못되었다고 말하는 것이 아니라, 그것이 마음을 산란하게 한다는 것에 주목하게 한다. 병사는 사령관을 기쁘게 하는 삶을 살아야 한다. 우리가 이렇게 마음을 빼앗기면, 이것은 하나님 나라를 위한 영적 전투에 최우선으로 쓰여야 할 자원을 낭비하는 것이다. 진정한 군인이라면 어쩌다가 한 번씩 주말에 훈련하는 정도로 만족하지 않을 것이다. 또한 '정당한 명분'에 질질 끌려 다니지도 않을 것이다. 모든 자산이 하나님으로부터 우리의 관심을 빼앗아 갈 수 있는 또 하나의 잠재적 원인임을 잊지 말라.

예수님께서 말씀하신 큰 잔치 비유(눅 14:16-24)에는 초대를 거절한 세 사람이 나온다. 한 사람은 새로 구입한 밭을 보러 가야 한다고 했고, 또 한 사람은 소 다섯 마리를 사서 시험하러 간다고 했고, 마지막 사람은 최근에 장가를 가서 시간이 없다고 했다. 이들의 변명에 화가 난 주인은 종들에게, "빨리 거리와 골목으로 나가서 가난한 자들과 몸 불편한 자들과 맹인들과 저는 자들을 데려오라"고 명령한 뒤 이렇게 말했다. "전에 청하였던 그 사람들은 하나도 내 잔치를 맛보지 못하리라"(눅 14:24).

그런데 세 사람이 도둑질이나 간음을 하기 위해 잔치에 참석하지 않은 것인가? 이들의 거절 이유에 문제가 있는가? 아니다. 그러나 그들은 보다 절박한 다른 이유, 즉 새 밭, 새 소, 새 아내 때문에 참석하지 않았다. 이유가 아무리 선해도 결과는 마찬가지다. 그들은 새로운 보물에 마음이 뺏겨, 잔치를 벌인 주인의 초대를 거절했다. 그러나 재산이 많지 않았던 사람들은 이 초대에 응했다는 점을 주의할 필요가 있다.

하나님의 초대를 거절할 정도로 선하고 정당하고 피할 수 없는 이유가 무엇인가? 당신의 소유물이나 다른 절박한 관심사가 잔치에 참석하지 못하게 하고 있진 않은가? 만약 당신이 하나님 나라를 위해 그 소유물을 사용했다면, 당신에게 큰 유익이 되고, 하나님 나라의 확장에도 얼마나 도움이 되었겠는가?

클론다이크 골드러시 때, 엄청난 금이 매장되어 있는 것을 발견한 두 광부는 금을 캐느라 흥분한 나머지 월동 준비를 등한시했다. 그러다 첫 번째 심한 눈보라가 닥쳤다. 얼어 죽기 바로 직전, 한 광부가 자신들의 어리석음을 글로 남겼다. 그리고 몇 달 후, 거대한 금괴와 함께 그들의 시체가 발견되었다. 그들은 재물에 눈이 어두워 임박한 미래를 준비하지 못했다. 축복으로 보였던 금이 치명적인 저주가 되어버린 것이다.

물질만능주의자는 이 땅에서 영원할 것처럼 살아간다. 그래서 자기 앞에 놓인 영원한 삶을 준비하는 데 실패한다. 그들은 어느 날 갑자기 자신들의 삶이 잘못되었음을 알아차리게 될 것이다. 세상에 있는 재산이 그들을 위해 아무것도 해줄 수 없다는 진리를 발견하게 될 것이다. 만일 그들이 죽기 전까지 이 진리를 발견하지 못한다면, 돌이켜 자신들이 살아왔던 삶의 방식을 바꾸기에는 너무 늦을 때가 반드시 온다.

Chapter 5
교회 안에 만연한 물질만능주의

"세속적인 것이 영적인 삶과 경건함을 삼켜버린다. 그래서 신앙과 능력을 잃어버리고, 시체나 껍질처럼 외형만 남긴다. 우리는 이것을 경험을 통해 알 수 있다." (리처드 마터)

"값싼 것을 쫓으면 항상 그에 따른 상당한 대가를 지불하게 된다." (알렉산드르 솔제니친)

"하나님은 당신을 사랑하시며 당신의 은행 구좌를 위한 놀라운 계획을 가지고 계십니다"란 광고가 기독교 잡지에 실렸다. 멋진 옷을 입은 남자가 화려한 집 앞에서 번쩍이는 새 자동차에 기대어 서 있는 광고였다. 그러고는 어떻게 이 사람처럼 크리스천 사역을 통해 부자가 될 수 있는지를 설명하는 광고였다. 이처럼 물질만능주의란 주제에 직면하면, 물질적인 것과 영적인 것을 구별하기가 점점 더 어려워진다.

성경과 역사에 나타난 종교적 물질만능주의

종교적 물질만능주의의 아버지는 마술사 시몬(행 8:18-21)이다. 그는 성령의 능력을 보자마자 돈이 될 것을 직감적으로 깨달았다. 성령을 잘 포장하고 팔아서 이익을 많이 남기고 싶었다. 시몬이 오늘날 살았더라면, 라디오와 텔레비전, 인터넷, 홈쇼핑 등을 통해 성령이란 상품을 팔았을 것이 분명하다.

시몬이 빌립에게 자신의 추종자들을 빼앗기기 시작하자, 이번에는 신앙을 돈으로 사고자 했다. 처음에 그는 주님께 헌신된 사람처럼 보였지만, 하나님과 돈에 대한 태도에서 그의 정체를 분명히 알 수 있다. 그래서 베드로가 시몬에게 "네가 하나님의 선물을 돈 주고 살 줄로 생각했으니 네 은과 네가 함께 망할지어다"(행 8:20)라고 이야기한 것이다. 하나님은 어떤 것도 팔지 않으시며, 하나님 또한 판매 대상이 아님을 분명히 하는 메시지다.

시몬과 같은 사람들은 어느 시대에나 교회 안으로 침투해 들어온다. 16세기 초 교황 레오 10세는 죄를 너그럽게 봐주는 면죄부를 판매해 돈을 모았다. 돈을 내면, 죽어서 연옥에 가 있는 사람도 구원할 수 있고, 앞으로 지을 죄까지도 용서받을 수 있었다. 교황으로부터 독일 마인츠의 대주교 사무실을 구입하기 위해 브란덴부르크의 앨버트는 엄청난 돈을 은행에서 빌렸고, 이 빚을 갚기 위해 교황의 허락을 받아 독일에서 면죄부를 팔기 시작했다.

그때의 판매 총책은 요한 테젤이었다. 그는 마을마다 돌아다니면서 마치 감자를 팔듯 '면죄부'를 판매했다. 그가 애용했던 슬로건은 "동전이 금고에 떨어지는 소리가 나는 순간, 연옥에 있는 사람이 벌떡 일어납니다"였다. 그가 비텐베르크에서 이러한 행위를 할 때, 독일인 사제 마르틴 루터는 격분했다. 그러고는 1517년 10월 31일, 비텐베르크성당 문에 95개조 반박문을 못질해 붙였다. 이것이 바로 말씀의 권위를 회복하고, 믿음으로 구원을 얻는 교리로 돌아가자는 종교개혁의 시작이다. 종교개혁은 종교적 물질만능주의의 흐름에 저항하여 일어선 한 사람으로 인해 시작되었다.

오늘날의 종교적 물질만능주의

재물이 물질만능주의와 동의어는 아니지만, 그것은 항상 물질만능주의의 길로 우리를 유혹한다. 성도들이 자유주의 전통 교단에서 토지와 건물, 그리고 평생의 재정적인 투자를 포기하고 이탈하면서 복음주의 운동이 일어났고, 오늘날 많은 자유주의 교단은 쇠퇴하고 있는 반면, 복음주의는 번창하고 있다. 마이클 해밀턴은 〈크리스채너티 투데이〉에 복음주의의 놀랄 만한 발전에 대해 다음과 같이 자세하게 기록하고 있다.

"오늘날 미국에 새로 건축된 큰 교회들은 대부분 복음주의자들이 세웠다. 그들은 선교 기관에 더 많은 헌금을 하고 있다. 미국에서 가장 큰 자선 단체는, 영적인 필요와 육적인 필요 모두를 위해 일하는 구세군으로, 1년 예산이 20억 달러가 넘는다. 헌신적으로 복음을 전하는 미국 내 가장 큰 선교 기관 중 8개가 복음주의 성향이고, 이 조직들의 1998년 예산 합계는 7억 2,900만 달러이다. 7대 미디어 기관 중 6개가 복음주의 성향이고, 그 기관의 총 예산은 6억 2,500만 달러이다. 해외 사역과 선교를 위해 복음주의 선교 기관들은 15억 달러를, 복음주의 교단들은 10억 달러를 모금했다. 반면 전통 교단과 이들과 연관된 기관들은 모두 합해 5억 달러도 모금하지 못했다."

과거 20년이 넘는 기간 동안 놀랄 만큼 다양한 신제품과 장신구가 종교 시장에 밀려왔다. 예수 보석, 팔찌, 티셔츠, 차량용 스티커, 천사 입상, 예수 탄생 세트, 기름 부음 있는 열쇠고리, 말씀 차(tea), 말씀 과자, 말씀 비누, 성경 버클, 기도와 찬양 항아리, 크리스천 인형, 심지어 좌절감을 없애 준다는 '속죄염소'라 불리는 부드러운 플라스틱 장난감도 있다. 이것들이 모두 잘못되었다고 할 수는 없지만, 세속적인 것을 종교적인 것으로 대체하려는 의도는 분명하다. 교회는 세상의 물질만능주의를 거부하는 대신 '영적인' 버전을 하나 만든 것이다. 종교가 인기가 있으면 누군가는 그것으로 장사를 할 기회를 찾는다.

어느 기독교 잡지에 '야베스의 기도 보석'이라는 상품의 전면 광고가 실렸다. '2미크론 순금을 14K로 도금한 팔찌'에는 '화려한 여섯 개의 대형 메달'이 달려 있었다. 광고 문구는 다음과 같았다. "하나님은 당신이 감히 꿈꾸거나 상상하지 못한 것을 주시길 원하십니다. 이것은 하나님이 어떻게 축복하시는지를 보여 줄 뿐 아니라, 삶에서 그분의 능력과 보호를 얻는 방법을 보여 줄 것입니다."

이 상품은 「야베스의 기도」를 발행한 출판사의 광고가 아니다. 어느 그리스도인 사업가가 책의 인기를 이용한 하나의 사례이다. 이 광고로 돈을 버느냐 못 버느냐는 중요한 문제가 아니다. 문제는 보석으로 상징된 야베스의 기도가 기도에 대한 성경의 가르침을 왜곡시키고, 개인의 축복을 보장하는 요술 상자로 둔갑하는 데 있다.

어떤 기독교 방송 매체들은 '축복'을 25달러에 판매한다. 거룩한 물, 신성한 십자가, 복음 전도자가 만진 병 고치는 손수건 등을 팔기도 한다. 어떤 복음전도자는 갈릴리의 물, 요단강에 적신 거룩한 헝겊, 예루살렘에서 가져온 동전 2개, 거룩한 땅에서 가져온 성찬용 포도주를 자신의 주소록에 있는 사람들에게 여섯 달간 보냈다. 또한 그는 '겨자씨'를 코팅해서 보내며 "이것이 당신이 하는 모든 일에 축복을 가져다 줄 것"이니 늘 가지고 다니라고 했다. 또한 예수님의 사진을 넣은 기도헝겊을 함께 보내면서 헌금과 함께 기도제목을 써서 보내 주면, 그가 손을 얹고 기도해 주겠다고 약속했다.

물질만능주의는 돈 외에 다른 여러 방법으로도 나타난다. 예를 들면, 자유주의신학은 영원의 실체를 부정하며 사람과 세상을 중심으로 한다. 때론 '복된 소식'이 거룩함 없는 하나님이, 십자가 없는 그리스도에 의해, 죄 없는 인간을 부추기는 것처럼 보이게 한다. 또한 복음을 인간의 관심사만 선전하는 도구로 사용한다. 이 땅의 삶에만 집중하게 하고, 물질적인 것에만 관심을 갖도록 만드는 것이다. 복음의 핵심을 부인함으로써 근본적인 영적 문제를 다루지 않고, 세상을 도우려는 자유주의신학의 이러한 행동은 침몰하는 타이타닉호에서 선상의 가구들을 이리저리 옮기는 행동과 다를 바 없다.

물질만능주의와 크리스천 지도자

사업 수완이 뛰어난 사람이라면, 몇 백 달러만 가지고도 홍보 책자와 명함, 웹사이트를 순식간에 만들어 '사역'을 시작할 수 있다. 그는 비슷한 기관으로부터 회원주소록을 살 수 있고, 하나님이 그분의 교회에게 위탁하신 자원들을 마음껏 요청하고 낭비할 수 있다. 그가 자신의 성공을 성령님께 돌리는지는 모르겠지만, 그의 실제 능력은 주소록을 향한 신뢰와 잘 속는 신실한 사람들의 헌금에서 나오는 경우가 많다.

어떤 기독교 유명 인사들은 일등석을 타고 전국을 돌아다니며 설교나 연주를 한 번 하면서 만 달러씩 요구한다. 슬프게도 심각한 인격적인 결함이 있는 이들도 있다. 그들은 설교하고 연주하는 기술과 바쁜 일정, 강해와 연주나 CD, 책(실제로 자기가 쓰지 않고 이름만 올려놓은 책) 등으로 사람을 속인다.

어떤 부류의 목사들은 사이버 대학에서 받은 명예박사학위증을 걸어 놓고 '박사'로 불리기를 좋아한다. 나는 한 비공인 신학교의 안내서에 교수마다 평균 네 개의 '박사 학위'가 있는 것을 본 적이 있다. 어떤 목사는 출석 교인 수를 과장해 늘리기도 한다. 또 어떤 목사는 자신의 사진을 교회 현관에 걸어 놓고, 교회에서 발행되는 모든 인쇄물에 자신의 이름을 크고 굵게 표시한다.

얼마나 많은 담임목사들이, 교회가 예수님이 아닌 자신에게 속한 것처럼 말하며 자신을 높이고 자랑하는가? 얼마나 많은 대형교회 목사들이, 가난한 학생부 담당 교역자의 다섯 배가 넘는 월급을 받으면서 자신을 위한 정기적인 '사랑의 헌금'을 강요하는가? 이런 사람들은 자신을 특별한 사람으로 믿기 때문에, 점점 교만하여 부도덕하고 불명예스러운 삶으로 전락하는 것이 어쩌면 당연한 일인지도 모른다.

목회도 하고 다양한 목사들과 밀접한 관계를 맺고 있는 사람으로서 내가 말할 수 있는 것은, 사탄은 목사가 이 세상에서 월급도, 인정도 받지 못하는 것을 기뻐하지만, 이에 못지않게 월급을 많이 받고 지나치게 높이 평가받는 것도 좋아한다. 사탄은 목사를 십자가에 못 박든지, 아니면 목사가 예배의 대상이 되도록 만드는 것을 즐긴다. 사탄은 목사에게 적절한 존경과 사명을 갖는 경우에만 겁을 낸다.

한 크리스천 지도자가 교회 이사회에 참석해서 성경적인 원리를 가르쳐 주면 1천 달러를 주겠다는 제안을 받았다. 그런데 그가 가족과 함께 시간을 보내야 해서 안 된다고 거절하자, 이번에는 "2천 달러를 지불할 테니 와 달라"고 하더란다. 그래서 또다시 거절하니 강연료를 3천 달러로 올렸단다. 결국 그 지도자는 자신을 가족으로부터 떼어 놓기 위해 돈으로 흥정하는 것은 그 누구도 좋게 평가하지 않을 것이라고 분명히 말했다.

목회자 청빙 위원회가 촉망받는 목사를 청빙할 때 얼마나 자주 동일한 일들이 일어나고 있는가? 만약 청빙받은 목사가 "감사하지만 기도해 보니 하나님이 현재 사역을 계속하라는 응답을 주셨습니다"라고 대답하면, 위원회는 연봉을 추가로 1만 달러 올리고, 새 차와 다른 좋은 조건들을 제시하며 다시 접근한다. 이것은 돈으로 마음을 바꾸도록 설득하는 것이므로, 뇌물이란 말 외에 다른 단어가 떠오르지 않는다. 하나님의 사람들 사이에서 행해지는 이러한 행위는, 하나님의 일을 더 낫게 만드는 것이 아니라 더 나쁘게 만든다.

나는 하나님이 그분의 사역을 위해 수많은 훌륭한 종들을 세우신 것에 감사한다. 그런데 오늘날 그들이 그들의 사역에 그림자를 드리우고, 그들의 신뢰성에 의심을 제기하는 종교적 물질만능주의자들로 인해 얼마나 힘들어 하는지 모른다.

수많은 기독교 기관들이 재정적인 부정을 일으키고 있고, 보고하지 않았거나 과장된 수입을 밝히라고 요구받는다. 이러한 위반 행위들은, 교회사에서 하나님의 첫 번째 징계 사건인 아나니아와 삽비라를(행 5:1-11) 떠올리게 한다. 오늘날 하나님이 교회 곳곳에서 일어나는 부정을 죽음으로 심판하지 않으심에 감사해야하지만, 그것을 하나님이 재정적인 성실성의 기준을 낮추셨다고 오해해서는 안 된다.

우리는 사역에서 행해지는 잘못을 교훈 삼아, 삶에서 일어날 수 있는 부패의 가능성을 간과하지 않도록 조심해야 한다. 우리의 목적은 다른 사람들의 잘못을 비난하는 것이 아니라, 우리의 변화무쌍한 사고와 행동을 예의 주시함으로써 내면에 자리한 물질만능주의를 찾아내는 것이다. 우리의 내면이 물질만능주의에 사로잡히지 않았다면, 우리는 교회나 비영리 사역, 혹은 이익을 추구하는 사업, 그 어떤 곳에서도 물질만능주의를 허용하지 않을 것이다.

다단계 물질만능주의

지금부터 민감하면서도 단순하지 않은 몇 가지 영역을 조심스레 다루려고 한다. 많은 독자들이 이 내용에 대해 불편한 심기를 나타냈고, 이번에도 그런 독자들이 있을 것이라고 생각한다. 그럼에도 불구하고 나의 진심을 열린 마음으로 숙고해 주고 바르게 평가해 주기를 감히 부탁한다.

다단계 기업은 거대한 조직이 어떻게 개인이나 가정, 교회 공동체에 물질만능주의를 조성하는지 잘 보여 준다. 수많은 그리스도인들이 한때 다단계 판매 조직의 구성원이 된 적이 있는데, 어떤 조직은 공개적으로 자신들이 그리스도인임을 내세우기도 한다.

먼저 몇 가지 설명이 필요하다. 상품을 판매하거나 이익을 남기는 것은 절대 잘못이 아니다. 모든 그리스도인은 일할 필요가 있고, 판매원은 정당하고 존경받는 직업이다. 몇몇 다단계 판매 조직은 좋은 제품을 적절한 가격으로 판매한다. 더 나아가, 이 조직에 속한 많은 신실한 그리스도인들은 다른 판매원을 적극적으로 모집하지 않는다. 다단계 사업에 깊이 관여하고 있는 사람들 중에도, 내가 말하려고 하는 잘못된 태도와 행동과 무관한 사람들이 있다. 그러나 이러한 사람들도 무의식중에 누군가의 삶에 심각한 문제를 일으키고 있는 것은 아닌지 숙고해 보았으면 한다.

일반적인 시나리오는 이렇다. 순수한 의도를 가진 듯한 그리스도인이 어떤 사람에게 다정하게 접근한다. 이들은 일반적으로 특정 세제나 비타민, 화장품에 대한 대화를 나누다가, 후에 그를 사업 동참자 리스트에 올린다. 아니면 전화로 "돈 버는 기가 막힌 기회가 있는데 오셔서 들어 보지 않을래요?"라고 말한다. 하지만 그 기회가 어떤 것인지에 대해서는 자세히 설명하지 않는다. 실제로 나는 이런 경우에 거짓말을 하는 사례들을 많이 보았다. 나 역시 그런 경험을 했다. 어느 날 신학교 동창으로부터 전화를 받았다. 그는 전화한 목적을 말하기 전에, 나와 가족의 안부를 물었고, 나를 기분 좋게 하는 말을 했다. 내가 그의 제안을 정중하게 거절했을 때, 그는 집요하게 매달렸고 나는 더 단호하게 말해야 했다. 그러면 갑자기 나와 가족에 대한 그의 관심은 사라지고, 그는 다른 지인에게 관심을 옮긴다.

언변이 좋은 성공한 연사나 적극적인 사고방식의 권위자, 인기 있는 심리학자, 성경에서 축복과 관련된 구절만 인용해서 인기를 얻은 신학자의 말에 고무된 어떤 다단계 조직은, 세속주의자들조차 부끄럽게 만들 정도로 문제가 심각하다. 그들은 돈을 더 많이 벌면 하나님과 다른 사람에게 더 많이 나눌 수 있다고 영적인 면을 강조하지만, 고급 승용차와 세계일주를 약속함으로써 주위를 분산시키기도 한다. *가장 효과적인 유혹은 성령을 가장해서 접근하는 것이다.*

다단계 판매의 독특한 특징은, 사람이 단순한 잠재 고객만 되는 것이 아니라, 그들을 모집한 사람 아래에 들어가 잠재적 판매원이 된다는 것이다. 이때 모집자는 모집원의 판매 수익의 일정 부분을 받게 된다. 모든 장소는 잠재적 판매 장소가 되고, 모든 사람은 잠재적 고객이자 '윗선'을 위해 돈을 버는 잠재적 판매원이 된다.

그러므로 일단 자신이 다단계 조직에 들어가면, 사람은 자연스럽게 관심 있는 물건, 즉 주체가 아닌 대상이 된다. 그들의 복지에 관심을 가질 수도 있지만 그것은 주된 관심사가 아니다. 그것을 부인하더라도 그들을 향한 관심은, 그들이 자신에게 어떤 기여를 할 수 있는지에 있다. 그들이 번영을 위한 청사진의 한 부분이 되지 않는다면, 또한 자신의 제안을 단호하게 거절한다면, 왜 그들에게 관심을 가져야 하는가?

최근 다단계 사업에 가입한 두 친구의 저녁 초대를 받은 부부를 알고 있다. 그들은 식사가 준비되기 전, 친구가 고의로 육수를 엎질러 식탁보에 묻히는 것을 눈치 챘다. 그는 "'서투른 나'를 좀 봐 주세요"라는 듯한 표정으로 부엌에서 한 세제통을 가져오더니 식탁보에 묻은 자국을 쉽게 지워버렸다. 그런 뒤 강매조로 설득에 들어갔다. 초대받은 부부는 그들의 조작에 큰 상처와 충격을 받았다. 그들의 오랜 우정도 끝이 났다. 그 남편이 내게 이렇게 말했다. "누군가가 내게 무엇을 사라고 하면, 승락하거나 거절하면 되니 전혀 문제가 되지 않습니다. 그러나 그렇게 교묘하게 조작하면, 특히 좋은 그리스도인 친구가 그런 행동을 한다는 건 무언가 한참 잘못되었어요."

무언가 분명히 잘못되었다. 이것은 우리가 앞 장에서 살펴본 물질만능주의의 착취적이고 조작적인 접근과 동일하다. 슬픈 현상이지만, 그리스도인 공동체 안에서도 이런 일들이 생각보다 더 많이 일어나고 있다.

어느 주일, 한 여성이 교회를 방문해 주소록을 가져갔다. 그러고는 주소록에 맨 위에 적힌 사람부터 전화하기 시작했다. 그녀는 내 아내에게 전화해 교제가 너무 좋았다고 하면서 온 가족이 교회에 등록하겠다고 말했다. 몇 마디 기분 좋은 이야기를 한 후, 그녀는 본격적으로 제품을 판매하려고 했다. 아내가 관심이 없다고 정중히 말하자, 갑자기 상냥하던 그녀의 목소리가 바뀌었다. 그녀는 교회에 똑같은 제품을 판매하는 사람이 있느냐고 물었다. 아내가 "네, 몇 사람 있어요"라고 대답하자, 그녀는 "오" 하는 낮은 신음 소리와 함께 대화를 끝냈다. 그리고 그녀는 더 이상 교회에 나오지 않았다. 그녀는 경쟁이 덜하고 더 많은 잠재 이익을 보장하는 '더 푸른 초장'이 있는 교회로 옮겼다.

불행하게도 다단계 사업은 겉으로 나타나지 않는 동기로 사람을 끌어들인다. 솔직하고 정확한 판매 방법은 즉시 거부당하기 쉽기 때문에, 보다 은밀한 전략이 필요하다. 그들은 그리스도 안에서 열린 관계를 맺는 대신, 숨겨진 의도와 비공개 목적, 접근 목적과 의도를 공개하지 않고 어떻게 원하는 반응을 이끌어 낼 것인지를 계산하며 다가온다. 사람이 표적이 되는 것이다.

이러한 그들의 교묘한 판매 전략을 상대가 눈치채면 신뢰 관계는 깨어진다. 좋은 친구인 줄 알았는데 알고 보니 그 모든 게 이익을 챙기기 위한 전략임을 알게 된다면 좋아할 사람이 어디 있겠는가! 우리 중에 이러한 경험으로 인해 누군가 친근하게 다가올 때 "왜 이렇게 잘해 주지?", "그의 진짜 동기가 뭐지?", "날 어디로 끌고 가려는 거지?"라고 본능적으로 묻게 되는 사람이 얼마나 많은가? 우리 사회에서 이러한 질문을 할 수밖에 없다는 것이 얼마나 슬픈 일인가! 특히 교회 안에서 이런 질문을 해야 하는 것은 정말 비극이다.

목사나 평신도 지도자들이 자신의 성공을 위해 인간관계를 도구로 사용하는 것은 개탄할 일이다. 그들이 전화를 하거나 현관문을 두드릴 때, 사람들은 그들이 어떤 목적으로 왔는지 모른다. 어떤 경우에는 전화를 받고도 무엇 때문에 전화를 한 건지 헷갈려 한다. 이러한 이해관계의 충돌은 사역의 신뢰성을 손상시킨다.

다단계 사업이 교회 안에서 잘 퍼지는 이유는 무엇인가? 어떤 경우에는 아무 문제없이 자연스럽게 잘 진행되기도 한다. 그런데 그리스도의 몸을 '이용'해 물건을 판매하고 사람들을 모집하는 데 헌신하는 이들을 만들어 내는 '사역'도 있다. 또한 어떻게 하면 자기가 하는 일을 그만두고, 드림하우스를 사거나 파라다이스에서 살지에 대해서만 집중하게 한다. 어떤 때는 교회의 친교 모임이나 구역 모임을 자신이 판매하는 제품을 홍보하는 장으로 간증을 이용하기도 한다. (나 역시 이런 간증을 들은 적이 있다.) 그들은 더 많은 고객을 얻기 위해 여러 교회를 전전하고, 자신들의 이익을 과장하거나 속이며, '자신의 목표를 이룰 때까지 위장하는' 전략을 유지한다. 자신의 성공과 하나님의 축복을 증명하기 위해 빚을 내 거짓 부를 만들어 내기도 한다.

이러한 많은 다단계 조직들이 소득을 부추기며 새로운 잠재 고객들을 유혹한다. 그러나 객관적인 통계가 이러한 주장이 잘못되었음을 증명하고 있다. 루스 카터는 「비하인드 마케팅」(Amway Motivational Organizations: Behind the Smoke and Mirrors, 꿈이 있는 나무)이란 책에서, 암웨이 설립 이후 40년간 약 오백 만의 미국인들이 들어왔지만, 단 1퍼센트 미만의 사람만이 이익을 남겼고, 회사에서 선전하는 고소득자는 실제로 이 1퍼센트의 10분의 1도 안 된다는 사실을 폭로했다. 더 나아가 루스 카터를 포함해 성공한 이 소수의 사람들은 그들의 인간관계에서 혹독한 대가를 치러야 했다.

몇몇 독자들의 감정을 상하게 할 것을 알지만, 나는 내가 사실이라고 믿는 것을 말하지 않을 수 없다. *다단계 판매에 깊이 개입하게 되면, 최선이 아닌 방향으로 사람이 바뀌게 된다.* 상대에게 탐욕의 불을 지피거나, 우선순위에 혼란을 주거나, 물질만능주의를 추구하도록 하는 등 불행한 결론을 맺는 경우가 자주 있다. 또한 제품을 사 주는지, 아니면 다른 방법으로 유용한지 그 여부에 따라 인간관계를 제한하기까지 한다. 때론 훌륭한 조직과 돈 버는 기회의 '좋은 소식'을 테이프와 문서에 담아 먼 곳까지 열성적으로 전하는 전도자가 되기도 한다. 그들이 전하는 '좋은 소식'은 진짜 복음의 싸구려 대용품이 되기도 한다. 우리는 오직 한 복음만 전할 수 있다. 만일 두 가지가 동시에 전해진다면 사람들은 즉각적으로 이익을 주는 것을 선택하게 된다.

잘 알려진 거대한 다단계 기업 외에도 수많은 작은 조직들이 생겼다가 사라졌다. 어떤 차고에는 5년 뒤 '그들 자신에게 팔릴' 물건들로 가득 차 있기도 하다. 그렇다면 왜 다단계 판매가 그리스도인 사회에서 그토록 번성하게 되는가? 교회에는 이미 신뢰가 쌓여 있고 그리스도와 교회라는 공통분모를 가진 사람들이 잘 형성해 놓은 네트워크가 있기 때문이다. 그래서 교회는 이들에게 가장 이상적인 환경을 제공한다.

사업하는 사람이 교회 안에서 자신의 고객을 만드는 것은 잘못이 아니다. (교제를 통해 자연스럽게 발전된다면 건강한 것이다.) 그러나 교인 명부를 이용해 적극적으로 고객을 모집한다면 이것은 완전히 다른 이야기다. 이런 일이 발생하면 그들은 그리스도의 몸을 그들 자신의 경제적인 이득을 추구하는 도구로 이용하는 추악한 일을 저지른다. 이것이 얼마나 위험한지 모르는 사람은, 그것이 얼마나 위험한지 증명하는 삶을 살 수밖에 없다.

현대판 돈 바꾸는 사람과 화난 목수

예수님이 이 땅에 계실 때, 성전 안에서 번성하는 사업이 하나 있었다. 그것은 제사드리는 사람들의 '편리'를 위해 돈을 받고 동물을 교환해주는 사업이었다. 아마도 그들은 바가지를 씌우기도 하고 흥정하면서 큰 소리로 말다툼을 해 예배 분위기를 망쳤을 것 같다(요 2:13-17). 예수님은 거룩한 성도의 예배를 돈을 버는 기회로 만드는 것에 대해 분노하셨다. 그래서 탁자를 뒤집어엎으셨으며, 채찍을 만들어 환전하는 사람과 제사용 동물들을 성전에서 몰아내셨다. 이 갈릴리의 화난 목수는 "이것을 여기서 가져가라 내 아버지의 집으로 장사하는 집을 만들지 말라"(요 2:16)고 돈에 눈먼 물질만능주의자들을 큰소리로 꾸짖으셨다.

그렇다면 예수님은 오늘날의 교회에서 벌어지는 물질만능주의에 대해서는 어떻게 반응하실까? 2천 년이나 흐른 뒤니 조금만 분노하실까? 그들은 꾸짖으셨지만 우리는 꾸짖을지 말지 주저하실까? 예수님은 그분의 신부를 빼앗기지 않으려고 애쓰신다. 교회는 그분의 것이지 우리의 것이 아니다. 그리스도의 신부를 자신의 물질적인 목적을 위해 이용하는 사람은 위험을 각오해야 한다.

1990년대와 2000년대 초, 많은 사역 단체 교회가 스캔들로 홍역을 치렀다. 이 스캔들은 세 곳의 기독교 방송사에서 일어난 한 사건이 1987-1988년 대중에게 폭로되면서 시작되었다. 이 사건은 기독교 사회에 만연된 물질만능주의에 대해 분노하시는 예수님의 징계와 채찍을 보여 주며 오늘날 우리에게도 동일한 교훈을 준다.

이제부터 언급하려는 스캔들을 살펴보기 전에, 나는 이 사건의 주인공들이 처음에는 신실하고 정직한, 그리고 주님께 헌신된 사람이었으리라 믿는다. 더 이상 이런 스캔들이 터지지 않는다면 더할 나위 없이 기쁘겠지만, 불행하게도 자기 파멸의 씨앗은 아직도 널리 퍼져 있다.

PTL네트워크를 운영하고 있던 짐과 테미 베이커 부부는, 화려한 보석으로 치장하고, 비싼 옷을 입고, 호화로운 여행도 자주 다녔다. 그들은 최고급 저택과 리무진, 온냉방 시설을 갖춘 개집과 샹들리에가 달린 드레스룸을 짓는 등 끝없는 사치를 누렸다. 바로 시청자의 헌금으로 말이다. 그러면서도 후원을 자주 요청했으며, 때론 "저희 사역을 위해 더 많은 돈을 보내 주세요"라고 눈물을 흘리며 호소했다.

그들의 메시지는 복음적이었지만 그들의 생활방식은 할리우드 파티장에서나 어울릴 법했다. 하지만 시청자들이 그것을 어떻게 알 수 있겠는가? 그러나 결국 간음, 뇌물수수, 중독 등의 문제가 밝혀졌고, 심지어 상상을 초월하는 그들의 사치스러운 생활이 추하게 드러났다.

이것을 소재로 기가 막힌 한 편의 드라마가 만들어졌다. '크리스천 디즈니랜드'인 헤리티지 놀이공원과 테미 베이커의 책과 레코드를 통해 얻는 수입을 제외하고, 매년 1억 달러를 복음적인 커뮤니티가 PTL 네트워크에 후원하고 자금을 제공하는 내용의 드라마였다.

이 와중에 방송사역자 오랄 로버츠는 베이커 부부를 돕기 위해 나섰다. 그는 방송에서 "이전보다 더 많은 후원금을 PTL에 보내달라"고 호소했다. 또한 PTL을 인수하려는 계획이 있을 거라 짐작되는 한 방송사역자를 맹렬히 비난했다. (놀랍게도 그가 텔레비전에 나와 짐 베이커를 변호할 때, 천둥이 쳐서 방송이 중단됐다. 혹 하나님이 무슨 말씀을 하시려고 했던 것은 아니었을까?)

짐 베이커의 부적절한 행동을 하나님의 성회 지도자들에게 처음 알린 사람은 잘 알려진 방송사역자 지미 스와거트였다. 이것은 여러 가지 면에서 중요한 의미가 있다. 1년 전 지미 스와거트는 유명한 목사이자 방송사역자인 마틴 고만의 간음을 폭로했었다. 그리고 이를 인정한 마틴 고만은 지미 스와거트의 부도덕한 관계를 비난하며 소송을 제기했다. (이 사건은 훗날 일어날 일의 주요 원인이 된다.) 지미 스와거트는 자신의 경쟁자를 제거해 PTL왕국을 인수하려고 짐 베이커의 타락을 공개적으로 비난하고 나섰다. "짐 베이커는 그리스도 몸의 암이다."

이 스캔들에 의심스런 개입을 하기 바로 며칠 전, 오랄 로버츠는 개 경주로 돈을 많이 번 사람으로부터 130만 달러를 기부받았다. (오랄 로버츠는 수년 동안 공개적으로 이 도박을 비난했었다.) 이 기부자는 후에 "오랄 로버츠는 정신과 치료가 필요한 사람이다"라고 언론에 말했다.

아마도 방송국 역사상 개 경주로 번 돈 130만 달러를 기부받은 것은, 가장 이상한 후원금으로 기록될 것이다. 더욱이 오랄 로버츠는 정해진 기간까지 의과대학 장학금 프로그램을 위해 800만 달러를 모금하지 못하면 하나님이 자신을 데려가실 것이라고 사람들 앞에서 말했다.

이런 식의 모금 활동은 많은 영향을 미친다. 오랄 로버츠 때문에 진짜 하나님과 전혀 관계없는 '세상의 하나님'이 돈만 좋아하는 암흑가의 두목 역할을 하게 된 것이다. 그는 하나님을 현금을 구해오지 않으면 죽여버리겠다고 협박하는 분으로 왜곡시켰다.

그런데 불행하게도 이러한 모금 활동은 오늘날에도 효과가 있다. *이런 시스템에서 가장 무서운 것은, 돈만 얻을 수 있다면 무슨 일을 해도 괜찮다는 사고방식이다.*

오랄 로버츠의 이야기는 아직 끝나지 않았다. 죽기를 각오했던 그는 1년이 채 되기도 전에 의과대학 장학금 프로그램에서 손을 뗐다. 겉으로 보기에는 하나님과 오랄 로버츠, 둘 중 하나가 마음을 바꾼 것이었다. 이 일로 인해 평판이 나빠지자, 그는 "매년 그 프로그램에 필요한 800만 달러를 모금하기 위해 100달러씩 후원할 8만 명의 추종자들을 하나님이 부르신다"고 말했다. 결국 그는 뜻대로 되지 않아 자신의 비벌리힐스 저택을 325만 달러에 팔아야 했다.

이런 와중에 이름을 밝히지 않은 한 사람으로부터 비밀 정보를 받은 전직 목사이자 방송사역자인 마틴 고만은, 자신의 간음을 폭로한 지미 스와거트에 대한 분노로 사설탐정을 고용해 그를 미행하기 시작했다. 그리고 짐 베이커의 타락에 대한 지미 스와거트의 혹평이 대중의 기억 속에 아직 남아 있을 때, 지미 스와거트가 창녀와 함께 있는 사진을 손에 넣었다. 이 사진이 공개되자, 지미 스와거트는 자신이 돈을 주고 포르노 행위를 시켰고, 어릴 때부터 도색 잡지에 중독되어 있었다고 솔직하게 고백했다. 한 창녀는 〈펜트하우스〉 기사에서 그와의 추잡한 관계를 자세하게 털어놓았다. (이 잡지는 발행 된지 5일 만에 다 팔렸다.) 지미 스와거트가 진정으로 회개한 것처럼 보였지만 그는 3개월 만에 텔레비전에 다시 나타났다. (그때도 오럴 로버츠는 스와거트의 성적인 문제가 다 치료됐다고 말했다.)

보통 사람이 사역과 사역 사이의 차이점을 구별하기란 쉽지 않다. 그렇지만 물질만능주의의 위험을 알면 이러한 수치스런 사건을 피할 수 있고, 그것이 수면으로 떠오르기 전에 막을 수도 있다. 그러나 타락한 인간의 본성과 돈, 사역 기관의 책임 결핍이 결합하면, 결국 심각한 재난을 일으킨다.

우리도 비난할 자격이 있는가?

이 문제의 핵심은 모든 미디어 사역이 잘못되었다는 것이 아니다. 기독교 출판업계는 그 자체의 영적인 성취와 추문을 둘 다 가질 수 있는 미디어 사역이다. 이 사역이 없다면, 당신은 이 책을 볼 수 없었을 것이다. 심지어 성경조차 볼 수 없었을 것이다. 여전히 훌륭한 텔레비전이나 라디오 방송 사역이 많이 있다. 나는 나쁜 것과 함께 좋은 것까지 버리고 싶지 않다. 그렇지만 근본적인 질문이 남는다. 천박한 껍데기만 남은 자기중심적이고 물질 중심적인 '사역들'이 아직도 버젓이 활동하고 있는데, 왜 계속 후원하는지, 그 이유가 무엇인지 알고 싶다.

우선 부동산 거래를 하듯이 구원을 사려고 헌금하는 불신자들이 있다는 사실이다. 그러나 그들 중에는 그리스도인이라고 고백하는 사람들이 절대 다수다. 그렇다면 그들은 물질적이지만 우리는 그렇지 않다고 자신 있게 말할 수 있는가? 우리도 외형적이고 물질적이지 않는가? 그래서 잘못된 사역들로부터 우리가 원하는 것을 제공받으려 하지 않는가? 결국 만연된 물질만능주의와 부도덕성을 초래하는 가장 큰 원인은 우리가 내는 헌금이다. 만일 후원자들이 사역 단체의 잘못된 행위를 참지 않고 헌금하지 않는다면, 그 조직은 존재할 수 없다. 왜 이러한 문제를 간파하지 못하고, 자신의 돈, 시간, 기도를 신실한 종들이 아닌 잘못된 사역에 투자하는가?

누군가는 "하지만 저는 이 사역을 돕지 않을 수가 없어요"라고 말할 수도 있다. 성경에 의하면, 우리는 이처럼 쉽게 책임을 벗어날 수 없다. 그리스도의 몸은 하나이고 우리는 그 몸의 지체다. 우리는 몸 된 교회로부터 우리를 분리시킬 수 없다. *그러므로 어떻게 하면 교회 안의 물질만능주의에 휩쓸리지 않고 대항할 수 있는지 질문해야 한다.* "나는 교회의 거룩함을 해치는 물질만능주의에 어떻게 반응해야 할 것인가?"라고 말이다.

우리가 천박하고 잘못된 믿음을 허용하거나 추천하면(이는 최악이다), 불신자들은 교회를 마치 텔레비전에 나오는 서커스처럼 여길 것이고, 다음 두 반응 중 하나를 보이며 발길을 돌릴 것이다. '나는 진정한 답을 찾고자 했지만, 그리스도인도 답을 모르는 게 분명해' 하면서 교회에 실망하거나 '내 예상대로 그들은 위선자였어' 하며 오히려 그리스도인보다 자신이 낫다는 마음으로 기분 좋게 돌아갈 것이다. 어느 쪽이든 교회의 어리석음은 세상의 손실이다.

가치가 있는 것만 위조할 가치가 있다. 돈이나 보석은 위조해도, 병뚜껑이나 쓰레기를 위조하지는 않는다. 복음의 가치는 값으로 매길 수 없을 만큼 소중하다. 그러므로 끊임없이 모조품이 나올 것을 예상해야 한다. 은행 직원은 위조지폐를 식별하는 교육을 받을 때, 위조지폐가 아닌 진짜 지폐만 자세하게 배우고 연구한다. 진품을 모르면 모조품에 쉽게 속기 때문이다. 그러나 진품을 잘 알면 모조품을 쉽게 구별할 수 있다. 계속해서 다양한 위조지폐를 만나더라도, 섣불리 "진짜 돈(복음)은 없다"는 결론을 내리지 마라. 세상이 요구하는 것은 참된 교회에 의해 선포되는 생명력 있는 참된 복음이다.

번영, 교회, 지도자

사람들은 '사도'들이 특별한 교육을 받은 적도 없고, 사회적 지위도 없는 평범한 사람이라서 놀랐다(행 4:13). 베드로는 앉은뱅이에게, "은과 금은 내게 없거니와 내게 있는 이것을 네게 주노니 나사렛 예수 그리스도의 이름으로 일어나 걸으라"(행 3:6)고 했다. 이렇듯 하나님의 능력과 진리는, 부유하지 못하고 교육받지 못한 믿음의 사람들을 통해 나타난다. 진 게즈는 이렇게 말한다.

> "예루살렘에 있는 종교 지도자들은 부유했다. 그래서 가난한 사람들은, 부가 지도자들에게 주어지는 하나님의 특별한 축복이라고 생각했다. 그런데 그들과 대조적으로 가진 것이라고는 치유의 능력과 영생을 주는 구원의 메시지밖에 없었던 전직 어부였던 두 사람이, 나면서부터

앉은뱅이였던 사람을 고쳤다. 이 사건을 목격한 사람들은 이 두 그룹의 엄청난 차이를 느꼈다. 그때 많은 사람들이 종교에 대한 인간적인 관점을 영적인 관점으로 바꾸면서 복음에 반응하기 시작했다. 이런 이유로 복음을 전하는 것은 종교지도자들의 반감을 사게 되었다."

처음에 초대 교회 지도자들은 제대로 교육을 받지도 못했고 대부분 가난했다. 그런데 시간이 지나면서 교회는 부유해졌고, 지도자들의 교육 수준도 높아졌다. 그러면서 한때 바리새인들이 누렸던 사회, 경제적 신분을 그들도 누리게 되었다. 교육과 부가 잘못된 것은 아니지만, 신분이 높아지면 여러 유혹이 따라오기 마련이다. 사회적 위치가 높아지고 재산을 많이 가질수록, 그리스도가 가장 큰 보물이며 삶의 중심이라는 메시지가 믿기 어려워지는 것이다.

많은 그리스도인들이 다른 조직이나 교단, 교제권, 전통을 종교적 물질만능주의로 분류하고 판단한다. 그런데 정작 자신을 돌아보려고 하지는 않는다. 아직도 많은 복음적인 사역이 후원자들을 모으기 위해 호화 여객선 여행 같은 호화스러운 행사를 기획한다. 목적은 그들의 사역을 위해 후원금을 모으는 것이지만, 이것이 과연 하나님의 이름을 높이는 일인지, 또한 한 세대 전 복음주의자들은 이것에 대해 어떻게 생각할지 심각하게 자문해 보아야 한다.

최근에 나는 극빈국에서 성경을 가르치는 사역을 하는 단체로부터 초대를 받았다. 초대장에는 성경의 훌륭한 가르침을 들을 수 있는 기회를 설명하는 '좋은 소식'이 간단하게 소개되어 있었고, 이어서 호화로운 숙박을 제공한다는 '더 좋은 소식'이 자세히 설명되어 있었다. 참석자가 항공비만 지불하면 모든 숙식이 무료였다. 그들은 이렇게 함으로써 더 많은 헌금을 기대했던 것 같다. 그런데 극빈국에서 복음을 전하고 제자를 훈련시키는 기관으로서 과연 이 모금 방법이 적절한 선택이었을까? 선교를 후원하도록 인간의 물질적인 야망에 호소하는 것이 정직한 것일까? 만약 이 모임에 참석한다면, 그들의 사치스런 생활 방식을 지지한다는 의미는 아닐까? 희생적인 헌신의 자리로 사람들을 초대하는 것은 사람들에게 헌신을 연습할 수 있는 기회를 제공한다. 그러나 단지 모금만을 위한 초대는 오히려 물질만능주의를 장려하는 결과를 낳는다.

어떻게 거기에 도달할 수 있는가?

교회는 진정 세상과 다른 방식으로 '돈과 소유'를 다루고 있는가? 교회 안에 자선가들이 있듯이 세상에도 자선가들이 있다. 교회 안에 자선과 구제를 위한 자금이 있듯이 세상에도 있다. 세상에는 미래를 내다보기 보다 오늘 하루에 급급한 삶을 사는 소비자들로 꽉 차 있다. 그러나 교회에는 영원의 세계를 내다보며, 오늘을 그날을 위한 투자 기회로 삼는 전략적이고 넓은 안목을 가진 청지기가 필요하다. 그러나 슬프게도 오늘날 교회는 세상처럼 보일 때가 많다.

오늘날 서구 사회의 기독교 공동체는, 왜 이렇게 초대 교회와 유사점이 적은가? 그 이유는 돈과 소유에 대한 가르침이 없어서가 아니다. 오히려 돈과 소유를 가르치는 수많은 투자상담가, 저자, 강사 등이 폭발적인 인기를 누리고 있다. 그들 중 성경적인 삶을 살기 위해 기꺼이 고통을 감내하는 사람들도 있지만, 대부분은 세상 사람들을 따라 하기 바쁘다. 비록 그들이 모든 일의 시작과 끝에 기도를 하고, 그리스도를 간간이 언급하고, 몇몇 성경 구절을 인용할지라도, 그들은 불신자와 근본적인 차이가 없다. 그들은 세상의 생활 방식을 장려할 뿐이다. 그들은 돈은 잘 쓰는 방법과 다양한 재테크 비법을 제안한다. 간단히 말해, 어떤 그리스도인 재정 전문가는 '예수'를 이용해 성공하는 '어리석은 부자'가 되도록 돕는다.

우리는 지금까지 돈과 소유에 대한 욕심을 합리화시키고 정당화시켜 왔다. 더 최악인 것은, 우리가 물질만능주의에 세례를 주었고, 종교적인 용어로 좋게 표현했으며, 그것을 마치 우리를 향한 하나님의 계획처럼 선언했다는 것이다. 이러한 기복신앙과 거짓 복음이 바로 다음 장의 주제다.

모든 그리스도인은 다음 질문을 심각하게 생각해보아야 한다. "*물질적인 교회가 물질적인 세상을 그리스도께로 돌아오게 할 수 있을까?*"

Chapter 6
번영신학 : 부(富)의 복음

"종교는 부요함을 낳고, 딸은 어머니를 삼킨다." (코턴 마터)

"십자가 상의 그리스도는, 세상의 기준으로 볼 때 성공이라는 모든 개념을 무효로 만든다." (디트리히 본회퍼)

청중 앞에 선 '하나님의 사람'이 '가난의 영'을 꾸짖으며 물질의 축복을 확신시킨다. 그는 크리스마스 편지에 이런 글을 실어 보낸다. "동방 박사들처럼 진정한 성경적 축복을 받을 수 있는 기회가 여러분을 기다리고 있습니다. 절박한 상황에 처한 마리아와 요셉, 아기 예수는 동박 박사들이 가져온 물질로 재정적인 필요를 채울 수 있었습니다." 다시 말해 동방 박사가 아기 예수께 풍성하게 드려 축복을 받은 것처럼, 절박한 상황에 놓인 이 복음전도자에게 돈을 보내면, 축복을 받게 된다는 내용이었다.

이 사람은 '기복신앙'과 '건강과 부의 복음'을 내세우는 미국 복음주의 교파 중 한 유명 교파의 대표자였다. 교회나 선교단체에서 이러한 세계관이 번성하는 유일한 이유는, 축복의 몫을 챙기려는 열렬한 후원자들이 있기 때문이다. 이번 장에서는 세상이 아닌 교회 '안에서' 일어나는 문제들을 살펴보고자 한다. 정도의 차이가 있고, 쉽게 인식하지 못할 때도 있지만, 수백만 그리스도인의 태도와 생활 방식을 보면 번영신학의 속임수에 물들어 있음을 쉽게 알 수 있다.

구약과 축복

모든 이단이 위험한 것은 그 속에도 진리가 조금은 있다는 점이다. 사람들은 진리로 먹기 좋게 꾸며 놓지 않으면 거짓을 결코 삼키려 하지 않는다. 번영신학이 근거로 삼는 진리는, 물질적인 번영을 하나님의 축복으로 연결한 구약의 말씀들이다. 예를 들면, 하나님은 아브라함(창 13:1-7), 이삭(창 26:12-14), 야곱(창 30:43), 요셉(창 39:2-6), 솔로몬(왕상 3:13), 욥(욥 42:10-17)을 인정하셔서 그들에게 물질적인 부를 허락하셨다. 하나님은 이스라엘 백성이 넉넉히 베풀고 충실하게 하나님께 물질을 드리면, 물질로 보상해주겠다고 약속하셨다(신 15:10 ; 잠 3:9-10,11:25 ; 말 3:8-12).

신명기 28장 1 - 13절에서 하나님은 이스라엘이 순종하면 그에 대한 보상으로 자녀, 곡식, 가축, 복을 주실 것이라고 하셨지만, 순종하지 않으면 이보다 더 많은 54가지의 각종 질병, 가뭄, 패배 등과 같은 저주를 내릴 것이라고 하셨다. 순종은 축복으로, 불순종은 고난으로 이어진다는 것이다(신 28:14-68).

또한 구약에서는 부의 위험성에 대해 경고하면서, 특히 축복으로 인해 하나님을 잊게 되는 가능성을 지적하고 있다(신 8:7-18). 더 나아가 악인이 의인보다 더 번성하는 경우를 통해 성경적인 축복과 역경의 원리에도 예외가 있음을 말해 주고 있다.

"내가 악인의 큰 세력을 본즉 그 본래의 땅에 서 있는 나무 잎이 무성함과 같으나"(시 37:35).

"내가 악인의 형통함을 보고 오만한 자를 질투하였음이로다 … 볼지어다 이들은 악인들이라도 항상 평안하고 재물은 더욱 불어나도다"(시 73:3,12).

솔로몬이 발견한 "자기의 의로움에도 불구하고 멸망하는 의인이 있고 자기의 악행에도 불구하고 장수하는 악인이 있다"(전 7:15)는 것도 사실이다. 예레미야는 의로운 사람이 끊임없는 역경 가운데 있음을 보고 하나님께 물었다. "여호와여 내가 주와 변론할 때에는 주께서 의로우시니이다 그러나 내가 주께 질문하옵나니 악한 자의 길이 형통하며 반역한 자가 다 평안함은 무슨 까닭이니이까"(렘 12:1).

부, 성취, 명예, 승리, 성공이 하나님의 상급을 나타내는 신뢰할 만한 척도인가? 만일 그렇다면 하나님은 악하시다. 왜냐하면 역사 속에서 성공한 악인과 독재자가 너무나 많기 때문이다. 하나님이 권력의 정상에 올라 풍요를 누린 히틀러, 스탈린, 마오쩌둥 등과 같은 학살자들 편에 서 계신가? 부유한 사이비종교 교주나 정직하지 못한 사업가, 혹은 비도덕적인 록 가수의 편이신가? 만일 부가 하나님의 인정하심을 나타내는 표시라면, 가난은 하나님의 거부를 상징하는가? 그렇다면 예수와 바울은 하나님의 블랙리스트에 올라 있고, 마약상이나 횡령자는 하나님의 축복 리스트에 올라 있어야 한다.

그리스도와 부유함

신구약을 통틀어 많은 사람들이 건강과 부는 하나님이 인정하신 것이고, 질병이나 가난은 그 반대를 의미한다고 믿었다. 욥의 '위로자들' (친구들)은 그가 그의 숨겨진 죄악 때문에 고난을 받는다고 생각했지만 사실은 그렇지 않았다. 하나님은 욥을 인정하셨고(욥 1:8, 42:7) 또 사탄이 욥의 모든 소유를 빼앗는 것을 허락하셨다.

부자 바리새인은 기복신앙에 따라 생활하면서 자신보다 못한 사람들을 '죄인'과 하층 계급으로 취급했다(눅 15:1-2 ; 요 9:34). 예수님의 제자들이 "랍비여 이 사람이 맹인으로 난 것이 누구의 죄로 인함이니이까 자기니이까 그의 부모니이까"(요 9:2)라고 물은 이유는, 그들 역시 그런 사고를 가지고 있었기 때문이다. 예수님은 그들의 생각이 완전히 잘못되었다고 하셨다. "이 사람이나 그 부모의 죄로 인한 것이 아니라 그에게서 하나님이 하시는 일을 나타내고자 하심이라"(요 9:3). 하나님은 맹인을 통해 이루실 더 큰 계획을 가지고 계셨다. 즉, 하나님의 뜻은 "선한 일을 하면 부자가 되고, 나쁜 일을 하면 고통을 받는다"라는 좁은 범주 안에 가둘 수 없다는 뜻이다.

예수님께서 제자들에게 "부자는 천국에 들어가기가 어려우니라 다시 너희에게 말하노니 낙타가 바늘귀로 들어가는 것이 부자가 하나님 나라에 들어가는 것보다 쉬우니라"(마 19:23-24)고 하셨을 때, 그들의 반응을 기억해 보라. 그들은 이 말을 듣고 놀라서 "그렇다면 누가 구원을 얻을 수 있으리이까"(마 19:25)라고 물었다.

왜 놀랐는가? 그들은 부유함이 하나님의 인정하심을 나타내는 표시라고 믿었기 때문이다. 하나님이 분명하게 인정한 부자가 (그렇지 않다면 무엇이 그들을 부자로 만들었겠는가?) 하늘나라에 가기 어렵다면, 어떻게(하나님이 경멸하시는) 가난한 사람이 하늘나라에 갈 수 있겠는가? 이렇게 제자들은 주님이 말씀하신 의미를 깨닫지 못했다. 하나님이 "이는 내 사랑하는 아들이요 내 기뻐하는 자라"(마 3:17)고 말씀하신 분은 머리 둘 곳도 없고 걸친 옷과 신발밖에는 가진 것이 없으신 '사람의 아들'(마 8:20)이었음을 기억하라.

예수님은 "하나님이 그 해를 악인과 선인에게 비추시며 비를 의로운 자와 불의한 자에게 내려주심이라"(마 5:45)고 하셨다. 하나님은 은혜를 모든 사람에게 주신다. 공기는 죄인이든 성자이든 상관없이, 또 그 사람의 도덕성과 관계없이 주어지는 하나님의 선물이다. 좋은 땅을 가진 악인의 수확이 많을 수 있고, 나쁜 땅을 가진 의인의 수확이 적을 수 있다. 부자와 나사로 이야기에서 보았듯, 악인이 고통 없이 오래 잘살 수 있고, 의인이 고통 가운데 가난하게 살 수 있다(눅 16:19-31). 영원 세계에서 물질은 관심 밖이지만, 이 땅에서는 중심을 차지하게 된다(눅 6:20-25).

신약에서는 한 단계 더 나아가 의인이 고통을 당할 뿐 아니라, 의롭기 '때문에' 고통을 더 당하게 되리라고 말한다. "그리스도 예수 안에서 경건하게 살고자 하는 자는 박해를 받으리라"(딤후 3:12). 초대 교회 성도들은 "세상에 있는 너희 형제들도 동일한 고난을 당하는 줄을 앎이라"(벧전 5:9)는 말씀을 증명하듯 끊임없이 고난을 당했다. 물질세계에서는 개인의 안정과 부를 강조할 뿐 그리스도의 진정한 제자가 되는 것에는 관심이 없다.

만약 당신이 세상과 잘 어울린다면, 그것은 그리스도의 기준이 아니라 세상의 기준으로 살아가고 있기 때문이 아닐까?

'왕의 자녀처럼 살라'는 의미

'기복신앙'과 '건강과 부의 복음'을 내세우는 사람들은 "왕의 자녀처럼 살라"는 말을 즐겨 사용하는데, 그것이 얼마나 큰 모순인지 모른다.

정확하게 말해서 '왕의 자녀'는 예수님이시고, 그분은 오늘날 이 말이 의미하는 것과는 정반대의 삶을 사셨다. 그분은 전쟁을 위해 왕복을 벗으셨다. 예수님이 다시 오시는 날, 그분과 충성된 종들은 승리의 왕복을 입을 것이다. 그러나 지금은 전투복을 입을 때지 왕복을 입을 때가 아니다.

만유의 왕이신 하나님이 그분의 '아들'을 어떻게 이 세상에 보내셨나? 예수님은 비천한 베들레헴에서 태어나 천대받는 나사렛에서 자라셨고, 양을 바칠 형편이 안 되어 비둘기 두 마리를 드릴 수밖에 없는(레 12:6-8 : 눅 2:22-24) 가난한 가정에서 자라셨다. 기복신앙을 주장하는 사람들이 말하는 어떤 종류의 왕도 예수님을 닮지 않았다.

기복신앙은 종의 모습으로 이 땅에 오신 예수님이 아닌 하늘에 오르신 주님을 모델로 삼고 있다. 예수님은 제자들에게 다스리는 자가 아닌 섬기는 자가 되라고 가르치셨다. 참된 그리스도의 제자는 이 땅에서는 그분의 십자가를 지고(눅 14:27), 다가올 세상에서는 면류관을 받을 것이다(약 1:12).

멋지게 수놓은 액자나 냉장고에 붙여 놓은 성경 구절 중에는, 핍박과 배신, 채찍질, 법정에 끌려가 우리의 믿음을 시험받게 된다는 말씀을 결코 발견할 수 없다(마 10:16-20). 또한 "세상에서는 너희가 환난을 당하나"(요 16:33), "너희 중의 누구든지 자기의 모든 소유를 버리지 아니하면 능히 내 제자가 되지 못하리라"(눅 14:33)와 같은 말씀은 축복의 설교에 등장하지 않는다.

사도 바울과 번영

그리스도의 삶과 가르침은 기복신앙을 강력하게 반박한다. 바울의 삶과 그의 기록 또한 그러하다. 진리의 복음이 이 땅에서 완전한 구속을 경험하는 것이라면, 부의 복음은 이 땅에서 하늘나라의 보상을 경험하려고 한다. 그리스도의 가르침대로 살아간 바울의 삶을 건강과 재물, 그리고 성공의 관점에서 살펴보고자 한다.

바리새인으로 성장해 기복신앙을 믿었던 바울은, 예수님을 메시아로 도저히 믿을 수 없었다. 예수님은 의문스런 혈통을 가지고 있었으며, 가난했고 제대로 된 교육도 받지 못했다. 무엇보다 그의 수치스런 죽음은 하나님이 그를 거부하셨음을 상징했다. 그러나 바울이 갈릴리 목수에게 무릎을 꿇었을 때, 그는 기복신앙에 대해 영원히 등을 돌리게 되었다. 주님은 그에 대해서 이렇게 말씀하셨다. "그가 내 이름을 위하여 얼마나 고난을 받아야 할 것을 내가 그에게 보이리라"(행 9:16).

바울은 호화로운 사무실이나 로마의 일류 호텔이 아닌 감옥에서 빌립보 교인에게 이런 내용의 편지를 썼다. "그리스도를 위하여 너희에게 은혜를 주신 것은 다만 그를 믿을 뿐 아니라 또한 그를 위하여 고난도 받게 하려 하심이라"(빌 1:29). 그는 그리스도를 자신을 낮추고 죽기까지 복종하신 겸손의 왕으로 묘사하고 있다(빌 2:5-11). 예수님이 이 땅에서 성공하길 원하셨다면 십자가도, 죄를 사하는 것도, 복음도, 소망도 필요 없게 된다.

바울은 빌립보서 3장에서 자신의 혈통과 학식, 학벌 등을 이렇게 평가하고 있다. "무엇이든지 내게 유익하던 것을 내가 그리스도를 위하여 다 해로 여길 뿐더러 또한 모든 것을 해로 여김은 내 주 그리스도 예수를 아는 지식이 가장 고상하기 때문이라 내가 그를 위하여 모든 것을 잃어버리고 배설물로 여김은 그리스도를 얻고"(빌 3:7-8). 실제로 이 번역은 너무나 약하다. 그는 한때 그에게 소중한 가치였던 자신의 이력과 소유를 '똥'이라고 묘사한 것이다. 보석으로 온몸을 장식하고 '무대'에 오르는 오늘날 기복신앙의 설교자와 얼마나 대조적인가!

결과적으로 바울은 그리스도를 따르다가 모든 것을 잃었다. 그러나 바울에게 잃어버린 돈과 소유는 아무것도 아니었다. 또한 그는 고린도후서 6장에서 환난과 궁핍, 고난과 매 맞음, 감옥에 갇힘, 난동, 수고, 불면, 배고픔 등을 말한다(고후 6:3-10). 바울의 삶을 가장 생생하게 묘사한 부분이다.

> "내가 수고를 넘치도록 하고 옥에 갇히기도 더 많이 하고 매도 수없이 맞고 여러 번 죽을 뻔하였으니 유대인들에게 사십에서 하나 감한 매를 다섯 번 맞았으며 세 번 태장으로 맞고 한 번 돌로 맞고 세 번 파선하고 일주야를 깊은 바다에서 지냈으며 여러 번 여행하면서 강의 위험과 강도의 위험과 동족의 위험과 이방인의 위험과 시내의 위험과 광야의 위험과 바다의 위험과 거짓 형제 중의 위험을 당하고 또 수고하며 애쓰고 여러 번 자지 못하고 주리며 목마르고 여러 번 굶고 춥고 헐벗었노라 이 외의 일은 고사하고 아직도 날마다 내 속에 눌리는 일이 있으니 곧 모든 교회를 위하여 염려하는 것이라 누가 약하면 내가 약하지 아니하며 누가 실족하게 되면 내가 애타지 아니하더냐"(고후 11:23-29).

바울은 *'고난 신학,'* 혹은 *'병과 가난의 복음'*이라 불릴 수 있는 삶을 살았다. 그는 이렇게 유혹하는 소리를 들었는지도 모른다. "이렇게 살 필요 없어. 너도 왕의 자녀처럼 살아야 하지 않겠어?" 사실 그는 이와 비슷한 말을 들었다. 그래서 바울은 그가 누릴 수 있는 부와 명성을 주장하지 않았고 꾸짖는 '자칭 최고 사도들'과 잘나가는 사역자들에 대항하여 이렇게 자신을 변호해야만 했다(고전 4:8-13).

"너희가 이미 배부르며 이미 풍성하며 우리 없이도 왕이 되었도다"
(고전 4:8).

"우리는 약하나 너희는 강하고 너희는 존귀하나 우리는 비천하여"
(고전 4:10).

바울은 그들이 종이 아닌 이 땅의 왕으로 군림하며 사는 것에 대해 성급한 결정이라고 지적했다. 바울의 요점은 분명하다. 너무 일찍 통치하려고 하지 마라! 종의 옷을 입어라! 하나님이 당신을 그분의 왕국에 부르셔서 영광의 예복을 입혀 주시기 전에 스스로 그 예복을 입지 마라!

바울은 하나님이 보여 주신 특별한 계시를 설명한 뒤 이렇게 말한다.

"여러 계시를 받은 것이 지극히 크므로 너무 자만하지 않게 하시려고 내 육체에 가시 곧 사탄의 사자를 주셨으니 이는 나를 쳐서 너무 자만하지 않게 하려 하심이라 이것이 내게서 떠나가게 하기 위하여 내가 세 번 주께 간구하였더니 나에게 이르시기를 내 은혜가 네게 족하도다 이는 내 능력이 약한 데서 온전하여짐이라 하신지라 그러므로 도리어 크게 기뻐함으로 나의 여러 약한 것들에 대하여 자랑하리니 이는 그리스도의 능력이 내게 머물게 하려 함이라"(고후 12:7-9).

바울은 자신의 "육체의 가시"에 하나님의 분명한 목적이 있음을 알았다. 우리는 그 질병이 무엇인지 잘 모르지만, 학설 중 하나는 약한 시력(갈 6:11)이었다. 바울은 그 괴로움이 교만해지지 않도록 자신에게 '주어진' 것임을 알았다. 더 나아가 질병을 그대로 두신 목적이 자신에게 은혜를 가르치시기 위함이라고 말한다. 이로써 바울은 자신의 힘이 아닌 하나님 안에 있는 능력을 신뢰하게 되었다.

내가 사는 지역의 기독교 라디오 방송국에 자주 광고를 하는 의사가 있다. 그는 "당신을 낫게 하는 것이 내게 가장 중요한 일입니다"라고 광고한다. 사실은 그렇지 않다. 그 문제보다 더 중요한 것은 얼마든지 있다. 인슐린에 의지해야 하는 당뇨병 환자인 내가 말할 수 있는 것은, 내 건강보다 내 병을 통해 하나님이 더 큰 일을 행하셨다는 것이다.

하나님이 우리가 건강하기를 무조건 원하신다고 가정해서는 안 된다. 하나님은 우리의 질병을 통해 더 높은 목적을 이루고 계심을 깨달아야 한다. 우리도 사도 바울처럼 병 고침을 위해 기도할 수 있다. 그러나 바울도 단 세 번만 기도했음을 주목하라. 바울은 하나님이 고쳐 주지 않으셨을 때, 자신의 권리를 주장하지 않았고, 더 이상 자신을 낫게 해달라고 요구하지 않았다.

오늘날 건강과 부의 복음을 외치는 설교자들은 이 메시지의 뒷부분을 회피하고 이렇게 말한다. "바울은 이 질병을 '사탄의 사자'라고 불렀다. 질병은 사탄으로부터 왔지, 하나님으로부터 온 것이 아니다. 사탄은 우리가 병들기를 원하지만, 하나님은 우리가 건강하기를 원하신다." 바울이 질병을 사탄의 사자라고 부른 것은 사실이다. 그러나 하나님은 그 어떤 것보다 크시며, 사탄은 하나님의 목적을 이루는 데 사용되는 또 하나의 도구일 뿐이다. 결국 이 말씀의 요점은 누구의 목적과 계획인가 하는 점이다. 사탄은 겸손을 결코 환영하지 않는다. 질병을 바울에게 유익하도록 허락하신 분은 하나님이시다. 또한 그 질병을 제거하지 않으신 분도 사탄이 아니라 하나님이시다. 치유를 위해 기도했는데도 응답받지 못했다면 용기를 내라. 좋은 친구를 가진 것이다.

바울은 자신만 치료받지 못한 것이 아니라, 드로비모도 병들어서 밀

레도에 남겨 두어야 했다(딤후 4:20). 그가 사랑하는 에바브로디도도 중한 병에 걸렸었다(빌 2:25-30). 그의 믿음의 아들 디모데는 위에 장애가 자주 있었는데, 바울은 그에게 "치유를 간구하라"고 하지 않고 의학적인 목적으로 와인을 마시라고 권했다(딤전 5:23). 그런데 겉보기에는 "누구든지 믿음만 있으면 다 나을 수 있다"라고 주장하는 사람들이 더 큰 믿음을 가진 것처럼 보인다.

초대 교회의 많은 하나님의 종들처럼 바울 역시 건강하거나 부유하지 못했다. 그러나 지금 그는 완전한 건강과 부유함을 영원토록 즐기고 있다. 바울이 로마 감옥에서 고생하다가 네로 황제에 의해 죽임당할 때, 두 사람이 직면했다. 한 사람은 이 땅에서의 성공을 위해 살았고, 다른 한 사람은 하늘나라의 풍요로움을 위해 살았다. 우리는 두 사람이 진실로 어떤 사람이었는지 기억한다. 그래서 우리는 자녀들에게 바울이라는 이름을, 개에게는 네로라는 이름을 지어 준다.

부에 대한 신약 성경의 가르침

우리는 어떻게 서로 상반되는 듯한 신약의 예수와 사도들의 삶과 구약의 축복에 대한 구절을 설명할 수 있을까? 그 답은 11장에서 자세하게 알아보겠지만, 구약과 신약 사이에는 근본적인 차이가 있다. 신약에서는 참된 부를 이해하는 데 근본적인 변화가 필요하다고 말한다.

신약에는 악한 목적으로 물질이 사용되는 것을 뜻하는 헬라어 '플로우토스'(ploutos)가 여섯 번 나온다(마 13:22 ; 막 4:19 ; 눅 8:14 ; 딤전 6:17 ; 약 5:2 ; 계 18:17). 또한 영적인 부요함을 뜻하는 구절이 열한 번 나온다(롬 11:33 ; 엡 1:18 ; 빌 4:19 ; 골 1:27 등). 만약 우리가 영적인 부요함을 체험하게 되면, 다시는 물질적인 부유함을 따르는 행동을 하지 않을 것이다.

이 세상에서 부요함은 약속된 것이 아닌가?

기복신앙에서 가장 많이 인용하는 성경 구절은, 제자들이 예수님을 위해 모든 것을 버릴 때, 예수님이 하신 말씀이다.

> "내가 진실로 너희에게 이르노니 나와 복음을 위하여 집이나 형제나 자매나 어머니나 아버지나 자식이나 전토를 버린 자는 현세에 있어 집과 형제와 자매와 어머니와 자식과 전토를 백배나 받되 박해를 겸하여 받고 내세에 영생을 받지 못할 자가 없느니라"(막 10:29-30).

한 유명한 복음전도자가 후원자들에게 이 말씀을 언급하며 이런 편지를 보냈다. "저는 하나님의 사람이 받아야 할 '백배'의 보상을 받은 사람을 본 적이 없습니다. 하나님의 보상 시스템은 항상 작동하지만 지금까지 그 사례를 찾아볼 수 없었습니다." 물질적인 축복을 전하는 다른 설교자들 역시 "예수님을 따르는 사람은 이 땅에서 물질의 복을 누리게 된다는 이 약속이 성취될 때가 되었다"라고 말한다. 그런데 이것이 진정 예수님이 말씀하시고 싶었던 것일까?

첫째로, 예수님이 말씀하신 것은 성경의 가르침처럼 그리스도를 따르는 사람들이 이 땅에서 부자가 되지 않아야 한다는 것이다. 이것은 제자들과 사도들에게 부인할 수 없는 사실이었다.

둘째로, 이 구절의 '혜택'을 주장하는 사람의 대부분은, 이 약속의 '조건'을 실제로 만족시키지 못했다. 제자들과는 다르게 그들은 자신의 물질적인 것을 포기하거나 그리스도를 따르기 위해 가족을 버리지 않았다.

셋째로, '현세에'란 말은 분명히 이 세상을 가르치지만 집이나 형제, 자매, 부모, 자녀, 전토(땅)를 '여러 배' 혹은 '백배'로 받는다는 의미는 도대체 무슨 뜻인가? 여기서 물질적인 속성을 가지고 있는 단어는 전토와 집이다. 그런데 여기서 집(오이키아, oikia)은 주택 그 자체를 의미하기보다 식구, 집안, 즉 가정을 뜻한다(마 12:25, 요 4:53, 고전 16:15).

그리스도께서 말씀하신 집이 건물을 의미한다 하더라도, 문자 그대로 자신이 사는 집을 포기한 모든 그리스도인에게 예수님이 다른 몇 채의 집을 주겠다고 약속하신 것인가? 분명히 그렇지 않다. 왜냐하면, 성경과 우리가 아는 모든 지식을 살펴볼 때, 예수님의 제자와 사도 가운데 부자인 사람은 아무도 없었다. 건강과 부의 복음을 지지하는 사람들의 용어를 빌리자면, 그들 중에는 예루살렘의 콘도, 교외인 베다니에 고급 주택, 갈멜 산에 통나무집, 혹은 거라사 지방의 해변 별장을 가진 사람은 아무도 없었다. 만일 백배의 축복이 문자 그대로 '집'에 대한 약속이라면, 단순히 6배 정도가 아닌 100채의 주택, 100배의 땅을 받았어야 했다.

또한 여기서 '집'이 건물이 아닌 '가정'을 상징하는 것이라면 제자들은 문자 그대로 백 명의 자녀를 가진 부모가 된다는 의미일까? 분명히 그렇지 않다!

가진 것을 버리고 그리스도를 따르려는 사람은, 믿음 안에서 어쩌면 육신적인 가족보다 더 깊은 관계를 맺고 소유물을 자유롭게 나누는 보다 큰 가족의 일원이 될 것이라는 의미다. 사도들이 가는 곳마다 그들이 머물고 싶은 만큼 머물 수 있는 '집'이 있었고, 값을 치르지 않고 자유롭게 먹을 수 있는 '밭'에서 난 것으로 준비된 음식이 있었다. 그들은 함께 교제할 수 있는 '형제자매들'이 있었고, 지혜로 이끌어 주는 사랑의 '부모들'이 있었고, 그들의 발 앞에서 그리스도를 닮도록 가르칠 '자녀들'이 있었다. 이와 마찬가지로 주님을 따르는 모든 사람에게는 풍성한 관계와 하나님의 양식이 저장된 공간이 오늘날에도 열려 있다. 당신도 그렇겠지만 나 자신도 이것을 경험하며 살고 있다.

바울은 일정한 거처(그에게는 감옥이 거처라고 할 정도지만)가 없었고, 땅도, 가까운 가족도, 자녀도 없었지만, 디모데와 데살로니가 성도들과 다른 사람들을 사랑하는 자녀라고 자랑스럽게 불렀다. 건강과 재산이 없는 것을 인식한 바울은 마가복음 10장 29-30절(눅 18:29-30)의 바른 의미를 보여 주며, 자신을 "아무것도 없는 자 같으나 모든 것을 가진자"(고후 6:10)로 묘사하고 있다. 가진 것이 없지만 "모든 것을 가졌다"는 것은 역설적으로 들린다.

마지막으로, 마가복음 10장 30절을 인용하며 물질적인 축복을 전할 때 "박해를 겸하여 받고"라는 구절은 대부분 언급조차 하지 않는다. 백배의 핍박에 대한 하나님의 약속을 설교하는 것을 들어본 적이 있는가?

신약에서 약속하는 축복이 문자 그대로 물질적인 형태로 주어지지 않는다고 말하는 것이 아니다. 예수님은 "주라 그리하면 너희에게 줄 것이니 곧 후히 되어 누르고 흔들어 넘치도록 하여 너희에게 안겨 주리라 너희가 헤아리는 그 헤아림으로 너희도 헤아림을 도로 받을 것이니라"(눅 6:38)고 하셨다. 성경과 경험을 모두 비추어 볼 때, 하나님은 그분이 맡기신 것을 관대하게 나누는 사람을 물질적으로 축복하신다. 나는 이것을 확실히 믿는다. 나는 기복신앙을 반박하지만, 하나님은 후히 베푸시고, 자녀에게 주기를 기뻐하시고, 우리의 관대함에 보상하신다는 사실을 간과하지 않는다. 이러한 보상에는 재정적이고 물질적인 축복이 포함되는 경우도 많다. 이 주제에 대해서는 13장에서 자세하게 다룰 것이다.

하나님이 우리를 부유하게 하시는 이유

나는 하나님이 그분의 자녀들에게 물질적인 축복을 주신다고 말하는 사람과 논쟁할 이유가 없다. 그러나 가장 중요한 것은 '왜 하나님은 우리에게 물질적인 축복을 주시는가?'라는 질문이다. *하나님께서 우리에게 재정적인 축복을 주실 때, 그것을 가지고 우리가 무엇을 하기를 기대하실까?*

기복신앙을 전하는 설교자는, 하나님이 공급하신 것을 이용해 우리가 기뻐하는 일이면 무엇이든지 할 수 있는 것처럼 암시한다. 우리가 하나님께 공로를 돌리기만 한다면, 아름다운 집이나 자동차를 사고, 멋진 휴가를 가며, 부유함과 풍족함의 삶을 살 수 있다고 말한다. 하나님이 이러한 삶의 공로를 자신에게 돌리는 것을 원하시는지는 별개의 문제이다. 어떤 설교자는, 하나님은 우리가 가난한 '나쁜 증인'이 아닌 화려한 삶을 살기를 기대하신다고 – 심지어 명령하신다고 – 까지 말하기도 한다! 이러한 기준에 따르면 예수님과 바울은 지독하게 나쁜 증인들이다. 그는 예수님께서 마치 이렇게 말씀하신 것처럼 설교한다. "너희가 수많은 돈과 굉장한 소유를 가지면, 이로써 모든 사람들이 너희가 내 제자인 것을 알게 될 것이다." (예수님께서 실제로 말씀하신 것은 요한복음 13장 35절에 나와 있다.)

재정적인 드림이란 배경에서 바울은, "하나님이 능히 모든 은혜를 너희에게 넘치게 하시나니 이는 너희로 모든 일에 항상 모든 것이 넉넉하여 모든 착한 일을 넘치게 하게 하려 하심이라"(고후 9:8)고 하셨다. 다른 말로 하면, 하나님이 우리에게 풍족하게 주신 것은, 그것으로 선한 일을 하라고 주셨다는 의미다. 바울은 또 "심는 자에게 씨와 먹을 양식을 주시는 이가 너희 심을 것을 주사 풍성하게 하시고"(고후 9:10)라고 했다. 그러므로 우리는 곡식을 쌓아 놓고 먹어야 하는가? 아니다. 우리는 그것을 널리 뿌려서 생명을 만들어 내고 열매를 맺도록 해야 한다. 왜 하나님이 우리 중에 많은 사람을 부자로 만드셨나? 성경이 이 질문에 대한 직접적인 대답을 하는 것을 이상하게 생각할 필요가 없다. "너희가 모든 일에 넉넉하여 너그럽게 연보를 함은 그들이 우리로 말미암아 하나님께 감사하게 하는 것이라"(고후 9:11). 하나님이 우리에게 부유함을 맡기신 것은 그것을 붙잡고 있으라는 뜻이 아니라, 관대하게 나누라고 맡기셨다. 바울은 이와 동일한 관점을 5장에서 밝히고 있다.

> "이는 다른 사람들은 평안하게 하고 너희는 곤고하게 하려는 것이 아니요 균등하게 하려 함이니 이제 너희의 넉넉한 것으로 그들의 부족한 것을 보충함은 후에 그들의 넉넉한 것으로 너희의 부족한 것을 보충하여 균등하게 하려 함이라"(고후 8:13-14).

이 구절은 필요한 것보다 많이 가진 사람은 미래를 위해 가능한 많이 쌓아서, 다른 이의 도움에 의존하지 않아야 한다는 개념에 정면으로 도전한다. 이것이 미국의 개인주의 정신에는 맞을지 모르지만, 하나님의 가르침과는 다르다. 하나님은 현재는 풍족한 것을 나누고, 언젠가는 – 아마도 다른 사람에게 주었기 때문에 모자른 것이 이유가 될 수도 있지만 – 다른 사람으로부터 받는 위치가 될 것임을 깨달아야 한다고 말씀하신다. 이것이 우리와 다른 사람 모두를 건강하게 만드는 방법이다. 돈을 나누는 것은 경제적으로 우리를 약한 위치로 만든다. 우리는 그것을 원하지 않고, 경제적 주도권을 쥐기를 더 원한다. 그러나 우리에게 주어진 것을 움켜쥐거나 모두 써버리면 아무것도 일어나지 않지만, 나누어 주면 그것이 우리를 위해 무엇인가를 한다. 이런 생활방식은 하나님을 의존하게 하고, 다른 사람이 우리에게 의존하듯 언젠가는 우리도 다른 사람을 의지할 때가 올 수 있다는 가능성을 열어 준다.

우리 기관은 내가 저술한 책의 인세 수입을 가치 있는 사역을 돕는데 사용하는 특권을 누리고 있다. 어느 해는 상반기 동안 십만 달러 이상을 후원함으로, 후반기에 갑자기 재정이 부족한 때가 있었다. 그때 우리는 신속하게 지출을 줄였다. 그 어려운 시기에 우리가 정기적으로 후원하는 한 선교 기관에서 500달러를 보내왔다. 이것은 내가 선교 기관으로부터 처음으로 받은 재정적인 후원이었다! 그것을 받고 잠시 동안 매우 마음이 불편했다. 그러나 그것이 우리와 그들에게 얼마나 축복이 되는지를 깨닫고 나서 감사하지 않을 수 없었다. 고린도후서 8장 13-14절 말씀 그대로, 그들은 받는 위치에서 주는 위치로 바뀌었고, 우리는 주는 위치에서 받는 위치로 바뀌었다.

우리의 기도가 응답받는 체험은 즐거운 일이다. 다른 사람의 기도 응답에 우리가 쓰이는 것 또한 즐거운 일이다. 나는 최근에 여러 기관의 대표들에게 다른 사역지를 몇 곳 정해 정기적으로 후원하도록 추천한 적이 있다. "우리는 다른 기관과 경쟁하지 않습니다"라고 말하기는 쉽지만, 실제적인 협력을 추구하지도 않고, 우리 자신을 위해 소비하거나 저축할 수 있는 것을 다른 기관과 나누려는 노력은 하지 않는다.

하나님이 경제적인 부요함을 주시는 것은, 다른 사람의 기준보다 더 높은 생활 수준을 유지함으로 하나님의 자녀인 것을 과시하라는 것이 아니다. 자신이 누릴 수 있는 위치에서 몇 단계 내려오고, 대신 다른 이를 몇 단계 올려 줌으로 그분의 자녀임을 드러내라는 의미다. 그것이 진정한 평등이다.

하나님은 처음부터 모든 사람에게 동일하게 나누어 주실 수도 있지만, 하나님의 자녀가 그분의 이름으로 자유롭게 나누며 살기를 원하신다. 그분은 자신이 목숨을 내어주실 만큼 사랑하는 이들의 필요를 채우는 데 우리가 통로로 사용되길 원하신다.

존 파이퍼는 하나님의 풍성한 공급하심의 목적을 이렇게 밝힌다.

"하나님은 복음을 듣지 못하고, 교육받지 못하고, 치료받지 못하고, 먹지 못하는 수백만의 고통을 덜어 주기 위해 사용되어야 할 것을 우리가 자신을 위해 남겨둘 때, (우리가 얼마나 많이 감사하는 것과 상관없이) 영광을 받으실 수 없다. 그리스도인이라 고백하는 많은 사람이 잘못된 가르침에 속아서, 얼마나 적게 나누고 얼마나 많이 소유하는지 모른다. 하나님이 그들을 부유하게 만드셨다. 저항하기 힘든 소비문화의 법칙(건강, 재산, 번영의 가르침에 물든)으로 인해, 그들은 더 큰(그리고 많은) 집, 더 새로운(그리고 많은) 차, 더 멋진(그리고 많은) 옷, 더 나은(그리고 많은) 음식, 그리고 생활을 보다 즐겁게 만드는 각종 자질구레한 최신 전자 제품과 도구들을 구입한다. 그들은 이렇게 항의할 것이다. '하나님이 그의 백성을 축복하신다고 약속하지 않으셨나?' 정말 그렇다! 그렇지만 하나님이 재산을 늘려 주실 때, 그것을 나눔으로써 우리는 물질이 우리의 신이 아님을 증명할 수 있다. 하나님이 평범한 차를 고급 캐딜락으로 바꾸라고 어떤 사업가를 축복하신 것이 아니다. 하나님이 그 사업을 축복하신 것은, 복음이 전해지지 않은 17,000여 종족에게 복음이 전해지도록 주신 것이다. 하나님이 사업을 축복하신 것은, 기아의 위기에 처한 세계 인구의 12퍼센트에게 도움이 될 수 있도록 주신 것이다."

기복신앙은 우리 자신에 대한 소비를 부추긴다. 또한 우리 안에 있는 물질만능주의의 속박을 점점 가속시킬 뿐만 아니라, 영원을 위해 돈을 사용할 수 있는 기회를 상실하게 만든다. 예수님은 "무엇이든지 남에게 대접을 받고자 하는 대로 너희도 남을 대접하라"(마 7:12)고 하셨다. 당신과 당신의 자녀가 배고플 때, 부유한 그리스도인이 당신을 위해 어떤 일을 해주었으면 좋겠는가? 그들의 부요함을 나누어 주었으면 하는 것이 당신의 대답이라면 기복신앙을 거부하고, 그리스도께 순종하라. 당신의 가진 것을 다른 사람과 나누라.

오늘날 기복신앙을 전파하는 사람과 존 웨슬리는 얼마나 다른가 보자.

> 하나님께서 당신에게(가족을 위한 필수품을 사는 것 이상으로) 맡겨주신 돈을 배고픈 사람을 먹이고, 옷 없는 사람을 입히고, 낯선 사람이나 과부, 고아를 돕는 데 사용하면, 우리 안에 있는 모든 욕망에서 해방된다. 어떻게 그것을 다른 목적으로 사용할 수 있으며, 어떻게 감히 당신의 주님을 속일 수 있는가?

요술방망이 하나님

'믿음의 씨앗'과 '백배의 보상' 원리를 가르치는 한 목사가, 할부금을 내지 못해 새 차를 뺏기게 된 교인의 승리담을 전했다. 그 교인은 백배로 보상하겠다는 하나님의 '약속'을 믿고 20달러를 헌금했다. 놀랍게도 다음날 2천 달러의 수표를 우편으로 받았고, 이것으로 밀린 할부금을 납부하여 차를 뺏기지 않고, 여유 돈까지 생겼다.

놀라운 간증이긴 하지만 몇 가지 의문이 떠오른다. 혹시 교인은 처음부터 빚을 지지 않았어야 하지는 않았는지, 아니면 그 차가 하나님이 허락하지 않으신 너무 사치스러운 차가 아니었는지, 아니면 그 차를 포기하고 2천 달러를 하나님 나라에 투자하기를 원하셔서(그것에 대한 보상으로 2십만 달러를 기대하지 않고) 그녀에게 주어진 것은 아닐까? 이 이야기는 많은 의로운 사람이 받지 못한 수표를, 그녀를 포함하여 많은 불의한 사람이 받은 것처럼 보이게 한다.

기복신앙은 사탄이 하나님께 질문했던 바로 그 질문을 하게 가르친다. "욥이 어찌 까닭 없이 하나님을 경외하리이까"(욥 1:9). 욥의 믿음이 순수하다는 것이 증명되었음에도, 사람들은 하나님 그분보다는 그가 주는 부수적인 혜택을 더 원한다. 세상은 복합적인 동기를 가지고 부유한 교회에 접근한다. 17세기 영국의 언론인 로버트 레스랑게는 다음 사실을 발견했다. "돈 때문에 하나님을 섬기면, 더 나은 월급을 위해 마귀를 섬기게 될 것이다."

기복신앙의 근본적인 문제점은 그것이 하나님이 아닌 사람 중심이라는 점이다. '번영'의 입장에서 접근할 때, 기도는 우리의 변덕스런 생각을 들어주실 때까지 하나님을 잡아당기며 '필요한 것을 요구하는' 강압적인 행위로 타락해 버린다. 그러면서 우리의 편안함을 증진시키고, 하나님의 간섭을 거부하고, 우리가 추구하는 라이프스타일을 지키기 위해 강제로 전능자를 움직이려고 시도하게 된다.

또한 '믿음'은 하나님의 뜻을 겸손하게 받아들이는 것이 아닌 하나님이 원치 않으시는 문을 부수는 지렛대가 된다. 만일 하나님이 우리의 질병이나 장애, 혹은 경제적인 어려움을 제거하셔야 한다는 믿음으로 그리스도의 십자가를 주장한다면, 그것은 그리스도를 더 닮아가게 하시기 위해 하나님이 우리 삶에 주신 것을 없애 달라고 요구하는 것과 같다.

하나님을 물건이나 도구, 목적을 이루는 수단으로 취급하지는 않는가? 경제적인 나눔에 대한 하나님의 축복의 약속은, 우리가 원하는 대로 그분이 행해야 할 책임이 있는 환불 보장제도로 바뀌어 버렸다. 플로리다주에 있는 한 남자는 그가 백 달러를 헌금하면 하나님이 그에게 천 달러를 돌려주실 것이라는 설교를 들었다. 아무리 기다려도 천 달러가 생기지 않자 그는 그 교회를 상대로 소송을 제기했다.

기복신앙은 하나님을 하늘에 있는 엄청난 금액의 복권처럼, 아니면 어마어마한 판돈을 챙겨 주는 슬롯머신처럼 생각한다.

그들에게 하나님의 존재 목적은 그들이 원하는 것을 주는 데 있다. 그래서 필요한 것이 없어지면, 하나님도 즉시 사라져버려야 한다. 하나님이 무엇 때문에 사람을 섬겨야 하는가? 이렇게 빈약한 신학은, 기도를 줄이는 대신에 끝도 없는 '소원 리스트'를 산타 하나님께 가져가게 한다. 많은 건강하고 부유한 그리스도인이 하나님을 자신의 소원을 들어주는 램프의 요정보다 더 낫게 보지 않는다. 그들은 하나님을 '주인님'이라고 부르지만 요정처럼 취급한다. 램프를 비비는 대신, 성경 구절을 인용하거나 '주님을 찬양합니다'를 세 번 말하고, 이상한 말로 주문을 외면, 하나님이 나타나 그들이 요구하는 각본에 따라 행동해야 할 책임이 있다고 생각한다. 기복신앙을 전하는 유명한 설교자는, "하나님이 당신을 위해 일하게 하고, 하나님이 거룩하다고 축복하신 자본주의 시스템에서 당신의 잠재력을 극대화시키는 것, 그것이 하나님의 역할이다"라고 말한다.

누가 누구를 위해 일하는가?

하나님을 우리의 필요에 맞게 이용하는 것은 우리가 하나님에 대해 관심이 없다는 사실을 분명하게 보여 준다. 소원을 들어주는 요정이 어떻게 생겼든 그것이 무슨 상관인가? 소원을 들어주고, 부요함과 행복함을 주면 그만이다. 우리 자신을 위한 책, 기사, 세미나, 대화는 차고 넘치지만, 가장 위대한 주체가 되시는 하나님에 대한 것은 메말라 있다는 사실에 비추어 볼 때, 많은 사람이 하나님을 단순히 대상(물건)으로 취급하고 있음을 알 수 있다. 그분을 우리의 편의에 따라 마음에 모시기도 하고, 내보내기도 하는 것이다. "하나님, 지금은 가셔도 됩니다. 원하는 것이 생기면 다시 부르겠습니다" 하면서 말이다.

성경은 하나님에 대해 완전히 다른 그림을 보여 준다. 하나님은 만물의 중심이시고, 온 우주의 초점이 그분의 영광에 맞춰져 있고, 비록 우리가 원하고 기대하는 것에 어긋난다 하더라도 하나님은 전능자로서 그분의 뜻을 이룰 자격이 있으신 분이다.

의로운 욥이 심지어 자신의 아들과 딸까지 잃었을 때, 땅바닥에 엎드려 하나님을 예배하며, "주신 이도 여호와시요 거두신 이도 여호와시오니 여호와의 이름이 찬송을 받으실지니이다 하고 이 모든 일에 욥이 범죄하지 아니하고 하나님을 향하여 원망하지 아니하니라"(욥 1:21-22)고 고백하지 않았는가?

이와 대조적으로, 축복의 복음을 신봉하는 사람들은 그들의 건강과 재산을 잃으면 자신들의 믿음까지 잃는 경우가 종종 있다. 그들은 자신이 죄를 지었음이 틀림없다는 결론을 내린다. 그러면서 그들이 그것을 발견하고 고백하기만 하면 건강과 재산을 다시 찾을 수 있다고 믿는다. 또한 하나님의 약속은 사실이 아니므로 하나님을 믿을 수 없다고 말하거나 하나님이 그들을 버렸다고 생각한다. "하나님을 욕하고 죽으라"는 아내의 말에 욥은 기복 신앙의 천박성을 고발하는 간단한 질문으로 대답한다. "우리가 하나님께 복을 받았은즉 화도 받지 아니하겠느냐"(욥 2:10).

우리는 세상에 무엇이라 말하고 있는가?

초대 교회 당시 많은 사람이 그리스도인들을 통해 서로 어떻게 사랑하고, 어떻게 서로를 돌보는지를 알게 되었다. 결과적으로, 믿는 사람들은 "모든 사람들로부터 칭송을 받았다." 당시 예루살렘을 지배하고 있던 자기중심의 기복신앙과 상반되는 이 신선한 충격에 사람들은 매료되었다. 많은 사람이 물질만능주의에 대한 신선한 대안이 되는 교회 능력과 공동체의 사랑을 통해 믿음을 갖게 되었다. "주께서 구원 받는 사람을 날마다 더하게 하시니라"(행 2:47). 교회의 부흥은 결코 우연의 일치가 아니다.

이것은 많은 불신자들이 돈이 되는 일이라면 무엇이든지 하고, 그리스도인일지라도 자신만 챙기는 기복신앙을 전하는 몇몇 텔레비전 프로그램과는 완전히 대조된다. 불행하게도 이들의 생각은 종종 사실이다. 물질만능주의에 물든 복음은 세상을 그리스도께 데려오지 못한다. 오히려 그분으로부터 더 멀어지게 만든다. 기복신앙에 의해 교회로 나아왔다 하더라도 곧 상처투성이가 될 것이다.

번영과 편협함

나는 기복신앙에 대해 많이 생각했다. 이집트 카이로의 '쓰레기 마을'에서, 비천하게 사는 그리스도인의 더러운 손을 잡을 때도, 케냐의 바닥이 맨땅인 교회에서 등받이가 없는 낡은 의자에 앉아 신실한 성도들과 예배드릴 때도 철의 장막 뒤에 있는 목사들과 희미한 불빛 아래 앉아 있을 때도 이 생각을 했다. 캄보디아의 진흙탕 골목길을 걸어갈 때도, 중국의 조그만 방에 몸을 움츠리고 끼어 지낼 때도, 비행기로 미국을 가로질러 호화로운 호텔에 묵으며 크리스천 방송국에 20분간 인터뷰를 하러 갈 때도, 그들이 보내 준 리무진을 타고 가면서도 이 생각을 했다.

나는 기복신앙에 대해 많이 생각했고, 하나님이 이것에 대해 어떻게 생각하시는지 결론에 도달할 수 있는 충분한 말씀을 찾아내었다. 어떤 사람은 그들의 기복신앙을 정당화하기 위해 편협한 몇몇 구절로 증명하려고 하지만, 실상 그것은 산업화된 국가를 지배하고 있는 물질중심적이고, 성공지향적인 심리학의 산물이다. 기복신앙은 북미나 서구 유럽, 한국, 일본, 싱가포르, 그리고 경제적으로 발전한 여러 나라에서 번성하고 있다. 그렇다면 방글라데시나 에티오피아, 라오스, 아이티, 혹은 아프가니스탄에서는 어떤가? 성경적인 가르침과는 너무나 동떨어진 기복신앙은 물질만능주의와 자기도취를 반영하는 이 시대의 산물이다.

나의 소설, 「안전한 가정」(Safely Home)은 25년 전 하버드 대학을 함께 졸업한 미국인 사업가와 중국인 룸메이트에 대한 이야기다. 그들은 20년 동안 서로 연락을 못하다 중국에서 뜻밖의 재회를 하게 되었다. 그리스도를 따르는 사람은 역경과 기쁨을 동시에 누리고 있었다. 그리스도로부터 멀어진 사람은 부와 공허함을 가지고 있었다. 이 오래된 두 친구의 대조적인 모습이 바로 성경적인 기독교와 기복신앙의 차이를 설명한다.

나의 소설은 만들어 낸 이야기지만, 비슷한 이야기를 다음 두 사람의 실제 간증에서 볼 수 있다.

미국에서 깔끔하게 생긴 사업가가 간증을 하기 위해 일어섰다. "그리스도를 알기 전에는 가진 것이 아무것도 없었어요. 사업은 망하고, 건강은 나빠졌고, 사회로부터 존경을 잃어버리고, 가정도 거의 깨어지기 직전이었어요. 그때 그리스도를 영접했어요. 그분은 나를 파산으로부터 일으키시고, 이전보다 세 배의 이익을 더 올리게 도우셨어요. 혈압은 정상으로 돌아왔고, 요즘 얼마나 마음이 기쁜지 몰라요. 무엇보다 감사한 것은 나의 아내와 자녀가 돌아와 가정이 다시 회복된 것이에요. 하나님은 선하십니다. 주님을 찬양합니다!"

중국에서 꾀죄죄한 모습의 전직 대학 교수가 간증을 한다. "나는 그리스도를 만나기 전, 모든 것을 가지고 있었어요. 많은 월급을 받으며 좋은 집에 살았고, 건강했으며, 사람들로부터 존경받았으며, 결혼도 잘했고, 잘생긴 아들도 있었어요. 그때 나는 그리스도를 나의 구주, 나의 주님으로 영접했어요. 결과적으로 대학에서 쫓겨나고, 아름다운 집과 차를 잃고, 5년 동안 감옥 생활을 했어요. 나는 현재 생계를 위해 공장에서 막일을 하고 있어요. 감옥에서 목이 부러져서, 그 후유증으로 통증 속에서 살아가지요. 나의 회심으로 인해 아내는 나를 버렸어요. 아내가 아들을 데리고 가버렸으므로 10년 동안 나는 아들 얼굴을 보지 못했어요. 그러나 하나님은 선하십니다. 나는 그분의 신실하심을 찬양합니다."

이 두 사람 모두 신실한 그리스도인이다. 한 사람은 자기가 얻은 것에 대해 감사하고, 다른 사람은 모든 것을 잃었음에도 감사한다.

물질적인 축복과 가정의 회복은 감사할 만한 제목임에 틀림없다. 중국인 형제는 가진 것이 거의 없는 지금도 마음에서 우러나는 진정한 감사를 드린다. 반면 미국인 형제는 그의 경험 중 어떤 부분이 복음적이고, 어떤 부분이 비복음적인지 주의 깊게 분별해야 한다. 중국에 있는 사람보다 미국에 있는 사람에게 더 맞는 복음이라면 그것은 진정한 복음이 아니다.

천사들에 의해 선포되었든, 방송사역자나 목사, 모금을 요청하는 편지에 기록된 글이든, 성경은 진리가 아닌 다른 복음에 우리가 어떻게 반응해야 하는지 분명하게 말한다.

"그리스도의 은혜로 너희를 부르신 이를 이같이 속히 떠나 다른 복음을 따르는 것을 내가 이상하게 여기노라 다른 복음은 없나니 다만 어떤 사람들이 너희를 교란하여 그리스도의 복음을 변하게 하려 함이라 그러나 우리나 혹은 하늘로부터 온 천사라도 우리가 너희에게 전한 복음 외에 다른 복음을 전하면 저주를 받을지어다 우리가 전에 말하였거니와 내가 지금 다시 말하노니 만일 누구든지 너희가 받은 것 외에 다른 복음을 전하면 저주를 받을지어다 이제 내가 사람들에게 좋게 하랴 하나님께 좋게 하랴 사람들에게 기쁨을 구하랴 내가 지금까지 사람들의 기쁨을 구하였다면 그리스도의 종이 아니니라"(갈 1:6-10).

2

영원의 관점에서 바라보는 '돈과 소유'

MONEY · POSSESSIONS · ETERNITY

Chapter 7
두 가지 보물, 두 가지 관점, 두 주인

"내 손에 가진 모든 것을 잃어버렸다. 그러나 주님 손에 맡긴 것은 아직도 그대로다."(마르틴 루터)

"잃어버릴 수 없는 것을 얻기 위해 소유할 수 없는 것을 버리는 것은 결코 어리석지 않다."(짐 엘리엇)

예수님의 말씀 중, 믿는 자가 돈과 소유에 대해서 어떤 태도를 가져야 하는지에 대한 비유가 있다.

"너희를 위하여 보물을 땅에 쌓아 두지 말라 거기는 좀과 동록이 해하며 도둑이 구멍을 뚫고 도둑질하느니라 오직 너희를 위하여 보물을 하늘에 쌓아 두라 거기는 좀이나 동록이 해하지 못하며 도둑이 구멍을 뚫지도 못하고 도둑질도 못하느니라 네 보물 있는 그 곳에는 네 마음도 있느니라 눈은 몸의 등불이니 그러므로 네 눈이 성하면 온 몸이 밝을 것이요 눈이 나쁘면 온 몸이 어두울 것이니 그러므로 네게 있는 빛이 어두우면 그 어둠이 얼마나 더하겠느냐 한 사람이 두 주인을 섬기지 못할 것이니 혹 이를 미워하고 저를 사랑하거나 혹 이를 중히 여기고 저를 경히 여김이라 너희가 하나님과 재물을 겸하여 섬기지 못하느니라"(마 6:19-24).

예수님은 항상 두 나라를 염두에 두고 말씀하신다. 이 비유에서는 두 나라의 두 가지 보물, 두 가지 관점, 두 주인에 대해 언급하신다. 예수님은 둘씩 대조시키시며 어느 쪽이든 선택하기를 요구하신다. 만일 '아무 선택'도 하지 않는다면, 자동적으로 잘못된 선택을 하는 것이다. 신중하게 올바른 선택을 하고 또 그것을 단단히 붙들고 있지 않는 한, 잘못된 결정을 하는 것은 정해진 이치다. 자동항법장치로 비행하는 것처럼, 자동적으로 잘못된 보물에 일생을 바치고, 잘못된 시각으로 살아가고, 잘못된 주인을 섬기게 된다.

두 가지 보물

나의 보물은 무엇인가? A.W. 토저는 다음 네 가지 기본적인 질문을 통해 그 해답을 찾을 수 있다고 말한다.

1. 가장 소중한 가치는 무엇인가?
2. 잃어버릴까 봐 가장 두려운 것은 무엇인가?
3. 무엇이든 할 수 있는 자유가 주어질 때, 가장 관심이 가는 것은 무엇인가?
4. 가장 큰 기쁨을 주는 것은 무엇인가?

이상 네 가지 질문을 통해 발견한 당신의 보물은 무엇인가?

대부분의 사람들은 '사람'과 '관계'를 가장 먼저 꼽는다. 그러나 우리가 정직하다면 돈과 소유물을 포함시키지 않을 수 없다. 예수님은 땅과 하늘에 보물을 쌓는 것을 함께 보여 주시며, 영원을 위해 돈과 소유를 사용하는 방법을 제시하신다.

돈을 하늘나라의 관점이 아닌 이 땅을 위해 사용하면, 순간적인 가치를 창출할 뿐이다. 옷은 좀먹고, 귀금속은 녹슬어 무용지물이 되거나 도둑질을 당한다. 불에 타기도 하고, 홍수에 휩쓸려 가기도 하고, 정부에 차압당하기도 하고, 전쟁으로 잃어버리기도 하며, 투자한 것이 줄어들기도 한다. 이렇듯 세상에서 안전한 보물은 어디에도 없다. 그러나 돈과 소유가 하늘나라의 보물을 위해 쓰이면 완전히 다른 이야기가 된다. 이 투자는 영원한 가치를 지닌다.

예수님은 당신에게 어떤 보물을 택할 것인지를 물으신다. 보물을 땅에 투자하여 죽을 때 다 잃을 것인가, 아니면 하늘나라에 투자하여 영원한 소유로 삼겠는가?

공격적인 투자

마태복음 6장을 읽을 때, 많은 사람들이 부정적인 면만 바라보다가 긍정적인 면을 놓치는 경향이 있다. 사람들은 예수님이 이 땅에 보물을 쌓는 것을 나쁘게 보신다고 생각한다. 아니다. 예수님은 오히려 쌓으라고 명령하셨다. 그러고는 "잘못된 곳에 쌓는 것을 그만두고, 올바른 장소에 쌓으라"고 하셨다.

재산을 많이 쌓는 것이 잘못인 주된 이유는, 그것이 부도덕한 것이 아니라 어리석은 투자이기 때문이다. 시간을 초월해서 존재하는 물질은 없다. 비록 좀먹는 것이나 녹스는 것, 강탈을 피했을지라도, 물질세계를 태울 하나님의 심판을 피할 방법은 결코 없다(벧후 3:7).

존 웨슬리는 "나는 모든 것의 가치를 '영원히 남을 가격'에 의해서만 매긴다"라고 했다. 데이비드 리빙스턴은 "하나님 나라와 상관없다면 내가 가진 모든 것은 아무런 가치가 없다"고 했다. 그들에게는 '하나님 나라'가 체크 포인트였다. 그리고 하나님 나라의 관점에서 모든 것을 보았다. 그들이 이런 삶에 자신을 복종시킨 이유는, 아무것도 쌓지 않으려는 것이 아니라 올바른 곳에 쌓으려고 했기 때문이다.

우리는 선교사를 보물과는 전혀 상관없는 고지식한 사람으로 생각하기 쉽다. 그렇다면 무엇인가 놓친 것이다. 순교한 선교사, 짐 엘리엇은 "잃어버릴 수 없는 것을 얻기 위해 소유할 수 없는 것을 버리는 것은 결코 어리석지 않다"라고 했다. 우리는 그가 기꺼이 희생하며 섬기기를 원했던 것에만 초점을 맞추고, 그의 개인적인 상급에 대해서는 등한시한 사람으로 알고 있다. 그러나 그의 말을 다시 읽어보면, 엘리엇은 '이익을 추구하는' 사람임을 알 수 있다. 그가 평범한 그리스도인과 다른 점은, 보물을 원하지 않았다는 것이 아니라 참되고 '영원히 지속될' 보물을 원했다는 점이다. 사라질 보화에 대해서는 연연하지 않고 영원히 남을 보화를 추구한 것이다.

예수님은 부를 거부하지 말고 추구하라고 말씀하셨다. 우리의 생각처럼 부는 추구할 가치가 있다고 말씀하신 것이다. 문제는 과연 진정한 부가 무엇인가 하는 것이다.

진정한 부란?

예수님은 진정한 부를 발견한 모습을 다음과 같이 생생하게 묘사하신다. "천국은 마치 밭에 감추인 보화와 같으니 사람이 이를 발견한 후 숨겨 두고 기뻐하며 돌아가서 자기의 소유를 다 팔아 그 밭을 사느니라"(마 13:44).

이 사람도 우리처럼 소유에 무척 집착하는 사람 같다. 그는 밭에 감춰져 있는 엄청난 보화를 발견한 뒤, 그것을 얻기 위해 자기의 소유를 다 팔았다. 이러한 희생이 그에게 고통스러웠을까? 보화를 얻으려고 전 재산을 판 그에게 측은한 마음이 드는가? 아니다. 그는 보화를 얻을 것에 '기뻐하며' 모든 것을 팔았다. 왜 그렇게 했을까? 그것은 너무나 당연한 행동이었다. 보물을 발견하기 전까지, 그는 자기가 가진 게 가장 소중하게 보였다. 그러나 엄청난 가치의 보물을 발견한 순간, 그는 소중하게 여겨왔던 모든 게 무가치하게 여겨졌다. 존 화이트는 보물을 발견하고 자신의 모든 것을 포기한 이 비유의 주인공에 대해 다음과 같이 말한다.

"이 사람은 무가치한 잡동사니들과 보물이 묻혀 있는 밭, 둘 중 어느 것을 선택할지 기로에 서 있었다. 그는 전 재산을 팔아 밭을 사기로 했다. 그렇다고 해서 그 희생에 숭고한 의미가 있는 것은 아니다. 반대로, 만약 그가 전 재산을 포기하지 않았다면, 그것은 어리석은 짓이다. 바보가 아니라면 누구나 그와 같은 결정을 할 것이다. 모든 사람이 그가 얻게 된 많은 재산을 부러워하고, 그의 '영적 성품'이 아닌 그의 '상식'을 칭찬할 것이다."

가장 위대한 보물은 예수 그리스도이다. 사도 바울은 그리스도를 얻은 뒤, 다른 모든 것을 무가치하게 여겼다(빌 3:7-19). 그리스도를 얻는다는 것은 영원한 상급을 추구하는 것이다. 주인의 손에 있는 영원한 상급에 대한 소망이, 바울의 일생을 열정적으로 살게 만드는 원동력이 되었고(고전 9:24-27), 죽음 앞에서도 위대한 소망을 품게 했다(딤후 4:6-8).

그리스도는 일시적인 물건과 돈을 영원한 상급으로 교환하는 엄청난 기회를 주신다. 이 땅에 있을 때, 우리는 돈과 소유를 그분의 금고에 예치함으로써 상상을 초월하는 영원한 상급을 받게 될 것이다.

이 말씀을 어떻게 적용할 것인가? 우리는 영원히 가질 수 없는 일시적인 소유를 절대 잃어버리지 않을 영원한 소유로 바꿀 수 있다. 이것은 마치 어린아이가 풍선껌을 주고 새 자전거를 받는 것과 병뚜껑 한 자루를 주고 코카콜라 회사의 소유권을 받는 것과 같다. 어리석은 사람만 이런 기회를 흘려보낼 것이다.

우리는 지금 움켜쥐고 있는 것들을 결국 다 잃어버릴 것이다. 그러나 우리가 드리고, 나누고, 그리스도의 이름으로 행한 모든 것들은 하늘나라에 영원히 훨씬 멋있게 쌓일 것이다. 이 땅에 쌓는 것은 결국 다 사라지지만 하나님의 손에 맡긴 것은 영원히 우리의 것이 될 것이다. 움켜쥐는 대신 나누고, 일시적인 것 대신 영원한 곳에 투자하는 것은, 배당금을 영원히 지불하는 하늘나라에 보화를 쌓는 것이다. 이 땅에 보화를 쌓으면 이 땅을 떠날 때 남겨놓을 수밖에 없으나, 하늘나라에 쌓으면 우리가 도착하는 날 그곳에서 우리를 기다리고 있을 것이다.

영원한 상급의 실체가 투자 욕구를 갖게 하는 것은 당연하다. 예를 들면, 15,000달러를 가지고 새 차를 살 수도 있지만, 미전도 종족의 성경 번역을 돕거나 교회를 세울 수도 있다. 그리스도의 이름으로 배고픈 사람을 먹이거나 동남아시아인들에게 전도 소책자를 배포할 수도 있다. 나이지리아나 인도에 여러 선교사 가정을 파송하거나, 그들의 1년 사역비를 후원할 수도 있다. 투자할 의향이 있다면 이렇게 물을 것이다. "영원을 위한 지혜로운 투자는 무엇인가?"

물론 차를 사는 것이 하나님의 뜻일 수 있다. 자동차를 그분의 뜻에 맞게 사용하는 것 또한 하늘나라에 투자하는 것이다. 그러나 어떤 일도 정당화시키지 않도록 조심해야 한다. 중고차를 사거나 아예 차를 소유하지 않는 것이 하늘나라의 목적을 이루고, 긁히거나 찌그러지거나 잃어버리거나 망가지지 않는 보장된 투자일 수도 있다. 하나님 나라에 투자하기 때문에 여유가 없어 적은 돈으로나 무료로 자동차를 갖게 해달라고 하면 그분이 어떻게 하실까? 왜 그분에게 기회를 드리지 않는가?

안전한 금고는 어디인가?

마태복음 6장 19–24절의 주된 관심사는 세상의 재물을 포기하라는 것이 아니라, 하늘나라에 보물을 쌓으라는 것이다. 이 땅에 보물 쌓는 일을 피하라는 이유는, 그 자체가 목적이 되면 안 되기 때문이다. 그래서 이 땅이 아닌 하늘나라에 보화를 쌓는 일을 일생의 목표로 삼으라는 뜻이다. 어떤 사람은 이 땅의 재물을 하늘나라에 투자하지 않으면서 이 땅에 투자하는 것도 완전히 포기한다. 그러나 예수님은 금욕주의자나 은둔주의자가 아니라 영원을 추구하는 투자자를 찾으신다. 예수님은 분명한 것만 말씀하셨다. 이 땅에 보물을 쌓지 말라고 경고하신 것은 단순히 잃어버릴 가능성이 있기 때문이 아니라 확실히 잃어버릴 수밖에 없기 때문이다. 우리가 살아가며 남기든, 죽어서 남기든 남기는 것은 마찬가지다. "그가 모태에서 벌거벗고 나왔은즉 그가 나온 대로 돌아가고 수고하여 얻은 것을 아무것도 자기 손에 가지고 가지 못하리니"(전 5:15).

"사람이 치부하여 그의 집의 영광이 더할 때에 너는 두려워하지 말지어다 그가 죽으매 가져가는 것이 없고 그의 영광이 그를 따라 내려가지 못함이로다 그가 비록 생시에 자기를 축하하며 스스로 좋게 함으로 사람들에게 칭찬을 받을지라도 그들은 그들의 역대 조상들에게로 돌아가리니 영원히 빛을 보지 못하리로다 존귀하나 깨닫지 못하는 사람은 멸망하는 짐승 같도다"(시 49:16-20)

보물에 쌓여 살았던 투트 왕, 그는 죽어서도 자신의 보물과 함께 할 것이라고 생각했다. 하지만 그의 생각은 틀렸다. 1922년, 하워드 카터가 투트 왕의 무덤을 발굴했을 때, 보물은 그대로 있었다. 오늘날 그 보물은 이집트 카이로 박물관에 보관되어 있다. 투트 왕은 오래전에 죽었지만 그 보물은 아직도 이 땅에 있다. 당신 역시 보물을 가지고 갈 수 없다!

이 땅의 보물은 좀과 녹과 도둑이 가져간다고 예수님은 말씀하셨다. 즉, "너는 그것을 가지고 갈 수 없다"는 뜻이다. 그러나 이 절망적인 말씀에 우리를 안심시키는 말씀을 덧붙이셨다. "너희가 가지고 갈 수는 없지만, 먼저 그것을 보낼 수는 있다."

얼마나 놀라운 특권인가! 바로 오늘, 흙으로 만들어진 피조물이 하늘나라에 영원한 보물을 쌓을 수 있다고 누가 감히 생각이나 했겠는가? 모세는 "우리의 손이 행한 일을 우리에게 견고하게 하소서"(시 90:17)라고 했다. 예수님은, "여기 네가 할 수 있는 일이 있다. 이 땅에 재물을 쌓는 대신, 영원히 보존될 하늘나라에 쌓으라"고 하셨다.

사람들은 항상 자신의 돈을 안전하게 보관할 장소를 찾는다. *예수님은 안전한 장소는 오직 한 곳밖에 없다고 하신다. 그곳이 바로 하나님 나라이다.* 어떤 면에서는 세상의 보물을 포기하는 일처럼 보이지만 또 다른 면에서는 세상의 자원을 현명하게 사용함으로써 하늘에 보화를 쌓는 일이다.

이 장의 초반부에 언급했던 "당신의 보화는 무엇인가?"란 질문으로 돌아가 보자. 당신의 집이나 자동차, 배, 장서, 수집한 총기가 보화인가? 예술품이나 동전, 금화가 보물인가? 저축이나 퇴직금, 보험, 연금, 부동산, 혹은 물건에 대한 투자가 보화인가? AT&T나 마이크로소프트회사의 주식이 보화인가? 물론 어떤 사람은 이러한 것을 소유할 수도 있다. 그렇지만 소유물은 끊임없이 보화가 되려고 우리를 유혹한다.

사도 바울은 부자가 이 땅에서 관용과 선한 행위를 베풀면 "장래에 자기를 위하여 좋은 터를 쌓아 참된 생명을 취하는 것이니라"(딤전 6:18-19)고 말했다. 여러 시대에 걸쳐 이 말씀을 진지하게 받아들였던 그리스도인들은, 세상의 보화보다 하늘의 보화에 주목했다.

존 번연은 허가증 없이 복음을 전했다는 죄목으로 영국의 감옥에 갇혀 「천로역정」이라는 유명한 책을 썼다. 그가 그리스도의 말씀을 어떻게 해석했는지 들어 보자.

> "당신이 행한 모든 선한 일이, 하나님의 말씀에 근거해서 행해졌다면, 그것들은 모두 하늘나라에 있는 당신의 보물 상자에 쌓일 것이다. 사람들과 천사들이 보는 앞에서 영원한 상급으로 주어지기 위해서 말이다."

이것은 성경적인 개념인가? 물론이다. 바울은 빌립보 성도들의 선물을 말하면서 이렇게 설명하고 있다. "내가 선물을 구함이 아니요 오직 너희에게 유익하도록 풍성한 열매를 구함이라"(빌 4:17). 하나님은 하늘나라에 우리 각자의 계좌를 열어 놓으셨다. 그분의 영광을 위해 드려진 것은 그 계좌에 즉시 예금된다. 드림을 통해 영원한 혜택을 받는 사람은, 바로 우리 자신이다. 당신은 정기적으로 이 구좌에 예금하고 있는가?

예수님이 "너 자신을 위해" 행하라고 하신 것이 이상하게 들리는가? 이기적인 것 같은가? 아니다. 하나님은 우리 자신의 유익을 위해 행할 것을 명령하시고 기대하신다. 우리의 나눔과 드림은 하나님의 영광을 위하고, 다른 사람들의 유익을 위하는 동시에 우리 자신을 위하는 일이다.

이기심은 다른 사람의 희생을 통해 나 자신의 이익을 추구하는 것이다. 그러나 하나님이 나누시는 보화에는 한계가 없다. 당신 자신을 위해 하늘나라에 보화를 쌓는다고 해서, 다른 사람이 사용할 보화가 줄어드는 것은 아니다. 오히려 하나님과 사람들을 섬김으로써 하늘나라의 보화는 늘어난다. 하늘나라에서는 모든 사람이 덕을 본다. 손해 보는 사람이 없다.

보물의 의미

예수님이 언급하신 '보물'은 비유적인 표현인가, 아니면 하늘나라에 보물을 쌓는 '재정적인 드림'을 의미하는가? 나는 후자라고 믿는다. 예수님의 말씀을 우리의 시간과 재능이라는 보물을 하나님 나라에 투자하라는 것으로 생각할 수도 있다. 하지만 그것의 주된 의미는 돈과 소유의 드림과 관계가 있다.

첫째, 예수님이 강조하신 내용의 문맥에서 찾아볼 수 있다. 예수님은 이 말씀을 구제와 기도, 금식과 같은 영적인 훈련에서 시작하셨다. 그래서 사람들은 자연스럽게 이 훈련들이 곧 "자신을 위해 하늘나라에 보화를 쌓는 것"이라고 이해되었다.

둘째, '보물'이란 단어 자체의 의미에서 명백하게 알 수 있다. 사람들은 '땅에 있는 보물'이 돈, 보석, 금, 땅, 집, 가축, 그리고 가치가 있는 소유물이라는 것을 알고 있었다. 그래서 예수님이 이 땅이 아닌 하늘나라에 보물을 쌓으라고 하셨을 때, 하나님이 기뻐하시는 곳에 투자하라는 것임을 자연스럽게 이해할 수 있었다.

셋째, 사람들은 구약 성경에서 강조하는 드림의 중요성을 배웠기 때문에, 드림에 대해 아주 잘 알고 있었다. 그래서 예수님이 이 주제에 대한 새로운 차원을 말씀하셨을 때 놀라지 않았다.

넷째, 누가복음 12장 33절에서 예수님은 드림을 '하늘나라에 쌓은 보물'과 연결시키심으로써 오해하거나 반박할 여지를 남기지 않으셨다.

> "너희 소유를 팔아 구제하여 낡아지지 아니하는 배낭을 만들라 곧 하늘에 둔 바 다함이 없는 보물이니 거기는 도둑도 가까이하는 일이 없고 좀도 먹는 일이 없느니라."

누가복음에 나오는 '도둑', '좀', '보물'이란 단어와 배낭을 '자신을 위해' 사용하지 말라는 명령은, 마태복음 6장 19절과 유사하면서도 그 이상의 의미를 가지고 있다. 이는 동일한 것을 다르게 표현한 것이기도 하지만, 다른 상황에 대한 말씀일 수도 있다. 성경에서 반복적으로 나오는 것은 그만큼 중요성을 강조한다는 의미다. 따라서 이 구절을 자신의 소유를 팔아 나눠줌으로써 하늘에 보화를 쌓는 것과 연관 짓지 않을 수 없다. 이 말씀의 목적은, 돈을 더 이상 가지지 말라는 금욕주의가 아니라, 가난한 사람과 도움이 필요한 사람을 돕는 사역에 사용하라는 것이다.

'낡아지지 아니하는 배낭'이라는 표현은, 더 나아가 하늘나라의 보물이란 개념으로 발전된다. 우리의 나눔은 보물을 하늘나라에 안전하게 보내는 통로요, 보관함이요, 수단이다. 우리는 이 땅에서 가진 재산을 나누어 줌으로써 하늘나라에 재산을 쌓는다.

예수님은 마태복음 6장과는 또 다른 가르침을 누가복음 12장을 통해 하신다. 하늘 보화는 도둑이나 좀이 건드리지 못하고, 하늘나라의 배낭은 해어지지 않을 뿐만 아니라, "하늘나라의 보화는 고갈되지 않는다"는 것이다. 고갈되지 않는다는 것은 곧 하나님의 배려다. 다시 말해 그것들은 '낡아 없어지는 것'이 아니라, 하늘나라에서 영원히 '사용할 수 있다'는 뜻이다.

예를 들어, 한 소년이 소녀에게 친절한 마음으로 물 한 잔을 주었다면, 소년은 고갈되지 않는 기쁨을 보상으로 받게 된다. 이 착한 행동을 본 소년의 어머니는 케이크를 구워 아들에게 주고, 소년은 감사한 마음으로 먹는다. 이렇듯 하늘나라에서는 고갈되지 않는 상급과 보물을 즐기게 된다. 이 땅에서 베푼 한 잔의 물이 상급으로 기록될 뿐 아니라, 그 상급은 영원히 없어지지 않는다. 친절한 행동은 영원히 기억되고, 이에 대한 상급은 영원히 지속될 것이다. 그러므로 영원한 상급은 '하늘나라에서 받을 상급'으로, 영원히 썩지 않고 고갈되지 않는다(벧전 1:4).

남부동맹군 화폐

나는 나의 저서 「부자 그리스도인」에서 이렇게 말했다.

"당신이 남북전쟁 말기에 살았다고 가정해 보라. 당신은 지금 남부에 살지만 원래는 북부 사람이었다. 그래서 전쟁이 끝나면 바로 북부로 갈 계획이다. 곧 북부군의 승리로 전쟁이 끝난다는 소식이 당신에게 들려왔다. 그런데 당신은 남부에 살면서 엄청난 남부 화폐를 모아 놓았다. 자, 그럼 이제 당신이 가지고 있는 남부 화폐를 어떻게 하겠는 가? 당신이 현명하다면 선택은 한 가지밖에 없다. 전쟁이 끝나면 유일하게 통용될 북부 화폐로 즉시 바꾸는 것이다. 남부 화폐는 그때까지 필요한 만큼만 가지고 있으면 된다."

믿는 사람으로서 우리는 다가올 세계 경제의 변화에 대한 정보를 가지고 있다. 즉, *이 땅의 화폐는 우리의 죽음이나 그리스도의 재림 시 무용지물이 될 것이다.* 이 정보가 우리의 투자 전략에 근본적인 영향을 주어야 한다. 이미 장래 일을 알고 있는 우리가 이 땅에 보물을 쌓는 것은, 남부 화폐를 사재기하는 것과 같이 어리석은 행동이다.

하늘나라의 재정경제부에서 보증한 '천국화폐'는 영원히 지속될 왕국에서 통용되는 유일한 화폐다. 우리는 하나님께 헌신하고 우리의 자원을 희생적으로 사용함으로써 이 천국화폐를 얻는다. 영원한 곳에서 누릴 보상은 우리의 상상을 훨씬 뛰어넘는 것으로 바울이 말한 '확실한 기초'가 될 것이다.

투자시장에는 투자의 타이밍을 예측하는 전문가들이 있다. 그들은 주식시장이 안 좋으면, 안정적이고 지속적인 국채나 단기시장기금, 양도성 정기예금 같은 투자로 전환할 것을 권한다. 마태복음 6장에서 예수님은 이 땅과 하늘나라의 경제 전문가와 투자상담가 역할을 하신다. 그분의 전략은 단순하다. "투자 대상을 완전히 바꾸라"는 것이다. 우리의 자금을 변덕스럽고 불안정한 이 땅에서 오래지 않아 이 땅의 경제를 영원히 대체할 믿음직한 하늘나라로 전환해야 한다고 말씀하신다.

그리스도는 이 땅의 투자를 '내림세'로 전망하신다. 세상에 대한 경제 전망은 궁극적으로 어두울 수밖에 없다. 그러나 모든 시장 지표가 영원히 긍정적인 하늘나라의 투자는, 항상 '상승세'를 탄다는 데 조금도 의심할 여지가 없다.

당신의 마음은 어디에 있는가?

그리스도의 말씀은 직접적이고 깊은 의미가 있다. "네 보물 있는 그 곳에는 네 마음도 있느니라"(마 6:21). 우리의 행동은 우리의 관심사를 분명하게 보여 준다. 예수님은 "네 가계부와 신용카드 청구서, 통장을 보여 주면, 네 마음이 어디에 있는지 말해줄 수 있다"고 말씀하신다. 돈의 사용 내역은 우리를 속이지 않는다. 그것은 우리가 진정으로 가치를 두는 것이 무엇인지 하나님께 확실하게 보고한다.

그러나 돈을 가지고 하는 일이 단순히 우리의 관심사만 말해 주는 것은 아니다. 예수님의 가르침에 의하면, 그것은 우리 마음이 어디로 향하는지를 결정한다. 이것은 놀라운 사실이다. 우리의 마음이 어떤 특정 장소에 있기를 원한다면, 돈을 다른 장소가 아닌 그 곳에 놓을 필요가 있다.

간혹 "저는 선교에 더 관심을 갖고 싶어요"라는 말을 듣는다. 그러면 나는 항상 이렇게 대답한다. "어떻게 하면 그렇게 할 수 있는지 예수님이 정확하게 말씀하셨어요. 선교를 위해 물질을 드리면, 당신의 마음도 따라갈 거예요." 잃어버린 가난한 영혼에게 더 큰 관심을 갖기를 원하는가? 그러면 그들을 돕고, 구원하는 데 당신의 돈을 드려라. 교회에 당신의 마음이 있기를 원하는가? 그러면 교회를 위해 돈을 드려라. 당신의 마음은 당신의 돈이 있는 곳에 있지, 결코 돈이 없는 곳에 있지 않다.

지금 당신이 에이즈에 걸린 아프리카 어린이를 돕고 있거나 후원하고 있다고 가정해 보자. 그러면 그들과 관련된 기사가 나올 때, 관심을 집중하지 않을 수 없다. 또 교회 개척을 위해 후원하는 인도에 지진이 일어났다는 뉴스를 볼 때, 간절히 기도할 수밖에 없다. 왜 그런가? 그 이유는 간단하다. 당신의 보물이 있는 곳에 당신의 마음이 있기 때문이다.

"내 마음은 하나님의 일에 있지 않아요." 그것은 당신의 보물을 하나님의 일에 두지 않았기 때문이다. 당신의 자원과 재산, 돈과 소유, 시간과 재능, 에너지를 하나님께 드려라. 나침반의 바늘이 정확하게 북쪽을 가리키듯 당신의 마음도 정확하게 당신의 보물을 따라갈 것이다. 돈은 앞장서고 마음은 따라간다.

두 가지 관점

예수님은 두 가지 보물에 대해 말씀하신 후, 두 가지 관점에 대해 언급하신다. "눈은 몸의 등불이니 그러므로 네 눈이 성하면 온 몸이 밝을 것이요 눈이 나쁘면 온몸이 어두울 것이니 그러므로 네게 있는 빛이 어두우면 그 어둠이 얼마나 더하겠느냐"(마 6:22-23).

여기서 육체적인 시력은, 우리가 인생을 바라보는 관점을 의미한다. 불신자는 인생을 출생에서 시작해서 죽음으로 끝나는 짧은 과정으로 생각한다. 미래에 대해서도 자신의 수명 그 이상을 생각하지 않는다. 그들의 시야는 안타깝게도 좁고 제한되어 있다. 근시안의 말이 곁눈가리개를 한 것처럼, 그리스도가 없는 사람은 멀리, 그리고 넓게 볼 수 없다. 영원의 시야를 잃어버린 불신자는 '이 세상이 전부인데 무엇 때문에 쾌락이나 소유를 포기하겠는가?'라고 생각한다. 그래서 그들은 잘못된 방향을 향하고, 잘못된 결론을 내릴 수밖에 없다. 이들은 오직 더 높은 목적을 보았을 때만, 그 목적을 위해 살 수 있다.

하나님의 말씀은 올바른 시각을 제공한다. 즉, 이 땅에서의 삶은 본론이 아닌 서문에 불과하다. 준비 운동이지 본 게임은 아니다. 리허설이지 연주회는 아니다. 비행기로 장거리 여행을 할 때, 우리는 음식을 먹거나 책을 읽고, 잠을 자거나 사람들과 대화를 한다. 그런데 누군가가 비행기 창문에 커튼을 달고, 좌석 앞에 사진을 붙이고, 벽에 페인트칠을 하고, 벽걸이를 설치하기 시작한다면 당신은 어떻게 생각하겠는가? "이봐요, 목적지에 도착하면 이 모든 것은 아무 소용이 없어요"라고 말하지 않겠는가? 아무리 긴 여행이라 하더라도 당신의 전 인생에 비추어 보면 아주 짧은 시간에 불과하다.

나는 우리 인생을, 두 가지 상태를 의미하는 점과 직선에 비유한다. 이 땅에서의 삶은 점이다. 시작과 끝이 있고, 아주 짧다. 그런데 이 점은 영원까지 직선으로 연장될 수 있다. 이 직선은 그리스도인이 하늘나라에서 보내게 될 영원의 시간이다.

현재 우리는 점 안에 있다. 그런데 무엇을 위해 살고 있나? 시야가 좁은 사람은 점을 위해 산다. 반면 시야가 넓은 사람은 직선을 위해 산다. 이 땅과 여기서의 시간은 점이다. 다가올 혼인 잔치, 사랑하는 신랑과의 위대한 만남, 새 하늘과 새 땅이 있는 우리의 영원한 고향, 이 모든 것은 직선에 있다!

이 땅에 보물을 쌓으며 '점의 삶을 사는 사람'의 최후는 쓰레기 하치장이다. 그러나 하늘나라에 있는 보물을 위해 직선의 삶을 사는 사람은 영원히 산다. 또한 그가 드리는 것은 직선을 위한 삶이다.

•———————————→

점:　　　　　　　　　직선:
이 땅의 삶　　　　　　하늘나라의 삶

우리는 돈과 이별할 것이다. 그때가 언제인지만이 문제다. 그러나 지금 돈을 어디다 쌓을지 선택할 수 있다. 이 땅에 보물을 쌓으면 순간적인 만족을 얻을 수 있다. 그러나 만일 그것을 나누면, 영원한 보물을 소유하게 되고 그것을 결코 빼앗기지 않을 것이다.

어리석은 사람은 점을 위해 살지만 지혜로운 사람은 직선을 위해 산다. 관점이 그렇게 중요한 것이다. *그리스도인의 시각은, 비그리스도인과 근본적으로 달라야 한다.* 다르게 보기 때문에 다르게 살아야 한다. 동일한 상황에서도 다르게 해석해야 한다. 동일한 음식을 먹고, 동일한 화폐를 사용하더라도 서로가 다른 목적을 위해 살 수 있다. 단기적인 안목과 장기적인 안목, 전혀 다른 두 관점으로 살아가는 것이다.

우리의 시야가 영원한 것에 고정되어 있으면, 한 사람의 회심 소식이 월급 인상이나 최신 전자제품을 얻는 것보다 훨씬 더 중요하게 여겨진다. 인간의 영원한 운명을 결정하는 구원은 너무나 중요하기 때문이다.

예수님은 말씀을 전하실 때, 영원한 것에 투자하지 않고 땅이나 집, 은행 잔고를 늘려 가는 그리스도인을 보고 불의하거나 탐욕스럽거나 이기적이라고 말씀하지 않으셨다. 대신 근시안적이라고 하셨다. 눈이 멀었다고 하셨다. 지혜롭지 못하다는 말은 너무 약한 표현이다. 이런 사람들은 누가복음 12장에 나오는 부자 바보처럼 최고로 어리석다. 밭에 보물을 발견하고도 그것을 사지 않고 보잘것없는 재산을 움켜쥐는 어리석은 사람이다.

영원한 관점을 소유한 자는 중요한 것이 무엇인지 정확하게 짚어 낸다. 마가복음 12장에 나오는 가난한 과부는 지혜로웠다. 성경 말씀으로 '레이저 수술'을 받아 교정된 시력을 가진 사람은 영원의 눈으로 삶을 바라본다. 그리고 이 세상의 지평선 위에 있는 다른 세상을 응시한다.

순간적인 희생, 영원한 보상

믿음의 조상들은 '땅에서는 외국인과 나그네'로 살면서 '더 나은 본향을 사모하니 곧 하늘에 있는 것'을 소원했다(히 11:13-16). 베드로는 그리스도인들에게 '잠시 동안'만 지속될 시험에 마음을 쏟지 말고, 결코 없어지지 않는 하늘의 유산을 바라봄으로 기쁨을 발견하도록 격려했다(벧전 1:4-9, 5:10). 바울은 "현재의 고난은 장차 우리에게 나타날 영광과 비교할 수 없도다"(롬 8:18)라고 했다. "우리가 잠시 받는 환난의 경한 것이 지극히 크고 영원한 영광의 중한 것을 우리에게 이루게 함이니"(고후 4:17).

다음의 대조를 살펴보라. '우리의 빛'과 '지극히 크고 영원한 것', '잠시'와 '영원', 그리고 '환난'과 '영광'. 바울은 어떻게 올바른 시각을 가질 수 있는지를 가르치고 있다. "현재를 미래의 관점에서 바라보고, 영원의 관점에서 시간을 생각하며, 희생 뒤에 따라올 상급을 추구하고, 면류관을 기대하며 십자가를 지라."

바울은 그리스도를 위한 영광이 아니라 우리의 영광을 말하고 있다. 예수님도 마찬가지로, "하나님을 위해 하늘나라에 보화를 쌓으라"고 하시지 않고, "너희를 위하여 보물을 하늘에 쌓아 두라"(마 6:20)고 하셨다. 그리스도는 하늘나라에서 우리의 유일한 예배의 대상이 될 것이다. 성경은 우리가 그분의 영광을 바라보게 될 뿐만 아니라 그 영광에 참여하게 될 것이라고 가르친다. 이 말은 빌립보 교인들이 자신들의 계좌에서 돈을 인출하여 하늘 계좌에 입금하기 위해 바울의 선교 사역에 헌금한 것처럼, 우리 믿는 자들에게 기회를 준다.

당신이 콩을 싫어하는데, 만일 당신이 그 콩국을 일주일간 먹는다면, 당신과 가족이 평생 먹을 음식을 제공하겠다고 내가 약속했다고 가정해 보자. 이 약속이 당신이 콩국을 먹는 것에 대한 관점을 바꾸지 않겠는가?

당신은 콩국을 여전히 좋아하지 않을 수도 있지만, 약속된 보상을 기억하며, 기쁜 마음으로 먹게 되거나 심지어 그것을 즐기는 방법을 개발하려고 노력할는지도 모른다. 이것이 바로 연기된 기쁨의 사례이다. 군인이나 운동선수, 농부들은 장기적인 유익을 위해 당장의 희생을 감당해야 한다는 것을 잘 안다(딤후 2:3-6). 똑같은 원리가 영원한 시각을 가진 사람에게도 적용된다.

당신에게 오늘 천 달러를 주면서, 당신이 원하는 대로 쓸 수 있는 제안을 받았다고 하자. 그렇게 나쁜 제안은 아니다. 그런데 만일 오늘 천 달러를 받든지, 아니면 일 년을 기다리면 천만 달러를 받고 그 뒤 매년 같은 금액을 받는 두 가지 선택 주었다고 가정하자.

바보들만 오늘 천 달러를 받을 것이다. 그 바보는 바로 훨씬 영구적이고 가치 있는 것을 포기하고, 항상 순간적인 만족을 주는 것만 움켜쥐려는 인간의 모습을 보여 준다. 일 년의 기다림은 길 수 있다. 그러나 그 기간이 지나고 나면 – 우리 인생이 이 땅에서 마감할 때처럼 – 얼마나 빨리 지나가 버렸는지 알게 될 것이다.

하나님이 우리에게 맡기신 돈은 영원한 투자를 위한 자본금이다. 우리에게는 날마다 하늘나라의 주식을 살 수 있는 기회가 있다. 우리는 그 자본금을 하늘나라에 가지고 갈 수는 없지만, 그것을 미리 보낼 수는 있다.

이것은 나와 가족들의 삶을 바꾸어 놓은 혁명적인 개념이었다. 당신이 이것을 마음에 품는다면, 당신의 삶 또한 근본적으로 바뀌리라 확신한다.

최고의 수익률

재정상담가는 고객에게 오늘이나 금주, 금년의 시세에 신경 쓰지 말고 멀리 내다보라고 설득하는데 애를 먹는다. 그러고는 지금부터 30년 동안 어떻게 예산을 짜고, 저축하고, 퇴직연금을 적립하고, 펀드나 부동산 사업에 투자해야 하는지 설명할 것이다. 그러나 지혜로운 사람은 은퇴 후의 삶이나 단지 이 땅에서의 삶을 생각하는 것이 아니라, '영원'까지 생각할 것이다. 30년이 아닌 3천만 년(?)을 앞서 생각하는 것이다.

재정상담가는 25세와 40세가 매년 퇴직연금에 동일한 금액을 적립하더라도 은퇴할 때 그 차이가 엄청날 것이라고 지적한다. 이 내용은 그리스도인이 영원을 위해 재물을 쌓는 것에 대한 통찰력을 준다. 즉, 이르면 이를수록 더 많은 것이 기다릴 것이다.

재정상담가는 "65세가 되어서 지난 40년간의 잘못된 계획들을 바로잡아보려 애쓰더라도 시간을 되돌릴 순 없을 거예요"라고 말할 것이다. 그러나 이것보다 훨씬 더 중요한 것은, 하나님 만날 준비를 소홀히 한 것을 마지막 때 만회할 수 없다는 사실이다. 어리석은 부자 이야기가 그것을 증명한다.

영원한 하나님 나라에 대한 투자를 보장된 수익률의 관점에서 주의 깊게 살펴볼 필요가 있다. 예수님은 궁극적으로 영원히 지속되는 백배 수익률을 약속하셨다(마 19:29). 여기에 견줄 만한 세상의 투자 상품을 찾아볼 수 있을까?

만일 내가 그리스도의 말씀을 따르는 '영원 세계의 재정상담가'로서 당신에게 조언을 한다면, 투자 상품을 주의 깊게 선택하고, 수익률을 비교해 보고, 당신의 투자가 앞으로 수백만 년 동안 당신에게 어떤 혜택을 줄 것인지 평가해 보라고 할 것이다.

믿지 않는 사람은 예수님이 말씀하신 '나쁜 눈'을 가지고 바라본다. '좋은 눈'을 통해 바라보는 그리스도인의 관점은 근본적으로 달라야 한다. 물론 그리스도인도 믿지 않는 사람들처럼 세상적인 투자를 할 때도 있다. 때론 우리의 단기 목표가 그들과 비슷하게 보일 수도 있다. 그러나 우리의 장기 목표와 목적은 근본부터 달라야 한다.

하나님과 맘몬이라는 두 주인

두 보물과 두 관점에 대해 말씀하신 예수님은, 이제 두 주인에 대해 말씀하신다. 하나님은 하나님과 돈을 함께 소유할 수는 있지만, 하나님과 맘몬을 둘 다 섬길 수는 없다고 하셨다.

나는 직업이 둘이거나 혹은 친구가 여러 명 있을 수 있다. 하지만 오직 배우자는 한 명이다. 어떤 관계는 그 본질상 배타적일 수밖에 없다. 이런 관계 중 가장 기본적인 것이 하나님과의 관계이다. 각 사람에게는 오직 한 사람만 차지할 수 있는 왕좌가 있다. 예수님이 그곳에 계실 수 있고, 맘몬이 그 자리를 차지할 수도 있다. 그러나 둘 다 동시에 왕좌에 앉을 수는 없다.

맘몬은 거짓 신이다. 정확히 적그리스도다. 그리스어의 전치사 'anti'는 기본적으로 '~에 반대하여'가 아니고 '~ 대신'이라는 의미다. 따라서 적그리스도란 '그리스도를 반대하고 저항하는 사람'이라기보다 '그리스도를 대신하는 사람'이다. 예수님이 돈을 맘몬으로 부르실 때에는 그 위험을 묘사하기 위해 돈을 인격화시키셨다. 맘몬은 하나님 대용으로 나타난 거짓 메시야다.

8장부터 영원의 개념과 영원한 보상에 대해 자세하게 살펴볼 것이다. 지금까지 이 주제들은 돈과 소유를 다루는 책에서 잘 언급되지 않았지만, 하나님의 관점을 통해 돈과 소유를 볼 수 있는 안목을 제공해 줄 것이다. '영원한 시야'를 가져야만, 영원한 보물을 위해 헌신하라는 주님의 명령을 이 땅에서 열심히 따르게 될 것이다.

당신은 올바른 보물에 투자하고 있는가? 올바른 관점을 받아들이고 있는가? 올바른 주인을 섬기고 있는가?

돈을 가지고 있는 것 자체가 잘못은 아니지만, 우리는 그것의 한계를 이해해야 한다. 미국의 남북전쟁 말기의 남부 화폐처럼, 그것은 단지 아주 짧은 기간에만 통용될 뿐이다. 일단 남부군이 패하는 날 무용지물이 될 것이다. 우리는 이 땅에서 단기 비자를 받고 살아가는 사람들이다. 오래지 않아 비자는 만기될 것이다.

예수님은 이 땅의 부를 추구하면서 인생을 낭비하든지, 아니면 하늘나라의 부를 추구하면서 인생을 투자하든지 둘 중 하나를 선택하라고 하신다. 우리는 호흡할 때마다 영원에 점점 더 다가가게 된다. 보물이 이 땅에 있는 사람들은 날마다 자기 보물에서 멀어지는 것이다. 그래서 절망하게 된다. 하지만 하늘나라에 보물이 있는 사람들은 날마다 자기 보물이 있는 곳을 향해 나아간다. 기뻐할 이유가 점점 많아진다.

당신의 보물은 어디에 있는가? 당신은 그것으로부터 멀어지는가, 아니면 가까워지는가? 당신은 절망할 이유가 있는가, 아니면 기뻐할 이유가 있는가? 혹 당신의 보물을 재배치해야 할 때가 온 것은 아닌가?

Chapter 8
청지기의 영원한 운명

"매일매일 마지막 날을 준비하는 것이 우리의 관심사가 되어야 한다."
(매튜 헨리)

"이 세상 삶에는 관심이 있으면서 영원한 삶에는 무관심한 사람은, 순간적인 지혜자요 영원한 우매자이다."(존 틸로슨)

다음과 같은 옛날이야기가 있다. 한 종이 주인과 함께 이라크의 바그다드로 가는 중이었다. 어느 이른 아침, 종은 사람들이 북적거리는 시장에서 사람의 모습을 한 '죽음'을 보았다. '죽음'은 종에게 위협적으로 다가왔다. 그러자 종은 '죽음'이 오늘 자신을 데려갈 것이라고 확신하며 공포에 질려 어쩔 줄 몰라 했다.

종이 주인에게 말했다. "주인님, 제발 저를 도와주세요. 제가 '죽음'을 보았는데, 아무래도 오늘 저를 데려가려고 작정한 것 같아요. '죽음'이 저를 결코 발견할 수 없는 사마라까지 낙타를 타고 도망칠 수 있도록 제발 허락해주세요." 공포에 질린 종은 주인의 허락을 받아 15시간을 쉬지 않고 달려 사마라에 도착했다.

몇 시간 뒤, 주인은 바그다드의 인파 속에서 '죽음'을 발견했다. 주인은 용기를 내어 '죽음'에게 다가가 물었다. "당신은 왜 내 종에게 위협적으로 다가갔소?" 그러자 '죽음'은 이렇게 대답했다. "위협한 것이 아니라 놀라게 하려고 그런 것이오. 사실 나는 오늘 당신의 종을 바그다드에서 보고 무척 놀랐소. 왜냐하면 난 오늘밤 그와 사마라에서 만날 약속을 했기 때문이오."

이 이야기 내용에 문제가 있긴 하지만(정해진 시간에 우리를 부를 권한을 가진 이는 '죽음'이 아니라 의로우신 '주님'이시다), 여기에는 우리가 배워야 할 교훈이 있다. 즉, 우리의 마지막 날은 아무도 모른다는 것이다. 어떻게 죽는지도 전혀 예상할 수 없다. 그러나 우리가 죽는다는 사실은 피할 수 없다. 태어난 사람은 100퍼센트 죽는다는 확실한 통계가 있다. 죽음으로부터 도망치고, 죽음을 부인하려고 애쓰더라도, 정해진 시간에 죽음이 오는 것을 막을 수는 없다. "생기를 주장하여 생기로 머무르게 할 사람도 없고 죽는 날을 주장할 자도 없고"(전 8:8).

그러나 죽음에 대해 이야기하는 것은 죽음을 준비할 기회를 준다. 인생의 가장 확실한 것이 죽음이라면, 인생 그 이후의 삶을 준비하지 않는 것은 참으로 어리석은 일이다. 죽음을 준비하지 않고 방치한 인생은 삶을 낭비한 것과 같다.

그런데 이것이 돈과 소유를 향한 우리의 태도와 무슨 상관이 있는가? '모든 면'에서 상관 있다. 진정한 빛 가운데 돈과 소유를 바라보지 못하게 만드는 가장 중요한 이유 중 하나는, 오늘날의 삶을 영원의 렌즈를 통해 바라보지 않기 때문이다.

잃어버린 영원에 대한 감각

　서구 그리스도인의 삶을 보면 놀라운 것이 있다. 그들은 *마치 영원이 없는 것처럼, 혹은 이 땅에서의 삶이 영원한 삶과는 전혀 상관 없는 것처럼, 습관적으로 생각하고 행동한다*는 사실이다.

　최근 당신은 천국과 지옥에 대한 설교를 얼마나 들었는가? 이것을 다루는 도서들은 얼마나 갖고 있으며 심지어 천국이나 지옥이란 단어를 언급이라도 하는가? 즉, 우리의 초점이 영원한 미래가 아닌 오늘의 환경에 맞춰져 있는 추세다. 성경은, 영원의 실체는 우리가 말하는 모든 단어와 우리가 취하는 모든 행동 가운데 스며져 있고, 오늘날 우리 인격에 영향을 준다고 말한다(약 2:12 ; 벧후 3:11-12).

　죽음 이후를 심각하게 고민하는 아주 희귀한(?) 삶을 사는 사람들을 보면, 비현실적인 세계에서 사는 것처럼 보인다. 그래서 많은 이가 보고, 듣고, 만지고, 느끼고, 맛볼 수 있는 현재의 삶과 소유의 현실로 돌아가 버린다. 물질은 현실이다. 현재도 현실이다. 그래서 바쁜 일상으로 돌아가, 가장 중요하고도 시급한 일들을 처리한다. NBA에서 일어나는 일, 행복하게 만들어 주는 신기술, 집을 멋있게 꾸미는 일, 사고 싶은 자동차들, 대출금리가 낮은 은행을 찾는 일 등으로 바쁘게 움직인다. 이러한 그림자의 세계가 마치 실재 세계, 궁극적인 실체인 것처럼 살아간다. 그러나 성경은 이를 반박한다.

　우리가 신문에 몰두하고 성경을 등한시하는 것은, 장기적인 안목보다 단기적인 것에 관심이 있음을 증명한다. 비싼 옷이나 크루즈 여행, 성형, 유방확대 수술, 지방제거 수술 등이 영원한 세계를 위해 어떤 공헌을 하는지 고민조차 하지 않는다.

　영원을 인식하지 못하면, 우리는 사소한 일에 전문가가 되고 중요한 것에는 왕초보가 된다. 예를 들어, 인기 가요의 가사를 외우고, 경기의 주전 선수나 영화배우의 이름을 열거하고, 컴퓨터 기종이나 4륜구동의 특징을 자세하게 말한다. 물론 이것이 잘못된 것은 아니지만, 그리스도인들조차 사소한 일에 전문가가 되어가고 있다는 것이다. 대신 죽음 이후에 무슨 일이 벌어질지, 성경이 말하는 정확한 그림을 알지 못하는 것이 오늘날의 현실이다. 왜 우리는 사소하고 순간적인 것에는 일류가 되었고, 중대한 것에는 삼류가 되었는가?

하나님은 이 땅의 삶에 대해 어떻게 말씀하시는가? 인생은 들의 풀과 같아서, 아침에 자라나서 오후에는 시들어버린다고 하셨다(사 40:6-8). 인생은 "잠깐 보이다가 없어지는 안개니라"(약 4:14)고 하셨다.

살 날이 얼마 남지 않았음을 알게 된 친구 레오나 브라이언트는, 자신의 생각이 근본적으로 어떻게 바뀌게 되었는지 이렇게 설명했다. "내게 일어난 가장 놀라운 변화는, 모든 물질적인 것에 대한 대화에 완전히 흥미를 잃어버렸다는 거야. 나는 소유에 대해서는 생각조차 하지 않게 되었고, 대신 항상 그리스도와 사람에 대해서만 관심이 생겨. 그리고 매일 내가 살아 있다는 것과 곧 죽게 될 것을 아는 것이 얼마나 큰 특권인지 깨닫게 되었지. 이것이 내 삶에 얼마나 큰 차이를 만들었는지!"

다윗도 짧은 인생에서 하나님의 시각을 갖고 싶어 했다.

> "여호와여 나의 종말과 연한이 언제까지인지 알게 하사 내가 나의 연약함을 알게 하소서 주께서 나의 날을 한 뼘 길이만큼 되게 하시매 나의 일생이 주 앞에는 없는 것 같사오니 사람은 그가 든든히 서 있는 때에도 진실로 모두가 허사뿐이니이다 (셀라) 진실로 각 사람은 그림자 같이 다니고 헛된 일로 소란하며 재물을 쌓으나 누가 거둘는지 알지

못하나이다 주여 이제 내가 무엇을 바라리요 나의 소망은 주께 있나이다"(시 39:4-7).

짧은 인생을 사는 우리는 '보잘것없는 존재'로 쉽게 결론을 내릴 수 있다. 우리 인생은 연못에 조약돌을 던진 것처럼, 순간적으로 잔물결이 생기지만 그것이 점차 옅어지다가 영원히 없어져 버린다. 방치된 비석은, 결국엔 이 땅에서의 이름도 사라져버릴 것이라는 인간의 운명을 상기시켜 준다. 당신은 증조할아버지에 대해 무엇을 알고 있는가? 아니면 당신의 증손자는 당신에 대해 무엇을 기억할 것이라고 생각하는가?

이 땅에서의 짧은 삶이 중요하지 않게 보일 수도 있다. 하지만 진리의 말씀에 의하면 결코 그렇지 않다. 사람들은 우리를 기억하지 못하고 어떻게 살았는지 관심도 없겠지만, 하나님은 완전하게 기억하시고 큰 관심을 갖고 계신다. 그래서 이 세상의 삶을 마치는 순간, 영원의 문을 여시고 우리를 맞으신다.

성경은 이 땅에서의 삶이 영원한 삶의 기초를 세우는 것이라고 말한다. 우리가 이 땅에서 하늘나라를 위해 투자한 것은 영원토록 보존될 것이다. 우리 인생의 가장 중요한 사명은 다음 세계를 준비하는 것이라고 말씀은 분명히 말한다!

멀고 긴 내일, 무엇이 앞에 놓여 있나?

전체 그림을 보지 않으면 어떤 퍼즐 조각도 이해되지 않듯이, 우리의 삶도 영원의 큰 그림에서 보지 않으면 쉽게 이해될 수 없다. 이 상의 나머지 부분에서는 A.W. 토저가 말한 '멀고 긴 내일'을 배경으로 돈과 모든 인생의 문제를 바르게 보려고 한다.

사람들은 대 환란이나 적그리스도에 대해 관심이 별로 없다. 또한 지구 종말에 대해서는 각자 나름대로의 믿음을 가지고 살아간다. 영원한 미래가 모두를 기다리고 있는데, 종말에 대해 아주 막연한 생각만 가지고 있다. 확실한 것이라고는, 만일 우리가 그리스도를 구세주로 믿는다면 천국에 간다는 것뿐인 것 같다. 우리는 이렇게 말할 수 있다. "천국에 가는 것만 알면 충분해." 그렇지만 하나님은 이것으로 만족하지 않으신다. 성경은 우리 각자의 미래가 서로 다르다고 구체적으로 말하고 있다. 이제부터 당신은 당연히 그러리라고 생각했던 것과는 아주 다른 사실을 발견하게 될 것이다.

죽음과 심판

우리는 영원이란 주제의 첫 번째 항목인 죽음에 대해 이미 살펴보았다. "한 번 죽는 것은 사람에게 정해진 것이요 그 후에는 심판이 있으리니"(히 9:27). "죽음과 세금, 이외에는 확실한 것이 없다"라는 옛말은 반은 맞지만 반은 틀리다. 왜냐하면 세금은 교묘하게 피할 수 있지만, 죽음은 결코 그렇지 않기 때문이다. 그리스도가 다시 오실 때, 혹 살아 있더라도 이 땅에서의 삶은 순식간에 끝나고 이후의 삶으로 즉시 옮겨지게 된다. 그러므로 죽는 것이나 마찬가지다.

히브리서 9장 27절은 이미 확정된 우리의 여행 일정을 말한다. 사람은 죽게 되어 있고, "그 후에는 심판이 있다." 이 심판은 일부가 아닌 모든 사람에게 해당되는 말이다. 우리 모두는 심판대에 서야 한다. 이 교리는 교회만큼 오래된 것이다. "그리스도는 산 자와 죽은 자를 심판하기 위해 다시 오신다"고 사도신경(A.D. 250)과 니케아 신경(A.D. 325), 아타나시오스 신경(A.D. 400)에 나와 있다.

선한 일을 하면 상을 받고, 악한 일을 하면 벌을 받는다는 것이 모든 사람과 사회, 종교의 기본적인 믿음의 토대이다. 하나님은 이러한 도덕률을 인간의 마음속에 기록해놓으셨다(롬 2:12-16). 즉, 사람은 언젠가 이 법에 따라 심판을 받을 것이라는 감각을 가지고 태어났다는 말이다. 성경 말씀은 이러한 심판에 대한 타고난 인간의 감각을 확인시켜 준다. 하나님은 모든 사람을 공정하게 심판하실 것이라고 말씀하셨다(창 18:25 ; 행 17:31). 특별히 우리의 행위대로 보응하실 것을 말씀하셨다.

"나 여호와는 심장을 살피며 폐부를 시험하고 각각 그의 행위와 그의 행실대로 보응하나니"(렘 17:10).

"네가 말하기를 나는 그것을 알지 못했노라 할지라도 마음을 저울질 하시는 이가 어찌 통찰하지 못하시겠으며 네 영혼을 지키시는 이가 어찌 알지 못하시겠느냐 그가 각 사람의 행위대로 보응하시리라"(잠 24:12).

"불의의 값으로 불의를 당하며"(벧후 2:13).

모든 사람은 날마다 이러한 두려운 마음을 가지고 살아야 한다. "그들이 산 자와 죽은 자를 심판하기로 예비하신 이에게 사실대로 고하리라"(벧전 4:5).

하나님은 완전한 정보를 가지고 우리를 판단하실 것이다. "지으신 것이 하나도 그 앞에 나타나지 않음이 없고 우리의 결산을 받으실 이의 눈앞에 만물이 벌거벗은 것 같이 드러나느니라"(히 4:13).

하나님이 모든 지식을 가지고 계시므로, 그의 심판은 종합적이고 세부적이다. "사람이 무슨 무익한 말을 하든지 심판 날에 이에 대하여 심문을 받으리니"(마 12:36).

하나님의 심판은 은밀한 것까지 다룬다. "하나님은 모든 행위와 모든 은밀한 일을 선악 간에 심판하시리라"(전 12:14). 심지어 우리 마음의 동기까지 아시고, 그것에 따라 심판하신다(고전 4:4-5).

우리 모두는 죄인이고 죄의 값은 사망이다(롬 3:23,6:23). 그러나 거룩하신 하나님이 우리를 사랑하사 우리 대신 예수님을 심판하셨다(사 53:9-10). 우리의 죄를 용서하시는 예수 그리스도를 영접하는 것만이, 영원한 처벌로부터 피하는 유일한 방법이다(롬 6:23 ; 고후 5:21). 하나님의 의로움은 예수님의 피를 통해서만 얻어진다. 예수님은 우리를 위해 십자가 위에서 지옥의 고통을 감당하셨다.

"내가 생명수 샘물을 목마른 자에게 값없이 주리니"(계 21:6). 우리는 아무런 대가를 지불하지 않았지만, 그분은 우리가 믿기만 하면 영원을 소유할 수 있도록 상상할 수 없는 대가를 치르신 것이다. 본회퍼가 한 말이 맞다. 은혜는 값없이 받지만 결코 값싼 것이 아니다.

믿지 않는 자의 지옥 심판

지옥은 사탄과 타락한 천사들의 심판을 위해 준비된 곳이다(마 25:41-46 ; 계 20:10). 그러나 그리스도 안에 있는 하나님의 구원의 선물을 거부하는 사람이 살 곳으로도 예비되었다(계 20:12-15).

지옥은 실제로 있다. 예수님은 지옥에 대해 분명하고 사실적으로 설명하셨다(마 10:28,13:40-42 ; 막 9:43-44). 천국이 있듯이 지옥도 존재하고, 천국이 영원하듯이 지옥도 영원하다(마 25:46). 지옥은 고통과 절망밖에 없는 끔찍한 곳이다(마 13:41-42 ; 살후 1:9). 지옥에서도 의식이 있고, 모든 능력과 욕망을 가지고 있을 것이다. 하지만 영원을 위해 어떤 것도 이룰 수 없는 절망감 속에 살아갈 것이다(눅 16:22-31).

지옥은 묘사할 수 없을 정도로 무시무시하다. 우리가 성경을 믿는다면, 지옥도 부인할 수 없는 실재임을 깨달아야 한다. 지옥이 있다는 것을 믿고 싶지 않겠지만, 그렇다고 누가 감히 하나님이 잘못되었다고 말할 수 있겠는가? 그분은 우리가 지옥에 가는 것을 원치 않으셔서 최고의 값을 이미 치르셨다. 그럼에도 불구하고 그리스도를 믿지 않는다면, 자신의 미래를 영원히 지옥에서 보낼 수밖에 없다.

하나님은 공정하시기 때문에 지옥의 고통 또한 모든 사람에게 동일하지 않다. 심판의 강도는 얼마나 진리를 행했는지, 그들이 범한 죄의 성격과 횟수에 따라 달라질 것이다. 이 말이 생소하게 들리겠지만, 말씀이 분명하게 증거하고 있다(마 11:20-24 ; 눅 20:45-47 ; 롬 2:3-5). 그렇지만 이것이 전혀 위로가 되지 않는 것은, 지옥의 '최선' 또한 지옥이고, 그곳은 하나님의 함께하심과 은혜, 위로의 빛으로부터 영원히 단절된 곳이기 때문이다.

믿는 자의 천국 생활

나는 영원에 대한 시각을 발전시키고, 천국에서 일어나는 이들을 묘사하기 위해 여러 소설을 썼다. 사람들은 내게 천국을 왜 그렇게 사실적으로 묘사했느냐고 종종 묻는데, 그 이유는 첫째로 성경이 그렇게 표현했기 때문이다. 성경은 결코 천국을 창백하고 흐느적거리는 이상하게 생긴 사람이 구름 위를 날아다니는 것으로 묘사하지 않는다. 둘째로, 애매하고 나쁜 의미로 알려진 천국에 대한 비성경적인 개념으로 인해, 천국 가기를 사모하기보다는 무서워하는 사람들에게 오해를 풀 기회가 절실하게 필요했기 때문이다.

나는 「영원의 빛 안에서 본 천국」(In LIght of Eternity: Perspectives on Heaven)에서 그리스도인 중에 천국을 두려워하는 사람들을 소개하고, 그들이 왜 그렇게 되었는지 설명했다.

"왜곡된 천국의 모습이 널리 퍼져, 그리스도인조차 천국을 사모하기는커녕 무서워하는 경우가 많아졌다. 수많은 하나님의 자녀가 어떻게 이런 관점을 갖게 되었는지를 설명하는 유일한 해답은 '사탄'이라고 믿는다. 사탄의 속임수인 것이다.

예수님은 사탄에게 말씀하셨다. "거짓을 말할 때마다 제 것으로 말하나니 이는 그가 거짓말쟁이요 거짓의 아비가 되었음이라"(요 8:44). 사탄이 즐겨 사용하는 거짓말 중에 천국에 대한 것이 있다. "짐승이 입을 벌려 하나님을 향하여 비방하되 그의 이름과 그의 장막 곧 하늘에 사는 자들을 비방하더라"(계 13:6). 사탄은 다음 세 가지에 대해 허위 선전을 한다. 하나님의 인격, 하나님의 사람, 그리고 하나님의 장소인 천국이다.

천국에서 쫓겨난 뒤(사 14:12-14), 사탄은 하나님을 향해서뿐 아니라 우리와 더 이상 그의 것이 아닌 천국을 대적하게 되었다. (자신이 쫓겨난 곳에 우리가 가게 되었으니 미칠 수밖에 없을 것이다.) 하나님이 우리의 마음과 생각을 두어야 할 곳으로 가리키신 바로 그곳에 대해 거짓말로 속삭이는 것보다 더 효과적인 공격이 어디 있겠는가?(골 3:1-2)"

예수님은 우리를 위해 보화를 하늘나라에 쌓으라고 명령하셨다. 하늘나라에 대한 잘못된 생각을 갖게 된 우리는, 말씀이 지시하는 것을 바라보지 못하고, 이 땅이 우리의 고향인 것처럼 집착하게 된다. 그러면서 자연스럽게 우리의 보화를 이 땅에 쌓으려고 한다. 하늘나라를 사모하지 않으면 하늘나라에 보화를 쌓는 데 헌신할 수 없다. 따라서 하늘나라가 어떤 곳인지 알기 위해 시간을 투자하는 것은 참으로 중요하다.

예수님은 이 땅을 떠나시기 직전에 제자들에게 말씀하셨다. "내 아버지 집에 거할 곳이 많도다 그렇지 않으면 너희에게 일렀으리라 내가 너희를 위하여 거처를 예비하러 가노니 가서 너희를 위하여 거처를 예비하면 내가 다시 와서 너희를 내게로 영접하여 나 있는 곳에 너희도 있게 하리라"(요 14:2-3).

우리는 한 분, 한 장소를 위해 지음받았다. 그분은 바로 예수님이시고, 그곳은 하늘나라이다. 예수님은 우리가 거할 장소를 짓고 계신다. 아이들이 태어나기 전, 아내 낸시와 나는 그들을 위해 장소를 마련했다. 그러나 우리 딸들을 위해 준비한 곳은 제한된 우리의 기술과 자원, 그리고 상상력을 벗어날 수 없었다.

훌륭한 목수는 만들려고 하는 것의 큰 그림을 가지고 있다. 그는 계획을 세우고 디자인을 한다. 그러고 나서 능숙하게 조금의 오차도 없이 작업을 한다. 그는 자신의 완성품을 자랑스럽게 생각하며, 그것을 자랑하고 싶어 한다. 예수님은 보통 목수가 아니시다. 그분은 세상의 창조주이시다. 그리고 하늘나라는 그분의 가장 위대한 건축 프로젝트이다.

모든 그리스도인의 고향은 하늘나라다. 사도 바울은 이렇게 말했다. "몸으로 있을 때에는 주와 따로 있는 줄을 아노니… 우리가 담대하여 원하는 바는 차라리 몸을 떠나 주와 함께 있는 그것이라"(고후 5:6-8). 바울은 자신의 진짜 고향인 하늘나라에서 사는 것을 더 원한다고 말했다. 고향은 안전하고 쉼과 깊은 관계, 소중한 기억이 있는 곳이다.

하나님의 사람은 이 땅에서 외국인과 나그네의 삶을 살면서 본향을 그리워한다. "그들이 이제는 더 나은 본향을 사모하니 곧 하늘에 있는 것이라"(히 11:16). 하늘나라의 수도는 "하나님이 계획하시고 지으실 터가 있는 성"(히 11:10)이 될 것이다. 그곳은 신선함과 생동감, 관대함이 넘치는 곳이다. 활력 있고, 서로 좋은 관계로 연결된 곳이다. 범죄나 쓰레기, 공해, 소음, 어둠이나 가난이 없는 곳이다.

하늘나라에는 끊임없이 신선한 물과 맛있는 음식이 공급될 것이다. 배고픔이나 목마름이 없을 것이다. 우리는 그리스도와 아브라함 및 다른 믿음의 조상들과 함께 먹고 마시게 될 것이다(마 8:11). 아브라함과 이삭, 야곱뿐만 아니라, 모세, 다윗, 룻, 에스더, 마리아, 베드로도 만날 것이다. 나는 C.S. 루이스와 A.W. 토저, 조나단 에드워즈, 에미 카미카엘과 만나 대화 나눌 날을 손꼽아 기대한다.

이 땅에 사는 동안 우리를 보호해준 '섬기는 영'(히 1:14)인 천사들과도 교제할 것이다. 또한 땅에서 쌓아 둔 보물을 즐기고 나눌 것이다(마 6:19-21). 집을 개방해서 사람들을 즐겁게 해줄 것이다(눅 16:9). 하나님이 주신 창조의 능력으로 노래를 짓고, 글을 쓰며, 그림을 그리고, 조각을 하고, 식물을 심고 키울 것이다.

그곳에는 성전도, 교회 건물도 없다. 오직 그리스도가 중심이 된다. 예배는 가식이나 분주함이 없고, 그 무엇에도 방해받지 않는다. 하나님의 광대하심과 그분의 자녀된 특권에 압도당해 예배에만 몰두할 것이다.

요한계시록 5장에는 만 명의 만 배, 다시 말하면 1억이나 되는 천사들의 합창을 기록하고 있다. 그리고 여기에 나머지 모든 피조물이 가세한다. 이 합창의 위력을 상상이나 하겠는가?

하늘나라에서도 무언가를 배울까? 물론이다. 하나님은 오는 세대에 '하나님 은혜의 비교할 수 없는 부요함'을 나타내 보이신다고 하셨다(엡

2:7). 우리는 죽어서 현재 아는 것보다 훨씬 더 많은 것을 알게 될 것이고, 하나님과 하나님의 창조에 대해 영원토록 배우게 될 것이다.

이 땅에서의 삶과 관계를 그곳에서도 기억할 수 있을까? 물론이다. (하늘나라에서는 우리가 더 지혜롭게 되지 우둔하게 되지 않는다!) 하늘의 도시에 사람들과 이 땅의 사건들에 대한 기념물이 있는 것으로 보아, 기억하는 것은 하나님께도 중요한 일이다(계 21:12-14). 또한 하나님은 그분을 경외하고 그분의 이름을 높인 것을 기록한 '기념책'(말 3:16)을 그 곁에 항상 두신다. 과거의 아픔은 사라지겠지만, 함께한 치열했던 전투나 그리스도와 동행했던 일, 사람들과 친근한 시간을 보냈던 기억은 남아 있을 것이다.

하늘나라에서는 사랑하는 사람을 알아볼 수 있을까? 물론이다. 심지어 베드로나 야고보, 요한처럼 이 땅에서 알지 못했던 사람도 알아보고, 어떻게 생겼는지 몰라도 예수님과 함께 있는 모세나 엘리야도 알아보게 될 것이다. 하늘나라에 들어간 뒤, 순교자들은 세상을 내려다보면서 자신들의 삶을 기억하고, 그동안 무슨 일이 일어났는지 완전하게 깨닫는다(계 6:9-11). 하늘나라는 이 땅에서 일어나는 일에 무관심하지 않다. 올바른 시각으로 이 땅을 바라보게 한다.

하늘나라는 지친 사람에게 완전한 안식을 제공한다(계 14:13). 힘든 일을 마치고 베개에 머리를 파묻거나, 한적한 곳에서 시원한 음료수를 마시며 좋은 책을 읽는 것보다 더 기분 좋은 일이 있을까? 휴식은 우리를 새롭게 하고 다시금 힘이 넘치게 해준다.

하늘나라는 이 땅에 저주가 들어오기 전의 에덴동산처럼, 생산적이고, 아무런 방해 없이 자유롭게 활동할 수 있다. 하늘나라에는 "그의 종들이 그를 섬기며"(계 22:3)라고 말한다. 여기서 '섬긴다'는 말은 일을 하고, 노력을 하며, 무엇인가를 한다는 뜻이다. 섬김은 일을 잘 해야 하는 책임과 의무, 노력, 계획, 창조성 등을 포함하는 말이다.

우리는 하늘나라에서 중요한 결정을 내리고, 다스리는 권위를 행사한다. 우리는 일시적이 아니라 '세세토록'(계 22:5) 그리스도와 함께 다스린다(딤후 2:12 ; 계 3:21). '다스린다'는 말은 우리의 리더십 아래에 있는 사람에게 구체적으로 위임된 책임을 가진다는 의미다(눅 19:17-19). 우리는 세상과 심지어 천사(고전 6:2-3)도 다스리게 될 것이다.

하나님은 하늘나라에서 우리의 "모든 눈물을 그 눈에서 닦아 주실"(계 21:4) 것이다. 하나님의 손이 우리의 눈물을 닦아 주시는 모습을 상상하면 얼마나 따뜻한가! 또한 하나님은 "다시 사망이 없고 애통하는 것이나 곡하는 것이나 아픈 것이 다시 있지 아니하리니"(계 21:4)라고 말씀하신다. 아일랜드의 시인 토머스 무어는 "하늘나라가 치유하지 못할 이 땅의 슬픔은 없다"고 했다.

하늘나라에는 병원, 공동묘지, 죄, 악, 두려움, 학대, 강간, 살인, 마약, 술 취함, 폭탄, 총, 테러 등이 없을 것이다. 그곳에서 장애인들은 황폐한 몸과 마음에서 해방을 누리고, 병들고 늙은 사람들은 고통과 제약으로부터 자유를 누리게 될 것이다. 그들은 걷고, 뛰고, 보고, 듣게 될 것이다. 찬송가 작사가 패니 크로스비는 "내가 보지 못한다고 해서 동정하지 마세요. 왜냐하면 내가 처음으로 볼 얼굴은 나의 주, 예수님의 얼굴이니까요"라고 했다.

하늘나라에서는 하나님이 창조하신 모든 종족과 나라와 언어의 사람들이 어린양과 함께 예배하게 될 것이다(계 7:9-10).

하늘나라는 기쁨이 끊이지 않는 가정이 될 것이다. 가장 큰 기쁨은 신랑 되신 예수 그리스도와 결혼하는 것이다. 만일 당신이 그리스도를 사랑한다면, 그분과 함께 있기를 원할 것이다. 그 다음 누릴 큰 기쁨은 헤어졌던 사람을 다시 만나는 것이다. 헤어짐이 길수록, 재회의 기쁨은 클 것이다. 나는 어머니를 20년 동안 보지 못했고, 소꿉친구인 제리를 9년 동안 보지 못했고, 아버지는 5년 동안 보지 못했다. 부모님을 50년 동안 보지 못하고, 오래전 자녀를 잃은 사람도 있을 것이다. 그리스도인에게 있어 죽음은 관계의 끝이 아니라, 다가올 영광스런 재회를 위한 일시적인 이별일 뿐이다.

그리스도인에게 하늘나라는 인생의 가장 어두운 시간을 붙들어 주는 또 붙들어 주어야만 하는 확실한 소망이다. 그러나 이것이 자동적으로 일어나는 것은 아니다. 우리는 하늘나라에 대해 생각하고, 그것을 중심으로 사는 삶을 선택해야 한다. "위의 것을 찾으라 거기는 그리스도께서 하나님 우편에 앉아 계시느니라 위의 것을 생각하고 땅의 것을 생각하지 말라"(골 3:1-2).

믿는 사람의 심판

하늘나라에서 영원히 지속될 위치와 역할을 결정하기 위해 믿는 사람을 심판하신다고 성경은 기록한다. 성경은 두 가지 영원한 심판에 대해 가르치는데, 하나는 불신자에게 대한 것이고, 다른 하나는 성도에 대한 것이다(요 5:28-29). 모든 진실한 성도들은 그리스도 안에 있는 믿음의 심판을 통과할 것이다. 그리고 모든 불신자는 그들의 이름이 생명책에 기록되지 않았으므로 그리스도께서 행하실 믿음의 심판을 통과하지 못할 것이다(계 20:11-15).

그러나 믿음만 심판받는 것이 아니다. 말씀은 반복해서 불신자뿐 아니라 모든 믿는 사람도 심판받을 것이라고 한다(잠 24:12 ; 전 12:14). 불신자의 행위는 보좌 앞에서 심판받는다(계 20:11-12). 이에 반해 성도는 '그리스도의 심판대'서 심판받을 것이다. 요한계시록 2 - 3장에 나오는 일곱 교회에 대한 주님의 평가를 비추어 볼 때, 그분은 우리를 지켜보고 평가하고 계심이 분명하다. 선생이 학생의 성적을 매기듯이, 주님도 각 교회의 점수를 매기신다. "모든 교회가 나는 사람의 뜻과 마음을 살피는 자인 줄 알지라 내가 너희 각 사람의 행위대로 갚아 주리라"(계 2:23).

그리스도 안에 있는 모든 성도는 주님 앞에서 각자의 삶을 보고해야 한다(롬 14:10-12). 잘한 일과 못한 일, 모두 심판을 받게 될 것이다(고후 5:10). 자신의 행위대로 해를 받든지 영원한 상급을 받게 될 것이다(고전 3:12-15 ; 고후 5:9-10 ; 롬 14:10-12).

성경은 이 심판을 아주 진지하게 다루고 있다. 심판을 그저 천국의 황홀한 기쁨을 누리기 전에 통과해야 하는 의미 없는 형식적인 의식이 아니라 영원한 효력이 있는 중대하고도 결정적인 순간이라고 말하고 있다.

> "만일 누구든지 금이나 은이나 보석이나 나무나 풀이나 짚으로 이 터 위에 세우면 각 사람의 공적이 나타날 터인데 그 날이 공적을 밝히리니 이는 불로 나타내고 그 불이 각 사람의 공적이 어떠한 것을 시험할 것임이라 만일 누구든지 그 위에 세운 공적이 그대로 있으면 상을 받고 누구든지 그 공적이 불타면 해를 받으리니 그러나 자신은 구원을 받되 불 가운데서 받은 것 같으리라"(고전 3:12-15).

우리의 행위는 우리가 가진 시간이나 에너지, 재능, 돈, 소유 등의 자원을 가지고 행한 것을 말한다. 이것이 영원에 어떤 영향을 끼치는지는 하나님의 거룩한 불이 보여 줄 것이다. 우리의 운명은 각각의 본질에 따라 결정된다. 이것이 썩지 않는 재질, 즉 금, 은, 보석으로 만들어졌다면 심판을 견디고, 불로 정결하게 될 것이다. 그러나 아무리 훌륭하게 보이고 칭송을 받는다 하더라도, 이것이 나무나 풀이나 짚으로 만들어졌다면, 다가오는 불의 심판을 견디지 못할 것이다.

> "우리가 다 반드시 그리스도의 심판대 앞에 나타나게 되어 각각 선악 간에 그 몸으로 행한 것을 따라 받으려 함이라"(고후 5:10).

위 구절에서 '선악 간에'라는 말은 신약 성경에서 우리를 가장 불안하게 만든다. 나는 이 말씀을 정직하게 접근하려고 할 때마다 엄청난 저항에 직면하게 된다. 이처럼 그리스도인을 불안하게 하는 말씀이 또 있다. "불의를 행하는 자는 불의의 보응을 받으리니 주는 사람을 외모로 취하심이 없느니라"(골 3:25). 그런데 그리스도가 우리 죄를 위해 값을 치르셨는데, 우리가 죄를 고백하고 죄 사함을 받는다는 것은 무슨 뜻인가?

그리스도 앞으로 나아갈 때, 우리의 모든 죄는 완전히 용서받고, 우리는 그분 안에서 의롭게 된다. 그럼에도 불구하고 성경에서는 우리의 행위에 대한 심판이 있다고 분명히 말한다. 우리가 죄를 짓거나 마땅히 해야 할 일을 등한시할 때, 그리스도의 기초 위에 보화를 쌓지 못한다. 그러므로 이러한 죄는 우리에게 치명적인 '손실'을 입힌다. 이를 통해 알 수 있는 것은, 믿는 사람은 선한 일이든 악한 일이든 자기가 한 일에 영원히 '대가'를 치르게 된다는 사실이다.

이러한 관점에서 히브리서 저자는 이렇게 말한다. "이러므로 우리에게 구름 같이 둘러싼 허다한 증인들이 있으니 모든 무거운 것과 얽매이기 쉬운 죄를 벗어 버리고 인내로써 우리 앞에 당한 경주를 하며"(히

12:1). 죄는 우리를 걸려 넘어지게 하고, 경기를 포기하게 하고, 결국에는 경기에 져서 상을 받지 못하게 한다.

하나님은 우리와 함께하신다. 우리를 대적하시는 분이 아니다(롬 8:31). 그분은 우리가 평생 행한 일이 한 줌의 재가 되지 않기를 진정으로 원하신다. 그분은 우리가 영원한 상급을 받길 바라시고, 이러한 상급을 받도록 경건한 삶을 사는 데 필요한 모든 자원을 주신다(벧후 1:3).

그리스도를 성스럽게 섬긴 사람에게 심판의 시간은 축제의 시간이 될 것이다. 하나님은 누구도 눈치채지 못했던 우리의 행위에 상을 주실 것이다.

하나님은 정말 우리의 행위에 관심을 가지시는가?

500년의 전통을 가진 "모든 사람"(Everyman)이라는 연극은 문자 그대로 모든 사람에게 해당되는 주제를 다룬다. '모든 사람'이 '죽음'에 직면해 동행할 친구를 찾는 내용이다. 그러나 죽음을 거쳐 마지막 심판까지 동행할 친구는 단 한 명밖에 없다. 그 친구의 이름은 '선한 행위'다.

몇 가지 적절치 못한 것이 있지만 연극의 내용은 분명히 성경적이다. "또 내가 들으니 하늘에서 음성이 나서 이르되 기록하라 지금 이후로 주 안에서 죽는 자들은 복이 있도다 하시매 성령이 이르시되 그러하다 그들이 수고를 그치고 쉬리니 이는 그들의 행한 일이 따름이라 하시더라"(계 14:13).

요한계시록 19장 7-8절은 "어린양의 혼인 기약이 이르렀고 그의 아내가 자신을 준비했으므로 그에게 빛나고 깨끗한 세마포 옷을 입도록 허락하셨으니 이 세마포 옷은 성도들의 옳은 행실이로다"라고 기록한다. 이 성경 말씀은 우리에게 여러 가지 놀라운 사실을 던져 준다. 우리는 이 말씀을 통해 신부가 자신을 준비하는 것이 아니라, 그리스도가 신부를 준비시키는 것이라고 생각할 수 있다. 또한 세마포 옷은 그리스도의 의로움, 혹은 성도들의 의로운 믿음을 상징한다고 생각할 수 있다. 그러나 성경은 세마포 옷이 성도들의 의로운 '행실'을 의미한다고 분명히 말한다. 우리가 정말 우리의 행실에 따라 옷을 입게 된다면, 어떤 그리스도인은 맨살 그대로를 내보일 수도 있음을 암시한다.

하나님은 우리의 가식적인 행실은 책망하신다. 그러나 올바른 동기로 행하는 행실은 적극적으로 칭찬하신다. 바울은 우리의 구원이 '행위에 의해서가 아니라'고 말한 뒤에 "우리는 그가 만드신 바라 그리스도 예수 안에서 선한 일을 위하여 지으심을 받은 자니 이 일은 하나님이 전에 예비하사 우리로 그 가운데서 행하게 하려 하심이니라"(엡 2:10)고 했다.

하나님은 우리 각자에게 선한 일을 할 기회를 주셨다. 그분이 주신 기회 중 대부분이 우리가 돈과 소유를 가지고 해야 할 일이다. 하나님은 우리가 그 기회를 어떻게 사용했느냐에 따라 상급을 주실 것이다. 성경은 상급을 주시는 하나님의 성품에 대해 다음과 같이 설명한다. "하나님은 불의하지 아니하사 너희 행위와 그의 이름을 위하여 나타낸 사랑으로 이미 성도를 섬긴 것과 이제도 섬기고 있는 것을 잊어버리지 아니하시느니라"(히 6:10). 그리고 우리가 하나님이 약속하신 축복을 받았다면, 마땅히 부지런하게 맡기신 일을 해야 한다고 기록되어 있다.

야고보는 그리스도인의 삶에서 선한 행위가 핵심이라는 사실을 반복해서 강조하고 있다(약 2:17-18,22,24,26). "너희 중에 지혜와 총명이 있는 자가 누구냐 그는 선행으로 말미암아 지혜의 온유함으로 그 행함을 보일지니라"(약 3:13).

하나님은 선한 일을 행하는 것(엡 6:8 ; 롬 2:6,10), 핍박을 참는 것(눅

6:22-23), 도움이 필요한 자에게 동정심을 보이는 것(눅 14:13-14), 원수를 친절하게 대하는 것(눅 6:35)에 영원한 상급을 주신다. 또한 우리의 관대한 나눔에 보상하신다. "가서 네 소유를 팔아 가난한 자들에게 주라 그리하면 하늘에서 보화가 네게 있으리라 그리고 와서 나를 따르라"(마 19:21).

예수님은 어떤 그리스도인에게는 "잘하였도다 착하고 충성된 종아"(마 25:21)라고 말씀하실 것이다. "말을 잘했다"거나 "잘 믿었다"가 아니라 "잘 행했다"하시며 칭찬하실 것이다. 염소를 양으로부터 분리한 것처럼 하나님은 그분이 주신 시간과 돈, 소유로 하지 말아야 할 것을 행하고, 해야 할 일을 하지 않은 이들을 구별하실 것이다.

베드로는 이렇게 말했다. "너희가 이것을 행한즉 언제든지 실족하지 아니하리라 이같이 하면 우리 주 곧 구주 예수 그리스도의 영원한 나라에 들어감을 넉넉히 너희에게 주시리라"(벧후 1:10-11). 이 땅에서 헌신하며 살아가는 성도에게 얼마나 큰 힘이 되는 말씀인가! 분명 하늘나라에서 "정말 잘했다!"라며 성대하게 맞아 줄 것이다. 그러나 누구나 이런 환영을 받는 건 아니다. 베드로가 설명한 조건을 만족하지 않으면, 하늘나라에 들어갈 때 환영받을 수 없다.

하늘나라이든 지옥이든 우리가 영원히 거할 장소는 전적으로 우리의 믿음에 따라 결정된다. 그리고 우리의 행위에 따라 상급이 결정된다. 존 번연은 이렇게 질문한다. "하나님이 이 땅에서 행한 모든 일에 상급을 주시리라는 사실을 기억한다면, 어떻게 선한 일을 하는데 힘쓰지 않겠는가?"

두 번째 기회는 없다

돈과 소유물을 포함해 하나님이 우리에게 주신 자원들은 엄청난 잠재력이 있다. 인생이라는 지렛대를 사용해 영원의 산을 옮길 수도 있는 것이다.

우리는 불신자가 죽으면 그리스도께로 갈 기회가 더 이상 없음을 알고 있다. 성도도 마찬가지다. 죽고 나면 '두 번째 기회'는 없다. 그리스도와 믿음으로 동행하고, 주님을 섬길 수 있는 기회가 더 이상 없다는 말이다.

우리는 이 땅에서 다시 살 수 없다. 한 번 실패한 과목도 다시 들을 수 없다. D학점을 A학점으로 올릴 방법도 없다. 학기말 시험 일정을 변경시킬 수도 없다. 정해진 죽음의 시간을 연장할 수 없다.

농구 경기에서 종료 휘슬이 울리면 경기가 끝난다. 이후에 쏜 슛은 인정되지 않는다. 이처럼 그리스도의 재림을 알리는 나팔소리가 울리면, 우리의 영원한 미래는 시작되고, 우리의 현재는 끝난다. 그때까지 우리의 돈과 소유, 시간, 에너지를 영원을 위해 사용하지 못하면 그것으로 끝이다.

"하늘나라에 가기만 하면 되지, 뭐가 문제인가?"라고 생각할 수도 있다. 그러나 사도 바울은 상급을 잃는 것이 얼마나 심각한 손실인지 보여 준다. "누구든지 그 공적이 불타면 해를 받으리니 그러나 자신은 구원을 받되 불 가운데서 받은 것 같으리라"(고전 3:15). 그리스도로부터 받는 상급은 영원히 지속되는 말할 수 없이 소중한 재산이다. 반면 한 번 상급을 받을 기회를 박탈당하면 영원히 얻을 수 없는 상급이다. 그런데 하늘나라에 가기만 하면 된다고 어떻게 감히 말할 수 있을까?

이 땅에서 우리가 가진 자원을 가지고 행한 것이 바로 우리의 자서전이다. 믿음의 펜과 행실의 잉크로 쓰인 그 책은, 영원히 수정되지 않고 보관된다. 그리고 천사들과 구원받은 성도들과 하나님이 직접 그 책을 읽을 것이다. 그러므로 장기적인 관점에서 보면, 오늘의 작은 결정이 얼마나 중요한가 성령의 임재 가운데 성경을 읽고, 기도하고, 예배를 드리고, 믿음을 나누고, 돈을 나누는 오늘의 이 모든 일은, 다른 영혼들뿐만 아니라 우리에게도 영원한 영향을 미친다.

우리는 죽을 때 우리 인생의 자서전에 마지막 사인을 하게 된다. 이제 잉크가 마르고 자서전이 완성된다. 우리가 죽어 영원에 들어가게 되면, 이 땅에서의 삶은 그대로 고정되며 더 이상 고치거나 바꿀 수 없는 것이다.

영화 "쉰들러 리스트"의 마지막 부분에, 나치 치하에서 돈을 주고 많은 유대인들을 구했던 오스카 쉰들러가 자신에게 남은 자동차와 금핀을 보며, 그것을 팔아 더 많은 생명을 구하지 못한 것을 후회하는 장면이 나온다. 쉰들러는 다른 사람들보다 하나님이 주신 기회를 훨씬 많이 사용했다. 그럼에도 마지막에는 과거로 돌아가기를 소원했다.

이 땅에서의 삶은 우리에게 기회다. 성경은 하늘나라에서 우리가 모두 동일한 소유, 책임, 능력을 가진 존재로 변화된다고 가르치지 않는다. 또한 과거의 삶이 영원한 삶과 상관 없다고 말하지 않는다. 오히려 정확히 그 반대라고 말한다.

이 땅에서 행한 것에 따라 우리가 머무를 장소와 자리가 정해지는 새 하늘과 새 땅에서는, 더 이상 기록이 변경될 수 없다. 우리가 심판대 앞에 서게 될 때, 주님께서 우리가 놓친 모든 기회와 불순종을 묵인하시고 그저 형식적인 심판을 하시리라 생각하는가? 하나님은 하늘나라에서 모든 사람을 공평하게 대하시기 때문에 다른 사람의 필요에 무관심했던 이기적인 사람과 배고픈 사람을 먹이고 열심히 복음을 전한 사람을 정말 차별 없이 대하시리라 생각하는가? 성경은 분명 그렇지 않다고 말한다.

도날드 반하우스는 이렇게 설명한다.

"그렇다면 우리는 영원의 관점에서 살아가자. 그렇게 하지 않으면 영원한 축복의 중량 미달이 될 수밖에 없다. '사람들이 무엇으로 심든지'란 말은 아주 넓은 범위로 이해해야 한다. 다시 말해서, 우리의 모든 생각과 마음의 의도는 주님께서 다시 오실 때, 정밀 조사를 받게 될 것이다. 그리스도의 심판대 앞에서 그분의 영광을 위해 평생 구별된 삶을 산 그리스도인은, 자기 의와 자기만족을 위해 살거나 악한 삶을 살다가 마지막에 간신히 구조선을 탄 그리스도인과는 확연히 다를 것이다. 모두가 하늘나라에서 살게 될 테지만 그 차이는 영원할 것이다. 우리 삶의 결과는 무덤에서도 효력이 있고, 이러한 결과는 그리스도의 심판을 받을 때도 확연하게 드러날 것이다."

돈과 소유로 하는 모든 행위가 돌이킬 수 없는 결과를 낳는다는 것을 정말로 믿는다면, 지금과 다르게 살아가게 되지 않을까? 한 학기가 끝날 때, 학기말 시험이 기다리고 있듯이, 인생에 대한 시험은 공정하고 엄격하게 치러진다. 당신은 어떻게 그날을 준비할 것인지에 대한 성경의 가르침을 얼마나 심각하게 받아들이고 있는가?

대학에서 강의를 선택할 때, 담당 교수에 대해 알아본다. 시험은 어떤 식으로 치르는지, 출석 체크는 매일 하는지, 점수가 짜지는 않는지, 과제물은 무엇인지 등 먼저 확인하는 것이다. 좋은 성적을 내기 위해서는 교수가 원하는 것을 잘 알아야 한다. 이처럼 우리는 인생의 출제자가 되시는 하나님을 잘 알기 위해서 말씀을 공부해야 한다. 그리고 우리의 삶을 장기적인 관점에서 주의 깊게 계획해야 한다.

언젠가 친구인 선교사와 함께 고린도 유적지에서 하루를 보낸 적이 있다. 우리는 사도행전 18장에서 바울이 그리스도의 심판을 묘사하며 고린도인들 앞에서 사용했던 바로 그 심판대에서 한 시간 동안 앉아 말씀을 함께 읽었다. 그러고는 마지막 심판의 날에 "잘하였도다"라는 말을 듣기 원한다고 기도했다. 또 주님의 능력으로 순간순간 우리의 선택들이 가져올 영향력을 깨닫기 원한다고 기도했다. 내 인생의 가장 진지한 시간 중 하나였다.

다이너마이트를 발명한 스웨덴의 화학자 앨프리드 노벨의 동생이 죽었을 때, 프랑스 신문은 동생을 노벨로 착각하여 그의 사망 기사를 실었다. "그는 전례 없이 많은 사람들을 죽이는 무기를 통해 부자가 되었다"라는 자신에 대한 평가에 충격을 받은 노벨은, 노벨평화상을 비롯해 인류의 복리에 공헌한 사람들에게 자신의 재산을 기부하기로 결심했다. 역사에서 자신의 평판을 바꾸기 위해 9백만 달러를 투자한 것이다. 노벨은 살아생전, 그것을 바꿀 수 있는 기회를 가진 아주 운이 좋은 사람이었다.

지금 당신 자신을 노벨의 위치에 놓아 보라. 충분한 정보 없이 편견으로 기록한 기자의 관점이 아닌, 하늘나라의 관점에서 천사들이 기록한 당신의 사망 기사를 읽어 보라. 이제는 그 사망 기사가 당신이 원하는 방향으로 수정될 수 있도록 남은 삶을 살지 않겠는가?

당신은 이 땅에 보화를 쌓은 사람으로 알려지기를 원하는가, 아니면 영원한 가치가 있는 하늘나라의 보화에 투자한 사람으로 기억되고 싶은가?

마르틴 루터는 자신의 달력에는 오직 두 날만 있다고 했다. '오늘' 그리고 '그날.' 우리가 가지고 있는 돈과 소유를 '그날'의 관점에서 투자하기를 바란다.

Chapter 9
청지기의 영원한 상급

"약속한 것을 한 자도 빠트리지 않고 보상하시는 하나님을 섬기는 나는 행복하다."(존 칼뱅)

"그분을 위해 행한 좋은 일은 하늘나라 금고에 보관되다가, 당신이 영원한 안식에 들어갈 때 사람들과 천사들 앞에서 상급이 되어 나올 것이다."(존 번연)

두 농부가 서로 이웃해 살고 있었다. 한 사람은 지독한 무신론자, 다른 한 사람은 신실한 그리스도인이었다. 어느 겨울날, 그리스도인에게 약이 오른 무신론자가 이런 제안을 했다. "우리 봄이 오면 같은 면적에 같은 곡식을 심으세. 당신은 하나님께 기도하고, 나는 그분을 저주할 것일세. 그러다 10월에 누가 더 많이 수확하는지 보도록 하세."

다음 해 10월, 무신론자는 자기의 수확이 더 많은 것을 보고 즐거워하며 이렇게 조롱했다. "어리석은 사람아, 이것 보게나. 하나님에 대해 이제 뭐라고 더 할 말이 있는가?" 그러자 그리스도인은 "우리 하나님은 이 10월에 모든 계산을 하지 않으시네"라고 대답했다.

보상에 대한 약속

심판의 날은 모든 사람에게 다가온다. 하나님은 그분을 신실하게 섬긴 모든 사람에게 많은 보상을 약속하셨다(계 11:18). "그때에 각 사람에게 하나님으로부터 칭찬이 있으리라"(고전 4:5). 하나님은 '백배'의 후한 상급을 주겠다고 약속하셨다(막 10:29-30). 이것은 어떤 투자와도 비교되지 않을 만큼 수익률이 높다.

하나님은 우리의 선한 행위(엡 6:8 : 롬 2:6,10), 자기를 부인했던 삶(마 16:24-27), 도움이 필요한 사람들에게 보였던 동정심에(눅 14:13-14), 그리고 원수에게 친절하게 대했던 것(눅 6:35)등에 대해 다 보상하실 것이다. 또한 우리의 넉넉한 드림을 보상하실 것이다. "네가 온전하고자 할진대 가서 네 소유를 팔아 가난한 자들에게 주라 그리하면 하늘에서 보화가 네게 있으리라"(마 19:21).

하나님은 그분만을 신뢰하며 어려운 환경을 극복한 사람과(히 10:34-36), 핍박 가운데 인내했던 사람에게(눅 6:22-23) 상급을 주겠다고 약속하셨다. 경건한 삶을 산 사람에게 풍성하게 보상하실 것이다(벧후 3:11-14). 더 나아가 너무 가난해서 갚을 수조차 없는 사람에게 먹을 것을 주면, 그리스도는 "그들이 갚을 것이 없으므로 네게 복이 되리니 이는 의인들의 부활 시에 네가 갚음을 받겠음이라"(눅 14:14)고 약속하셨다.

바울은 결실을 위한 시간표가 있음을 상기시켜 준다. "우리가 선을 행하되 낙심하지 말지니 포기하지 아니하면 때가 이르매 거두리라"(갈 6:9). 그리스도인의 상급은(불신자와 마찬가지로) 즉시 계산되지 않고 마지막 날에 계산된다. 하나님은 모든 계산을 10월에 하시지 않는 것이다.

상급으로서의 통치권

믿는 자들은 그리스도와 함께 왕 노릇하게 된다(계 20:6). 심지어 천사를 판단할 것이다(고전 6:3). 어떤 사람에게는 "내가 많은 것을 네게 맡기리니"(마 25:21-23)라고 하셨다. 예수님은 각 사람의 충성된 섬김에 따라 어떤 사람에게는 11개 도시를, 어떤 사람에게는 5개 도시를 다스릴 권한을 허락하시고, 어떤 사람에게는 아무것도 맡기지 않으신다고 말씀하셨다(눅 19:17-24).

이 구절에 의하면 모든 믿는 자가 그리스도와 함께 있지만, 다 그분과 함께 다스리는 것은 아니며, 같은 책임과 권한을 가지는 것도 아님을 알 수 있다. 이 통치권에는 조건이 있다. "참으면 또한 함께 왕 노릇 할 것이요"(딤후 2:12). 그리스도는 "이기는 그에게는 내가 내 보좌에 함께 앉게 하여 주기를 내가 이기고 아버지 보좌에 함께 앉은 것과 같이 하리라"(계 3:21)고 약속하셨다. "이기는 자와 끝까지 내 일을 지키는 그에게 만국을 다스리는 권세를 주리니 … 나도 내 아버지께 받은 것이 그러하니라 내가 또 그에게 새벽 별을 주리라"(계 2:26-28). 예수님은 그의 종들에게 새 땅과 새 하늘을 다스리도록 맡기실 것이다.

상급으로서의 면류관

면류관은 보상의 상징이기도 하지만 다스리는 권세를 상징하기도 한다. 신약에는 다섯 가지 면류관이 나온다.

- 생명의 면류관 : 핍박과 순교로 그리스도께 충성한 사에게 주어짐 (약 1:12 ; 계 2:10).
- 썩지 않을 면류관 : 그리스도인으로서 결단하고 훈련되고 승리한 사

람에게 주어짐(고전 9:24-25).

- 기쁨의 면류관 : 복음을 위해 헌신한 사람에게 주어짐(살전 2:19 ; 빌 4:1).
- 영광의 면류관 : 영적인 지도자가 맡겨 주신 양을 충실히 섬겼을 때 주어짐(벧전 5:1-4).
- 의의 면류관 : 자신을 정결하게 함으로써 다시 오실 그리스도를 맞을 준비한 사람에게 주어짐(딤후 4:6-8).

성경에는 이 면류관들이 고갈되어 없어질 것이라는 의미의 구절이 하나도 없다. 이것과 별개로 수많은 종류의 면류관과 상급이 있다. 이 모든 것은 예수님이 믿는 자의 충성스런 행위에 상응해서 관대하게 주실 것이다.

우리는 *스스로를* 자랑하기 위해서가 아니라 하나님의 영광을 위해 상급으로 받은 면류관을 그분의 발 앞에 내려놓으며 영광을 돌릴 것이다(계 4:10). 하나님의 영광이 모든 행위의 가장 높은 동기여야 하며, 하나님의 영광과 우리의 영원한 행복 사이에는 긴밀한 상관관계가 있다. 우리는 하나님을 영화롭게 함으로써 항상 최상의 행복을 누릴 것이다. 또한 우리가 영원한 행복을 추구하는 것은 항상 하나님을 영화롭게 한다. "나는 상급이 필요 없어"라고 말하는 것은 사실상 "나는 그리스도의 발 앞에 아무것도 드리고 싶지 않아"라고 말하는 거짓된 겸손이다.

하늘나라에서의 영원한 차이

성경은 분명하게 말한다. 모든 그리스도인이 주인에게 *"잘 하였도다. 착하고 충성된 종아"*(마 25:23)라는 말을 듣지 못한다. 모든 그리스도인이 하늘나라에 보화를 갖고 있지 않을 것이다(마 6:19-21). 우리 모두가 하늘나라에서 동일한 지위와 권한을 가지지는 않을 것이다(눅 19:17,19,26). 우리는 서로 다른 상급을 받게 될 것이다(고전 3:12-15). 일단 상급이 주어지거나 빼앗기면 그것으로 끝이다. 되돌리거나 변경할 수 없다.

성경은 그리스도가 다시 오실 때, 어떤 그리스도인은 부끄러운 모습일 것이라고 말한다(요일 2:28). 이 부끄러움이 하늘나라에서도 지속될지 알 수 없지만, 영원한 상급에 대한 이 가르침은 이 땅에서 그리스도를 신실하게 섬겼던 사람과 그렇지 않은 사람은 분명히 다른 결과를 영원히 볼 것이며, 이것은 영원한 소유와 지위가 사람마다 상당히 다르다는 좋은 예가 된다.

우리는 8장에서 지옥에 간 사람이 얼마나 고통을 받는지 살펴보았다. 이 땅에서 한 일에 따라 어떤 사람은 다른 사람보다 더 많은 고통을 받게 될 것이다. 이처럼 이 땅에서 한 행위에 따라 어떤 사람은 하늘나라에서 다른 사람보다 더 많은 것을 경험하게 되지 않겠는가?

아마도 이것은 용량의 차이일 수 있다. 두 병 모두 꽉 차 있더라도 큰 용량의 병이 더 많은 양을 담고 있다. 마찬가지로 우리는 하늘나라에서 기쁨이 충만한 삶을 살게 되겠지만, 이 땅에서 하나님을 신뢰함으로써 용량을 키워 놓은 사람은 더 많은 기쁨을 누리게 될 것이다. 존 번연은 이에 대해 이렇게 표현하고 있다.

> "하나님을 위해 이 세상에서 가장 많이 일한 사람이 다가오는 세상에서 가장 많이 즐길 수 있는 이유는 무엇인가? 그들은 마음과 영혼 등 모든 기관을 넓혀 영광스런 삶을 담을 수 있는 더 많은 공간을 확보했기 때문이다. 그날에는 모든 영광의 그릇들이 하늘나라의 것으로 가득

채워질 테지만, 모든 그릇이 동일한 양을 담진 않을 것이다. 그 이유는 성도가 누릴 수 있는 영광의 무게가 저마다 다르기 때문이다. … 이 땅에서 하나님 품 안에 거하고, 그분만을 신뢰하고 그분을 위해 헌신한 사람이 하나님의 왕국에서 그분과 함께 가장 많이 즐길 수 있다."

하늘나라에서 다른 보상과 지위가 있다는 사실은 그곳에서 모두 다른 삶을 산다는 의미다. 이러한 영원의 삶은 현재 이 땅에서 어떻게 살았는지에 따라 좌우된다. 우리의 돈과 소유로 지금 행하는 모든 일들이 하늘나라에서의 영원한 삶에 중대한 영향을 끼친다.

구원과 상급

우리는 상급에 대해 거의 언급하지 않기 때문에, 그것에 대해 말할 때마다 하나님의 일과 사람의 일을 혼동하기 쉽다. 많은 사람들이 하늘나라가 우리의 선한 행위에 따른 보상이라고 잘못 믿고 있다. 이것은 사실이 아니다. 하늘나라에 들어가는 것은 우리의 행위에 대한 보상이 아니라 믿음으로 값없이 주시는 하나님의 선물이다(롬 6:23 ; 엡 2:8-9 ; 딛 3:5).

거듭남과 상급의 차이를 표로 작성하면 다음과 같다.

거듭남	상급
과거(요1 3:2)	미래(계 22:12)
공짜(엡 2:8-9)	취득함(고전 3:8)
잃어버릴 수 없음(요 10:28-29)	잃어버릴 수 있음(요이 1:8)
모든 그리스도인에게 동일함(롬 3:22)	그리스도인이라도 차이가 있음 (고전 3:12-15)
믿는 사람에게 주어짐(요 3:16)	일한 사람에게 주어짐(고전 9:27)

보다 넓은 관점에서 바라본 믿는 자에 대한 상급을 표로 작성하면 다음과 같다.

심판	시간	관계	성경
정죄에서 새생명으로	과거(거듭남)	죄인	고후 5:21 ; 롬 6:1-23
징계나 상급	현재(성화)	아들	히 12:5-11 ; 약 1:2-4
손실이나 상급	미래(영화)	청지기	고전 3:10-15 ; 고후 5:10

우리는 그리스도가 우리의 죗값을 몸소 치르신 것을 받아들일 때까지, 유죄 판결을 받은 죄인으로 살 수밖에 없다. 바로 이 시점이 정죄에서 거듭남으로 옮겨가는 시점이다.

하나님의 자녀로서 우리는 선하거나 악한 선택을 날마다 하게 된다. 만일 잘못된 선택을 하면, 하나님은 우리를 거룩하게 하시기 위해 징계하신다. 그 징계의 목적은 올바른 길로 되돌리기 위함이다. 올바른 선택을 하면, 영원히 누리게 될 상급뿐만 아니라 즉각적인 하나님의 인정하심과 여러 유익을 누릴 수 있다. 물론 일시적인 손해를 입을 수도 있고, 삶 자체가 망가뜨릴 수도 있다.

우리가 청지기로서 한 일들은 언젠가 주인에게 평가받을 것이다. 또한 이 평가에 따라 상급을 받을 것이다. 상급을 받을 수 있는 일은, 충성된 마음으로 행한 것(고전 4:2)과 올바른 동기로 행한 것(고전 4:5)으로 이것은 오로지 하나님만이 그것을 판단할 자격이 있으시다. 선하지 않은 행위나 부적절한 동기로 행한 일들에 대해서는 상급을 박탈당할 것이다(고전 3:12-15).

구원은 인간을 내신해 '하나님'이 일하신 것이다. 반대로 상급은 하나님을 위해 '우리'가 행한 일에 대한 대가이다. 구원에 있어서는 하나님을 위한 우리의 일이, 우리를 위한 하나님의 일을 대체할 수 없다. 하나님은 우리의 행위가 아니라 '그리스도가 하신 일'로 인해 우리를 구원하신다. 마찬가지로 상급에 있어서는 인간을 위해 하나님이 하신 일이 하나님을 위해 우리가 한 일을 대체할 수 없다. 하나님은 그리스도의 일에 대해서가 아니라 '우리의 행위'에 대해 보상하신다.

이 사실을 확실하게 하고 싶다. 그리스도는 우리 모두의 죗값, 즉 영원한 값(지옥)을 단번에 치르셨다(히 10:12-18). 만일 우리가 그분이 행하신 일을 믿으면, 우리는 죗값을 치를 필요가 없다. 이 말은 우리가 지옥에 가지 않는다는 뜻이다. 하나님이 우리 죄를 완전히 용서하셨고, 우리는 그리스도의 사랑 안에서 완전하고 안전하게 보호받는다(시 103:8-18 ; 롬 8:31-39). 우리의 구원은 확실하며 더 이상 정죄의 심판을 받지 않을 것이다(요 5:24 ; 롬 8:1).

죄에 대한 용서는 우리의 영원한 목적지와 관계가 있지만, 이것이 영원한 상급으로 이어지지는 않는다. 성경은 죄 용서함뿐만 아니라 용서함을 경멸하는 선택의 결과에 대해서도 가르친다. 하나님의 용서하심은 곧 우리의 영원한 유죄 판결을 무효화시켰다는 것을 의미한다. 그렇다고 해서 우리의 행동이 이 땅에서 아무런 결과를 가져오지 않는다는 뜻은 아니다. (예를 들어 용서받은 사람도 중병에 걸리거나 사형 선고를 받을 수 있다.) 아울러 우리의 선택이 하늘나라에서 아무런 결과를 가져오지 않는다는 뜻도 아니다. 용서받은 사람도 상급을 잃을 수 있고, 그들이 가질 수 있는 영원한 자리를 박탈당할 수 있다.

구원은 그리스도의 권한이며, 상급은 우리의 일이다. 그분을 떠나서 우리가 할 수 있는 일은 아무것도 없다. 그러므로 그리스도를 신뢰하고, 의지하고, 그분의 능력을 구해야 한다. 더불어 상급을 받기 원한다면 우리 믿음의 선배들이 그랬듯이 십자가를 져야 한다.

믿음은 우리의 영원한 목적지를 결정한다. 하지만 행위는 우리의 영원한 목적지가 아닌 상급을 결정한다. (다시 말해 우리의 구원은 그리스도가 하신 일에 의해 보장된다.) 그리고 목적지에서 누릴 상급에 '영향'을 미친다. 우리 믿음에 대한 영원한 결과가 있듯이, 우리 행위에 대해서도 영원한 결과가 있는 것이다.

청지기의 동기

"돈으로 즐길 수 있는 일이 많고, 그 돈을 내 마음대로 다 쓰고 싶은데, 무엇 때문에 돈과 소유에 대한 성경의 가르침을 따라야 하는가? 예수를 믿으면 어찌되었든 천국에 가는데, 무엇 때문에 돈에 대한 극단적인 태도를 취해야 하는가? 이 세상에서 즐긴 뒤 저 세상에 들어가면 금상첨화가 아닌가?"

이러한 주장을 공개적으로 하는 사람은 거의 없지만, 이것은 우리 사회에 팽배한 사고를 예리하게 반영해 준다. 이것이 바로 내가 이 책에서 영원한 상급이란 주제에 대해 다루어야 할 필요를 확신하게 된 이유다.

오늘날 많은 그리스도인들의 삶에 결여된 것은 '동기'다. 이 땅에서의 삶이 영원한 세계와 무관하다는 잘못된 가정 하에서는(구원을 위해 그리스도를 믿기로 결정한 것은 별개로 하고), 돈과 소유를 비롯한 모든 것에 대해 하나님의 지시를 따르지 않는 것이 전혀 이상하지 않다. 어떻게 행동하든 아무 차이가 없다면 말이다. 요즘 유행하는 신학은, 모든 것이 좋게 끝날 것이므로 이 땅에서 어떻게 살든 전혀 상관없다고 한다. 그러나 성경은 엄청난 차이가 있다고 분명히 경고한다. 순종에 대한 영원한 상급의 원리는, 우리에게 동기 부여를 해주는 열쇠와 같다.

"그리스도를 위하여 받는 수모를 애굽의 모든 보화보다 더 큰 재물로 여겼으니 이는 상 주심을 바라봄이라"(히 11:26). 장기적인 상급에 동기 부여가 된 모세는 단기적인 수모를 선택했다. 하늘나라에서 받을 상에 동기 부여가 된 바울은 그 상에 시선을 둠으로써 끝까지 인생의 경주를 할 수 있었다. 그는 썩어질 월계수 면류관이 아니라 "썩지 아니할 것을 얻고자"(고전 9:24-25) 애썼다. 바울은 장차 받을 영원한 상급에 위안을 얻는다고 자주 말했다(고후 4:16-18,5:9-10 ; 딤후 4:7-8). 그러고는 모든 믿는 자에게 자기와 같은 영원한 상급에 대한 소망이 있기를 바랐다(갈 6:9-10 ; 딤전 6:17-19 ; 딤후 2:5,12). 영원한 상급을 바라보고, 종이 그 주인에게 복종하는 것처럼 말이다(엡 6:5-9 ; 골 3:22-25).

예수님도 영원한 상급을 바라보셨다. 그분은 십자가를 "그 앞에 있는 기쁨을 위하여"(히 12:2) 참으셨다. 또한 결국 존귀함을 얻을 것을 아셨기에 겸손하실 수 있었다(빌 2:9).

"잔치를 베풀거든 차라리 가난한 자들과 몸 불편한 자들과 저는 자들과 맹인들을 청하라 그리하면 그들이 갚을 것이 없으므로 네게 복이 되리니 이는 의인들의 부활 시에 네가 갚음을 받겠음이라"(눅 14:13-14). 본능적으로 우리는 되돌려줄 수 있는 사람에게 주지, 돌려받지 못할 사람에게는 주지 않는다. 그러므로 예수님은 우리의 동정심뿐 아니라 우리의 영원한 이기심에도 호소하신다. 우리의 돌봄과 나눔을 다른 사람은 보상해주지 않더라도, 다가오는 세상에서 하나님이 보상해 주실 것이다.

이 말은 우리의 수고를 아무도 알아주지 않을 때, 얼마나 우리를 격려해 주는가! 하나님의 보상이 약속되었다는 의미를 이해하면, 다른 사람으로부터 보상받지 못한 것에 대한 염려와 아픔은 거의 문제가 되지 않는다.

"오직 너희는 원수를 사랑하고 선대하며 아무것도 바라지 말고 꾸어 주라 그리하면 너희 상이 클 것이요 또 지극히 높으신 이의 아들이 되리니"(눅 6:35). 다시 말하지만 그리스도는 보상의 약속을 통해 우리의 선한 행위를 장려하신다.

이와 반대되는 의견이 팽배함에도 불구하고, 영원한 상급에 대한 기대는 나눔과 순종(마 6:19-21)에 대한 적절한 동기 부여를 한다. 영원한 상급을 얻기 위해 주님께 순종하는 것을 잘못이라고 여기는 태도는 그리스도를 비난하는 것과 같다. 이것이 잘못이 아니라, 상급을 생각해도 동기 부여가 되지 않는 것이 잘못이다.

보상과 격려의 능력

우리 모두는 '보상의 세계'에서 산다고 할 수 있다. 모든 효율적인 관리자들이나 능력 있는 지도자들은 보상의 중요성을 잘 알고 있다. 보상은 개인적, 사회적, 영적, 육체적, 경제적인 형태로 주어질 수 있다. 불행하게도 많은 그리스도인들이 보상을 '세상적'으로, 즉 '영적인 것이 아닌' 것으로 생각한다.

대부분의 부모는 자녀의 동기부여를 위해 보상을 이용한다. 그렇다면 하나님이 자녀인 우리의 동기부여를 위해 보상을 사용하시는 것이 왜 이상한가? 하나님은 우리가 맡은 일을 잘 감당할 수 있도록 상급을 계획하셨다. 보상으로 동기를 부여하는 것은 타락한 결과가 아니라, 하나님이 인간을 위해 계획하신 최초의 교육 방법이다.

딸들과 함께 살 때로 돌아가서, 그중 한 명에게 이렇게 말했나고 생각해 보자. "토요일 하루 동안 마당과 잔디 정리하는 것을 도와주면, 50달러를 주고 저녁에 근사한 외식도 시켜 줄게." 여기서 딸이 50달러를 벌려고 하는 것이 잘못되었나? 아빠와 함께 좋은 곳에 가서 저녁을 먹는 것이 잘못되었나? 물론 아니다! 나는 아빠로서 그 제안을 했고, 딸이 그것을 원하기를 바란다!

다르게 생각해 보자. 만일 딸이 보상이 없으면 일을 하지 않겠다고 한다면, 그것은 바른 행동이 아니다. 그러나 보상은 내 딸이 아닌 나의 아이디어이기 때문에, 내가 제안한 보상은 곧 딸이 가지는 권리기도 하다. 만일 딸이 내가 제안한 보상을 원하지 않는다고 한다면, 나의 기쁨도 줄어들 것이다.

누군가는 "그러나 하나님은 우리에게 아무것도 빚진 게 없으시잖아요"라고 주장할지 모른다. "그분은 우리가 아무 보상도 바라지 않고 일하기를 요구할 자격이 있으세요." 옳은 말이다. 하나님은 우리에게 빚진 것이 조금도 없으시다. 우리 또한 아무 보상이 없더라도 그분을 기꺼이 즐거운 마음으로 섬겨야 한다. 만일 우리가 하나님께 "당신은 내게 빚졌어요. 그러니 보상해주세요"라고 한다면, 그것은 완전히 잘못된 행동이다. 그러나 보상이 있다! 여기서 하나님의 보상이 우리의 아이디어가 아니라는 것이 얼마나 놀라운가! 상급은 그분의 아이디어다! 하나님이 우리를 보상 시스템 속에서 살게 만드셨다. 우리가 맡겨진 일을 더 잘 행하게 하시기 위해서 말이다.

만일 우리 딸이 억지로 일을 하고 나서 "저는 돈도 싫고, 아빠랑 저녁 먹는 것도 싫어요"라고 말한다면 내 기분이 어떻겠는가? 이처럼 "나는 보상 같은 것엔 관심 없어요"라고 말하는 것은 하나님을 모독하는 건방진 행동이다. 마치 하나님께 순종하는 자에게 약속하신 상급을 무시할 권리가 있는 것처럼 행동하는 것이다!

하나님은 소프트볼 글러브를 사기 위해 저축한 돈을 선교 헌금으로 드린 아이에게 보상해 주실 것이다. 하나님은 온갖 유혹 속에서도 자신을 거룩하게 지킨 십 대 남학생에게 보상해 주실 것이다. 하나님은 알츠하이머에 걸린 아내를 사랑으로 돌보는 남편과 뇌성마비 자녀를 잘 키우는 어머니, 장애에도 불구하고 기쁘게 살아가는 아이에게 보상해 주실 것이다. 하나님은 충성스런 사람과 겸손한 사람에게 보상해 주실 것이다. 하나님은 그리스도의 삶을 자녀에게 심어 주는 부모와 악한 부모 밑에서도 주님을 잘 따르는 자녀에게 보상해 주실 것이다. 하나님은 그분을 신뢰함으로 인해 고통받는 사람과 그런 자를 돕는 사람에게 보상해 주실 것이다. 하나님이 꼭 보상하셔야 할 이유는 없다. 그분이 보상하고 싶으신 것이다. 오해하지 마라. "인자가 아버지의 영광으로 그 천사들과 함께 오리니 그때에 각 사람이 행한 대로 갚으리라"(마 16:27).

선택과 결과

모든 중요한 선택은 중요한 결과를 가져온다. 성경에는 선택의 결과에 대한 약속과 경고, 즉 죄에 대한 처벌과 순종에 대한 상급으로 가득 차 있다. 이러한 보상이나 결과는 단기적이거나 일시적인 것도 있고(잠 3:9-10 ; 말 3:10-12), 장기적이거나 영원한 것도 있으며(눅 12:32-33, 마 6:20), 두 가지 다 해당되는 것도 있다(막 10:29-30).

물론 보상이 우리의 유일한 동기는 아니다. 감사하는 마음으로 하나님을 섬기는 것이 참 동기가 되어야 한다(히 12:28). "주를 기쁘시게"(고후 5:9) 하려는 열망이 동기가 되어야 한다. 그렇다고 해서 이러한 동기가 보상의 동기와 성경적으로 갈등을 일으키는 것은 아니다. 성경은 아버지이신 하나님을 사랑하는 마음으로 순종하라고 권면한다(신 7:9,11:1,30:20). 창조주와 재판관이신 그분을 두려워하는 마음으로 순종하라고 한다(창 2:17 ; 신 28:58-67 ; 히 10:30-31). 하나님을 섬기는 자에게 상주시는 분이심을 기대하며 순종하라고 한다(신 28:2-9 ; 히 11:6). 각각의 동기는 정당하고, 각각의 칭찬은 이에 대한 보상이다. 주님을 기쁘시게 하는 일을 행할 때, 이러한 모든 상급이 총체적인 동기가 되게 할 필요가 있을 때가 있다.

우리는 하나님을 향한 사랑 때문에 복음을 전해야 한다. 그러나 그것이 충분하지 않다면, 다른 사람을 향한 우리의 사랑이 동기가 되어야 한다. 또한 성경은 하나님을 두려워하는 마음으로 인해 복음을 전해야 한다고 가르친다. 바울은 우리가 하나님의 심판대 앞에 서서 우리가 한 일에 대해 보상을 받을 것이라고 했다. 그리고 하나님에 대한 두려움을 알기 때문에, "사람들을 권면하거니와"(고후 5:10-11)라고 했다. 사랑이 하나의 동기고, 두려움과 보상은 각각 다른 동기가 된다. 한 가지 동기로 충분하지 못하다면, 세 가지 동기가 함께 작동할 수도 있는 것이다.

우리 딸들은 성장해서 둘 다 결혼을 했다. 딸들이 어릴 때는 사랑하는 것만으로도 순종하는 데 문제가 없었지만, 이것으로 충분하지 않을 때도 있었다. 딸들은 자기들이 잘못하면 처벌을 받는 것을 알고 있었고, 옳은 일을 하면 아빠가 얼마나 기뻐하는지도 알았다. 바른 행동을 하면 보상이 있고, 칭찬의 말을 듣게 되고, 경우에 따라서는 물질적인 방법으로 격려하는 것도 알고 있었던 것이다.

하나님에게 최선은 다른 사람에게도 최선이고, 우리에게도 최선이다. (즉각적일 필요는 없지만 항상 그렇다.) 하나님께는 좋으나 우리에게 좋지 않은 것은 없다. 하나님께 순종할 때마다 우리는 모든 사람에게 최선을 행하는 것이다. 반면 우리가 불순종할 때마다 모든 사람에게 최악을 행하는 것이다. 관리자가 역할을 잘 감당하면, 주인과 관리자 모두에게 기쁨이 된다. 그러나 잘못 행동하면 모두를 힘들게 한다.

하나님 아버지로부터 "정말 잘했다"라는 말을 듣는 것이, 우리에게 얼마나 큰 동기 부여가 되는가! 바리새인은 "사람의 영광을 하나님의 영광보다 더 사랑"(요 12:43)했다. 그들의 문제는 하나님이 아닌 사람의 칭찬을 구한 것이었다.

우리는 그리스도를 위한 역경을 어떻게 바라보아야 하는가? "그날에 기뻐하고 뛰놀라." 왜 기뻐서 뛰어야 하는가? 바로 "하늘에서 너희 상이 큼이라"(눅 6:23)는 약속 때문이다.

하나님의 말씀을 아는 성도는 순종에 대한 보상의 약속을 안다. 하나님은 순종에 대한 보상과 불순종에 대한 징계, 헌신과 희생에 대한 보상과 자기중심의 방종에 대한 처벌 시스템을 만드셨다. 올바른 행동은 언제나 보상이 따르므로 그것은 현명한 선택이라 말할 수 있다. 잘못된 행동은 언제나 징계가 따르므로 어리석은 선택일 수밖에 없다. 이것은 하나님이 만드신 방법이다. 우리는 돈과 소유를 사용할 때, 내 취향이 아닌 이 시스템을 고려해야 한다. 이 말씀을 생각해보라.

> "부자 되기에 애쓰지 말고 네 사사로운 지혜를 버릴지어다 네가 어찌 허무한 것에 주목하겠느냐 정녕히 재물은 스스로 날개를 내어 하늘을 나는 독수리처럼 날아가리라"(잠 23:4-5).

얼마나 잘 표현하고 있는가! 어느 날 값비싼 물건을 구입할 일이 생겼을 때, 그 물건에서 갑자기 날개가 나와 날아가 버리는 것을 상상해보라. 이렇듯 이 땅에서 우리의 모든 돈과 소유는 얼마 지나지 않아 사라져 버린다. 이것은 단순한 도덕적인 경고가 아닌 실용적인 사고다. 만일 부유함이 우리를 지속적으로 만족시켜 준다면, 당연히 그것을 추구해야 한다. 그러나 그것은 우리를 만족시키지도, 지속되지도 않는다. 그러므로 부유함을 추구하는 것은 이치에 맞지 않는다.

즐거움, 소유, 그리고 권력

하나님은 동기 부여에 대해 반응을 하는 마음을 처음부터 우리 안에 만드셨다. 우리 모두에게는 즐거움과 소유, 그리고 권력에 대한 욕망이 내재되어 있다. 언뜻 보면 이것은 비성경적으로 보인다. 사탄은 교묘하게 우리를 유혹하며 즐거움에 대한 욕망은 향락주의로, 소유에 대한 욕망은 물질만능주의로, 권력에 대한 욕망은 이기주의로 타락시켰다. 우리는 즐거움에 대한 욕망을 '육신의 정욕'으로, 소유에 대한 욕망을 '안목의 정욕'으로, 권력에 대한 욕망을 '이생의 자랑'으로(요일 2:16) 연결시킬 수 있다.

사탄은 이 세 가지 모두로 예수님을 시험하기 위해 광야로 갔다. 먹는 것의 즐거움을 위해 떡을 만들라고 유혹했고, 이 세상 왕국의 모든 소유를 주겠으니 자신을 경배하라고 유혹했고, 성전의 꼭대기에서 뛰어내림으로 하나님의 아들로서 권세가 있음을 보이라고 유혹했다(눅 4:1-13).

만일 우리가 즐거움이나 소유, 권력의 욕망에 공격받기 쉽다면, 어떻게 이러한 것이 선하다고 할 수 있겠는가? 어떻게 이러한 것으로 올바른 동기부여를 받을 수 있겠는가? 우리는 창조주가 우리 안에 이러한 욕망을 만들어 놓으셨기 때문에, 사탄이 이 욕망에 호소한다는 것을 이해해야 한다. 이것은 하나님이 의도하신 것이다.

아담과 하와가 죄를 짓기 전에 사탄이 나타나 이 욕망들에 호소한 것으로 보아(창 3:1-7), 즐거움과 소유, 권력을 가지려는 욕망은 인간의 죄성에 뿌리를 두었다고 할 수 없다. 그리스도는 죄성이 없었다. 사탄도 이것을 잘 알았지만, 예수님께 인간이 가지고 있는 즐거움과 소유, 권력, 세 가지로 시험했다. 왜 그런가? 인간이신 그리스도는 인간의 욕망을 가지고 계셨기 때문이다. 우리는 죄인이기 때문에가 아니라 '인간이기 때문에' 즐거움과 소유, 권력을 원한다.

이 주장에 대한 확신이 들지 않는다면 결정적인 증거가 있다. 하나님이 우리 안에 있는 이러한 욕망에 호소하신다는 사실이다. 하나님은 우리에게 그분의 영원한 왕국에서 권력과(마 20:20-28 ; 눅 12:42-44,19:15-19) 소유와(마 6:19-21,19:16-22,27-30), 즐거움을(시 16:11) 누릴 것을 제안하신다.

하나님은 우리의 인간성에 호소하시지 죄성에 호소하시지 않는다. 즐거움과 소유, 권력은 창조주가 우리 안에 심어준 정당한 욕구이며, 하나님은 우리가 이것을 통해 순종하도록 동기부여를 하신다. 사탄은 이러한 정당한 욕구가 잘못된 대상을 추구하도록 유혹해 역습한다.

영원한 즐거움과 소유, 권력을 얻으려면?

사탄은 즐거움과 소유, 권력을 이 세상에서 얻기 위해 애쓰라고 유혹한다. 기복신앙이 잘못 가르치고 있는 부분도 바로 이것이다. 그러나 주님의 가르침은 이 땅에서 그것을 얻기 위해 매달리지 말고, 기다렸다가 장차 영원히 누리라는 것이다.

예수님이 마태복음 6장 1-18절에서 가르쳐 주신 세 가지 훈련, 금식, 구제, 기도에 대해 살펴보자. 금식은 하나님 안에서 즐거움을 얻기 위해 먹는 즐거움을 포기하는 행위다. 구제는 하나님으로부터 주어지는 진정한 소유를 얻기 위해 세상적인 소유를 포기하는 행위며, 기도는 하나님으로부터 능력을 얻기 위해 자신의 능력을 포기하는 행위다. 먹는 것과 소유하는 것, 그리고 다스리는 것 그 자체가 나쁜 것은 아니지만, 더 높은 나라의 목적을 이루기 위해 일시적으로 절제하는 것이다.

수세기에 걸쳐 수도원에서는 순결의 서약(즐거움의 포기), 청빈의 서약(소유의 포기), 순종의 서약(자기 방법으로 살아가려는 권리의 포기)을 통해 이러한 것을 극복하려고 노력했다. 그러나 권력을 미워하기 때문이 아니라 더 나은 나라에서 그것을 누리기 원하기 때문에 이 땅에서 즐거움과 소유, 권력을 포기한다는 것이 정확한 표현이다. 예수님은 제자들이 위대한 사람이 되어서는 안 된다고 가르치신 것이 아니라, 이 땅에서 종이 되면 하늘나라에서 위대하게 될 수 있다고 가르치셨다(막 10:42-44). 마찬가지로 소유를 미워하셔서 이 땅에서의 소유를 포기하라고 하신 것이 아니라, 하늘나라에서 영원히 누리기 원하시기 때문에 포기하라고 하신 것이다. 또한 예수님은 부자가 되기를 원해서는 안 된다고 가르치신 적이 없다. 대신 재산을 나눔으로써 하늘나라에서 부자가 될 것이라고 말씀하셨다(마 6:19-21). 이것은 이 땅에서의 누림을 포기하라는 것이 아니라 하늘나라에서의 누림을 위해 잠시 보류하라는 것이다.

우리는 올림픽 때 선수들의 헌신과 절제를 칭찬하지만, 그들은 자신의 이익을 추구하지 않는 것처럼 가장하지 않는다. 선교사나 거리의 아이를 위해 일하는 사람들이나 가난한 사람을 먹이는 사람을 칭찬하는 것은 옳은 일이다. 그들은 인류애를 가지고 있지만 사심이 전혀 없는 것도 아니다. 그들의 희생은 하나님의 상급에 대한 약속, 그 영원한 유익에 근거를 둔다. 이것은 단순히 자신의 유익을 위한 자기 부인이 아니라, 하나님의 영광과 자신의 궁극적인 유익을 위한 의미 있는 자기 부인이다. 이러한 자기 부인의 핵심은 히브리서 11장 8-16절에서 설명하는 믿음이다. 믿음은 다가오는 세계에서 더 나은 형태로 우리에게 주어질 약속을 바라며 이 땅의 것을 포기하는 동기가 된다. 하지만 우리의 죄성으로 인해 쾌락과 소유욕, 권력욕에 감염되어 있을 때는 이 믿음의 개념을 이해하기 어렵다. 그러나 영원의 세계에 들어가면 죄 없으신 주님처럼 우리도 죄가 사하여질 것이기 때문에 모든 것을 잘 이해할 수 있게 될 것이다.

기복신앙을 믿는 성도는, 우리가 죄에 매여 있는 상태에서 쾌락이나 소유, 권력을 추구하는 데 제한을 두지 않는 것이 얼마나 위험한 결과를 초래하는지 깨닫지 못한다. 기독교 기관이나 공동체를 뒤흔들어 놓은 스캔들을 생각해보라. (5장에서 여러 예를 살펴보았다.) 실패한 복음전도자인 짐 베이커와 지미 스와거트의 삶을 통해 권력과 소유와 쾌락, 이 세 가지가 얼마나 강력하게 역사하는지 알아보았다. 이들은 많은 사람들을 엄청난 권력으로 장악했고, 수많은 재산을 축적했고, 쾌락에 빠져 결국 성적인 범죄도 저질렀다. 죄성으로 인해 이들은 엄청난 권력과 돈과 쾌락 앞에 무너질 수밖에 없었다. 우리 역시 그럴 수 있다.

욕망에 이끌리는 것이 정말 영적인가?

하나님은 우리를 욕망을 가진 존재로 만드셨고, 이 욕망에 호소하는 보상에 의해 동기부여가 되도록 만드셨다. 그분은 이러한 약속된 상급에 근거해서 행동하라고 우리를 부르신다. 지금까지 살펴본 바와 같이, 성경에는 상급을 얻기 위해 행동하라는 훈계로 가득 차 있다. 그런데도 많은 사람들이 아직도 하늘나라에서 누릴 권력과 소유, 즐거움의 욕망을 추구하는 것은 저급한 동기고, 아주 이기적인 것이라고 말한다. 그러나 각기 다른 세기에 살았던 경건한 세 명의 영국인은 이것이 명백하게 성경적이며 아주 바른 관점임을 증거해 준다.

17세기 복음을 전했다는 이유로 투옥된 존 번연은 영원한 보상에 대해 이렇게 말했다. "그것은 생각만 해도 가슴이 벅차야 하고, 기뻐야 한다, 그것을 즐거워하는 것이 그리스도인의 믿음에 반대되는 것이라고 생각해서는 결코 안 된다."

19세기 초 윌리엄 윌버포스는 끊임없는 노력으로 영국의 노예 무역을 종식시켰다. 그는 자기의 재산을 그리스도를 위해 드렸다. 하나님이 주신 욕망에 대한 그의 견해는 다음과 같다. "기독교는 인간의 자연적인 욕망을 제거하라고 말하지 않는다. 대신 그 욕망을 적절한 통제 아래 두어 올바른 목적을 향하게 하라고 말한다."

20세기 중반 옥스퍼드와 케임브리지대학 교수였던 C.S. 루이스는 기독교 신앙에 대한 많은 글들을 남겼다. 그는 자신의 책 인세를 자선 기관이나 도움이 필요한 사람에게 기부했고, 소박한 삶을 살면서 세상의 흐름에 대해 자주 생각했다.

"지금은 희미하고 저 멀리 있는 것처럼 되어버렸지만, 오늘날 우리들은 하나님이 세상을 만드실 때 모든 피조물에 심으신 창조적인 환희를 육체적인 즐거움이라고 부른다. 이것이 여전히 오늘날의 우리 삶에 얼마나 큰 역할을 하는지 모른다. 강 하류의 오염된 물도 이렇게 물맛이 좋은데, 강의 근원으로 올라가 그 맛을 보면 얼마나 기가 막히게 좋을까? 내가 경험하기로 참으로 귀한 것은 아직 우리 앞에 놓여 있지 않다. 원래 인간은 기쁨의 샘으로부터 기쁨을 마시도록 창조되었다.

신약 성경은 자기 부인에 대해 많이 이야기한다. 하지만 자기 부인 자체가 목적이 아니라 그리스도를 따르기 위해 자기를 부인하고, 자기 십자가를 지라고 증거한다. 우리의 욕망에 호소하는 것이다. 현대인들의 마음속에는 자기 이익을 구하고 기쁨을 구하는 것은 나쁜 것이라고 슬그머니 자리 잡았는데, 그 이유는 임마누엘 칸트와 스토아학파의 가르침에 자신도 모르게 영향을 받았기 때문이다. 그러나 그것은 그리스도인의 믿음과는 전혀 상관없다. 복음서에 나오는 구체적인 약속을 고려하면, 우리의 소망이 너무 강한 것이 아니라 너무 약한 것이 문제다. *인간은 영원한 기쁨을 제안받고서도 술과 섹스, 야망의 노리개로 살아가는 어리석은 피조물이다.* 바닷가에서 열리는 멋진 파티에 초대받는 것이 무슨 의미인지 상상조차 못하기 때문에, 빈민가에서 진흙 파이를 만들며 노는 아무것도 모르는 어린이처럼 너무 쉽게 세상의 재미에 안주해 버린다."

상급을 바라고 추구하는 욕망이 비기독교적이 아님을 분명하게 깨달아야 한다. 참으로 비기독교적인 것은 하나님과 이웃에 대해 무관심하고, 당장의 만족을 추구하는 자기중심적인 태도다. 하나님께 "잘 하였도다"라는 칭찬을 듣고 싶은 사람은, 자신의 돈과 소유를 상급을 받기 위해 드릴 것이다. 그리고 그로 인해 모든 욕망을 만드시고 만족시키시는 분에 의해 영원한 만족을 얻을 것이다. 우리 주님이 영원한 곳에서 영원한 권력과 소유, 즐거움을 주겠다고 말씀하시는데, 이 땅의 권력과 소유, 쾌락의 삶에 몰두하는 것은 얼마나 어리석은가!

영원을 품는 꿈

매년 미국의 오리건 주 포틀랜드에서는 건축가들이 전시용으로 크고 아름다운 집을 지어 일반인에게 공개하는 '꿈의 거리'라는 행사가 열린다. 이런 집을 구경하는 것은 재미가 있지만, 이렇게 작은 꿈을 가지고 사는 것은 얼마나 안타깝고 슬픈 일인지 모른다.

내가 목회를 할 때 일이다. 아주 훌륭한 부부가 내 사무실에 찾아와 더 많은 돈을 헌금하기 원하지만, 그들의 드림 하우스를 짓기 위해 저축할 동안에는 그럴 수 없다고 말하며 이렇게 물었다. "저희는 시골에 아름다운 집을 짓는 꿈을 항상 가지고 있었어요. 그래서 그 꿈을 결코 버릴 수 없어요. 이것이 잘못되었나요?" 나는 그들에게 그 꿈이 하나님으로부터 왔음이 분명하다고 말해 주었다. 그들은 놀라는 것 같았다. 그리고 바로 이어서 나는 이렇게 덧붙였다. 그러나 "당신들의 꿈을 여기 이 땅에서 이룰 수 없다는 것이 문제입니다."

우리의 드림 하우스가 다가오고 있다. 우리가 스스로 그것을 지을 필요가 없다. 사실 그럴 능력도 없다. 이 땅에서 우리가 짓는 드림 하우스는 시간이 흐르며 낡아지고, 홍수나 지진, 폭풍으로 인해 황폐하게 될 수밖에 없다. 드림 하우스가 주인을 떠나 보내든지, 아니면 주인이 그곳을 떠나든지 해야 한다. 이것을 이해한다면, 누가 이 땅에 드림 하우스를 짓기 위해 하늘나라의 자금을 유용하려고 하겠는가? 우리는 이 순간에도 하늘나라에서 우리의 드림 하우스를 지으시는 목수 중의 목수, 신랑 중의 신랑이 되시는 예수님께 건축 자재를 미리 보내는 것이 마땅하다.

1649년 성직자 리처드 백스터는 다음과 같은 문제를 제기한다.

"성도들을 위한 확실하고 영광스런 안식이 확실히 있다면, 왜 이것을 얻기 위해 더 열심히 노력하지 않는가? 어떤 사람이 이러한 말할 수 없는 영광을 얻게 된다는 것을 믿게 된다면, 그는 이것을 얻으려는 갈망으로 먹고 마시는 것조차 잊어버릴 정도가 되어야 하고, 다른 어떤 것에도 관심을 보이지 않아야 하고, 다른 어떤 것도 말하거나 알려고 하지 않아야 하고, 오직 어떻게 이 보물을 가질 수 있는지에 대해서만 집중해야 한다. 그러나 사람들은 이것을 매일 믿노라 고백하면서도, 관심을 갖지 않고 그것을 얻기 위해 노력하지 않는다. 또한 이것에 대해 어떤 이야기도 들은 게 없는 것처럼, 그리고 그 어떤 것도 믿지 않는 것처럼 행동한다."

기쁨으로 이 사실을 믿게 되기 바란다. 그리고 이것을 믿는 사람처럼 살게 되기를 바란다!

Chapter 10
청지기와 주인

"마지막으로 한 가지 더 필요한 부흥은 청지기직의 부흥으로, 돈이 가진 힘을 하나님께 헌신하는 것이다. 이러한 부흥이 오면 하나님 나라가 하루 만에 임할 것이다."(호레스 부쉬넬)

"성도가 삶에서 청지기직을 부인하는 것은 그리스도의 신성을 부인하는 것처럼 징계를 받을 만한 중대한 일이다."(찰스 피니)

어떤 사람이 미친 듯이 말을 타고 달려와 존 웨슬리에게 외쳤다. "웨슬리 선생님, 큰일 났어요. 선생님의 집이 불에 타 완전히 내려앉았어요!" 그 위급한 소식을 듣고 잠시 생각하던 웨슬리는 이렇게 말했다. "그렇지 않아요. 주님의 집이 내려앉은 거예요. 내게 주어진 책임 하나가 줄었다는 뜻이지요."

존 웨슬리는 수백 년 뒤, 우리가 인용할 것을 염두에 두고 신앙 좋은 체하며 말한 것이 아니었다. 현실 부정적인 태도에서 나온 말도 아니었다. 오히려 하나님이 모든 것의 주인이시고, 우리는 단순히 그의 청지기라는 가장 기본적인 인식에서 한 말이었다.

제리 케븐은 성공적인 레스토랑 체인점과 두 개의 은행, 목장, 농장, 그리고 여러 부동산 회사를 가지고 있었다. 그는 59세가 되었을 때, 은퇴한 뒤에 살 호숫가의 멋진 집을 찾고 있었다. 그러나 그의 진짜 주인은 다른 계획을 가지고 있으셨다. 그는 그 계획에 대해 이렇게 말했다. "하나님은 제 돈과 시간을 해외 선교에 사용하도록 인도하셨어요. 정말 신나는 일이었어요. 전에는 형식적으로 헌금을 드렸던 제가 지금은 상당한 돈을 선교에 바칩니다. 인도에도 자주 갑니다."

무엇이 헌금에 대한 그의 태도를 바꾸게 했을까? 그는 이렇게 대답했다. "하나님의 소유권을 깨닫고 난 뒤, 모든 것이 달라졌습니다. 하나님의 돈을 하나님의 일을 위해 드린다는 것을 이해하고 나니, 그것이 내 돈이라고 생각할 때 결코 갖지 못했던 평안과 기쁨을 발견하게 되었어요!"

존 웨슬리와 제리 케븐은 우리 모두가 가져야 할 생각을 공통적으로 갖고 있었다. 그것은 바로 하나님이 주인이시고, 우리는 단지 그의 청지기라는 사실이다.

청지기

'청지기'라는 말이 오늘날 많은 오해를 받는다. 우선 우리의 삶에 그 말이 더 이상 중요하지 않다고 생각하는 사람들이 너무 많다. 어떤 사람은 청지기라는 말이 모금 활동을 할 때 영적으로 보이게 만드는 판에 박힌 종교적인 단어 정도로 생각한다. 그리고 그 단어와 함께 교회가 빌린 융자금을 어느 정도 갚았는지 보여 주는 크고 붉은 온도계 그림을 떠올리기도 한다.

이러한 오해 때문에 나는 이 단어를 이 책에서만큼은 사용하지 않으려는 유혹에 빠졌었다. 그러나 이것은 성경적으로나 역사적으로 되살릴 가치가 있는 단어임을 발견했다.

청지기란 다른 사람의 부나 재산을 위탁받아, 그것을 주인에게 가장 이익이 되도록 관리할 책임을 맡은 사람이다. 그로 인해 청지기는 그 책임을 완수하기 위해 필요한 충분한 자원과 권한을 부여받는다.

말씀에 의하면 하나님은 그분의 창조물을 다스릴 권한을 우리에게 위임하셨다(창 1:28). "주의 손으로 만드신 것을 다스리게 하시고 만물을 그의 발아래 두셨으니 곧 모든 소와 양과 들짐승이며"(시 8:6-7). 그리고 우리가 최선으로 책임을 수행하기 위해, 그분이 우리에게 허락하신 모든 자원을 사용하기를 기대하신다. *청지기의 주된 목적은 그에게 위임된 일을 완수하기 위해 주인의 자원을 사용하여 주인에게 충성된 사람으로 인정받는 일이다*(고전 4:2).

청지기는 그리스도인의 삶에 있어 하위 범주에 속하는 것이 아니다. 청지기의 삶이 바로 그리스도인의 삶이다. 하나님이 청지기인 우리에게 맡기신 시간, 재능, 돈, 소유, 가족, 그분의 은혜를 제외한다면 과연 무엇이 남겠는가? 하나님은 그분이 맡기신 것을 우리가 얼마나 중요시했는지, 또 그것으로 무엇을 했는지 평가하신다.

돈과 소유의 사용은 청지기직의 한 측면이지만, 모든 것이 서로 연관되어 있다. 예를 들어, 출애굽기 36장 2-7절을 보면, 사람들이 자신의 시간과 에너지, 기술, 돈, 소유 등을 드려 성막을 만드는 것을 볼 수 있다. 돈을 어떻게 바라보고 다루느냐는 시간과 에너지, 재능, 가족, 교회, 직업, 그리고 삶의 모든 영역을 어떻게 바라보고 다루느냐와 서로 밀접한 관계가 있다.

복음서에 명백하게 나타난 사실이지만, 예수님은 돈이란 주제에 관해 날카로운 이해와 풍부한 지식을 갖고 계셨다. 그분은 경제 용어를 자주 사용하셨다. 진 게즈는 그분의 가르침을 다음과 같이 요약한다.

"예수님은 아버지 요셉으로부터 목수 일을 배웠고, 고향 나사렛에서 상대적으로 낮은 계층으로 사셨다. 그렇지만 그분이 사역을 시작했을 때, 이미 팔레스타인 지역의 다양한 경제 활동에 대해 놀랄 만한 지식을 가지고 계셨다. 당시 존재했던 여러 경제 활동에 대한 예수님의 지식은, 영적인 진리를 예시하기 위해 사용하셨던 비유에 잘 나타나 있다. 전체 비유의 4분의 1 이상이(39개 중 11개) 재정과 돈을 직접적으로 다루고 있다."

- 예수님은 하나님의 왕국에 투자하는 것의 중요성을 가르치시기 위해 '보화'와 '진주'에 투자하는 것을 언급하셨다(마 13:44-45).
- 예수님은 옛 진리와 새 진리 모두의 중요성을 가르치시기 위해 옛 것뿐 아니라 새 것을 저축하는 것에 대해 언급하셨다(마 13:52).
- 예수님은 용서의 중요성을 설명하시기 위해 빚지는 것을 예로 드셨다(마 18:23-35, 무정한 종의 비유).
- 예수님은 모든 사람에게 공평하시고, 죄를 용서하시며, 영원한 생명을 상급으로 주시는 하나님 주권을 예시하시기 위해 고용 절차와 임금 구조를 언급하셨다(마 20:1-16, 포도원 일꾼의 비유).
- 예수님은 대제사장과 바리새인이 하나님과 그분의 아들을 거절하는 것을 예시하시는 방법으로, 포도원을 빌려준 농부 이야기를 하셨다(마 21:33-46 ; 막 12:1-12 ; 눅 20:9-19, 임대자의 비유).
- 예수님은 하나님이 주신 은사를 성실하게 사용할 인간의 책임을

강조하시기 위해 자본, 투자, 은행, 이자 등의 용어를 이용하셨다(마 25:14-30, 달란트 비유 ; 눅 19:11-27, 열 므나의 비유).

• 예수님은 죄를 탕감해 주시는 하나님의 사랑과 그에 대한 감사의 중요성을 예시하시기 위해 돈을 빌려 주는 사람, 이자, 빚의 탕감을 언급하셨다(눅 7:41-43).

• 예수님은 영적인 보물을 쌓는 것을 등한히 하면서, 미래를 위해 곡식을 보관할 창고를 짓는 것은 아주 어리석은 결정임을 말씀하셨다(눅 12:16-21).

• 예수님은 영적인 삶을 세워 나가는 결정을 하기 전에 미래를 계획하고 비용을 계산하는 것의 중요성을 예시하시기 위해 설계, 건축, 원가 분석 등을 사용하셨다(눅 14:28-30).

• 예수님은 잃어버린 영혼이 그리스도를 믿을 때 큰 기쁨이 있음을 보여 주시기 위해, 잃어버린 동전을 찾음으로 얻게 된 인간의 기쁨을 이용하셨다(눅 15:8-10).

• 예수님은 회개와 용서를 예시하시기 위해 부, 유산을 나누는 것, 무책임한 소비, 마음을 바꾸는 것 등을 사용하셨다(눅 15:11-32, 탕자의 비유).

• 예수님은 세상적인 영역에서 부정직하게 사업하는 사람이 때때로 영적인 영역에서 그리스도를 따르는 정직한 사람보다 더 지혜롭다는 것을 보여 주시기 위해, 잘못된 재정 관리와 부정직하게 빚을 줄여 주는 것을 사용하셨다(눅 16:1-12).

• 예수님은 우리 마음을 영적인 진리에 무감각해지게 하는 부유함의 위험성을 보여 주시기 위해 부자는 죽어 지옥에 가고 가난한 거지는 죽어 천국에 갔음을 대조적으로 말씀하셨다(눅 16:19-31).

- 예수님은 하나님이 겸손함을 기뻐하시고 자기 자랑을 거부하시는 것을 보여 주시기 위해 금식과 십일조를 정기적으로 하는 바리새인과 부정직과 욕심의 죄를 깨달은 겸손한 세리를 대조시키셨다(눅 18:9-14).
- 예수님은 사마리아에서 '영적으로 마음이 무르익은' 사람들의 영혼을 추수하는 사도들의 역할을 말하기 위해, 곡식이 무르익은 밭과 추수하는 사람을 예로 드셨다(요 4:34-38).

이 장의 나머지 부분에서는 예수님이 하신 비유 중 불의한 청지기 비유를 집중적으로 살펴볼 것이다. 그리고 주인을 충성되게 잘 섬기려는 모든 청지기가 명심해야 할 내용들을 알아볼 것이다.

'약삭빠른 청지기'로부터 배우는 교훈

지금부터 누가복음 16장에 나오는 '불의한 청지기' 비유를 살펴보려고 한다. 약삭빠른 청지기는 자신이 곧 잘리게 될 것을 알고, 주인의 채무자들에게 가서 그들의 빚을 줄여 주며 환심을 산다. 이 사실을 알게 된 주인은, 청지기의 지혜로움을 칭찬했다. 부정직하게 보이는 행동을 주인이 인정한 것에 대해 다음과 같은 다양한 해석이 있다.

- 이 청지기는 장기간 갚지 못한 채무를 줄여줌으로써 아예 못 받을 돈을 조금이라도 받게 해주었다.
- 이 청지기는 종종 채무에 부과하는 이자에서 임금을 받았는데, 자신의 몫에서 빚을 줄여 준 것이므로 언젠가 받을 것을 지금 정리한다고 문제될 것은 없다.

- 이 청지기는 애당초 채무자에게 실재보다 많이 부과된 부분을 챙길 계획이었는데, 이제는 그들에게 적정한 가격을 부과하려고 했다.

어느 것이 정확한 해석인지에 관계없이 주인은 자신의 돈을 인간관계를 위해 투자함으로써 자신의 미래에 도움을 준 청지기의 약삭빠름(지혜)을 칭찬했다(눅 16:8-9).

예수님은 이 약삭빠른 청지기와 우리를 대등하게 놓으려고 의도하셨음이 분명하다. 그분은 우리가 영원한 미래를 염두에 두고, 이 청지기의 지혜를 모방해 그분의 자원을 사용하라고 격려하신다.

이 청지기가 해고당하는 것은 우리의 삶과 임무가 언젠가 끝나게 되리라는 것을 의미한다. 그날은 언제 닥칠지 모른다. 이 청지기가 임무를 끝내기 전에 결산할 날이 온 것처럼, 우리도 인생이 끝났을 때 행한 일들을 결산할 날이 반드시 올 것이다(롬 14:12). 결과적으로 우리는 청지기가 한 그대로 해야 한다. 우리는 청지기직이 끝나기 전에, 곧 이땅에서의 삶이 끝나기 전에 우리에게 얼마 남지 않은 시간과 영향력을 지혜롭게 사용해야 한다.

영원한 친구와 집

예수님은 불의한 맘몬이나 '세상 재물'로부터 멀리 떨어져 있으라고 하시지 않고, 그것을 전략적으로 사용하라고 하셨다. 그분은 그것을 사용하여 "친구를 사귀라 그리하면 그 재물이 없어질 때에 그들이 너희를 영주할 처소로 영접하리라"(눅 16:9)고 하셨다. 돈은 그리스도의 도구가 될 수 있다. 그러나 돈은 우리가 이 땅에서 할 일을 마치기 전에만 사용할 기회가 있다. 이 땅에서의 삶이 끝나면 그리스도를 위해 돈을 사용할 다음 기회는 다시 오지 않는 것이다. 그래서 청지기는 일할 수 있는 마지막 날을 그의 처소에 데리고 갈 친구를 얻는 데 사용했다.

예수님은 우리가 죽고 난 뒤, 가지고 있던 돈과 소유, 시간이 모두 없어져 버렸을 때 '친구'에게 이끌려 영원한 곳에서 환영받으리라고 말씀하셨다. 이 비유를 통해 추측할 수 있는 것은 '천국의 환영 위원회'가 천국에 들어오는 어떤 성도에게는 '성대한 환영식'을 열어 준다는 것이다. 그 자격은 우리의 자원을 친구들에게 얼마나 좋은 영향력을 끼치는 데 지혜롭게 사용했는지에 따라 결정될 것임이 분명하다.

그렇다면 '친구'는 누구인가? 그들은 우리의 사역과 물질을 통해 하늘나라에 가게 된 그리스도인이다. 그들은 그들 자신의 '영원한 거주지'를 가지고 우리를 환영할 것이며, 우리 또한 하늘나라에 거할 장소를 가지게 될 것이다. 그리스도인인 우리가 하늘나라에 거할 처소가 있는 것은 성경의 여러 곳에서 증명된다. 새 예루살렘은 실제로 존재하는 장소며, 정확한 넓이까지 나와 있다(계 21:16). '성'(도시)이라고 불린다는 것은, 개인 거주지로 구성되어 있다는 것을 전제로 한다. 예수님은 우리가 영원히 거할 처소를 준비하신다고 말씀하셨다(요 14:2-3).

갈릴리 출신 목수께서 우리를 위해 처소를 건축하고 계신다. 이것을 고린도전서 3장 10-15절 말씀에 적용하면, 예수님이 기초가 되시는 건축 프로젝트에 그분이 사용하실 자재들을 보내는 것이 이 땅에서 우리가 할 일이다. 만일 이것이 사실이라면, *우리가 거할 영원한 처소의 규모와 질은 현재 우리가 어떻게 사느냐에 따라 좌우된다.* 이것은 다른 여러 청지기 비유에서처럼 우리의 수고에 따라 다른 보상이 주어진다는 것을 확실하게 보여 준다.

성경이 보여 주는 건축과 처소의 이미지에 따르면, 모든 믿는 그리스도인은 영원한 건축 프로젝트에 참여하고 있는 셈이다. 하지만 그 결과는 사람마다 다르다. 예를 들어, 어떤 사람은 강아지 집에 적합한 재료를, 어떤 사람은 작은 아파트에 적합한 재료를, 어떤 사람은 이동 주택에 적합한 재료를, 어떤 사람은 농장에 적합한 재료를, 어떤 사람은 고급 맨션에 적합한 재료를 미리 보낸다. 예수님이 천사들을 동원해 하늘나라 건축 프로젝트를 진행시키실 때, 당신은 당신의 집을 본 뒤 천사에게 "왜 내 집은 다른 집보다 작게 지어졌어요?"라고 물어 볼지도 모른다. 그러면 아마 그들은 이렇게 대답할 것이다. "우리들은 당신이 보낸 것으로 최선을 다해 지었다고요!"

예수님의 말씀을 살펴보면 하늘나라의 시민으로서 우리는 처소가 클수록 하늘나라의 손님들을 더 즐겁게 더 많이 섬길 수 있을 것이다. 심지어 천사를 모시기도 할 것이다. 어쩌면 이 땅에서 천사들에게 베푼 호의에 대한 답례로, 천사들의 처소에 초대를 받을 수도 있다(히 13:2). 비록 근거 없는 말로 들릴 수도 있겠지만, 이것은 분명히 예수님의 말씀이다.

왜 하늘나라가 우리와 동떨어진 것처럼 생각될까? 아마도 그 이유는, 우리가 이 땅의 삶에 너무 몰두해 하늘나라의 삶을 생각하려고 멈춰 본 일이 없기 때문일 것이다. 우리는 성경이 하늘나라를 애매하거나 추상적인 용어가 아닌 아주 구체적이고 현실적으로 묘사하고 있음을 철저히 간과하고 있다.

만일 우리가 이러한 구절을 있는 그대로 받아들인다면 우리는 하늘나라에 각자 정해진 집, 즉 주소가 있다고 결론지을 수 있다. 우리는 그곳에 사람들을 초대하기도 하고 다른 곳에 초대받기도 할 것이다. 하늘나라에서도 우리는 실재 몸을 가지고(눅 24:39 ; 요 20:27 ; 고전 15:42-54), 알아볼 수 있는 존재가 될 것이다(마 17:3). 우리는 하늘나라에서 기쁨을 누릴 것이고, 지옥에 간 사람들은 고통을 당할 것이다(눅 16:22-31).

우리는 이 모든 사실을 염두에 두고 자신을 평가해 보아야 한다. 당신은 그 처소를 위해 어떤 종류의 건축 자재를 하늘나라에 미리 보내고 있는가? 그곳에서 당신을 환영할, 이 땅에서 당신에게 영적 영향력을 받은 사람은 누구인가? 당신을 본받아 희생과 헌신의 삶을 산 사람은 누구인가? 분명 그곳에서는 당신에게 직간접으로 영향받은 사람이 당신을 알아보고, 감사를 표하고, 교제하려고 할 것이다. 생각해 보라! 당신을 통해 구원받은 가족과 친구들, 그리고 만난 적은 없지만 기도와 재정적인 후원을 통해 영향받은 많은 사람들을 생각하면 얼마나 격려가 되는가!

레이 볼츠의 "당신께 감사합니다"(Thank You)라는 찬양은, 하늘나라에서 이 땅에서의 나눔을 통해 변화된 사람을 만나는 모습을 그리고 있다. "당신을 주신 하나님께 감사드립니다. 당신이 내게 주신 것이 얼마나 감사한지요." 이것은 단순히 기분 좋은 감정 그 이상이다. 이것은 실제로 일어날 일이다. 당신은 선교와 구제 사역을 위해 헌금할 때마다 하늘나라에서 만날 소중한 사람들을 꿈꿀 수 있다.

언젠가 돈은 아무 소용이 없게 된다. 그것이 아직 유용할 때, 선견지명이 있는 그리스도인들은 영원한 것을 위해 사용할 것이다.

작은 것에 충성하면 큰 것을 맡기신다

예수님은 불의한 청지기 비유에 이어 계속해서 이렇게 말씀하셨다. "지극히 작은 것에 충성된 자는 큰 것에도 충성되고 지극히 작은 것에 불의한 자는 큰 것에도 불의하니라"(눅 16:10). 이 말씀은 우리 모두가 작은 것으로 계속 테스트받고 있음을 암시한다. 만일 자녀가 아버지에게 거스름돈을 돌려 드리지 않고 자신이 가짐으로 아버지에게 신뢰를 잃는다면,

친구의 집에서 외박하는 것도 신뢰를 얻지 못할 것이다. 그러나 자기 방을 치우는 일이나 쓰레기를 치우는 일에 신뢰를 얻으면, 개나 자전거를 돌보는 일에도 신뢰를 받을 것이다.

이 원리는 '만약 이렇게 된다면'이라는 우리의 모든 가정을 무효로 만든다. 즉, "돈을 더 벌 수만 있다면 가난한 사람들을 도울 텐데"라든지 "백만 달러만 있으면 교회와 선교를 위해 헌금할 수 있을 텐데"라는 가정을 말이다. 만일 우리가 몇 달러를 사용하는 데도 부정직하고 이기적이라면, 백만 달러를 사용하는 일에도 마찬가지일 것이다. 문제는 우리가 백만 달러를 가질 때 무엇을 하느냐가 아니라, 내가 현재 가지고 있는 십만 달러, 만 달러, 천 달러, 백 달러, 혹은 십 달러로 무엇을 하느냐이다. 현재 맡겨진 것에도 충성하지 않는데, 그분이 왜 우리에게 더 많은 것을 맡기시겠는가? 영원의 관점에서 돈과 소유를 지혜롭게 사용하지 못해 지금 놓치고 있는 기회가 있지는 않은가?

하나님은 '작은 것'에 관심이 많으시다. 그분은 우리의 머리카락을 세시고, 들의 백합화를 돌보시고, 참새 한 마리가 떨어지는 것에도 관심을 가지신다(마 10:29). 그분은 우리가 적은 시간, 작은 재능, 적은 돈으로 하는 일들을 크게 보신다. '하늘나라 주식회사'에서는 작은 것이 우리를 칭찬하고 승진시킬 것인지, 아니면 징계하고 강등시킬 것인지를 결정하는 중요한 요인이다.

참된 재물을 다루는 것

"너희가 만일 불의한 재물에도 충성하지 아니하면 누가 참된 것으로 너희에게 맡기겠느냐"(눅 16:11)라는 말씀에서 '참된 재물'은 과연 무엇인가? 그것은 단지 더 많은 세상적인 부가 아니다. 참된 재물이란, 영원히 지속되는 가치다. 다시 말해 다른 사람에게 영원한 생명을 주는 것이다. 하나님은 우리가 돈과 소유를 어떻게 다루는지를 통해 우리의 신뢰도를 결정하시고 시험하시는 것이 분명하다.

목사와 크리스천 지도자를 포함해 얼마나 많은 사람들이 돈을 다루는 데 실패함으로써 영혼을 살리는 그들의 중요한 사역을 박탈당하고 있는가? 하나님의 자금을 잘못 사용함으로써 영혼을 살리는 기회를 상실할 뿐만 아니라, 사람들의 신용도 잃게 되는 경우가 너무도 많다.

더 나아가 이 세상에서 지혜롭게 돈과 소유를 다루면, 다가오는 세계에서 리더십의 자리를 부여받는다(눅 19:17,19). "너희가 만일 남의 것에 충성하지 아니하면 누가 너희의 것을 너희에게 주겠느냐"(눅 16:12). 이 구절은, 현재는 청지기로 다른 사람의 재산을 관리하지만, 언젠가는 소유주가 될 것을 암시하고 있다. 예수님은 "너 자신을 위해 하늘나라에 보물을 쌓으라"고 하시며 이 사실을 확인해 주셨다. 현재 다른 사람의 재산을 다루는 것과 장래 우리 자신의 재산을 가지는 것은 분명한 차이가 있다. 만일 우리가 이 세상에 살 동안 좋은 청지기가 되지 못한다면, 하늘나라에서 재산을 갖지 못할 것이다. 그러나 이 세상에서 하나님이 맡기신 재산을 잘 관리한다면, 하늘나라에서 재산이 주어질 것이다.

청지기직에 대한 비유들

불의한 청지기 비유는(눅 16:1-13) 재산, 은사, 기회를 영원까지 함께 할 사람에게 사용하라고 한다. 그렇게 자신의 영원한 미래를 준비해야 한다고 가르친다.

달란트 비유(마 25:14-30) 역시 하나님이 우리 각자에게 재산, 은사, 기회를 맡기셨고, 이 땅에서 그것을 어떻게 잘 투자했는지에 대한 책임

또한 우리에게 있음을 보여 준다. 우리는 그분의 재산을 지혜롭게 잘 투자함으로써 그분의 왕국을 확장시키는 데 쓰임받고 주인의 다시 오실 날을 준비해야 한다.

열 므나 비유는(눅 19:11-27) 동등한 은사와 재산, 기회를 부여받은 사람이 하나님 나라를 위해 그것을 투자해 얼마나 충성되고 부지런하게 일했는지에 따라 하늘나라에서 각기 다른 리더십을 맡게 될 것을 보여 준다.

주인에 대한 교훈들

청지기에 대한 교훈에는 두 가지 주요한 주체가 있는데, 그것은 주인과 종이다. 주인에 대한 교훈은 다음과 같이 요약할 수 있다.

- **소유권** : 주인은 모든 재산의 참된 주인이다. 소유물과 돈, 종까지도 주인께 속한다. 주인은 무엇이든 원하는 대로 할 수 있다.
- **능력** : 주인의 의지는 권위가 있고, 그의 결정은 확정적이다. 그의 말은 최고의 능력이 뒷받침하고 있다.
- **신뢰** : 주인은 종에게 자신의 돈과 소유물에 대한 재정적인 결정과 권위를 위임한다. 이것은 그것을 관리할 수 있는 종의 능력을 신뢰한다는 의미인 동시에 종이 맡은 바 임무를 실패할 위험까지 감수하겠다는 의지의 표현이다.
- **기대** : 주인은 청지기에 대한 구체적인 기대가 있다. 그것을 만족시키는 건 쉽진 않지만 기대는 정당하다. 주인이 말한 것을 종이 행할 것이라고 기대하는 것은 당연하다.
- **부재** : 주인이 잠시 자리를 비울 때가 있다. 그러면 그가 올 때까지

종의 책임도 연기된다. 종은 주인의 부재로 즉각적인 보상이 없더라도, 주인의 기준대로 행동하는지 테스트를 받는다.
- **귀환** : 주인은 돌아올 것이다. 그 시기는 알 수 없지만 반드시 돌아올 것이다.
- **관대함** : 종은 주인의 보상이 없어도 명령한 일을 해야 한다. 하지만 주인은 자비롭게도 충성스런 종에게 보상을 약속한다.
- **단호함** : 주인의 지시는 핑계를 허용하지 않는다. 종은 주인의 높은 기준을 알아야 하고, 주인의 자비로움을 이용해 자신의 게으름과 불순종을 정당화시켜서도 안 된다. 주인은 충성되지 못한 종에게 준 보상을 빼앗고 그를 징계할 것이다.

종에 대한 교훈들

- **청지기직** : 종은 자신이 소유주나 주인이 아닐 뿐 아니라 청지기인 것을 정확하게 인식해야 한다. 그의 임무는 맡겨진 주인의 재산을 지혜롭게 돌보고 늘리는 일이다. 소유권이 주인에게 있다는 것을 제대로 인식하지 못하면, 청지기직을 잘 수행할 수 없다.
- **책임감** : 재산에 대한 모든 책임은 주인에게 있다. 하지만 종은 언젠가 주인 앞에서 자신이 행한 모든 일을 판단받아야 한다.
- **충성심** : 종은 주인의 재산을 주인이 기뻐하는 방법으로 성실하게 다루어야 한다. 주인이 돌아올 때까지, 얼마나 오랜 시간이 걸리든 맡겨진 일을 해야 한다. 청지기직은 평생의 사명으로 중간에 그만둘 수 없다.
- **부지런함** : 종은 열심히 일해야 하고, 일을 잘해야 한다.
- **투자에 관한 지혜로움** : 종은 투자 대상을 주의 깊게 선택해야 한다.

단순히 자원을 보존하는 것을 넘어 그것을 늘려야 할 책임이 있다. 최선의 투자를 위해 총명하고 전략적인 사고를 해야 한다.

• **주인의 귀환에 대한 준비성** : 어떤 사람이 주인 없이 많은 재산을 관리하는 종을 찾아갔다. 그는 종이 아주 사소한 일까지 빈틈없이 처리하는 것을 보고 놀라 이렇게 물었다. "당신은 주인이 언제 돌아올 것이라고 기대합니까?" "물론, 오늘입니다." 종은 언제라도 검열을 통과할 준비가 된 군인처럼 '주인이 오늘 돌아올 수 있다'는 의식을 가져야 한다. 만일 종이 주인의 돌아올 날을 안다면, 시간을 낭비지 않을 것이다. 주인의 귀환을 염두하지 않는 종은 횡령과 탕진하고픈 유혹을 이기기 어렵다. 그러나 충성스런 종은 주인의 약속, 곧 다시 돌아온다는 그 약속이 이루어질 것을 안다 그래서 날마다 주인이 오늘 올 것처럼 살아간다.

주인이 돌아오는 날, 우리는 이 세상에서의 삶을 끝내게 될 것이다. 그리고 그날까지의 삶을 주인의 심판대에서 평가받을 것이다.

• **주인에 대한 두려움** : 종은 주인이 공정하다는 것을 안다. 그의 지시는 정확하고 기대치는 높다. 종이 지혜롭게 일을 잘하면 칭찬을 받을 것이다. 관대한 주인은 상당한 보상을 해줄 것이다. 그러나 불성실하면 주인의 진노를 받을 것이다. 이 '건강한 두려움'은 청지기직을 잘 수행하도록 동기 부여를 한다.

• **주인 앞에서의 개별성** : 주인은 날카로운 눈을 가지고 있다. 그래서 종의 노력이 타인의 잘못으로 인해 훼손되는 일은 없을 것이다. 주인은 다른 종들도 판단할 것이다. 종들은 맡은 일을 잘 감당해, 결코 속일 수 없는 주인 앞에서 평가받을 준비를 해야 한다(히 4:13).

• **섬김에 있어 집중하기** : 지혜로운 종의 관심은 오로지 주인이 맡긴

일에 있다. 주인을 열정적으로 잘 섬기려는 오직 한 가지 목적에 모든 것을 집중한다.

청지기 비유에서 배우는 교훈들

청지기 비유에서 몇 가지 중요한 원리를 찾을 수 있다.

• **오늘의 행동과 선택은 영원한 삶에 중대한 영향을 끼친다** : 하나님의 자산을 우리의 삶에서 어떻게 다루느냐가 영원한 삶에 직접적인 영향을 준다.

• **심는 대로 거둔다** : 영원의 추수 법칙은 물리학의 법칙보다 더 확실하다. "스스로 속이지 말라 하나님은 만홀히 여김을 받지 아니하시나니 사람이 무엇으로 심든지 그대로 거두리라"(갈 6:7).

• **선택이 중요하다** : 주인의 부재는 더 많은 책임을 맡을 수 있는지 증명할 수 있는 도전이며 기회다.

• **분명한 격려와 동기 부여** : 지혜롭지 못한 종은 게으르지만, 지혜로운 종은 부지런하고 동기부여가 잘 되어 있다. 잘하든 못하든 그들의 수고에 대해 영원히 지속되는 결과가 따를 것이다.

• **권리가 아닌 책임감으로 일한다** : 종의 권리는 소유권이 없기에 제한적일 수밖에 없다. 종은 주인의 이익을 위해 자산을 관리하지만, 관리하는 재산에 대한 권리를 주장할 수 없다. 주인이 그의 자산으로 무엇을 하길 원하는지 그 뜻을 충족시켜야 한다. 주인의 권리에 초점을 맞추어 행동함으로써 책임을 완수하게 된다. 그러나 자신을 앞세우거나 자신을 주인에게 빚진 자로 생각하면, 초점을 잃어버리며 청지기직을 제대로 수행할 수 없다.

• **주인의 심판과 비교하면 다른 사람들의 평가는 무의미하다.**

바울은 "우리 각인이 자기 일을 하나님께 직고하리라"는 문맥 안에서 이렇게 질문한다. "남의 하인을 비판하는 너는 누구냐 그가 서 있는 것이나 넘어지는 것이 자기 주인에게 있으매"(롬 14:3-4,12). 이 원리는 아주 중요하다. 우리의 주인 되시고 우리를 만드신 분 앞에 서는 날에는, 이 땅에서 얼마나 많은 사람들이 우리 이름을 알고 우리를 위대하게 여겼는지, 또 우리를 어리석게 생각했는지는 무의미하다. 학교나 병원 건물에 우리의 이름이 새겨 있는지, 우리가 남긴 유산이 얼마인지, 또 우리의 장례식에 얼마나 참석했는지는 전혀 상관없다. 정말 중요한 오직 한 가지는 '주인이 우리를 어떻게 생각하시는가'이다.

C.S. 루이스는 "세상의 마지막 밤"이란 글에서 이를 훌륭하게 표현하고 있다.

> "우리 모두는 이 땅의 삶에 대해 심판받을 것이다. 종종 다른 사람이 나를 어떻게 생각하는지 알게 될 때가 있다. 얼굴을 대면할 때는 솔직하게 말하지 않는 경우가 많으므로, 이런 경우를 의미하는 것은 아니다. 때때로 우연히 듣든지, 이웃이나 직원의 무의식적인 행동에서 알게 되든지, 자녀나 심지어 동물들의 꾸밈없는 표현을 통해 알게 된다. 이때 우리는 마음이 상하거나 벅차오를 수도 있다. 그러나 사람들이 우리를 좋게 말하든 나쁘게 말하든, 그것은 우리를 판단하는 사람들이 어떤 사람이냐에 따라 그 영향이 제한적일 수밖에 없다. 우리를 겁쟁이나 폭력적이라고 확신하는 사람은 우리에 대해 무지하거나 악의가 있다고 생각하기 쉽고, 우리를 신뢰하고 칭찬하는 사람 역시 우리에 대해 잘못된 편견을 갖고 있는 거라 믿고 싶다. 최후의 심판에 대한 인

식도 이러한 경험과 유사하다. 하지만 그 결과는 무한대로 영향을 미칠 것이다.

하나님의 심판은 전혀 오류가 없다. 그러므로 긍정적인 판결이라면 기뻐해야 하고, 부정적인 판결이라면 분명 우리가 잘못한 것이다. 더 이상 소망이 없는 것이다. 이것은 우리가 눈으로 직접 보게 될 일이다. 그래서 재판관의 말에 따라 간담이 서늘해지기도 하고, 기뻐하기도 할 것이다. 우리는 그때 우리의 진정한 모습을 보게 될 것이다. 지금은 분명하지 않더라도 그때에는 모두 깨닫게 될 것이다. 우리 자신과 모든 피조물, 우리의 조상과 부모, 아내와 남편, 그리고 자녀들도 풀리지 않았던 많은 문제에 해답을 얻고, 그동안 본인만 알고 지냈던 사실도 모두 드러나게 될 것이다. (중략) 이 사실을 깨달으면, 우리는 말하고 행하는 매 순간 빛이 비칠 때마다, 우리의 모습이 어떨지 더 자주 묻게 될 것이다. 이 빛은 세상의 빛과 다르다. 우리의 생각 안에서만 움직일 뿐이다. 여자들은 자신이 입은 옷이 어떻게 보일지 머릿속에 그려 보느라 애쓸 때가 많다. 이것은 다른 모든 문제와 아주 흡사하다. 우리의 영혼은 세상의 빛이 아닌 하늘나라의 영원한 빛을 바라보게 되어 있다. 왜냐하면 그 빛은 영원히 지속되기 때문이다."

하나님의 소유권

성경은 처음부터 끝까지 반복적으로 모든 것에 대한 하나님의 소유권을 강조하고 있다.

"하늘과 모든 하늘의 하늘과 땅과 그 위의 만물은 본래 네 하나님 여호와께 속한 것이로되"(신 10:14).

"토지는 다 내 것임이니라 너희는 거류민이요 동거하는 자로서 나와 함께 있느니라"(레 25:23).

"여호와여 위대하심과 권능과 영광과 승리와 위엄이 다 주께 속했사오니 천지에 있는 것이 다 주의 것이로소이다 여호와여 주권도 주께 속했사오니 주는 높으사 만물의 머리이심이니이다 부와 귀가 주께로 말미암고 또 주는 만물의 주재가 되사 손에 권세와 능력이 있사오니 모든 사람을 크게 하심과 강하게 하심이 주의 손에 있나이다"(대상 29:11-12)

"누가 먼저 내게 주고 나로 하여금 갚게 하겠느냐 온 천하에 있는 것이 다 내 것이니라"(욥 41:11).

"땅과 거기에 충만한 것과 세계와 그 가운데에 사는 자들은 다 여호와의 것이로다 여호와께서 그 터를 바다 위에 세우심이여 강들 위에 건설하셨도다"(시 24:1-2).

"이는 삼림의 짐승들과 뭇 산의 가축이 다 내 것이며 산의 모든 새들도 내가 아는 것이며 들의 짐승도 내 것임이로다 내가 가령 주려도 네게 이르지 아니할 것은 세계와 거기에 충만한 것이 내 것임이로다"(시 50:10-12).

"은도 내 것이요 금도 내 것이니라 만군의 여호와의 말이니라"(학 2:8).

우리는 성경에서 하나님이 그분의 소유권을 우리에게 넘겨주셨다는 말씀을 단 한 구절도 찾을 수 없다. 하나님은 살아 계시고, 세상에 속한 어떤 소유권도 우리에게 이전하지 않으셨다. 아무리 그렇다 하더라도 '적어도 나 자신만은 내가 소유하고 있다'라고 생각한다면 하나님은 이렇게 말씀하실 것이다. "너희는 너희 자신의 것이 아니라 값으로 산 것이 되었으니"(고전 6:19-20).

대학에서 고린도전서 6장을 가르칠 때마다, 나는 종종 앞줄에 앉은 학생에게 잠시 연필을 빌린다. 그러고는 연필을 받자마자 두 토막을 낸 뒤, 땅에 집어던지고 발로 밟아 뭉개버린다. 학생들의 반응은 충격 그 자체다. 내게 다른 사람의 연필을 부술 권리가 있는가? 그러나 그 연필은 정말 내 것이고, 수업 시작하기 전에 앞줄에 앉은 학생과 각본을 짰다고 설명하면 갑자기 모든 것이 이해된다. 그것은 내 연필이기에 원하는 대로 무엇이든 할 수 있는 권리가 내게 있기 때문이다. 바울이 고린도교회에 보내는 편지에서 말하려고 했던 것이 바로 이것이다. 고린도 교회의 성도들은 자신이 기뻐하는 것을 행했다. 그렇게 못할 이유가 있는가? 그들은 그들의 삶을 자신의 소유라고 생각했다. 그러나 바울은 단호하게 말했다. "아닙니다. 당신의 삶은 당신의 것이 아닙니다. 당신은 가진 것이 아무것도 없습니다. 심지어 당신 자신도 당신의 것이 아닙니다. *그리스도께 나아갈 때 당신의 소유권을 포기하지 않았나요? 당신은 이제 하나님께 속한 사람입니다.* 그분 한 분만이 당신의 삶을 원하는 대로 하실 수 있는 권리가 있습니다."

하나님은 단지 우주만 소유하신 분이 아니다. 당신과 나를 소유하신다. 우리는 첫 번째 창조에 의해서, 두 번째 구속에 의해서 하나님의 소유가 되었다. 하나님은 모든 것을 소유하실 뿐만 아니라 그분의 자산을 우리에게 얼마만큼 맡길지도 결정하신다.

"네 하나님 여호와를 기억하라 그가 네게 재물 얻을 능력을 주셨음이라 이같이 하심은 네 조상들에게 맹세하신 언약을 오늘과 같이 이루려 하심이니라"(신 8:18).

"여호와는 가난하게도 하시고 부하게도 하시며 낮추기도 하시고 높이

기도 하시는도다"(삼상 2:7).

"부와 귀가 주께로 말미암고 또 주는 만물의 주재가 되사 손에 권세와 능력이 있사오니 모든 사람을 크게 하심과 강하게 하심이 주의 손에 있나이다"(대상 29:12).

청지기는 상식을 초월하는 진리의 조명 아래 살아간다. 우리는 관리자이지 소유주가 아니다. 하나님이 이 땅에서 잠시 맡기신 그분의 자산을 관리하는 청지기인 것이다. 돈과 소유를 어떻게 다루는지 보면 우리가 누구를 진정한 소유주로 생각하는지 알 수 있다.

존 웨슬리는 돈을 사용하는 데 도움이 될 다음 네 가지 질문을 제시한다. 나머지 세 가지 질문은 첫 번째 질문과 직접적인 연관이 있다.

- 나는 돈을 쓸 때 그것을 소유한 것처럼 행동하는가, 아니면 관리자로서 행동하는가?
- 성경에 근거해 돈을 사용하는가?
- 이 돈으로 구입한 것을 주님께 제물로 바칠 수 있는가?
- 우리 몸이 부활할 때, 하나님이 이 지출에 대해 상급을 주실 것이라고 여기는가?

만일 우리가 하나님이 우리에게 맡기신 모든 것의 주인이심을 분명히 믿는다면, 항상 이렇게 물어야 한다. "하나님의 돈과 소유로 제가 무엇을 하길 원하십니까?" 또한 우리는 하나님께서도 돈과 소유를 우리보다 가난한 이들을 위해 사용하기 원하실 것을 염두해야 한다.

우리 가정은 하나님의 소유권을 어떻게 배웠나?

1977년 몇몇 사람이 모여 교회를 시작했고, 나는 그곳의 목사 중 한 사람으로 섬겼다. 교회는 1990년에 이르러 급격히 성장해 사례비도 많이 받게 되었다. 특히 저술한 책의 인세로 인해 수입이 점점 더 많아졌다. 그런데 그때 내 삶을 뒤집어 놓는 일이 발생했다.

당시 나는 '십 대 미혼모 지원센타'(Crisis Pregnancy Center) 이사로 있었다. 우리 부부는 우리 집을 임신한 십 대들에게 개방해 그들을 돌보며 아기들의 입양을 도왔다. (또한 이들이 그리스도께로 돌아오는 것을 도우며 기쁨을 누렸다.) 그때 나는 낙태에 대한 큰 부담감을 안고 말씀과 기도로 하나님의 뜻을 구하는 중이었다. 그러다가 낙태 수술을 하는 병원 앞에서 열리는 비폭력 집회에 참여하게 되었다. 그 일로 나는 몇 번이나 체포되어 감옥에 갔는데, 그 병원은 나를 포함한 20명을 고소했고, 승소했다. 나는 낙태를 일삼는 병원에 벌금을 낼 수 없다고 판사에게 말했지만, 얼마 지나지 않아 매달 내 사례비의 25퍼센트를 그 병원에 지불해야 한다는 법원의 명령을 받았다. 교회는 그 병원에 돈을 지불하든지, 아니면 법원의 명령을 무시하든지 둘 중 하나를 선택할 수밖에 없었다. 그래서 나는 이를 피하기 위해 교회를 사임했다.

법원의 차압을 피하는 유일한 방법은 최소 임금 이상을 벌지 않는 것이었다. 다행히 나는 이 일이 있기 전, 내 모든 저서에 대한 인세를 포기했었다. 우리 가정은 교회의 사례비로만 생활해 왔고, 빚도 없는 상태였다.

이후 낙태 수술을 하는 또 다른 병원과 관련하여 법원 판결문을 받았다. 평화 시위였음에도 불구하고 지금까지 가장 많은 벌금을 내야 했다. 무려 840만 달러였다. 이번에는 집까지 빼앗기게 생겼다. 정황상 우리 가정은 경제적으로 완전히 망가지기 직전이었다.

그런데 그 일은 우리에게 일어난 일 중 가장 좋은 일이 되었다. 사람들의 악한 의도를 하나님이 선하게 바꾸셨다(창 50:20). '영원의 관점의 사역'을 시작하게 된 것이다.

아내 낸시는 비서로 일했고, 집을 포함한 모든 재산은 아내 이름으로 되었다. 내 이름은 은행 구좌나 수표에도 나오지 않았다. 내가 저술한 책들도 법적으로는 내 소유가 아니었다. 나는 아무것도 가진 게 없었다. (많은 것에 접근할 권리는 있었지만, 소유한 것은 아무것도 없었다.) 하나님이 "온 천하에 있는 것이 다 내 것이니라"(욥 41:11)고 말씀하실 때, 무슨 뜻으로 하셨는지 이해가 되기 시작했다.

놀랍게도 이 일은 하나님의 소유권을 다양한 영역에서 다룬 이 책을 쓰는 계기가 되었다. 이 책을 출판한 뒤 1년이 채 되지 않아 나는 아무것도 소유하지 않게 되었다! 하나님은 가혹한 역경과 시련을 통해서, 내게 삶을 완전히 바꾸어 놓는 진리를 가르치셨다.

나는 우리 집이 내 것이 아니라 그분 것임을 깨달았다. 내 것이 아니라면, 그것을 가지든 못 가지든 걱정할 이유가 뭐가 있겠는가? 그분은 부족한 것이 없으시다. 그분은 우리가 살 다른 곳을 쉽게 제공하실 수도 있다. 그러나 소유권에 대해 배운 것은 전 시작에 불과했다. *만일 하나님이 주인이시라면 나는 청지기다.* 나는 그분이 맡겨 주신 자산에 대한 청지기 의식을 이전보다 더 생생하게 느끼기 시작했다. 하나님이 내게 그분의 소유권에 대한 진정한 의미를 가르쳐 주셔서 정말 감사하다.

840만 달러 벌금 판결을 받았지만 우리는 집을 내놓지 않았다. 최소 임금을 받았고, EPM(Eternal Perspective Ministries, 영원의 관점의 사역)이 내 모든 책의 소유권을 가지고 있었다. 그때 아주 흥미로운 일이 일어났다. 갑자기 내 책들이 베스트셀러 목록에 오르기 시작했다. 덕분에 인세를 선교와 기아 구제 사역, 낙태 반대 활동 등에 사용할 수 있었다. 최근에는 하나님의 은혜로 50만달러 이상의 후원금을 마련할 수 있었다. 하나님이 그분의 마음에 합한 사역을 후원할 목적으로 내 책을 많이 팔리게 하신 것이다!

아내 낸시와 나는 그 돈이 아깝다고 느끼거나 우리가 좀 더 쥐고 있었으면 하는 바람을 갖지 않았다. 나누는 기쁨과 비교할 만한 기쁨은 없었기에 우리는 늘 기쁜 마음으로 잠자리에 들었다. 나에게 있어 이 기쁨에 견줄 만한 유일한 감동은 한 영혼을 예수님께로 인도했을 때뿐이었다. 이처럼 나누는 것은 우리 삶에 기쁨을 불어넣었다. 그것은 가장 평범한 날에도 '영원한 나라'를 생각했다. 이것이 바로 아무리 많은 돈으로 유혹하더라도 나눔을 멈출 수 없는 이유다.

2001년 드디어 10년 유효 판결이 만기되었다. 함께 사역하는 몇 명이 책과 인세에 대한 소유권을 우리 부부가 다시 가지면 어떻겠느냐고 제안했다. 우리가 그것을 왜 가지고 싶어 하겠는가? 이제 우리에게는 보다 높은 생활 수준이 필요하지 않았다. 더 좋은 집이나 차가 필요한 것도 아니었다. 더 나은 은퇴 프로그램이나 보험도 필요하지 않았다. 그래서 "감사하지만 사양하겠다"라고 대답했다. (6개월 후에야 나는, 병원이 판결을 10년 더 연장했음을 알게 되었다. 우리가 결정을 내릴 때 이 사실을 몰랐던 것에 대해 감사했다.)

이 모든 것은 소유권과 청지기직에 대한 것이다. 낸시와 나는 생활에 필요한 것만 가지고 나머지는 그분의 왕국으로 보낸다. 우리는 참으로 평안하다. 우리는 백만 달러나 십만 달러가 필요하지 않다. 훨씬 적게 가져도 잘 살 수 있다. 하나님이 우리에게 신실하게 공급해 주신다. 우리는 우리 일생의 가장 큰 감격, 즉 주는 것의 기쁨을 경험하게 되었다.

나 자신의 '월급'을 정하는 것

주인 되신 하나님은 그분의 계좌에 우리 각자의 이름을 적어 놓으셨다. 우리는 그 계좌에 아무 제약 없이 접근할 수 있고, 남용할 수 있는 특권까지 있다. 하나님은 그분의 재산 관리인인 우리가 우리의 '월급'을 정하는 것까지 맡기셨다. 우리의 월급을 결정하는 일은 중요한 영적 결정 중 하나다. 그 금액이 얼마가 되었든지 간에 축적하거나 낭비해서는 안 된다. 어찌되었든 돈은 그분의 것이지 우리의 것이 아니다. 따라서 하나님이 그 돈을 어떻게 사용했는지 물어보시는 것은 당연하다.

하나님은 그분의 청지기인 우리의 필요를 잘 아신다. 그분은 우리가 빈곤하기를 바라시거나 필요한 곳에 돈을 쓰는 것으로 화를 내는 인색한 분이 아니시다. 그러나 만일 우리가 고급 맨션에서 최고 고급차만 타고 일등석에 앉아 여행을 다닌다면, 주인 되신 그분이 어떻게 보시겠는가?

하나님은 그분의 종으로 부름받은 우리에게 '그분을 향한 충성을 증명'하라고 요구하신다(고전 4:2). 우리는 하나님의 심부름꾼이요, 배달꾼이다. 우리는 우리 자신의 '월급'을 정할 때 이것을 염두해야 한다. 우리 자신의 가치를 과대포장하지 않도록 주의하라. 우리는 주인이 아니다. 단지 그곳에서 일할 뿐이다!

내가 가진 아주 중요한 물건을 그것이 꼭 필요한 사람에게 전하는 상황을 가정해 보자. 먼저 당신은 그것을 잘 포장해서 우체국에 가져갈 것이다. 그런데 그 소포를 배달해야 할 집배원이 그것을 자기 집에 가져가 버렸다. 게다가 집배원은 당신에게 이렇게 덧붙인다. "나는 갖고 싶지 않았는데 왜 그것을 내게 주었나요?" 그러면 아마도 당신은 이렇게 말할 것이다. "그것도 모르세요? 그 소포는 당신에게 주려고 했던 게 아니잖아요. 당신은 단지 전달자에 불과했다고요. 당신의 임무는 그 소포를 내가 원하는 곳까지 배달하는 것이었어요." 마찬가지로 하나님이 우리의 손에 돈을 쥐어 주셨다고 해서, 그 돈을 마음대로 사용해도 된다는 의미는 아니다.

소유권과 청지기직에 대한 오늘날의 교훈

청지기직에 대한 교훈을 적용하기 위해 어떤 교회에서는 현금이 들어 있는 헌금 접시를 돌려 각 교인이 5달러, 10달러를 가져가게 하는 '반대 헌금' 프로그램을 시행했다. 그 금액을 교회로부터 위탁받은 교인의 임무는, 하나님이 인도하시는 곳에 영적인 투자를 하는 것이었다. 어떤 교인은 집이 없는 사람을 위해 음식을 사서 나누어 주며 복음을 전했다. 어떤 교인은 격려가 필요한 이웃에게 책을 사서 선물했다. 어떤 교인은 꽃을 사서 바깥출입을 못하는 사람에게 가져다주었다. 어떤 교인은 수십 년간 말을 안 한 친구와의 관계 회복을 위해 그 돈으로 전화를 걸었다. 어떤 교인은 여러 사람과 함께 돈을 모아 한 환자에게 항생제와 음식을 사 주었다.

많은 교인들이 이 일을 통해 청지기직의 진정한 본질을 절실히 깨닫게 되었다. 단순히 교회가 맡긴 5달러나 10달러뿐만 아니라 우리가 가진 모든 돈이 하나님의 것이다. 그분은 우리가 금액이 적고 많음에 상관없이, 최상의 투자를 할 수 있도록 그분께 기도하기를 원하신다.

나는 수년 동안 이 책을 읽은 독자들로부터 많은 편지를 받았다. 여기에 한 편지 내용을 소개하려고 한다.

"지난 7월 26일 우리 집은 불에 타 완전히 내려앉았어요. 감사하게도 하나님은 우리가 800킬로미터 가량 떨어진 곳에 있을 때 이 일이 일어나게 하셨죠. 이 책은 내 삶의 진정한 목적에 관심을 갖게 했어요. 말 그대로 하나님이 허락해 주신 삶 말이에요.

집에 불이 났을 때, 저는 존 웨슬리처럼 바로 반응하진 못했어요. 그러나 주님은 우리의 믿음을 키워 주셨고, 그 믿음을 결코 흔들리지 않는 그분께 두도록 하셨죠. 그래서 우리는 이 굉장한 기회가 복음을 전하는 일에 사용되도록 간절하게 기도했어요.

그 불은 내 삶의 그루터기들을 태웠고, 하늘나라에 보물을 쌓는 방법들을 밝히 보여 주었어요. 전에도 십일조를 드리고 여러 선교 기관에 조금씩 후원하긴 했지만, 화재를 경험하고 이 책을 읽은 후로는 내 눈에서 비늘이 떨어지기 시작했어요. 이전에 얼마나 비참하게 살아왔는지 깨닫게 되었어요. 주님의 도움으로 모든 것이 바뀌었어요.

지금은 훨씬 단순하게 살아요. 불에 탄 집은 대리석으로 지은 100평 정도의 집이었어요. 유명 화가의 그림들과 골동품, 고가의 양탄자 등 화려하게 꾸며져 있었죠. 그런데 지금은 45평짜리 조립 주택에서 살고 있어요. 주님이 다른 곳으로 가라고 하실 때까지 여기서 살 거예요. 우리는 전보다 훨씬 적은 돈으로 생활하고, 주님이 인도하시는 대로 사업에 재투자하고, 나머지는 모두 나누고 있어요.

또한 물질만능주의가 전혀 예상하지 못한 모습으로 나타날 수 있다는 걸 알게 되었어요. 저는 단순히 돈을 사랑하는 게 물질만능주의인 줄만 알았거든요. 그래서 저는 물질만능주의에 빠져 있지 않다고 생각했어요. 워낙 받은 유산이 많아서 돈 자체를 중요하게 여기거나 돈을 사랑한다고 생각해본 적이 한 번도 없었으니까요. 전 항상 원하는 것을 구할 수 있었고 그것의 가치가 얼마나 되는지도 관심 없었어요. 저는 부유한 환경 속에서 안정감을 느꼈고, 부모님의 사랑은 저를 언제나 붙들어 주었어요. 그런데 주님이 이것에 대해 책망하셨어요. 주님과 저 사이에 이것이 끼어 들어와 있음을 깨닫게 해주셨어요.

이제는 예수님이 그분과 복음을 위해 집이나 부모를 기꺼이 포기할 수 있어야 한다(막 10:30)는 말씀의 의미를 더 잘 이해할 수 있게 되었어요. 이 책을 써 준 당신에게 참 고마워요. 당신은 제 돈과 소유가 하나님 나라를 세우는 귀한 곳에 사용되도록 해주었어요."

그는 편지와 함께 불에 타 주저앉은 그 집의 사진을 보내 주었다. 그 사진은 내게 언젠가 모든 소유에 일어날 일을 상기시켜 주었다. 모든 소유가 하나님께 속한 것임을 깨달으면, 그것으로 인한 걱정이나 실망의 짐에서 해방될 수 있다.

소유권 양도

우리가 깨닫든 못 깨닫든 하나님은 모든 것의 소유주시다. 우리가 그것을 분명하게 깨달으면 우리 인생은 보다 명확해지고, 어떤 의미에선 더 쉬워진다. 우리가 신학적으로 하나님의 소유권을 주장하느냐 하지 않느냐는 문제가 아니다. 진짜 문제는 우리가 우리 자신과 모든 자산의 소유권을 그분에게 '자발적으로' 양도했느냐는 것이다. 하나님을 당신의 창조주, 소유주, 재정 감독으로 모셨는가? 하나님을 향한 이러한 '자기 포기'가 진정한 청지기직의 시작이다.

존 웨슬리는 이렇게 질문한다. "어떤 청지기가 시키는 것만 하겠는가? 또 어떤 청지기가 주인의 재산을 낭비하거나 주인이 시키지 않은 일에 주인의 돈을 사용하겠는가?" 당신이 정말 청지기로 살아가고 있다면 날마다 "주님, 당신의 돈으로 무엇을 해야 할지 알려 주세요"라는 물을 것이다. 그분의 조언을 구하지 않는다면 당신은 청지기가 아니라 주인처럼 행동하려는 자이다.

내가 주인이 아니라는 진리를 붙잡았을 때, 모든 관점이 완전히 바뀌었다. 이제 나는 더 이상 "하나님께 얼마나 많이 드릴까?"라고 생각하지 않는다. 대신 "주님, 제가 가진 돈은 모두 당신의 것입니다. 제가 오늘 당신의 돈을 어디에 사용하길 원하세요?"라고 묻는다.

10퍼센트나 50퍼센트도 아니고, 하나님이 '내 돈의 100퍼센트'를 요구하신다는 사실은 놀라운 깨달음을 얻는 순간 즉각적으로 나는 하나님의 청지기가 되었다. 나는 하나님이 아니다. 돈도 하나님이 아니다. 하나님만이 하나님이시다. 그분이 그분의 자리를 찾으셨고, 나는 내 자리를 찾았고, 돈은 돈의 자리를 찾았다.

하나님은 모든 것을 소유하실 뿐만 아니라 모든 것을 통제하신다. 이것은 곧 내가 모든 것을 소유하거나 통제할 필요가 없음을 의미한다. 나보다 더 나은 분의 손 안에 내가 있다. 나는 우리가 재앙이 닥쳤을 때 "주님의 집이 내려앉은 거예요. 내게 주어진 책임 하나가 줄었다는 뜻이지요"라고 말한 존 웨슬리처럼 되길 원한다. 이렇듯 하나님의 소유권과 주권을 인정하면 도둑이 들든, 차가 완전히 망가지든, 말기암 진단을 받든 자유할 수 있다.

자, 이제 다음 쪽에 나오는 '소유권 양도각서'를 작성하라. 하나님은 그분의 모든 자원을 우리가 알아서 처리하도록 맡기셨다. 또한 모든 자원이 그분의 뜻에 따라 사용되도록 '그분께 맡기길' 기대하신다. 이것이 청지기직이고 그리스도인의 삶의 전부다.

소유권 양도각서

날짜 : _____.____.____

　나는 나 자신과 '나의' 모든 돈과 소유, 그리고 가족과 사랑하는 사람을 포함한 내게 속한 모든 것의 소유권이 하나님께 있음을 인정합니다. 이제 나 자신을 수혜자로 여기는 대신에, 하나님이 가지라고 하시면 그것으로 즐기고, 나누라고 하시면 그것을 나누는 하나님의 청지기로 살아갈 것입니다. 모든 것을 하나님의 것으로 여길 것입니다. 이제부터 나는 하나님께 그분의 자산을 어떻게 사용하길 원하시는지 묻고 결정할 것입니다. 나는 일시적인 세상의 보물을 포기하는 대신 영원한 보물을 보상으로 얻게 될 것입니다.

서명: _____

증인: _____

Chapter 11
순례자 영성

"길을 갈 때 짐이 가벼우면 가벼울수록 더 편한 것처럼, 인생 여정에서 많은 재산으로 헐떡거리지 않는 것이 축복된 삶이다." (테르툴리아누스)

"마음에는 그리스도를 모시고, 눈은 하늘나라를 바라보고, 일시적인 축복은 삶을 안전하게 보내는데 필요한 만큼만 가진 사람이 있다면, 그에게는 아픔과 고통이 닥칠 기회가 거의 없다." (윌리엄 번즈)

"일시적인 것은 당신의 필요를 섬기게 하고, 영원한 것을 갈망하라" (토마스 아 켐피스)

부유한 농장 주인이 존 웨슬리를 집에 초대했다. 함께 말을 타고 하루 종일 돌아다녔는데도 농장의 일부밖에 보지 못했다. 날이 저물어 갈 때, 농장 주인이 자랑스럽게 물었다. "선생님, 제 농장을 구경한 소감이 어떠세요?" 잠시 침묵이 흐른 후, 존 웨슬리는 대답했다. "이 모든 것을 남겨두고 떠나시려면 굉장히 힘들겠습니다."

우리는 모두 애착이 가는 무엇인가를 가지고 있다. 또한 고향이라고 부르는 장소를 가지고 있다. 문제는 이 세상과 다가오는 세상 중 어느 곳을 고향이라고 생각하며 사는가이다. 당신의 마음은 이 땅에 있는가, 아니면 하늘나라에 있는가? 농장 주인은 자기가 사는 세상에 애착을 가지고 있었고, 웨슬리는 장차 다가올 세상을 갈망했다.

아마 당신은 이런 말을 들은 적이 있을 것이다. "그의 마음은 온통 하늘나라에 집중되어 있어서 세상에서는 행복할 수 없다." 하나님은 하늘나라에 우리 마음을 고정하라고 명령하신다. "그러므로 너희가 그리스도와 함께 다시 살리심을 받았으면 위의 것을 찾으라 거기는 그리스도께서 하나님 우편에 앉아 계시느니라 위의 것을 생각하고 땅의 것을 생각하지 말라"(골 3:1-2).

우리가 하늘나라에 대한 올바른 마음을 가지면 하늘나라와 이 땅 어디에서든 최대의 행복을 누리게 된다. 그러나 우리가 세상적인 것에 마음이 쏠리면 하늘나라와 세상 어느 곳에서든 행복을 누리지 못할 것이다. C.S. 루이스는 이렇게 말한다.

> "역사를 공부해 보면, 이 세상에서 가장 열심히 일한 그리스도인은 하늘나라를 가장 사모한 사람이었음을 쉽게 발견할 것이다. 로마 제국에서 회심의 족적을 남겼던 사도들이나 중세 시대를 세웠던 위대한 사람들, 노예 무역을 폐지한 영국의 복음주의자들은 모두 이 땅에 열심히 자신들의 업적을 남겼다. 그 이유는 바로 그들의 마음이 온통 하늘나라로 꽉 차 있었기 때문이다. 하늘나라를 생각하지 않는 그리스도인들은 이 땅에서 쓰임받지 못한다."

물질만능주의는 이 세상이 우리의 무대고, 목적지를 향하는 과정이 아닌 목적지라고 믿도록 우리를 속인다. 많은 사람들이 이 땅에서 돈을 벌고, 모으고, 쌓고, 취하고, 소비하는 것이 마치 삶의 전부인 것처럼 살아간다. 그러다가 어느 날 갑자기 자신이 얼마나 비참하고 불행한지를 깨닫게 되거나, 아니면 전혀 깨닫지 못한 채 인생을 마치기도 한다. 물질만능주의의 중력으로부터 벗어나기 위해서는 우리의 마음이 하늘나라를 향하도록 방향을 재조정할 필요가 있다. A.W. 토저는 이 주제에 대해 다음과 같이 말한다.

"현재 살고 있는 이 세상보다 하늘나라에 더 관심을 갖는 기독교는, 마치 결함이 있는 것처럼 여겨져 왔다. 그래서 겁 많은 사람들은 어미 닭이 매로부터 자기 새끼를 방어하듯 자신의 신앙을 이러한 비난으로부터 방어하려고 안절부절못하고 있다. 하지만 공격과 방어 모두 쓸데없는 일이다. 기독교가 이 세상이 아닌 다른 나라를 중심으로 한다는 비난을 염려하는 구절은 성경 어디에서도 찾아볼 수 없다. (중략) 하늘나라의 교리를 강력하게 강조하는 기독교를 변호하려는 사람이 아무도 없었으면 좋겠다. 바로 이것이 하나님 나라가 인간의 사고와 경험보다 월등하게 뛰어나다는 것을 증명한다. 그리스도가 죽음을 이기고 승천하셨을 때, 그분은 세 가지 중요한 사실을 영원히 세우셨다. 첫째 이 세상은 소멸될 운명이고, 둘째 인간의 영은 죽음 이후에도 존재하고, 셋째 하늘나라는 정말로 있다는 것이다. (중략) 교회는 이 세상이 고향임을 받아들이도록 끊임없이 유혹받는다. 때때로 교회를 넘어뜨리려고 애쓰는 사람들과 자기 목적을 위해 교회를 이용하려는 사람들의 감언이설에 속아 넘어가기도 한다. 그러나 올바른 교회는 영원한 과거와 영원한 미래라는 두 산의 가운데 바로 서 있어야 한다. 과거는 영원히 지나갔고, 현재는 빠르게 지나가고 있다. 지구가 백만 년 더 유지된다 하더라도, 어느 누구도 그것을 즐기기 위해 그만큼 살아 있을 수 없다. 우리는 먼 내일을 잘 생각해야 한다."

시간과 영원

유한한 오늘을 사는 우리가 영원한 미래의 시간을 이해할 수 있을까? "하나님이 모든 것을 지으시되 때를 따라 아름답게 하셨고 또 사람들에게는 영원을 사모하는 마음을 주셨느니라 그러나 하나님이 하시는 일의 시종을 사람으로 측량할 수 없게 하셨도다"(전 3:11). 우리는 하늘나라를 위해 만들어졌고, 이 땅에서 하늘나라를 위해 살아가고 있다. 인생의 가장 큰 불행은, 영원을 위해 지음받은 마음을 이 세상의 좁은 구멍에다 억지로 밀어 넣으려고 애쓰는 것이다. 그러나 결코 그렇게 될 수가 없다. 헛고생할 필요가 없다. 하늘 왕국을 향한 좁은 길에서 얼마나 많이 빗나갔더라도 우리는 영원히 하나님의 자녀로 존재하는 것이다.

당신이 경험했던 영적인 특별한 순간들을 생각해보라. 그 순간은 아마도 기도할 때, 세례를 받을 때, 성찬식에 참여할 때, 사랑하는 사람과 대화할 때, 해변이나 숲 속을 걸을 때, 밤하늘의 빛나는 별을 쳐다볼 때, 혹은 하나님이 기뻐하시는 어떤 일을 행할 때일 것이다. 당신은 영원의 가장자리로 옮겨져 순간이지만 진정으로 영원의 세계로 빨려 들어가, 우주가 어떤 모습인지 어렴풋이 감지하고 그 안에 동참하는 듯한 기분을 느껴 본 적이 있는가? 당신은 이 세상을 위해 지음받은 존재가 아님을 느껴본 적 있는가? 이 세상은 영원의 시간을 살짝 엿보는 과정에 불과하다. 이것은 하나님이 우리 마음에 심어 두신 영원에 대한 열망을 깨우는 일이다. C.S. 루이스는 이러한 열망에 불을 지폈다.

"욕망에 대한 만족이 존재하지 않는다면, 욕망을 가지고 태어나지도 않았을 것이다. 아기가 배고픔을 느끼는 이유는 먹고 싶기 때문이다. 새끼 오리가 헤엄치는 이유는 물에서 만족을 얻고 싶기 때문이다. 성적인 욕망이 있기 때문에 섹스라는 것이 있는 것처럼 말이다. 만약 내가 이 세상에서 채울 수 없는 욕망을 가지고 있다면, 이는 내가 다른 세계를 위해 지음받았다고밖에 설명할 수 없다. 이것이 가장 적절한 해석일 것이다. 내가 세상적인 즐거움을 아무것도 누리지 못한다고 해도, 이것은 잘못된 것이 아니다. 아마도 세상적인 즐거움이 영원한 만족을 주지는 못하겠지만 진정한 즐거움이 무엇인지 제시할 수는 있다. 만일 그렇다면 미리 주어진 축복을 비난하거나 감사하지 않거나, 단지 흉내만 내거나 신기루 같은 것을 추구하지 않도록 조심해야 한다. 진정한 고향을 향한 우리의 욕망이 우리 안에 살아 유지되도록 그것을 눈 속에 파묻어 놓거나 옆으로 비켜 놓지 않아야 한다. 하늘 나라를 향해 나아가는 것이 우리의 삶의 목적이 되고, 다른 사람도 이렇게 살도록 도와야 한다."

사람들은 어릴 때부터 '진정한 나라'에 대한 관심을 배격하고 순간적인 것을 추구함으로써 영원한 것에 대한 갈망을 희석시켰다. 영적인 존재로 창조된 우리가 물질만능주의자로 변해 가는 것이다. 그러나 영원의 시야를 가지고 살면, 다른 관점으로 일을 처리하게 된다. 즉, 창고를 짓거나 버스 운전을 하거나 환자를 돌보는 등 모든 일이 하나님의 영원한 계획에 투자하는 것이 된다.

두 계약, 두 나라

구약 시대에는 순종했을 때 물질적인 축복이 주어졌지만(신 28:2), 신약 시대에는 대부분의 성도들이 가난했다(마 8:20 ; 고후 11:27 ; 약 2:5). 구약 성경은 세상적인 부유함을 즐기는 것을 강조했지만(신 28:11 ; 수 1:15 ; 잠 15:6), 신약 성경은 소유를 나누는 삶을 강조한다(막 10:17-21 ; 딤전 6:17-18). 이스라엘은 순종을 통해 핍박을 피했지만(신 28:7), 그리스도인은 순종으로 인해 핍박을 받았다(마 5:11-12 ; 딤후 3:12 ; 벧전 1:6).

왜 이렇게 서로 다른가? 그 이유는 하나님이 우리의 고향이 다른 세계에 있음을 이해시키려고 작정하셨기 때문이다. 성경에서 히브리서만큼 신약과 구약의 관계, 그리고 성경의 중심이 되는 두 나라에 대해 잘 설명한 부분은 없다. 새 언약은 구약보다 "더 좋은 약속으로 세우신 더 좋은 언약"(히 8:6)이다. 구약은 모방이고, 상징이고, 그림자이다. 따라서 구약의 성도들에게 약속된 물질적인 축복은, 하늘나라의 축복을 상기시킨다. 하지만 그것을 결코 대체할 수는 없다. 새 언약은 이스라엘에게 약속하신 일시적인 유산이 아니라 영원한 유산이다(히 9:15).

우리가 더 이상 제사를 드리지 않는 이유는, 예수님이 하나님의 어린 양으로 오셨기 때문이다. 우리가 더 이상 성전을 예배하지 않는 이유는, 우리 자신이 그분이 거하시는 성전이 되었기 때문이다. 우리가 더 이상 제사장에게 가지 않는 이유는, 그리스도가 우리의 대제사장이신 동시에 우리 자신이 제사장이기 때문이다. 우리가 더 이상 물질적인 부유함을 원치 않는 이유는, 그리스도 안에 있는 영적 부유함이 우리 것이기 때문이다.

하나님은 이스라엘의 주변 국가들이 섬기는 신이 아무것도 아님을 보여 주시기 위해 이스라엘이 순종할 때마다 번성하게 하셨다. 하지만 이제는 보다 높은 생활 수준이 아니라 더 나은 믿음을 통해 그분의 살아 계심과 함께하심을 보여 주길 원하신다.

이스라엘은 약속의 땅에 거할 백성이었다(신 8:7-9,11:8-12). 그들의 목적지는 가나안 땅이었다. 그러나 신약의 성도들은 아직 목적지에 도착하지 않았고, 삶을 마칠 때까지는 그곳에 도달할 수 없다. 성경은 우리의 시민권이 하늘나라에 있다고 분명히 말한다(빌 3:20 ; 벧전 2:11). 약속의 땅에서는 하늘나라에서 우리를 기다리고 있는 영광을 아주 조금 맛볼 뿐이다. 그러므로 우리는 최종적인 약속의 땅에 대한 권리를 주장해야 한다. "그러나 너희가 이른 곳은 시온 산과 살아 계신 하나님의 도성인 하늘의 예루살렘과…"(히 12:22). 세상의 예루살렘은 우리의 목적지가 아니다. 단지 우리가 가야 할 길을 가리키는 표지판에 불과하다.

히브리서에는 약속된 축복, 영원히 소유할 수 있는 위대한 유산에 대해 말하고 있다(히 6:12,10:34,11:13-16). 이러한 약속들은 이 세상이 아닌 장차 올 세상에서 주어지므로 인내하며 기다릴 필요가 있다(히 10:35-39,11:13,16). 그리스도의 피가 소와 염소의 피보다 우월하듯이, 우리의 목적지는 약속의 땅보다 훨씬 우월하다. 기복신앙은 결과적으로 '하늘나라가 이 땅에' 내려오기를 소원한다. 그러나 그리스도가 다시 오실 때까지는 이 땅에 하늘나라가 임할 수 없다. 이 땅이 우리의 하늘나라가 되면 – 하나님의 축복을 즉각적이고 일시적인 것으로 보면 – 우리가 누구인지, 왜 여기에 있는지, 이 세상의 지평선 위에서 우리를 기다리는 것이 무엇인지 깨닫지 못한다.

하나님이 우리의 미래를 위해 약속하신 것을 현재 이뤄 주시길 기대한다면 큰 실망을 하게 된다. 하나님이 우리의 신실함을 보상하신다는 것은 사실이다. 그러나 이러한 보상이 잘못된 방법으로, 잘못된 시기

에, 잘못된 장소에서 이뤄진다고 생각하는 것은 잘못이다. 하나님의 주된 '지불 수단'은 이 세상의 좋은 것이 아니다. 또한 현재가 아닌 나중에 이 땅이 아닌 하늘나라에서 이뤄 주실 것이다. 그러므로 오늘 우리가 단기간의 상급을 추구하게 되면 장기간의 보상을 잃어버리게 된다(마 6:1-18). 진정으로 우리의 유익을 바란다면 하늘나라에서 상급받기를 추구해야 한다.

이 세상이 편한가?

말씀은 우리의 정체성과 이 땅에서의 역할을 알려 준다.

> 우리의 시민권은 하늘나라에 있고 이 땅에 있지 않다(빌 3:20).
> 우리는 이 땅에서 그리스도를 대표하는 사신이다(고후 5:20).
> 우리는 이 땅에서 외국인이고 방문자이고 순례자이다(히 11:13).

이 말씀은 기복신앙에 정면으로 도전할 뿐 아니라, 이 세상에서 편한 삶을 추구하게 하는 일부 복음주의자들의 가르침과 설교, 책 등과도 많은 부분 대치된다. 야고보는 세상을 좋아하는 것에 대한 위험을 이렇게 경고한다. "간음한 여인들아 세상과 벗된 것이 하나님과 원수 됨을 알지 못하느냐 그런즉 누구든지 세상과 벗이 되고자 하는 자는 스스로 하나님과 원수 되는 것이니라"(약 4:4).

미국에 적대적인 나라에 미국의 대사로 파견된 사람을 상상해 보자. 그는 자연스럽게 새로 부임한 장소에 대해 알고 싶어 하고, 그곳의 명소들을 찾아가고, 그곳의 사람들과 문화에 친근해지려고 노력할 것이다. 그런데 그 생활에 너무나 익숙해져 미국보다 그 나라를 더 조국처럼 여기기 시작했다고 가정해 보자. 이제 그의 충성심이 흔들리게 된다. 그는 점차적으로 미국 대사라는 자신의 신분을 잊어버린다. 그는 자기 조국의 최고 이익을 대변하기에 적합하지 못하다. 그의 충성심은 다른 곳으로 옮겨 가고 결국 그는 조국에 필요 없는 사람이 되어 조국을 배신하고 만다.

베드로는 "외모로 보시지 않고 각 사람의 행위대로 심판하시는 이를 너희가 아버지라 부른즉 너희가 나그네로 있을 때를 두려움으로 지내라"(벧전 1:17)고 기록하고 있다. 그리고 "사랑하는 자들아 거류민과 나그네 같은 너희를 권하노니 영혼을 거슬러 싸우는 육체의 정욕을 제어하라"(벧전 2:11)고 권면 했다. 우리는 이 땅에서 나그네와 이방인으로 살아간다. 우리는 이 땅이 편해져서도 안 되고, 가야 할 나라에 쓸모없는 사람이 되어서도 안 된다. 그러면 우리 또한 배신자가 되는 것이다.

우리의 몸은 영원한 영혼이 일시적으로 생활하는 '장막'이다(벧후 1:13). 바울은 영원한 삶과 그것의 그림자밖에 되지 않는 이 세상에서의 짧은 시간을 대조하고 있다. "이 장막에 있는 우리가 짐진 것 같이 탄식하는 것은 벗고자 함이 아니요 오히려 덧입고자 함이니 죽을 것이 생명에 삼킨 바 되게 하려 함이라"(고후 5:4)

히브리서 저자는 순례자가 되는 것이 어떤 의미인지를 이렇게 설명한다.

> "믿음으로 아브라함은 부르심을 받았을 때에 순종하여 장래의 유업으로 받을 땅에 나아갈새 갈 바를 알지 못하고 나아갔으며 믿음으로 그가 이방의 땅에 있는 것 같이 약속의 땅에 거류하여 동일한 약속을 유업으로 함께 받은 이삭 및 야곱과 더불어 장막에 거했으니 이는 그가 하나님이 계획하시고 지으실 터가 있는 성을 바랐음이라"(히 11:8-10).

11장 _ 순례자 영성

아브라함은 어디로 갈지 몰랐지만 누가 함께 가시는지 알았다. 그는 이 땅에서 약속을 받지 못하더라도 영원의 세계에서 성취될 것을 믿었다. 인간보다 우주를 만드신 분이 훨씬 뛰어나듯이, 그를 기다리는 도시는 세상의 도시보다 훨씬 뛰어나리란 것을 알았다. (구약의 위대한 성도들은 일시적인 것 너머에 있는 영원한 것을 보았고, 그런 그들의 믿음은 믿는 자의 모범이 되었다.)

> "이 사람들은 다 믿음을 따라 죽었으며 약속을 받지 못했으되 그것들을 멀리서 보고 환영하며 또 땅에서는 외국인과 나그네임을 증언했으니 그들이 이같이 말하는 것은 자기들이 본향 찾는 자임을 나타냄이라 그들이 나온 바 본향을 생각했더라면 돌아갈 기회가 있었으려니와 그들이 이제는 더 나은 본향을 사모하니 곧 하늘에 있는 것이라 이러므로 하나님이 그들의 하나님이라 일컬음 받으심을 부끄러워하지 아니하시고 그들을 위하여 한 성을 예비하셨느니라"(히 11:13-16).

믿음은 우리가 추구하는 것을 지금 얻는다고 말하지 않는다. 이것이 궁극적인 축복보다 즉각적인 축복을 요구하는 수단으로 믿음을 이용하는 기복신앙과 뚜렷하게 대조된다. 그리스도를 따르는 것은 영원한 상급을 멀리서 바라보고 기대하는 것이다. 위대한 믿음의 사람은 세상이 주는 어떤 것보다 가치 있는 그들의 나라 곧 하나님 나라를 바라보았다.

만약 그들이 세상에서 자신의 소유나 부동산에 집착했더라면, 하늘나라에서의 진정한 재산을 포기할 수밖에 없었을 것이다. 히브리서 11장의 '믿음의 명예의 전당'에 기록된 위대한 성도들이 기복신앙을 가졌더라면, 우리는 그들의 이름을 기억할 리 없었을 것이다. 하지만 그들은 하늘나라를 갈망했다. 그들은 하늘나라에 그들의 시선을 고정하고 살았기 때문에 하나님은 그들을 기뻐하셨고, 너무나 기뻐셔서 그들을 위해 한 도성을 예비하셨다(히 11:16).

모세 또한 영원한 세계를 분명히 인식하며 살았다.

"믿음으로 모세는 장성하여 바로의 공주의 아들이라 칭함 받기를 거절하고 도리어 하나님의 백성과 함께 고난 받기를 잠시 죄악의 낙을 누리는 것보다 더 좋아하고 그리스도를 위하여 받는 수모를 애굽의 모든 보화보다 더 큰 재물로 여겼으니 이는 상 주심을 바라봄이라 믿음으로 애굽을 떠나 왕의 노함을 무서워하지 아니하고 곧 보이지 아니하는 자를 보는 것 같이 하여 참았으며"(히 11:24-27).

모세는 영원히 지속될 즐거움과 소유물을 바랐기 때문에, 지속되지 않을 즐거움과 소유물을 버릴 수 있었다. 그는 이집트의 보물에 등을 돌리고 하늘나라의 보물을 추구했다. 그는 이집트의 왕을 두려워하지 않고, 하늘나라의 왕을 두려워했다.

순례자, 그의 돈과 소유

레위인은 세상적인 유산이 없었는데 그 이유는 하나님 자신이 그들의 유산이었기 때문이다(신 18:1-2). 그리스도인은 "너희는 택하신 족속이요 왕 같은 제사장들이요 거룩한 나라요 그의 소유가 된 백성"(벧전 2:9)이다. 제사장에게 세상적인 유산이 없었던 것처럼 새 언약에 따라 제사장이 된 우리도 마찬가지다. 우리는 왕이면서 제사장이다. 우리는 "자녀이면 또한 상속자 곧 하나님의 상속자요 그리스도와 함께 한 상속자"(롬 8:17)이며, 우리는 "썩지 않고 더럽지 않고 쇠하지 아니하는 유업을 잇게 하시나니 곧 너희를 위하여 하늘에 간직하신 것"(벧전 1:4)을 소유했다.

이 땅에서 많이 가지면 가질수록, 우리가 하늘나라 시민인 것과 우리의 유산이 그곳에 있음을 잊기 쉽다. 그러나 순례자는 얽매이지 않는다. 순례자는 많이 가지면 그것이 방해가 되고 짐이 된다는 것을 너무나 잘 알고 있기 때문이다. 물질적인 것이 순례자에게 가치가 있다면, 그것은 사명에 도움을 주는 한도 내에서이다. *만일 당신이 도보나 자전거로 여행한다고 할 때 소유물에 대한 당신의 태도는 어떠하겠는가?* 소유물을 미워하거나 악하다고 생각할 필요는 없지만, 전략적으로 그것을 선택할 필요는 있다. 불필요한 것이 당신의 여행을 방해하거나 심지어 중단하게 만들 수 있다.

많은 사람들이 한 장소에 머무르다 보면 자연스럽게 집을 사고, 창고를 짓고, 가구나 연장과 사업을 소유하게 된다. 이것은 잘못된 것이 전혀 아니다. 그렇지만 우리는 물질에 대해서 순례자의 정신을 지향해야 한다. 우리는 집을 소유하지 않고도 머무르며 소유한 듯 살 수 있어야 한다. 많은 제자들이 그랬던 것처럼 예수님이 우리를 인도하시면, 뒤돌아 보지 않고 농토, 사업, 집을 떠날 수 있어야 한다.

미국 역사 초기의 노예들은 순례자 정신을 잘 이해했다. 그들은 그 어떤 소유물과 권리도 없이 하늘나라를 위해 살았다. 이러한 중심 사상이 그들의 영적인 삶에 스며들어 있다. "나는 집에서 멀리 떠나 길을 가는 가난한 나그네, 오래지 않아 세상의 모든 수고를 마치게 되면, 하나님과 함께 살 고향으로 갈 것이다"라고 그들은 노래했다. 또한 "아름다운 마차야, 내게로 내려와 나를 고향으로 데려가 줘"라고 노래했다. 그들은 이 땅이 아니라 하늘나라가 고향인 것을 알았다.

부유함은 현재의 세상에 뿌리박게 만든다. 재정적인 책임과 빚은 박힌 쇠사슬처럼 우리의 발을 묶어 땅에 고정시킨다. 또한 다른 곳에서 그분을 섬기라는 하나님의 부르심에 반응하지 못하게 만들 수도 있다. 하나님이 집이나 직장, 혹은 나라를 떠나라고 부르실 일이 결코 없을 수도 있다. 그러나 만일 그렇게 말씀하신다면 "예"라고 대답할 준비가 항상 되어 있어야 한다. 그렇지 않으면, 우리를 향하신 하나님의 계획을 알 수 없다. 우리의 삶에 일어나는 수많은 일들의 숨겨진 의미를 이해하지 못할 수 있다.

우리의 삶을 드리지 못하게 하는 여러 가지 방해물이 있다. 불신앙, 불안정, 교만, 우상 숭배, 지배하고 통제하려는 욕구 등 물밀듯이 밀려오는 이런 문화의 흐름을 거슬러 올라가기가 너무 어렵다. 그래서 주는 것보다 쥐고 있는 것이 훨씬 나은 것처럼 느껴지는 것이다. 내가 확신하기에 주는 것의 가장 큰 방해물은 이 땅을 마지막 종착지라고 여기는 것이다. 그래서 이 세상이 자신의 진정한 고향이라고 생각하는 사람은 자연스럽게 여기에다 보물을 쌓으려 하는 것이다. 결국 "당신의 고향은 어디냐?"라는 질문으로 모든 것이 구별된다. 그리스도인에게는 하나님이 분명한 해답을 주셨다. 당신은 그 해답대로 살 것인가, 아니면 그 해답을 따르지 않겠는가?

순례자 정신이 금욕주의를 조장하는가?

순례자 정신은 금욕주의와 다르다. 순례자 정신은 세상을 비뚤어지고 냉소적으로 바라보지 않는다. 오히려 물질만능주의자가 세상을 냉소적으로 본다. 이들은 이 세상에서 진정한 만족을 얻지 못한다. 창조물의 기쁨과 경이로움을 풍성하게 감사하지 못한다. 창조주의 솜씨를 모든 곳에서 볼 수 있고, 자연의 아름다움을 진정으로 볼 수 있는 사람은 하나님을 믿는 사람이다. 어떤 사람도 창조주를 아는 사람보다 더 창조물에 대하여 감사할 수 없다. 좋은 음식을 만든 사람보다 더 그 음식에 대하여 감동하고 감사하는 사람은 없다. 결혼이 의미하는 높은 실체(엡 5:31-32)를 이해하는 사람보다 더 결혼을 즐기는 사람은 없다.

이 세상을 사랑하는 사람은 하나님이 주신 최고의 것을 결코 얻지 못한다. 세상이 그들의 공허함을 채워 주길 원하지만, 곧 환멸을 느낄 뿐이다. 순례자 정신을 가진 그리스도인은 세상에 대해 이러한 환상을 가지지 않는다. 그들은 하나님이 만드신 웅장한 자연을 있는 그대로 감사하며 살아간다. C.S. 루이스는 "나는 이 세상, 그 이상의 것을 더 사랑하기 때문에, 다른 것을 모르는 사람보다 이 세상을 더 사랑할 수 있다"라고 말했다.

나는 여행할 때, 고향을 떠오르게 하는 장소를 만나면 특별한 기쁨을 느낀다. 마찬가지로 순례자의 가장 큰 기쁨 중 하나는, 이 세상에서 하늘나라를 떠오르게 하는 것을 발견하는 순간이다. 그들은 하늘나라를 보지 못했지만 그곳에 대해 알고 그곳을 소원한다. 그들은 사랑하는 구세주가 그들을 위해 집을 준비하고 계시다는 확신 속에 기쁘게 살아간다(요 14:2-3).

진정한 의미에서 그리스도인 순례자는 두 세상의 장점을 충분히 누린다. 그들은 이 세상이 다가오는 세계를 상기시켜 줄 때마다 기뻐할 것이고, 그렇지 못할 때마다 위로를 받을 것이다. 그들은 이 세상의 최악의 일들 - 슬픔, 고통, 죽음, 눈물 등 - 이 영원히 사라지는(계 21:4) 새 하늘과 새 땅을 사모한다. 또한 다가오는 세계에는 이 땅의 최고의 요소들 -

사랑, 기쁨, 경이로움, 예배, 아름다움 등 – 이 더 완전하게 존재할 것임을 알고 있다. C.S. 루이스는 "하늘나라를 목표로 하면, 그곳의 땅을 얻을 것이다. 그러나 이 땅을 목표로 하면, 둘 다 얻지 못할 것이다"라고 말했다.

C.S. 루이스가 쓴 나니아 연대기 시리즈의 마지막 책인 「마지막 전투」(The Last Battle)에서, 아슬란의 나라에 도착한 전설의 동물 제웰은 이렇게 외친다. "드디어 고향에 왔다! 이곳이 나의 참된 나라이다! 나는 여기에 속해 있다. 나는 이 땅을 내 온 삶을 통해 찾았다." 사람들이 나니아 연대기를 지금까지 사랑하는 이유는, 세상이 이처럼 보일 때가 종종 있기 때문일 것이다.

소유하기를 열망함

"너희가 갇힌 자를 동정하고 너희 소유를 빼앗기는 것도 기쁘게 당한 것(이유)은 더 낫고 영구한 소유가 있는 줄 앎이라"(히 10:34). 이것이 혹독한 역경 속에서 단련된 그리스도인의 소유에 대한 태도다.

만일 하나님의 사람들은 개인 재산에 전혀 가치를 부여하지 않는다는 결론을 내린다면, 그것은 잘못 이해한 것이다. 그렇지 않다. 이 땅의 재산을 '기쁘게' 포기하는 정확한 이유는 '더 낫고 영구한' 참된 재산에 가치를 두고 있기 때문이다.

그들은 이 땅의 물질은 언젠가 녹이 슬고, 썩고, 도적질 당할 것을 알았다(마 6:19-21). 그것을 잘 유지하기 위해 애태우더라도, 결국 파멸될 것을 알았다. 성경은 그 파멸을 구체적으로 지적하면서 다음과 같이 약속한다.

"그러나 주의 날이 도둑 같이 오리니 그 날에는 하늘이 큰 소리로 떠나가고 물질이 뜨거운 불에 풀어지고 땅과 그 중에 있는 모든 일이 드러나리로다 이 모든 것이 이렇게 풀어지리니 너희가 어떠한 사람이 되어야 마땅하냐 거룩한 행실과 경건함으로 하나님의 날이 임하기를 바라보고 간절히 사모하라 그 날에 하늘이 불에 타서 풀어지고 물질이 뜨거운 불에 녹아지려니와 우리는 그의 약속대로 의가 있는 곳인 새 하늘과 새 땅을 바라보도다 그러므로 사랑하는 자들아 너희가 이것을 바라보나니 주 앞에서 점도 없고 흠도 없이 평강 가운데서 나타나기를 힘쓰라"(벧후 3:10-14).

여기서 그리스도의 다시 오심을 준비하는 생활 방식을 배울 수 있다. 예수님은 이 세상에 푹 빠지지 않고 "주의 나타나심을 사모하는"(딤후 4:8) 사람에게 특별한 보상을 약속하셨다.

예수님은 밤의 도둑처럼 갑자기 오시겠다고 여러 번 말씀하셨다. 바울은 이를 유추해서 "형제들아 너희는 어둠에 있지 아니하매 그날이 도둑 같이 너희에게 임하지 못하리니"(살전 5:4)라고 말했다. 다시 말해 그리스도의 갑작스런 재림이 이를 준비하는 사람에게는 별로 놀랄 일이 아니라는 것이다.

도둑이 의도하는 것은 보물을 훔쳐서 피해자를 가난하게 만드는 것이다. 이처럼 그리스도의 재림도 세상에 있는 보물을 가져가 우리를 더 가난하게 만들 것이다. 그러나 우리가 보물을 하늘나라에 쌓으면 그 보물은 도둑 맞지 않고 하늘나라에 영원히 보관될 것이다. 그리스도께서 이렇게 말씀하신 이유는, 신실한 성도는 그분이 다시 오실 때 더 가난하게 되는 것이 아니라 굉장히 부하게 될 것이기 때문이다!

히브리서 저자는 하늘나라에 시선을 고정한 성도가 직면하게 될 고난에 대해 기록하며(히 11:35-40) 이렇게 도전한다.

"이러므로 우리에게 구름 같이 둘러싼 허다한 증인들이 있으니 모든 무거운 것과 얽매이기 쉬운 죄를 벗어 버리고 인내로써 우리 앞에 당한 경주를 하며 믿음의 주요 또 온전하게 하시는 이인 예수를 바라보자 그는 그 앞에 있는 기쁨을 위하여 십자가를 참으사 부끄러움을 개의치 아니하시더니 하나님 보좌 우편에 앉으셨느니라"(히 12:1-2).

히브리서 저자는 우리를 얽매는 죄뿐만 아니라 우리를 방해하는 것에 대해서도 관심을 가지고 있다. 어느 누구도 텔레비전이나 라디오, 컴퓨터, 안락의자를 들고 경주에 나설 수 없다. 일단 경주에 나서면 모두 버려야 한다. 이것들에 마음이 뺏기지 않을 때에만 이것들을 안전하게 소유할 수 있다. 그렇지 않으면 코스에서 벗어나거나 경주를 포기하게 될 것이다.

믿음의 순례자들은 하늘나라를 바라본다. 그들은 그들을 결코 외면치 않을 분명한 '소망'에서 눈을 떼지 않는다. 그들은 돈과 소유를 하늘왕국의 유용한 도구로 본다. 반면 그들에게 돈과 소유는 신뢰를 주고 다가올 대재앙을 견디기에는 너무 연약한 대상이다.

히브리서 기자는 하늘나라가 아닌 이 세상의 관점으로 살라는 유혹을 받는 성도들에게 한 가지를 더 상기시킨다. "우리가 여기에는 영구한 도성이 없으므로 장차 올 것을 찾나니"(히 13:14). 어느 찬송가 작사자는 이를 다음과 같이 아름답게 표현했다.

"당신의 눈을 예수께 돌려라

그분의 광채 나는 얼굴을 바라보라

이 땅의 모든 것은

그분의 영광과 은혜의 빛 안에서

점점 빛을 잃어갈 것이다."

기억상실증에 걸린 신데렐라

우리는 보다 위대한 목적을 위해 서로 영감을 주고, 격려하고, 도전하면서 끈끈한 관계를 가질 필요가 있다. 이것이 바로 하나님의 말씀을 가르치고, 하나님의 아들을 예배하는 교회의 일원이 되어야 하는 이유이다(히 10:25). 히브리서는 오늘날의 교회가 그리스도의 몸과 여러 세대에 걸친 믿음의 영웅들의 유산을 추적할 수 있음을 보여 준다.

마이클 그리피스는 「하나님의 잃어버린 순례자」(God's Forgetful Pilgrims)에서 오늘날의 교회가 그리스도 안에 있는 정체성을 잃고, 세상의 대체품에 안주해버렸다고 지적한다. 내가 이 책의 원본을 우연히 발견했을 때, 그 제목은 더 충격적이었다. 「기억상실증에 걸린 신데렐라」(Cinderella with Amnesia). 우리는 왕이신 하나님의 귀한 자녀다. 그리고 그분의 편에서 다스리도록 선택받았다(벧전 2:9). 그런데 기억상실증에 걸린 신데렐라처럼 하늘나라의 보물을 잊어버리고 세상에 매달려 간신히 살아가고 있는 것이다.

오즈의 땅을 뒤로하고 캔자스로 돌아온 도로시는 "고향 같은 곳은 없어요"라고 말했다. 이것은 사실이다! 그러나 우리는 얼마나 쉽게 우리의 진정한 고향이 어디인지 잊고 사는가! 그리스도인은 죽을 때 고향을 떠나는 것이 아니다. 고향에 가는 것이다. "우리가 담대하여 원하는 바는 차라리 몸을 떠나 주와 함께 거하는 그것이라"(고후 5:8). 우리의 진정한 고향은 우리가 결코 가 보지 못한 곳이란 역설을 생각해 보라! (그곳에 가보았다면 여기에서 살고 싶은 사람이 없을 것이다.) 고향은 우리 하늘 아버지가 사시는 곳이다. 우리는 이 땅의 임시 거주지에서 아버지의 사업을 하며 만족할 수는 있어도, 완전히 고향처럼 편하게 살 수는 없다. 어떻게 이 땅에서 진정한 고향을 바라며 살 수 있을까? C.S. 루이스는 이렇게 말한다. "우리 아버지는 인생의 여행길에 있는 몇몇 분위기 있는 여관에서 우리를 기분 좋게 만드시지만, 우리가 그곳을 고향이라고 착각하는 것은 원치 않으신다." 우리의 진정한 고향이 이 땅보다 훨씬 좋고, 그곳의 영적인 가족이 더 아름답고, 신랑 되신 주님과의 재회의 날이 우리를 기다리고 있다는 것을 기억하라. 그날을 간절히 바라라.

3
'돈과 소유'의 드림과 나눔

MONEY · POSSESSIONS · ETERNITY

Chapter 12
십일조 : 드림 훈련의 시작점

"유대인은 의무적으로 십일조를 바쳤다. 하지만 모든 소유를 주님께 양도한 그리스도인은 더 큰 것을 바라므로 십일조만 드리려 하지 않는다."(이레네우스)

"십일조는 빚처럼 의무였다. 그래서 십일조를 하지 않는 사람은 마치 도둑질한 것처럼 죄책감을 느꼈다. 그러나 하늘나라의 보상을 바란다면 먼저 십일조를 드리고, 남은 것도 나누어라."(성 어거스틴)

린든 B. 존슨 전 미 대통령의 백악관 집무실 벽에는, 샘 휴스턴 장군이 존슨 대통령의 증조부 조지 베인즈에게 백 년도 더 전에 보낸 편지가 액자에 걸려 있었다. 베인즈는 휴스턴을 그리스도께로 인도했고, 휴스턴은 완전히 바뀌어 부드러운 사람이 되었다. 휴스턴 장군은 세례를 받은 후, 자신이 목사의 사례비를 절반 부담하겠다고 약속했다. 그 이유를 묻자 그는 이렇게 대답했다. "내 지갑 또한 세례를 받았기 때문입니다." 휴스턴은 그에게 주신 하나님의 은혜를 나눔을 통하여 증명했다.

크리스천청지기연합(The Christian Stewardship Association)에 따르면, 1899년에 '십일조와 체계적인 비율에 따른 드림'(Tithing and Systematic Proportionate Giving)이란 주제의 서적이 500권 이상 발행되었다고 한다. 오늘날 수많은 기독교 서적이 출판된다. 그러나 돈과 관련된 주제를 담은 책은 거의 없다. 있다고 해도 성경적이지 않는 경우가 대부분이다. 신학교에도 선택이든 필수이든 청지기직이나 나눔을 집중해서 다루는 과목이 없다. 그러므로 목사들은 그리스도인의 삶에 이처럼 중대한 주제에 대해 훈련받을 기회가 거의 없는 것이다.

삶은 점점 부요해지는데 나눔을 주제로 한 설교는 점점 줄고 있다. 아마도 이것이 과거 30년 동안, 그리스도인의 소득 대비 헌금 비율이 계속 감소한 이유일 수 있다. 대공황 시대와 비교해 보더라도 미국인들의 헌금액은 그때보다 줄었다.

3부에서는 '주는 것과 나누는 것'에 대한 성경의 가르침을 살펴보고자 한다. 그런 뒤 교회와 사역 단체가 어떻게 자금을 모으고 사용하는지 살펴볼 것이다.

십일조의 의미

십일조를 언급하는 것은 율법주의를 선전하려는 의도가 아니다. 하나님이 그것을 만드셨기 때문이다. 초대 교회의 많은 성도들은 십일조보다 훨씬 더 많이 드렸다. 하지만 유대 가정에서 성장한 대부분의 성도들은 십일조의 원리가 믿음과 생활에 깊이 배어 있었다.

"땅의 십분의 일 곧 그 땅의 곡식이나 나무의 열매는 그 십분의 일은 여호와의 것이니 여호와의 성물이라"(레 27:30). 십일조는 '주님께 속한 것'이지 사람에게 속한 것이 아니다. 그것은 특정한 것에만 해당되는 것이 아니라 '모든 것'에 적용된다. 십일조는 '거룩한' 것으로 하나님께 드리기 위해 따로 구별되었고, 다른 목적으로 사용될 수 없다.

십일조라는 단어는 '10분의 1'이란 뜻이다. 그러나 종종 잘못 이해되는 경우가 있다. 한 달에 2천 달러를 버는 사람이 50달러를 십일조로 드린다고 말한다. 하지만 그가 드려야 할 십일조는 2백 달러다. 소득의 2퍼센트나 4퍼센트, 혹은 6퍼센트를 드릴 수 있지만 그것은 온전한 십일조가 아니다. 유대인들은 10퍼센트보다 적게 드리는 것을 '하나님의 것을 도적질하는' 행위라고 경고했다. 그 이유는 십일조는 하나님께 속한 것이기 때문이다.

> "사람이 어찌 하나님의 것을 도둑질하겠느냐 그러나 너희는 나의 것을 도둑질하고도 말하기를 우리가 어떻게 주의 것을 도둑질했나이까 하는도다 이는 곧 십일조와 봉헌물이라 너희 곧 온 나라가 나의 것을 도둑질했으므로 너희가 저주를 받았느니라 만군의 여호와가 이르노라 너희의 온전한 십일조를 창고에 들여 나의 집에 양식이 있게 하고 그것으로 나를 시험하여 내가 하늘 문을 열고 너희에게 복을 쌓을 곳이 없도록 붓지 아니하나 보라"(말 3:8-10).

하나님은 "온전한 십일조를 창고에 들이라"고 하셨지 일부만 가져오라고 하지 않으셨다. 유대인은 *십일조를 '총액'에서가 아닌 '실수령액'에서 해도 되는지 묻지 않았다.* 하나님이 공급하신 모든 것의 10퍼센트는 그분께 속한 것이었다.

실제로 유대인에게는 세 가지 십일조가 있었다. 첫 번째는 제사장과 레위인을 돕는 십일조였고(민 18:21,24), 두 번째는 거룩한 축제를 위한 십일조(신 12:17-18,14:23), 세 번째는 고아와 과부, 가난한 사람을 돕는(신 14:28-29,26:12-13) 십일조였다.

레위인과 축제를 위한 십일조는 영속적인 십일조였지만, 가난한 사람을 위한 십일조는 2년마다 드렸다. 이 세 가지를 계산해 보면 매년 소득의 23퍼센트를 드리는 셈이다. 당시 이스라엘은 영적인 공동체이자 국가였으므로, 이것은 오늘날 우리가 내는 세금과 성격이 비슷했다. 그러나 첫 번째, 가장 기본적인 십일조는 종교적인 목적을 위해 드렸다. 그리고 이 십일조는 영적인 지도자가 하나님의 부르심을 따라 맡겨진 일을 잘 수행하도록 필요한 자원을 공급하는 구체적인 목적이 있었다.

십일조는 모세의 율법 훨씬 이전부터 시작되었다. 아브라함은 대제사장 멜기세덱에게 십일조를 드렸고(창 14:20), 야곱은 하나님께 십일조를 약속했다(창 28:22). 아마 아벨, 에녹, 노아도 십일조를 드렸을 것이다. 고대 중국이나 그리스, 로마, 아라비아 사람과 마찬가지로 이집트, 갈대아, 앗시리아 사람들도 모두 자기 신들에게 십일조를 바친 기록이 있다.

첫 수확

"네 재물과 네 소산물의 처음 익은 열매로 여호와를 공경하라"(잠 3:9). 이스라엘 백성들은 1년에 세 번씩 첫 수확의 헌물을 주님 앞에 가져갔다. 하나님은 "빈손으로 내 앞에 나오지 말지니라"(출 23:15)고 하셨다. 첫 수확의 헌물은 포도원에서 첫 번째 생산한 수확(레 19:23-25)과 곡식, 포도주, 올리브 오일, 양털 등 그해 첫 산물을 포함한다(출 23:16,34:22 ; 신 18:4). 모든 생산품의 첫 번째 것은 주님께 속했으며(대하 31:5) 첫 수확의 상당 부분은 종교 지도자들과 그들의 사역에 쓰였다(민 18:12).

첫 수확을 드린다는 것은 다음과 같은 선언을 하는 것이다. "우리는 주님께 우리의 첫 수확, 가장 좋은 것을 드립니다. 왜냐하면 모든 좋은 것이 주님께로부터 왔음을 알기 때문입니다."

'십일조'는 헌금의 양을 나타내고, '첫 수확'은 헌금의 속성을 의미한다. 이스라엘에서는 여러 유형의 생산물을 자연스럽게 십일조로 드렸고, 돈에도 같은 원리를 적용했다. 하나님이 허락하신 첫 수확의 10퍼센트는 반드시 그분께 돌려드려야 한다. 하나님이 수확의 공급자이시기 때문이다.

첫 수확의 헌물은 '하나님의 소유권'을 상기시킨다. 하나님은 모든 삶과 축복의 원천이시다. 부모는 그들이 십일조를 드리는 행위를 통해 하나님께 무한한 빚을 지고 있음을 자녀들이 이해하길 원했고, 예배하는 마음으로 드림으로써 오직 그분만을 경외하면서 성장하기를 원했다. 또한 첫 수확의 헌물은 "하나님이 남은 수확도 책임져 주실 것을 신뢰합니다"라는 상징적 표현이었다. 하나님은 첫 수확의 일부를 남겨 놓거나 가장 좋은 것을 드리지 않았을 때 진노하셨다. 홉니와 비느하스는 자기들이 먼저 원하는 것은 취하고 주님께는 남은 것을 드렸다(삼상 2:12-16). 성경은 "그들의 죄가 주님 앞에서 너무 컸다"라고 말한다. 하나님은 하늘에서 불을 보내 그들과 그들에게 속한 모든 것을 불사르셨다. 하나님께 속한 것을 갖고 싶은 유혹을 받는다면 홉니와 비느하스를 기억할 필요가 있다.

첫 열매의 속성은 '가장 좋은 것에서' 취한 것이다. 최고의 것과 첫 번째 것, 이 두 가지를 만족시켜야 한다. 수확을 하거나 소득이 생기자마자 주님께 드려야 한다. 보관하거나 숨기거나 몰래 축적하거나 다른 방법으로 나누지 않아야 한다. 최고의 것은 자신이 갖고, 남은 것은 주께 드린 이스라엘 백성들은 하나님의 심판을 받았다. 그분이 받을 만한 것을 주님께 드리는 것이 바로 믿음을 측정하는 바로미터다. 이스라엘이 영적으로 타락했을 때, 그들은 하나님께 드리는 것을 중단했다. 그리고 타락의 길로 들어섰다. 오늘날의 십일조에 대한 논쟁과 상관없이 이러한 드림의 원리는 시대를 초월하여 동일하게 적용된다.

자원하는 헌금

십일조는 하나님의 것으로 인식해야 한다. 그러므로 십일조는 하나님께 '드리는 것'이지 '보답하는 것'이 아니다. 이것이 구약 성경이 십일조와 첫 열매를 '가져오다', '획득하다', '바치다' 심지어는 '지불하다'라고 표현한 이유이다. 이것은 선택 사항이 아니었다. 원하든 원하지 않든 이스라엘 백성들은 십일조와 첫 열매를 주님께 바쳤다.

구약 성경에는 '즐거이 드리는 것'을 강조하고 있다(레 22:18-23 ; 민 15:3 ; 신 12:6,17). "마음에 자원하는 … 여호와께 자원하여 드린 예물이니라"(출 35:29). 이것은 자발적인 헌금이었다. 엄밀하게 말해 십일조는 하나님께 '빚을 상환하는 것'이므로 진정 자원해서 드리는 것이 아니었다.

성전을 재건축할 때 이스라엘 백성들은 즐거이 드리는 헌금을 요청 받았다(스 1:4,1:6,3:5,7:16,8:28). 이러한 헌금은 '원하는 대로' 혹은 '인도하심을 받은 대로' 드리는 것이다. "그 마음이 하나님께 감동을 받고 올라가서 예루살렘에 여호와의 성전을 건축하고자 하는 자가 다 일어나니 그 사면 사람들이 은그릇과 금과 물품들과 짐승과 보물로 돕고 그 외에도 예물을 기쁘게 드렸더라"(스 1:5-6).

우리는 구약 성경이 따분하고 지켜야 할 의무로만 가득 찬 율법주의를 가르친다고 잘못 생각하기 쉽다. 하지만 이스라엘 백성들은 '드리는 재미'에 붙잡혀 있었다.

"성소의 모든 일을 하는 지혜로운 자들이 각기 하는 일을 중지하고 와서 모세에게 말하여 이르되 백성이 너무 많이 가져오므로 여호와께서 명령하신 일에 쓰기에 남음이 있나이다 모세가 명령을 내리매 그들이 진중에 공포하여 이르되 남녀를 막론하고 성소에 드릴 예물을 다시 만들지 말라 하매 백성이 가져오기를 그치니 있는 재료가 모든 일을 하기에 넉넉하여 남음이 있었더라"(출 36:4-7).

이 말씀의 초점은 헌금의 양이나 목적이 아닌 각 사람들의 '자발성'에 있다. 의무적인 십일조를 완전히 넘어서는 자발적인 드림이었다. 구약 성경은 십일조만 얘기하고 있다고 단정 짓는 사람들은, 이러한 드림의 자발성을 무시한다. 하지만 분명히 그렇지 않다.

하나님은 그분의 백성이 십일조를 즐거운 마음으로 드리길 원하셨지만, 그 마음까지 제한하지는 않으셨다. 하나님의 은혜에 대한 감격이 있을 때 우리는 기쁨으로 즐거이 드릴 수 있다.

그때, 어떤 결과가 생기는지 출애굽기 36장을 보면 잘 나와 있다. 필요가 다 채워졌는데도 사람들은 기쁨에 겨워 계속 드렸다. 그들은 드림 자체가 자신에게 도움이 된다는 것을 알고 있었다. 이는 논리를 뛰어넘는 예배의 행위였다. 그들은 어린아이같이 열정적으로 드렸다. "아빠, 제발 계속 드릴 수 있게 해주세요." 드림으로 인한 기쁨이 전염성이 있는 것처럼 드리는 것 자체도 전염성이 있다.

그들이 재산의 몇 퍼센트를 드렸는지는 모르지만 하나님이 허락해 주신 재산에 따라 90퍼센트 이상을 드린 사람도 있을 것이다. 성령님이 거주하지 않던 구약 시대에도 이런 일이 일어났는데, 하물며 성령님이 거주하시는 은혜의 시대를 살고 있는 우리는 얼마나 더 자발적으로 드리기를 열망해야 하는가? 그런데 왜 오늘날의 그리스도인들은 드림에 인색한가? 알 뮬러는 이렇게 말한다. "하나님의 소유권을 배우지 않으면, 매년 소득의 20-30퍼센트 정도를 드리며 스스로에게 만족하고 나머지는 자신이 원하는 대로 사용할 것입니다. 그러나 하나님의 소유권을 알고 나면, 내 것이 아닌 내게 맡기신 것을 드린다는 사실을 늘 기억하려고 애쓸 것입니다. 우리는 청지기 정신과 영원의 관점을 갖도록 노력해야 합니다."

초대 교회 성도들이 기쁨으로 하나님을 예배하고, 도움이 필요한 이들에게 즐거이 자신의 소유를 나누었을 때, 사람들은 그들이 술 취했다고 생각했다. 하지만 그들은 전혀 다른 영향권, 바로 하나님의 성령 아래 있었다. 그들의 모습을 통해 누군가는 예수님을 영접했을 것이다. 누군가 내게 이런 말을 한 기억이 있다. "어느 믿지 않는 부부가, 저희가 얼마나 기쁘게 나누는지, 또 얼마나 변화되었는지 보게 되었어요. 그래서 그리스도를 알기도 전에 그들도 드리기 시작했어요. 그들은 드림의 기쁨을 보았고, 누리고 싶어 했어요."

어떤 비그리스도인은 드리는 것을 비이성적인 것으로 간주해 거들떠보지도 않는다. 이런 일이 비그리스도인 변호사나 재정 상담가에게 상담 받는 그리스도인에게도 일어날 수 있다. 그리스도인이 하나님께 드리는 금액을 늘리길 원한다고 말하면, 그들은 지혜롭지 못하다고 반응한다. 인간적인 기준에서 보면 그것은 이치에 맞지 않는다. 그렇지만 하나님의 기준은 다르다. 그래서 우리는 하나님의 영이 드리도록 인도할 때, 그것을 반대하지 않고 격려해줄 수 있는 상담가를 두어야 한다.

구약의 드림

우리는 "십일조를 내도록 인도하시는 것 같다"고 말하거나 "주님, 제가 첫 열매를 드리기 원하세요?"라고 말할 필요가 없다. 정답은 이미 성경에 나와 있다. 자발적인 헌금은 첫 열매 이후에 시작된다. 십일조는 드림의 상한선이 결코 아니다. 최저 한도일 뿐이다. 그것은 출발선이다. 하나님의 자녀는 그것 위에 더 드리고, 기회가 생기면 훨씬 더 많이 드린다. 십일조는 순종을 보여 준다. 자발적인 드림은 곧 하나님을 향한 사랑과 기쁨과 예배의 표현이다. '드림의 은혜'를 통해 불평하는 사람과 슬픔에 잠긴 사람이 기쁨의 예배자로 변화되었고, 이와 동일한 일이 오늘날의 교회에서도 일어난다.

다윗은 "성전을 위하여 준비한 이 모든 것 외에도 내 마음이 내 하나님의 성전을 사모하므로 내가 사유한 금, 은으로 내 하나님의 성전을 위하여 드렸노니"(대상 29:3)라고 말했다. 그때 모든 지파의 지도자들도 "기꺼이 드렸다."(대상 29:6-8). "백성들은 자원하여 드렸으므로 기뻐했으니 곧 그들이 성심으로 여호와께 자원하여 드렸으므로 다윗 왕도 심히 기뻐하니라"(대상 29:9). 다윗은 또한 주님께 이런 고백을 했다.

> "나와 내 백성이 무엇이기에 이처럼 즐거운 마음으로 드릴 힘이 있었나이까 모든 것이 주께로 말미암았사오니 우리가 주의 손에서 받은 것으로 주께 드렸을 뿐이니이다 … 이 모든 물건이 다 주의 손에서 왔사오니 다 주의 것이니이다 나의 하나님이여 주께서 마음을 감찰하시고 정직을 기뻐하시는 줄을 내가 아나이다 내가 정직한 마음으로 이 모든 것을 즐거이 드렸사오며 이제 내가 또 여기 있는 주의 백성이 주께 자원하여 드리는 것을 보오니 심히 기쁘도소이다 … 우리 조상들 아브라

함과 이삭과 이스라엘의 하나님 여호와여 주께서 이것을 주의 백성의 심중에 영원히 두어 생각하게 하시고 그 마음을 준비하여 주께로 돌아오게 하시오며"(대상 29:14,16-18)

다윗은 하나님을 향한 충성심을 그들이 하나님께 즐거이 드리는 자발성으로 평가했다. 자신의 아들과 절친한 친구의 딸이 교제하길 원하는 한 아버지를 생각해 보자. 그 아들은 아버지가 원하시기 때문에 일단 만나보겠다고 동의한다. 그러나 그녀를 만난 이후, 아버지 때문이 아니라 스스로 호감을 느껴 계속 만나기를 소망하게 된다. 더 이상 의무로 만나지 않는 것이다. 그녀를 만나는 일은 이제 어쩔 수 없는 일이 아니라 자신이 '원하는 일'이 되었다.

이스라엘 백성은 하나님이 '명령하셨기' 때문에 십일조를 드렸다. 그리고 그들은 '원했기 때문에' 그 이상의 헌금을 자원하여 드렸다. 그러나 만약 아들이 아버지의 권유를 거절했다면 그녀와 사랑에 빠질 수 없었을 것이다. 이처럼 이스라엘 백성이 십일조의 훈련을 배우지 못했다면, 그들은 결코 자발적인 헌금의 기쁨을 발견하지 못했을 것이다.

십일조의 가치

나는 자발적인 헌금을 강조하기 위해 십일조의 중요성을 퇴색시키고 떨어뜨리고 싶지 않다. 십일조의 목적은 "네 하나님 여호와 경외하기를 항상 배울 것이니라"(신 14:23)이다. 십일조는 하나님을 우선순위로 두는 삶의 훈련이다. 10퍼센트는 나머지 90퍼센트를 대표하기 때문에, 십일조는 우리의 삶을 온전히 하나님께 드리는 것을 상징한다.

십일조는 새로운 관점을 제공한다. 그것은 우리의 모든 것이 하나님께로부터 왔음을 상기시켜 준다. 십일조는 식사 후 의무적으로 탁자 위에 내려놓는 팁이 아니다. 하나님을 의지하고, 그분께 감사한다는 상징적인 표현이다. 십일조는 계산이 필요하다. 하나님이 허락하신 금액을 구체적으로 계산하면서 우리를 향하신 그분의 선하심을 깨닫는 것이다. 하나님께서 주신 축복을 세어 보고, 그분의 자비하심에 감사하는 행위다. 또한 십일조는 우리가 하나님께 무한정의 빚을 진 자임을 상기시켜 주는 도구다.

이스라엘 백성들이 지금의 우리보다 돈을 떼어 놓기 더 쉬웠을까? 아니다. 그들은 우리보다 훨씬 더 가난했고, 우리가 하는 일보다 훨씬 더 고된 일을 했다. 그런데도 그들은 십일조를 삶의 일부로 여겼다.

이스라엘 백성들이 자기 길을 가고, 십일조를 안 하고, 헌금을 유보했을 때, 하나님은 그들이 그분의 것을 훔치고 있다고 말씀하셨다. 그리고 십일조로 자신을 시험해 보라고 말씀하셨다. 십일조는 하나님의 공급하심을 시험해볼 수 있는 거룩한 초대이다(말 3:8-12). 비록 의무감으로 십일조를 드리더라도 곧 그것이 즐거움이 되어 자원하여 기쁘게 드리는 삶으로 인도해 줄 것이다. 이스라엘 백성이 꽉 쥔 손을 하나님을 향해 폈을 때, 말할 수 없는 은혜가 부어졌다. 오늘날 우리에게도 무엇이 다르겠는가?

미국인들의 헌금 상태

오늘날의 그리스도인이 왜 십일조를 해야 하는지 생각해 보기 전에, 우리의 현재 헌금 습관부터 살펴보자. 2001년 실시된 바나리서치(Barna Research)를 통해 헌금에 대한 몇 가지 주목할 만한 사실을 발견했다.

- 1999년과 비교해 2000년에는 성도 일인당 평균 헌금이 19퍼센트 줄었다.
- 성인 그리스도인 가운데 헌금을 내지 않는 사람이 44퍼센트 증가했다.
- 비영리단체나 교회에 헌금하는 사람이 7퍼센트 감소했다.
- 성인 10명 중 4명이 교회에 헌금을 하지 않고, 현금을 거부하는 사람이 15퍼센트 증가했다.
- 2000년 성인 그리스도인 중 3분의 1이 십일조를 한다고 말했지만, 가계 소득과 비교해 보면 실제로 8명 중 1명만 한 것으로 나타났다.
- 2000년 평균 헌금액은 649달러로 1년 전보다 806달러 줄었다. 기혼 성인은 64퍼센트가 헌금을 하는 반면 미혼 성인은 42퍼센트만 헌금한다.
- 20-60대의 헌금 습관을 비교한 결과, 20대는 36퍼센트, 40대는 58퍼센트, 50대는 68퍼센트, 60대는 68퍼센트가 헌금을 하며, 교회에 잘 출석하는 30-50퍼센트가 전혀 헌금을 내지 않는다.
- 그리스도인의 70퍼센트가 유언을 남기지 않고 죽기 때문에, 교회나 기독교 단체에 아무 돈도 남기지 않는다. 또한 유언을 한 30퍼센트의 성도들도 하나님의 일을 위해 돈을 지정해놓지 않는다.

과거 30년 동안 지속적으로 헌금이 감소했는데, 1998년에는 6-8퍼센트 감소하다가 2000년에는 15퍼센트나 급격히 감소했다. 1975년 이후 미국인이 자선 단체에 후원한 총 금액은 소득의 1.6-2.16 퍼센트인데, 갤럽 조사에 따르면 매주 교회에 출석하는 사람은 매년 소득의 3.4퍼센트를 기부했고, 비종교인은 1.1-1.4퍼센트를 기부했다. 또 다른 조사 결과에 따르면, 그리스도인은 교회나 하나님 나라를 위해 소득의 1.5 – 3퍼센트를 드린다고 한다.

바나리서치에 따르면, 돈을 더 많이 벌면 벌수록 십일조하는 사람은 줄어든다고 한다. 실제로 연간 소득이 50만 달러 이상인 사람의 연평균 기부액은 1980년 47,432달러에서 1988년 16,062달러로 감소했다.

은혜, 율법, 그리고 십일조

나는 십일조에 대해 복합된 감정을 가지고 있다. 우선 나는 율법주의를 혐오한다. 또한 그리스도인에게 옛 계명을 주입해서 새 술을 낡은 부대에 밀어 넣기를 원하지 않는다. 그렇지만 신약 성경에 나오는 드림의 사례는 그들의 드림은 항상 십일조를 넘어섰다. 오늘날 십일조에 대항하는 가장 강력한 주장은 율법이 아닌 은혜를 강조하는 것이다. 그렇다면 은혜 아래 있다는 것이 곧 율법이 명령하는 모든 것을 하지 않아도 된다는 뜻인가? 나는 새 계명이 옛 계명보다 우월하다는 것을 강력하게 믿는다(롬 7장 ; 고후 3장 ; 히 8장). 더불어 옛 계명의 어떤 측면은 지금도 여전히 가치가 있음을 믿는다.

성경에는 십일조가 폐기되었다는 말씀이 전혀 없다. 또한 예수님도 십일조에 대해 직접 확인해 주셨다(마 23:23). 십일조가 그리스도인의 '드림의 전부'인지 혹은 '드림의 중심'인지가 중요한 것이 아니다. 많은 사람들이 십일조에 대한 명령을 안식일을 지키는 것과 관련시킨다. 신약 시대의 그리스도인은 안식일에 대한 율법의 각종 규정을 모두 지킬 의무가 없다(골 2:16). 그렇지만 하나님의 창조 사역에서 보여 주신 것처럼 일주일에 하루를 안식하는 것은 율법 이전에 제정된 것이다(창 2:2-3). 결코 취소할 수 없는 원리다. 이 특별한 날이 '주님의 날'인 주일로 바뀌었지만, 이날을 예배를 위해 떼어 놓는 것은 여전히 유효하다.

그리스도는 율법을 완성하셨지, 그것을 무가치한 것으로 만들지 않으셨다. 비록 오늘날 구체적인 규정을 모두 적용할 순 없지만, 그 원리만큼은 확실히 적용해야 한다. 또한 많은 구약의 지침들이 신앙생활에 도움이 된다. 사람들이 떨어지지 않도록 지붕에 난간을 설치하라는 명령을 생각해 보라(신 22:8). 우리는 '아기'(모든 사람이 지속적으로 적용해야 할 원리)를 '목욕물'(고대 이스라엘만을 위한 규정)과 함께 흘러 보내지 않도록 주의해야 한다.

제사는 더 이상 드리지 않으면서 십일조는 왜 드려야 하는가? 히브리서를 보면, 예수님은 제사 제도에 대해 더 이상 효력이 없다고 판결을 내리셨다. 그러나 신약 성경 어디에도 십일조가 더 이상 유효하지 않다고 말하는 구절은 없다. 제사 제도나 안식일처럼 하나님은 단지 한 구절로 십일조를 쉽게 배제하실 수 있었다. 그러나 그렇게 하지 않으셨다.

어떤 사람은 십일조에 대해 이렇게 말한다. "신약 성경은 자발적인 헌금을 지지한다." 그렇다. 그러나 우리가 이미 살펴본 것처럼 구약 성경도 마찬가지였다. 자발적인 헌금이 새로운 개념은 아니다. *드리는 일에 최소의 기준을 가지고 있는 것과 그 기준 이상으로 드리는 것은 양립할 수 있다.* 십일조냐 자발적인 헌금이냐의 양자택일의 문제가 아니다. 이 두 가지는 항상 완전하게 양립할 수 있다.

신약 성경에서 제자들이 그들의 모든 것을 드린 이유는 '큰 은혜를 받았기'(행 4:33) 때문이다. 은혜 아래 있었기에 오히려 더 많이 드렸다.

은혜는 율법보다 더 낮은 기준이 아니다. 그리스도는 살인이나 간음, 서원 등의 문제에 대해 그분의 기준이 바리새인보다 훨씬 높다는 것을 분명하게 말씀하셨다(마 5:17-48). 그리스도는 기준을 결코 낮춘 적이 없으시다. 그분은 항상 최상의 가치를 추구하셨다. 그리고 우리가 율법이 요구하는 것보다 훨씬 높이 뛰어오를 수 있도록, 그분의 은혜로 능력을 더하셨다.

은혜로 드리는 헌금

1989년 이 책의 초판을 저술한 이후, 많은 그리스도인들이 '십일조는 율법주의'라고 분노하며 주장하는 말을 종종 들었다. 그들은 십일조는 속박이며, 우리는 은혜에 따라 자유롭게 헌금을 드린다고 주장했다. 그렇지만 미국의 그리스도인이 소득의 2.5퍼센트를 드리는 것과 대조적으로, 이스라엘 백성은 십일조의 3배, 즉 소득의 30퍼센트를 드렸다. 이 통계에서 보여 주는 것은 율법이 은혜보다 약 10배 더 효과적이란 사실이다! 심지어 10퍼센트를 기준으로 비교해 보아도, 이스라엘 백성은 그리스도의 은혜 아래 있는 미국의 그리스도인보다 4배나 더 드렸다. (마지막 문장을 다시 읽으며 무엇이 잘못되었는지 심각하게 자신에게 물어 보라.)

고대 이스라엘보다 훨씬 더 풍족한 삶을 사는 우리가 그들이 드린 것의 '한 조각밖에' 드리지 않는다면, 우리는 '은혜로 드리는 헌금'의 의미를 다시 돌아볼 필요가 있다. 우리에게는 그들에게 없었던 성령님이 계신다는 것을 고려하면, 그 차이는 더 분명하게 드러난다.

하나님께 첫 열매를 드리는 것은 시대를 초월하는 진리다. 십일조를 첫 열매의 최소치로 받아들이든 그렇지 않든, 하나님이 새 언약의 자녀들에게 기대하시는 것은 무엇일까? 내가 발견한 것은, 많은 사람들에게 '은혜로 드리는 헌금'이란, 단순히 '드리고 싶은 만큼'이란 의미라는 것이다. (대부분 드리고 싶은 마음이 없다는 것이 명백하다!)

드리는 것을 배우지 않아서 드리지 않는 사람들도 많다. 율법이 우리를 그리스도께로 인도하는 초등교사인 것처럼(갈 3:24), 십일조는 우리를 드림의 길로 인도한다. 십일조를 하지 않고서도 드리는 것을 배울 수 있다면 괜찮다. 그러나 앞에서 본 통계에 의하면, 우리는 드리기 보다 드리지 '않는' 것을 배웠다. 재산이 늘어남에 따라 더 적게 드린다. 우리 자녀가 우리보다 더 적게 드리기 때문에 우리가 설 자리를 잃어 가고 있는 것은 아닐까? 은혜로 드리는 헌금이 멋있게 들리기는 하지만, 그 배후에는 왜곡되고 비성경적인 태도가 숨겨져 있다. 그것은 우리를, 우리 자녀를, 우리 교회를, 더 나아가 우리 주님을 명예롭지 못하게 만든다.

드리는 것에 대한 오늘날 교회의 가르침이 성경적이지 않으면 불순종의 길을 걷게 된다. 십일조는 우리를 드림의 길로 가게 만드는 하나님의 방법이다. 구약 성경에서 십일조가 자발적이고 즐거이 드리는 것으로 발전된 것처럼, 오늘날도 기쁨과 은혜로 드리는 헌금의 통로가 될 수 있다. 십일조를 드리는 것의 마지막 지점으로 보는 것은 건강하지 못하다. 그것은 드림의 출발선이다. 그러나 우리 대부분은 출발하는 데 도움이 필요하다!

십일조를 하는 것이 율법적인가? 물론 그렇다. 교회에 출석하는 것, 기도, 성경 읽기 등과 같은 거룩한 습관들도 율법주의로 타락할 수 있다. 그러나 그 자체가 위법은 아니다. 오히려 율법주의자가 되지 않기 위해 교회 가는 것, 기도하는 것, 성경 읽기를 중단하는 것이 잘못된 것이다!

몇몇 훌륭한 성경 교사들이 십일조를 반대하는 설교를 한다. 그들의 설교가 끼치는 영향은 그리 선하지 않다. 때때로 나는 십일조가 출발점이라는 내 논리에 격렬히 반대하는 사람으로부터 편지를 받는다. "십일조는 오늘날 더 이상 의미가 없다"고 주장하는 이들도 많은데, 나는 그가 정기적으로 드리는지, 십일조 이상을 드리는지 궁금하다.

오늘날 부유한 그리스도인이 가난한 이스라엘 백성보다 적게 드리는 것을 정당화하기 위해 은혜를 옹호하거나 율법주의를 반대하는 것은 공허한 소리일 뿐이다. 신학적으로 높은 수준을 견지하는 것처럼 보여도, 실제로는 하나님이 드림의 기준을 낮추셨다고, 은혜의 능력이 율법의 능력보다 못하다고 주장하는 것과 같다. 이러한 견해는 우리를 구원하시고 우리에게 능력주시는 그리스도에 대한 모욕이다. 몇 가지 예외가 있지만, 십일조를 반대하는 사람은 자신이 관대하게 드리지 못하는 것을 정당화시키기 위해 논쟁한다.

우리는 우리의 이기적인 욕구를 충족시키는 데 도움이 되는 주장을 자연스럽게 수용하려고 한다. 우리는 마태복음 6장 21절에 예수님이 말씀하신 것을 생각해보아야 한다. "우리 보물이 없는 곳에는 우리 마음이 없다."

"오늘날 그리스도인은 십일조에서 자유롭다"라고 말하기에 앞서, 우리는 물질적인 부를 더 붙잡으려고 '은혜'라는 단어를 사용하지 않는지 되돌아봐야 한다. 그리스도인은 더 희생하고 더 드리기 위해 부름받았다.

예수님을 믿은 지 얼마 되지 않은 몇몇 친구들이 십일조를 해야 한다고 믿었다. 그래서 그들은 율법을 지키기 위해서가 아니라 충성스런 마음으로 십일조를 드렸고, 하나님은 그것을 통하여 자신이 그들 삶에 우선순위임을 상기시켜 주셨다. 큐티 훈련처럼 '십일조 훈련'을 통해 그들의 생각은 자연스럽게 하나님을 향하게 되었다. 그런데 어느 날 교회에서 "십일조는 율법주의적인 것이며 하나님은 은혜로 헌금을 드리도록 우리를 부르셨다"는 설교를 듣게 되었다. 불행하게도 그 목사는 은혜로 드리는 헌금의 출발점이나 그 외에 어떤 지침도 제시하지 않았다. 그 뒤 십일조에서 '해방된' 친구들은 헌금을 줄이기 시작했다. 몇 년 후에는 거의 헌금을 하지 않았다. 그러면서 점점 하나님과 멀어지게 되었고, 점점 더 많은 빚을 지게 되었다. 감사하게도 그들은 다른 교회에 출석해서 십일조가 율법적인 의식이 아닌 드림의 출발점임을 배우게 되었다. 다시 십일조를 드리기 시작했을 때, 그들은 평안과 하나님의 축복을 느끼게 되었다. 나는 그들이 수년 동안 영적으로 방황한 이유가 '은혜로 드리는 헌금'이라는 개념 때문이었다고 생각한다.

예수님과 십일조

예수님은 독실한 유대인 가정에서 성장하셨다. 이것은 그의 부모가 십일조를 했고, 그에게 십일조를 가르쳤음을 의미한다. 예수님이 알고 계시는 유일한 성경인 구약 성경에서도 십일조를 가르친다. 예수님을 대적하는 사람들은 그분의 말 한마디, 행동 하나하나를 철저하게 조사해 고소하려고 했지만, 십일조를 어겼다고 고소한 경우는 단 한 건도 없었다. 탈무드를 보면, 율법을 철저하게 지키는 사람은 십일조를 하지 않는 사람과 함께 앉아 식사하지도 않았다. 분명히 예수님은 십일조를 하셨다. 더 나아가 그분은 바리새인이 열심히 십일조하는 것도 옳지만, 더 중요한 것이 있다고 말씀하셨다. "이것(정의와 긍휼과 믿음)도 행하고 저것(십일조)도 버리지 말아야 할지니라"(마 23:23).

예수님은 희생적인 드림을 강조하시면서 한 번도 십일조의 '기본'을 무시하지 않으셨다. 뿐만 아니라 드림의 상한선은 십일조보다 훨씬 높아야 한다고 말씀하셨다. 예수님이 "5리를 가자고 하면 10리를 가라"고 하신 말씀은, 이미 5리를 갔다는 가정하에서 하신 것이었다.

초대 교회와 십일조

초대 교회를 형성한 유대 그리스도인들은 자연스럽게 십일조와 헌금을 지역 모임에 드렸다. 예수님의 은혜로 변화된 그들이 이전보다 더 많이 헌금했음은 의심의 여지가 없다.

이러한 사실은 교회가 시작된 첫 수백 년 동안 지속되었는데, 영향력 있는 교부였던 이레나이우스도 이를 잘 표현하고 있다. "유대인은 십일조를 납부하도록 강요받았지만, 자유를 가진 그리스도인은 자신의 모든 소유를 주님께 양도했다. 그리고 십일조보다 적지 않게 드렸는데, 그 이유는 더 위대한 것을 받으리란 소망이 있었기 때문이다." '적지 않게'란 구절에 주목하라. 이것이 초대 교회 공동체에서 십일조가 최소 기준이었음을 증명해 준다.

그리고 몇 백 년이 지난 뒤에도 십일조가 여전히 시행되고 있음을 성 어거스틴은 알려 준다. "사람들은 십일조를 하나님에게 진 빚을 갚는 것이라고 생각한다. 그래서 십일조를 하지 않으면 도적질을 하는 것처럼 죄책감을 느꼈다. 그러므로 안전한 보상을 받길 원한다면 십일조를 하라. 그리고 그 나머지도 자선을 베푸는 데 사용하라." 여기서 의무적인 십일조와 자발적인 자선의 헌금은 분명히 구별된다. 자선은 십일조 위에서 이뤄졌다.

교부 제롬 역시 이렇게 말했다. "십일조를 행하지 않는 사람은 하나님을 속이는 것이고, 하나님을 물건으로 대체하는 죄를 짓는 것이다." 이렇듯 교회가 탄생한 첫 400년 동안, 십일조는 드림의 최소 기준으로 간주되었다.

십일조의 유익

요즘 미국 대부분의 주에는 안전벨트 착용 규정이 있다. 꼭 규정이 아니더라도 안전벨트를 매는 것이 좋다. 그런데 만일 안전벨트 착용 규정이 폐지되었다고 가정해 보자. 그렇다고 안전벨트를 매지 않을 것인가? 당신은 자녀나 손자에게 "안전벨트를 매지 마라. 위법도 아닌데 왜 하고 있니?"라고 말하겠는가? 물론 아닐 것이다. 그것이 규정이든 아니든, 좋은 것은 좋은 것이다.

당신이 십일조에 대한 내 생각을 동의하지 않더라도, 그 유익만은 기억하면 좋겠다. 예를 들어, 십일조의 개념은 분명하고 일관성 있으며 전수할 수 있다. 자녀나 다른 사람에게 쉽게 가르칠 수 있다는 말이다. 십일조는 성도로 하여금 하나님의 일에 더욱 헌신하게 한다. 또한 영적인 성숙에 중요한 요인이 된다. 나는 드림을 통해 영적 삶이 혁명적으로 변화되었다는 고백을 수없이 들어왔다. 그리고 그중 70퍼센트가 십일조가 영적인 전환점이 되었다고 구체적으로 언급했다.

수년 동안 나는 풍성하게 드리는 많은 사람들과 인터뷰를 했는데, 그들은 하나같이 드림의 시작이 십일조였다고 말했다. 한 지도자는 "그리스도인으로서의 제 성장 과정을 돌아보면, 두 번째로 가장 컸던 은혜는 십일조 훈련이었어요. 첫 번째는 제 의지를 그리스도께 항복한 것이고요. 우리 부부가 십일조를 시작했을 때, 주님은 우리의 마음을 받으셨어요"라고 말했다.

만일 서구의 그리스도인 모두가 십일조를 한다면, 세계 복음화와 기아 해결의 과업은 머지않아 이루어질 것이다. 십일조로 드림을 시작한 많은 그리스도인들이 헌금을 드리게 되면, 하나님의 일은 배가될 것이다.

많은 교회들이 십일조의 능력을 보여 주고 있다. 1845년에 시작된 남침례교 교단은 현재 153개 나라에 5천여 명의 선교사를 파송하고 있다. 이들은 선교만 강조하는 것이 아니라, 지역 교회의 필요와 선교를 지원하기 위한 수단으로 십일조를 강조하고 있다. 나는 남침례교인은 아니지만, 그들이 십일조를 강조하지 않았다면 지금처럼 영향력을 미치지 못했을 것이라고 확신한다.

십일조의 기준

사업을 하는 사람은 재료비, 임대료, 인건비, 그리고 기타 여러 비용을 지불해야 한다. 이러한 비용은 그들의 총소득에 포함되지 않기 때문에 십일조에 해당되지 않는다. 그러나 세금과 모든 비용을 지불하고 남은 것을 총소득이라고 볼 수는 없다. 은퇴 연금, 건강 보험 등의 가치 또한 하나님이 우리를 위해 공급하신 것 중 일부가 아닌가? 성경은 '모든 것의 십일조'라고 말한다. 그런데 많은 사람들이 이런 금액을 소득으로 간주하지 않는다. 회사가 당신의 비용을 모두 지불하면, 어떤 것도 주님께 드릴 필요가 없다는 뜻인가?

십일조는 우리가 손에 쥐는 현금뿐만 아니라, 혜택으로 주어지는 기타 모든 것의 가치에 자연스럽게 적용된다. 우리 부부는 십일조를 계산할 때, 금액으로 환산하기 어려운 하나님의 공급하심까지도 고려하려고 노력한다. 예를 들어, 누군가가 휴가를 지낼 장소를 제공해준 것도 이에 해당한다. 우리의 자발적인 헌금은 십일조를 넘어서는 것에서부터 시작된다. 십일조로도 만족할 수 있지만, 그것을 넘을 때 진정한 즐거움이 시작된다.

"십일조를 총소득에서 해야 하나, 실소득에서 해야 하나?"라는 질문보다는 "우리는 총소득에 축복받기를 원하나, 실소득에 축복받기를 원하나?"라는 질문이 더 적절하다.

왜 십일조를 하지 않는가?

십일조에 대한 심각한 오해가 있을 수 있다. 사람들은 십일조를 마치 원하지 않는 세금이나 지불청구서처럼 자신의 즐거움을 빼앗아 가는 것으로 대할 수 있다. 어떤 교회에서는 십일조를 회비처럼 납부하게 한다. 클럽 회비를 내듯이, 교회에 속해 있으니까 회비를 지불해야 한다는 논리다. 또 십일조를 하는 사람은 자신이 하나님을 진정으로 신뢰하는 충성된 제자가 되었다는 교만에 빠질 수 있다. 십일조로 인한 최악의 위험 중 하나는 자기만족이다. 십일조를 강력하게 비난하면서, 이런 경고를 덧붙인 사람이 있다.

> "십일조를 하는 것이 마치 칭찬받을 만한 일처럼 여길 때, 십일조는 우상이 된다. 십일조가 드림의 출발점이 아닌 유혹하는 안식 장소가 되는 것이다. 많은 그리스도인 공동체들이 그곳을 소수의 열성 그리스도인만 도달할 수 있는 높고 고상한 자리로 생각한다."

어떤 사람이 내게 "백만 달러짜리 복권에 당첨되면 십만 달러는 주님께 드리고, 나머지는 원하는 대로 할 거예요!"라고 말한 적이 있다. 그러나 십일조는 우리의 양심을 편하게 해주는 수단이 아니다. 나머지 90퍼센트 또한 하나님께 속한 것이다! 우리는 무슨 일을 하든지 그분의 인도하심과 허락을 구해야 한다.

십일조를 반대하는 주장 몇 가지를 살펴보자.

십일조는 율법주의다

우리는 어떠한 올바른 행위도 율법적으로 행할 수 있다. 이때 문제는 마음의 태도지 행위 자체가 아니다. 율법주의는 하나님께 순종하지 않으려는 것을 위장하는 도구가 될 수 있다. 독자들이 보낸 편지들 중 대부분은 긍정적이었으나 부정적인 내용의 대다수는 십일조에 대한 것이었다. 그중 하나를 소개하겠다. 그가 강조한 부분은 굵은 글씨로 표시를 했다.

"친애하는 저자에게,

당신이 말한 십일조에 관한 부분을 읽고, 제 의견을 적습니다.

당신의 복음은 사탄으로부터 나온 것이고 (중략) 당신은 그것을 알고 있을 것입니다. 제가 **전능하신 하나님**으로부터 받은 모든 축복은 공짜입니다. 믿음으로 받았지, **사탄**에게 10퍼센트를 지불하고 받은 것이 아닙니다. **하나님이 사탄을 꾸짖기**를 바랍니다.

당신은 그리스도의 복음을 왜곡시키는 행동을 멈추십시오. 만일 당신이 십일조를 한 아브라함을 닮기 원한다면, 제 손으로 당신에게 즐거이 할례를 베풀 것입니다. 정신 좀 차리세요. 또한 당신이 양의 피를 드렸던 아브라함의 제사를 드리기 원하나요? 그렇다면 당신의 첫 자녀를 어떻게 해야 하는지 잊지 마세요, 당신은 위선자입니다.

저는 당신을 사랑하고, 당신의 사악한 가르침으로부터 사탄이 해방시켜 줄 것을 기도합니다. **회개하라, 천국이 가까워 왔느니라!**"

극단적인 반응이지만, 정도의 차이만 있을 뿐 대부분의 내용이 비슷하다. 그들이 나 역시 경멸하는 율법주의를 미워하기 때문에 그렇게 반응했다고 생각하고 싶다. 그러나 불행하게도 이것은 또 하나의 결론으로 귀결된다. 그들이 드리는 것에 실패했다는 것이다.

십일조보다 빚부터 먼저 갚아야 한다

빚을 지게 된 최초의 이유는 무엇인가? 빚을 지게 된 우리의 지혜롭지 못한 결정이 하나님 책임인가? 어쩔 수 없이 빚을 지게 되었더라도 하나님은 십일조는 하나님의 것이라고 분명히 말씀하셨다. 그러면 십일조는 하나님께 대한 내 빚이지 않는가? 우리가 하나님께 순종하고 그분에 대한 재정적인 빚을 해결하면, 다른 사람에게 진 빚을 갚을 수 있도록 도우실 것이다. 그러나 하나님의 것을 도적질해서 사람에게 진 빚을 갚아서는 안 된다.

결국 십일조를 해야겠지만 천천히 점차적으로 시작할 필요가 있다

주변의 많은 사람들이 "만일 지금까지 전혀 드리지 않았다면, 하나님도 3퍼센트나 5퍼센트로 시작해서 점점 늘리는 것을 이해해 주지 않으실까요?"라고 자주 물어 본다. 내가 1년에 12번 정도 편의점에서 물건을 훔치는 나쁜 습관이 있다고 가정해보자. 내가 "금년에는 여섯 번만 훔치려고 해"라고 말한다면 그게 나아진 것인가? 물론 조금 나아지긴 했다. 그러나 당신은 내게 무엇이라고 조언하겠는가? 하나님의 것을 훔치는 것에 대한 해결책은 훔치기를 점차 줄이는 것이 아니라, 훔치는 것을 아예 멈추는 것이다.

나는 십일조를 할 여유가 없다

물론 나는 십일조를 할 수 있다. 십일조가 하나님의 뜻이고, 순종하는 자에게 필요한 것을 공급해 주시겠다는 약속이라면, 적은 비용으로도 살아가게 하지 않으시겠는가? 사실 적은 것으로 하나님의 뜻 안에서 살아가는 것이, 많은 것으로 세상에서 사는 것보다 훨씬 더 안전할 수 있다.

여기에 흥미로운 가설이 있다. 십일조를 유보하는 사람에게는 혜택이 없다는 것이다. 우리는 하나님께 속한 것을 움켜쥘 수 없다. 만일 우리가 십일조를 그분께 드리지 않는다면, 사탄이 가져가든지 아니면 사라질 것이다. 이것이 사실이든 아니든 많은 그리스도인들이 90퍼센트로 100퍼센트처럼 편하게 살아간다고 간증한다. 또한 재정적인 문제는 십일조를 할 때가 아니라 십일조를 유보할 때 발생한다고 말한다. 그런데 우리는 거꾸로 살고 있다!

십일조가 하나님의 최소 기대치라면, 어떻게 십일조를 안 할 수 있겠는가? 만약 하나님의 것을 훔치면 항상 대가를 치를까? 물론이다. 십일조를 줄이는 유일한 방법은 소득을 줄이는 것이다. 십일조 금액이 많다고 생각되면 하나님을 찬양해야 한다! 하나님이 풍성하게 공급하셨음을 증명하기 때문이다. 사람들이 "나는 십일조를 할 여유가 없어요"라고 말하면, 나는 종종 이렇게 되묻는다. "당신의 소득이 10퍼센트 줄어든다고 해서 당신이 죽을까요?" 그러면 그들은 모두 그렇지 않을 것이라고 대답한다. 사실 그들은 십일조를 하고 싶지 않을 뿐이다. 무신론자도 소득의 10퍼센트 없이 살 수 있다. 불신자도 그렇게 살 수 있는데 성도인 우리가 왜 못 살겠는가? 하나님의 공급하심을 바라보기 위해, 당신은 얼마나 더 그분을 신뢰해야 하는가?

십일조를 할 "여유가 없다"는 말은, 정확하게 말하면 드리지 않고 싶다는 것이다(학 1:9-11 ; 말 3:9). 십일조의 원리는 구약 시대에만 적용되는 것이 아니다. 그리스도의 말씀을 생각해 보라. "주라 그리하면 너희에게 줄 것이니 곧 후히 되어 누르고 흔들어 넘치도록 하여 너희에게 안겨 주리라 너희가 헤아리는 그 헤아림으로 너희도 헤아림을 도로 받을 것이니라"(눅 6:38).

십일조를 할 수 없다는 편지를 많이 받는다. 그러면 나는 그들이 하나님의 것을 훔쳤기 때문에, 그들의 축복 또한 도적질 당할 것이라고 말해 준다. 하나님의 것을 훔치면서 그분의 축복을 기대해서는 안 된다.

소득이 많이 생기면 십일조를 할 것이라고 순진하게 말하는 사람들도 많다. 그렇지만 앞에서 살펴본 통계가 말해 주듯이, 소득이 늘어날수록 십일조 하는 사람이 줄어드는 것이 사실이다. 또한 자신은 극빈층이므로 십일조를 안 해도 된다고 말하는 사람들도 많다. 그렇지만 이러한 사람의 대부분은 전 세계적으로 상위 10퍼센트에 든다. 내가 알고 지내는 가난한 아프리카 형제는 1년에 50달러보다 적은 돈으로 대가족을 돌보지만, 십일조를 줄여야겠다고 생각하지 않는다.

그렇다면 무엇이 잘못되었는가? 하나님은 능력을 주시기 전에 무엇을 하라고 말씀하시지 않는다. 십일조는 모든 사람이 똑같이 "매달 5천 달러씩 드리라"는 식의 할당 금액이 아니다. 소득이 적으면, 십일조도 적다. "십일조를 할 여유가 없다"고 말하는 사람들 중에는 좋은 집에 살고, 정기적으로 외식하고, 집 앞에 보트를 세워 놓고, 고가의 헬스클럽 회원증이 있고, 비싼 휴양지로 휴가를 가는 경우가 있다. 우리 교회에 굶고 있다는 가정이 있다고 해서 음식을 가지고 갔었는데, 뜻밖에 3만 달러짜리 레저용 자동차가 주차장에 세워져 있는 것을 발견했다. 주려고 할 때는 점검도 반드시 필요하다.

하나님의 것을 도적질한 그리스도인

상황 1: 빌과 다나는 30대 중반이다. 빌은 안정적인 직장에 다니지만 월급을 받으면 그 즉시 써버린다. 그들은 늘 그달에 남은 돈을 헌금하려고 한다. 그러나 할부금, 카드 값을 내고 적은 금액이라도 저축하려고 하다보면 남는 경우는 결코 없다. 마음은 편하지 않지만, 돈이 없는데 어떻게 하겠는가?

문제: 그들은 '첫 열매'를 이해하지 못하고 있다. 주님께 밑바닥에 남은 것을 드리는 것이 아니다. 그들은 십일조가 하나님께 속한 것이고, 그것을 취하는 것이 '도둑질'이라는 것을 인식하지 못하고 있다.

상황 2: 22세인 조앤은 대학교 과정을 거의 마쳐 가고 있다. 매주 34시간씩 일하고 최소 임금보다 조금 더 받는다. 그녀는 월 800달러를 번다. 부모가 방과 식대를 제공해 주지만, 학비와 책, 다른 비용은 자신이 해결해야 한다. "저는 드릴 여유가 없어요. 지금도 간신히 생활하고 있거든요. 만일 십일조를 한다면 월 80달러는 될 텐데, 그러면 학교를 그만두어야 할 거예요. 저는 드리고 싶지만 그렇게 할 수 없어요."

문제: 조앤은 하나님의 것을 도둑질할 뿐만 아니라 믿음이 성장할 기회마저 스스로 빼앗고 있다. 그녀는 말라기 3장 10절의 약속(마 6:33 ; 눅 6:38)을 믿지 않고 있다. 하나님은 720달러로 한 달을 살 수 있게 하실 정도의 능력도 없으시단 말인가? 조앤의 하나님은 그리 크지 않으신 분처럼 보인다.

상황 3: 밥과 엘렌은 50대 초반이다. "우리는 수년 동안 온갖 종류의 사치품을 사느라 낭비하며 살았어요. 앞으로 12년 뒤 은퇴해야 하는데, 저축한 것이 아무것도 없어요. 게다가 아직 두 아이가 대학에 다녀요. 십일조를 드리고 싶지만, 성경에서도 먼저 가족을 돌보라고 했잖아요. 아이들이 대학을 졸업하고, 은퇴 자금을 확보하게 되면, 그때 십일조를 시작하려고요."

문제: 그들은 자신들의 잘못을 보상받기 위해, 하나님께 속한 것을 소유했다. 그들의 첫 번째 빚은 자녀의 교육비나 다른 어떤 것이 아니라 하나님께 진 빚이다. 그들은 드리는 것에 대한 기준이 없기 때문에, 항상 드리지 않을 이유를 먼저 찾으려고 한다.

상황 4: 랄프는 3개월 전 해고당해 매달 1,500달러의 실업 수당을 받고 있다. 또한 어느 교인에게 매월 500달러씩 후원을 받는다. 랄프는 재정에 대한 설교에 "아멘"이라고 화답하면서 언젠가 자신도 나눌 수 있는 사람이 되기를 바란다. 그는 십일조가 하나님께 속했다고 말하지만, 실업 수당이나 여러 혜택에는 십일조를 적용하지 않는다.

문제: 성경은 소득의 종류를 구분하지 않는다. 우리 손에 들어왔으면, 그것이 소득이다. 하나님이 '십일조 면제 항목'이란 꼬리표를 달아주신 것은 없다. 우리가 한 달에 500달러씩 도움을 받는다면, 첫 50달러는 하나님의 것이다. 그것이 어디에서 왔는지는 문제가 되지 않는다. 이 땅의 모든 것이 '하늘의 공급자'로부터 온 것이기 때문이다.

상황 5: 지나는 이렇게 말했다. "돈 이외에도 청지기직에 관련된 것이 많이 있잖아요. 누군가는 주일학교에서 가르치고, 누군가는 건물 청소를 하고, 또 누군가는 손님을 접대할 수도 있어요. 저는 이러한 것들도 드리는 것이라고 생각해요."

문제: 청지기직이 돈 이상을 포함하고 있는 것은 맞다. 하지만 돈의 문제를 간과하는 것은 잘못이다. 그녀의 주장은 "나는 시간과 은사, 재

능을 드릴 처지가 못 되니까 돈만 드리려고요"라는 것과 똑같이 잘못되었다. 하나님은 '모든 것'을 원하시지, 그중 몇 개만을 원하시지 않는다. 우리 모두가 기도할 수 있고 기도해야 하는 것처럼, 우리 모두는 드릴 수 있고 드려야 한다. 지나는 자신의 봉사로 하나님의 것을 도둑질하는 것을 정당화시키려고 한다.

상황 6: 폴라는 드려야 하는 것을 맞지만, 그것은 어디까지나 자발적이어야 한다고 생각한다. 하나님은 즐거이 내는 자를 사랑하시기 때문이다. 그러나 그녀는 자신이 정말 드리고 싶어 하는지 확실하게 대답하지 못한다. 다달이 의무적으로 지출할 데가 많은 지금으로는 즐겁게 드릴 수가 없어요. 즐거이 드릴 수 없다면 아예 드리지 않는 게 낫죠"라고 말한다.

문제: 하나님은 우리가 즐거이 내기를 원하신다. 그러나 자신이 하고 싶다고 느낄 때만 드리는 것은 잘못된 생각이다. 십일조는 하나님의 것이다. 그녀가 어떻게 느끼든 상관없이, 하나님의 것을 쥐고 있어서는 안 된다. 그녀가 강조한 '즐거운 마음'은 자발적인 헌금에는 중요할지 모르지만, 십일조에는 해당되지 않는다. 순종하면 점점 더 기쁨으로 드리게 될 것이다. 기쁘든 기쁘지 않든, 우리는 순종해야만 한다.

상황 7: 단은 사역자의 길을 준비하는 신학생이다. 그와 아내 칼라는 신학교에 다니기 위해 많은 희생을 치르고 있다. 그들은 십일조를 드려야 한다는 것을 알지만, 자신들의 학비로 지출하는 돈이 곧 사역에 대한 투자로 믿는다.

문제: 그들은 하나님도 아니며 교회도 아니다. 그 돈이 어떻게 쓰였든

자신을 위해 사용하는 것은 하나님께 드리는 것도, 교회에 드리는 것도 아니다. 초대 교회 성도들이 사도들 발아래 헌금을 가져온 것같이, 이스라엘 백성은 자격을 갖춘 지도자들이 십일조를 나누어 줄 수 있도록 창고로 가져왔다. 이스라엘 백성에게는 십일조를 그들 자신에게 할 선택권이 주어지지 않았다. 십일조는 그들의 것이 아니라, 하나님의 것이다. 이들 부부를 재정적으로 도와야 한다면, 그것은 하나님이 하실 일이지, 그들이 임의로 결정할 일이 아니다. 그들은 하나님의 것을 도둑질하고 있다. 하나님이 신학교에서부터 도둑질하는 그들의 앞길을 축복해 주실지 상상하기 어렵다.

하나님이 시작하신 곳에서 시작하기

아무런 지침이 없다면, 당신은 어디서부터 드리기를 시작할 것인가? 당신은 하나님이 시작하신 곳에서 왜 십일조를 시작하지 않는가? 나는 십일조를 아이의 첫 걸음마라고 생각한다. 발을 떼어 걸음마를 시작한 것으로 훌륭하다.

아직도 십일조가 그리스도인과 아무 상관없다고 믿는가? 지금부터 당신의 모든 소득을 합한 뒤 10퍼센트를 곱해 보라. 만일 당신이 정기적으로 그 이상을 드리고 있다면 지금까지 해오던 대로 해나가라. 더불어 하나님이 당신을 움직여 자발적인 헌금을 드리도록 하라. 그러나 만약 그 이하를 드리고 있다면 당신의 삶에는 십일조가 정말 필요하다. 만일 당신이 율법주의를 두려워한다면 11퍼센트나 12퍼센트로 시작하라. 당신 자신이 기준을 선택하라. 그러나 그리스도의 놀라운 은혜를 누린다면 율법의 기준보다 더 낮게 그 기준을 정하지 마라.

십일조부터 시작하라. 그것은 당신의 진정성을 보여 준다. 당신은 십일조를 함으로써 하나님께 인정받게 될 것이다. 돈과 소유에 대한 하나님이 우리의 돈과 소유의 주인이심을 깨달을 때 진정한 자유와 기쁨을 경험하게 될 것이다.

"나는 십일조를 하는 게 옳다고 생각하지만, 당장 시작할 수는 없다." 이처럼 순종을 연기하는 것은 하나님께 불순종하는 것이다. 당신은 이러한 삶을 바꾸어야 한다. 영원에 영향을 주는 드림의 모험을 시작할 때, 하나님이 당신을 도와주실 것이다. 하나님을 신뢰하라. 십일조는 드림의 최종 목적지는 아니지만, 좋은 출발점이 될 수 있다.

Chapter 13
드림 : 하나님의 은혜에 보답

"나는 돈이 내게 머무르게 하지 않는다. 그러면 돈이 나를 태운다. 돈이 내 마음으로 들어오는 길을 찾지 못하도록 가능한 빨리 내 손에서 떠나보내야 한다."(존 웨슬리)

"은혜와 감사는 하늘나라와 이 땅처럼 서로 연결되어 있다. 목소리가 메아리를 만들 듯, 은혜는 감사를 만들어 낸다. 천둥이 번개를 뒤따라 오듯 감사에는 은혜가 뒤따른다."(칼 바르트)

자기 소유를 팔아 가난한 사람들에게 나눈 초대 교회 성도들의 삶은 참으로 감동적이다(행 2:44-45, 4:32-37). 많은 은혜가 그들 모두에게 임했기에 그들 중 부족함을 느끼는 사람은 없었다. 이 모습은 서로 말다툼하고, 좋은 자리를 차지하려고 했던 예수님의 제자들의 모습과 사뭇 다르다. 이렇듯 '급진적인 드림'은 삶을 변화시키는 하나님의 능력을 보여 준다.

초대 예루살렘 교회를 평가함에 있어 일반적으로 범하는 두 가지 잘못이 있다. 하나는 그 교회를 모든 교회가 따라야 할 모범으로 보는 것이고, 다른 하나는 오늘날의 우리와는 전혀 상관없는 것으로 보는 것이다.

예루살렘 교회를 교회의 모범으로 바라보는 것은 당시의 역사적 배경을 이해하지 못했기 때문이다. 그래서 백만 명의 유대인들이 유월절을 지키기 위해 예루살렘에 방문했다. 예루살렘은 많은 인파로 넘쳤고, 그들은 집으로 돌아가기 전 가능한 많은 것을 배우고 싶어 했다. 결국 그들은 사회·경제적인 추방과 정통 유대교로부터 출교를 당했고 호적이 파이는 희생자가 되었다. 그들이 경영하는 사업은 대부분 망했고, 가족 관계는 깨졌다. 그 결과 수천 명이 집을 잃었고 직장을 잃었다. 비상 사태였다.

초대 예루살렘 교회가 완전한 모델이 될 수 없는 이유는 모든 성도들이 이렇게 극단적인 상황에 처한 것은 아니기 때문이다. 하지만 초대 그리스도인들의 돈과 소유에 대한 태도는 시대를 초월하여 좋은 모델이 된다. 이 시대 전도자 저스틴 마터는 이렇게 기록하고 있다. "돈과 소유를 다른 어떤 것보다 소중하게 여기던 우리가, 이제는 가진 모든 것을 공동 금고에 모아 필요한 사람과 나누고 있다."

어떤 단체는 이 모델을 잘 따라 해서 성공하기도 했고, 또한 실패하기도 했다. 나는 초대 교회를 닮으려는 시도를 반대하지 않는다. 자원을 축적하거나 움켜쥐는 것은 항상 비성경적이기 때문이다. 그러나 은혜 가운데 드리며 나누는 것은 사도행전 2, 4장과 다른 모습으로도 얼마든지 일어날 수 있다.

어떤 사람은 초대 교회가 사유 재산을 거부했다고 주장한다. 그러나 소유를 판 일은 물질적 필요가 있을 때마다 '한 번씩' 일어난 일이며, 완전히 자발적인 행동이었다. 베드로는 아나니아에게, 재산을 팔 때까지도 그 재산은 그들의 것이고 팔고 나서도 그들의 것이니 원하는 대로 사용할 수 있다고 말했다(행 5:3-5). 그들의 죄는 사도의 발 앞에 모든 것을 내려놓지 않은 것이 아니라, 전부가 아닌데도 다른 사람을 감동시키기 위해 거짓말을 한 것이다. 초대 교회는 결코 '유토피아'로 묘사되지 않는다. 아나니아와 삽비라의 사건에 이어, 헬라 출신과 히브리 출신 그리스도인끼리는 음식 분배의 불공정성을 가지고 서로 다투었다(행 6:1).

사도행전 6장에 나오는 무료 배급을 받는 빈민들의 줄이 오늘날 교회의 일반적인 특징은 아니다. 그렇지만 이것은 도움이 필요한 사람을 돕고, 조직적인 행동을 통해 효과적으로 일을 수행하는 '일의 중요성'을 보여 준다(행 6:2-6). 사도행전 2-4장을 사회주의 모델로 보는 것은 옳지 않다. 그렇다고 필요한 사람에게 열린 마음으로 나누었던 초대 교회의 모범을 무시하는 것은 더 큰 잘못이다.

돈과 소유의 관계성

나눔을 생각하면 제일 먼저 돈이 떠오르지만, 여기에는 더 많은 것이 포함되어 있다. 누군가에게 차를 줄 수 있고, 이자 없이 돈을 빌려 줄 수 있고, 연로한 이웃을 태워 줄 수 있고, 혼자 외출하지 못하는 이웃을 대신해 장을 봐 줄 수도 있다. 하나님이 진정한 주인이시고, 우리는 그분의 자산관리인임을 상기하고 있는 한, 우리는 나눌 수 있는 일이 너무 많다.

제대로 나누려면 주의할 점이 두 가지 있다. 첫째, 나눔을 핑계로 불필요한 소유를 정당화시켜서는 안 된다. 둘째, 소유를 독점하려는 마음이 생기지 않도록 주의해야 한다. 예를 들어, 물건에 긁힌 자국이 날까 봐 다른 사람에게 빌려 주는 것을 두려워한다면, 우리가 아무리 '기꺼이 나누는' 사람이라고 주장해도 제대로 나눌 수 없다.

미국인들은 불필요하고 일생에 단 한 번밖에 사용하지 않을 물건도 아무 생각 없이 산다. 1년에 두 번 사용할 휴대용 전기 톱을 산다. 한 달에 한 번, 세 시간 사용할 픽업 트럭을 많은 비용을 들여 구입한다. 빌리면 되는데 왜 1년에 한 번 사용할 30미터에 달하는 전기코드를 사는가? 빌리면 되는데 왜 나무 울타리를 고르게 깎는 기계를 사는가?

어떤 교회는 사람들이 무료로 사용할 수 있도록 물건을 빌려 준다. 물건을 구입하는 대신 이렇게 빌려 사용하고 그 비용을 교회에 드린다면 어떨까? 내 자산을 다른 사람과 나누는 것은 관계를 깊게 하고, 친밀감을 형성하며, 복음 전도에 영향을 미칠 뿐 아니라, 많은 돈을 하나님 나라를 위해 투자할 수 있게 한다. 더 나아가 소유욕으로부터 우리를 해방시킨다.

나는 책을 사랑한다. 오랜 기간 동안 양서들을 모으기 위해 돈을 많이 썼다. 그중 몇 권은 빌려 주기도 했지만, 대부분은 책장에 그대로 꽂혀 있다. 어쩌다 내가 좋아하는 책을 빌려가서 돌려 주지 않거나 흠을 내어 돌려주면 속이 많이 상했다.

그러다가 1985년, 서재에 있는 모든 책을 교회 도서실에 기증하기로 결정했다. 이렇게 함으로써 교회는 많은 돈을 절약할 수 있었고, 책장에만 꽂혀 있던 좋은 책들은 많은 이들에게 읽혀질 수 있었다. 몇 년 후, 도서실에서 내가 좋아했던 책을 빌려간 사람들의 목록을 보며 받은 감동을 말로 표현할 수 없다. 어떤 책에는 수십 명의 이름이 적혀 있었다. 그때 나는 이러한 결정이 다른 사람의 삶에 투자하는 것임을 깨달았다. 책이 낡아질수록 내 기쁨은 더 커졌다! 관점이 완전히 바뀌게 된 것이다. 지금도 여전히 책을 사랑하지만, 그것을 소유하는 것에 대한 애착은 그때 이후로 훨씬 줄었다. 그리스도의 몸이 이 일로 인해 더 풍성하게 되었고, 나 역시 그렇게 되었다.

드림에 대한 신약 성경의 지침

1. 주라

그리스도인은 주는 사람이다. 예외가 없다. 모든 사람이 동일하게 주는 것은 아니지만, 모두 주는 사람이 되어야 한다. "각각 그 마음에 정한 대로 할 것이요 인색함으로나 억지로 하지 말지니 하나님은 즐겨 내는 자를 사랑하시느니라"(고후 9:7). 그런데 교회에 출석하는 성도들의 10명 중 4명은 전혀 드리지 않고, 2명은 거의 드리지 않는다는 슬픈 통계가 있다.

드리는 행위는 하나님이 우리 삶의 전부이심을 상기시켜 준다. "하나님이 제 삶의 중심이십니다. 당신이 저를 위해 존재하시는 것이 아니라 제가 당신을 위해 존재합니다"라고 말하는 것이다. 하나님이 주시는 돈은 풍요로움을 주는 것보다 더 귀한 목적이 있다. 드리는 것은 가장 위대하신 분과 가장 위대한 사명에 기쁨으로 굴복하는 것이다. 그것은 우리를 왕좌에서 끌어내리고 그분을 높이는 것이다. 또한 우리를 노예로 만드는 맘몬의 사슬을 끊어 내고, 삶의 중심을 하늘나라로 옮기는 것이다.

우리가 무언가를 가지고 있으면, 그것의 소유주가 자신이라고 믿게 된다. 그러나 그것을 주면, 그것과 함께 따라오는 지배, 권력, 명성도 양도하게 된다. 그리고 그 순간 세상이 밝아진다. 마음이 깨끗해져서 하나님을 주인으로, 우리 자신을 종으로 인식하게 된다. 또한 다른 사람은 하나님이 우리에게 맡기시고 우리의 축복을 함께 누리도록 의도된 존재임을 깨닫게 된다.

드리는 것은 우리의 이익을 결코 빼앗지 않는다. 단지 우리의 관점을 세상에서 하늘나라로, 우리 자신에게서 하나님으로 옮겨가게 해준다.

2. 관대하게 주라

사람들은 예수님에게 값비싼 향유를 부은 여인을 비웃었다(막 14:3-9). "예수께서 이르시되 가만 두라 너희가 어찌하여 그를 괴롭게 하느냐 그가 내게 좋은 일을 하였느니라"(막 14:6). 사람들이 그녀의 관대한 드림을 '광신적'으로 여길 때, 예수님은 그것을 '사랑'이라고 부르셨다. 예수님은 이 여인의 드림에 깊이 감동을 받으시고 이렇게 약속하셨다. "내가 진실로 너희에게 이르노니 온 천하에 어디서든지 복음이 전파되는 곳에는 이 여자가 행한 일도 말하여 그를 기억하리라 하시니라"(막 14:9). 계산을 잘하는 사람들은 보통 적게 드린다. 그러나 사랑은 아낌없이 드리도록 만든다.

그러면 어느 정도를 관대하다고 말하는가? 모든 경우에 맞는 한 가지 대답은 없다. 한 친구는 한 달에 얼마를 드려야 할지 고민한 끝에, 적어도 집 월세만큼은 드려야겠다고 결정했다. 그러고는 말했다. "내가 그만큼도 드릴 여유가 없다면, 나는 그렇게 좋은 집에 살 여유도 없다."

만약 십일조를 하지 않는다면 십일조부터 시작하라. 그러면서 점점 나눔을 늘려 가라. 또한 그분께 속한 나머지 90퍼센트도 하나님의 것임을 인정하라. 십일조를 넘어서 드리는 첫 몇 걸음은 특별히 우리를 흥분되게 만들 수 있다. 10퍼센트를 드려야 한다면, 12퍼센트는 왜 안 되는가? 12퍼센트를 드린다면, 15퍼센트는 왜 안 되는가? 15퍼센트를 드린다면, 20퍼센트 혹은 그 이상은 왜 안 되는가? 일정한 소득 수준에 따라 살겠다고 결정하고, 그 이상은 모두 하나님께 드리는 삶을 왜 못 사는가? 우리 부부는 지금까지 이렇게 살면서 후회한 적이 단 한 번도 없다.

3. 정기적으로 드려라

아예 드리지 않는 사람도 많지만, 대부분의 사람들이 산발적으로 드린다. 두 달 이어서 드리다가 세 번째 달은 빼먹고, 한 달 드리다가 두 달 이상 건너뛰는 이런 식이다.

어떤 사람은 휴가 중에는 드리지 않는다. 또 어떤 사람은 감기에 걸려 예배에 빠지면 드리지 않으면서 드리지 못한 것을 보충하려고 하지 않는다. 나는 집을 떠나 타지에 있을 때도 월세를 미리 내든지 아니면 늦더라도 꼭 지불했다. 그런데 왜 하나님께 드리는 것은 제멋대로 하는가?

수년 동안 우리 교회는 성인의 반과 정기적으로 헌금을 하는 사람들의 3분의 2가 참석하는 주말 수양회를 해오고 있다. 그때 정기적으로 헌금을 하는 사람들은 주일 헌금을 다음 주로 미루고 수양회 때 헌금을 하지 않는데, 다음 주에 가보면 그들 중 일부만 헌금을 하는 것을 발견할 수 있다.

바울은 이런 제멋대로인 행동이 변화되길 원하며 고린도 교인들에게 이렇게 말했다. "매주 첫날에 너희 각 사람이 수입에 따라 모아 두어서 내가 갈 때에 연보를 하지 않게 하라"(고전 16:2). 도움이 필요한 사람들을 위한 헌금을 받으려고 도착했을 때, 바울은 드려야 할 돈을 다 써버린 사람들에게 헌금을 걷기 위해 다시 헌금함을 돌리지 않았다. 체계적이고 지속적인 드림이 곧 성경적인 드림이다. 만일 당신이 첫 열매가 아닌 '남은 것'을 드리면, 보통 그 금액이 적어지거나 드릴 것이 남지 않을 경우가 종종 있다. 드림의 계획을 미리 세워야지, 즉흥적이어서는 안 된다. 당신은 주님 앞에서 "주님, 헌금함이 왔을 때 수표에 사인할 펜을 찾지 못해서 못 드렸어요"라고 변명할 것인가?

체계적으로 드리지 않으면서 관대하게 드리는 사람은 거의 없다. 한

번에 몇 백 달러나 몇 천 달러씩 드리는 사람이 헌금을 많이 하는 사람일까? 아니다. 매주 70달러, 매월 300달러나 500달러씩 지속적으로 드리는 사람이 교회의 실제적인 중심이다. 이들이 연말에 세금 공제를 받기 위해 '한꺼번에' 드리는 사람보다 훨씬 더 많이 드린다.

체계적으로 드리지 않는 사람들은 드리는 것을 부풀려 계산한다. 어느 주일 아침, 우리 교회 회계 담당이 헌금 영수증을 나누어 주었는데, 한 남자가 자신의 이름이 빠졌다며 찾아왔다. 그러나 실제로 그는 그 기간 동안 헌금을 한 번도 내지 않았음이 밝혀졌다.

당신이 매주 수입이 있다면 매주 드려야 한다. 매달 있다면 매달 드려야 한다. 주급을 받으면서 월말까지 기다린다든지, 월급을 받으면서 연말까지 기다리면, 결국에는 하나님의 것을 도둑질하게 된다. 즉시 드리는 것의 가장 큰 유익은 하나님의 것을 도둑질할 유혹을 애초에 제거한다는 것이다.

누군가가 당신에게 20달러를 주며 친구에게 전해달라고 부탁한다면, 당신은 지갑 속에 당신의 돈과 그 돈이 섞이지 않게 할 것이다. 어쩌면 봉투에 받을 사람의 이름을 적고 따로 떼어 놓을지도 모른다. 그리고 가능한 빨리 전해 주고 싶을 것이다. 왜 그런가? 친구의 돈을 훔치고 싶지 않기 때문이다. 하나님의 것을 훔치지 않는 것은 이보다 더 중요하다.

교회는 매달 필요한 금액이 있다. 예산은 정기적인 수입에 근거해 작성된다. 그런데 교인들이 어떨 때는 많이, 어떨 때는 적게, 어떨 때는 자주, 어떨 때는 가끔, 이렇게 제멋대로 헌금한다면 교회가 어떻게 운영될 수 있겠는가?

청지기직은 1년에 한 번하는 연례 행사가 아니라, 매주 매월 훈련과 지속성을 요구하는 헌신이다. 고린도 교회가 의미 있는 나눔에 동참하겠다는 뜻을 나타내었을 때, 바울은 "이제는 하던 일을 성취할지니 마음에 원하던 것과 같이 완성하되 있는 대로 하라"(고후 8:11)고 말했다.

교인들의 헌금에 맞추어 예산을 세웠다는 가정하에, 교회는 반드시 예산을 충족시켜야 한다. 선교사를 파송했다가 자금이 모자라 후원을 중단하면 안 된다. 교회는 정기적이고 체계적인 드림을 통해 하나님의 일을 잘 마칠 수 있어야 한다.

4. 신중하게 드려라

어느 노부부에게 드림에 대한 그들의 생각을 말해달라고 요청했다.

> "우리 삶의 드림에 대한 목표는 다음과 같습니다. 우리는 복음 전파를 위해 연소득의 50퍼센트를 바칩니다. 우리는 이렇게 하기 위해 소득을 최대화하고, 선교를 잘 아는 사람에게 조언을 구해 후원할 최적의 기관을 택합니다. 우리는 지난 15년 동안 평균 33퍼센트를 드렸고, 최근 2년에는 총소득의 50퍼센트를 드렸습니다."

그들의 목표와 행동은 명확했다. 그런데 왜 당신은 다른 삶의 영역에서는 체계적이고 구체적인데 반해 드리는 것에는 무계획적인가?

요즘은 자동 이체로 헌금하는 사람들이 늘고 있다. 드리는 사람 입장에서는 편할 뿐 아니라 일관성도 있고 좋다. 또한 받는 입장에서는 예측 가능하다는 장점이 있다. 드리는 사람이 '잊어도' 돈은 교회나 선교사에게 보내진다. 그러나 이 방식으로 하면 더 많은 헌금을 하게 될지는 몰라도, 헌금에 대한 인식을 하지 못할 수 있다. 그래서 더 이상 의지적, 체계적으로 드리지 못한다. 자동화된 헌금은 편리함으로 인해 변질될 수 있고, 드림의 기쁨과 희생을 빼앗아 갈 수도 있다. 당신이 어느 선교사 가정에 매달 수표를 후원금을 보낸다면, 그때마다 그들을 생각하며 기도하게 될 것이다. 그러나 당신의 통장에서 자동적으로 후원금이 빠져나간다면 당신은 몇 달 동안 그들을 한 번도 생각하지 않을 수 있다.

개인적으로는 아무 생각이나 기도, 예배 없이 자동적으로 드리는 것을 피해야 한다고 생각한다. 아내의 생일마다 선물과 꽃을 자동으로 보내 주는 프로그램에 등록해서 보낸다면, 감동이 있겠는가? 드림이 반복적으로 이뤄지더라도 의지적으로 노력할 때 빛을 발한다.

또한 부부가 함께 드리는 것에 동참하는 것이 중요하다. 어떤 부부는 수표 발행을 번갈아 가면서 하기도 한다. 우리 부부는 드리는 모든 결정을 함께한다.

5. 자원하여 드려라

이스라엘 백성들이 성막을 짓기 위해 헌금할 때, '자원하여', '마음에 감동을 받아'라는 구절이 강조되어 나온다(출 35:21,26,29,36:3). 마찬가지로 바울은 도움이 필요한 성도를 위한 특별 헌금을 할 때, "각각 그 마음에 정한 대로 할 것이요 인색함으로나 억지로 하지 말지니 하나님은 즐겨 내는 자를 사랑하시느니라"(고후 9:7)고 했다.

사람들은 이 구절에 근거하여, 드리고 싶은 기분이 들 때만 주님께 드려야 한다고 말한다. 그러나 하나님은 이스라엘 백성들에게 자원해서 드리라고 말씀하신 적이 결코 없으시다. 또한 그들은 명령 때문에 십일조를 한 것이 아니었다. 그들이 십일조를 한 이유는, 그것이 특권이었기 때문이다. 그들은 하나님에 의해 마음에 감동을 받아 스스로 드리기를 원했다.

바울이 억지로 해서는 안 된다고 한 것은 정기적인 헌금이 아니라 특별 헌금(예루살렘에 있는 가난한 성도들의 필요를 위한 헌금)을 가리키는 것이었다. 즉, 원래 드리는 헌금 위에 그 이상을 추가로 할 것을 요청하는 것이었다. 교회가 특별 헌금을 할 때, 일반헌금이 급작스럽게 줄어드는 것은 특별 헌금의 의미를 제대로 알지 못하는 것이다. 단순히 이름만 바뀐 것뿐이다.

바울은 헌금을 할 때, 부담이 전혀 없어야 한다고 말하고 있는가? 자원해서 드리는 것은 부담을 가지고 해서는 안 된다는 의미인가? 전혀 그렇지 않다! 당신은 인도하심을 느낄 때만 하나님을 믿고, 원할 때만 성경을 읽고, 잘해준다고 느낄 때만 배우자를 사랑하는가? 물론 그렇지 않을 것이다. "자원해서 드리는 게 아니면 아예 드리지 마라"가 아니라, "마음이 감동되면 정기적인 드림 위에 그 이상을 자원해서 드리라"는 것이 성경의 원리이다.

오늘날 많은 그리스도인들처럼 어리석은 부자는 "드리고 싶은 느낌이 들 때에만 드려라"는 원리를 따라 살았다. 통계에서 보듯 성도 10명 중 4명처럼, 드리고 싶은 느낌이 전혀 없을 수도 있다. 그러나 마게도냐 성도들은 이와 대조적이었다. "이 은혜와 성도 섬기는 일에 참여함에 대하여 우리에게 간절히 구하니"(고후 8:4). 하나님의 은혜의 비전에 붙잡히면, 우리는 의무 이상으로 드리게 될 것이다.

6. 희생적으로 드리라

바울은 마게도냐 성도들을 이렇게 묘사한다. "환난의 많은 시련 가운데서 그들의 넘치는 기쁨과 극심한 가난이 그들의 풍성한 연보를 넘치도록 하게 하였느니라 내가 증언하노니 그들이 힘대로 할 뿐 아니라 힘에 지나도록 자원하여"(고후 8:2-3).

어떻게 '환난의 많은 시련', '넘치는 기쁨', '극심한 가난', '풍성한 연보'가 적절하게 조화될 수 있는가? 이 말씀을 통해 우리는 드림은 부자들의 특권이 아니라는 것을 알 수 있다. 오히려 드림은 가난한 사람들의 특권이다.

세 가지 수준의 드림이 있다. 능력 이하로, 능력에 따라, 능력 이상으로! 서구의 그리스도인 96퍼센트가 능력 이하로 드린다. 아마 3퍼센트가 능력에 따라 드리고, 1퍼센트 이하가 능력 이상으로 드릴 것이다.

능력 이상으로 드린다는 의미는 무엇인가? 드릴 수 있는 한계를 넘어 드리는 것을 의미한다. 결산서의 마지막 숫자가 그렇게 해서는 안 된다고 하는데도 드리는 것을 의미한다. 가난한 과부의 믿음으로 살아가는 것을 의미한다. 능력 이상으로 드리면 파산할 것처럼 보이지만, 하나님은 신실하시므로 결코 그렇게 되지 않는다.

희생적으로 드리는 것은 최고의 것을 드린다는 의미다. 담요가 두 개 있을 때, 희생적인 드림은 둘 중 더 좋은 것을 주는 것이다. 슬프게도 우리의 '드림' 중에는 버릴 만한 것도 많다. 교회 바자회나 자선 기관에 기부하는 것을 보면, 버릴 게 더 많을 때가 있다. 그러나 우리가 원하지 않는 것을 주는 것은 진정으로 주는 것이 아니다. 그것은 선택적인 처분일 뿐이다. 새것이나 더 나은 것을 사기 위해 정리하는 것이기 때문이다.

다윗 왕은 이렇게 말한다. "내가 값을 주고 네게서 사리라 값없이는 내 하나님 여호와께 번제를 드리지 아니하리라"(삼하 24:24). 희생적인 드림은 내가 가지고 싶은 것을 내어놓는 것이다. 초대 교회 성도들은 방어적인 자세를 취하지 않고 계산하지도 않고 자원해서 드렸다.

희생적인 드림은 비이성적으로 보인다. 그렇지만 그것은 하나님께 영광을 돌리고, 다른 사람의 필요를 채우고, 우리에게 영원한 상급을 보장해 주는 완벽하게 이성적인 행동이다. 아울러 하나님은 우리 필요를 채워주시는 분이다.

우리 교회에 나오는 한 독신 남성은 이십 대 때 회심했다. 그는 성경을 읽다가 감동을 받아 자기 집을 팔아 하나님께 드리려는 결단을 했다. 그러나 오랫동안 신앙생활을 한 성도들에게 자신의 뜻을 나누었을 때 비극적인 일이 벌어졌다. 그가 그 생각을 철저하게 폐기시켜 버린 것이다.

자녀나 초신자들에게 드리지 말라고 말하고 싶은 충동이 생길 때, 그것을 억제해야 한다. 그들이 드림으로 인해 얻을 현재의 기쁨과 미래의 상급을 빼앗지 마라. 그럴 때는 오히려 자신을 살피고 그들에게서 배워야 한다. 그리고 하나님이 맡기신 모든 자산을 책상 위에 올려놓고 어떤 것을 나누기 원하시는지 물어야 한다.

우리는 불안정하고 위험스러워 보이는 믿음을 싫어한다. 하나님이 실패할 경우를 대비해 대책을 마련하고 싶어 한다. 자신을 지키려는 본능은 우리 생각에 울타리를 치게 만든다. 그러나 이왕 드리려고 한다면, 더 이상 드릴 것이 없다고 느낄 정도로 많이 드려라. 우리가 진정으로 드리는 것에 헌신하지 못한다면, 하나님이 공급하시는 것을 볼 수 있는 놀라운 기회를 놓치게 된다.

제자들은 "얼마나 많이 가져도 됩니까?"라고 묻지 않고, "얼마나 더 드릴 수 있습니까?"라고 물었다. 당신의 드리는 수준에 만족하기 시작했다면, 그 수준을 한 단계 올려야 할 때다.

7. 탁월하게 드려라

바울은 "이 은혜(드리는 일)에도 풍성하게(탁월하게) 할지니라"(고후

8:7)고 권한다. 피아노를 연주하는 것처럼, 드리는 것도 기술이다. 연습을 하면 더 잘 하게 된다. 더 많이 드리는 것, 더 자주 드리는 것, 보다 전략적으로 드리는 것을 배울 수 있다. 직장에서는 탁월함을 추구하도록 가르친다. 그렇다면 드리는 것에는 왜 공부하고, 토의하고 노력하지 않는가?

바울은 단지 개인에게만 이 말을 한 것이 아니었다. 교회도 함께 노력해야 한다. 요즘 성도들 사이에 다음과 같은 어려운 질문을 하는 것이 보편화되어가고 있다. "결혼생활은 어떠세요?", "얼마나 많은 시간을 말씀 묵상하는 데 보내세요?", "순결을 지키고 있으세요?", "당신의 믿음을 다른 사람과 나누세요?" 그러나 다음 질문들을 얼마나 자주 하는가. "하나님의 것을 도둑질하고 있으세요?", "물질만능주의에 대항하고 있으세요?", "주님께 얼마를 드리세요?"

교회는 오직 드리는 것에 관해서만 "묻지도 말고 말하지도 마라"는 정책을 고수하고 있다. 마치 서로가 "당신이 말하지 않으면 나도 그것에 대해 묻지 않겠다"라고 동의한 것처럼 살아간다. 교회 청년들에게 교인 중 기도에 대해 가르칠 것이 많은 기도의 용사가 누군지 물어보라. 대부분 여러 이름을 말할 것이다. 그렇다면 이제는 드림에 대해 가르칠 것이 많은 드림의 용사가 누군지 물어보라. 사실 '드림의 용사'라는 말부터 생소하게 들린다.

생각해 보라. 현실이 이러한데 어떻게 초신자들이 드림을 배울 수 있겠는가? 도대체 어디를 가야 그리스도에게 붙잡힌 성도의 헌신적인 드림을 볼 수 있는가? 어떠한 모범도 보여 주지 않으면서, 청년들이 세상에 물들어 간다고 왜 개탄하는가? 통계에 따르면, 청년들의 소득에 따른 헌금 비율이 장년층보다 훨씬 낮다. 이렇게 된 데는 연륜 있는 성도들이 드리는 것에 대한 비전을 전수하지 못한 탓이 크다.

우리는 "서로 돌아보아 사랑과 선행을 격려"(히 10:24)해야 한다. 우리는 이런 질문을 해야 하지 않을까? "드림을 어떻게 서로 격려할 수 있을까? 드림에 탁월할 수 있도록 어떻게 도울 수 있을까?"

교회 지도자가 드림을 격려하는 한 가지 방법은, 교회 재정의 많은 부분을 나누는 데 헌신하는 것이다. 교회 수입의 15퍼센트를 선교에 보내고 있는가? 그렇다면 내년에는 25퍼센트로 올리고, 다음 해에는 더 올려 보라. 5퍼센트를 가난한 자를 돕는 데 사용하고 있는가? 그렇다면 15퍼센트로 올려 보라. 동일한 이유로, 교인들이 빚지지 않게 하려면 교회가 빚을 지지 말아야 한다. 또한 드리는 것을 격려하기 원한다면 교회가 먼저 드려야 한다. 말이 아닌 행동으로 보여 주어야 한다.

바울이 드리는 것에 "탁월하라"고 말했던 상황은 기근으로 힘들어하는 예루살렘 성도들을 돕기 위해 특별 헌금을 할 때였다. 목사는 건축 헌금을 모으기 위해 드리는 것을 몇 번 언급하는 걸로 끝내서는 안 된다. 교회는 왜 4주에 걸쳐 드림에 대한 설교를 하지 않으며, 선교 헌금에 대해서도 설교하지 않는가? 교인들의 드림이 뛰어나기를 원한다면, 교회 자체가 드림에 뛰어난 모델이 되는 것이 최선의 방법이다.

8. 기쁘게 드려라

"하나님은 즐겨 내는 자를 사랑하시느니라"(고후 9:7). 하나님은 드리는 것에서 기쁨을 발견하는 사람으로 인해 기뻐하신다. 성전 수리가 필요했을 때, 요아스는 헌금 궤를 성전 문밖에 두었다. "모든 방백들과 백성들이 기뻐하여 마치기까지 돈을 가져다가 궤에 던지니라"(대하 24:10). 여기서 핵심은 "기뻐하여"다. 하나님의 사람들은 가치가 있는 것을 보면 기뻐하여 드린다. 드릴 때 기뻐하는 여러 이유 중 하나는, 언젠가 자신이 드린 것에 대한 구체적인 결과를 하늘나라에서 보게 될 것을 알기 때문이다.

때때로 그리스도의 몸의 지체인 우리는 도움의 통로로 쓰이기도 하고, 어떤 때에는 도움을 받는 위치가 되기도 한다. "이제 너희의 넉넉한 것으로 그들의 부족한 것을 보충함은 후에 그들의 넉넉한 것으로 너희의 부족한 것을 보충하여 균등하게 하려 함이라"(고후 8:14). 도움을 주는 사람은, 이 세상을 넘어 천사들과 구름떼 같은 증인들이 함께할 공동체의 일원이 된 듯한 느낌을 받는다.

베리맨&헤니거사(Berryman&Henigar)의 회장인 레이 베리맨은 내게 이렇게 말한 적이 있다. "우리는 소득의 50퍼센트 혹은 그 이상을 드리려고 노력하고 있습니다. 자녀에게 남겨줄 개인적인 물건들을 제외한 모든 것을 하나님께 드리길 원합니다. 하나님이 저를 드리는 자로 부르셨다는 것과 제 드림을 통해 사람들이 그리스도를 발견하고 있다는 사실을 깨달은 뒤 저는 드림의 기쁨을 누리고 있습니다. 복음을 전하고, 굶주린 사람을 돕는 일의 일원이 되는 것이 얼마나 신 나는지 모릅니다."

레이의 드림은 의무감이 아닌 기쁨이 원동력이 되었다. 우리의 드림을 통해 하나님의 은혜가 다른 사람에게 흘러가는 것을 경험하는 것은 정말 신 나는 일이다.

고등학생 때 예수님을 영접한 이후, 드리는 것은 내 삶의 일부가 되었다. 특히 「폭스의 순교자들의 책: 그리스도를 위해 고난받는 하나님의 밀수꾼」(Tortured for Christ, God's Smuggler, Foxe's Book of Martyrs) 등 여러 책의 내용이 '드림의 비전'을 내게 심어 주었다. 그리고 내 인생의 가장 큰 기쁨들은 드리는 것과 함께 찾아왔다. 물론 방황할 때도 많았지만, 그때마다 하나님은 드리는 삶을 살도록 인도하셨다. 그러면 갑자기 에너지가 생겼고 삶의 목적과 기쁨이 되살아났다.

예수님은 "주는 것이 받는 것보다 복이 있다"(행 20:35)라고 말씀하셨다. 아마도 그 이유는 우리가 줄 때, 한 사람이 아니라 세 사람을 동시에 축복할 수 있기 때문일 것이다. 주는 우리와 받는 사람, 그리고 하나님! 우리는 자신을 위해 돈을 사용하면서 누리는 첫 번째 축복(저주로 쉽게 바뀔 수 있는)에 만족해서는 안 된다. 그것을 나눠 줌으로써 얻는 두 번째 축복과 그것으로 인해 기뻐하시는 하나님으로부터 얻는 세 번째 축복이 있음을 기억하자. 역설적으로 들리겠지만, 나눔으로 말미암아 누리는 축복은 가지고 있음으로 인해 얻는 것보다 항상 더 크다.

우리는 주지 않음으로 인해, 하나님과 다른 사람의 축복뿐만 아니라, 우리 자신의 축복까지 도둑질하게 된다. *우리가 나눌 수 있음에도 나누지 않음으로 인해, 지난해 우리 자신의 축복을 얼마나 많이 도둑질했는가?* 그것이 얼마나 되는지 정확히 알진 못하지만, 이제부터라도 그 축복을 잃지 않도록 드릴 수 있다.

'관대한 드림 자문 위원회'(the Generous Giving Advisory Council)의 톰 콘웨이는 이렇게 썼다.

> *"나는 하나님 나라에 투자하는 것으로 큰 만족을 얻는다. 나는 그곳에서 영원히 살 것이고, 가능한 많은 사람들이 그곳에 가도록 돕기를 원한다. 내가 하는 투자는 어떤 것은 좋았고 어떤 것은 좋지 않았지만, 하나님과 함께하는 투자에는 실수가 없었다. 하나님의 왕국에 투자할 수 있다는 것은 큰 기쁨이다. 이 기쁨은 하나님과 함께 그분의 왕국을 건설하고, 그 나라가 영원히 지속된다는 것을 아는 데서 온다."*

코반커뮤니케이션 회장인 할 토마스는, 드림이 그의 삶에 가져온 축복에 대해 이렇게 말했다.

"이 세상에 기초를 두지 않았기에 결혼생활은 더 견고해졌어요. 물질에 근거하지 않았기에 관계들은 더 건강해졌어요. 누군가의 필요를 저를 통해 공급하심을 보았기에 하나님의 동행하심이 보다 생생하게 느껴졌어요. 이 세상에서 작은 마을에 교회를 세우거나, 고아원에 음식을 보내거나, 병든 사람에게 의사를 보내는 것보다 더 사람의 마음을 만족시키는 일은 없어요. 저는 이 모든 일이 일어나는 것을 보고 있어요. 하나님이 저를 통해 일하시는 것을 보고 있어요! 드리는 것은, 제게 하나님 나라에 대한 목적 의식을 줘요. 제 사무실과 집은 선교 여행을 할 때마다 구입한 조그마한 장식품들로 가득 차 있어요. 저는 그리스도인이 된 이후 지금까지 40차례 이상 선교 여행을 다녔고, 이것들은 하나님이 그분의 일에 동참하게 허락해 주셨던 시간과 그곳에서 만난 사람들을 기억나게 해줘요. 이중에는 나무 조각품이나 사진 등이 있는데, 전 그것을 볼 때마다 기도해요. 제가 걷고 있는 길은 나눔과 세움을 위해 하나님이 공급하시는 길이에요. 하나님은 바로 이 목적을 위해 회사를 제게 맡기셨어요. 제 삶을 향한 하나님의 계획의 한복판에 있다는 것을 아는 것은, 저의 존재 이유를 가장 선명히 보여 주는 흥미진진한 일이에요."

우리에게 기쁨이 부족한가? 기쁨은 드리는 사람에게 주어지는 가장 큰 축복이다. 드리는 것은 하늘 아버지를 닮는 행동이다. 그것은 단지 돈을 키우는 하나님의 방법이 아니라, 자녀를 키우는 그분의 방법이다.

누군가 내게 이렇게 말했다. "하나님은 즐거이 내지 않으려면 내지 말라고 하셨어요. 그래서 저는 그런 마음이 안 들면 드리지 않아요!" 하나님은 우리가 즐거이 내기를 원하신다. 그것은 사실이다. 그러나 순종하기를 원하시는 것 또한 사실이다. 즐거움으로 가는 길은 드리지 않음으로써 가능한 것이 아니라, 그렇게 느끼지 않을 때에라도 드림으로써 가능한 것이다. 즐거움 문제는 내게 있는 것이지, 그 문제를 해결하려고 하지 않고 드리는 것을 유보하는 것은 잘못된 태도이다. 우리 마음은 우리의 보물이 있는 곳을 향하게 되어 있다(마 6:21). 당신의 보물을 하나님의 왕국에 두라. 그러면 즐거운 마음이 따라오게 될 것이다. 하나님은 '순종함으로' 나누는 사람을 사랑하신다.

9. 경건하게 드려라

고넬료는 성경에서 관대하게 드리고, 하나님을 경외하는 경건한 사람으로 묘사된다. 어느 날 천사가 그에게 나타나 "네 기도와 구제가 하나님 앞에 상달되어 기억하신 바가 되었으니"(행 10:1-4)라고 말했다. 고넬료는 드리는 것으로 하나님을 예배했다. 하나님은 그의 드림을 기억하셨다.

드림은 어떤 누구보다도 하나님께 향해야 한다. 바울은 희생적인 헌금을 드린 마게도냐 성도들에게 이렇게 말했다. "우리가 바라던 것뿐 아니라 그들이 먼저 자신을 주께 드리고 또 하나님의 뜻을 따라 우리에게 주었도다"(고후 8:5).

바울은 또한 고린도 성도들에게 마게도냐 성도들처럼 드리라고 도전하기 위해, 드림의 기초에 대해 이렇게 설명했다. "우리 주 예수 그리스도의 은혜를 너희가 알거니와 부요하신 이로서 너희를 위하여 가난하게 되심은 그의 가난함으로 말미암아 너희를 부요하게 하려 하심이라"(고후

8:9). 드림에 대한 가장 강력한 메시지인 고린도전서 8-9장의 클라이맥스는 "너의 자선에 감사하라"가 아니라 "말할 수 없는 그의 은사로 말미암아 하나님께 감사하노라"(고후 9:15)이다.

드림은 하나님의 은혜를 경험한 마음의 반응이다. 우리가 드리는 것은 하나님이 먼저 우리에게 주셨기 때문이다. 드림은 이타주의에서 나오는 것이 아니고, 우리 안에 있는 그리스도를 통해서 나온다. 가장 경건한 드림은 예배를 드리기 위해 성도가 모였을 때 일어난다. 예수님은 제단에 예물을 드릴 때 형제에게 잘못한 것이 생각나면, 드림을 통해 예배가 끝나기 전에 먼저 가서 화해하라고 말씀하셨다(마 5:23-24). 그리스도인의 드림은 개인적일 뿐만 아니라 공동체적이며 수직적이고 수평적인 모든 관계에 적용할 수 있다.

드리는 것은 기도하고 찬송 부르는 것과 똑같은 예배 행위다. 어느 교회는 헌금함을 설치해 놓고 자유롭게 드리게 한다. 헌금 바구니는 특별한 경우에만 돌리는 것이다. 하지만 헌금 바구니를 돌리지 않는 것이 헌금을 강요하거나 드림을 과시하려는 것의 위험을 피할 수는 있어도, 드림의 기회를 단절시키는 위험 또한 있을 수 있다.

드리는 것은 예배의 한 행위이지만, 좋지 않은 동기로 드려지는 경우도 있다. 그중 하나가 세금 공제를 받기 위해 드리는 것이다. 만약에 교회나 기독교 단체가 세금 공제의 지위를 잃게 된다면, 어떤 일이 일어날까? 미국은 처음부터 이러한 지위를 허용한 세계에서 몇 안 되는 나라 중 하나지만, 오늘날은 그 지위가 흔들리고 있다. 물론 드리는 금액을 늘릴 기회를 최대한 이용하는 것은 현명하다. 그러나 그것이 마음에서 우러나오는 예배의 행위가 되어야지, 단순히 세금 부담을 줄이려는 전략으로 전락해서는 안 된다.

10. 비율에 따라 드려라

기근이 닥쳤을 때, "제자들이 각각 그 힘대로 유대에 사는 형제들에게 부조를 보내기로 작정"했다(행 11:29). 하나님은 드리는 것에 대해 "너희 각 사람이 수입에 따라 모아 두어서"(고전 16:2)라고 말씀하신다.

처음에 십일조는 금액이 고정된 것이 아니라 비율로 정해졌다. 예를 들어, 금화 500개를 벌면 십일조로 50개를 드렸다. 이처럼 십일조는 소득에 따라 다르게 드려진다. 비율에 따른 드림이 공평한 것은 아니다. 1년에 만 달러를 벌어 천 달러를 드리는 사람은, 8만 달러를 벌어 8천 달러를 드리는 사람보다 훨씬 큰 희생을 하는 것이다. 8만 달러 버는 사람이 만 달러 버는 사람보다 여덟 배 더 드리지만, 사실 그는 자신을 위해서도 여덟 배 더 남기는 것이다.

우리는 단지 금액만 가지고 관대하게 드리는 사람이라고 말하기 쉽다. 하지만 진정한 관대함은 가진 것에서 얼마를 드렸는지에 따라 결정되어야 한다. 한 재정 상담가가 이런 글을 보낸 적 있다. "언젠가 1년에 백만 달러씩 벌고 순자산이 천만 달러인 부유한 부부를 상담한 적 있는데, 그들은 1년에 15만 천 달러 드리는 것을 아주 관대하다고 느끼는 것 같았습니다." 그들은 넉넉히 드리는 것인가? 관대함의 기준은 얼마를 남기고 드렸느냐에 따라 정해지는 것이라는 걸 기억하라.

부자는 큰 금액을, 과부는 적은 금액인 동전 두 개를 헌금함에 넣었는데, 예수님은 제자들에게 이렇게 말씀하셨다. "이 가난한 과부는 헌금함에 넣는 모든 사람보다 많이 넣었도다 그들은 다 그 풍족한 중에서 넣었거니와 이 과부는 그 가난한 중에서 자기의 모든 소유 곧 생활비 전부를 넣었느니라"(막 12:43-44).

2만 달러나 20만 달러를 드리는 것을 관대하다고 간주하는 관점으로는 예수님이 칭찬하신 가난한 과부가 관대하지 않다는 결론을 지을 수밖에 없다.

하나님은 우리가 얼마나 드리는지도 보시지만, 얼마나 남기는지도 보신다. 소득이 증가할수록 드리는 비율이 낮아지는 것에 대해 어떻게 생각하는가. 예를 들어, 연 4만 달러를 벌면서 그 소득의 20퍼센트를 드리는 사람이 있다고 가정해 보자. 그는 8천 달러를 드리고 3만2천 달러를 사용한다. 몇 년 후 그의 소득이 8만 달러로 올랐다. 생활비가 동일하고 세금 증가분을 고려하지 않는다고 가정할 때, 그는 이제 4만8천 달러를 드릴 수 있다. 20퍼센트가 아닌 60퍼센트를 드려도 살아가는 데 별 지장이 없는 것이다. 즉, 별 다른 희생이나 불편 없이도 많이 드릴 수 있다는 말이다. 우리 딸들이 대학을 마치고 결혼했을 때, 우리 부부는 그만큼 여유가 생겨 더 많이 드릴 수 있었다. 드리는 비율은 늘어났지만 우리의 희생이 늘어난 것은 아니었다.

어떤 사람에게는 25달러 드리는 것이 큰 희생이 될 수 있지만, 어떤 사람에게는 백만 달러 드리는 것이 아무렇지 않을 수도 있다. 1년에 천만 달러 버는 사람이 구백만 달러를 하나님께 드린 후, 자신은 '단지 백만 달러'로 살아간다고 말한다면, 우리는 감동을 받거나 영원에 대한 현명한 투자라고 칭찬할지도 모른다. 하지만 하나님의 눈에도 그것이 진정 희생으로 보일까? 이것이 바로 거액 기부자를 공개적으로 칭찬하는 것의 위험이다. 그들의 희생은 이름이 알려지지 않은 수많은 기부자들보다 덜 희생적인 경우가 많다.

한 조사에 의하면, 미국 가구당 소득 1만 달러 미만의 사람들은 5.5퍼센트를 자선단체에 기부하는데 반해, 십만 달러 이상인 사람들은 2.9퍼센트밖에 기부하지 않는다고 한다. 이것은 돈을 벌면 벌수록, 드림에 대한 희생을 하지 않는다는 현실을 보여 준다.

A.W. 토저는 하나님이 우리의 헌금을 금액으로 평가하지 않으시고, 드릴 수 있는 잠재력으로 측정하신다고 말했다. 그는 「나는 진짜인가 가짜인가」(That Incredible Christian, 규장, 2004)란 책에서 이렇게 말하고 있다.

"그리스도의 심판대 앞에서 우리의 섬김은, 얼마나 많이 행했는가가 아닌 얼마나 많이 드릴 수 있었는지에 따라 판결받을 것이다. 하나님은 내가 얼마나 많이 드렸는가가 아니라, 얼마나 많이 드릴 수 있었고, 드리고 난 다음 얼마나 많이 남겼는지를 측정하실 것이다."

11. 은밀하게 드려라

"사람에게 보이려고 그들 앞에서 너희 의를 행하지 않도록 주의하라 그리하지 아니하면 하늘에 계신 너희 아버지께 상을 받지 못하느니라"(마 6:1). 예수님은 이 말씀을 기도와 금식이라는 주제 다음에 드림의 문제를 언급하시면서 하셨다. 예수님은 누군가를 도울 때, 위선자처럼 사람에게 칭찬받기 위해 그것을 알리지 말라고 하셨다. 대신 가만히 있으면 "은밀한 중에 보시는 너의 아버지께서 갚으시리라"(마 6:4)고 약속하셨다.

자기소개와 함께 기부 금액을 약속하는 한 만찬에 대한 기사를 읽은 적이 있다. 한 남자가 일어나 자기 이름과 아내 이름, 회사 이름, 주소, 그 회사가 판매하는 상품의 종류를 말한 뒤, "우리는 5천 달러를 익명으로 기부합니다"라고 하는 것이다.

드림을 과시하는 것은 항상 옳지 않다. 물론 어떤 경우에는 알려지게 되고, 그렇게 해야만 할 때도 있다. 초대 교회 성도들처럼 자신의 소유를 팔아 누군가의 필요를 채운 이러한 사랑의 행동은 알려져야 한다. 사람에게 보이기 위해 의를 행하지 말라고 하신 예수님이 동일한 설교의 앞부분에서는 이렇게 말씀하셨다. "이같이 너희 빛이 사람 앞에 비치게 하여 그들로 너희 착한 행실을 보고 하늘에 계신 너희 아버지께 영광을 돌리게 하라"(마 5:16).

어떻게 이러한 명령들을 조화시킬 수 있겠는가? 우리는 드리는 동기의 중요성을 인식함으로써 그렇게 할 수 있다. 사람에게 잘 보이려고 의로운 일을 하지 마라. 그러나 좋은 일을 할 때에는, 하나님께 영광을 돌리는 기회로 사용하라. 예수님은 우리의 선행을 사람들이 알게 되는 것을 싫어하시는 게 아니라, 우리가 사람에게 잘 보이려고 선행을 베푸는 것을 싫어하신다.

같은 원리가 기도에도 적용된다. 예수님은 은밀하게 기도하라고 말씀하셨다. 그리고 그것에 대해 하나님이 보상해주실 것이라고 하셨다(마 6:6). 하나님은 우리가 함께 모여 기도하기를 원하실 때도 있지만, 은밀하게 기도하기를 원하실 때도 있다. 그분은 또한 다른 사람 모르게 은밀하게 '주기'를 원하실 때도 있다. 어떻게 하든 우리 마음의 동기가 가장 중요하다.

많은 기독교 단체나 교회가 후원자의 이름을 액자나 벽돌, 의자, 머릿돌에 새긴다. 그들은 헌금한 사람들의 리스트를 공개하거나 학교나 건물 이름을 후원자의 이름을 따서 짓기도 한다. 이것은 분명히 예수님의 말씀을 거스르는 일이다. 이 땅에서 보상받음으로 하나님께 받을 상급을 빼앗기고 있다는 것을 왜 모르는가? 이러한 관행은 15장에서 더 자세히 다룰 것이다.

대중 앞에서 인정받을 때 더 많은 사람들이 후원하게 된다는 조사 결

과가 있긴 하지만, 교회에서 그 풍조를 따르는 것이 과연 옳은가? 수년 전 교회 건축을 계획할 때의 일이다. 우리 교회 장로들은 기부자의 이름을 벽돌에 새기는 것에 대해 심각하게 고민하고 있었다. 그때 누군가가 이렇게 말했다. "만일 우리가 그렇게 하면, 그들은 정말 그 벽돌을 좋아하겠지요. 하지만 그것이 그들이 헌금한 이유라면, 벽돌 한 장이 그들이 받을 유일한 보상이 될 것입니다." 결국 그 일은 우리가 그들이 받을 하나님의 축복을 빼앗는 일이 될지도 모른다는 생각에 없던 일로 하기로 했다.

어떤 모임에서는 기부가 단순히 특정한 신분을 얻는 도구로 이용된다. 많은 기업들이 기부를 통해 자신들을 선전함으로써 더 많은 것을 누리고 있다. 이것이 기부의 동기라면 그러한 '기부'는 단지 사업 경비일 뿐이다.

한 회사가 텔레비전 광고를 십만 달러에 구입해 도움이 필요한 아이들에게 만 달러를 기부한다고 선전한다면, 얼마나 웃기는 일인가? 아이들을 진정으로 돕기 원한다면 그 전부를 기부하고, 입을 닫으면 되지 않는가? 그들의 행위는 진정한 기부가 아니라 기부를 통해 이득을 얻으려는 자기 선전일 뿐이다.

어떤 사람은 기부로 '평판'을 얻고, 어떤 사람은 '통제'를 얻는다. 즉, 기부를 하는 기관에 고삐를 당길 수 있는 줄을 달아 놓고 스스로 통제하는 것이다. 예를 들어, 자기 말을 듣지 않으면 다시는 기부하지 않겠다고 협박을 하는 것이다. 지역 교회에서도 돈 많은 사람들이 돈을 흔들어 대며 교회에 압력을 가하고 있다. 그들은 자기 마음대로 안 되면, 드리지 않는 것으로 자신의 감정을 표현한다. 목사를 청빙할 때 누군가는 이렇게 말했다고 한다. "나는 이 교회에 가장 많은 돈을 쏟아부었기 때문에,

내가 원하는 목사를 모셨으면 한다." 진정한 의미에서 그는 하나님께 드린 것이 아니다. 그저 자신을 위해 돈을 사용한 것뿐이다. 하나님은 조용하고 겸손한 드림을 원하신다. *기부자를 칭송하는 것을 피하는 최선의 방법은, 그들이 누구인지 처음부터 밝히지 않는 것이다.*

나는 교회에서 누가 얼마를 드렸는지 사역자들은 몰라야 한다고 믿는다. 금액을 알게 되면, 많이 낸 사람에게는 잘 보이고 싶은 유혹을, 적게 낸 사람은 무시하고 싶은 유혹을 받을 수 있기 때문이다. 이것이 성경이 경고하는 함정이고, '편애'와 '악'이다(약 2:1-5). 또한 사역자가 사람을 정죄하는 위치에 놓일 수 있게 된다. 즉, 얼마나 드렸는가를 영적 상태를 진단하는 잣대로 삼는 것이다. 모든 사람이 칭찬하는 성가대 대원이 헌금을 전혀 하지 않음을 아는 것, 바로 그 부담을 안고 가는 것이 교회에서 재정을 담당하는 사람의 십자가이다.

드리는 것을 익명으로 처리해야 하는 가장 중요한 이유는, 다른 사람에게 감명을 주기 위해 드리려는 유혹을 없애거나 최소화시키기 위함이다. 헌금한 액수를 목사나 사역자가 안다면, 그들에게 감명을 주기 위해 드릴 수도 있지 않겠는가. 만일 그렇다면 하나님께 받을 상급은 없을 것이다.

사역자에게 있어 가장 큰 시험 중 하나는, 하나님이 모든 재정적인 필요를 채워 주시리라는 믿음이 있느냐는 것이다. 많이 헌금한 사람에게 아첨하고 편애하고 싶은 유혹이 얼마나 크겠는가. 반면 드리는 자에게 있어 가장 큰 시험은 중 하나는, 하나님께 영광 돌리는 것만 생각하느냐는 것이다. 진정 사람의 칭찬을 구하지 않고 우리의 것을 드릴 수 있는가?

하나님은 아나니아와 삽비라를 치셨다(행 5:1-10). 그들도 관대하게 드린 자였음을 기억하라. 오늘날의 많은 사역 단체들이 휴양지의 멋진 호텔에서 후원자를 위한 모임을 여는 데 돈을 쓰고 있다. 또한 새 건물에 기부자의 이름을 붙이기도 한다. 만일 당신이 드리는 것을 과장하고 있거나 마치 큰 희생을 치르는 것처럼 연기하고 있다면, 하나님이 아나니아와 삽비라에게 행하신 일을 심각하게 생각해 보라!

주인이 종에게 '잘했다'고 칭찬하실 때는, 그가 유명해지거나 인기가 있거나 머릿돌에 이름이 새겨졌을 때가 아니었다. 주인은 오히려 선하고 충성된 자를 칭찬하셨다. 우리가 진정한 주님의 종이라면, 칭찬은 우리의 몫이 아니다. 우리는 옥수수 밭을 가는 황소와 같다. 단지 맡겨진 일을 하고 그중 얼마를 먹고, 그것에 대해 감사할 뿐이다. 종은 주인의 평판만 생각하지, 사람의 인정은 생각하지 않는 것이다.

나는 이 땅에서 인정받음으로 하나님으로부터 주어질 미래의 상급을 잃고 싶지 않다. 그렇지만 성경은 성도의 드림에 대해 하나님이 어떻게 역사하시는지 보라고 말한다(고후 8:1-7). 나는 다른 사람의 간증을 들을 때, 드리는 것에 대한 격려와 도전을 받는다. 그래서 나는 당신의 유익을 바라며 이 책에 내 간증을 썼다. 그러나 만에 하나 당신의 인정을 받고 싶은 목적으로 쓴 것이라면 나는 분명 상급을 잃을 것이다. (더 자세한 내용은 부록 E를 참조하라. 632쪽.)

드리는 자에 대한 하나님의 공급하심

우리가 관대하게 드리면, 하나님의 축복이 뒤따르는 경우가 많다(잠 11:24-25). "주라 그리하면 너희에게 줄 것이니 곧 후히 되어 누르고 흔들어 넘치도록 하여 너희에게 안겨 주리라 너희가 헤아리는 그 헤아림으로 너희도 헤아림을 도로 받을 것이니라"(눅 6:38). "이것이 곧 적게 심는 자는 적게 거두고 많이 심는 자는 많이 거둔다 하는 말이로다"(고후 9:6).

당신이 드리는 자든 아니든 당신은 하나님으로부터 물질적인 축복을 받았다. 당신은 스스로에게 "왜 내게 이렇게 많이 주셨을까"라고 물은 적이 있는가? 이상하게 생각할 필요 없다. 하나님이 당신에게 필요 이상으로 돈을 주신 정확한 이유를 이미 말씀하셨다.

> "심는 자에게 씨와 먹을 양식을 주시는 이가 너희 심을 것을 주사 풍성하게 하시고 너희 의의 열매를 더하게 하시리니 너희가 모든 일에 넉넉하여…"(고후 9:10-11).

'무엇' 때문인가? 바울은 이 말씀을 어떻게 끝낼 것 같은가? 당신이라면 어떻게 이 문장을 마무리 짓겠는가? 그것은 아마도 당신이 할 수 있는 가장 중요한 결정 중의 하나가 될 것이다. 번영 신학은 아마 이렇게 말씀을 끝낼 것이다. "하나님이 그분을 사랑하는 사람을 얼마나 축복을 하시는지 세상에 자랑하며 부유하게 산다." 그러나 바울은 그렇게 끝내지 않았다. "너희가 모든 일에 넉넉하여 *(부요하게 한 이유는)* 너희들이 모든 경우에 관대하게 하려는 것이다"(고후 9:11, 이탤릭체는 저자가 추가한 내용). 하나님이 우리에게 물질적인 축복을 풍성하게 주신 이유는, 그것을 나누라고 주신 것이다.

하나님이 더 많은 돈을 주시면, '이것은 축복이야'라고 흔히들 생각한다. 하지만 "이것은 시험이야"라고 말하는 것이 더 성경적이다.

하나님은 사치스럽게 살라고 풍부하게 공급해 주시는 것이 아니다. 그것은 다른 사람의 삶을 도우라고 주신 것이다. *하나님이 우리에게 그분의 돈을 맡기신 이유는, 이 땅에 우리의 왕국을 건설하라고 주신 것이 아니라, 그분의 왕국을 건설하라고 주신 것이다.* 바울은 고린도 성도들에게 예루살렘 사람들을 도울 것을 격려하며 이렇게 말했다. "이제 너희의 넉넉한 것으로 그들의 부족한 것을 보충함은 후에 그들의 넉넉한 것으로 너희의 부족한 것을 보충하여 균등하게 하려 함이라 기록된 것같이 많이 거둔 자도 남지 아니하였고 적게 거둔 자도 모자라지 아니하였느니라"(고후 8:14-15).

왜 하나님은 어떤 자녀에게는 필요한 것보다 더 주시고, 어떤 자녀에게는 필요한 것보다 적게 주시는가? 그 이유는 서로 돕는 것을 가르치고 싶으시기 때문이다. 하나님이 부를 똑같이 나누어 주시지 않는 이유는, 누구를 더 사랑해서가 아니라 자녀들이 서로 나누기를 원하시기 때문이다. 하나님은 우리가 너무 적게도, 너무 많게도 갖지 않길 원하신다(잠 30:8-9). 많이 가진 사람이 적게 가진 사람에게 나누면, 모든 문제가 동시에 해결된다. 그러나 그렇게 하지 않으면, 문제는 영원히 해결되지 않는다.

당신의 나눔이 받는 사람에게 어떤 영향을 주는지 마음에 그려볼 필요가 있다. 나누기를 좋아하는 사람이 내게 이런 글을 보낸 적 있다. "나눔에 있어 가장 큰 기쁨은 그것의 열매를 보는 것입니다. 사람들이 축복을 받고, 성경이 인쇄되어 나누어지고, 선교사가 사역지에 나가는 것을 보는 것입니다. 드리는 것, 그 자체도 축복이지만 가장 깊은 수준의 기쁨은 그것의 열매를 볼 때입니다." 이것이 바로 나눔에 영향을 받은 사람을 만나고, 후원하는 선교지에 가볼 것을 권하는 이유다. 휴즈 맥클랑 주니어는 선교지에서 하나님이 놀랍게 행하신 것을 직접 보았을 때, 드리는 일에 완전히 사로잡히며 이렇게 고백했다. "이곳이 바로 내가 돈을 드리기를 원했던 곳이고, 영원한 차이를 만들어 내는 곳임을 알게 되었다."

당신이 가진 하나님의 돈을 '예수님이 필요한 세상의 밭'에 심기를 열망하는가? 당신의 드림이 영원토록 남을 것이라는 생각만 해도 설레는가? 보물을 하늘나라에 쌓는 것만으로도 심장이 뛰는가? 하늘나라에서 반드시 보상이 있을 것임을 믿는다면, 마게도냐 사람들처럼 드릴 수 있는 특권을 달라고 간절히 구하게 되지 않겠는가? R.G. 르투르노는 하나님이 그에게 베푸신 축복의 목적을 이해했다. 굴착기를 발명한 그는, 소득의 90퍼센트를 드리는 데까지 도달했다. "내가 삽으로 돈을 퍼서 드리면, 하나님은 삽으로 그것을 돌려주신다. 그런데 하나님은 언제나 더 큰 삽을 가지고 계신다."

우리 가족 역시 드리는 자에게 주시는 하나님의 더 큰 삽을 경험했다. 어떤 경우에는 기대하지 않았던 수표가 우편으로 오기도 했고, 꼭 사야 할 물건을 받기도 했다. 우리가 무언가 꼭 필요한 것이 있을 때는 은행 잔고를 잘못 계산한 것을 발견하는 형태로 그 금액이 주어진 때도 있었다. 벌써 고장 났어야 할 세탁기가 아직도 작동하는 것. 30만 킬로미터가 넘게 달린 차가 아직도 잘 달리는 것. 월말이 되기 훨씬 전에 통장 잔고가 바닥났는데 아무 사건 없이 잘 버티게 된 것 등. 사르밧 과부의 통에 밀가루와 기름이 없어지지 않은 것처럼, 40년 광야 생활 동안 이스라엘 백성들의 옷과 신발이 해어지지 않은 것처럼, 하나님은 벌써 망가지고 교체되었어야 할 것들의 '수명'을 은혜로 연장시켜 주기도 하신다.

우리는 사고나 사건을 미연에 막아 주심으로써 보이지 않게 공급하시는 그분의 손길에 감사하기도 한다. 하나님은 우리에게 필요한 것을 주실 뿐 아니라, 때때로 우리가 나누어야 할 것도 공급하신다. 돈이 이곳저곳으로 새어 나가고 있다는 것을 깨달은 적이 있는가? 하나님은 성전이 허물어져 있는데도 자신들의 살 집을 짓는 데만 열중하는 이스라엘 백성들에게 이렇게 말씀하셨다. "그러므로 이제 만군의 여호와가 이같이 말하노니 너희는 너희의 행위를 살필지니라 너희가 많이 뿌릴지라도 수확이 적으며 먹을지라도 배부르지 못하며 마실지라도 흡족하지 못하며 입어도 따뜻하지 못하며 일꾼이 삯을 받아도 그것을 구멍 뚫어진 전대에 넣음이 되느니라"(학 1:5-6). 우리는 하나님께 더 많은 것을 드리는 것이 나은지, 내가 가지는 것이 나은지 스스로에게 물어보며 신중하게 드려야 할 필요가 있다. 더 많은 것을 얻으려고 하기보다, 호주머니에서 새어 나가지 않게 하는 것이 훨씬 나을 수도 있다.

1988년 우리 부부는, 하나님이 두 딸 카리나와 안젤라와 함께 아프리카와 유럽에 있는 선교사 가정에 두 달 동안 머물도록 인도하고 계신다는 것을 느꼈다. 그때 교회가 우리의 모든 경비를 지불하려고 했지만, 성도들에게 부담이 될 것 같아 그렇게 할 수 없었다. 그렇지만 사실 우리는 갈 형편이 되지 않았다. 다른 상황이었다면 하나님이 원하시지 않아서 그런가보다 했을 텐데, 이번에는 하나님의 이끄심이 너무도 강하게 느껴졌다. 우리는 성도들이 이 사실을 알면 돈을 챙겨 줄 것 같아서 일부러 더 알리지 않고, 하나님이 채워 주실 것을 기대했다.

선교 여행을 위해 돈을 모으고 있을 때, 놀랄 만한 금액의 돈이 생기기 시작했다. 대부분 전혀 기대하지 않던 곳으로부터 왔다. 이러한 공급하심과는 별개로, 돈을 아끼고 모으다 보니 생각한 것보다 훨씬 더 많은 금액을 저축할 수 있었다. 이 일을 계기로 우리는 자금이 새어 나가는 구멍도 다 막았다. 그러나 하나님께 드리는 것은 결코 줄이지 않았다. 다만 매달 드리는 헌금은 선교 목적으로 가는 여행이니 줄여도 괜찮지 않을까 하는 유혹을 받기도 했다.

떠나기 2주 전 상당한 금액이 모였지만, 그래도 천 달러가 부족했다. 그 와중에 교회에서 특별 선교 헌금 시간이 있었는데, 우리 가족은 상당한 금액을 드리기로 결정했다. 물론 선교 여행을 생각하면 그러면 안 되는 것이었지만 우리는 그렇게 했다. 그 뒤, 우리는 여행을 떠났겠는가? 물론이다. 여행을 떠나기 일주일 전 하나님은 우리가 드린 헌금의 액수뿐만 아니라 부족한 천 달러까지 다 채워주셨다. 우리는 필요한 자금을 모을 능력이 없었다. 그러나 하나님이 풍성하게 공급해 주셨다.

우리는 드리는 것을 배우면서 하나님을 경험하게 된다. 우리가 은혜로 드리는 수준을 아무리 올린다 하더라도, 예수님이 주시는 은혜와는 비교할 수 없다. "우리 주 예수 그리스도의 은혜를 너희가 알거니와 부요하신 이로서 너희를 위하여 가난하게 되심은 그의 가난함으로 말미암아 너희를 부요하게 하려 하심이라"(고후 8:9).

가난한 사람도 드려야 하는가?

가난한 나라에서 충성스럽게 사역하는 한 형제가 이런 질문을 한 적 있다. "이 나라 사람들에게 드리는 것에 대해 말하면 아예 무시하지 않을까 염려됩니다. 여기 목사님들은 십일조도 기대하지 않으세요. 그 이유는 교인들 중 몇 사람만 매달 4달러에서 9달러를 벌기 때문이죠. 이들에게 헌금에 대해 설교하는 것이 과연 옳을까요?"

성경적인 드림의 원리는 시대를 초월하는 진리다. 드리는 것은 미래의 상급을 줄 뿐만 아니라 현재의 열매를 더욱 풍성히 해준다.

경험상 가난한 성도는 드리는 것에 대한 가르침을 간과해서는 안 된다. 하나님은 그들의 최선에 대해 정확하게 알고 계시고, 그들에게 성경을 통해 말씀하신다. 돈과 소유에 대한 하나님의 가르침은 부유한 그리스도인만이 아니라, 시대와 장소를 초월하여 모든 사람에게 적용된다. 예수님은 우리가 따라야 할 모델이 어리석은 부자가 아니라 가난한 과부라고 말씀하셨다.

성경에서 드리는 것에 대한 가장 긴 내용은 고린도후서 8장과 9장에 나오는데, 극한 가난 가운데 살아가는 마게도냐 사람들이 그들의 능력을 넘어 드렸음을 강조하며 시작된다. 바울은 그들의 넘치는 기쁨과 어떻게 그들이 드리는 특권을 간청했는지 설명하고 있다. 이것이 그 형제의 질문에 대한 나의 대답이다. 우리는 가난한 성도를 위해 하나님이 의도하신 원리를 유보함으로써 그들의 특권을 빼앗지 않아야 한다. 과부와 가난한 사람은 선물을 받기만 하는 사람이 아니다. 가난한 과부가 예수님이 제시하신 드림의 모델임을 기억하라.

그렇다면 가난한 사람에게 드리는 것에 대해 가르치는 것은 무자비한 일인가? 아니다. 오히려 그 반대다. 만약 우리의 생각대로 그들에게 적당하다고 여겨지는 말씀만 전한다면, 우리는 하나님의 전달자가 아니라 그분의 편집자로 행동하는 것이다. 공동체에서 가난한 사람은 예외가 아니다. 오히려 부유한 사람이 예외일 때가 많았다. 박해를 받으며 지금까지 믿음을 지킨 사람들 중 대다수가 가난한 사람이었다.

한 달에 4달러에서 9달러 버는 사람이 십일조를 한다면 40센트에서 90센트를 드릴 수 있다. 그것이 그들에게는 많은 것처럼 보이지만, 분명 하나님은 축복과 공급하심을 약속하셨다. 하지만 우리가 그분의 것을 붙들고 놓지 않으려 한다면, 그것은 결코 우리에게 유익이 될 수 없다. 가난한 사람은 드리는 것으로 상처받지 않는다. 그들은 드림으로 도움을 받는다. 하나님은 "이것으로 나를 시험하고 나의 공급함을 보라"(말 3:10, 저자 의역)고 말씀하셨다. 예수님도 "주라 그리하면 너희에게 줄 것이니 … 너희가 헤아리는 그 헤아림으로 너희도 헤아림을 도로 받을 것이니라"(눅 6:38)고 말씀하셨다. 우리가 드리는 것에 대해 가르치지 않으면, 드리는 자에게 주시는 하나님의 공급하심을 빼앗는 것이다.

우리가 부의 복음을 가르치고 있진 않은지 주의 깊게 분별할 필요가 있다. 그러나 하나님이 가난한 과부와 가난한 마게도냐 사람을 드림의 현장으로 초대하신 것처럼 오늘날에도 가난한 사람을 동일하게 초대하신다. 우리가 누구이기에 이러한 놀라운 특권이 가장 필요한 사람들에게서 하나님의 약속을 빼앗으려 하는가!

브라이언 크루스는 인도의 복음 전도자와 교회 지도자들에게 청지기직과 드림에 대해 가르쳤다. 집회의 마지막 시간, 37세인 인도 복음 전도자가 앞에 나와 소감을 발표했다.

> "사탄은 하나님 나라와 그분의 백성이 번성하길 원치 않기 때문에, 우리가 하나님께 드리는 것을 항상 막으려고 노력합니다. 우리는 이제 드림을 통해서 사탄을 꾸짖고, 하나님께 드리는 것을 재정의 우선순위로 삼아야 합니다. 비록 가진 것이 별로 없더라도 말입니다. 우리는 또한 모든 재정적인 문제에 있어 아주 신실해야 합니다. 하나님보다 돈을 더 사랑하면, 하나님의 돈을 항상 잘못 쓸 수밖에 없습니다. 이것이 바로 하나님께 드리는 것을 우선순위로 두어야 할 이유입니다. 하나님이 우리에게 맡기신 돈을, 이 땅에서 그분의 왕국을 확장하는 데 사용합시다."

가난한 한 인도 복음 전도자의 이 간증을 서구 그리스도인도 할 수 있다. 이것은 시대와 문화를 초월한 진리이기 때문이다. 성경이 기록되었던 당시 환경은 오늘날의 미국, 캐나다, 영국 등의 선진국보다 제 3세계에 훨씬 더 가까웠다.

드림에 대해 하나님께 물어봄

휴즈 맥클랑 주니어는 3세대에 걸쳐 지구 곳곳의 선교를 후원하는 맥클랑 재단을 섬기고 있다. 그는 소득의 최소 70퍼센트를 하나님께 드리려고 하는데, 교회에 십일조 내는 것을 시작으로 하여 점차 범위를 넓혀 나가고 있다. 그는 장기적으로 하나님 나라에 영향을 끼치리라고 믿는 곳에 많은 헌금을 한다. 맥클랑 재단은 뮤추얼펀드 투자자들처럼 돈을 어디에 보내야 하는지 가능한 한 많은 생각과 연구를 한다. 그는 이렇게 말했다.

> "저는 영원히 지속될 열매 맺는 삶을 살고 싶어요. 당신을 위한 하나님의 목표가 무엇인지 알기 원한다면 그분을 만나세요. '당신 자신의 목표'가 아니라 청지기로서 행해야 할 '그분의 목표'를 발견하세요. 그리고 어떤 종류의 사역에 드려야 할지 묻고, 드림에 대한 열정을 달라고 구하세요. 또한 자신에게 '관대하게 드리지 못하게 막는 장애물은 무엇인가?'라고 물어본 뒤, 하나님께 그 장애물을 처리해 달라고 간구하세요. 그분은 반드시 그렇게 해주실 거예요!"

바울은 먼저 자신을 시험하고 확증하라고 말한다(고후 13:5). 다윗은 "하나님이여 나를 살피사 내 마음을 아시며 나를 시험하사 내 뜻을 아옵소서 내게 무슨 악한 행위가 있나 보시고 나를 영원한 길로 인도하소서"라고 기도했다(시 139:23-24).

이제 드림에 대해 각자가 하나님께 물어보아야 할 40가지 질문을 살펴보며 이 장을 마치려 한다. 단번에 읽어 내려 갈 수도 있고, 아니면 한 번에 한두 가지 질문을 읽을 수도 있다. 여러 주에 걸쳐 이 질문에 답을 정직하게 하나님께 드려 보라. 어쩌면 질문을 하고 난 뒤, 다른 사람과 나누고 싶을 수도 있다. 또 나처럼 이 질문들을 살면서 정기적으로 하고 싶을지도 모른다.

드림에 대해 하나님께 물어보아야 할 40가지 질문

1. 제게 재정을 맡기신 이유가 바로 '이때'를 위함입니까?(에 4:14) 즉, 지금 바로 도움이 필요한 사람들에게 나누고, 영혼 구원을 위해 하나님 나라에 투자하라는 것입니까?

2. 하나님이 제게 수많은 자원을 드리는 은사를 주신 것이 맞습니까? 그것을 보다 자주, 그리고 능숙하게 사용하기를 원하십니까?

3. 지금 제게 현재의 기쁨과 미래의 상급을 빼앗아 가는 것은 무엇입니까? 하나님께 전적으로 의지하지 못하도록 만들고 하나님의 공급하심에 의존하지 않도록 만드는 것은 무엇입니까? 또한 믿음을 회복하기 위해 제가 내려놓아야 할 것은 무엇입니까?

4. 고린도후서 8장 14절과 9장 11절 말씀에 비추어 볼 때 제게 주신 재정적인 축복은 제 생활수준을 높이기 위함이 아니라, 제 드림의 수준을 높이기 위함입니까?

5. 저는 지금 제가 모아 놓은 보물 주위를 맴돌고 있습니까? 제가 너무 많이 쌓아 놓았습니까?

6. 제가 가서 배우고 동참하길 원하시는 그리스도 중심의 사역 단체는 어디입니까?

7. 저는 하나님을 제 소유의 주인으로 대하고 있습니까? 아니면 단순히 재정 상담가로 대하고 있습니까?

8. 제게 맡기신 자산의 목록에서 제가 무엇을 나누길 원하십니까? 혹

목록에서 빠진 것은 무엇입니까? 하나님의 간섭을 피하고 싶은 영역이 제게 있습니까? 제 은퇴 기금 또한 하나님께 속해 있습니까?

9. 정해 놓은 기본 소득과 자산 금액을 초과해서 공급해 주시는 것은 얼마든지 하나님께 드리길 원하십니까?

10. 제게 맡기신 재산이 죽은 뒤에도 하나님을 위해 사용될 것이라고 어떻게 확신할 수 있습니까? 돈을 나눠 준 사람이 그 돈을 하나님의 영광을 위해 사용하리라고 어떻게 확신할 수 있습니까? 저는 정말 하늘나라에 보물을 쌓고 싶은데 지금 선뜻 드리지 못하는 이유는 무엇입니까?

11. 예수님이 다시 오실 때 모든 것이 불에 탈 것이라면(벧후 3:10-13), 그리고 만일 그때 제가 살아 있다면, 저의 재산 등 이 땅에 쌓은 소유물이 무슨 소용이 있겠습니까? 제가 오늘 허락하신 드림의 기회를 놓친다면, 다른 기회가 또 옵니까?

12. 자녀들에게 상속한 재산이 그들의 영원한 삶과 하나님과 동행하는 삶에 도움이 됩니까? 아니면 그들의 인격과 생활 방식, 직업 윤리, 결혼관에 악영향을 끼칩니까?

13. 자녀들이 하나님 나라에 돈을 드리는 것 때문에 유산을 남기지 않았다는 사실을 알게 되었을 때 분개한다면, 그것은 그들이 유산받을 자격이 없다는 증거가 맞습니까? 청지기가 죽으면서 하나님의 돈을 자신의 자녀에게 주는 것은 어떻게 생각해야 합니까? 제게 하나님의 돈을 맡기신 것은, 평생 영원히 남을 일에 투자하라는 의미가 맞습니까? 그렇다면 자녀들에게도 그들이 관리하기를 바라는 돈을 하나님이 공급해 주실 것이라고 믿으면 됩니까?

14. 지금 당장의 드림으로 손해를 보는 영원한 불이익은 무엇입니까? 드리는 것을 연기함으로써 생기는 영원한 불이익은 무엇입니까? 너무

많은 것을 빨리 드리는 것이 위험합니까? 아니면 너무 적은 것을 늦게 드리는 것이 위험합니까? 제가 드릴 수 있는 최대한을 지금 드린다면, 나중에 고민하게 될까요?

15. 지금 드리지 않으면, 나중에 드리려고 할 때 돈이 남아 있지 않을 가능성이 있습니까?

16. 지금 드리지 않으면, 나중에 드릴 기회를 갖기 전에 죽을 가능성이 있습니까? 죽기 전에 드리고 싶고, 언제 죽을지 모른다면 지금 드리는 것이 맞습니까?

17. 지금 드리지 않으면, 세상 보물에 제 마음을 빼앗깁니까?(마 6:21) 당장 주라는 명령에 신속하게 반응하지 않으면, 점차 그 명령을 무시하면서 하나님의 돈을 내 것으로 움켜쥐게 되겠습니까?

18. 사역에 사용되도록 유언하는 것도 진정한 '드림'이 맞습니까? 상당한 자산을 죽을 때까지 가지고 있는 것은 기쁨과 하늘나라의 상급을 빼앗고, 하나님의 신뢰마저도 잃게 하는 행동입니까?

19. 야고보서 4장 13-17절에서, 내일 얼마나 많은 돈을 벌거나 잃을지 모르고, 심지어는 우리가 살아 있을지 죽을지도 모른다고 말씀하셨습니다. 현재 사용해야 할 돈을, 더 이상 사용 가치가 없는 '남부동맹군 화폐'로 축적해 놓는 것은 주제넘은 일입니까?

20. 제가 심판대 앞에 섰을 때, "너는 좋은 기회를 놓쳤어. 주가가 최고로 오를 때까지 2년 더 기다렸으면 더 많이 드릴 수 있었을 것 아니냐?"라고 하시겠습니까, 아니면 "잘하였도다, 착하고 충성된 종아"라고 하시겠습니까?

21. 제가 오늘 하나님께 드린 것으로 제게 영원한 수익을 제공하실 수 있습니까? 약속하신 100배의 수익을 보장하실 수 있습니까?

22. 나중이 아닌 지금 당장 드리는 것이 잘못된 것입니까? 가난한 과부가 그의 전부를 드렸을 때, 예수님은 그 행동을 무책임하게 여기지 않으시고 충성된 종이라고 칭찬하셨습니다. 하나님이 저를 무책임하게 생각하지 않으실 범위 내에서, 저는 얼마나 많이 나누어야 합니까?

23. 제가 돈을 모아서 재단을 설립하길 원하십니까, 아니면 주실 때마다 바로 드리기를 원하십니까? 만약 재단이 있다면, 자산을 지금 나누어 주기를 원하십니까, 아니면 단계적인 계획을 세워 나누기를 원하십니까?

24. 예수님은 부자 청년에게 가진 모든 것을 나누어 준 뒤 자신을 따르라고 하셨는데(마 19:16-30), 저도 그렇게 부르실 가능성이 있습니까? 저는 그런 부르심을 원하고 있습니까?

25. 저는 왜 재산을 모으려고 합니까? 무엇을 증명하고, 누구에게 보이려고 이렇게 노력하는 것입니까? 자만심 때문입니까, 아니면 권력, 위선, 이기심, 불안, 두려움 때문입니까? 단순히 물질 만능주의 흐름을 따라가는 것입니까? 하나님은 제가 이런 흐름에 순응하길 원하십니까, 아니면 다르게 살아가기를 원하십니까?

26. 저는 사람들에게 "당신은 성공한 사람이에요"라는 말을 듣고 싶어 합니까, 아니면 하나님께 "잘하였도다, 착하고 충성된 종아"라는 말을 더 듣고 싶어 합니까?

27. 제가 "왜 이것을 드려야 합니까?"라고 묻기를 원하십니까, 아니면 "왜 이것을 드리지 않아야 합니까?"라고 묻기를 원하십니까? 돈이 생겼을 때, 주는 것과 가지고 있는 것 어느 것을 훈련해야 합니까?

28. 하나님이 혹시 실수하실까 봐, 제 나름대로 비상 대책을 세우고 돈에 매달리고 있지는 않습니까? 무엇인가 잘못되면 '내가 책임져야 해'

라는 생각에 건강까지 해치고 있지는 않습니까? 노후 걱정으로 드리는 것에 대해 인색하지는 않습니까? 큰 일이 생겼을 때, 하나님이 붙잡아 주실 것을 저는 신뢰하고 있습니까?

29. 돈이 제 우상이 되었습니까? 제 물질이 하나님과 경쟁하고 있습니까? 나누는 것이 속박으로부터 자유를 얻고 우상을 폐하는 하나님의 방법임을 저는 믿고 있습니까? 물질만능주의가 질병이라면, 나누는 것이 유일한 치료제입니까?

30. 저의 돈과 소유로 무엇을 할지 인도해 주십시오. 하나님은 제가 무엇을 어디에 어떻게 나누기를 원하십니까? 그리고 저는 어디에 관심을 가지고 있습니까?

31. 하나님의 돈을 미성숙하고 세상 가치를 추구하는 사람에게 나누어 줘도 됩니까? 제가 후원하는 사역 단체들이 가난한 사람을 그리스도의 이름으로 돕습니까, 아니면 단지 인도주의적으로 돕습니까? 죽어가는 사람을 일단 먹이고 나서 복음을 전하는 게 맞습니까?

32. 배우자와 어떻게 하면 서로를 격려하면서 '드림의 길'을 함께 걸어갈 수 있습니까?

33. 자녀들을 단순한 후원자가 아닌 제자로서 훈련시키기 위해 저는 무엇을 해야 합니까?

34. 관대한 드림에 대해 기도하고 대화하길 원하시는 사람과 또 제가 영향을 끼칠 수 있는 사람은 누구입니까? 제가 누군가의 멘토가 되어, 저보다 더 많이 드릴 수 있도록 인도할 수 있겠습니까? 저도 D.L. 무디를 그리스도께로 인도한 사람처럼 될 수 있습니까?

35. 드림 중심, 선교 중심, 영원 중심의 책과 잡지를 누구에게 나누어 주면 좋겠습니까? 관련 영상을 함께 보는 것은 어떻습니까?

36. 청지기직과 드리는 것에 대한 하나님의 부르심을 상기시켜 주는 자료를 만들어서 다른 사람들에게 나눠 줘도 됩니까? 신명기 8장 17-18절이나 마태복음 6장 19-21절 같은 드림에 대한 말씀이 담긴 카드나 북마크를 줄 수도 있습니까?

37. 청지기직과 드리는 것에 대한 토론회를 여는 것은 어떻습니까? 매주 이 주제로 공부하는 것은 어떻습니까?

38. 누군가에게 참석하라고 권유할 수 있는 모임에는 어떤 것들이 있습니까? 소개할 만한 사역 단체나 함께하고 싶은 선교 여행은 어떤 것이 있습니까?

39. 교회 사역자들이 청지기직과 드림에 대한 성경적인 훈련을 하도록 제가 도울 수 있는 방법은 무엇입니까?

40. 죽고 나서 5분이 지난 뒤, 저는 더 드리지 못한 것을 얼마나 후회하겠습니까? 그때 후회하지 않도록 제 삶을 인도해 주시겠습니까?

Chapter 14
구제와 영혼 구원을 위한 나눔

"당신이 가지고 있는 빵은 굶주린 사람에게 주어져야 하고, 옷장에 보관하고 있는 외투는 옷이 없는 사람에게 주어져야 하고, 신발장에서 한 번도 나오지 않은 신은 신이 없는 사람에게 주어져야 하고, 당신이 땅속에 묻어 놓고 있는 금은 궁핍한 사람에게 주어져야 한다. 그러기 때문에 당신이 돕는 것을 거절하면 할수록, 그들에게는 잘못을 더 범하게 되는 것이다."(성 어거스틴)

"예수님의 지상 명령에 대한 순종은, 다른 어떤 것보다 풍요에 의해 해를 입는다."(랄프 윈트)

마더 테레사는 자신의 삶을 가난한 사람 중에서도 가장 가난한 사람을 돕는 일에 헌신했다. 콜카타의 더럽고 병들고 고통받는 사람들을 위해 힘든 일을 마다 하지 않는 그녀의 모습을 본, 어느 앵커가 그녀에게 이렇게 말했다. "세상의 돈을 다 준다 해도 저는 당신처럼 일하고 싶지 않습니다." 그러자 그녀도 "저도 못합니다"라고 대답했다.

우리는 세상의 모든 돈을 준다 해도 할 수 없는 일을, 그리스도에 대한 순종과 타인을 향한 긍휼함으로 영원한 상급을 기대하면서 행하도록 부름받았다.

나는 가장 영향력 있는 낙태 유발자인 '가족 계획' 기관에 대한 기부 기사를 읽을 때마다 놀란다. 후원금이 얼마나 쉽게 낭비되는지, 또 얼마나 악하게 사용될 수 있는지 경종이 울리는 듯하다. 홈디포사의 창업자 버나드 마르쿠스는 애틀랜타의 어느 수족관에 2억 달러를 후원했다. 수족관에 투자하는 것을 반대하진 않지만, 굶어 죽는 사람으로 가득 찬 세상에서 그들을 그리스도의 이름으로 돕는 사역에는 왜 후원을 하지 않는지 좀처럼 이해가 되지 않는다.

클라우드 로젠버그 주니어는 수년 동안 미국인들의 드리는 습관과 드릴 수 있는 능력을 연구해 「부와 지혜 : 당신의 드림을 통해 당신과 미국이 최선의 것을 얻을 수 있는 방법은 무엇일까」(Wealthy and Wise: How You and America Can Get the Most out of Your Giving)라는 책을 발표했다. 그 책에 따르면, 대부분의 사람들이 실제로 드릴 수 있는 금액의 10퍼센트보다도 더 적게 드린다는 것이다. 이 사실이 믿겨지는가? 지혜롭게 소비만 해도 20퍼센트를 아낄 수 있는데, 소득의 2퍼센트만 나누는 것이 오늘날의 현실이다. 그는 미국인들이 적어도 매년 천억 달러 이상을 더 기부할 수 있다고 계산했다. 각각의 희생이나 위험 부담을 최소로 계산해서 말이다.

로젠버그에 의하면, 우리가 소유에 대한 보다 바른 인식을 가지면, 현재 나누고 있는 금액을 네 배까지 늘릴 수 있다고 한다. 그렇다면 왜 이 돈들을 손에 쥐고, 하나님의 목적에 사용되지 못하도록 막고 있는가? 그것은 우리가 드림을 통해 영원한 차이를 만들 기회를 무시할 뿐 아니라,

가난하고 잃어버린 사람의 필요를 채우는 데 무관심하기 때문이다.

가난한 사람을 돕는 것

가난한 사람은 누가 책임져야 하는가?

자기 의존에 관한 글을 쓰며 랄프 왈도 에머슨은 이렇게 물었다. "마음씨 좋은 사람처럼, 모든 가난한 사람을 잘살게 만드는 것이 나의 의무라고 말하지 마세요. 그들의 가난이 나의 가난인가요?" 이러한 태도는 이 사회 저변에 깔려 있는 정신을 잘 반영하고 있다. 가난한 사람에게 피해를 주려는 사람은 거의 없다. 단지 그들에 대한 책임을 지지 않으려는 것뿐이다. 그렇지만 에머슨의 질문은 정당하다. 가난한 사람의 가난이 '우리의 가난'인가? 그들이 가난한 것이 우리의 책임인가? 여러 복음주의 저자들은 우리가 가난하지 않다는 사실과 다른 사람이 가지지 않은 돈과 소유를 가지고 있다는 사실만으로 우리가 그들의 빈곤에 대해 잘못이 있다고 주장한다.

이러한 관점은 '제로섬'으로, 부는 창조되는 것이 아니라 분배될 뿐이며 승자가 있으면 패자도 반드시 있다고 믿는 데서 출발한다. 예를 들어, 여덟 명이 파티에 참석했다. 파이를 여덟 조각으로 나누었는데, 두세 조각을 취한다면 다른 사람의 몫을 갖는 것이다. 즉, 내가 더 많이 가져서 누군가는 적게 가지게 된다는 논리다.

이 입장을 견지하는 사람들은 제로성 논지를 세상에 적용시킨다. 세상에는 정해진 부만 존재하고, 모든 사람이 자기 몫을 취할 자격이 있다고 말한다. 그리고 우리가 다른 사람보다 더 많이 가지고 있다면, 다른 사람의 것을 훔친 것이 되는 것이다. 칼 마르크스는 모든 사람을 '압제자와 압제를 당하는 사람'으로 나누었는데, 여기서 압제자는 많이 가진 사람이고 압제를 당하는 사람은 가지지 못한 사람이다.

그러나 더 이상 커질 수 없는 '유한한 파이'와 달리 부는 무한하다. 성경은 "네 하나님 여호와를 기억하라 그가 네게 재물 얻을 능력을 주셨음이라"(신 8:18)고 말한다. 부는 창작과 노력으로 매일 생산된다. 한 사람의 부유가 다른 사람의 희생으로 가능하기도 하지만, 꼭 그렇지는 않다.

자본주의가 왜 빈곤에 대해 비난받아야 하는가?

어떤 사람은 우리가 직접 가난한 사람을 착취하지는 않았지만, 그런 경제 시스템의 일원이 되었다고 주장한다. 그래서 우리에게도 잘못이 있다는 논리이다. 이러한 관점에서 자본주의는 가난한 사람의 적이다.

가난한 사람의 열악한 상황을 말할 때마다 경제학이 거론되므로, 우리는 이 주제에 대해 간단하게라도 언급할 필요가 있다. 더 관심 있는 독자들은 이 주제에 대해 깊이 다룬 좋은 책들을 참고하면 좋을 것 같다.

자본주의는 외부의 통제 없이 움직이는 자유 시장 경제 체제다. 시장은 경제학자 아담 스미스가 '보이지 않는 손'이라고 부른 것에 의해 움직인다. 이 이론에 따르면, 시장은 사람들의 수요와 공급에 따라 자연스럽게 형성되고 수요 공급의 원리가 어떤 가격에 어떤 물건이 팔릴 것인지를 결정한다. 경쟁이 많아질수록 선택할 수 있는 상품이 많아지고, 점차적으로 적정 가격이 형성되는 것이다.

자본주의의 모든 인류사에 존재 해온 빈곤의 문제에 자본주의체제가 어떤 책임이 있는지 이해하는 것은 쉬운 일이 아니다. 자본주의사회가 탐욕을 조장하고 착취를 허용하는 것은 분명하지만, 또한 가난한 사람에게 일할 기회를 줘서 가난을 탈피하게 돕기도 한다.

어떤 체제도 죄를 제거할 수는 없다. 하지만 자본주의는 착취가 아니라 공통의 이익에 기초를 두고 있다. 자본주의 체제 하에서는 모든 사람이 원하는 것을 얻는다. 예를 들어, 당신은 이 책에 담긴 메시지와 당신의 돈을 교환했고, 여러 유익을 얻었음으로 아마도 이 거래에 만족할 것이다. 이 거래를 성사시키기 위해 투입된 사람들은 누구인가? 벌목꾼, 제지사, 인쇄업자, 운반업자, 서점, 출판업자, 저자 등이 있을 것이다. 당신이 우유를 사면 누가 이익을 보는가? 먼저는 당신이 혜택을 누린다. 아울러 상점이나 낙농업자를 포함한 많은 사람들이 이익을 얻을 것이다. 즉, 상품을 사고파는 과정에 참여하는 모든 사람이 이익을 얻는다. 한 사람만의 이익이 아니다.

자본주의의 대안은 사회주의라고 말한다. 어떤 그리스도인은 아직도 사회주의가 보다 나은 대안이라고 거리낌 없이 주장한다. 사회주의는 정부에 의해 통제되는 경제 체제다. 토지를 독점하는 지배 계층이 생기지 않게 하고, 모든 사람에게 물건을 공평하게 배급하는 체제다. 사회주의 체제 하에서는 경제적 권력이 정부에 있기 때문에, 다른 사람들의 비용으로 부자가 되는 개인은 생겨날 수 없다. 그러나 현실은 불행하게도 소수의 사람만이 이러한 체제를 운영해 나가는 것이다. 그리고 권력은 부패하는 경향이 있으므로, 이 체제를 운영하는 사람은 어쩔 수 없이 부자가 되고, 지배 계층이 된다. 자본주의 하에서는 많은 수의 부자가 더 부유하게 되고, 가난한 소수의 사람이 부유하게 된다. 반면 사회주의 하에서는 적은 수의 부자가 더 부유하게 되고, 가난한 사람은 여전히 가난하게 된다.

사회주의를 소리 높여 외치는 사람들은, 역사적으로 볼 때 기빈한 사람들이 자본주의 하에서 더 나은 삶을 누렸다는 사실을 무시한다. 또한 성과급을 없애면 사람들을 일하도록 장려하는 또 다른 방법을 찾아야만

한다는 사실도 간과한다. 일하게 만드는 다른 유일한 방법은 강압뿐이다. 자본주의자는 "내 등을 긁어 주면, 나도 당신의 등을 긁어 주겠오"라고 말하고, 사회주의자는 "내 등을 긁어라, 그렇지 않으면 네 등을 부러트릴 것이다"라고 말한다.

자본주의가 가난한 사람을 학대할 수 있는가? 물론이다. 사회주의가 가난한 사람을 압제하는가? 그럴 수밖에 없다. 여기서의 요지는 자본주의가 완벽하다는 것이 아니라 그에 대한 대안인 사회주의가 보다 악하다는 것이다. 그것은 체제의 문제가 아니라 '죄의 문제'다. *죄가 없는 곳에서는 어떠한 경제 체제도 제 역할을 할 수 있다.* 그러나 죄가 있는 곳에서는 어떠한 체제도 이상적일 수 없다. 단지 어떤 것이 다른 것보다 조금 더 나을 뿐이다.

가난한 사람을 도울 책임

하나님의 말씀이나 경제학의 논리 모두, 부유한 사람 때문에 가난한 사람이 생겨난다는 말을 지지하지 않는다. 성경은 가난한 사람을 도울 책임이 우리에게 있다고 말한다. 세계적인 기아가 존재하는 것에 대해 우리는 책임이 없을 수도 있다. 그러나 우리가 할 수 있는 것은 행해야 할 책임이 있다.

그렇다면 다시 에머슨의 질문으로 돌아가 보자. "그들의 가난이 우리의 가난인가?" 이 말이 "우리가 그들을 가난하게 만들었는가?"라는 의미라면, 대답은 "아니오"다. 그러나 "가난한 사람을 돕는 것이 우리의 책임인가?"라는 의미라면, 대답은 "예"이고, 그들의 가난은 정말로 우리의 가난이다. 실제로 많은 사람들이 가난한 사람들을 압제하고 있다. 우리는 이에 대항할 필요가 있다. 그들은 속인 사람에게 네 배나 갚겠다고 결정한 삭개오의 자세를 배워야 한다(눅 19:8).

우리는 하나님이 우리에게 많은 것을 맡기신 것에 대해 죄책감을 느낄 필요가 없다. 하지만 적게 가진 사람을 긍휼한 마음으로 지혜롭게 도울 책임을 느껴야 한다. 선한 사마리아인을 생각해 보라(눅 10:30-37). 두 종교 지도자는 강도 만난 사람을 지나쳐버렸지만 사마리아인은 그를 발견하고 긍휼히 여겨 도와주기 위해 멈추었다. 그의 반응은 죄책감이나 양심의 가책이 아니었다. 다만 스스로 그 사람을 돌볼 책임을 졌다.

사마리아인은 강도 만난 사람의 상처를 치료해준 뒤, "자기 짐승에 태워 주막으로 데리고 가서 돌보아"(눅 10:34) 주었다. 다음 날에는 여관 주인에게 자기가 돌아와 그 사람을 다시 돌보게 될 때까지 지켜달라며 돈도 지불했다. 그는 강도 만난 사람에 대한 어떠한 책임도 없었다. 그럼에도 불구하고 그는 최선을 다해 도우려고 애썼다. 예수님은 "너도 이와 같이 하라"(눅 10:37)고 말씀하셨다. 모든 사람이 우리의 이웃이고, 우리는 도움이 필요한 사람에게 자비를 베풀 책임이 있다.

로마 황제 줄리안이 그리스도인들에 대해 흥미로운 불평을 했다. "우리 백성들이 우리에게 도움받지 못하는 것을 모두가 아는데, 저 사악한 갈릴리 사람들은 그들의 가난한 사람들뿐만 아니라 우리의 가난한 사람들까지도 돕는다." 신학자 테르툴리아누스는 이렇게 말했다. "우리가 의지할 데 없는 사람을 돌보는 것과 사랑과 친절을 베푸는 것이 많은 적들의 눈에 각인되었다."

전염병이 퍼질 때, 그리스도인들은 자신의 생명을 구하기 위해 도망친 것이 아니라, 오히려 죽어 가는 사람들을 돕기 위해 도시로 들어왔다고 한다. 디오니시우스는 이 현상을 다음과 같이 묘사했다.

"그리스도인들은 한계 없는 사랑과 충성심을 보여 주었다. 그들은 자기 자신을 아끼지 않았고, 다른 사람을 먼저 생각했다. 위험을 무릅쓰고 병든 자를 돌보았고, 도움이 필요한 곳에 함께했고, 그리스도 안에서 그들을 섬겼다. 또한 자신들의 행복한 삶을 조용히 나누었다. 그들은 전염병이 감염되었을 때도 오히려 기뻐하며 병든 자들을 더 가까이에서 섬겼다. 그래서 많은 그리스도인들이 죽기도 했다."

이처럼 그리스도인들은 근본적으로 다른 가치 체제에서 살아감을 세상에 보여 주었다. 존 웨슬리는 "당신 자신을 가난한 사람의 위치에 놓고, 그들을 대할 때는 하나님이 당신을 대하듯 하라"고 말했다. 웨슬리는 이러한 태도를 자신의 삶에 이렇게 적용했다.

"1776년 영국 세무서에서 그의 세금 보고서를 감사한 뒤 이런 편지를 보냈다. '우리는 당신이 보고하지 않은 은쟁반을 가지고 있다고 의심하지 않습니다.' 그들은 이렇게 유명한 사람이 집에 은쟁반 하나 없을 것이라고 생각하지 않았다. 그래서 그것에 대한 세금을 부과하려고 했다. 웨슬리는 이렇게 답했다. '은 숟가락 두 개는 런던에, 다른 두 개는 브리스톨에 있습니다. 그것들이 제가 가진 식기류의 전부입니다. 그리고 주위에 빵이 필요한 사람들이 많이 있는 한 식기를 더 사지 않을 것입니다.'"

가난한 자를 돌보는 것에 대한 성경의 반응

가난한 사람을 돌보는 것이 성경의 중심 주제 중 하나다. 모세의 율법에는 다음 구절들을 포함하여 많은 규정이 있다.

"너희가 너희의 땅에서 곡식을 거둘 때에 너는 밭 모퉁이까지 다 거두지 말고 네 떨어진 이삭도 줍지 말며 네 포도원의 열매를 다 따지 말며 네 포도원에 떨어진 열매도 줍지 말고 가난한 사람과 거류민을 위하여 버려두라 나는 너희의 하나님 여호와이니라"(레 19:9-10).

"너는 반드시 그에게 줄 것이요, 줄 때에는 아끼는 마음을 품지 말 것이니라 이로 말미암아 네 하나님 여호와께서 네가 하는 모든 일과 네 손이 닿는 모든 일에 네게 복을 주시리라 땅에는 언제든지 가난한 자가 그치지 아니하겠으므로 내가 네게 명령하여 이르노니 너는 반드시 네 땅 안에 네 형제 중 곤란한 자와 궁핍한 자에게 네 손을 펼지니라"(신 15:10-11).

잠언에는 가난한 자들을 돕는 것에 대한 보상을 약속하는 여러 성경 구절이 있다.

"가난한 자를 불쌍히 여기는 것은 여호와께 꾸어 드리는 것이니 그의 선행을 그에게 갚아 주시리라"(잠 19:17).

"선한 눈을 가진 자는 복을 받으리니 이는 양식을 가난한 자에게 줌이니라"(잠 22:9).

"가난한 자를 구제하는 자는 궁핍하지 아니하려니와 못 본 체하는 자에게는 저주가 크리라"(잠 28:27).

구약 성경의 선지자들은 "가난한 사람을 돌보라"는 하나님의 명령을 담대하게 선포하고 있다.

"또 주린 자에게 네 양식을 나누어 주며 유리하는 빈민을 집에 들이며 헐벗은 자를 보면 입히며 또 네 골육을 피하여 스스로 숨지 아니하는 것이 아니겠느냐"(사 58:7).

"주린 자에게 네 심정이 동하며 괴로워하는 자의 심정을 만족하게 하면 네 빛이 흑암 중에서 떠올라 네 어둠이 낮과 같이 될 것이며 여호와가 너를 항상 인도하여 메마른 곳에서도 네 영혼을 만족하게 하며 네 뼈를 견고하게 하리니 너는 물 댄 동산 같겠고 물이 끊어지지 아니하는 샘 같을 것이라"(사 58:10-11).

예수님은 복된 소식을 전하기 위해 가난한 자, 귀신 들린 자, 소경, 압제당하는 자에게 다가가셨다(눅 4:18-19). 복음은 모두를 위한 것이다. 그리고 그들은 '번영의 더미' 속에 파묻혀 있지 않았기 때문에, 영적인 필요를 더 빨리 인식할 수 있었다. 예수님은 자신도 가진 것이 거의 없었음에도 불구하고, 가난한 자를 돌보셨다(요 13:29). 그분은 영원한 상급을 약속하시며, 가난한 사람을 돌보라고 반복적으로 명령하셨다.

"또 자기를 청한 자에게 이르시되 네가 점심이나 저녁이나 베풀거든 벗이나 형제나 친척이나 부한 이웃을 청하지 말라 두렵건대 그 사람들이 너를 도로 청하여 네게 갚음이 될까 하노라 잔치를 베풀거든 차라리 가난한 자들과 몸 불편한 자들과 저는 자들과 맹인들을 청하라 그리하면 그들이 갚을 것이 없으므로 네게 복이 되리니 이는 의인들의 부활 시에 네가 갚음을 받겠음이라 하시더라"(눅 14:12-14).

초대 교회에서는 가난한 사람을 돕기 위한 특별 헌금이 있었다.

"그때에 선지자들이 예루살렘에서 안디옥에 이르니 그중에 아가보라 하는 한 사람이 일어나 성령으로 말하되 천하에 큰 흉년이 들리라 하더니 글라우디오 때에 그렇게 되니라 제자들이 각각 그 힘대로 유대에 사는 형제들에게 부조를 보내기로 작정하고 이를 실행하여 바나바와 사울의 손으로 장로들에게 보내니라"(행 11:27-30).

다비다는 "선행과 구제하는 일이 심히 많은"(행 9:36) 사람이었다. 누가복음은 백부장 고넬료에 대해 이렇게 말한다.

"그가 경건하여 온 집안과 더불어 하나님을 경외하며 백성을 많이 구제하고 하나님께 항상 기도하더니 하루는 제 구 시쯤 되어 환상 중에 밝히 보매 하나님의 사자가 들어와 이르되 고넬료야 하니 고넬료가 주목하여 보고 두려워 이르되 주여 무슨 일이니이까 천사가 이르되 네 기도와 구제가 하나님 앞에 상달되어 기억하신 바가 되었으니"(행 10:2-4).

초대 교회 지도자들은 가난한 사람에게 나누는 것을 강조했다. "다만 우리에게 가난한 자들을 기억하도록 부탁했으니 이것은 나도 본래부터 힘써 행하여 왔노라"(갈 2:10). "하나님 아버지 앞에서 정결하고 더러움이 없는 경건은 곧 고아와 과부를 그 환난 중에 돌보고 또 자기를 지켜 세속에 물들지 아니하는 그것이니라"(약 1:27). 또한 야고보 사도는 이렇게 기록했다.

"내 형제들아 만일 사람이 믿음이 있노라 하고 행함이 없으면 무슨 유익이 있으리요 그 믿음이 능히 자기를 구원하겠느냐 만일 형제나 자매가 헐벗고 일용할 양식이 없는데 너희 중에 누구든지 그에게 이르되 평안히 가라, 덥게 하라, 배부르게 하라 하며 그 몸에 쓸 것을 주지 아니하면 무슨 유익이 있으리요"(약 2:14-16).

사도 요한은 이렇게 기록했다.

"그가 우리를 위하여 목숨을 버리셨으니 우리가 이로써 사랑을 알고 우리도 형제들을 위하여 목숨을 버리는 것이 마땅하니라 누가 이 세상의 재물을 가지고 형제의 궁핍함을 보고도 도와줄 마음을 닫으면 하나님의 사랑이 어찌 그 속에 거하겠느냐 자녀들아 우리가 말과 혀로만 사랑하지 말고 행함과 진실함으로 하자 이로써 우리가 진리에 속한 줄을 알고 또 우리 마음을 주 앞에서 굳세게 하리니"(요일 3:16-19).

당시 가난하거나 의지할 데 없는 사람을 돌보는 것은 너무나 기본적인 것이었다. 그렇기 때문에 그렇게 하지 않는 사람은 진정한 그리스도인이 아니라고 간주했다. 예수님은 만일 우리가 굶주린 자를 먹이고, 목마른 자를 마시게 하고, 나그네를 집에 들이고, 궁핍한 자에게 옷을 주고, 병든 사람을 돌보고, 박해받는 사람을 찾아가면, 그것이 곧 그분께 행하는 것이라고 말씀하셨다. "내 아버지께 복 받을 자들이여 나아와 창세로부터 너희를 위하여 예비된 나라를 상속받으라 내가 주릴 때에 너희가 먹을 것을 주었고 목마를 때에 마시게 하였고 나그네 되었을 때에 영접하였고"(마 25:34-35). 마찬가지로 만일 우리가 이러한 일을 하지 않으면, 예수님에게서 등을 돌리는 것이라고 하셨다. "저주를 받은 자들아 나를 떠나 마귀와 그 사자들을 위하여 예비된 영원한 불에 들어가라 내가 주릴 때에 너희가 먹을 것을 주지 아니하였고 목마를 때에 마시게 하지 아니하였고"(마 25:41-42).

마태복음 24-25장의 전체적인 문맥으로 보아, 도움이 필요했던 대상은 주로 박해받는 성도들이었다. 우리가 돌봄의 우선순위를 세워야 한다면 단연 '믿음의 가정들'(갈 6:10)이 최우선 순위다. 이 성경 구절이 전 세계 가난한 사람들에게 적용될 수도 있겠지만, 우리는 특별히 고통받는 그리스도인들을 도와야 한다. 특히 수단, 중국, 인도네시아, 중동 등에서 박해받는 형제자매들을 도와야 한다.

사울이 그리스도인들을 박해하러 갈 때, 예수님이 나타나셔서 이렇게 물으셨다. "네가 어찌하여 나를 박해하느냐"(행 9:4). 이것은 자기 백성들의 고통을 예수님이 당하고 계심을 보여 준다. 성도들을 박해하는 것은 바로 예수님을 박해하는 것이다. 또한 그들을 돕는 것은 바로 그분을 돕는 것이다.

우리는 이렇게 질문해야 한다. "예수님이 이 땅 어딘가에 계신다고 가정할 때, 그분이 굶주리시고 목마르시고 의지할 데 없으시고 믿음을 지키다가 감옥에 갇혀 계시다면, 당연히 그분을 도우려 하지 않겠는가?" 그리스도인임을 고백하는 사람이라면 그렇게 하겠다고 말할 것이다. 그러나 우리는 마태복음 25장에서 예수님께서 하신 말씀을 잊어서는 안 된다. 그분은 우리 이웃에, 우리 사회에, 도시에, 나라에, 세계 저편에, 아주 가난하고 궁핍한 모습으로 특별히 믿음으로 인해 박해받으며 살고 계신다.

거지 나사로 앞을 지나다녔던 부자는, 도움이 필요한 사람을 돕지 않았기 때문에 정죄받았다(눅 16:19-31). 부자는 나사로를 자기 식탁에 데려와 먹이고 받아들였어야 했다. 그리스도인에게 가난한 사람을 무시하는 것은 선택의 문제가 아니다. 마찬가지로 최후의 심판에서 '염소'로 구별될 이들의 죄는, 궁핍한 사람에게 잘못 행동한 것이 아니라, 그들에게 적합한 일을 하지 않은 것이었다(마 25:31-46). 즉, 임무를 수행하지 않은 것이 아니라 임무를 잊은 죄였다. 이것은 영원한 결과를 낳는 중대한 죄다.

우리는 가난한 사람에 대해 책임을 회피할 수 없다. 그들을 적극적으로 도와야 한다.

우리가 진정으로 할 수 있는 일은 무엇인가?

"저는 단지 한 개인일 뿐이에요. 우리 교회 역시 아주 작아요. 그런데 어떻게 이 땅의 빈곤을 없앨 수 있겠어요?" 이 경우 "당신은 할 수 없다"가 정답일 것이다. 하지만 예수님은 가난한 사람이 항상 우리와 함께 있을 것이라고 말씀하셨다(막 14:7). 그러면 우리는 어떻게 해야 하는가? 어떤 구호 단체가 만든 포스터에 이런 글귀가 적혀 있었다. "당신이 어떻게 수십억의 굶주린 사람들을 도울 수 있습니까?" 그러고는 바로 이어서 목표를 제시했다. "한 번에 한 사람씩!" "모든 것을 할 수 없기에, 어떤 것도 할 수 없다"라는 말은 지옥에서나 통하는 변명에 불과하다.

우리는 가까이 있는 가난한 사람을 도와야 하지만, 멀리 있는 사람들도 도와야 한다. 사실 정말 가난하고, 굶주리고, 박해받는 사람들은 우리와 멀리 떨어진 곳에 살고 있다. 이 시각으로 볼 때, 자주 듣는 흔한 변명이 있다. "기아 단체에 후원금을 보내는 것은 의미가 없다. 그들이 필요한 사람에게 제대로 전달하지 않기 때문이다." 그러나 이 주장은 틀렸다. 때론 분배가 문제가 되기도 하지만, 대부분 아주 효율적으로 구호 활동을 하고 있다. 물론 부패한 관리나 군인이 구호 물자를 빼가기도 한다.

하지만 소량일 뿐 대부분은 굶주린 사람에게 전해진다. 우리의 책임은 효율적인 기관을 찾아 물질과 기도로 후원하는 것이다.

심판대 앞에서 굶주린 사람을 먹이는 일을 등한시한 것에 대해 무어라 변명하겠는가? 명령에 불순종한 우리의 변명이 과연 주님께 받아들여지겠는가? "굶주린 사람을 먹이는 건 미봉책에 불과해요. 그들이 일하는 것을 배우지 않으면, 곧 다시 굶게 될 테니까요"라는 말도 자주 듣는다. 그러나 오늘날 지역 경제를 돕는 많은 기관들이 현지인들이 자급자족하며 살 수 있도록 여러 기술을 가르치고 있다. 왜 당신은 이들이 목적을 달성할 수 있도록 당신의 물질과 기도를 드리지 않는가?

가난한 사람에게는 우리의 공급만이 아니라 '사회적 정의' 또한 필요하다. 율법에는 고아나 과부를 속여 이익을 추구하지 말라고 나와 있다. 그렇게 하면 하나님께서 반드시 벌을 내리신다고 나와 있다(출 22:22-23). 외국인도 억압해서는 안 된다(출 23:9). "가난한 자의 송사라고 해서 편벽되이 두둔하지(치우쳐서 두둔해서도, 새번역) 말지니라 … 너는 가난한 자의 송사라고 정의를 굽게 하지 말며"(출 23:3,6). 그들을 향한 하나님의 배려도 나와 있다(암 2:6-7,5:11-12,8:4-6). "내가 알거니와 여호와는 고난당하는 자를 변호해 주시며 궁핍한 자에게 정의를 베푸시리이다"(시 140:12).

모든 교회와 그리스도인은 다음과 같은 질문을 스스로에게 해야 한다. "굶주린 사람을 먹이고 가난한 사람을 돕기 위해, 나는 지금 무엇을 하고 있는가? 가난한 자를 위한 정의를 세우기 위해 나는 무엇을 하고 있는가? 궁핍의 원인을 제거하기 위해 나는 무엇을 하고 있는가?" 감정적인 생각만으로는 충분하지 않다. 이제 생활에 필요한 금액을 확실히 정해 놓고 그 이상으로 부어 주시는 물질은 가난한 사람들을 위해 드려라.

우리는 가난한 사람을 돕는가 아니면 착취하는가?

가난한 사람에게 할 수 있는 가장 나쁜 일은 그들을 무시하는 것이다. 그 다음은 그들이 먹고살 수 있을 만큼만 도와주고, 가난을 이길 방법에 대해서는 알려 주지 않거나 아예 관심도 갖지 않는 것이다. 우리는 종종 가난한 사람 모두를 한 그룹으로 묶어버릴 때가 있다. 그러나 사실은 그렇지 않다.

어떤 복음주의자는 가난한 사람 모두를 의미하는 '가난한 사람들'이란 용어를 반복해서 사용한다. 왜 그들이 가난하게 되었는지 상관하지 않고, '가난한 사람들'을 돕기 위해 이것저것을 해야 한다는 말만 반복한다. 모든 가난한 사람이 동일한 이유로 가난해지지 않았다. 즉, 이 말은 그들 모두를 동일한 방법으로 도울 수 없다는 의미다.

가난의 원인은 다음에 나오는 열 가지 이유 중 한 가지나 둘 이상이 합쳐진 경우가 많다. 부족한 자원, 나쁜 기후, 교육 부족, 과학 기술의 부족, 지진과 홍수 같은 재난, 압제나 불의, 게으름, 낭비와 방종, 종교나 세계관, 가난을 숭상하는 개인적인 선택이 바로 그것이다. 예를 들어, 숙명론이라 불리는 개념을 가진 힌두교는 소를 숭상함으로써 하나님이 허락하신 식량 원천(소)이 다른 원천(곡식)을 먹어 치우게 만들어 인간들을 굶게 만든다.

우리가 "이것이 가난한 사람을 돕는 방법이다"라고 말하는 것은 "이것이 환자를 치료하는 방법이다"라고 말하는 것과 같다. 치료가 효과적이려면 암, 심장병, 당뇨병, 대장염, 천식 등의 각 질병에 따라 치료법이 달리해야 한다. 모든 질병에 동일한 치료법을 사용해서는 안 되는 것이다.

홍수로 집과 사업체를 잃어 가난하게 된 사람에게는, 돈과 집 지을 재료를 주어 집을 다시 짓고 사업을 다시 일으키도록 돕는 것이 해결책이다. 부족한 자원이나 나쁜 기후가 가난의 원인이라면, 그들의 상황을 최선으로 만들기 위해 필요한 지식과 기술 등을 나눌 수 있다. 이것이 불가능하다면, 이주하는 것을 도울 수 있다.

압제와 불의에 의해 가난하게 되었다면, 그 뿌리를 제거하거나 완화시키기 위해 어떠한 일을 할 수 있다. 예를 들어, 법적·경제적·사회적 개혁을 위한 청원과 로비 활동을 할 수 있다. 돕고자 하는 사람들이 타국인이라면, 국제적인 여론을 조성하여 변화의 압력을 행사할 수도 있다. 물론 기도로 도울 수도 있다.

종교나 세계관으로 인해 가난하게 되었다면, 이 문제는 더욱 고통스럽다. 그들의 종교와 세계관을 바꾸도록 설득해야 하기 때문이다. 우리는 먼저 복음을 전해야 한다. 종교나 이념의 변화 없이는, 모든 도움이 단기적으로 끝나버린다. 이 말은 돕지 말자는 의미가 아니라 그것의 한계를 분명히 인식해야 한다는 뜻이다.

방종으로 인해 가난하게 된 사람도 있다. "연락을 좋아하는 자는 가난하게 되고 술과 기름을 좋아하는 자는 부하게 되지 못하느니라"(잠 21:17). 또한 마약, 술, 담배, 고급 음식, 고가의 여가 활동, 복권을 포함한 도박 등에 빠져 가난하게 된 사람도 있다. 어떤 사람은 소득이 적어도 그것으로 필요를 잘 채우는 반면, 어떤 사람은 수입이 많지만 항상 가난하고, 항상 위기 속에 살아간다. 이것은 수입의 문제가 아니라 그가 무책임하게 살아가기 때문이다.

언젠가 정부 기관에 연락해서 도움이 필요한 가정의 명단을 받은 적이 있다. 우리는 정성껏 음식을 해서 찾아갔는데, 그들은 우리보다 더 좋은 환경에 살고 있었다. 돈이 없어 굶고 있었지만, 좋은 차와 비싼 전자제품을 가지고 있었다. 정부에서는 이들을 극빈자라고 할지 모르지만,

우리가 보기에는 분명히 아니었다. 그들은 가지고 있는 것을 팔아 가족을 먼저 먹여야 한다. 소득 안에서 낭비하지 말고 살아가는 방법을 배워야 한다. 우리는 이렇게 무책임한 사람들이 아닌, 책임감 있는 사람의 부족을 채워야 한다.

마지막으로, 게으르기 때문에 가난해질 수 있다. 성경은 게으르면 빈곤하게 될 것이라고 분명히 말한다(잠 24:30-34).

> "손을 게으르게 놀리는 자는 가난하게 되고 손이 부지런한 자는 부하게 되느니라"(잠 10:4).
> "게으른 자는 가을에 밭 갈지 아니하나니 그러므로 거둘 때에는 구걸할지라도 얻지 못하리라"(잠 20:4).
> "우매자는 팔짱을 끼고 있으면서 자기의 몸만 축내는도다"(전 4:5).

게으른 사람은 결국 자신의 선택에 의해 가난하게 된다. 우리는 그들을 빈곤으로부터 구출하기 위해 애쓰지 않아도 된다. 그런 도움은 오히려 자신의 삶을 책임지려는 마음을 앗아가고, 다른 사람을 더 의존하게 만든다. 바울은 게으른 사람을 돌보지 말라고 데살로니가 교회에 명령하면서, 그들과 함께 있을 때 말했던 규칙을 상기시켰다. "누구든지 일하기 싫어하거든 먹지도 말게 하라"(데후 3:10). 다른 말로 하면, 게으른 사람을 먹이는 것은 죄다. 여기서의 강조점은 굶게 내버려 두라는 것이 아니다. 궁핍하게 되면 사람은 일을 하려고 애쓸 것이고, 그렇게 함으로써 자신을 돌보게 된다는 의미다. 잠언 16장 26절은 이렇게 말한다. "고되게 일하는 자는 식욕으로 말미암아 애쓰나니 이는 그의 입이 자기를 독촉함이니라."

게으르고 방종한 사람은 재정적으로 도울 필요가 없다. 그들에게는 다시는 그렇게 하지 못할 자극이 필요하다. "게으름이 사람으로 깊이 잠들게 하나니 태만한 사람은 주릴 것이니라"(잠 19:15). 우리의 역할은 말씀의 원리를 무효로 만드는 것이 아니다. "사람이 무엇으로 심든지 그대로 거두리라"(갈 6:7)는 하나님의 추수 법칙에 예외를 만들 수 있는 사람은 아무도 없다. 게으른 사람을 먹인다면 그 시스템은 타락한 것이다. 그렇게 하면 사회의 남은 구성원이 심각한 해를 입을 것이고, 하나님이 제정하신 삶의 원리가 공격받을 것이다.

물론 어떤 사람은 게으르지 않았는데도 직장을 잃을 수 있다. 우리는 이런 사람들을 도와야 한다. 일자리 찾는 것을 돕지 못한다면, 할 수 있는 대로 나누어야 한다. 짧은 기간이지만 교회에서 일할 수 있도록 도울 수도 있다. 이렇듯 그의 자존감을 세워주고, 동기 부여를 해주는 것은 중요한 일이다.

일을 할 수 있는데도 일하지 않는 사람을 지속적으로 도우면 그 사람은 일에서 점점 멀어지게 될 것이다. 그러다 그들이 사회나 교회가 자신들을 먹일 책임이 있다고 믿게 된다면, 도움은 게으름을 조장하고 그들을 파멸로 이끄는 원인이 된다. 게으른 사람에게 도움을 주는 국가나 사회단체, 교회, 개인은 또 다른 게으름을 양산하는 것이다. 빈곤을 퇴치하는 것이 아니라 그것을 영구화시킨다.

문제는 단순히 "가난한 사람에게 무엇을 해줘야 하는가?"가 아니라 "어떠한 가난인가?"이다. 정말 가난한 사람은 당연히 도와야 한다. 그러나 그들의 빈곤에 대한 근본적인 원인과 장기적인 유익에 따라 사려 깊고 주의 깊게 도와야 한다.

가난한 사람에게 돈을 분배하는 것

가난한 사람에게 무차별적으로 돈을 분배하는 것은 재앙이 될 수 있다. 일하고 싶어도 할 수 없거나 일을 해도 필요를 채울 수 없는 가난한 사람이 누군가에게 도움을 청하기를 주저하는 동안, '전문적으로 가난한' 사람은 주는 대로 받아 챙긴다. 나는 주 40시간을 일해 버는 사람보다 실업 보험으로 2배나 더 많은 금액을 받으며 1년 동안 일하지 않는 사람을 보았다. 정말 심각한 것은, 그가 1년의 수령 기간 이후에도 일하는 것이 몸에 배지 않아 20년도 더 넘게 무직으로 지낸다는 사실이다. 그는 아직도 다른 사람의 잘못 인도된 '도움'을 받으며 산다. 그러는 동안 그는 자존감과 가족을 모두 잃었다.

구약 성경에 나오는 '이삭 줍기'는 우리에게 많은 교훈을 준다. 성경에서 밭의 한 부분은 가난한 사람을 위해 이삭을 자르지 않고 남겨 두었다. 그들이 직접 일을 해서 이삭을 가져가도록 한 것이다. 그렇게 함으로써 가난한 사람은 자존감을 지킬 수 있었고, 자신의 삶을 책임질 수 있었다. 3년째 되는 해에 걷는 특별 십일조는 레위인, 여행자, 고아, 과부를 포함한 가난한 사람들에게 주어졌다(신 14:28-29). 그러나 단순히 일하려고 하지 않는 사람들은 이에 해당되지 않았다.

교회는 곤궁에 처한 사람을 도와야 한다. 여기서 '돕는다'는 것은 돈이나 음식을 주는 것 이상을 의미한다. 우리는 우리의 시간, 기술, 관심 등을 나눌 수 있다. 가난한 과부는 돈만 필요한 것이 아니라 함께 쇼핑할 사람, 함께 있어줄 사람, 함께 기도할 사람이 필요하다. 잔디를 깎아 주거나 담장을 고쳐 주거나 교회까지 태워 줄 사람이 필요할 수도 있다. 이렇듯 물질뿐 아니라 개인적인 도움 또한 필요한 것이다. (만일 그녀가 돈이 많더라도 후자의 도움이 필요하다.)

어떤 사람은 돈이 필요한 것이 아니라, 가진 돈을 어떻게 다룰지 그 방법에 대해 배우는 것이 필요하다. 어떻게 직장을 구하고 직장 생활을 잘할 수 있는지를 가르쳐 주는 것이, 온종일 텔레비전만 보는 사람을 위해 장을 봐주고 선반을 채워 주는 것보다 훨씬 더 도움이 되기도 하다. 중년 남자가 해고를 당했을 때, 우리는 그가 새 직장을 찾을 뿐 아니라, 우울증에 걸리지 않도록 도울 필요가 있다.

교회는 비인간적이거나 비인격적인 방법을 사용하지 않고, 상대가 정말 도움이 필요한 상태인지, 그렇다면 어떤 도움이 필요한지 정확하게 파악할 수 있는 프로그램을 개발할 필요가 있다. 바울은 "'참 과부'인 과부를 존대하라"(딤전 5:3)고 말하면서, 모든 과부를 교회가 도울 필요는 없다고 말했다. 예를 들어, 교회는 가족이 져야 할 책임을 대신 지는 곳이 아니다.

> "참 과부인 과부를 존대하라 만일 어떤 과부에게 자녀나 손자들이 있거든 그들로 먼저 자기 집에서 효를 행하여 부모에게 보답하기를 배우게 하라 이것이 하나님 앞에 받으실 만한 것이니라 참 과부로서 외로운 자는 하나님께 소망을 두어 주야로 항상 간구와 기도를 하거니와"(딤전 5:3-5).

이러한 원칙에 입각하여, 교회는 어려움에 처한 가족에 대해 무관심한 사람들을 격려해 그들의 가족들을 돌보고 도울 수 있도록 권면해야 한다. 그것이 교회의 역할이다.

교회가 물질적인 후원을 할 때는, 그 물질이 누구에게 왜 필요한지, 명확히 무엇이 필요한지 등의 정확한 정보를 가지고 지속적으로 도와야 한다. 그렇지 않으면, 무차별적인 후원으로 모든 문제를 해결하려고 하는 정부와 동일한 잘못을 저지를 수 있다. 잘못된 도움이 불을 끄기 위해 석유를 붓는 것과 같은 부작용을 낳을 수 있다는 것을 명심하라.

2세기에 쓰인 회심자를 위한 안내서 「열두 사도들의 가르침」의 내용을 보면 이런 구절이 있다. "누구에게 줘야 할지 알게 될 때까지, 네 손에 있는 돈이 고민하게 하라." 어떨 때는 돕기 위해 자존심을 버려야 할 때도 있고, 우리의 선한 동기를 악용하거나 우리가 잘못되더라도 가난한 사람을 돕는 선택을 해야 한다. 마르틴 루터도 그의 자비함으로 인해 종종 사람들에게 이용을 당했다. 1541년, 한 여자가 그의 집을 찾아와 자신은 도망친 수녀인데 잠시만 집에 머물게 해달라고 부탁했다. 그래서 그는 그녀를 먹여 주고 재워 주는 호의를 베풀었는데, 그녀는 그의 물건을 훔쳐서 달아났다. 그럼에도 불구하고 그는 "자선을 베풀어서 가난하게 된 사람은 아무도 없다"라고 믿었다. 또한 "하나님은 손을 다섯 손가락으로 나누어 놓으셔서, 돈이 그 사이로 빠져나가도록 만드셨다"라고 말했다.

가난한 사람과의 직면

테네시 윌리엄스는 "행복해지는 비결은 무엇입니까?"라는 질문에 "무감각"이라고 대답했다. 많은 사람들이 그의 조언을 따르고 있다. 우리 역시 가난한 사람들의 어려움에 대해 무감각해졌다. 우리는 그들이 무책임하고, 별로 상태가 심각하지 않고, 그들을 도울 수 있는 방법이 없다고 믿고 싶어 한다. 아니면 매월 납부하는 세금으로 이미 충분히 돕고 있다고, 간헐적으로 자선 기관에 기부하고 있으니 충분하지 않느냐고 스스로를 정당화시킨다.

"우리 모두는 가난한 사람과 직면해야 한다"는 자크 엘륄의 말은 옳다. 우리는 심판대 앞에 설 그날을 생각하며 그들을 지금, 아니면 조금 뒤에라도 직면해야 한다. "귀를 막고 가난한 자가 부르짖는 소리를 듣지 아니하면 자기가 부르짖을 때에도 들을 자가 없으리라"(잠 21:13). 하나님이 우리 기도에 응답하시는지는 우리가 굶주리고 가난하고 압제받는 사람을 도왔느냐에 따라 크게 달라질 것이다(사 58:6-10). 당신의 기도 수준을 높이기를 원하는가? 그러면 가난한 사람을 도와라.

가난한 사람에게 관심이 있다고 말하기는 쉬워도 실제로 그들을 찾아가기는 어렵다. 어떤 사람은 가난한 동네를 찾아가 직접 그들을 만나기 위해 노력한다. 또 어떤 사람은 그들을 만나기 위해 멀리까지 운전을 해서 가지만 정확히 어디로 가고 있는지조차 모른다. 이것이 바로 부유한 동네에서는 가난한 사람이 존재하지 않는 것처럼 행동하기 쉬운 이유다.

당신은 스스로에게 *"내 주위에 도움이 필요한 가난한 사람은 어디 있는가?"*라고 물어야 한다. 우리 가족은 세계 곳곳의 가난한 사람들에게 물질과 복음을 전하는 사역 단체에 정기적으로 헌금을 한다. 그러나 이것으로 충분하지 않다. 현재 당신은 가난한 사람을 돕기 위해 어떤 노력을 하고 있는가? 가난한 사람과 떨어져 살면서 그들과 의미 있는 관계를 가질 수는 없다. 우리는 지금 살고 있는 안락한 곳에서 나와 그들을 정기적으로 방문할 필요가 있다. 또한 여행객으로서가 아닌 돕기 위해 해외에 나갈 필요도 있다.

수년 전 우리 교회 몇 가정이 추운 겨울을 보내는 멕시코 노동자들을 돕기 위해 겨울 옷과 난방 장치, 월동 용품 등을 챙겨 그들을 찾아간 적이 있다. 그 뒤로도 성도들의 가정과 교회 건물을 개방하여 그들과 지속적인 관계를 맺도록 이끌었다. 어떤 성도는 깊은 교제와 복음을 나누기 위해 스페인어를 공부하기도 했다.

　결국 교회 전체가 가난한 사람을 돕는 프로젝트에 동참하게 되었다. 고등부 학생들은 멕시코로 단기 선교를 떠나 가난한 사람들을 도왔고, 빈민가 아이들을 위해 성경공부 모임도 만들었다. 그러나 이것은 시작에 불과했다. 주위의 많은 교회들이 빈민가, 감옥, 병원, 양로원 등 도움이 필요한 곳으로 나아가게 되었다.

　우리는 우리의 동기를 점검할 필요가 있다. 요즘 상류층과 중산층에서 가난한 사람을 돕는 것이 하나의 유행처럼 번지고 있다. 누군가를 돕는 일이 기쁨을 주고, 마음을 만족시키기 때문이다. 그러나 그런 사람들은 곧장 물질만능주의의 삶으로 돌아간다. 우리가 할 일은 크리스마스 때 선물 꾸러미를 나누어 주며 만족을 얻는 것이 아니다. 가난한 사람을 돌보는 것이 우리의 삶 자체가 되어야 한다.

　어떤 사람은 좋은 뜻으로 주는 것이 가장 중요하고, 그것이 가장 좋은 동기라고 말한다. 그러나 바울은 이렇게 말했다. "내가 내게 있는 모든 것으로 구제하고 … 사랑이 없으면 내게 아무 유익이 없느니라"(고전 13:3).

　우리는 돈뿐만 아니라 우리 가정의 문도 열어야 한다(롬 12:13). '자신과 같은 종류'의 사람을 잘 대하는 것은 쉽다. 그러나 가난한 사람이나 궁핍한 사람에게는 어떠한가? 이것은 내가 가난한 사람들을 섬기는 사람이라서 하는 말이 아니다. 나는 초보자에 불과하다. 가야 할 길이 멀다. 그러나 예수 그리스도의 제자라면, 반드시 그 길을 가야만 한다.

　언젠가 하나님께서 요시아 왕에게 하신 말씀을 우리에게 하실 것이다. "그는 가난한 자와 궁핍한 자를 변호하고 형통하였나니 이것이 나를 앎이 아니냐 여호와의 말씀이니라"(렘 22:16).

주는 것과 예수님의 지상 명령

사도 바울은 삶의 최우선순위를 우리에게 알려 주었다. "내가 받은 것을 먼저 너희에게 전하였노니 이는 성경대로 그리스도께서 우리 죄를 위하여 죽으시고"(고전 15:3). 우리의 삶에서 복음과 그 복음이 전해지는 것이 가장 중요하다.

선교에 할당되는 금액이 교회 예산의 10퍼센트 미만인 경우가 많다. 여기서 '선교'는 거의 국내와 지역 사회에 관련된 사역이다. 일반적으로 그리스도인 사역자들의 90퍼센트는 결코 이 나라를 떠나지 않는다. 세계 선교를 위한 미국 센터(The U.S. Center for World Mission)에 따르면, 각 교회에서 복음 전파를 위해 해외 선교에 사용되는 예산은 단지 5.7퍼센트라고 한다. 그중 8퍼센트는 그리스도인을 위해, 12퍼센트는 복음이 전해진 곳의 비그리스도인을 위해, 그리고 단 1퍼센트만이 복음을 전혀 듣지 못한 미전도 종족을 위해 사용된다고 한다. 미국인은 해외 선교보다 애완동물 먹이나 껌에 훨씬 많은 금액을 소비하고 있는 것이다.

전 세계 그리스도인의 90퍼센트가 세계 인구의 10퍼센트에 해당하는 나라에서 사역한다. 이 통계와 연관된 질문이 있다. 열 사람이 거대한 통나무를 옮기려고 한다. 당신은 그들을 돕기로 작정하고 가서 봤는데, 그중 아홉 명이 한쪽 끝에 서 있고 단 한 명만이 반대쪽 끝에 서 있다. 그렇다면 당신은 어느 쪽에 가서 돕겠는가?

"우리나라 사람들도 도움이 필요해요. 여기 사는 사람도 정글에 사는 사람만큼 중요하다고요. 하나님은 어느 나라든 상관하지 않으세요"라고 말할 수 있다. 그러나 복음에 접촉할 수 없는 사람에게 복음을 전하는 것이 모든 동네마다 교회가 있고 책꽂이마다 성경이 꽂혀 있고, 크리스천 라디오 방송을 매일 들을 수 있고, 이웃에 그리스도인이 사는 사람보다 훨씬 더 필요하지 않겠는가? (어떤 사람은 복음을 전혀 들어볼 기회가 없는데, 왜 어떤 사람은 여러 번 들어야 하는가?)

더 나아가, 미국에도 도움이 필요한 사람이 많다는 것은 분명한 사실이다. 하지만 미국은 많은 자원이 있다. 교회와 기관이 많은 자금을 쏟아 부어도 아직 많은 자원이 남아 있다. 우리 가족과 선교 단체는 '9·11 사건' 이후부터 국내 사역에도 동참하고 있다. 그렇지만 물질적으로만 비교하면, 우리의 최악의 날이 어느 가난한 나라의 최고의 날보다 훨씬 더 나았던 것은 사실이다.

하나님은 하늘나라에 들어온 영혼의 숫자에만 관심을 가지는 분이 아니시다. 그분은 그들이 어디서 왔는지도 관심을 가지신다! 네 생물이 어린 양을 찬양하는 하늘나라의 무리에 동참했다. "그들이 새 노래를 불러 이르되 두루마리를 가지시고 그 인봉을 떼기에 합당하시도다 일찍이 죽임을 당하사 각 족속과 방언과 백성과 나라 가운데에서 사람들을 피로 사서 하나님께 드리시고 그들로 우리 하나님 앞에서 나라와 제사장들을 삼으셨으니 그들이 땅에서 왕 노릇 하리로다 하더라"(계 5:9-10). 사도 요한은 "각 나라와 족속과 백성과 방언에서 아무도 능히 셀 수 없는 큰 무리가 나와 흰 옷을 입고 손에 종려 가지를 들고 보좌 앞과 어린 양 앞에서"(계 7:9) 있는 것을 보고 압도당했다. 그러므로 어느 나라 출신이냐에 상관없이, 선교사들이 복음을 듣지 못한 '숨겨진' 사람들을 찾아 갈 수 있도록 우리 모두 연합해야 한다.

아우카 인디언들에게 복음을 전하려다, 네 친구들과 함께 죽음을 맞이한 네이트 세인트 선교사는 이렇게 기록했다.

"미래를 깊이 생각하고 하나님의 뜻을 추구하는 우리들이 단지 몇 사람의 야만인을 위해 위험을 무릅쓰는 것이 과연 옳은 일인가? 우리 스스로 이 질문을 했을 때, 우리는 성경을 통해 분명한 답을 얻었다. 우리는 어린 양 앞에 나아올 모든 족속 중 우리가 인도할 족속이 있음을 깨달았고, 아우카 감옥의 문을 열어 그리스도께 인도하는 일에 쓰임받는 것이 하나님께 기쁨이 된다는 것을 깨달았다.

우리가 크리스마스를 보내며 기분을 낼 때, 그들은 복음을 들을 기회를 얻지 못하고 그리스도가 없는 어둠으로 내던져져 비명을 지르고 있었다. 이 비명 소리를 예수님이 듣고 계신다는 사실을 우리도 알아야 하지 않을까? 이때 주님이 느끼셨던 아픔을 우리도 깊이 느끼기를 소원한다. 이들을 구하지 못한 것에 대해 회개의 눈물을 흘릴 수 있기를 소원한다. 베들레헴의 기쁨 너머에 있는 골고다의 처절한 고뇌를 볼 수 있기를 소원한다. 잃어버린 자를 향한 우리의 책임에 대해 새로운 비전을 주시기를 소원한다."

하나님께 영광을 돌리는 것으로 동기 부여를 얻은 뒤 사람들의 영원한 필요를 느끼고 마음이 움직이게 되는 경우가 많다. 오늘날 자유주의자들이 지옥을 믿지 않는다고 비난하는 사람이 많다. 그러나 이보다 훨씬 더 부끄러운 것은, 지옥의 존재를 믿는 우리가 사람들이 그곳에 가지 않도록 막는 일을 하지 않고 있다는 사실이다.

"누구든지 주의 이름을 부르는 자는 구원을 받으리라 그런즉 그들이 믿지 아니하는 이를 어찌 부르리요 듣지도 못한 이를 어찌 믿으리요 전파하는 자가 없이 어찌 들으리요 보내심을 받지 아니하였으면 어찌 전파하리요 기록된 바 아름답도다 좋은 소식을 전하는 자들의 발이여

함과 같으니라"(롬 10:13-15).

    어떤 그리스도인은 돈과 소유를 모두 남겨 두고 복음을 접하지 못한 수많은 사람들을 향해 떠나야 한다. 또 어떤 그리스도인은 주위 사람들에게 복음을 전하고 기도할 뿐 아니라, 선교사들을 파송하고 후원하는 삶을 살아야 한다.

    오늘날 우리의 재정으로 복음을 전파하고 세계 곳곳에 흩어져 있는 미자립 교회들을 후원할 기회들이 이전보다 훨씬 더 많아졌다. 하나님이 에스더를 세워 그 시대에 사용하신 것처럼, 우리를 세워 세계 곳곳에 복음을 전하기를 원하신다고 확신한다. 문제는 하나님이 주신 돈으로 무엇을 할 것이냐는 것이다. 우리는 그것이 하나님이 원하시는 사람에게 전달되도록 하는 일을 맡은 자다.

    예수님은 보리떡 다섯 개와 물고기 두 마리로 무리들을 먹이셨다. 그런데 제자들이 사람들을 먹이지 않고 그저 쌓아 놓았다고 가정해 보자. 참으로 이해할 수 없는 행동일 것이다. 마찬가지로 우리도 하나님이 맡기신 자원을 얼마나 쉽게 파묻어 두고 있는가!

    내 책의 모든 인세는 사역을 위해 보내지는데, 대부분이 선교, 구제, 해외 일자리 개발 등에 사용된다. 그리고 내 책은 선교사 훈련학교, 신학교, 성경대학에는 모두 무료로 전해진다. 책을 통해 번 돈을 보내어 돕는 것은 나의 특권이다. 예수님은 "너희가 거저 받았으니 거저 주라"(마 10:8)고 말씀하셨다.

    기독교 출판사들이 좋은 책을 나누어 주고, 잘 감당할 수 있는 사람에게 저작권을 주고, 자국인을 잘 훈련시켜 자국어로 된 좋은 책을 저술하도록 돕는 일을 생각해 보라. (현재 이렇게 하는 곳도 있다.) 당신 회사가 선교사들이나 도움이 필요한 나라의 교회에 무료로 제공할 수 있는 것이 있는지 생각해 보라. 이러한 나눔은 마구잡이로 행해져선 안 되고, 신실한 기관을 통해 관리되어야 한다.

복음 전도에 돈을 드리는 것이 복음의 대체품이 될 수는 없지만, 이를 위해 뛰어난 역할을 할 수는 있다. 세계 선교에 투자하는 것보다 더 위대한 일은 우리 모두는 지역 교회에 정기적으로 헌금을 드려야 하고, 교회 지도자가 세계 선교에 더 많은 돈을 투자하도록 격려해야 한다. 더 나아가 세계 복음화를 위해 훌륭한 선교 단체들을 후원해야 한다.

굶주린 사람을 먹이는 것과 복음을 전하는 것 중 어느 것이 더 중요한가? 예수님은 두 가지 모두 행하도록 명령하셨다. 죽은 사람은 복음을 들을 수 없고, 사람이 죽어 가는데 내버려 두는 일이나 불필요하게 고통을 당하게 내버려 두는 일은 비양심적이다. 다른 측면에서 보면, 복음을 듣지 못한 사람은 하늘나라에 갈 수 없다(롬 10:13-14). 그러니 복음 전파를 등한시하면 안 된다. 그러기 때문에 우리 기관은 기독교 가치관을 고수하며 복음을 전하는 구호 단체만 후원한다. 어떤 전문가는 그리스도인이 하는 후원금의 반 이상이 일반 기관에 보내진다고 말했다. 나는 복음을 전하는 기관들이 많음에도 불구하고, 일반 기관에 후원하는 것을 도저히 이해할 수 없다.

교회와 선교

우리 교회는 선교사 가정을 후원한다. 이웃하는 몇몇 교회들이 연합으로 선교사 후원을 하는 것도 바람직하다. 이렇게 집중적으로 후원을 하면 여러 좋은 점이 있는데, 선교사가 안식년을 맞아 전국에 흩어져 있는 후원 교회들을 찾아다니다가 오히려 안식하지 못하는 위험을 피할 수 있다. 또한 안식년을 후원 교회 부근에서 보냄으로써, 더 친밀한 교제를 나눌 수 있다. 이렇게 하면 선교사의 가족 사진을 냉장고에 붙여놓는 것으로 끝나지 않고, 개인적인 만남을 통해 교인들의 헌신과 기도 후원이 늘어나게 된다.

단기 선교

만일 독자들 중에 남은 생을 선교지에서 보내려는 사람이 있다면, 단기 선교(선교 여행)보다 더 좋은 시작은 없다. 나는 한 사람의 부르심을 격려할 수 있는 일이 있다면 어떤 것이라도 기쁘게 돕고 싶다. 나는 선교의 중요성을 강력하게 믿으며 하나님이 선교지에서 놀라운 일들을 행하시는 것을 직접 목격했다. 그러나 선교에 부르심이 없는 사람일지라도, 단기 선교를 떠날 것을 적극 권하고 싶다. 하나님의 일을 직접 보고 사역에 동참하는 것보다 더 감동스럽고 변화를 주는 일은 없다. 그것은 또한 열심히 선교지를 위해 기도하게 하며 선교 헌금을 하도록 격려한다.

어떤 사람은 *단기 선교에 사용될 돈을 모아 선교지에 보내는 것이 더 낫지 않느냐고 묻기도 한다.* 어떤 경우에는 그렇다. 만일 단기 선교에서 사용한 비용은 큰데, 그에 비해 최소한의 효과밖에 내지 못했다면, 그것은 단지 타문화권 경험에 불과하다. 그러나 많은 단기 선교가 전략적으로 계획되어, 현지 교회와 선교사들, 원주민들에게 큰 도움을 주고 있다. 단기 선교를 통해 변화된 사람들은 또 얼마나 많은가. 하나님은 그들이 집에만 있었다면 결코 몰랐을 세계를 보는 안목을 넓혀 주셨고, 선교를 통해 전 세계를 섬기게 하셨다. 또한 많은 장기 선교사에게 단기 선교는 큰 도움이 된다. 단기 선교를 통해 평생의 헌신이 시작되기도 한다.

예를 들어, 교인들을 수단에 단기간 파송해 그곳의 성도들과 교제하고, 성경을 가르치고, 박해받는 그리스도인의 삶을 가르치기 위해 교회가 부담한 비용이 5천 달러라고 치자. 그 결과로 수십만 달러가 열매로 드려지고, 교인들은 더 기도하게 되었고, 해외에 믿음의 형제들이 생기게 되었다. 더 나아가 이들이 단기 선교를 떠나지 않았다면, 상당한 돈이 휴가 등 개인을 위해 사용되었을 것이다. 대부분의 선교 여행의 경비는 전액 선교비로 조달되는 것이 아니라 자비로 부담하는 경우가 많다.

우리 교회는 매년 단기 선교를 위해 백 팀 이상을 해외로 내보낸다. 결과적으로 이를 통해 교인들은 선교사와 개인적인 관계를 맺고 그들을 위해 꾸준히 기도하는 가운데 '세계를 품는 그리스도인'이 되어가고 있다.

가장 중요한 것

수년 전 어느 날, 나는 나이지리아에 사는 친구 사무엘 쿤히읍과 거실에 앉아 대화를 하고 있었다. 나는 그가 미국을 방문한 것이 얼마나 특별한 일인지 나눈 뒤, 이렇게 말했다. "사실 저는 당신이 미국에 대해 감사를 표하는 것을 보고 놀랐습니다. 많은 나라들이, 심지어 미국의 원조를 받은 나라들까지도 미국에 적대감을 가지고 있으니까요. 사실 미국인들이 수많은 나이지리아 사람들을 미국에 노예로 팔지 않았습니까? 그래서 저는 당신과 나이지리아 사람들이 미국을 비난하는 게 마땅하다고 생각합니다. 그런데 왜 당신은 그렇게 하지 않습니까?"

나는 사무엘이 특유의 악센트로 신중하게 대답하는 것을 들으면서 감동을 받았다. "당신들이 우리에게 무슨 일을 했든 상관없이, 우리에게 복음을 전해 주었잖아요. 그것이 전부입니다." 그렇다. 다른 것은 복음을 전하는 것에 비하면 부수적인 것이었다. 사무엘은 사도 바울과 똑같이 말했다. 복음이 다른 어떤 것보다 더 중요하다고! 20년 전 미국 교회에서 파송된 선교사가 그의 부모와 마을 사람들을 주님께로 인도했다. 결과적으로 보면, 나는 미국에서 비그리스도인 가정에서 자랐났고, 그는 나이지리아에서 그리스도인 가정에서 성장했다.

데이비드 브라이언트는 이렇게 질문한다. "잠자리에 들면서 '예수님이 전 세계 모든 민족, 특별히 복음을 듣지 못한 이들에게 관심을 갖고 계시다는 걸 인식하고 나는 오늘 하루를 전략적으로 살았다'라고 자신 있게 말하고 싶지 않은 사람이 누가 있겠는가?"

지금 이 순간이 바로 우리의 호주머니를 비워 모든 민족이 예수님께 돌아오도록 도울 때다. 우리 모두는 기도하는 사람, 후원하는 사람(골 4:2-4 ; 빌 1:4-5), 직접 가는 사람이 될 수 있다. 당신도 시작하지 않겠는가? 답을 하기 전, 잠시 이런 상상을 해보자. 하늘나라에서 다른 문화권의 사람이 당신에게 다가와 따스한 목소리로 이렇게 속삭인다. "정말 고맙습니다. 내 평생에 당신이 내게 전해준 복음이 가장 귀했어요."

Chapter 15
사역의 재정과 모금활동 : 중요한 윤리문제

"주는 것이 쉬운 일이라고 믿는 사람들은 잘못을 범할 수밖에 없다. 주는 것은 아주 지혜가 필요한 일이기 때문이다. 함부로 제멋대로 주는 실수를 범해서는 안 된다."(세네카)

"하나님의 일이 하나님의 방법으로 행해질 때, 그분의 공급하심이 부족한 적은 결코 없었다."(허드슨 테일러)

교회가 파산하게 되자, 고민에 빠진 한 여성이 유명 언론인 호레스 그릴리에게 편지를 보냈다. 바자회를 열기도 하고 예배당을 결혼식장으로 대여하기도 하는 등 여러 시도를 했지만, 결국 교회가 운영 자금을 마련하지 못했다는 내용이었다. 그녀는 "교회를 살리기 위해 시도해볼 만한 다른 것이 있다면 알려 주세요"라고 물었고, 그는 이렇게 답신을 보냈다. "왜 신앙적인 것은 아무것도 시도해 보지 않나요?"

교회가 마땅히 해야 할 일을 한다면, 끝까지 맡겨진 일을 감당하고 재정적인 필요를 채울 수 있을 것이다. 15장에서는 모금 방법, 적절한 자금 사용 방법, 후원할 가치가 있는 사역 단체를 찾는 방법 등에 대해 다룰 것이다. 또한 복음주의자들 사이에서 행해지는 관행적인 재정 관리의 문제를 밝힐 것이다.

세속적인 기관에 돈을 주는 것

초기 많은 자선가들은 기독교적인 가치관을 추구했다. 그러나 오늘날 유명한 자선 단체들은 기독교적인 세계관을 받아들이지 않는다. 록펠러 재단은 전 세계 인류의 행복을 증진시키는 것이 자신들의 목적이라고 명시했다. 그러나 그리스도인은 이것으로 충분하지 않다. "네 이웃을 사랑하라"는 명령은 "주 너의 하나님을 사랑하라"는 명령과 분리될 수 없다(마 22:37-38). 어떠한 부의 분배도 그것이 하나님의 영광과 그분의 구속 사역을 가린다면 아무 의미가 없다.

그리스도인이 세속적인 기관에 후원해도 되는가? 전도나 교회 개척, 그리스도의 이름으로 가난한 사람을 돕는 것이 하나님의 마음에 합한 것처럼, 미술관이나 화랑, 공영 방송을 후원하는 것도 괜찮은가? 많은 그리스도인들이 창조주에 대한 불신을 전파하고 합리적인 세계관을 가르치는 비종교적인 대학이나 자신의 출신 학교를 후원한다. 어떤 사람은 더 이상 성경을 믿지 않는 이름뿐인 기독교 대학에 후원하기도 한다. 만일 하나님이 그분의 돈을 학교에 보내길 원하신다면, 그분을 믿고 사랑하고 순종하는 곳이지 않겠는가? 오늘날 얼마나 많은 하나님의 돈이, 성경을 지지하기보단 반대하는 곳으로 흘러가고 있는가? 하나님은 그분의 자녀들이 관리하는 돈이 그리스도를 대적하는 곳에 제공된다는 사실을 어떻게 생각하실까?

세속적인 기관과 똑같이 일하지만 영원의 관점으로 행하는 기독교 기관들이 많이 있다. *우리는 기도와 성경적인 기준, 성령의 초자연적인 능력으로 사역하는 기관을 후원해야 하지 않겠는가?* 세속적인 기관은 고통을 경감시켜 주는 유익한 일들을 많이 하고 있지만, 구세주를 향한 인간의 깊은 필요를 채워 주지는 못한다. 예수 그리스도를 전하지 않는다면, 가장 절실한 필요를 제공하지 않은 것과 같다.

지역 교회의 재정과 모금 활동

지역 교회, 드림을 시작하기 좋은 곳

당신이 양육받고 있는 지역의 성경 중심적이고 그리스도 중심적인 영적 공동체에서 드림을 시작하라. 신약 성경을 보면 넓은 의미의 교회가 아닌 지역 교회에 헌금을 드렸다. 다른 지역에 보내더라도 지역 교회를 통해 전달되었다. 구약의 성전이 보관소였다면 신약의 교회는 교환소였다. 즉, 도움이 필요한 사람을 돕고, 잃어버린 자를 찾기 위한 헌금이 흘러가는 통로였다.

일반적으로 첫 열매나 십일조는 지역 교회에 드려져야 한다고 생각한다. 물론 훌륭한 선교 단체에 헌금할 수도 있다. 나는 14년간 지역 교회의 목사였고, 13년간 선교 단체를 맡아오고 있다. 나는 두 사역 모두 후원을 받을 가치가 있다고 믿지만, 교회가 항상 먼저여야 한다고 믿는다. 그것이 내가 선교 단체보다 교회에 더 많이 드리는 이유다.

지역 교회에 먼저 드려야 하는 이유는, 그곳이 우리의 우선적인 영적 공동체이기 때문이다. ('인터넷 교회'는 용어상의 모순이 있다. 그것은 교회라기보다 방송 프로그램이라고 하는 것이 적절하다.) 신약 성경에는 선교 위원회, 청년들을 위한 기관, 혹은 신학교란 말이 나오지 않는다. 오직 지역 교회만 있고 그곳에서 모든 역할을 감당했다. 그러나 우리는 역사를 통해 지역 교회가 할 수 없거나 하지 않으려고 한 일도 많았음을 알 수 있다. 선교 단체들은 그러한 일들을 감당했으며 많은 기관들이 놀라운 일을 이루었다. 그러나 불행하게도 오늘날 여러 단체와 기관들은 교회와 경쟁하게 되었고 그들의 자원을 빼앗는 경우도 생기기 시작했다.

시카고나 댈러스에 있는 선교 단체가 어떻게 아이다호나 뉴욕에 사는 후원자를 책임질 수 있겠는가? 후원자들은 어떻게 단체의 지도자에 대해 평가할 수 있겠는가? 나는 이들이 담임목사의 인격과 실생활에 대해 알아야 한다고 생각한다. 그런데 선교 단체의 지도자에 대해서 알 수 있는 자료가 턱없이 부족하다. 전기 요금이나 사역자들의 사례비를 주는 데 헌금을 사용하는 지역 교회보다, 화려한 안내장에서 강력한 메시지로 각종 사역을 소개하는 단체가 우리의 헌금을 더 가치 있게 사용할 것 같다. 대부분의 사람들은 자신이 헌금한 돈이 수도세나 청소비가 아닌 100퍼센트 선교에 쓰이기를 원한다. 잘 생기고 잘 차려입은 많은 설교자들이 텔레비전 프로그램에 나와 간증을 한다. 그들의 간증을 듣노라면, 우리의 헌금이 그들이 하는 큰일에 쓰일 수 있는데, 하찮은 일에 명분도 없이 사용하는 지역 교회에 왜 드려야 하나 회의가 들기도 한다. 그래서 사람들은 교회 대신 보다 명분이 있어 보이는 선교 단체에 후원금을 보낸다.

바울은 성도들의 유익을 위해, 개인적으로가 아닌 지역 교회를 통해 가난한 사람을 돕도록 권장했다(고전 16:2). "판 것의 값을 가져다가 사도들의 발 앞에 두매 그들이 각 사람의 필요를 따라 나누어 줌이라"(행 4:34-35). 성도들은 자신의 헌금이 어디에 쓰여야 한다고 주장하지 않았다. 그들은 교회 지도자들이 지혜롭게 분배하도록 했다. 주후 390년, 존 크리소스톰은 초대 교회의 드림에 대해 이렇게 말하고 있다.

"그들은 자신의 헌금을 궁핍한 사람의 손에 직접 쥐어주거나 생색내듯 거만한 태도로 주지 않았고, 사도들의 발 앞에 놓아 그들이 분배하도록 했다. 그러고 나서 개인이 아니라 공동체의 재정 담당자가 도움이 필요한 사람에게 헌금을 나누어 주도록 했다. 그래서 드리는 사람은 거만해지지 않았다."

오늘날 그리스도인들 사이에서 이뤄지는 대부분의 무분별한 드림은 '독립성'에 기인한다. "나는 내 헌금을 교회에 내서 목사가 적절한 곳에 사용하게 하는 것보다 내가 보기에 적절한 곳에 보낸다. 왜냐하면 그것은 '내 돈'이고, 나는 내가 원하는 것을 하고 싶기 때문이다. 더 나아가 돈을 보낸 곳으로부터 인정받을 수도 있고, 그것을 통해 만족감을 얻을 수 있다"라고 주장하는 것이다.

만일 성도들이 지역 교회의 지도자에게 돈의 분배를 위탁하면, 존재 가치가 있는 선교 단체는 번성하게 되고, 그렇지 못한 단체는 사라지게 될 것이다.

나는 종종 이러한 질문을 받는다. "교회의 재정 사용법에 동의하지 못하는데, 어떻게 교회에 드릴 수 있습니까?" 그러나 교회 지도자가 당신보다 나은 판단을 하는 경우가 훨씬 많다. 만일 당신이 이상적으로 여기는 단체의 사역들을 가까이서 보게 된다면 생각이 달라질 수도 있다. 만일 하나님이 세금을 내라고 말한다면(롬 13:1-7), 그것이 나쁜 목적으로 사용된다 할지라도 내야 한다. 돈의 쓰임이 마음에 들지 않더라도 하나님께 드리는 것임을 잊지 말아야 한다. 물론 기준은 있어야 한다. 만일 우리 교회가 성경의 가르침을 부인하고 윤리적이지 않은 기관을 후원하고 있다면 교회 지도자에게 분명히 말해야 한다. 그럼에도 불구하고 여전히 교회에 정기적으로 헌금을 낼 수 없다면, 하나님이 지시하는 대로 드릴 수 있는 교회를 발견하게 해달라고 기도하라.

두 종류의 모금 활동

교회에서 사용하는 모금 방법 중에는 추첨, 빙고 등 도박 형태가 있다. 어느 교회는 건축 헌금을 모으기 위해, 다른 교회 교인에게서 가장 많은 액수의 작정액을 받아오는 사람에게 상금을 제시했다. 물론 모든 모금 활동이 이렇지는 않다. '작정' 헌금이나 '믿음의 약속'이 흔히 쓰이는 방법이다.

'작정 헌금'은 예상되는 소득이 분명한 상태에서 하는 약속이다. 반면 '믿음의 약속'은 드리는 사람이 소득이 분명하지 않은 상태에서 하는 약속이다. 두 경우 모두, 개인이 약속한 금액을 매달 일정한 금액으로, 일정 기간 안에 내는 것이다. 어떤 작정 헌금은 단순히 의사를 밝히는 것으로 끝나고, 어떤 작정 헌금은 교회에서 그것을 지키도록 후속 조치를 취한다. 또 법적 구속력이 있어, 지불하지 못하면 법적 책임까지 지게 되는 경우도 있다. 작정 헌금이 단순히 헌금을 하겠다는 의사 표시든, 성령의 강권하심 아래 하나님과 한 약속이든 이것이 비성경적이라고 말할 수는 없다. 그러나 그것이 법적인 계약이 된다면, 분명 성경적인 드림의 원리에서 빗나가는 것이다.

특히 건축 헌금을 진행할 때, 외부에서 전문 모금가나 기부 담당 책임자를 모셔 오는 경우가 점점 잦아지고 있다. 아무리 좋은 의도로 시작했다 하더라도, 이 방법은 옳지 않다. 교회 지도자가 교인들에게 비전을 제시하지 못하니까, 돈을 끌어내는 '고용된 무기'를 꺼내 사용하는 것이기 때문이다.

'믿음의 약속'의 성공 여부는, 하나님을 향한 신뢰와 그것을 드리기 위해 돈을 벌고 아끼는 훈련에 얼마나 적극적이냐에 달려 있다. 5백 달러나 5천 달러 같은 구체적인 목표를 정하면, 공급하심을 위해 기도할 힘이 생긴다. 그러나 이러한 접근법의 약점은 상당히 주관적이라는 점이다. 그들은 하나님이 정확한 금액을 주실 것이라고 가정하는데, 대체로 그 금액은 개인의 '감정'에 의해서 결정된다. 성경 어디에도 하나님께서 금액을 정해 주신다는 말씀은 없기 때문이다. 그러므로 믿음의 약속은 하나님을 신뢰하는 것이 아니라 처음부터 그분이 약속하지 않은 것을 강요하는 것이다. 정해진 금액을 정해진 기간 안에 드리겠다는 약속은, 우리는 내일 하루의 소득이 있을지 알 수 없다는 야고보서 4장 13-17절 말씀과 어긋난다. 만일 2년 동안 드리기로 한 믿음의 헌금이 아직 6천 달러나 남아 있는데, 하나님이 교회를 옮기게 하신다면 그래도 이전 교회에 계속 헌금을 드릴 것인가?

마게도냐 성도들이 '그들의 능력 이상으로' 드린 것은, 위험을 무릅쓰는 믿음의 행동이었다. 이것이 약속한 특정 금액에 일치하는지 여부보다 더 중요하다. 믿음의 약속을 하든 하지 않든, 하나님은 우리의 기도와 관대함에 응답하실 것이다. 우리는 정확한 금액을 정하지 않더라도, 하나님이 여전히 풍성하게 공급하신다는 사실을 발견하게 될 것이다.

목회자의 사례비

교회는 목사가 사역에 전념할 수 있도록 사례비를 지불한다. "가르침을 받는 자는 말씀을 가르치는 자와 모든 좋은 것을 함께하리"(갈 6:6). 바울은 이것을 목회자의 '후원받을 권리'라고 부른다(고전 9:3-12). "이와 같이 주께서도 복음 전하는 자들이 복음으로 말미암아 살리라 명하셨느니라"(고전 9:14). 더 나아가 바울은 이렇게 말했다. "잘 다스리는 장로들은 배나 존경할 자로 알되 말씀과 가르침에 수고하는 이들에게는 더욱 그리 할 것이니라 … 또 일꾼이 그 삯을 받는 것은 마땅하다"(딤전 5:17-18).

"너희 중에 있는 하나님의 양 무리를 치되 억지로 하지 말고 하나님의 뜻을 따라 자원함으로 하며 더러운 이득을 위하여 하지 말고 기꺼이 하며"(벧전 5:2). 목사에게 필요 이상으로 많이 사례하는 것은 그들이 양들에게 모범을 보일 수 있는 기회가 되기도 한다. 대부분의 미국과 서구 교회 목회자들은 상당히 여유 있게 사례비를 받는다. 사례비가 오를 것을 알게 된 어느 목사가 장로들에게 "그 금액은 제가 생활하기에 너무 큽니다"라고 말했다고 한다. 그러자 장로들은 이렇게 대답했다고 한다. "우리도 알고 있습니다. 우리는 목사님이 그것으로 무엇을 하는지 보고 싶습니다."

나는 목사의 사례비를 의도적으로 적게 정해, 그들이 다른 직업을 구하게 내모는 교회의 정책에 동의하지 않는다. 물론 교회가 지불할 능력이 없다면 경우가 다르지만, 여유가 있는데도 너무 적게 사례한다면 그것은 심각한 문제를 야기한다.

목사와 평신도는 재정 문제에 있어 투명해야 한다. 데이비드 하이는 교회 안에서 사업가를 '왕'에, 목사를 '제사장'에 비유했다. 그는 둘 다 중요한 역할을 하지만, 서로의 역할에 대해 혼돈해서는 안 된다고 주장한다.

"왕이 없는 제사장은 자기 자신의 상처 때문에 필요한 것을 스스로 준비하려고 노력한다. 반면 제사장이 없는 왕은 자기 자신의 상처 때문에 스스로 비전을 만들려고 노력한다 … 오늘날의 교회는 돈 없는 난감한 제사장과 그의 설교를 들으며 난감한 왕들로 가득 차 있다. … 많은 훌륭하고 경건한 사람들이, 그저 모금 활동을 하는 사람으로 전락하는 순간, 그들 자신과 사역을 망치게 된다. 그들이 돈을 따르기 시작하면, 신앙생활과 사역에 불성실해질 수밖에 없다."

목사와 외부의 소득

목사로 오래 섬겨 온 내 마음은 언제나 지역 교회에 있다. 가까운 친구들도 대부분 목사이다. 나는 목사를 존경하고 높이 평가한다. 지금부터 내가 말하는 것은 냉소나 의심에서 나온 것이 아니다. 목사와 교회 모두를 보호하려는 의도에서 말하는 것이다.

주님은 제사장과 선지자들이 돈 때문에 타락했다고 꾸짖으셨다(미 3:11). 베드로는 교회 지도자들에게 "하나님의 양 무리를 치되 … 더러운 이득을 위하여 하지 말고 기꺼이"(벧전 5:2) 하라고 말했다. 돈을 사랑하는 사람은 교회 지도자가 될 자격이 없다(딤전 3:3). 바울은 자기 일을 하면서 사역을 했고, 돈을 사랑한 어떠한 흔적도 보이지 않으려고 애썼다(고전 9:18).

최근 어느 목사의 인터뷰 기사를 읽었다. 볼링장까지 갖춘 호화로운 집에 사는 이유에 대해 물었을 때, 그는 이렇게 대답했다. "하나님은 그분의 자녀들이 작은 집에 살기를 원치 않으십니다. 잘사는 사람도 있기를 바라십니다." 그러나 이 목사를 잘살게 하기 위해 작은 집에 사는 사람들이 그 비용을 지불한다면, 성경에서 제시하는 '섬기기를 갈망하는' 목사의 모델과는 분명히 다르다.

82세의 나이에도 오랄 로버츠 목사는 새 차에 대해 언급하며 이렇게 말했다. "하나님은 우리가 잘살기를 원하십니다. 목사가 잘살면, 교인들도 잘살게 됩니다. 목사가 못살면, 교인들도 잘살려는 믿음을 갖지 못할 것입니다." 이 '번영 모델'과 우리 주님이 보여 주신 '종의 모델'을 서로 비교해 보라. "인자가 온 것은 섬김을 받으려 함이 아니라 도리어 섬기려 하고 자기 목숨을 많은 사람의 대속물로 주려 함이니라"(막 10:45).

바울은 사역자들에 대해 이렇게 경고했다. "그들의 입을 막을 것이라 이런 자들이 더러운 이득을 취하려고 마땅하지 아니한 것을 가르쳐 가정들을 온통 무너뜨리는도다"(딛 1:11). 이 구절은 목사와 교회의 지도자에게 해당되는 성경의 지침이다. 또한 탐욕이나 부정, 스캔들과 같은 유혹으로부터 그들을 보호하기 위해 이 사회와 교회 구성원이 많은 고통을 감당해야 함을 보여 준다.

목사가 교인들의 평균 소득보다 너무 많이 받거나 너무 적게 받으면 심각한 문제가 발생한다. 이러한 불균형은 목사와 교인 모두에게 부정적인 영향을 미친다. 수년 전까지만 해도 목사에게 너무 적게 사례했다. 그래서 그들은 소명을 등한시하게 되었고, 다른 소득원을 찾게 되었으며, 성도들을 부러워하거나 그들에게 분노했다. 이럴 때 성도들은 어떨까? 목사에 대한 감사의 마음이 줄고, 목사가 하는 일을 당연시 여기며, 교회로 의해 가난해진 '가난한 목사'에게 선심을 쓰는 것처럼 되기 쉬워진다. 불행하게도 오늘날 이러한 목사와 성도가 많다.

그러나 많은 대형 교회 담임목사는 이것과 정반대다. 그들은 마치 대기업 회장처럼 사례를 받는다. 그러면서 성도들보다 자신이 더 중요한 사람인 듯 느끼고, 종종 양 무리 위에 군림하게 된다. 베드로전서 5장에서 언급된 '돈에 욕심 내는 것'과 '섬기기를 열망하는 것'의 차이점을 주목해 보라. 목사의 소득이 교인들보다 많으면, 목사가 십일조와 헌금을 하라고 강조할 때마다 "나보다 잘사는 목사가 어떻게 나의 경제적인 어려움을 이해할 수 있을까" 생각하게 된다. 이러한 상황은 교회 재정부가 성공한 사업가로만 이루어질 때 자주 발생한다.

내가 아는 담임목사들 중 대다수가 돈 관리를 잘한다. 나는 그들의 헌신과 성실성을 의심하지 않는다. 하지만 더 열심히 일하지만 휴가는 적고, 외부 소득의 기회가 거의 없는 개척 교회 목사보다 몇 배나 많은 사례비를 받는 대형 교회 목사들이 양산되는 오늘날의 상황이 우려된다.

심지어 목사에게 뇌물을 주면서 자기 교회로 오라고 제안하는 경우도 있다. 내가 아는 대형 교회 목사는, 더 큰 교회의 청빙을 지금의 교인들과 함께 있는 것이 주님의 뜻이라며 거절했다. 그러나 곧 그 교회를 떠났다. 또 다른 교회가 개인 전용기를 보내면서까지 집요하게 매달리며 더 나은 조건을 제시했기 때문이다.

사례비를 아주 적게 주는 교회들은 목사를 특별 대우하는 것에 익숙해져 있다. 무료로 휴가 장소를 제공해주든지 새 차를 구입해 주기도 한다. 그러나 오늘날 많은 목사들이 적절한 사례를 받으면서도, 습관적으로 특별한 혜택도 누리고 있다. 그들은 국세청의 주택 보조비에 대한 소득세 면세로 연간 수천 달러를 절약한다. 나 역시 이러한 면세 혜택을 아주 고맙게 생각했고, 지금도 이것이 지속되기를 원한다. 하지만 충분히 사례받으면서도 마치 제대로 받지 못하는 양 말하는 목사가 있어서 가슴이 아프다.

어떤 목사는 외부 집회나 저술 활동을 통해 개인 소득이 생긴다. 그 자체는 아무 문제가 없다. 그러나 목사의 외부 수입을 위해 교회 직원의 시간과 교회 시설이 사용된다면 어떻게 되는가? 바로 이 상황이 목사가 교회 사례비를 줄이지 않고, 가외로 돈을 벌 수 있는 여러 프로젝트의 유혹에서 벗어나기 어려운 이유다. 이 일은 비즈니스 세계에서도 결코 용납되지 않는다. 당신이 IBM의 개발자인데, 개발한 것을 다른 회사에 팔아 이익을 챙길 수 있겠는가? 회사에서 이미 돈을 받아 만든 것을 자신의 것으로 시장에 팔 수 있겠는가? 근무 시간에 세미나를 열고, 거기서 얻은 수익을 챙길 수 있겠는가?

목사와 교회 위원회는 목사의 외부 설교와 저술과 관련된 시간과 돈에 대한 분명한 기준을 세워야 한다. 물론 그 기준은 목사나 교회 모두에게 공정해야 한다. *목회자가 매주 얼마나 많은 시간을 교회 사역에 투자할 것을 기대하는가? 40시간인가, 50시간인가, 아니면 그 이상인가?* 이것은 상호 간 합의가 있어야 하고, 목사는 교회를 섬기는 시간과 사적인 시간이 언제 시작되고 끝나는지 알아야 한다.

목사가 교회에서 설교한 내용으로 책을 출판해도 되는가? 물론이다. 그러나 휴가 때가 아닌 교회로부터 사례를 받는 기간 중에, 외부에서 설교하고 저술하면서 책의 인세나 강사비를 받는다면 그것이 윤리적인가? 목사가 책을 집필하는 중에 교회에서 사례를 받고, 출판사에서도 돈을 받고, 그 자료를 외부에서 강연함으로써 또다시 돈을 받는다면, 이것은 무슨 메시지를 전달하는가? 이것이 목사에게 유익이 되는가, 아니면 교회의 유익이 되는가? 때때로 이런 딜레마로 양심의 가책을 받아 상심해 하는 목사들도 있다.

이같은 일이 내가 이 책을 처음 쓰려고 할 때 일어났다. 책을 쓰기 위해 한 시간을 사용하면 목회에 사용될 한 시간을 빼먹는 셈이 되었다. 그래서 이러한 갈등을 피하기 위해 밤에만 집필하려고 노력했지만, 그럼에도 불구하고 집필하는 동안 목회 시간을 많이 빼앗았다. 그래서 이중으로 사례받는 것을 피하고 책에 집중하기 위해, 한 달이나 두 달 동안 사례를 받지 않고 내 시간을 가질 수 있도록 교회에 요청했다. 대부분의 목사들이 올바르게 행하려고 한다. 그리고 실제로 그렇게 하는지 여부는 자신들이 잘 알고 있다.

외부 강사로 초청받은 목사는 자신의 기본 사례비에 강사료를 추가로 받는다. 책을 저술하면 수만 달러나 수십만 달러 혹은 그 이상의 인세를 계약할 때 받을 수 있다. 전문 작가라면 이것이 특별한 일이 아니겠지만, 목사나 선교 단체의 지도자라면 교회나 기관에 그 비용을 일부 부담시키면서 개인적인 성취를 이루고 싶은 유혹에 직면하기도 한다. 만일 교회가 책을 쓰거나 외부에서 설교하는 것을 원하고 권장한다면 문제될 것이 없지만, 분명한 지침을 세워 누구도 오해하지 않도록 해야 할 필요가 있다.

사례비를 받지 않는 기간을 설정하는 것이 여의치 않다면, 목사의 일반 업무가 시작되기 전 새벽이나 이른 아침 글 쓰는 시간을 계획하는 것이 대안이 될 수 있다. 이 경우 자신의 시간에 저술했기 때문에 책의 인세는 목사에게 주어져야 한다. 만일 교회가 집필 활동을 후원하기로 결정했다면, 목사는 업무 시간에 책을 쓰면서 정상적인 사례를 받고, 인세는 교회가 받아야 한다.

교회는 목사에게 일정 횟수의 외부 집회를 허락할 수 있다. 이때 강사비를 교회가 받거나 사례를 적게 하는 대신 목사가 가지게 할 수 있다. 그러나 이러한 활동의 수익금이 전혀 교회로 들어오지 않는다면, 교회는 외부 집회를 위해 직원이 어느 정도의 시간을 할애하는 것이 적절한지 상의해야 한다. 이와 유사한 활동에 대한 기업들의 정책을 조사해 보는 것도 바람직한 방법이다.

내가 이런 제안을 하는 것은 목사의 삶을 더욱 힘들게 만들려는 것이 아니라 더 낫게 만들려는 것이다. 목사를 불신하기 때문에 하는 말이 아니다. 오히려 그들과 교회를 보호하기 위해서다. 분명하지 않으면 말이 많기 마련이다. 만일 이러한 이해나 합의가 없다면, 직원들과 교인들은 항상 수군거리게 될 것이고, 이것은 그 누구에게도 유익하지 못할 것이다.

다른 사역의 재정과 모금 활동

만일 "나의 하나님이 … 너희 모든 쓸 것을 채우시리라"는 말씀이 사실이라면, 왜 많은 기독교 단체들이 그들의 재정적인 어려움을 끊임없이 알리려 하는가?

라디오와 텔레비전에 나오는 설교자들은 "제발 하나님께 민감하여 우리에게 후원금을 보내세요. 이번 달 말까지 30만 달러를 모금하지 못하면 우리는 문을 닫아야 합니다!"라고 간청한다.

중국 선교의 개척자인 허드슨 테일러는 "하나님의 일이 하나님의 방법으로 행해질 때, 그분의 공급하심이 부족한 적은 결코 없었다"라고 말했다. 돈이 모자라 항상 후원을 간청해야 한다면, 그것은 하나님의 일이 아니거나 하나님의 방법으로 행해지지 않기 때문일 것이다. 사역의 가장 큰 자산은 돈이 아니라 '하나님'이시다. 만일 사역이 올바른 하나님과 올바른 사람과 올바른 목적을 가지고 있다면, 재정 또한 올바르게 운영되야 한다.

필요를 알려야 하나?

어떤 믿음의 선교 단체들은 구체적인 필요를 알려서는 안 된다고 말한다. 대신 필요를 채우시는 하나님을 신뢰함으로써 사람의 마음을 움직여야 한다고 말한다. 그러나 바울이 고린도후서 1장 8절에 말한 것과 균형을 맞출 필요가 있다. "형제들아 우리가 아시아에서 당한 환난을 너희가 모르기를 원하지 아니하노니." 바울의 전도단은 그들의 고난과 필요를 후원 교회에 알렸다. 또한 성도들은 그의 사역에 기도로 동참했다(고후 1:11). 아무것도 모르면서 효과적으로 기도하기는 어렵다. 이것은 드리는 것에도 동일하게 적용된다.

대부분의 경우, 나는 누군가가 먼저 필요를 알려줘야지만 그 상황에 맞게 나누었다. 바울은 고린도 교인들에게 예루살렘의 가난한 성도들의 어려움을 알려 주었다(고전 16:1-4). 그러자 교인들은 그들을 돕기 위해 헌금했고, 그가 나누어 줄 수 있도록 격려했다. 그때 바울은 성령의 감동으로 알린 것이지, 그들을 조종하기 위해 한 것이 결코 아니었다.

오늘날 필요한 사역들이 많다 보니 후원금을 얻기 위한 경쟁이 치열하다. 마치 "다른 곳에서 후원금을 차지하기 전에 우리가 먼저 차지하자"라고 말하는 것처럼 느껴질 때도 있다. 이렇듯 여러 단체가 매달 새로운 '적'들과 싸우는데, 여기서 승리하기 위해서는 자신들의 사역이 더 긴급하다는 것을 사람들에게 인식시켜야 한다. 이런 쓸모없는 경쟁을 막고, 하나님 안에서 모두가 한 팀임을 상기시키기 위해 내가 내놓은 대안은 이렇다. *모든 선교 단체들이 다른 사역 단체에 일정 비율을 후원하는 것이다.* 하나님 나라의 일은 모두가 승리하거나 혹은 모두가 패하는 것이기 때문에, 우리는 모든 그리스도 중심의 단체가 승리하는 것을 기뻐해야 한다.

요즘은 훌륭한 홍보 자료를 쉽게 만들 수 있게 되었다. 어떤 사역 단체는 일류 기업에 견주어도 손색이 없을 만큼 뛰어난 디자인으로 보고서를 만든다. 이것이 꼭 잘못된 것은 아니지만, 여기에 쓸 돈을 실제 사역에 사용하면 얼마나 좋을까? 광고를 만드는 데 10만 달러, 방송 시간을 사는 데 20만 달러를 들여, 40만 달러 후원을 받았다면 이것은 성공한 것인가?

10만 달러가 남았더라도 30만 달러의 비용이 정당화될 수는 없다. 후원자들은 자신이 내는 후원금의 4분의 3이 후원을 유도하기 위해 쓰인다는 것을 어떻게 생각할까?

후원 모금

후원 모금이 걱정되는 일 중 하나라고 말하는 선교사들이 많다. 이상하게도 가장 효과적으로 사역하는 선교사들의 후원 모금이 제일 안 될 때가 많다. 최선의 모금 방법은 기도하는 마음으로 사역을 소개하면서 동역의 기회를 넓히는 것이다. 그런데 도를 넘어 '자신을 상품화'하는 데까지 가면 모금의 순수함은 사라진다. 그렇기 때문에 교회와 선교 단체가 선교사들을 대신해 적극적으로 모금에 참여해야 한다. 그래서 선교사들이 해서는 안 될 행동과 보여서는 안 될 모습을 보이지 않게 해야 한다.

나는 목사로서 개인적인 후원을 만들어 내는 것이 얼마나 힘든지 잘 안다. 그런데 후원과 '후원을 받아야 한다는 근성'은 전혀 다른 이야기다. 언젠가 신학생들이 내게 "하나님을 위해 어떤 일을 한다면, 당연히 사례를 받아야 한다"라고 말했다. 그러나 엔지니어나 물리치료사, 간호원이 되려고 훈련하는 이들에게 누가 돈을 대겠는가? 그들은 훈련을 받기 위해 직업을 갖고, 추가로 일하는 희생을 하기도 한다. 그런데 왜 신학생들은 다른 직업을 가지려는 사람보다 덜 희생하려고 하는가? 만약 그들에게 도움이 필요하다면, 그리스도의 몸이 그들을 도울 것이다. 그러나 그렇게 살지 않으면서 그것을 기대해서는 안 된다.

조지 뮬러의 지침

조지 뮬러는 수천 명의 고아를 돌본 19세기 영국인이다. 그는 어느 누구에게도 후원금을 요청하거나 그의 어려운 형편을 알리지 않았다. 그래서 그는 "오직 하나님만이 모든 필요를 채우신다"라는 믿음을 가진 사람으로 유명하다. 다음은 조지 뮬러의 모금에 대한 지침이다. 비록 첫 번째 지침은 누구에게나 통용되진 않겠지만, 나머지는 기도하는 마음으로 고려해 보길 바란다.

1. 어떤 자금도 사람에게 요청해서는 안 된다. 하나님께 기도로 간구하는 것 외에는 누구에게도 알리면 안 된다.
2. 어떤 빚도 져서는 안 된다.
3. 특정 목적을 위해 들어온 돈을 다른 목적으로 사용해서는 안 된다.
4. 모든 재정은 회계사에게 매년 감사를 받아야 한다.
5. 후원자의 이름과 금액을 알림으로써 그들이 과시욕에 붙잡히지 않도록 한다. 대신 후원자들에게는 개인적으로 감사를 표한다.
6. 유명 인사를 이사로 청빙하지 않고, 선전하기 위해 그들의 이름을 이용하지 않는다.
7. 우리의 성공은 우리가 섬기는 고아의 수나 후원금으로 결정되지 않는다. 오직 우리의 기도와 헌신에 비례해서 주실 하나님의 축복에 따라 결정된다.

모금은 돈을 사랑하지 않고, 이득을 위해 진리를 왜곡하지 않는 지도자들의 수준 그 이상으로 올라가지 않는다(딤전 3:3,8). 우리는 '더러운 이'(돈에 대한 탐욕, 벧전 5:2)를 따르지 말아야 한다. 선교 단체의 지도자와 목사는 "다른 단체들은 어떻게 하는가?"라고 질문하지 말고 "주님, 저희가 어떻게 하기를 원하십니까?"라고 질문해야 한다.

잘못된 모금 사례

1995년 새시대자선단체(New Era Philanthropy)가 파산 신청을 했다. 이들이 수많은 사람들과 자선 단체들로부터 3억 5천만 달러를 부정적으로 모금했음이 밝혀졌다. 이들의 수법은 이러했다. 후원자들이 돈을 보내면 익명의 부유한 후원자 그룹이 같은 금액을 보내 주는데, 그러면 후원금이 6개월 안에 두 배가 된다는 것이었다. 그래서 피해자(후원자)들은 돈을 보낼 수밖에 없었다. 이 방법은 다단계 혹은 폰지(Ponzi) 수법으로, 익명의 후원자 그룹은 존재하지도 않았다. 구호 단체, 대학, 교단, 지역 교회 등 200개 이상의 기독교 기관들이 이 일로 금전적인 손해를 입었다. 다행히 85퍼센트 이상의 돈이 회수되었지만, 이 사기극을 통해 선교 단체 안에 존재하는 심각한 재정 문제들이 드러났다.

나는 조그만 비영리 단체의 이사다. 우리도 후원을 받는다. 그러나 내 책의 인세가 이 단체로 들어와서 바로 다른 사람들에게 나눠진다. 여기서 당신은 이렇게 질문할지 모른다. "그러면 당신 단체에서 자체적으로 나누면 될 것을, 왜 다른 사람들에게 후원을 받습니까?" 왜냐하면 우리는 그들의 기도와 동역을 원하기 때문이다. 또한 우리에게 맡겨 주신 돈을 바로 나누길 원하기에, 은행 잔고를 많이 쌓아두지 않는다. 우리 단체에 종종 많은 필요가 생기는 것처럼, 다른 단체도 그럴 것이라고 생각한다. 그럴 때마다 나는 1990년, 우리 단체가 시작할 때 작성한 '17가지 재정 원칙'으로 마음에 되새긴다. 첫 원칙은 다음과 같다.

> "EPM은 예수 그리스도께 속해 있다. 모든 직원은 그분의 종이 되는 특권을 누린다(고전 3:6-7). 우리 단체는 하나님이 원하실 때까지만 존재한다. 우리를 향한 그분의 목적이 끝나면, 바로 문을 닫을 것이다.

우리 사역을 위해 해가 뜨고 지는 것이 아니다. 우리는 하나님이 우리를 선택해서서 사용하실 때까지만 쓰임받는, 언제나 처분하실 수 있는 도구일 뿐이다(딤후 2:21)."

2년 전 우리 단체의 수입이 격감했을 때, 매주 금요일은 사무실 문을 닫고 최근에 고용한 직원을 해고하기로 결정했다. 그 뒤 수입이 다시 늘어났는데, 우리는 금요일에 문을 닫아도 사역에 큰 지장 없이 돈을 절약할 수 있음을 깨달았다. 어려운 상황을 통해 알뜰하게 운영하는 것을 배우게 된 것이다. 즉, 꼭 돈을 써야만 성장할 수 있는 것이 아니라, 돈을 덜 써도 가능하다는 것을 깨달았다.

우리는 재정적인 위기가 왔을 때 당황하지 않는 법을 배울 필요가 있다. 베드로는 "그러므로 너희가 이제 여러 가지 시험으로 말미암아 잠깐 근심하게 되지 않을 수 없으나 오히려 크게 기뻐하는도다 너희 믿음의 확실함은 불로 연단하여도 없어질 금보다 더 귀하여 예수 그리스도께서 나타나실 때에 칭찬과 영광과 존귀를 얻게 할 것이니라"(벧전 1:6-7)고 말했다. 우리 사역에 재정적인 어려움을 주는 사람은 누구인가? 후원금을 요청하는 편지에 따르면 분명한 대답이 있다. "사탄이 하나님의 일을 망치려 하고, 우리를 무기력하게 만들려고 합니다." 그러나 말씀에 따른 더 정확한 대답은 이것이다. "하나님께서 우리의 인격을 단련하고 그분만을 의존하게 함으로써, 그분의 일을 이루시려고 하십니다." 어떻게 재정적인 위기를 벗어날 것인지에만 몰두하지 말고, 앞이 보이지 않는 상황 속에서도 하나님의 뜻에 관심을 모아야 한다.

모금 활동을 하며 선물과 혜택을 주는 것

'선물'이란, 어느 단체에 후원하는 대가로 제공되는 책, 사진, 혹은 다른 어떤 것을 말한다. 후원을 요청하면서 선물을 주는 것은 후원자의 동기 부여를 위한 수단이며 감사의 표시일 수 있다. 하지만 재정적인 유익을 기대하면서 주는 것이 보통이다. 내 책도 종종 선물로 제공되는데, 어찌되었든 사람들의 손에 들려지는 것을 보면 감사하다. 선물을 제공하면 후원금이 늘어나는 것이 맞다. 하지만 분명 주의해야 할 점이 있다.

15달러짜리 책의 원가가 3달러인 경우, "당신이 이 책을 서점에서 사려면 15달러를 지불해야 합니다"라고 하는 것이 보다 정확한 표현이다. 그러나 단체에서 자체적으로 발행해 가격을 매기는 경우에는 특별한 주의가 필요하다. 원가가 4달러인데 '59달러짜리 성경'을 준다고 말할 수 있기 때문이다. 이것이 정직한 행동인가?

선물에 반응해서 후원하는 것은 두 가지를 얻는 셈이다. 물질적인 선물과 세금 공제혜택이다. 물론 책을 얻거나 세금 공제를 받는 것이 잘못은 아니다. 그러나 이렇게 주고받는 것이 진정한 드림이라고 착각하면 문제가 된다.

일정 금액을 헌금하면 후원자 이름을 게시하겠다고 제의하는 것은, 사람들이 잘못된 동기로 헌금하도록 이끈다. 물질적인 것이든 사람들의 인정이든, 세상적인 보상을 추구하며 드리는 사람은 일시적인 보상만 받고 영원한 상급은 잃게 된다. "그들은 자기 상을 이미 받았느니라"(마 6:2). 어쩌면 우리는 후원하는 단체에 "나는 어떤 대가로 바라지 않아요"라고 알려 줄 필요가 있을지도 모른다. "선물 같은 건 필요 없어요. 우리는 현재의 보상보다 하나님의 상급을 더 원해요"라고 말이다.

복음주의적인 모금 활동의 역사

1990년대 초반, 복음주의자들은 자유주의 교회로부터 독립해 처음부터 다시 시작했다. 그 뒤 몇 세대를 지나고, 미국이 번성해짐에 따라 그들의 재정 상태도 좋아졌다. 다행히 이러한 번성은 하늘나라 사업을 위한 자금으로 사용되었다. 그러나 많은 자원이 모이다 보니, 여러 유혹을 막을 수 없었다.

1934년 위클리프성경번역회는 훈련과 관련된 세미나를 무료로 사용 가능한 농가의 헛간에서 열 것인지, 아니면 한 달에 5달러의 임대료를 내는 고급 주택에서 열 것인지에 대해 논쟁을 벌였다. 여기서 요점은, 가장 싼 것이 항상 최고는 아니지만, 자금이 제한되어 있을 때는 자연스럽게 검소해질 수밖에 없음을 가리킨다.

레리 에스크리지와 마크 놀은 "돈이 많아질수록 사역도 늘어난다: 최근 북아메리카 역사를 통해 살펴 본 돈과 복음주의자"라는 글에서 조지 뮬러와 그의 본을 받은 허드슨 테일러, 애미 카미카엘을 초기 복음주의에 재정적으로 가장 큰 영향을 준 인물로 뽑았다. 특히 해외 선교 기관을 포함한 많은 북아메리카의 복음주의 선교 단체들이 앞서 언급한 뮬러의 일곱 가지 지침을 수용했다. "그들은 세상에 하나님의 존재를 증명하기 위해 결코 빚을 지지 않았고, 그들의 필요를 아무에게도 알리지 않았다." 따라서 20세기 초에는, 선교 단체가 그들의 필요를 알리거나 돈을 요청하는 것이 잘못된 것이라고 믿었다. 그러나 복음전도자 D.L. 무디가 이것을 완전히 뒤집어놓았다.

"무디도 뮬러처럼 빚을 지지 않았고, 자신의 출판 수입을 사역에 재투자했다. 그러나 뮬러와는 달리, 돈을 요청할 때면 담대했다. 그는 기업의 중역들이 거금을 기부하도록 장시간 설득했고, 잠재적인 후원자들에게 수천 통의 '후원 편지'를 작성하는 데 많은 시간을 보냈다."

두 가지 모금 방법 모두 장단점이 있지만, 무디의 접근법이 뮬러의 영향력을 사라지게 만든 것은 사실이다. 1970년과 1992년 사이, 미국 비영리 단체의 기부금은 160억 달러에서 1,050억 달러로 증가했고, 빚을 지지 않겠다던 초기 복음주의자의 결단도 사라졌다.

현대적인 모금 방법

기독교 대학을 포함한 대부분의 복음주의 사역 단체들은 후원자들을 적극적으로 '추적'한다. 오늘날 거의 모든 기관이 모금 활동을 중심으로 활동하고 있다. 오래전에는 모금 편지에 '추신'을 잘 쓰면 후원이 늘어난다고 해서 모두들 '추신'에 매달렸다. 나중에는 여백이 적절하게 있으면 추신보다 더 좋은 효과를 낸다고 했고, 느낌표보다 굵은 글씨를 쓰면 더 낫다고 했다. 또한 밑줄보다 빨간 글씨로 강조하고 밑줄을 치면 더 효과적이라고 했다. 이후로 형광펜으로 강조하는 방법이 나왔다.

어떤 단체는 후원 편지를 국세청이나 은행에서 보낸 것처럼 만들었다. 또 어떤 단체는 전보나 등기처럼 보이게 했다. 이렇게 하는 이유는, 대량으로 받는 우편물에 대한 후원자의 저항을 최대한 극복하기 위해서다.

나는 외국에서 온 것처럼 보이는 우편물도 받은 적 있다. 또한 발신자 이름을 표시하지 않거나 가상의 이름을 적은 우편물도 받은 적 있다. 이런 우편물들은 '속임수'에 근거하고 있다. 예수님은 사탄을 '거짓의 아비'라고 부르셨다. 그렇다면 우리는 이러한 우편물을 보내는 단체들을 어떻게 바라봐야 하겠는가? 봉투의 내용으로도 속이려 한다면, 안에 있는 내용은 어떻겠는가?

언젠가 나는 8킬로미터가량 떨어져 있는 우체국에 가서 등기우편물을 찾아온 적 있다. 그런데 가서 보니 후원금이 급하게 필요하다며 수천 명에게 대량 발송한 편지였다. (그들은 일반 우편물의 열 배나 되는 등기우편 요금으로 적어도 수만 달러를 지불했을 것이다.) 나는 이 단체에 연락해 이런 식으로 하면 후원금을 절대 보내지 않겠다고 말했다.

만일 후원자들이 해당 기관에서 후원 편지를 작성하지 않았다는 것을 알게 된다면 어떨까? 정말로 어떤 기관은 전문가에게 후원 편지 작성을 의뢰한다고 한다. 하지만 사역과 관계없는 사람이 후원 편지를 작성하면 정확성이 떨어질 수밖에 없다.

레리 에스크리지와 마크 놀은 모금 활동을 강조하는 것이 사역 단체의 우선순위를 어떻게 왜곡시키는지 다음과 같이 지적한다.

"기업가 정신을 가진 복음주의 사역자는, 사역 단체의 성공이 하나님의 인정을 뜻하며, 쇠퇴는 하나님의 사역이 후퇴하는 것을 의미한다고 후원자를 설득한다. 그래서 그들의 단체를 세우고 성장시키기 위해 시간과 에너지를 집중한다. 성장은 많은 돈을 필요로 하며, 더 많은 돈은 더 많은 사역을 의미한다. 이때 최악의 경우는, 수단과 목적이 뒤바뀌어 단체를 키우는 것이 목적이 되는 것이다. 반면 최선의 경우는, 늘어난 사역을 하나님의 축복으로 인식하는 사람들이 많아져 후원이 늘어나는 것이고, 다른 사람들 또한 이것을 알게 되는 것이다."

〈크리스채너티 투데이〉는 '긴급하다'는 말을 남용하는 기관에 대해 다음과 같이 비판했다.

> "'긴급한' 편지를 받은 사람은, 기관이 지금 얼마나 시급한 상황에 처해 있는지 궁금해 한다. 그러나 정말 시급하다면 우편물을 보낼 돈으로 당장의 필요를 채우는 것이 옳지 않은가?"

이러한 문제점에 대해 미국 월드비전의 대표 리처드 스턴즈는 이렇게 답했다.

> "'긴급하다'는 말을 사용하고, 중요한 내용에 밑줄을 긋고, 고통받는 어린이의 사진을 게재한 후원 편지는 누군가의 생사를 좌우할 정도로 시급한 것일 수 있다. 예를 들어, '만 달러면 100명의 어린이들을 8개월 동안 먹일 수 있습니다', '만 달러면 5대 질병 예방 접종을 500명의 어린이들에게 할 수 있습니다'라는 문장은 모금 활동의 전략을 심사숙고해 만든 것이므로 윤리적이라 할 수 있다. 정직하고 정확하게 필요를 전달한다면 긴급하게 호소하는 것은 정당하다. 건물에 화재가 났는데, 입주자에게 이해하기 힘든 쪽지로 불이 났다고 하겠는가, 화재 경보를 울리겠는가!"

여기서 스턴즈는 중요한 점을 제기했다. 우리는 죽어 가는 어린이들의 현실보다 필요한 재정 때문에 더 고민하고 있는 것은 아닌가? 우리는 죽어 가는 어린이들에 대한 윤리적인 책임보다 모금 활동이 윤리적인가에 초점을 맞추고 있는 것은 아닌가? 우리는 죽어 가는 어린이들을 살리는 단체들의 잘잘못은 따지면서 이들을 위해 아무 행동도 하지 않고 있는 것은 아닌가? 우리는 우리의 비판이 어려움에 처한 이들에 대한 무관심의 결과임을 고백하며 반성해야 한다. 후원자들이 보다 냉철하고 정확한 통계를 제공받길 기대하는 것은 바람직한 일이다. 그러나 굶주린 사람을 먹이고, 복음을 전하는 일에 '냉정'하게 호소하기를 기대한다면, 그것은 올바르지 않다.

모금 활동의 속임수

나는 신학교에서 수년 동안 '윤리'를 가르쳤다. 만약 다시 강단에 서게 된다면, 모금 활동에 대한 윤리를 포함시키고 싶다. 재정적인 책임을 위한 복음적인 기관들의 협의회(The Evangelical Council for Financial Accountability)에 접수되는 불만 중 모금 활동에 대한 것이 가장 많다고 한다.

많은 사람들이 기독교 기관에서 발송하는 우편물을 귀찮아한다. 만약 당신이 적은 돈을 후원했다면, 그 후원금은 당신에게 보내는 우편비로 다 사용되었을지도 모른다. 하지만 어떤 기관은 비용에 상관없이, 후원자들의 기도가 끊이지 않도록 후원 편지를 계속 보낼 의무가 있다고 말한다.

모금 활동 방법이 개인적인 형태를 띨수록 후원금이 늘어난다. 그러나 개인적인 편지라는 인상을 주기 위해 손으로 밑줄만 친 후원 편지를 받으면 기분이 어떠한가? 또한 동일한 인상을 주기 위해 봉투와 추신 내용을 직접 손으로 쓰는 경우도 있다. 편지지 여백에 손으로 쓴 메모는 개인적인 편지라는 착각마저 일으킨다. 특히 어르신들은 이러한 수법에 농락당하기 쉽다. 한 번도 본 적 없는 사람에게 "나의 사랑하는 친구"라고 부르는 것이 정직한 것일까? 하나님은 이렇게 사람을 속이는 모금 활동을 기뻐하실까?

기관 대표의 사인이 들어간 후원 편지는 또 어떠한가? 사람들은 대표가 직접 작성한 내용이라고 생각하겠지만 대부분 그렇지 않다. 대표는 아예 그 편지의 내용을 모를 가능성이 크다. 비서나 모금 담당 부서의 직원이 작성했을지라도, 자신이 사인한 편지의 내용은 알아야 된다고 생각한다. 물론 "제가 인정하는 모금 담당자가 작성했습니다"라고 말할 수도 있다. 하지만 당신이 이 말에 아무 거리낌이 없다면 이런 것들에 너무 무감각해진 것은 아닌지 생각해보라.

언젠가 나는 내가 직접 손으로 쓴 듯한 느낌을 주는 편지 발송을 제안받은 적이 있다. 그러나 이것은 엄연히 사람을 속이려는 시도이기에 거절했다. 모든 사람이 그렇게 한다는 이유로 그것이 정당화되지는 않는다.

당신은 실제로는 그렇지 않은데 봉투에 "당첨되었습니다" 또는 "수표 동봉"이라고 적힌 후원 편지에 대해 어떻게 생각하는가? 그리스도를 은혜와 진리로 예배한다는 사람들이 어떻게 이러한 속임수를 사용할 수 있는가? 자녀들에게는 "거짓말하지 마라", "다른 사람의 업적을 가로채지 마라"라고 말하면서 자신들은 이런 일을 저지르고 있다.

후원 편지에 실은 감동적인 이야기가 거짓말이라면 어떻겠는가? 다른 단체에서 일어난 일을 자신들이 경험한 것처럼 소개한다면 어떻겠는가? 최근 일인 것처럼 나눈 이야기가 12년 전 있었던 일이라면 어떻겠는가? 이것이 바로 속임수가 아닌가?

'기아 해결을 위한 요청으로 보낸 후원금을 기관 사무실 건축에 사용한다면, 믿음과 실제 사이에 간격이 존재하는 것이다. 이때 기관은, 이 시설이 결국 기아를 해결하는 역할을 하게 될 것이라고 주장할지도 모르나, 후원자가 원하는 곳에 쓰는 것이 정직한 행위일 것이다. 기독교 사역 단체는 후원금을 모으는 것이 목적이 아니라, 진실한 소통을 해야 한다.

사역 단체는 후원 편지를 보낼 때마다 "후원자들이 후원을 결정하기 전에, 그들이 알고 싶어 하는 내용을 다 실었는가, 빠진 내용은 없는가?"라고 질문해야 한다. 자신이 후원자의 위치에서 먼저 드리는 사람이 되어야 한다.

적십자사가 9·11테러 피해자들을 위해 모금한 금액이 사용한 금액보다 훨씬 많았다는 것이 알려지면서 그들에 대한 신뢰가 바닥에 떨어졌다. 적십자사가 후원자들의 목적대로 후원금을 사용하지 않고 임의로 사용했기 때문이다. 만약 그들이 후원금을 다른 목적으로 사용했다면 미리 공지했어야 옳았다.

우리는 목적이 좋은 것과 그 목적을 위해 어떤 일을 벌이는지를 분리해서 생각하면 안 된다. 부정직한 것은 궁극적으로 실패한 것이고, 혹 실패하지 않더라도 그것은 분명히 잘못된 것이다.

텔레마케팅의 문제

많은 선교 단체들이 자금 조달을 위해 텔레 마케팅에 뛰어들고 있다. 하늘나라의 사역을 왜 구걸하는 수준으로까지 전락시키느냐고 이를 반대하는 사람들도 있고, 실제로 후원금이 많이 들어오는데 왜 반대하느냐고 하는 사람들도 있다. 하지만 돈이 많이 모인다고 아무 방법이나 사용하는 것은 맞지 않다.

내 친구 베리 아놀드 목사는 어느 선교 단체의 이사로 섬겼다. 그는 텔레마케팅에 대해 다음과 같이 정리했다.

텔레마케팅은 아주 비싸게 돈을 모으는 방법이다

기부되는 1달러 중 20센트는 텔레마케팅 회사로 보내진다. 여기에 기관의 일반 관리비가 약 15퍼센트 추가된다. 따라서 1달러 중 65센트만이 실제 사역에 사용된다. 일반적으로는 텔레마케팅 회사는 기부금의 40–60퍼센트를 '수수료'로 가져간다. 만일 기부자에게 수수료가 얼마인지 알린다면 이러한 텔레마케팅 문제는 훨씬 줄어들 것이다. 그러나 이런 일은 결코 일어나지 않는다.

텔레마케팅은 드림과 재정에 대한 청지기직의 성경 원리를 어긴다
- 텔레마케팅은 전반적인 재정 상황을 주의 깊게 살펴볼 기회를 주지 않고 기부를 하도록 압력을 가한다.
- 텔레마케팅은 금액을 정하기 전에 기도하고, 배우자와 의논하고, 성경을 찾아보는 기회를 주지 않는다(고후 9:7).
- 텔레마케팅은 드리는 행위에 있어 성령의 역할을 무시하고(롬 12:8), 조용히, 또 자발적으로 드리지 못하게 한다.
- 텔레마케팅은 조급함과 죄책감을 통해 기부하게 만든다. 전화를 붙들고 고린도후서 9장 7절에 묘사된 '즐겨 내는 자'의 모습을 상상하기란 어렵다. 그저 마음이 뒤틀릴 수밖에 없다(고후 9:5).
- 텔레마케팅은 마치 인간 대 인간의 '판매 계약' 같아서 드리는 자의 영원한 상급을 빼앗아 갈 수 있다(마 6:2-3).
- 텔레마케팅은 신용카드 결제를 강요함으로써 기부자에게 재정적인 부담을 줄 수 있다(잠 22:7 ; 롬 13:8).

후원자 컨퍼런스의 문제

지금 나는 우리 기관에서 5천 달러를 기부한 적 있는 기관에서 보낸 초대장을 보고 있다. 그들은 2주 동안 7개국을 다니는 호화 크루즈 여행을 소개하고 있었다. 베란다가 있는 방은 2,899달러부터 시작한다고 적혀 있었고, 추가 비용이 드는 항목들도 나열되어 있었다. 그런데 항구까지 가는 비행기 요금에 대한 언급은 없었다.

또 다른 초대장도 있다. 유명 선교 단체에서 주최하는 '21세기 세계 아동 실태'라는 제목의 컨퍼런스를 소개하고 있었다. 그런데 거기에는 컨퍼런스가 열리는 호텔 사진과 함께 이런 글이 실려 있었다. "잘 알려지지 않은 우아하고 아름다운 휴양지, 뛰어난 서비스, 세계적인 오락 시설 … 당신은 이곳에 머무는 동안, 아름다운 분수들과 완벽한 정원을 따라 만들어진 산책길에 매료될 것입니다. … 환상적인 골프 코스, 테니스 시설, 사우나 등 친절한 직원들이 당신을 섬기는 휴양지입니다." 여기에 덧붙여 '최고로 맛있는' 저녁 식사는 배를 타면서 즐긴다고 했다. 이러한 호화크루즈 여행과 고급 호텔에 다니는 사람은 아마도 돈을 많이 낼 것이다. 그렇다고 목적이 수단을 정당화하지는 않는다.

이런 식으로 호화롭게 돈을 쓰면서 죽어 가는 어린이를 돕는다는 게 이상하지 않은가? 그 돈으로 도우면 수천 명은 살릴 것이다. 이것은 해결책이 아니라 문제를 만드는 것이다. 후원자들이 하나님 나라를 위해 사치스러운 삶을 포기하기를 원하면서, 돌아서서는 이런 사치스런 제안을 하는 것이 말이 되는가? 왜 우리는 주님이 원하시는 것을 하지 않고, 어떻게든 정당화시키려고만 하는가? 물론 관대하게 드린 행위에 대해 진심으로 감사를 표하는 것은 맞다. 그러나 그들이 계속 후원할 수 있도록 비위를 맞추는 것은 옳지 않다. 호화로운 여행이 후원을 위해 왜 필요한가?

"내가 여러 사람에게 여러 모습이 된 것…"(고전 9:22)이라는 바울의 말은 고급 호텔에서 열리는 행사에서 설교할 때 적용될 수 있다. 그는 또한 "나는 비천에 처할 줄도 알고 풍부에 처할 줄도 알아 모든 일 곧 배부름과 배고픔과 풍부와 궁핍에도 처할 줄 아는 일체의 비결을 배웠노라"(빌 4:12)고 고백한다. 드림의 기쁨을 깨닫게 할 부유한 사람들이 아주 많다. 그들에게 접근하기 위해서는, 우리가 그들이 있는 곳으로 가야 한다. 그렇지만 그들을 참석시키려고 최고급 숙식을 제공한다는 가정을 세우는 것은, 더 많은 사람들에게 해를 끼칠 수 있다.

우리는 후원자들에게 그들의 드림에 보상하는 이는 우리가 아니라 하나님이심을 말과 행동으로 가르쳐야 한다. 감사의 선물을 주는 것도 좋지만, 그들이 드림에 대한 성경적인 원칙을 등한시하지 않도록 주의해야 한다.

또한 후원자가 사역 단체의 정책을 결정하도록 허용해서는 안 된다. 어느 단체의 대표가 후원자들이 호화 여객선을 타고 아프리카 난민 사역을 무료로 볼 수 있도록 배를 기증하겠다는 제안을 받았다. 그러나 단체의 대표는 단번에 거절했다. 사람들은 후원자의 기증을 거절해서는 안 된다고 생각하지만, 반드시 거절해야 하는 경우도 있다.

후원자들이 사역 단체가 자금을 바르게 사용하도록 주장하고 도전하는 것처럼, 단체들도 후원자들을 바른 길로 인도하기 위해 정중하게 도전할 권리가 있다. 특정 후원자의 수준을 맞추기 위해 사역의 방향을 바꾸면 안 된다. 교회와 사역 단체는 성숙한 영적인 지도력을 보여야지, 부유한 후원자가 요구하는 지침을 따라서는 안 된다.

스물두 살의 여성이 나를 찾아왔다. 그녀는 사고로 보험금을 많이 타 갑자기 부자가 되었다고 했다. 그때 그녀는 "그 돈으로 무엇을 할 것이냐?"는 질문에 "기독교 단체에 후원하길 원한다"라고 대답했는데. 그 뒤 여러 기관과 기독교 대학에서 전화가 걸려 오기 시작했다고 울면서 말했다. 갑자기 많은 사람들이 그녀와 점심 식사를 하려고 했다. 어떤 선교 단체에서는 그녀를 이사로 모시겠다고 제안했다. 나는 그녀에게 물었다. "당신이 부유하지 않았다면, 스물두 살밖에 안 된 청년에게 이사를 맡아

달라고 요청했겠습니까?" "보험금을 탄 뒤부터 사람들이 제게 관심이 있어서 잘해 주는지, 아니면 이용하려고 잘해 주는지 전혀 모르겠어요."

많은 후원자들이 돈 때문에 아첨하는 것에 대해 냉소적인 반응을 보인다. 불행하게도 그것이 사실일 때가 종종 있다. 그러나 헌금을 많이 하는 사람에게 아첨하는 것은, 성경에서도 정죄하는 죄다(약 2:1-5).

사역과 후원자 사이의 관계

정신과 의사이자 설교자인 로이 메닝거 박사는 이렇게 말했다.

> "나누어 줄 돈을 갖고, 그 돈을 어디다 쓸지 결정하는 권한을 가진 것은 사람을 도취하게 만든다. 재단은 '의로운 사람들의 자기 도취'라는 역겨운 사례가 될 수 있다. … 우리가 이처럼 영향력 있는 위치를 남용하거나 비굴해지지 않으려면, 돈을 주고받는 것에 대한 인간의 어두운 면을 인식해야 한다."

사역 단체의 대표와 후원자와의 관계는 성경적이고 정직해야 한다. 상호 간 대화의 창구는 열려 있어야 하고, 잘못된 기대는 피해야 한다. 계략을 꾸민다든지 숨겨진 동기가 있다든지 근거 없는 가정을 세우는 잘못을 범해서는 안 된다. 또한 후원자는 대표를 이해하고 존경하되 조종하려고 해서는 안 된다.

후원자와 대표는 모두 하나님의 종이며 그분의 심부름꾼이다. 모두 겸손하고 정직해야 한다. 대표는 후원금을 모집해야 하므로 후원자에 대한 칭찬만 늘어놓을 수 있다. 또한 후원자가 잘못된 길로 가거나 이기적으로 행동할 때 잘못을 지적할 책임을 회피하기 쉽다. 그러나 그들이 겸손하게 행동하기를 원하면서, 교만을 키워 주는 일을 해서는 안 된다. 그러므로 하나님이 버리기 원하시는 '교만'으로 후원자를 유혹해서는 안 된다.

선교 단체에서 일하는 사람은 후원자에게 아첨하는 유혹에 빠질 수 있다. 이것은 사실 왜곡이며 성경에서 분명하게 금하는 것이다. "거짓말 하는 자는 자기가 해한 자를 미워하고 아첨하는 입은 패망을 일으키느니라"(잠 26:28). "사람을 경책하는 자는 혀로 아첨하는 자보다 나중에 더욱 사랑을 받느니라"(잠 28:23). 아첨은 자신의 이익을 위한 것이다. 만일 대표나 목사가 후원자의 문제점을 발견하고도 아무 말 못한다면, 그것은 후원자와의 관계가 건강하지 못하다는 것을 의미한다. 또한 그것은 후원자와 하나님께 해를 끼치는 것이다. 우리는 사랑 안에서 진리를 말해야 한다(엡 4:15).

내가 사역 단체의 일원이 되어 감사한 이유 중 하나는, 후원자들에게 상당한 도움을 받기도 하지만, 우리 역시 그들에게 도움을 준다는 것이다. 우리는 서로에게 도움이 되는 존재인 것이다.

언젠가 나는 사역 단체의 대표들에게 전략적인 프로젝트에 대한 실질적인 정보만 제공하라고 제안한 적이 있다. 고급 호텔이나 여행, 혹은 정기적인 점심 식사에 초대할 필요가 없다. 만일 내가 후원하는 모든 기관의 초대에 다 응한다면, 결과적으로 하나님 나라를 위해 적게 드리게 될 것이다.

사역 단체의 대표는 후원이 하나님의 뜻이라고 무조건 생각해서는 안 되며, 이것은 후원자 역시 마찬가지다. 또한 후원자들은 '청지기'들이 자신들의 후원금을 잘 사용할 수 있도록 그들을 완전히 신뢰해야 한다.

유명 인사가 돈을 받고 사역을 선전하는 문제

모금 활동의 가장 심각한 문제 중 하나는, 사역을 선전하는 강연이나 연주회에 유명 인사를 출연시켜 돈을 지불하는 것이다. 그들은 후원받는 어린이 한 명당 25-50달러씩 받는다. (사회에서는 이것을 상납 혹은 불법 중개료라고 부른다.)

어느 목사와 사모가 불우한 어린이를 돕는 사역 단체의 모임에 참석해, 유명 강사가 그 사역을 강력하게 선전하는 것을 들었다. 모임이 끝난 뒤, 그들은 강사를 찾아가 혹시 사례를 받고 한 것이냐고 물었다. 강사는 그렇다고 했다.

한 번 선전해 주는 대가로 만 달러나 받는 강사도 있다. 어떤 사람이 사역 단체의 이사회 모임에 참석해서, 유명한 음악가의 추천을 받기 위해 그와 협상하는 것을 알게 되었다. 그는 "협상 내용이 무엇인가요?"라고 물었다. "그가 우리 사역을 믿고 돈과 시간과 그의 이름을 기꺼이 제공해 줄 수 있는지 협상하고 있습니다." *어떤 사람이 '돈을 받고' 그 대가로 후원자들에게 '돈을 내라고' 요청한다면, 그것은 마음에서 우러나오는 것이 아닐 것이다. 이것이 뇌물이 아니고 무엇인가?*

사탄은 좋은 것을 왜곡시킨다. 또한 선한 사업을 이익만 추구하는 사업으로 전락시키는 데 명수다. 만약 유명 인사들이 자발적으로 사역을 홍보한다면 그것은 훌륭한 일이다. 그러나 그렇게 하면서 돈을 받는 것은 비윤리적이다. 만약 후원자들이 사실을 알면 얼마나 화가 나겠는가! 아니, 하나님은 어떠하시겠는가?

젊고 훌륭한 음악가들로 구성된 그룹이, 유명 선교 단체에게 자신들의 공연을 통해 그 사역을 소개해 주겠다고 제안했다. 이에 선교 단체는 공연으로 인한 수익금의 20퍼센트를 주겠다고 했다. 만약 그 공연에서

"후원금의 80퍼센트는 굶주린 사람들에게 사용되고, 나머지 20퍼센트는 홍보한 저희에게 지불될 것입니다"라고 밝히면 어떨까. 그러나 대부분이 이렇게 하고 싶어 하지 않는다. 그 이유가 무엇인가? 이것이 잘못된 것으로 보일 수 있기 때문이다. 그런데 '잘못된 것으로 보일 수 있다'면 실제로 '잘못된 것'이 아닌가? 마음에 걸린다면, 처음부터 하지 말았어야 하지 않는가? 이렇게 하는 단체들은 자신들을 부끄럽게 여겨야 한다.

또한 유명 인사를 통해 감동을 받아 후원했는데, 그 금액의 일부가 아무 공지 없이 유명인에게 돌아간다면 그것은 명백한 속임수이고, 사기에 해당된다. 그러나 안타깝게도 이 방법은 여전히 남용되고 있다. 사탄은 우리가 모은 것을 나누어 주기도 전에, 우리를 유혹해서 넘어뜨리려 한다. 자신의 호소로 걷은 후원금의 비율에 따라, 자신의 부가 늘어난다는 것을 아는 크리스천 유명 강사를 생각해 보라.

담임목사가 교인들에게 깊은 감동을 주어, 선교지 교회 개척과 의료 혜택을 위해 5만 달러를 모금해 보냈다고 가정해 보자. 당신은 일주일 뒤, 목사에게 만 달러가 지급되고, 나머지만 선교지에 보내졌다는 것을 알게 되었다. 어떻게 반응하겠는가? 모순되게 들리지만, 사역 단체와 유명 인사가 이와 똑같은 계약을 맺는다.

"우리는 유명 인사와 타협한 내용을 공개하지 않습니다. 돈을 모으기 위해 돈을 지불하는 것은 정당하지만, 사람들이 좋게 생각하지 않고 오해하기 때문입니다." 아니다. 정말 위험한 것은 사람들이 오해하는 것이 아니라, 그들이 그렇게 인식하고 있는 것이다. 그들은 후원금의 일부가 유명 인사에게 지불된다는 사실이 알려지면, 사람들이 후원하지 않을 것이라고 인식하고 있다. 그러나 만약 내가 그 사실을 알게 된다면, 후원을 멈추는 것이 아니라 기관에 직접 보내 유명 인사보다 도움이 필요한 곳에 쓰이게 할 것 같다. 후원자들이 그러한 선택을 할 수 있도록 모든 정보를 알려야 하지 않겠는가?

후원은 어려운 사람들을 섬기는 기회가 되어야지, 돈을 버는 수단이 되어서는 안 된다. 후원을 호소하는 동기가 올바른지 알 수 있는 유일한 방법은, 그것으로 인해 이익을 챙기느냐 그렇지 않느냐는 것이다. 사역하는 사람들은 섬기려고 해야지, 섬김을 받으려 해서는 안 된다.

당신이 세미나에 참석했다면, 회비의 일부가 강사에게 지불된다는 것을 당연히 안다. 연주회 티켓을 끊었다면, 일부가 연주자에게 지불된다는 것을 당연히 안다. 이것에 대해 누구도 속거나 오해하지 않는다. 그러나 유명 인사가 사역을 선전하면서 돈을 받는 것을 아는 사람은 적을 것이다. 통계에 의하면, 대부분의 사람들이 유명 인사가 하나님의 감동을 받아 자발적으로 그 사역을 소개한다고 믿는다.

사역 단체 관계자들은 "돈을 만들려면 돈이 든다. 잡지에 광고를 싣는 것이 유명 인사에게 20퍼센트를 지불하는 것보다 더 많은 비용이 든다. 잡지에 광고하는 것이 괜찮다면, 이렇게 지불하는 것이 뭐가 문제인가?"라고 주장할지 모른다. 그러나 여기서 중요한 점은 '인식'이다. 잡지에 광고하면 비용이 든다는 것을 모르는 사람은 없다. 그러나 분명하게 공개되지 않는 이상, 후원자들은 사역을 소개하는 유명 인사가 돈을 받는지 여부를 알 방법이 없다.

"이렇게 안 하면 가난한 사람을 어떻게 도울 수 있나요?"라고 주장할지도 모른다. 사람들을 잘못 인도하는 것과 가난한 사람을 돕는 것 중 하나를 선택해야 한다고 누가 말하는가? '정직한 모금 활동은 효과적이지 않다'라고 믿는 것은, 하나님과 그분의 자녀를 모욕하는 행동이다. 개인적으로 나는 유명 인사가 대가를 받지 말아야 한다고 믿는다. 그를 통해 다른 유명 인사들에게 모범이 되어야 하지 않을까? 이렇게 했을 때 가장 좋은 것은, 그들의 상급이 선교 단체가 아니라 주님으로부터 온다는 사실이다. 이익을 주는 사람을 위해 일하지 말고, 아무것도 돌려 주지 못하는 사람을 위해 일함으로써 하나님이 하늘나라에서 상급을 주시도록 하라(눅 14:12-14).

영적인 것을 사고파는 것

영적인 것을 사고팔려는 시도는 전혀 새로운 것이 아니다. 시몬은 영적 사역에서 '돈'을 벌 기회를 포착한 첫 사업가였다.

> "시몬이 사도들의 안수로 성령 받는 것을 보고 돈을 드려 이르되 이 권능을 내게도 주어 누구든지 내가 안수하는 사람은 성령을 받게 하여 주소서 하니 베드로가 이르되 네가 하나님의 선물을 돈 주고 살 줄로 생각하였으니 네 은과 네가 함께 망할지어다 하나님 앞에서 네 마음이 바르지 못하니 이 도에는 네가 관계도 없고 분깃 될 것도 없느니라 그러므로 너의 이 악함을 회개하고 주께 기도하라 혹 마음에 품은 것을 사하여 주시리라"(행 8:18-22).

하나님이 사역을 통해 이익을 챙기는 것에 대해, 기준을 바꾸셨다고 생각하는 근거가 어디 있는가? 모든 교회와 사역 단체의 대표는 스스로에게 다음과 같은 질문을 해야 한다. "사람들이 알게 되면 불편해지는 일은 무엇인가?" 만약 그런 일이 있다면, 빨리 정리해야 한다.

또한 후원자들은 후원금이 어떻게 쓰이는지 적극적으로 물어야 한다. 그들의 대답이 비윤리적이거나 성경적으로 맞지 않다면, 사역단체의 정책이 바뀔 때까지 후원할 수 없다고 그 뜻을 밝혀야 한다. 그리고 신실하게 운영하는 기관에 그 후원금을 내야 한다. 사역 단체의 대표나 유명인사, 그리고 후원자들이 모두 책임 있는 행동을 해야 한다.

우리는 서로 사랑과 선한 일을 격려하고, 모범을 보여야 한다. 예수님은 우리의 말과 행동이 진실하고 성실한지, 동기는 어떠한지 모든 것을 살피시는 분이다(고전 4:5). 우리의 동기가 곤궁에 처한 사람들의 유익과 하나님의 영광을 위한 것이라면 칭찬을 받을 것이다. 그러나 그들로부터 이득을 챙기는 것이라면 벌을 받을 것이다. 심판대 앞에서 예수님이 이렇게 말씀하시는 것을 듣는다고 생각해 보라. "내가 진실로 말하노니, 네가 가장 작은 자에게 행한 것은 모두 너 자신의 이익을 위한 것이었다."

기독교 대학의 잘못된 선전

많은 기독교 대학들이 교수들도 믿지 않고 가르치지 않는 교리 선언문을 학교 소개 책자에 싣는다. 어느 기독교 대학의 부총장이 내게 이런 말을 한 적 있다. "만일 그리스도인 부모가 이 학교에서 가르치는 것을 알게 되면, 당장 자녀들을 데려 갈 것입니다." 나는 이 말에, 부모들은 이제 그 대학에 1달러도 기부하지 않을 것이라고 덧붙였다.

만일 홍보 자료에 진실만 싣는다면, 다음과 같을 것이다. "교수진의 34퍼센트만이 하나님 말씀을 진리라고 믿습니다. 자연 과학과 교수 중 21퍼센트만이 창조론을 믿습니다. 원죄를 믿는 심리학과 교수는 아무도 없습니다. 사회학과 교수의 3분의 2가 낙태옹호론자이며 동성연애를 지지합니다. 철학과 학과장은 불가지론자이며 신학과 학과장은 조직화된 종교를 믿지 않기 때문에 10년간 교회에 출석하지 않고 있습니다." 왜 이러한 것을 대중 앞에서 인정하지 않는가? 대답은 단순하다. 그래야 그리스도인 부모가 자녀를 보내고, 기부자들에게 돈을 받을 수 있기 때문이다. 결국 그들이 속임수를 쓰는 이유는 돈 때문이다.

설교자에 대한 사례

사사기 8장 22-27절을 보면, 권력을 추구하지 않고 그저 작은 보상을 원한 한 인물, 기드온이 등장한다. 이스라엘 백성들은 자신들을 구해 준 기드온에게 그들의 지도자가 되어 달라고 요청했다. 그러나 기드온은 "내가 너희를 다스리지 아니하겠고 나의 아들도 너희를 다스리지 아니할 것이요 여호와께서 너희를 다스리시리라"(삿 8:23)고 말했다. 그리고 전리품 중 금귀고리만 가져오라고 했다. 백성들이 가져온 금귀고리의 무게는 대략 43파운드였다. 기드온은 그것으로 제사장이 입은 옷인 에봇을 만들어 고향에 보관했다.

여기서 우리는 '그래서 어쨌단 말인가? 사람들은 작은 금귀고리를 내주면서 조금도 아까워하지 않았을 뿐 아니라, 그는 전리품을 얻을 자격이 충분했다'라고 생각할지 모른다. 그러나 본문은 다음과 같은 말씀으로 마무리 된다. "온 이스라엘이 그것(에봇)을 음란하게 위하므로 그것이 기드온과 그의 집에 올무가 되니라"(삿 8:27). 영웅 기드온이 이방 나라의 왕들처럼 근시안적인 인간으로 전락하고 말았다. 망친 것이 무엇인가? 기드온이 만든 에봇은 그 자신뿐 아니라 그의 집에 올가미가 되었고, 이스라엘 백성들로 하여금 우상 숭배를 하도록 이끌었다. 그래서 모두가 비싼 대가를 치렀다. 나는 오늘날에도 기드온과 동일한 잘못을 저질러 심각한 위험에 처한 사람들이 있다고 믿는다.

어느 사역 단체의 모금 행사에 참석했을 때, 어느 강사가 이런 말을 했다. "저는 이 사역의 중요성을 절감하기 때문에, 제 사례금의 10퍼센트를 돌려드릴 겁니다." 그러나 그는 30분 설교하는 대가로 5천 달러 받는다고는 말하지 않았다. 그는 행사를 마치고 5백 달러를 기부하고, 4천 5백 달러를 챙겨 가버렸다. 하지만 그것은 엄연히 사람들을 속인 것이다. 강사는 마치 자기가 사역을 위해 재정적으로 큰 희생을 하는 것처럼 말했고, 다른 무엇보다 사역이 중요해서 초대에 응한 것처럼 말했다. 「새바람, 강한 불길」(Fresh Wind, Fresh Fire)에서 짐 심발라는 이렇게 말한다.

> "나는 여러 크리스천 그룹과 공연하며 크게 실망했다. 그들은 정해진 사례금뿐 아니라 왕복 비행기 티켓 비용, 게다가 일등석 좌석까지 요구했다. 어떤 그룹은 그들이 머물 호텔에 대한 세밀한 조건들을 제시했고, '20명분의 초밥'을 준비하라고도 했다. 이러한 모든 조건이 충족되어야만 무대에 오르는 그들은, 가난한 청중 앞에서 '주님을 신뢰하기만 하라. 그분이 모든 필요를 채워 주신다'라고 훈계했다."

나 또한 "주님과 그분의 백성을 섬기라"는 주말 프로그램에 나왔던 강사가 요구한 사례금을 보고 실망한 적이 있다. 주님의 뜻을 전한다는 설교자가 사례금으로 만 달러나 3만 달러를 요구한다면, 뭔가 잘못된 것이 아닌가? 어떤 사람은 "우리는 수요 공급의 법칙에 따라 강사료를 책정 합니다" 혹은 "그리스도인이라고 해서 비그리스도인처럼 돈을 벌지 말라는 법 있습니까?", "성경에 보면 곡식을 밟아 떠는 소에게는 망을 씌우지 말라고 했습니다"라고 말할지도 모른다. 일리가 있기는 하나, 한 마리의 소가 하루에 얼마나 많은 곡식을 탈곡할 수 있는가?

그리스도인 물리학자가 열역학에 대한 강의를 하고, 다른 강사들처럼 많은 강사료를 요구할 수는 있다. 그러나 설교자가 예수를 위한다고 하면서 많은 강사료를 요구하는 게 이와 같을 수는 없다. 성도들이 강사료로 만 달러를 요구했다는 것을 알면, 어떤 생각을 하겠는가? 세상이 요구하는 것보다 더 많은 것을 요구하는 것이 사역일 수 있는가? 또한 호화찬란한 마케팅을 하는 컨퍼런스나 기관의 비자카드를 발급해, 카드를 쓸 때마다 사역에 입금되게 하는 방법에 대해서는 어떻게 생각하는가? 우리가 너무 멀리 가버린 것 같지는 않은가?

나는 단 한 번도 일정한 강사료를 요구한 적이 없다. 주최 측이 알아서 결정하도록 했다. 그래서 사례비를 안 받을 때도 있었고 많게는 수천 달러까지 받을 때도 있었다. 주최 측이 사례금이나 요구 조건을 알려달라고 하면, 나는 정중하게 거절했다. 이것은 내가 영적인 사람이라서가 아니라 정반대의 사람이기 때문이다. 나도 돈에 영향을 받아 행동할 수 있기 때문이다. 우리는 우리의 유익을 취하길 원하면서, 겉으로는 하나님과 교회를 '섬긴다'는 말을 얼마든지 할 수 있다. 나는 오직 성령의 인도하심을 따르고 싶다.

'크리스천 유명 인사 증후군'

나는 이 장의 초안을 작성하자마자, 20억 달러 이상의 자산을 관리하는 론부루사의 대표 론에게 자문을 구하며 원고를 보냈다. 사실 나는 그가 내 과격한(?) 표현들을 지적할 것이라고 예상했었는데, 놀랍게도 그는 "완전히 동의합니다. 부드럽게 표현하지 마세요"라고 말했다. 그 뒤 론은 교회와 비영리 단체에서 행하는 잘못에 대해 추가로 말해 주었는데, 특별히 '크리스천 유명 인사 증후군'에 대해 크게 염려했다.

400년에 제롬은 교회를 향해 이렇게 경고했다. "가난한 성직자가 부유하게 되거나 유명 인사가 되는 것을 저주로 여기고 정신을 차려 주의

하라." 초대 교회 지도자들은 희생과 관용의 모범을 따랐지, 특권과 축적의 본을 따르지 않았다. 그러나 불행하게도 오늘날의 기독교는 유명 인사를 만들어 내는 데 열중하고 있다.

나는 저자 사인회나 방송에 출연하면서 유명 인사로 대우받는 것이 어떤 것인지 조금은 맛보았다. 내가 쓴 책을 좋아해 주고 칭찬해 주는 것은 좋지만, 사람들이 나를 실제보다 훨씬 나은 사람으로 대할 때는 사실 부담이 된다. 나 역시 교만과 아첨에 잘 넘어가고, 특별한 관심과 인정을 받기 좋아하고, 물질의 유혹에 빠지기 쉬운 연약한 존재이기 때문이다.

나는 이 주제에 대해 말하는 것이 전혀 즐겁지 않지만, 이를 통해 많은 사람이 개혁의 필요성을 깨닫고 그리스도의 몸을 더 잘 섬길 수 있게 되기를 바란다.

기부할 때 기대하는 것은 무엇인가?

우리는 청지기로서 영원한 나라에 지혜로운 투자를 해야 한다. 이 말은 후원금을 전할 사람이나 사역 단체에 대한 정확한 평가에 근거하여 하나님의 돈을 전해야 한다는 뜻이다. 다른 말로 하면, 우리는 후원금을 전하기 전에 먼저 '숙제'를 할 필요가 있다. 목사에게 자문을 구하거나 기관에서 발행하는 재정 보고서나 여러 자료를 주의 깊게 검토하거나 대표를 만나거나 사무실이나 선교지를 방문해서 보거나 그 사역을 잘 아는 사람에게 자문을 받을 수 있다. 사역 단체에서 발행한 출판물을 살펴보는 것도 좋지만 이것으로 충분하지 않다. 보통 가장 긍정적인 면만을 보여 주기 때문이다.

모든 사역 단체는 정당한 단체를 운영하는 데 쓰이는 관리비가 발생한다. 그러나 그것이 불필요하게 많은 곳도 있다. 어떤 단체는 후원금의 반 이상을 모금 활동을 위해 사용하는데, 특별히 방송 프로그램을 할 때 그렇다. 어떤 단체는 자신들을 알리고, 후원자를 양성하고, 경쟁해서 가능한 많은 금액을 유치하는 데 모든 에너지와 자원을 헌신한다. 또 어떤 단체는 무지로 인해 단기적인 해결책만 강구하다 장기적인 문제를 일으키기도 한다. 예를 들어, 구호 기관에서 무료 급식을 계속 제공하면 지역 농부들이 일손을 놓을 수 있다. 공짜로 식량을 얻는데, 1년 내내 수고하여 농작물을 얻는다 한들 누가 보상을 해주겠는가. 결과적으로 농부들은 일할 의욕을 상실하고, 더 이상 경작하지 않아 위기는 악화되고, 결국 의존적인 삶을 살 수밖에 없게 된다. 지혜로운 구호 단체는 지역 경제를 살리는 정책을 펴며, 즉각적인 기근의 구호뿐만 아니라 지속적인 기근의 예방을 위해 노력한다.

다음은 사역 단체에 돈을 보내기 전에 물어봐야 할 열아홉 가지 질문이다.

1. 나는 출석 교회에 기본적인 드림의 책임을 완수했는가?
2. 이 사역 단체에 투자할 특별한 가치가 있는가?
3. 이 사역 단체에서 발행한 인쇄물을 읽었는가? 직접 이해 관계가 없으면서 그곳에 대해 잘 아는 사람과 대화를 나누었는가?
4. 이 사역 단체가 선교지에서 어떻게 사역하는지 보고, 그 사역에 동참하기 위해 선교 여행을 고려하고 있는가?
5. 이 사역 단체의 직원들이 종의 마음으로 섬기고 있는가?
6. 이 사역 단체의 직원들이 동료 의식, 상호 존중하는 모습을 보여 주는가? (직원들에게 이 단체를 떠나는 사람들의 사유에 대해 물어보라.)
7. 이 사역 단체의 임원이나 홍보 담당자가 아닌 일반 직원들과도 대화

를 나누어 보았는가? 그들은 자신들이 하는 사역에 대해 어떻게 느끼고 있는가?

8. 이 사역 단체의 사역은 성경적이고 그리스도 중심으로 행하는가? 직원들이 하나님의 인도하심을 구하는가?

9. 이 사역 단체의 대표로부터 성실, 정직, 겸손 등 어떤 성품들이 나타나고 있는가?

10. 이 사역 단체의 책임 구조는 어떠한가?

11. 이 사역 단체가 일반 기관인가, 기독교 색채를 드러내지 않는 기독교 기관인가, 아니면 확실한 기독교 기관인가? 확실한 기독교 기관에 후원금을 주지 않는다면, 그 이유는 무엇인가?

12. 이 사역 단체의 목적, 목표, 전략, 분명한가? 그것을 수행할 수 있는 능력이 있는가?

13. 이 사역 단체가 성장하기 위해 노력하고, 열린 마음을 가지고 있는가?

14. 이 사역 단체에 대한 객관적인 견해를 가지고 있는가? 긍정적인 면만 보고 있지는 않은가? (직원들에게 단체의 약점에 대해 물어보라.)

15. 이 사역 단체의 모금 활동 방법은 윤리적인가? 기독교 단체로서 그 기준에 합당한가?

16. 얼마나 많은 돈을 일반 관리비와 모금 활동을 위해 사용하며, 얼마나 많은 돈이 실제 사역에 사용되는가?

17. 이 사역 단체는 섬기고 있는 타문화권에 대해 분명하게 이해하고 있는가? 재정을 통해 어떻게 영향을 미치고 있는가?

18. 이 사역 단체는 평판이 어떠한가? 다른 단체와도 협력을 잘하는가?

19. 이 사역 단체는 하나님의 관점으로 사역하고 있는가?

이러한 질문들은 사역 단체에 대한 의심으로부터 출발한 것처럼 느껴질 수 있다. 그러나 훌륭한 단체일수록 이러한 질문들을 환영한다. 그 이유는 그들에게 돌아볼 기회를 주기 때문이다. 그렇지 못한 단체라면 심각하게 고려해야 할 것이다.

물론 완벽한 사역 단체는 없다. 우리는 어떤 약점을 알게 되더라도 후원을 해야 한다. 사역 단체에 문제가 있을 때, 무조건 후원금을 줄이는 것이 해결책은 아니다. 다른 좋은 단체를 찾아 이전보다 더 많이 해야 한다. 만약 완벽한 사역 단체를 찾을 때까지 기다린다면, 결코 기회가 없을 것이다. 드리는 것을 유보하는 것보다 드리는 위험을 감수하는 것이 훨씬 낫다. 여전히 우리 주위에는 훌륭하고 믿을 수 있는 기독교 사역 단체들이 많다. 이 사역 단체에는 '영원의 투자'를 하고 있다는 확신을 가지고 후원금을 전할 수 있다.

4부

'돈과 소유'를 어떻게 다루며 다스릴 것인가?

MONEY · POSSESSIONS · ETERNITY

Chapter 16
돈 벌기, 재산 모으기, 라이프스타일 선택하기

"원하는 것에서 자유롭고, 남이 가진 것을 탐하지 않고, 모든 것을 소유하신 하나님을 소유한 부자가 가난할 수 있는가? 오히려 많이 가졌지만 더 많이 가지려고 애쓰는 사람이 가난한 사람 아닌가?"(테르툴리아누스)

"우리의 '자선'이 우리를 불편하게 하거나 곤궁에 처하게 하지 않는다면, 그것은 너무 적게 베푼 것이다. 자선을 베풀기 위해 하고 싶지만 할 수 없는 것들이 있어야 한다."(C.S. 루이스)

"예수님의 기준과 우리의 기준은 얼마나 다른가. 우리는 얼마나 많이 드려야 하느냐고 묻지만, 예수님은 얼마나 많이 가지고 있느냐고 물으신다."(앤드류 머레이)

거액의 돈을 벌거나 쌓아 둘 권한이 우리에게 있는가? 성경은 소유를 포기하고 "믿음으로 살라"고 요구하는가? 그리스도인은 부자가 되어도 괜찮은가? 그리스도를 높이는 사람이 넉넉하게 사는 것은 어떤가? 우리는 '소박하게' 살아야 하는가? 이제부터 이러한 질문을 다뤄보려고 한다.

돈을 버는 하나님의 방법 : 일

정부와 위조지폐를 만드는 사람만 돈을 만든다. 나머지는 돈을 벌거나 상속받거나 얻거나 훔친다. '일'은 만족감을 주고 물질의 필요를 채워주는, 하나님의 '수단'이다. 하나님의 이상적인 계획에 따르면, 모든 인간은 일을 한다. 나이와 능력, 장애 등과 관계없이 거의 모든 사람이 일을 통해 가족과 사회에 공헌한다. 성경은 돈을 버는 주요 수단으로 일하는 것을 강조한다.

> "자기의 토지를 경작하는 자는 먹을 것이 많거니와 방탕한 것을 따르는 자는 지혜가 없느니라"(잠 12:11).
>
> "게으른 자는 마음으로 원하여도 얻지 못하나 부지런한 자의 마음은 풍족함을 얻느니라"(잠 13:4).
>
> "모든 수고에는 이익이 있어도 입술의 말은 궁핍을 이룰 뿐이니라"(잠 14:23).
>
> "또 너희에게 명한 것 같이 조용히 자기 일을 하고 너희 손으로 일하기를 힘쓰라 이는 외인에 대하여 단정히 행하고 또한 아무 궁핍함이 없게 하려 함이라"(살전 4:11-12).
>
> "우리가 너희와 함께 있을 때에도 너희에게 명하기를 누구든지 일하기 싫어하거든 먹지도 말게 하라 하였더니"(살후 3:10).

"또 우리 사람들도 열매 없는 자가 되지 않게 하기 위하여 필요한 것을 준비하는 좋은 일에 힘 쓰기를 배우게 하라"(딛 3:14).

하나님은 우리가 맡은 일을 잘할 수 있도록 재능을 주셨다(출 35:10,30-31, 36:1). 그분은 우리의 '고용주'시다. "무슨 일을 하든지 마음을 다하여 주께 하듯 하고 사람에게 하듯 하지 말라 이는 기업의 상을 주께 받을 줄 아나니 너희는 주 그리스도를 섬기느니라"(골 3:23-24).

고용인은 상이 없어도 열심히 일해야 하지만, 하나님은 상급을 주겠다고 말씀하셨다(엡 6:5-8). 즉, 고용주이신 하나님은 적절한 임금을 지불하시겠다고 약속하셨다(신 24:14-15 ; 렘 22:13 ; 약 5:4-5). 사업하는 그리스도인은 적절한 가격을 책정하고 정직한 저울을 사용해야 한다(신 25:13-16 ; 잠 16:8,20:10). 집이나 자동차, 제품 등을 팔 때는 진실만 말해야 한다. 하나님이 다 보시고 책임을 물으실 것이기 때문이다(고후 5:20).

재산의 소유권

열심히 번 돈으로 무엇을 해야 하는가? 우리에게 땅이나 재산을 소유할 권리가 있는가? "도적질하지 말라"는 명령은 재산이 한 사람에게는 속했고 다른 사람에게는 속하지 않았음을 증명한다(출 20:15). 또한 하나님은 이웃의 집이나 아내, 종, 소, 당나귀 등 "네 이웃의 소유를 탐내지 말라"(출 20:17)고 명령하셨다. 율법은 사유 재산을 보호하기 위해 엄격한 규정을 정해 놓고, 위반할 때는 보상하도록 요구하고 있다(출 21-22). 이스라엘은 재산에 대한 개인 소유권을 철저하게 인정했으므로, 왕이라도 타인의 땅을 함부로 취할 수 없었다(왕상 21:1-3,16,19).

그럼에도 불구하고 하나님은 "토지는 다 내 것임이니라"(레 25:23)고 말씀하셨다. 농부는 이 말씀을 상기하기 위해 7년째 되는 해에는 경작하지 않고 밭을 놀렸다(출 23:11). 또한 50년마다 돌아오는 희년이 되면 토지를 원래 주인에게 돌려주었다(레 25:8-17). *그래서 토지의 가격은 희년까지 얼마나 남았는지에 따라 결정되었다.* 어떤 면에서 토지는 판매되는 것이 아니라 단순히 임대되는 것이었다. "곧 그가 소출의 다소를 따라서 네게 팔 것이라"(레 25:16).

또한 7년째 되는 해가 되면 모든 빚을 탕감받았다(신 15:1-3). 이러한 관습은 평생 빚지거나 종이 되는 것을 막았다. 6년째 되는 해에 돈을 빌려 주면 못 받을 가능성이 컸지만 그래도 그들은 궁핍한 사람들에게 관대하게 빌려 주었다. 하나님은 못 받을까 봐 빌려 주지 않는 행위에 대해 "마음에 악한 생각을 품지 말라"고 경고하셨다. 반면에 관대하게 빌려 주면 보상하시겠다고 약속하셨다(신 15:9-11).

안식년이나 희년은 평생 빈곤하게 사는 것을 막기 위해 제정되었다. 또한 한 사람이 부나 토지를 축적하는 것을 제한했다. 희년은 가난한 사람과 부유한 사람 모두에게 새로운 출발을 알리는 신호가 되었고, 평생을 극도의 부유함이나 극도의 빈곤 속에 지내지 않도록 했다.

이것이 신약으로 넘어와서는 재산을 관대하게 나누는 개념이 되었다. 물론 안식년이나 희년 제도가 사유 재산을 인정하지 않는 것은 아니다. 왜냐하면 사유 재산이 없으면 자발적으로 나눌 수 없기 때문이다.

복음서와 서신서에 나타난 삶의 방식

어떤 그리스도인은 사도들의 삶의 방식을 우리가 따라야 할 표준으로 생각한다. 그러나 복음서에서 '순회 사역'을 하신 예수님과 제자들의 삶과 서신서에 기록된 기독교 공동체 사이에는 많은 차이가 있다.

예수님은 어떤 사람에게는 모든 것을 버리라고 말씀하셨다. 사도행전 2-4장을 보면, 많은 필요들이 급진적인 행동으로 채워지는 것을 보게 된다. 또한 서신서에서는 오늘날처럼 정착된 공동체를 보게 된다. 그들은 가족과 함께 살고 사업을 운영하면서도 돈과 소유에 대해서는 급진적인 태도를 취했다. 바울은 이들에게 "조용히 자기 일을 하고 너희 손으로 일하기를 힘쓰라 … 아무 궁핍함이 없게"(살전 4:11-12) 하라고 말했다. 또한 게으른 방랑자나 빈둥거리며 먹기만 하는 자가 되지 말고 "조용히 일하여 자기 양식을 먹으라"(살후 3:12)고 말했다.

예수님은 제자들에게 '순례자 정신'으로 살 것을 도전했다. 그들은 자기만족과 안주하는 태도에서 벗어나, 오직 하나님께 영광 돌리는 삶을 살았다. 일이 잘 안되더라도 하나님이 인도하심을 믿고 항상 만족해 했다.

복음서에 나타난 삶의 방식 : 첫 번째 종류의 제자

어느 저자와 설교자가 여러 매체를 통해, 현대 그리스도인들의 미지근함과 물질만능주의를 호되게 비판했다. 그들의 주장이 대부분 맞았지만, 두 가지 잘못된 점이 있었다. 첫째, 그들은 서신서를 무시하고, 복음서의 성경 구절만 인용했다. 그러나 그리스도인의 삶의 방식에 대한 균형 잡힌 시각을 얻기 위해서는 서신서를 함께 살펴보아야 한다. 복음서에 기록된 사건 이후 교회가 탄생했기 때문이다.

둘째, 그들은 어떤 상황에서든 "모든 것을 버리라"는 말씀만 인용함으로써 복음서에서 진정으로 전하고자 했던 메시지를 놓쳤다. 진정한 제자는 아무 소유를 가지지 않는다는 말에 감동을 받을 수 있다. 그러나 복음서를 주의 깊게 읽어보면, 서신서와 같은 관점을 발견할 수 있다. 모든 제자는 돈과 소유에 대해 동일한 관점을 가지고 있어야 한다. 하지만 개인 소유에 있어서는 두 종류의 제자가 있음을 기억해야 한다. 우리는 마가복음을 통해 이를 알 수 있다.

예수님은 처음 네 명의 제자들을 부르실 때, 어부직을 포기하고 자신을 따르라고 하셨다(막 1:16-20). 그분의 사역은 한곳에 머무르지 않았으므로, 그들이 소유를 버린 것은 부르심에 대한 응답이었다. 그러나 핵심은 그들이 배를 버렸다는 것이 아니라, 예수님을 따랐다는 것이다. 그들이 소유물을 버리고 떠난 것은, 새로운 사명을 위해서였다. 그러나 모든 소유와 관계를 완전히 포기한 것은 아니었다. 성경을 보면, 그들은 시몬의 아내와 자녀들, 장모가 살고 있는 '시몬과 안드레의 집'에 갔다. 복음서는 예수님과 제자들이 갈릴리 호수에서 배를 탄 것을 반복적으로 언급하고 있다. 그 배는 어부에서 제자가 된 누군가의 소유였을 확률이 높다. 이를 통해 우리는 예수님이 돌아가신 뒤 베드로와 다른 제자들이 다시 고기 잡으러 배로 돌아온 사실을 알 수 있다(요 21:1-3).

베드로는 예수님께 "우리가 모든 것을 버리고 주를 따랐나이다(막 10:28)"라고 말했다. 그는 많은 소유물을 정리했지만 "우리가 가진 모든 것을 팔았습니다"라고는 말하지 않았다. 예수님은 십자가에 달리실 때, 요한에게 이렇게 말씀하셨다. "예수께서 자기의 어머니와 사랑하시는 제자 곁에 서 있는 것을 보시고 자기 어머니께 말씀하시되 여자여 보소서 아들이니이다 하시고 또 그 제자에게 이르시되 보라 네 어머니라 하신대 그때부터 그 제자가 자기 집에 모시니라"(요 19:26-27).

여기서 우리는, 요한이 여전히 집을 소유하고 있었음을 알 수 있다. 더군다나 "그때부터 그 제자가 자기 집에 모시니라"는 구절로 미루어 '계속해서' 집을 소유할 것을 알 수 있다. 아마도 예수님의 어머니는 죽을 때까지 그 집에 머무셨을 것이다.

제자들은 순회 사역을 하도록 부름받은 사람들이다. 따라서 그들은 한 지역에 묶이지 않도록 자신의 소유물을 버린 것이다.

복음서에 나타난 삶의 방식 : 두 번째 종류의 제자

세리인 레위는 소유물을 포기하기보다 하늘나라를 위해 활용한 두 번째 종류의 제자를 대표한다. "또 지나가시다가 알패오의 아들 레위가 세관에 앉아 있는 것을 보시고 그에게 이르시되 나를 따르라 하시니 일어나 따르니라"(막 2:14). 예수님은 레위에게 소유를 다 팔아 가난한 사람에게 주라고 명령하지 않으신 것 같다. 바로 다음 구절을 봐도 그렇다. 예수님과 제자들은 다른 세리와 '죄인들'과 함께 레위 집에서 열린 만찬에 참석했다. 그의 직업과 만찬에 참석한 사람들의 숫자로 미루어 보아, 그의 집은 보통 사람의 집보다 크고 좋았을 것이다.

예수님은 오직 열두 명만 택하셔서(막 3:13-19) 그분의 사역에 동참시키셨다. 물론 다른 많은 사람들도 예수님을 따랐다. 그러면 그들은 예수님과 함께하지 않을 때 어디로 갔겠는가? 물론 자신의 가정과 일터로 돌아갔을 것이다. 예수님이 오랜 기간 목수로 살며 하나님을 섬기셨던 것처럼, 그들도 자기 가족을 부양하며 하나님을 섬겼을 것이다. 이를 보면, 예수님을 따른 대부분의 사람들이 소유를 모두 버리거나, 버리도록 요구받지 않았음이 분명하다.

예수님이 열두 명만 택하셨을 때, 선택되지 못한 사람들의 아쉬움은 컸을 것이다. 그들은 집이나 일터로 돌아와 '정상적인' 생활을 하면서 실망했을지도 모른다. 그러나 택함은 오직 예수님께 있다. 우리는 하나님의 어떠한 부르심도 이류로 격하시켜서는 안 된다.

예수님이 거라사 지방의 귀신 들린 사람을 고치시자, 그 "귀신 들렸던 사람이 함께 있기를 간구"(막 5:18)했다. 그는 자원해서 그리스도를 따르려고 했을 뿐 아니라 모든 것을 버리고 열정적이고 필사적으로 따르기를 원했다. 하지만 예수님은 "허락하지 아니하시고 그에게 이르시되 집으로 돌아가 주께서 네게 어떻게 큰일을 행하사 너를 불쌍히 여기신 것을 네 가족에게 알리라"고 하셨다. 예수님은 제자들에겐 '떠나라'고 하셨지만, 그에게는 집으로 '가라'고 지시하셨다. 그뿐 아니라 그에게는 제자들의 삶의 방식을 허락하지 않으셨다. 예수님은 그가 자기 집을 중심으로 사역하면 하나님 나라를 더 잘 섬길 수 있을 것이라고 하셨다.

이것이 열등한 부르심인가? 그 결과를 살펴보자. "그가 가서 예수께서 자기에게 어떻게 큰 일 행하셨는지를 데가볼리에 전파하니 모든 사람이 놀랍게 여기더라"(막 5:20). 예수님은 우리 대다수가 지금 있는 그 자리에서 하나님 나라를 확장하기를 원하신다.

두 가지 부르심을 정리하면, 하나는 가족과 소유를 버리고 떠나는 것이고, 다른 하나는 가족과 소유로 돌아가는 것이다. 그러나 두 부르심 모두 동일한 목적을 가지고 있다. *하나님을 영화롭게 하고 그분의 나라를 확장하는 것이다.*

예수님은 열두 제자를 둘씩 짝지어 보내시며 음식이나 돈을 가지고 가지 말라고 하셨다. 그들은 한 집에 머무르면서 음식을 제공받았다(막 6:8-11). 우리는 여기서 또다시 두 종류의 제자를 볼 수 있다. 순회 선교사는 여행에 필요한 것(지팡이, 신발, 옷 등) 외에는 가지고 다니지 않는다. 반면 '거주하는' 제자는 순회 선교사에게 필요한 것을 공급한다. 첫 번째 종류의 제자가 생존하기 위해서는 두 번째 종류의 공급이 필요하다.

제자들의 영원한 가치

예수님은 제자를 부르실 때, 신중하게 생각한 후 따르라고 도전하셨다.

> "누구든지 나를 따라오려거든 자기를 부인하고 자기 십자가를 지고 나를 따를 것이니라 누구든지 자기 목숨을 구원하고자 하면 잃을 것이요 누구든지 나와 복음을 위하여 자기 목숨을 잃으면 구원하리라 사람이 만일 온 천하를 얻고도 자기 목숨을 잃으면 무엇이 유익하리요 사람이 무엇을 주고 자기 목숨과 바꾸겠느냐"(막 8:34-37).

이 말씀에서 예수님은 "잃다, 얻다, 주다, 바꾸다" 등 많은 경제 용어를 사용하셨다. 모든 제자는 이 땅이 아니라 오는 세상에서 받을 상급에 시선을 고정해야 한다. 이 땅에서의 돈과 소유는 창조주 앞에 설 때 아무런 소용이 없다. 그리고 그날에 돈과 소유가 우리의 사명을 굳게 했는지, 아니면 방해했는지 알게 될 것이다.

마가복음 10장을 보면, 예수님께 어떻게 하면 영생을 얻을 수 있느냐고 묻는 부자 청년이 나온다. 예수님은 먼저 모든 계명을 지키라고 말씀하셨다. 그러자 그는 어릴 때부터 다 지켜 왔다고 대답했다. 이때 예수님은 그에게 모든 것을 버리고 나를 따르라고 말씀하셨다(막 10:17-31). 이 부분이 중요한데, 사람들은 이 말씀을 근거로 하여 이렇게 하지 않는 사람은 진정한 제자가 아니라고 생각한다.

부자 청년이 계명을 다 지켰다고 말했을 때, 예수님의 반응은 이러했다. "그를 보시고 사랑하사"(막 10:21). 예수님은 그를 사랑하사 그 마음의 중심을 살펴보셨다. 그리고 그것에 근거해 특별한 요구를 하셨다. 그전에는 결코 하지 않으셨던 철저한 재정적인 요구였다.

"네게 아직도 한 가지 부족한 것이 있으니 가서 네게 있는 것을 다 팔아 가난한 자들에게 주라 그리하면 하늘에서 보화가 네게 있으리라 그리고 와서 나를 따르라"(막 10:21).

예수님은 부자 청년에게 다섯 가지 명령을 하셨다. "가라, 팔라, 주라, 오라, 그리고 따르라." 그에게 최선의 것을 구체적으로 명령하신 것이다.

우리는 이 구절을 해석하는 데 있어 일반적으로 두 가지 잘못을 저지른다. 첫째, 예수님은 제자를 부르실 때, 항상 모든 재산을 팔아 가난한 자에게 주라고 오해하는 것이다. 그런데 만일 이것이 사실이라면 '그리스도인 공동체'란 존재할 수 없을 것이다. 우리 모두 아무것도 소유하지 않는다면 머물 곳도 없고, 순회할 방법도 없고, 후원받을 방법도 없을 것이다.

둘째, 첫째와 반대로 예수님이 제자를 부르실 때, 모든 것을 팔아 가난한 자에게 주라고 하신 것을 인정하지 않는 것이다. 나는 앞에서, 우리 교회 청년이 집을 팔아 모든 것을 나누라는 주님의 인도하심을 느꼈을 때, 그가 속한 성경 공부 모임의 사람들이 그를 말렸다고 언급한 바 있다. 자기가 상식적으로 이해되지 않는다고 해서 그것을 교정하려는 그리스도인들이 주변에 얼마나 많은가.

텔레비전 프로그램 "인생의 사실들"(Facts of Life)에 출연하는 여배우 리사 웰첼은 18세 때, 아이티에서 기아로 죽어 가는 수천 명의 어린이들에 대한 설교를 들었다. 그녀는 「인생의 사실들과 아버지의 교훈」(The

Facts of Life and Other Lessons My Father Taught Me)이라는 책에서 이렇게 밝혔다. "그날의 설교는 내가 얼마나 다른 세상에서 일어나는 일에 무관심했는지 깨닫게 해주었다. 나는 깊이 감동받았고, 내 잘못을 깨닫게 되었다."

설교가 끝나자, 그녀는 울면서 앞으로 나가 롤렉스 시계와 다이아몬드 반지, 에메랄드 반지를 설교자의 호주머니에 넣었다.

> "나는 월급의 10퍼센트만 있어도 편하게 살 수 있어요. 그래서 빌라는 팔고 고급 아파트는 세를 주기로 결정했어요. 혼자 사는 여자가 방이 세 개나 되는 이층집에 살 필요가 없잖아요. 최신 포르쉐도 팔 거예요. 그리고 미국 전역에 걸쳐 부동산에 투자했는데, 그것들을 팔아 수만 명의 어린이들을 먹일 거예요. 나는 정말 어리석은 삶을 살아왔어요. 이러한 결정들을 아무도 말리지 못할 거예요. 나는 하나님으로부터 음성을 들었고, 올바른 일을 하고 있다고 믿어요."

불행하게도 웰첼의 지인들은 그녀의 반응이 극단적이라고, 그저 일시적인 '죄책감의 산물'일 것이라고 생각했다. 그래서 그녀에게 '비이성적인 행동'을 하지 말라고 경고하기도 했다. 결국 그녀는 그들에게 설득되고 말았다. "하나님의 인도하심은 분명했지만, 내 결심은 곧 완벽하게 논리적이고 지혜로운 사람들의 설득에 깨지고 말았다. 결국 나는 그 부르심을 버리고, 상식적이며 맹목적인 삶으로 돌아왔다." 그 뒤 그녀는 나머지 이야기를 들려주었다.

> "10년도 되기 전에 그 많던 돈이 다 사라져버렸어요. 피츠버그의 고층

빌딩에 거액을 투자했는데 파산했고, 텍사스의 토지에도 투자했는데 석유 파동으로 완전히 폭락했고, 부동산 경기가 좋았던 1980년대에 구입한 캘리포니아의 집도 3년이 되지 않아 집값이 폭락했어요. 잘 나가던 프로그램은 폐지됐고, 가지고 있던 현금으로는 온갖 청구서들을 처리하기 바빴어요. 스물여덟 살이 되었을 때, 난 무일푼이 되었어요. 하나님이 가장 안전한 곳인 하늘나라에 돈을 투자하라고 하셨는데 난 그곳이 너무 위험해 보여 그 말씀에 내 삶을 걸 수가 없었어요."

내가 아는 어떤 사람은 재정 상담가의 반대에도 불구하고 1년 동안 수백만 달러를 나누었다. 다음해 그는 전 재산의 80퍼센트를 잃었다. 하지만 그는 이렇게 고백했다. "좀 더 나누는 것이 지금의 유일한 바람입니다."

우리의 소유가 이 사람보다 적을지라도 이 원리는 동일하게 적용된다. 그런데 어떻게 하나님이 결코 많은 재산을 나누라고 하지 않으신다고 가정할 수 있는가? 왜 예수님을 극단적으로 따르는 사람들을 구해 내야 한다고 생각하는가?

오늘날 두 가지 부류의 제자가 있다. 한 부류는 자신의 소유를 모두 버리고 하나님 나라를 위해 전임 사역자로 부름받은 이들이고, 다른 한 부류는 돈을 벌어 동일한 이유를 위해 관대하게 돕는 이들이다.

'대접'하는 삶의 방식

대접, 즉 환대는 하나님의 명령이다(롬 12:13 ; 딤전 5:10 ; 벧전 4:9). 이 명령은, 성도들이 나그네나 궁핍한 사람들에게 나눌 집, 침대, 의자, 음식, 음료수, 약품 등을 소유하고 있음을 가정하고 있다. 사도 요한은 가이오의 환대에 이렇게 칭찬했다.

> "사랑하는 자여 네가 무엇이든지 형제 곧 나그네 된 자들에게 행하는 것은 신실한 일이니 그들이 교회 앞에서 너의 사랑을 증언하였느니라 네가 하나님께 합당하게 그들을 전송하면 좋으리로다 이는 그들이 주의 이름을 위하여 나가서 이방인에게 아무것도 받지 아니함이라 그러므로 우리가 이같은 자들을 영접하는 것이 마땅하니 이는 우리로 진리를 위하여 함께 일하는 자가 되게 하려 함이라"(요삼 1:5-8).

이처럼 물질로 다른 제자들을 섬기며 '진리를 위해 함께 수고하는' 제자가 있다. 그러나 희생적인 삶을 산다고 해서 더 영적인 것은 아니다. 베다니의 마리아는 제자들 중 가장 희생적인 사람임에 틀림없었지만, 큰 집과 소유로 다른 제자들이 언제든지 묵을 수 있게 했고, 그들의 필요를 공급했다. 반면 배반자 가룟 유다는 '모든 것을 버리고' 그리스도를 따랐다.

바울과 그의 동역자들은 그들을 환대해 주는 사람들에게 깊은 감사의 마음을 가지고 있었다(행 28:7 ; 롬 16:23). 재산을 소유하고 나누라는 부르심을 받은 제자들의 지원 없이는, 재산을 버리고 따르라는 부르심을 받은 제자들도 사명을 수행할 수 없다.

두 가지 종류의 제자들로 구분된다는 관점에서 다음 말씀을 어떻게 해석해야 하는가? "이와 같이 너희 중의 누구든지 자기의 모든 소유를 버리지 아니하면 능히 내 제자가 되지 못하리라"(눅 14:33). 여기시 "버리라"는 말은 모두 나누어 주라는 의미인가? 열두 제자들에게는 신발과 지팡이, 옷을 가지라 하시고, 어떤 제자들에게는 집으로 돌아가라고 하신 것을 비추어 볼 때, 나는 그런 의미가 아니라고 생각한다. 어떤 제자들은 상당한 재산을 가지고 도운 것이 분명하다(눅 8:1-3). 그렇다면 "버리라"의 진짜 의미는 무엇인가? 그것은 하늘나라에 목적을 두고, 그 목적을 위해 복종하고, 다른 집착은 내려놓으라는 의미다.

하나님을 경외하는 삶의 방식

예수님은 '부'를 대하는 태도에 대해 가르쳐 주셨다. 또한 소유와 삶의 방식에 대한 원리도 가르쳐 주셨다. 그렇지만 소유해도 되는 것과 되지 않는 것, 돈을 어떻게 쓰면 되고 안 되는지에 대해서는 구체적으로 말씀하지 않으셨다. 예수님은 돈과 소유에 대해 많은 것을 말씀하셨다. 우리는 그 말씀들을 제멋대로 해석해 불협화음을 만들지 않고 조화롭게 삶에 적용해야 한다. 만일 예수님이 우리에게 구체적인 삶의 지침을 알려주셨다면, 당신은 그분을 기쁘시게 하는 삶의 방식을 따르겠는가?

예수님은 "너희를 위하여 보물을 땅에 쌓아 두지 말라"(마 6:19)고 말씀하셨다. 그리고 바울은 이렇게 덧붙였다.

> "네가 이 세대에서 부한 자들을 명하여 마음을 높이지 말고 정함이 없는 재물에 소망을 두지 말고 오직 우리에게 모든 것을 후히 주사 누리게 하시는 하나님께 두며 선을 행하고 선한 사업을 많이 하고 나누어 주기를 좋아하며 너그러운 자가 되게 하라 이것이 장래에 자기를 위하여 좋은 터를 쌓아 참된 생명을 취하는 것이니라"(딤전 6:17-19).

바울은 "부자들에게 이제 부유해지는 것을 중단하라"고 말할 수 있었지만 그렇게 하지 않았다. 이것은 각각의 성도가 돈과 재산을 다르게 소유하는 것이 잘못이 아님을 의미한다. 초대 교회 성도들은 대부분 사회적 지위가 높지 않았다(고전 1:26-29). "낮은 형제는 자기의 높음을 자랑하고"(약 1:9). 여기에서 '자기의 높임'은 하나님의 상속자, 즉 그리스도 안에 있는 신분을 말한다(롬 8:17). 가난한 성도나 부유한 성도나 모두 하늘나라 시민이다. 어떤 성도는 박해로 인해 모든 재산과 사회적 지위를 박탈당하기도 했고(히 10:34), 어떤 성도는 일이 잘 풀려 부유해지기도 했다. 최초의 회심자 중 한 사람은 "에디오피아 여왕 간다게의 모든 국고를 맡은 관리인 내시"(행 8:27)였다. 그는 부자였고 영향력이 있는 사람이었다. 고넬료도 정치·경제적으로 능력 있는 자였고, 마리아와 마르다, 나사로도 큰 집을 가지고 있었다. 또 마가의 어머니 마리아도 '많은 사람들'이 모여 기도할 만큼 큰 집을 가지고 있었고 종들을 부렸다(행 12:12). 부유한 성도의 집은 교회 건물이 세워지기 전까지 모임 장소로 사용되었다.

브리스길라와 아굴라 역시 재정 후원자였다. 그들은 자신의 집을 모임 장소로 제공했을 뿐 아니라(고전 16:19), 로마에 있는 집을 떠나 고린도로 여행하며 또 다른 집을 사거나 임대해 성도들의 모임 장소로 제공했다. 또한 사업도 새로 일으켰다. 그들은 자비량 선교사로 바울과 함께 다니는 것을 좋아했다.

목사는 가난한 교인이 부유한 교인에게 무시당하지 않도록 격려해야 할 뿐 아니라 부유한 교인을 판단하지 않아야 한다. 이것이 바로 목사가 부유한 교인에게 아첨하지 말아야 할 이유이고, 후원자에게 잘 보이려고 노력하지 말아야 할 이유이다.

부는 안전을 보장하는 원천이 되어서도, 환대를 방해하는 원인이 되어서도 안 된다. 바울은 그리스도인의 부유함에 대해서 문을 열어 놓고 있지만, 그 부유함은 하늘나라를 위해 사용될 때만 의미가 있다. 그래서 부자에게 '빈곤 서약'을 반드시 하라고 말하지 않지만, '관대함의 서약'은 필수적이라고 말하는 것이다. 또한 선한 일에 부유하고, 하늘나라를 위해 신속하게 나누는 사람이 되라고 말한다. 그렇게 함으로써 하늘나라에 보화를 쌓게 된다고 말한다.

그럼 누가 '부유한' 사람이고, 어떻게 하면 부유해지는가? 나는 이 책을 읽는 대부분의 미국인들이 부유하다고 생각한다. 2002년 통계에 의하면, 전 세계 3분의 2에 해당하는 나라의 일 인당 국민 소득이 미국의 10퍼센트 보다 적었다.

당신이 작년에 1,500달러밖에 벌지 못했더라도, 전 세계 사람들의 80퍼센트 이상의 소득을 올린 것이다. 만일 당신이 음식과 옷, 거주할 집과 차를 가지고 있다면, 전 세계 상위 15퍼센트 안에 속한다. 만일 저축을 하고 취미 생활을 하며 차가 두 대 이상이고 집을 소유하고 있다면, 5퍼센트 안에 속한다.

어느 학생부 담당 목사가 이렇게 말했다. "아이들은 돈이 없잖아요. 그래서 드리는 것에 대해 설교하기가 곤란합니다." 그러나 학생들이 게임을 하고, 영화를 보고, 맛있는 것을 먹으러 다니는 것을 보면 그러한 생각은 바뀌어야 한다. 미국의 십 대 그리스도인이 1년간 사용하는 현금이 1,500달러라고 하는데, 이 금액은 전 세계 성인의 1년 평균 소득보다 훨씬 많은 액수이다.

우리는 성경이 부자에 대해 말할 때, 그 말씀이 바로 '우리'를 가리키는 것임을 잊으면 안 된다. 오늘날 우리가 부유하다고 생각하는 사람은 갑부들이다. 그러나 바울이 말한 부자는 바로 우리들이다. 부유함이 죄는 아니다. 그러나 죄를 지을 수 있는 유혹이 많은 것은 분명하다. 부자는 유혹에 잘 넘어간다.

사람들은 "부자가 되려고 하는 것이 잘못은 아니다"라고 말한다. 그러나 성경은 "부하려 하는 자들은 시험과 올무와 여러 가지 어리석고 해로운 욕심에 떨어지나니 곧 사람으로 파멸과 멸망에 빠지게 하는 것이라"(딤전 6:9)고 한다. 또한 성경은 "속히 부하고자 하는 자는 형벌을 면하지 못하리라"(잠 28:20)고 한다. 그래서 성경은 "부자는 천국에 들어가기가 어려우니라"(마 19:23)고 한다.

예수님은 '재물의 유혹'(막 4:19)에 대해 지적하셨고, 시편 기자는 "재물이 늘어도 거기에 마음을 두지 말지어다"(시 62:10)라고 권면했다. 3, 4장에서 살펴본 것처럼 물질만능주의의 악영향은 광범위하다. 부자가 되더라도 부자처럼 행동하지 않을 것이라고 가정하는 것은, 마치 온종일 술을 마시면서 정신이 멀쩡하다고 말하는 것과 같은 것이다.

부유함은 사람을 부담스럽게 만든다. 또한 열린 관계를 갖지 못하게 한다. 부자들은 이렇게 말한다. "사람들이 나를 좋아하는지, 내 돈을 좋아하는지 알 수가 없다." 이 문제에 대한 해결책은 단순하다. 돈을 다 나누어 주면 알게 될 것이다!

부자들은 세금 감면을 위해 항상 고민한다. 그러나 상속세를 줄이려면 상속 재산을 줄이면 된다. 즉, 주는 것이 해결책이다. 주는 것만이 물질만능주의를 벗어나는 유일한 해결책이다.

트리시아 메이어는 마이크로소프트사에서 마케팅과 관리 부서를 맡은 인재이다. 그녀는 이렇게 말하고 있다.

"나는 아주 짧은 기간에 부자가 된 청년들을 많이 보았다. 또한 주식 폭락과 불경기로 괴로워하는 사람들도 많이 보았다. 그러면서 사람들이 중요하다고 여기는 돈이 삶에 어떤 영향을 끼치는지 관찰했다. 돈은 축복이지만, *필요보다 많은 돈은 부담이 된다. 드리는 행위는 완전한 자유를 누릴 기회를 제공한다.* 물질의 속박으로부터의 자유, 하나님께 더 많이 받을 수 있는 자유, 다른 사람에게 축복의 통로가 될 수 있는 자유 …. 시간과 돈, 자신을 자유롭게 드리는 그리스도인은, 그들 자신뿐만 아니라 수많은 다른 사람들의 삶을 영원히 바꾸어 놓는다."

우리 모두는 하나님으로부터 각각의 부르심을 받았다. 그러므로 다른 사람에 대한 하나님의 계획에 대해 선입견을 갖거나 비교해서는 안 된다. 베드로가 요한의 장래에 대해 예수님께 물었을 때, 그분의 대답은 "네게 무슨 상관이냐 너는 나를 따르라"(요 21:22)였다. 그리스도인으로서 해서는 안 될 일이 있다. 예를 들면 돈을 축적하는 것, 사치하는 것, 나누지 않는 것 등이다. 그러나 다른 사람은 하지 못해도 어떤 그리스도인은 자유롭게 행하는 일이 있다. 예를 들면 토지나 집, 자동차, 사업을 소유하거나 휴가를 가는 등 다른 방향으로 돈을 쓰는 것이다.

우리는 얼마나 많은 돈과 재산을 소유해야 하는가? 기본적인 필요가 충족되고 몇 가지 원하는 것만 만족할 수 있는 수준이면 된다. 하늘나라를 위해 살지 못하게 만들 만큼 많은 돈을 가져서는 안 된다. 교만하게 만들 만큼 가져서는 안 된다(신 8:13-14). 삶의 목적을 상실하게 하거나 하나님께 의지할 필요를 느끼지 못할 만큼 가져서는 안 된다(마 6:26-29).

부자가 되길 원하는 사람은 자신을 '영적 재난'에 빠트린다. 열심히 노력해서 부자가 된 사람은 잘못이 없다. 그러므로 그것으로 죄를 짓지 않는 한 죄책감을 느낄 필요가 없다. 존 파이퍼는 이렇게 말한다.

"얼마나 돈을 많이 벌었느냐가 문제가 아니다. 고액 연봉을 받는 것 자체가 악한 것도 아니다. 악한 것은, 연봉 십만 달러를 받는 사람이 십만 달러의 삶을 살겠다고 생각하는 것이다. 하나님은 우리를 은혜의 통로로 만드셨다. 그러나 그 통로가 반드시 황금으로 만들어져야 한다고 생각하는 것은 위험하다. 구리도 그 역할을 잘 할 수 있다."

"나를 가난하게도 마옵시고 부하게도 마옵시고 오직 필요한 양식으로 나를 먹이시옵소서 혹 내가 배불러서 하나님을 모른다 여호와가 누구냐 할까 하오며 혹 내가 가난하여 도둑질하고 내 하나님의 이름을 욕되게 할까 두려워함이니이다"(잠 30:8-9).

언제나 성령의 인도하심을 구하라

하나님의 인도하심을 받을 때, 분명 주관적인 측면이 존재한다. 그러나 보물을 이 땅이 아닌 하늘나라에 쌓으라는 그리스도의 명령은 객관적이며 변하지 않는 '진리'다. 하나님이 맡기신 소유로 가난한 사람을 돕고(고후 8:14-15), 모든 상황에 관대하라는(고후 9:10-11) 바울의 선언 역시 그렇다. 성령님은 그리스도의 말씀을 상기시킴으로써 우리를 가르치신다(요 14:26). 이것은 애매하거나 신비적이거나 본능적이지 않다. 유일한 진리다.

이미 차가 있지만 최신 모델로 하나 더 사고 싶을 때, 천사가 나타나 사지 말라고 하지 않는 한, 당신은 하나님의 응답을 '예스'로 간주한다. 그러나 마태복음 6장과 고린도후서 8-9장을 본다면 생각이 달라질 것이다.

수입이 더 생길 때마다 주는 것이 '자연스러운 습관'이 되어야 한다.

그것은 성경의 요구이자 우리의 삶에 실질적으로 필요한 요소다.

우리는 자신을 만족시키고 합리화하려는 본능을 신뢰하지 않기로 결단해야 한다. 실제로는 현실의 가치에 의존하면서, 성령의 인도하심을 따른다고 착각할 때가 얼마나 많은가.

왜 더 단순하게 살지 않는가?

우리에게는 보다 단순하게 살 수 있는 방법이 많다. 새 차 대신 중고차를 사고, 고급 주택 대신 딱 필요한 공간만 있는 집을 사고, 오래된 가구를 유행 때문에 바꾸지 않고, 옷을 수선해서 입고, 중고품점을 이용하며, 기분전환을 위해 쇼핑하지 않고, 일회용품을 사용하지 않으며, 저렴하게 할 수 있는 여가활동을 하고, 출퇴근 시 대중교통을 이용하는 것이다. 그러나 이렇게 살아야 할 분명한 이유를 깨닫지 못한다면, 누구도 이렇게 살려 하지 않을 것이다.

하늘나라가 고향이므로 더 단순하게 살고, 더 관대하게 드려야 한다

"이 세상이 내 고향이다"라는 착각이, 단순하게 사는 삶을 방해하고 있다. 안타깝게도 우리는 하늘나라의 시민권이 있음을 잊어버린 채 살아가고 있다.

다음 상황을 가정해 보자. 당신은 프랑스 태생이고, 지금 미국을 방문해 80일 동안 호텔에 머무르고 있다. 그리고 다시 프랑스로 돌아갈 때는 아무것도 가지고 갈 수 없다. 그러나 미국에 있는 동안 번 돈은 프랑스에 있는 당신의 계좌로 송금할 수 있다. 그렇다면 당신은 묶고 있는 호텔방을 비싼 가구나 물건들로 채우겠는가? 물론 그렇게 하지 않을 것이다. 왜인가? 미국에서 머무는 시간은 짧고, 당신은 아무것도 가지고 돌아갈 수 없기 때문이다. 그곳은 잠시 머무는 임시 숙소에 불과하다! 당신이 지혜롭다면, 열심히 번 돈을 프랑스로 보낼 것이다.

우리는 이 땅에서 80년 혹은 그보다 더 짧게 산다. 영원이라는 시간에 비추어 보면, 우리의 인생은 80일보다 길지 않다. "나의 일생이 주의 앞에는 없는 것 같사오니"(시 39:5). 이 땅에서의 삶은 입김과도 같다. 잠시 있다가 금방 사라져버린다. 우리는 이 땅에서 단기 비자를 받아 살고 있다. 곧 이 비자의 만기일이 다가올 것이다! 이제, 번 돈을 미리 고향에 송금하자. 임시 숙소를 위해 지나치게 사용하지 말자.

우리를 자유롭게 하므로 더 단순하게 살고, 더 관대하게 드려야 한다

코페르니쿠스가 "태양은 지구 주위를 돌지 않는다"라고 했을 때, 당시 사람들은 엄청난 충격을 받았다. 그것은 사고에 혁명을 불러일으켰다. 나누는 삶 역시, 인생이 세상을 중심으로 돈다고 이해하는 그리스도인들에게 혁명을 불러일으킬 것이다. 우리가 나눔을 통해 우리의 소유를 하나님께 양도할 때, 우리의 인생은 집, 땅, 차, 사물 주위를 자전하는 대신, 하늘나라에 있는 하나님의 왕국을 중심으로 움직이게 된다.

우리는 나눔으로써 우리의 보물을 이 땅에서 하늘나라로 이동시킨다. 나눔은 삶을 더 단순하게 만들고, 돈의 궤도를 수정하여 하늘나라가 새로운 중심축이 되게 만든다. 나눔은 물질만능주의에 붙잡힌 우리를 해방시킨다. 또한 '부자병'을 치료하는 가장 확실한 방법이다.

바울, 마르틴 루터, 존 웨슬리, 조지 뮬러, 에이미 카마이클 등 수많은 믿음의 선배들이 살았던 '단순한 삶'에 대한 열망 없이, 우리가 어떻게 그들의 신앙을 따를 수 있겠는가?

우리는 축복의 통로이므로 더 단순하게 살고, 더 관대하게 드려야 한다

그리스도인은 나눔을 통해 이 세상의 필요를 채우도록 부름받은 하나님의 '배달꾼'이다. 하나님의 은혜를 전달하는 통로다. 우리는 하나님의 자금을 그분의 나라를 건설하는 데 잘 사용해야 한다. 우리가 하나님의 배달꾼이자 통로임을 잊는 것은 마치 집배원이 배송할 물건을 자기 소유로 착각하는 것과 같다. 그렇게 되면 그는 물건을 배달하지 않을 것이고, 사람들은 필요한 것을 공급받지 못할 것이다.

하나님은 왜 우리에게 필요한 것보다 더 많은 돈을 주시는지 분명하게 말씀하신다. 그것은 더 많이 소비하라고 주신 것이 아니다. 우리의 욕망을 만족시키고 자녀를 망치라고 주신 것도 아니다. 하나님의 공급하심이 더 이상 필요 없도록 주신 것도 아니다. 오직 우리에게 나누라고 주신 것이다(고후 8:14,9:11).

하늘나라에서 상급을 받을 것이므로 더 단순하게 살고, 더 관대하게 드려야 한다

작은 집에 살면서 아낀 돈으로 하나님 나라를 위해 투자한다면, 하늘나라에서 큰 상급을 받을 것이다. 비싼 목걸이를 팔아 나누면 영원한 상급이 주어지는데 왜 쥐고만 있으려 하는가?

이 세상에 영적인 필요가 있으므로 더 단순하게 살고, 더 관대하게 드려야 한다

하나님은 가난하고 고통받는 사람들을 도우라고 우리에게 물질을 주셨다. 문제는 우리가 하나님이 맡기신 것을 어디에 사용하는가이다. 존 파이퍼는 이렇게 말한다.

"오늘날 30억의 사람들이 예수 그리스도를 모른 채 살아가고 있다. 그들 중 3분의 2는 한 번도 복음을 듣지 못했다. 그들이 복음을 들으려면 먼저 그곳에 선교사가 파송되어야 하고, 선교사들을 위한 재정적인 후원이 있어야 한다. 선교사를 파송하기 위해 필요한 모든 재정은 이미 교회 안에 있다. 바울처럼 우리가 단순하게 살고 가진 것에 만족한다면, 복음 전파를 위해 수억 달러를 지원할 수 있다. 아울러 이 일에 순종하는 가정과 교회는 놀라운 경험을 하게 될 것이다."

이 세상에 육적인 필요가 있으므로 더 단순하게 살고, 더 관대하게 드려야 한다

"그중에 아가보라 하는 한 사람이 일어나 성령으로 말하되 천하에 큰 흉년이 들리라 하더니 글라우디오 때에 그렇게 되니라 제자들이 각각 그 힘대로 유대에 사는 형제들에게 부조를 보내기로 작정하고 이를 실행하여 바나바와 사울의 손으로 장로들에게 보내니라"(행 11:28-30).

여기에 성경적인 드림의 본보기가 나온다. 그들은 사람들의 필요를 보고, 그것을 만족시키기 위해 드렸다. "각각 그 힘대로" 드렸다는 것은, 자신이 드릴 수 있는 최대치를 드렸다는 의미다. "내가 단순하게 살면, 누군가의 생명이 유지될 수 있다"라는 마음으로 그들은 나누었다. 우리가 아낀 자원으로 굶주린 사람을 먹이고, 잃어버린 영혼에게 복음을 전한다고 생각하면 얼마나 좋은가. 단순하게 살면서 드릴 수 있는 능력이 있다는 것은, 수입이 있다는 의미다. 만일 무직인 상태에서 단순한 삶을 위해 벌지도 않는다면, 그것이 다른 사람에게 무슨 유익이 되겠는가?

당장 우리 가족이 필요한 돈만 벌려고 한다면, 하나님의 뜻을 거스르는 것이다. 다음 말씀에서 괄호에 들어갈 말은 무엇인가?

"도둑질하는 자는 다시 도둑질하지 말고 돌이켜 (   ) 자기 손으로 수고하여 선한 일을 하라"(엡 4:28).

바로 "가난한 자에게 구제할 수 있도록"이다. 우리는 가족을 돌보는 것 이상으로, 가난한 사람을 돕기 위해 돈을 벌어야 한다. 단순하게 사는 삶의 목적은 돈을 거부하는 것이 아니라, 돈을 하나님의 뜻대로 사용하는 데 있다.

단순하고 관대한 삶의 새로운 모델

예수님은 5천 명을 먹이신 뒤, 제자들에게 "남은 조각을 거두고 버리는 것이 없게 하라"(요 6:12)고 하셨다. 우리는 냉장고와 쓰레기통을 보며 "버리는 것이 없게 하라"는 그리스도의 말씀을 기억해야 한다. 예수님이 떡과 물고기를 한없이 만들어 내실 때, 제자들이 그 양식을 쌓아 놓기만 했다면 어떻겠는가? *하나님이 당신에게 필요 이상을 주셨다면 그 이유는, 그것을 쌓으라는 것이 아니라 궁핍한 사람에게 나누라는 것이다.*

모든 교회는, 단순하게 살면서 관대하게 나누는 긍정적인 모델을 가진 교회를 모범으로 삼고 싶어 한다(고후 8:1-2). 수많은 교회들이 성전 건축을 위해 열심을 내듯 가난한 자를 돕는다면 세상은 하나님을 알게 될 것이다. 이러한 삶이 얼마나 자유로운지 알게 되면, 모두가 여기에 뛰어들 것이다.

무엇이 단순한 삶을 살지 못하게 막는가? 그것은 물질에 대한 사랑 때문이 아니라 두려움 때문이다. 너도나도 단순한 삶을 살아간다면, 당신도 부담 없이 그렇게 살아갈 것이다. 그러나 현실은 그렇지 않다.

단순한 삶은 '단순하게 살라'고 명령해서 되는 것이 아니다. 그래서 우리에게는 이러한 삶을 살아가는 모델이 필요하다. 명령을 따르기보다는 모범을 따르기가 훨씬 쉽기 때문이다. 대부분의 그리스도인이 멋진 차를 갖고 좋은 집에 산다면, 우리는 단순한 삶을 살기가 더 어려울 것이다.

어느 그리스도인이 내게 이런 말을 했다. "성경을 보면 제 삶의 방식을 바꾸어야 한다는 걸 확신하게 됩니다. 그러나 다른 성도들을 보면 '다른 사람들도 나처럼 살잖아. 문제될 건 하나도 없어'라고 결론 짓게 됩니다."

누군가가 기대 이하로 살아간다면, 사람들은 그가 여유가 없어서 그렇다고 생각해버린다. 능력이 되는데 누가 그렇게 살겠는가? 사람들은 결코 자기 소득 이하로 살려고 하지 않는다. 그러나 바로 이 때문에, 우리는 사람들의 시선을 두려워하지 않고 나누는 삶을 살아야 한다.

그리스도인 공동체에 만연된 물질만능주의의 흐름을 되돌리기 위해, 우리에게는 하나님 나라를 중심으로 살아가는 모델이 절실하게 필요하다. 서로 나눔에 대해 간증해야 한다. 그렇지 않으면 사람들이 나누는 것을 배울 수가 없다. (더 자세한 내용은 부록 E를 참조하라. 632쪽.)

나는 교회, 기독교 대학, 신학교 등에서 재정 관리뿐 아니라 청지기직과 드림에 대해 연구하고 배워야 한다고 생각한다. 그래서 필요 이상의 소득은 모두가 자연스럽게 나눌 수 있어야 한다. 그것은 희생이 아니다. 단지 능력에 따라 드리는 것이기 때문이다. 참 단순한 개념인데 이렇게 살아가는 사람을 찾기가 어렵다.

누군가는 이렇게 말했다. "작은 집으로 이사 가고, 자주 타지 않는 차를 팔아 선교에 드리는 것은, 바보 같은 짓이라고 생각합니다. 물론 하나님은 기뻐하시겠죠. 하지만 만약 제가 이렇게 한다면 믿는 친구들조차도 저를 이상하게 생각할 것입니다." 우리는 기준을 낮추기 위해서가 아니라 높이기 위해 서로의 이야기를 들을 필요가 있다.

존 웨슬리는 다음 사건을 계기로 관점이 완전히 바뀌었다고 한다.

"웨슬리는 벽에 달아 놓을 멋진 그림을 사서 집으로 들어오다가 하녀와 마주쳤다. 그녀는 추운 겨울날 얇은 옷 하나만 입고 있었다. 그는 외투라도 사 입으라고 돈을 주고 싶었으나 주머니를 뒤져 보니 잔돈밖에 없었다. 그는 순간 하나님이 자신을 기뻐하지 않으신다는 것을 깨닫고 스스로에게 말했다. "주님이 과연 이런 내게도 '잘하였도다, 착하고 충성된 종아'라고 말씀하실까? 추위에 떨고 있는 여인을 위해 쓸 돈을, 벽을 꾸미는데 다 써 버렸구나! 오 정의여, 오 자비여! 나는 이 가난한 하녀의 희생으로 그림을 샀구나."

이 사건을 계기로 웨슬리는 지출을 제한했다. 1731년 연 소득이 30파운드일 때 그는 생활비로 28파운드를 쓰고 남은 2파운드를 나누었다. 그다음 해는, 소득이 두 배로 올랐지만 여전히 28파운드를 생활비로 쓰고 남은 32파운드를 나누었다. 그다음 해도 소득이 90파운드로 올랐지만 여전히 28파운드를 생활비로 쓰고 남은 62파운드를 나누었다. 또 그다음 해도 소득이 120파운드로 올랐지만 여전히 28파운드를 생활비로 쓰고 92파운드를 가난한 사람에게 나누었다.

웨슬리는 이를 통해 우리에게 그리스도인은 가족과 채무자에게 의무를 다한 다음, 남는 소득을 모두 나누어야 한다고 가르치고 있다. 즉, 소득이 증가하면 나눔을 늘려야지, 생활수준을 높여서는 안 된다는 뜻이다. 돈에 대한 관점이 바뀐 뒤, 그는 평생 나누는 삶을 살았다. 소득이 수천 파운드에 달할 때도 그는 단순하게 살면서 남은 모든 돈을 나누었다. 그는 어느 한순간도 100파운드 이상을 가지고 있던 적이 없었다.

그는, 1791년 세상을 떠나기 전까지 이렇게 살았으며, 그가 유언장에서 언급한 유일한 재산은 호주머니 속 동전뿐이었다. 그리고 그는 이렇게 고백했다. "하나님이 언제라도 나를 부르시면 회계 장부를 남기고 떠날 수밖에 없지만, 주님이 주신 모든 돈에 있어서는 내 자신이 유언의 집행자가 될 것이다."

존 웨슬리의 삶은 성경 말씀과 완전히 일치한다. "이제 너희의 넉넉한 것으로 그들의 부족한 것을 보충함은 후에 그들의 넉넉한 것으로 너희의 부족한 것을 보충하여 균등하게 하려 함이라 … 너희가 모든 일에 넉넉하여 너그럽게 연보를 함은 그들이 우리로 말미암아 하나님께 감사하게 하는 것이라"(고후 8:14,9:11). 물론 이렇게 사는 것이 쉽지는 않다. 하지만 그의 삶은 우리의 삶을 되돌아보게 만든다.

내가 돈에 대해 설교했을 때, 우리 교회 몇몇 교인들이 '급진적인 결단'을 내렸다. 그들은 우리 부부보다 더 많은 소유를 포기하고 더 많이 나누게 되었는데, 이때 우리 부부는 그들을 통해 도전을 받고 나눔을 더 늘렸다. "서로 돌아보아 사랑과 선행을 격려하며"(히 10:24). 그런데 우리는 얼마나 자주 자기 만족과 물질만능주의에 빠져 들기 좋은 소리만 하는가?

플로리다 올란도에 본거지를 둔 파운데이션 포럼(Foundation Forum)의 공동설립자인 딕시 프레리는 한 친구에 대해 이렇게 말했다. "그녀는 드리는 삶의 멋진 모범이 됩니다. 우리는 매년 서로 더 많이 드리려고 경쟁

합니다!" 그런데 당신은 왜 이렇게 하지 못하는가? 왜 서로 격려하지 못하는가?

단순한 삶이냐, 전략적인 삶이냐?

연료가 귀했던 제2차 세계 대전 당시, "꼭 필요한 여행입니까?"라고 운전자에게 묻는 광고판이 세워져 있었다. 이처럼 전쟁 시에는 개인의 편리를 위해 자원을 마음대로 사용해서는 안 된다. 오늘날 우리는 많은 자원을 필요로 하는 영적 전투 중이다(엡 6:12). 그러므로 돈을 쓸 때마다 "이것이 꼭 필요한 것인가? 이것이 주님의 사명에 합당한가? 그리스도의 군사로서 이 품목은 자산인가 부채인가?"라고 질문해야 한다.

랄프 윈터는 '전시(戰時) 삶의 방식'이라는 용어를 사용하는데, 이는 '전략적인 삶의 방식'이라고도 부를 수 있다. 나는 무조건적인 단순한 삶보다 전략적인 삶의 방식이 훨씬 낫다고 생각한다. 만일 당신이 '단순한 삶'을 살기로 결단했다면, 컴퓨터 사용을 거부할 수도 있다. 그러나 이를 전략적인 삶의 방식으로 보면, 하늘나라의 목적을 위해 컴퓨터를 사용하는 것은 괜찮다. 내가 이 책을 쓸 때 컴퓨터를 사용한 것처럼 말이다. 이처럼 무조건적인 단순한 삶은 자기중심적일 수 있다. 그러나 전략적인 삶은 하늘나라에 중심을 둔다.

랄프 윈터는 다음과 같은 흥미로운 제안을 한다.

"전시 삶의 방식의 핵심 전술은, 단순하지만 극적인 방법으로 '개척자적인 선교 관점'을 세우는 것이다. 우리 모두가 선교사로 나갈 수 있다. 그러나 가정에 머무르면서 삶의 방식 기준을 소득 수준이 아닌 선교사 수준으로 맞춘다면, 엄청나게 많은 돈이 자유롭게 될 것이다. 만일 백만 장로교 성도들이 목사의 평균 사례비 수준으로 산다면, 적어도 1년에 20억 달러가 모일 것이다. 그 액수는 미국인의 담배 구입비의 7분의 1에 불과하다. 이렇게 조성된 돈을 선교 현장에 사용한다면, 선교지에 얼마나 큰 선물이 되겠는가!"

"네가 이 세대에서 부한 자들을 명하여 마음을 높이지 말고 정함이 없는 재물에 소망을 두지 말고 오직 우리에게 모든 것을 후히 주사 누리게 하시는 하나님께 두며"(딤전 6:17).

전쟁 중이더라도 휴식을 갖는 것이 중요하다. 군인들 역시 쉬고 즐길 필요가 있다. 특별히 우리의 싸움이 일생 동안 지속될 것을 고려한다면, 적당한 즐거움을 위해 돈을 쓰는 것이 꼭 나쁜 것만은 아니다. 나는 자주 자전거를 타고 테니스를 친다. 삶에 꼭 필요한 활동은 아니지만, 그것은 육체와 정신 건강에 큰 도움을 준다. 또한 가족과 함께 꼭 '필요하지' 않은 휴가를 떠나지만, 가족 간의 관계를 돈독하게 하는 좋은 기회다. 그리고 우리 부부는 간혹 외식을 하는데, 그 시간을 통해 전투를 위한 열정을 재충전한다.

지금 우리가 전쟁 중임을 계속 인식하고 있으면, 돈을 우리 맘대로 소비하지 않고 그분의 목적에 합당하게 투자하게 된다. *또한 적절한 소비를 허용하면서 일정 금액의 생활비를 결정할 수 있다. 그러면 그 이상 공급해 주시는 금액은 하나님 나라를 위해 드릴 수 있다.* 우리 부부는 이러한 삶을 12년간 살아왔고, 이를 후회한 적이 결코 없다.

자녀가 성장해서 다시 일터로 나가는 주부들이 많아지면서, 가정에 추가 소득이 생겨났다. 그런데 사람들은 소득이 늘어나면 생활 수준을 높이려고만 하지 나누려 하지 않는다. 도대체 왜 한 사람의 소득만으로도 충분했던 삶을 바꾸려고 하는가? 그리스도를 위한 삶이 가치가 있다고 말하면서, 왜 추가 소득은 주님께 드리지 않는가?

우리는 하나님 나라를 확장하기 위해 우리의 돈과 소유를 드리기로 헌신한 그분의 제자다. 그런데 당신은 지금 어떻게 살아가고 있는가? 전장에서 이탈해 자기 편한 대로만 살고 있진 않은가?

하나님은 부자를 사랑하신다(?)

부자 청년이 나오는 성경 본문을 보면 다음과 같은 구절이 나온다. "예수님께서 그를 보시고 사랑하사." 당신이 누군가를 사랑한다면 그에게 유익이 되도록 행동할 것이다. 예수님은 부자 청년에게 완전한 사랑의 동기로 이렇게 말씀하셨다. "네게 아직도 한 가지 부족한 것이 있으니 가서 네게 있는 것을 다 팔아 가난한 자들에게 주라 그리하면 하늘에서 보화가 네게 있으리라 그리고 와서 나를 따르라"(막 10:21).

이것은 경고나 최후 통첩이 아니었다. 부자 청년에게 엄청난 보물을 제안하신 것이었다. "너는 사라질 보물에만 관심을 가지지만, 내가 주는 보물은 영원하단다. 너의 보물로부터 돌아서라는 게 아니라 영원한 보물을 붙잡으라는 거야."

그런데 이 부자 청년의 반응은 어떠했는가? "그 사람은 재물이 많은 고로 이 말씀으로 인하여 슬픈 기색을 띠고 근심하며 가니라"(막 10:22). 그는 세상의 썩어질 보물을 포기하고 싶지 않았다. 그가 돌아간 뒤 예수님은 제자들에게 이렇게 말씀하셨다. "재물이 있는 자는 하나님의 나라에 들어가기가 심히 어렵도다 하시니 … 낙타가 바늘귀로 나가는 것이 부자가 하나님의 나라에 들어가는 것보다 쉬우니라"(막 10:23,25). 그러자 제자들은 "매우 놀라 서로 말하되 그런즉 누가 구원을 얻을 수 있는가"라고 말했다(막 10:26).

예수님은 사람의 힘으로는 불가능하지만, 하나님은 부자도 구원하실 수 있음을 제자들에게 확신시켜 주셨다. 그때 베드로는 "우리가 모든 것을 버리고 주를 따랐나이다"라고 말했고, 이에 예수님은 "나와 복음을 위하여 집이나 형제나 자매나 어머니나 아버지나 자식이나 전토를 버린 자는 현세에 있어 집과 형제와 자매와 어머니와 자식과 전토를 백배나 받되 박해를 겸하여 받고 내세에 영생을 받지 못할 자가 없느니라"(막 10:29-30)고 대답하셨다. 그리스도의 부르심을 따르며 돈과 소유를 그분의 손에 맡기는 사람에게는 단기간의 보상과 영원한 상급 모두가 주어진다.

성경적인 삶의 방식은 세상적인 삶의 방식과 정반대다. 성경적인 삶은 가혹하거나 금욕적인 것이 아니라, 흥분되고 기쁨이 충만한 것이며 하나님 나라의 부유함을 강조한다. 그리고 이러한 성경적 관점을 가진 사람은 이 땅에서 매일 새로운 기쁨을 누리게 되고, 그의 소유에 진심으로 감사하게 된다. 또한 이 세상의 것들이 얼마나 빨리 지나가버리는지도 안다. "우리의 주목하는 것은 보이는 것이 아니요 보이지 않는 것이니 보이는 것은 잠간이요 보이지 않는 것은 영원함이라"(고후 4:18).

성경적인 관점은 물질이 아닌 그리스도를 소유하는 궁극적인 즐거움에 초점을 맞춘다. 주님은 우리가 가장 큰 즐거움과 진정한 소유에 관심을 가지고 살아가는 것을 기뻐하신다.

Chapter 17
빚 : 빌리는 것과 빌려주는 것

"돈은 사람을 사슬로 묶고 그 사슬은 용기를 속박하고, 믿음을 질식시키며, 판단을 흐리게 하고, 영혼을 억누른다. 사람들은 자기가 돈의 주인이라고 생각하지만 실제로는 돈에 지배를 당하며, 예속되어 있다. 사람은 돈의 주인이 아니라 돈의 종이다."(사이프리안)

"하나님은 고리대금과 탐욕을 미워하시지만, 사람들은 그것이 살인이나 도적질이 아니라는 이유로 그 심각성을 간과한다. 고리대금은 또 다른 형태의 탐욕스런 살인과 약탈이다."(마르틴 루터)

한 남자가 20층 건물에서 뛰어내렸다. 보는 사람들은 공포에 질렸지만 정작 그는 침착했다. 그는 5층 높이의 베란다 창문을 지나면서 마주친 사람에게 이렇게 말했다. "지금까지 모든 것이 순조로우니 걱정 마세요." 누군가로부터 들은 이야기인데, 빚을 지는 사람들의 초기 상태를 잘 나타내 수고 있다. 지금까지 모든 것이 순조롭더라도 결국 그가 땅에 떨어졌을 때와 동일한 일이 일어날 것이다.

미국의 평균 가정은 소득의 4분의 1을 빚을 갚는 데 지출한다. 1945년 이래 미국의 소비자 부채는 31배 증가했다. 미국 국세청에 제출한 개인 소득세를 살펴보면, 빚에 대한 이자로 지출된 것이 자선 기관에 기부한 금액의 열배 이상이다. 만약 모든 그리스도인이 빚에서 해방된다면, 하늘나라를 위해 수억 달러의 자금이 마련될 것이다.

수입의 한도 안에서 지출을 제한하지 않는 정치가들의 오만함에 우리는 목소리를 높여야 한다. 국가의 채무는 무책임한 지도자의 정신 상태를 보여 준다. 주택 융자금, 자동차 할부금, 신용카드 빚 등은 모두 정상적인 것처럼 보이나, 하나님의 말씀에서 탈선했음을 보여 주는 심각한 증거이다. 이제부터 빚에 대해 자세히 알아보자.

빚의 본성

'신용'은 먼저 쓰고 나중에 갚도록 허용한다. 이 허용에 대해 채무자가 지불하고 채권자가 받는 수수료가 이자다. 우리는 빚을 질 때마다 벌지 않은 돈을 얻게 되지만, 대신 미래의 시간과 에너지, 그리고 자산을 저당 잡히게 된다.

백 년 전만 해도 빚이란 소수만이 누린 특권이었다. 그러나 오늘날에는 모든 사람에게 '빼앗을 수 없는 권리'처럼 되어버렸다. 빚이 삶의 한 부분으로 자리 잡은 것이다. 왜 5천 달러나 만 달러, 2만 달러가 이미 승인되었으니 사인만 해서 보내 달라는 카드 신청서가 거의 매주 도착하는가? 왜 은행이나 신용카드 회사들이 돈을 쓰라고 간청하는가? 왜 사람들이 돈을 빌려 주려고 안달인가? 대답은 단순하다. 우리의 빚으로 이익을 챙기기 위해서다.

신용카드 내역서에 나온 금액은 500달러인데, 왜 35 달러만 지불하면 된다고 하는가? 그것은, 채권자가 빚을 다 갚는 것을 원하지 않기 때문이다. 만약 모든 사람들이 빚을 다 갚는다면, 그들은 파산할 것이다. 그래서 그들은 당신이 돈을 빌리도록, 그리고 한 번에 갚지 못하도록 애쓰는 것이다.

오늘날의 자기 중심, 빚 중심의 경제 구조는 전자 해충 퇴치기와 흡사하다. 벌레가 좋아하는 빛을 발산해 벌레 스스로 찾아 들어가 죽게 만들기 때문이다.

성경은 빚에 대해 무엇이라 말하는가?

잠언 기자는 빚에 대해 경고한다(잠 1:13-15,17:18,22:26-27,27:13). 다음 구절을 읽어 보라. 빚은 속박이다. "부자는 가난한 자를 주관하고 빚진 자는 채주의 종이 되느니라"(잠 22:7).

로마서에는 "아무에게든지 아무 빚도 지지 말라"(롬 13:8)고 기록되어 있다. 언뜻 보면 마치 빚을 허용하지 않는 것 같이 보이지만 이 말씀을 NIV 성경으로 보면 "어떤 빚도 미불 상태로 두지 말라"(Let no debt remain outstanding)고 한다. 빚은 가능한 한 빨리 갚을 수 있는 조건 하에서 인정된다.

허드슨 테일러와 찰스 스펄전은 로마서 13장 8절을 통해 하나님이 '빚을 금하신다'고 믿었다. 그런데 빚지는 것이 죄라면, 성경 말씀 속에 나오는 빌려 주는 것에 대한 지침과 조건들은 어떻게 받아들여야 하는가? (더 자세한 내용은 부록 C를 참조하라. 622쪽.) 그것이 설마 우리가 죄를 짓도록 하나님이 선동하시고 격려하신다는 의미겠는가?

돈을 빌리는 입장이 되는 것은 저주인 반면(신 28:44-45), 빌려 주는 위치가 되는 것은 축복이다. 어쩔 수 없이 빌려야 하는 절박한 상황이 아니라면, 하나님의 자녀가 부채의 저주 아래 자신을 놓는 것은 지혜롭지 못하다. 로마서 13장 8절의 교훈은 바로 이러하다. *가능한 빌리지 않되 어쩔 수 없이 빌린다면 가능한 빨리 갚으라는 것이다.* 그러나 매달 빌리고 일부만 갚는 것은 이 원리를 위반하는 행위다. 당신은 "빌리는 사람은 빌려 주는 사람의 종이 된다"라는 말씀이 경고하는 것이 무엇인지 잘 생각해보라. 우리가 채무에 매여 있다면 어떻게 하나님을 자유롭게 섬길 수 있겠는가?

모세의 율법은 채무자와 노예 사이에 밀접한 관계가 있다고 말한다. 희년에는 노예가 해방되었고 빚도 탕감되었다. 많은 경우, 빚을 갚을 능력이 없어서 노예가 된 것이었다(신 15:2,12).

느헤미야는 이스라엘 역사상 가장 비참하고 절망적인 시대를 이렇게 말한다.

> "어떤 사람은 말하기를 우리가 밭과 포도원과 집이라도 저당 잡히고 이 흉년에 곡식을 얻자 하고 어떤 사람은 말하기를 우리는 밭과 포도원으로 돈을 빚내서 왕에게 세금을 바쳤도다 우리 육체도 우리 형제의 육체와 같고 우리 자녀도 그들의 자녀와 같거늘 이제 우리 자녀를 종으로 파는도다 우리 딸 중에 벌써 종된 자가 있고 우리의 밭과 포도원이 이미 남의 것이 되었으나 우리에게는 아무런 힘이 없도다"(느 5:3-5).

일상에서는 잘 일어나지 않지만, 혹 기근이 심해지거나 하는 위기의 상황이 되면 최후의 보루로 남겨두었던 밭이나 포도원, 집을 저당 잡혔다. 그런데 역사상 가장 부유한 시기에 사는 우리는 날마다 저당을 잡히고 있다. 부유하고 권력 있는 듯한 사람이 실제로 무력한 이유는, '그들의 밭과 포도원이 다른 사람에게 저당 잡혀 있기' 때문이다.

빚은 엄청난 압력으로 국가적인 위기를 초래한다. 그런데도 오늘날 그리스도인들은 기도로 인도함을 받거나 하나님의 조언을 구하지 않고 빚을 진다. "모두가 그렇게 하는데, 나라고 못할 것이 무엇인가?" 하는 것이다. 빚은 특히 젊은이들에게 점점 더 보편화되고 있다. 미국의 18－25세 사이의 청년들이 지불하지 못한 신용카드 잔고는 평균 1,700달러다.

성경은 빚지지 말라고 한다. 빚을 오용하는 것과 갚지 않는 것을 정죄한다(시 37:21 ; 잠 3:27-28). 우리가 하나님의 이 말씀을 심각하게 받아들인다면, 빚지는 것을 피해야 한다. 할 수 없이 빚지게 되는 드문 경우에도 가능한 모든 노력을 다해 빠른 시간 안에 갚도록 해야 한다(왕하 4:1 ; 18:23-24). 문제는 "왜 빚지면 안 되는가?"가 아니라 "왜 빚져야 하는가?"다. 이 질문에 확신이 서지 않으면 빚을 지지 마라.

빚을 지기 전에 먼저 해야 할 질문

빚의 위험을 피하는 최선은 처음부터 빌리지 않는 것이다. 그리고 최악은 항상 빌릴 필요가 있다고 생각하는 것이다. 빚을 지지 말아야겠다는 확신이 없다면, 빌려야 할 '필요'를 반드시 찾게 마련이다. 그러나 그런 확신이 있다면, 그것을 피할 방법을 찾게 마련이다. (다른 말로, 돈을 아끼려고 노력한다.) 빚을 지려는 경향이 큰 사람은 절대로 빚을 져서는 안 된다.

꼭 자문해 보아야 할 질문은 있다. 내가 앞으로 갚아야 할 돈과 그것으로 인한 속박이, 현재 받게 될 돈이나 소유물보다 가치 있는가? 빚을 다 갚았을 때, 새로운 필요나 원하는 것들이 생겨 또 빚을 지도록 유혹당하지 않을까?

상당수의 기독교 서적이 빚을 경계하면서도 몇몇 예외를 인정하고 있다. 이러한 예외에는 집이나 사업체 구입, 대학 등록금, 자동차나 가구 구입 등이 포함되어 있다. 그러나 분명한 이유가 없는 한, 빚을 지지 말아야 한다. 만일 당신의 상황이 예외라고 생각된다면, 여러 지혜로운 상담자를 찾아 그들의 동의나 조언을 구하라. (단, 빚지는 것을 당연시하는 상담자는 피하라.)

빚에 대한 더 깊은 질문

무언가를 빚져서 사기 전에 스스로에게 물어봐야 할 기본적인 질문들이 있다.

- 내게 구입할 돈이 없다면, 그것을 사는 것이 하나님의 뜻이 아님을 말해 주는 것은 아닌가?
- 지금까지는 이것을 사는 것이 하나님의 뜻이었지만, 과거의 지혜롭지 못한 결정으로 인해 지금 사지 못하고 있는 것은 아닌가?
- 지혜롭지 못한 과거의 행동으로 필요한 것을 살 수 없게 되었다면, 돈을 모을 때까지 구입을 연기하고 하나님의 교훈을 배우는 것이 더 낫지 않은가?

'빚지는 심리'는 다음과 같은 여섯 가지 가정을 포함한다.
- 하나님이 주신 것보다 더 많은 것이 필요하다.
- 하나님은 우리의 필요를 가장 잘 아시는 분이 아니다.
- 하나님은 필요를 공급하는 데 실패하셔서 우리가 그것을 강제로라도 얻길 원하신다.

- 하나님이 행하지 않으시면 우리가 길을 찾아야 한다. 그러나 아브라함은 그렇게 했다가 하나님을 욕되게 했다(창 16:2).
- 오늘의 소득이 빚을 갚을 만큼 충분하기에 내일도 그러할 것이다.
- 내 안정된 환경은 바뀌지 않을 것이다. 건강은 좋을 것이고, 직장에 계속 다닐 것이고, 월급은 인상될 것이다. 하나님은 결코 지금보다 안 좋은 직장으로 인도하시거나 드리는 수준을 올리라고 요구하시지 않을 것이다.

하나님이 필요를 채워 주실 것이라는 믿음과 미래의 공급하심을 요구하며 앞뒤 생각 없이 그분을 믿는 것은 다른 이야기다. 빚지는 것을 선택한 뒤, 하나님께 돈을 달라고 하는 것은 어리석다.

빚은 내가 가지고 있지 않은 돈을 사용하게 만든다. 따라서 빚을 지는 결정은, 하나님이 공급해 주신 것보다 "나는 더 필요하다"라고 말하는 것과 같다. 꼭 사고 싶은 물건이 있는데 돈이 없다면, 하나님이 우리의 필요를 채우시는 데 실패한 것이라고 봐야 하는가?

하나님이 우리의 필요를 가장 잘 아신다면, 왜 충분히 공급해 주지 않으실까? 혹 돈을 빌리기보다 공급하심을 위해 기도하기를 원하시는 것은 아닐까? 어떤 것도 기다리지 못하는 세대가 '여호와를 기다리라'는 말의 의미를 배우기를 원하시는 것은 아닐까?(시 27:14 : 사 30:18)

어떤 사람은 이렇게 말한다. "대출신청서를 작성하고 승인이 나면, 하나님의 사인으로 여길 것이다." 그러나 돈을 빌려 주는 사람이 기꺼이 빌려 준다고 해서, 그것을 하나님의 사인으로 여겨서는 안 된다. 예를 들어, 복권 판매원이 당신에게 복권을 팔았다고 해서, 하나님이 도박을 허용하셨다는 것이겠는가?

빚에 대한 또 다른 질문

빚을 지기 전, 다음 질문들을 스스로에게 꼭 해보라.

1. 빚이 하나님께 의존하는 것을 피하게 하는가? (빚을 질 수 있는데, 왜 하나님의 공급하심을 신뢰해야 하는가?)

2. 빚도 일, 저축, 계획, 절제, 인내 등과 같이 단기간에 이룰 수 있는 하나님의 창조 수단인가?

3. 당신은 하나님의 공급하심 대신 빚을 지면서 그분께 무슨 메시지를 전달하려고 하는가? 대출금을 받을 때 진정으로 하는 고백은 무엇인가? 그것은 하나님을 향한 당신의 관점을 어떻게 반영하는가? 그분의 주권, 선하심, 지혜로우심, 혹은 타이밍에 대해 당신은 어떻게 말하고 있는가?

4. 빚을 지는 것이 앞으로 드릴 십일조와 헌금에 어떤 영향을 주는가?

5. 빚을 지겠다는 결정이, 하나님이 명령하시는 어느 곳이든 갈 수 있는 자유에 어떤 영향을 주는가?

6. 당신은 장기 상환을 약속하고 진 빚을 하나님이 어떻게든 갚게 해주실 것이라고 믿는가?

7. 소득이 앞으로 20년 동안 부채 상환금에 충분하다 하더라도, 동일한 수준의 소득을 계속해서 유지할 수 있다고 가정하는가? (앞으로 소득이 감소할 수도 있고, 해고될 수도 있고, 건강에 문제가 생길 수도 있다. 하나님이 이런 일은 절대 안 일어날 것이라고 약속하셨는가?)

8. 빚을 위해 미래를 담보해야 하는가? 하나님이 허락하지 않으신 것일 수도 있는 것을 지불하겠다는 약속은 그분을 담보로 삼는 것 아닌가?

9. 빚이 하나님보다 앞서고 그분을 피하는 하나의 방법은 아닌가?

10. 빚을 져서라도 얻고 싶은 '필요'가 사실은 꼭 필요한 것이 아니라 '원하는 것'을 가장하고 있는 것은 아닌가? 이미 원하는 것을 너무 많이 사서 필요한 것을 살 돈이 없는 것은 아닌가? 하나님의 것을 도적질해 그분의 재정적인 축복을 누리지 못하는 것은 아닌가?

11. 빚을 지기 전 다른 방법들을 시도해 보았는가? 돈이 많이 드는 취미 활동을 그만두고 고가의 물건들을 처분했는가?

빚을 져서는 안 되는 가장 큰 이유는, 우리가 하나님이 아니기 때문이다. 우리는 탁월하지도, 전지하지도, 전능하지도 않다. 야고보서 4장 14절은 내일 무슨 일이 일어날지 아무도 모른다고 경고한다. 미래에 무슨 일이 일어날지도 모르고 통제할 수도 없는데, 당신은 어떻게 빚을 갚을 수 있다고 장담하는가? 하나님은 먼저 하나님 나라를 구할 때 모든 필요를 채우신다고 하셨지(마 6:25-34), 우리의 욕심으로 진 빚을 갚아 주시겠다고 하지 않으셨다. 하나님 나라를 구하면서 어떻게 빚의 속박에 자신을 얽매이게 하겠는가?

주택 자금 대출은 어떤가?

많은 재정 상담가들이 '주택 자금 대출'을 다르게 취급한다. 그 이유는 대출금이 집의 순자산으로 보증되기 때문이다. 다달이 대출금을 내지 못하더라도, 집을 팔아 순자산 - 집의 판매 가격에서 남은 대출금액을 뺀 - 을 회수할 수 있다. 임대하는 대신 대출을 받아 집을 구입하는 것이 유리할 수 있다. 임대하면 매년 3-6퍼센트씩 임대료가 올라가지만, 30년 고정 금리로 대출을 받으면 동일한 금액을 대출 기간 동안 지불하면 되기 때문이다. 경기 침체만 아니면 집의 가치는 매년 3-6퍼센트 혹은 그 이상으로 오른다.

불행하게도 이런 큰 꿈을 가진 많은 사람들이 집을 산다. 이때 주택 구입 가격은, 가구당 총 연소득의 2.5배 이상이 되어서는 안 된다고 한다. 맞벌이의 경우, 한 사람의 소득만 계산한다.

매월 상환하는 대출금은 임대할 때 지불하려 했던 금액을 많이 초과해서는 안 된다. 대부분 이자지만, 세금 공제를 받으므로 실제 비용은 이보다 적다. 임대료로 내는 금액은 세금 공제가 되지 않고, 순자산을 쌓지도 못한다. 반면 집을 사면 내부 시설이나 장식을 위해 항상 더 많이 지출하게 된다. 따라서 집을 소유하기 위해 대출을 받는 것은 지혜로운 결정일 수도 있지만 그렇지 않을 수도 있다.

우리 주위에는 빚만이 유일한 해결책인 사람들이 많이 있다. 우리는 그들이 가능한 빨리 빚에서 빠져나올 수 있도록 하나님의 도우심을 구하며 그분을 신뢰해야 한다. 우리는 하나님이 우리의 기본적인 필요를 채우실 것에 대한 믿음을 가져야 한다. 그런데 필요보다는 원하는 것을 충족시키기 위해 빚을 질 때가 많다. 우리는 집이 필요하지만 꼭 특정 동네일 필요는 없다. 우리는 음식이 필요하지만 꼭 외식할 필요는 없다. 우리는 옷이 필요하지만 꼭 유명 상표일 필요는 없다. 이렇듯 우리는 원하는 것을 필요한 것으로 착각할 때가 많다.

또한 빚을 통해, 하나님을 계속 '공급할' 의무가 있는 위치로 교묘하게 이끈다. 이것은 하나님을 모독하는 주객이 전도된 게임 규칙을 정해 놓고 우리 마음대로 하나님이 움직이기를 기대하는 것이다. 이 경우에 빚은 악한 것이다.

빚이 위험한 때는 언제인가?

때때로 하나님은 불필요한 빚을 진 우리를 징계하신다. 그것은 그분을 의지하지 않고 우리 스스로 결정했음을 의미하기 때문이다. 이럴 때 모든 책임은 우리에게 돌아온다. *빚을 지는 것이 항상 잘못은 아니지만, 지혜롭지 못한 채무로 인해 비참한 상황을 맞을 때가 종종 있다.*

소유물의 재판매 가격이 대출금보다 적을 때

대부분의 물건은 구입하자마자 가치가 떨어진다. 이러한 물건은 바로 물릴 수 없고, 상당한 손실을 보지 않고서는 팔 수도 없다. 우리가 구입한 자산을 되팔 때, 원가나 그 이상으로 팔 수만 있다면 그 자산을 포기함으로써 빚에서 빠져나올 수 있을 것이다. 가치 하락이 크면 클수록 빚에 대한 위험 부담도 커진다.

시간이 지날수록 가치가 상승하는 물건이 무엇인지 아는가? 우리 동네 사람들은 집값이 오를 것이라 예상하고 집을 샀다가 큰 손해를 보았다. 하나님과 그분의 말씀은 확실하다. 그러나 경제는 그렇지 않다.

확신했던 것들이 깨질 때

어느 부부가 두 사람의 소득이 있어야 갚을 수 있는 많은 대출을 받고 집을 구입했다. 평소 그들은 아이를 어린이집에 맡기지 말자고 말해 왔었는데, 대출금을 갚기 위해 어쩔 수 없이 아이를 어린이집에 맡기고 계속 직장에 나가야 했다.

바로 이럴 때, 심각한 결과를 초래한다. 이 부부는 처음부터 무리하게 빚을 지지 말아야 했다. 아니면 늦게라도 잘못을 깨닫고, 한 사람의 소득으로도 감당할 수 있는 집으로 이사해야만 했다. 그러나 끝까지 아름다운 집을 포기하지 않고 아이가 엄마가 함께하는 소중한 시간을 빼앗았다. 높은 생활 수준을 지키기 위해 결국 보다 높은 삶의 가치를 희생시킨 것이다.

하나님의 돈을 훔쳐서 인간에게 지불할 때

빚을 갚기 위해 하나님께 전혀 드리지 않거나 드리는 금액을 줄이는 그리스도인이 있다. 그들은 첫 열매를 드리는 것보다 빚 갚은 것을 하나님이 원하신다고 가정한다. 어떤 재정 상담가는 빚에서 빠져나올 때까지 하나님께 어떤 것도 드리지 말라고 조언한다. 그러나 *우리는 하나님께 드리는 일에 신실할 때에만 빚을 갚게 해달라고 도움을 구할 수 있다.*

하나님은 그분의 백성들이 십일조와 헌물을 드릴 때, "하늘 문을 열고 너희에게 복을 쌓을 곳이 없도록 붓지 아니하나 보라"(말 3:10)고 말씀하셨다. 빚을 해결하길 원하는 사람에게 정확하게 필요한 것이 무엇인가? 바로 하나님이시다. 드리지 않는 것은 결코 해결책이 될 수 없다. 오히려 그것은 문제를 야기한다. 하나님은 그분께 드려야 할 돈을 사용했기 때문에 우리 주머니에 구멍을 내셨다고 말씀하셨다(학 1:2-11). 예수님은 하나님께 드리는 분량에 따라 우리에게 돌려주신다고 말씀하셨다(눅 6:38). 재정적인 문제가 심각하면 할수록, 우리는 '드리는 것'이 하나님의 공급하심을 결정한다는 말씀을 따라야 한다. 하나님을 우선순위의 첫 번째로 두는 사람은, 돈을 책임 있게 다룬다. 결국 그들은 빚을 다 갚을 것이다.

하나님은 우리 스스로 결정한 일의 책임을 그대로 지나치지 않으실 것이다. 하나님께 드리는 것 때문에 빚을 갚지 못할 정도라면, 손실을 감수하더라도 가진 것을 팔아 현금을 만들고, 지출을 최소한으로 줄이라.

그러나 어떠한 이유로도 하나님의 것을 훔쳐서는 안 된다.

누군가의 필요를 채우라는 인도하심에 순종하지 못할 때

이것은 십일조가 아닌 자원해서 드리는 헌금에 대한 이야기이다. 살다 보면 다른 사람의 필요를 채워 줄 수 있는 수많은 기회를 만나게 된다. 현금을 주거나 장을 봐 주거나 점심을 사줄 수도 있다. 그런데 부채 때문에 하나님의 인도하심에 반응할 수 없다면, 결과적으로 그것은 우리 자신과 다른 사람의 축복까지 빼앗는 것이다.

변화를 요구하시는 인도하심에 순종하지 못할 때

하나님이 거주하는 곳이나 직업을 바꾸라고 인도하실 수도 있다. 그런데 우리는 현실에 얼마나 '깊이' 뿌리 내리고 있는가? 현재의 소득 수준에 얼마나 많이 의존하고 있는가? 재정적인 의무와 빚 때문에 얼마나 힘들어 하는가?

만약 오늘 하나님이 당신을 선교지로 부르신다면, 당신은 재정적인 책임을 정리하기 위해 얼마나 시간이 필요하겠는가? 혹 매달 빚을 갚아야 하기 때문에 갈 수 없다고 거절할 것인가? 빚이 당신의 순례자 정신을 빼앗아 갔는가? 아니면 빚이 당신의 귀를 멀게 해 하나님의 음성조차 듣지 못하게 만들었는가?

빚의 결과

첫째, 빚은 질질 오래 끈다. 빚으로 산 보트가 처음엔 좋았을지는 몰라도, 2년만 지나도 창고에 그대로 있거나 손볼 데가 많아질 것이다. 하지만 그때도 할부금은 납부해야 한다.

둘째, 빚은 염려와 스트레스를 낳는다. 정신과 전문가들은 빚이 있으면 스트레스를 많이 받는다고 말한다. 빚은 정신 건강의 적이다.

셋째, 빚은 실체를 부인하게 만든다. "나는 할부로 산 자동차를 타고, 신용카드로 기름을 넣고, 백화점 카드를 만들어 저축을 날리고, 대출받아 구입한 집을 할부로 구입한 가구로 채운다." 우리는 빚을 갚기 위해 미래를 저당 잡히고 거짓 속에 살아간다. 그러나 언젠가 진실을 깨닫더라도 이미 대다수의 인간관계와 신용 등이 깨져 있을 것이다.

넷째, 빚은 부정직하게 만든다. 빚의 노예가 되어 부정직하게 된 성도로부터 "벌써 돈을 부쳤다"라는 거짓말을 듣는 것이 좋지만은 않다. 어떤 사람들은 신용카드가 발급되지 않을까 봐 카드 신청서에 빚을 표시하지 않거나 빚을 갚기 위해 범죄를 저지르기도 한다.

다섯째, 빚은 중독성이 있다. 채무자와 마약 중독자 사이에는 놀랄 만한 유사점이 있다. 둘 다 중독에서 벗어나기 어렵다는 사실이다. 빚에 중독된 사람은 소득이 두 배로 늘어나도 빚을 진다. 카드대금의 98퍼센트는 외적인 문제가 아니라 내적인 문제를 반영한다. 돈이 모자라서가 아니라 절제하지 못해서 생긴 일이기 때문이다.

여섯째, 빚은 주제넘는 행동이다. 성경은 "의인은 믿음으로 산다"고 말한다. 그러므로 채무자는 주제넘게 사는 것이다. 빚을 진다는 것은 미래의 소득으로 빚을 갚기 충분할 것이라고 착각하게 만드는 도박과도 같다. 우리는 한치 앞도 볼 수 없는 존재이기 때문에 주제넘게 행동해서는 안 된다(잠 27:1).

일곱째, 빚은 하나님이 공급하심을 박탈한다. 하나님은 돈을 공급하시거나 그렇게 하지 않으심으로써 우리를 인도하신다. 그러나 우리는 마음대로 빚을 지면서 하나님이 반드시 공급해 주셔야 한다고 믿는다. 여기 빚지지 않는 대안이 있다. 하나는 평소에 저축을 해놓고 필요에 따라 사용하는 것이다. 그러나 필요가 있는데 돈이 없으면 우리는 은행이 아니라 하나님의 공급하심을 먼저 구해야 한다(요 14:13-14).

여덟째, 빚은 중요한 기회를 놓치게 만든다. 우리의 손실은 이자를 지불하는 것에만 있는 것이 아니다. 진정한 손실은, 손해를 본 금액과 그것으로 벌 수 있는 금액의 차이다. 더 나쁜 것은, 빚은 영원에 투자할 기회를 놓치게 한다는 것이다. 빚으로 인한 가장 큰 비극은, 드리는 것을 줄이고, 다른 사람을 도울 기회를 상실하고, 영원한 상급을 받을 기회를 잃어버리는 것이다.

아홉째, 빚은 자원을 동결시켜 하나님 나라를 위해 쓰지 못하게 만든다. 교회에서 드림에 대해 가르칠 때마다 이렇게 말하는 사람들이 많다. "이제 드리는 것에 대한 하나님의 원칙을 온전히 이해하게 되었어요. 할 수만 있다면 두 배나 세 배, 혹은 그 이상으로 드리고 싶어요. 그렇지만 빚에 묶여서 지금은 불가능해요." 과거의 지혜롭지 못한 결정은 현재와 미래의 나눔까지 방해한다. 어쩔 수 없다고 어깨를 움츠리는 게 해결책이 아니다. 현재 할 수 있는 만큼 드리고, 더 많은 것을 드릴 수 있도록 재정적인 속박에서 벗어나겠다고 결심하라.

빚에 대한 착각

어떤 것을 가지려는 열망은 우리의 사고를 흐리게 하며, 빚을 정당화시킨다. 여기서 몇 가지 주요 착각들에 대해 살펴보자.

첫째, 빌린 돈은 내 것이다. 아니다. 빌린 돈은 이웃에게 빌린 잔디 깎는 기계처럼 내 것이 아니다. 빌린 돈은 반드시 돌려주어야 한다.

둘째, 빌린 돈은 나중에 갚을 금액이다. 아니다. 우리는 빌린 금액보다 더 많이 갚게 된다. 만일 2십만 달러의 집을 2만 달러는 현금으로, 나머지는 7.5퍼센트 이자로 30년 대출을 받아 샀다고 하자. 그러면 이 집의 실제 지불 금액은 44만 2천 달러다. 이처럼 실제로 지불한 금액의 두 배가 넘는데, 왜 2십만 달러라고 말하는가?

셋째, 빚은 세금 혜택이 있으므로 돈을 절약하는 것이다. 아니다. 20퍼센트 세율을 적용받는다고 가정하자. 공제 대상인 이자로 100달러를 지불하면 20달러를 절약하게 된다. 이 계산이 맞는가? 틀렸다. 20달러를 절약한 것이 아니라 80달러를 소비한 것이다.

물론 높은 세율이 적용되는 사람은, 이자에 대해 보다 많은 보상을 받는다. 그렇다고 해서 빚의 손실을 없애지는 못한다. 빚을 지면 의무가 따른다. 채무 기간 동안 이자를 적게 지불하도록 해야지 많이 지불하는 것은 어리석다.

넷째, 다른 곳에 투자해 생기는 이익보다 낮은 이자를 지불하는 대출금을 갚는 것은 어리석다. 아니다. 이것은 겉으로는 아무 문제가 없어 보이지만 중요한 것을 놓치고 있다. 빚은 실재다. 빚을 제거하는 것은 부담을 제거하는 것이다. 빚지고 있는 한 우리는 그것의 종이 된다. 빚의 속박에서 벗어나면 엄청난 해방감을 맛보게 될 것이다. 성경은 어떤 빚도 남기지 말라고 말한다(롬 13:8). 여기에 "다른 곳에 투자해 더 높은 이자를 받게 되는 경우는 제외하고"라는 수식어는 없다.

12년 전 우리 부부가 주택 자금 대출금을 갚은 뒤, 느낀 해방감을 어떻게 표현할 수 있을까? 또한 이 일은 수개월 뒤 닥친 재정난에도 큰 도움을 주었다.

집과 자동차의 매력

집을 소유하는 것은, 하나님이 우리에게 주신 권리가 아니며, 지혜로운 선택이 아닐 수도 있다. 사람들은 "집을 임대하는 것은 밑 빠진 독에 돈을 붓는 것이다"라고 말하기를 좋아한다. 그러나 반드시 그런 것은 아니다.

집의 가치가 상승할 때에라도, 임대자라면 지불할 필요가 없는 숨겨진 비용들이 많다. 크고 작은 금액이 들어가는 수리비나 관리비를 내지 않아도 되기 때문이다. 그러나 소유주는 손해 볼 일을 안 하므로 임대료를 올려 임대자에게 부담을 지운다.

만약 당신이 집을 구입할 예정이라면, 상태가 괜찮은지, 보수 공사가 필요하다면 예산에 맞는지 꼼꼼하게 살펴보아야 한다. 또한 부동산 중개인에게 예산을 초과하는 집을 소개하지 못하도록 하라. 그렇지 않으면 예산에 맞는 집에 만족하지 못하게 되거나 무리해서 비싼 집을 살 수도 있다.

우리는 집이나 자동차에 과소비하는 것을 정당화하는 뛰어난 능력을 가지고 있다. 〈월스트리트〉는 중고차를 유지하는 것이 새 차를 구입하는 것보다 훨씬 비용이 적게 든다는 사실을 증명했다. "자동차 유지 비용을 줄일 수 있는 방법은, 현재 소유하고 있는 자동차를 오래 타는 것이다. 오래 타면 탈수록 비용이 더 적게 든다."

그렇지만 당신이 '자동차 광'이라면 비이성적인 결정을 할 가능성이 높다. 어떤 사람이 새 차를 산 뒤 이제 막 대출금 상환을 끝냈다. 그런데 얼마 뒤 자신의 차보다 연비가 적은 새 차를 구매했다. 결국 매달 30달러를 '아끼기' 위해 그는 매달 270달러를 지불하고 있다. 새 차의 가치 하락이 높다는 것을 감안하면, 할부금을 모두 갚을 때쯤 그 차의 가격은 이

전 차와 크게 다르지 않을 것이다. 하지만 그는 새 차를 갖고 싶은 욕망에 이성이 흐려져 스스로 지혜로운 '투자'를 했다고 확신할 것이다.

신용카드의 매력

미국에서는 매일 7만 5천 명이 비자카드와 마스터카드 승인을 받는다. 그리고 신용카드로 인해 많은 사람들이 경제적 악순환을 겪고 있다. 금융기관은 소비자들에게 또 다른 신용카드를 갖도록 설득해 곤궁으로 계속 몰아넣는다. 그들은 카드 신청서를 작성하면 상품을 주기도 한다. 미국에서 신용카드를 받는 것이 얼마나 쉬운가? 연소득이 2만 7천 달러인 어떤 사람은 800개 이상의 카드를 가지고 있었다. 그의 신용한도는 900만 달러였다.

1996년 〈USA투데이〉는 미국인 가정의 평균 신용카드 빚이 4,010달러라고 발표했다. 2000년 미국신용상담회사(The American Credit Counselors Corporation)는 평균 1만 3천 달러의 빚을 지고 있다고 추정했으며, 전국대학과 고용주연합(The National Association of Colleges and Employers)의 보고서에 따르면, 대학생 22퍼센트가 7천 5백 달러 이상의 카드빚을 지고 있다고 했다. 신용카드는 충동구매를 조장한다. 그 이유는 돈이 없어도 있는 것처럼 착각하게 만들기 때문이다.

한 세기 전만 해도 그리스도인은 빚지는 것을 죄악시했다. 이것을 고려하면, 오늘날 그리스도인 공동체에서 신용카드가 아무렇지 않게 받아들여지는 것이 놀랍기만 하다. 선교 단체나 교회에서 신용카드로 헌금을 받는 일도 잦아지고 있다.

그런데 마치 제동 장치 없는 살상 무기를 쥐어준 것처럼, 많은 사람들이 연 15-20퍼센트의 이자를 부과하는 신용카드 때문에 빚을 지고 있다. (10퍼센트 이하라도 신속하게 늘어난다.) 19.5퍼센트 이자율을 적용받는 2천 달러의 할부금이 있는 사람은 매달 75달러만 내면 된다고 생각한다. 75달러 중 32.5달러가 이자라는 사실을 간과한 채 말이다.

만일 18퍼센트 이자율로 7천 달러의 할부금 중 매달 2퍼센트 최소 금액만 갚는다면, 결국 7천 달러를 위해 2만 달러 이상을 지불하는 것이다. 당신이 반값 세일로 무언가를 구매했는가? 사실 그것은 세 배의 원가를 지불한 것과 마찬가지다.

어떤 사람은 할부 제도를 이용하지 않기 때문에 이자를 조금도 내지 않는다. 나 자신도 25년 동안 이자를 낸 적이 한 번도 없다. 이러한 방법이 장점도 있지만 단점도 있다. 신용카드를 사용하는 소비자는 현금을 사용하는 것보다 26퍼센트 더 쓰게 되어 있기 때문이다.

신용카드를 올바르게 사용하기 위한 간단한 규칙이 있다.

- 신용카드로는 예산 외 지출을 결코 하지 않는다.
- 카드 빚은 매달 전부 갚는다.
- 카드 빚을 전부 갚지 못했다면, 바로 그 첫 달에 신용카드를 없앤다.

만약 당신이 현금으로 지불하는 것보다 신용카드로 결제하는 것이 심리적으로 더 편안하다면, 절대로 카드를 가지고 다녀서는 안 된다. 그래도 신용카드를 가지고 다녀야 한다면 "긴급한 상황이 아니면 절대로 사용하지 않겠다"라고 굳게 결심하라. 많은 사람들에게 있어 신용카드 남용의 유일한 해결책은, 카드를 반으로 자르는 것뿐이다.

교회와 빚

불행하게도 많은 교회들이 세계 선교보다 이자에 더 많은 돈을 지출하고 있다. 빚이 교회의 손과 발을 묶고 있다. 출석 교인이 줄어들고 경제가 어려워지고 헌금이 줄면, 목사나 선교사에게 사례를 할 수 없게 된다. 8년 전에 지어진 교회는 이곳저곳 수리할 곳도 많다.

성경에는 세 가지 중요한 '건축 프로젝트'를 언급하고 있다. 하지만 그중 빚으로 시작된 것은 하나도 없었다. 성막 채권이 발행되지도, 은행에서 대출을 받지도, 작정 헌금을 하지도 않았다. 단지 드리는 것으로 필요한 모든 재원이 모였다. 성막을 지을 때는 오히려 필요한 것보다 더 많이 모여서 제한해야 할 정도였다(출 36:6-7). '마음에 원하는 자', '마음이 감동된 자,' '자원하는 자'(출 35:5-36:2) 등의 단어에 주목하라.

성전을 지을 때도 동일한 일이 일어났다. 당시의 상황을 나타내는 성경 구절을 보면, "즐거이 드렸다"(대상 29:6,9,17)라는 말이 세 번이나 나온다. 수백 년이 지난 뒤, 성전을 재건축할 필요가 있을 때에도 동일한 상황이 일어났다. "그 마음이 하나님께 감동을 받고 … 예물을 기쁘게 드렸더라"(스 1:5-6). "예물을 기쁘게 드리되 힘 자라는 대로 공사하는 금고에 들이니…"(스 2:68-69).

신약 성경에는 건축 사례가 없지만, 예수님은 "충분한 자금이 확보할 때까지 어떤 것도 시작하지 말라"고 분명히 말씀하고 계신다.

"너희 중의 누가 망대를 세우고자 할진대 자기의 가진 것이 준공하기까지에 족할는지 먼저 앉아 그 비용을 계산하지 아니하겠느냐 그렇게 아니하여 그 기초만 쌓고 능히 이루지 못하면 보는 자가 다 비웃어 이르되 이 사람이 공사를 시작하고 능히 이루지 못했다 하리라"(눅 14:28-30).

어떻게 빚 없이 교회를 건축할 수 있느냐고 주장하는 사람들이 많다. 그러나 이러한 주장은 어려운 환경에서 성막을 지은 구약의 이스라엘 백성들이 하는 게 훨씬 설득력 있을 것이다. 우리가 할 수 없는 것이, 가난한 이스라엘 백성들에게만 가능했겠는가?

수많은 교회들이 분별력 없이 시작한 성전 건축으로 빚의 수렁 속으로 빠져들어 가고 있다. 심지어 건축을 하다가 중간에 멈춰 방치된 교회들도 있고, 완공은 했으나 재정적인 압박 때문에 텅 빈 교회들도 있다. 교회가 재정적으로 어려우면, 예배 시간에 건축 헌금에 대해 더 자주 언급하고 강요할 수밖에 없다. 이렇게 되면 예배의 초점이 돈으로 옮겨진다. 그로 인해 교인들은 교회를 떠나기 시작한다.

빚에 대해 허드슨 테일러는 이렇게 설교했다.

"하나님 입장에서는 먼저 주는 것이 나중에 주는 것보다 훨씬 쉬운 일이다. 그분은 먼저 주는 것을 선호하신다. 그분은 부족한 자원으로 인해 그분의 목적이 흔들리는 것을 허용하지 않으시며, 깨끗하지 않은 돈이 하나님의 축복을 방해하도록 두지 않으신다.

빚이 의미하는 것이 무엇인가? 그것은 하나님이 당신의 필요를 공급하지 않으셨다는 의미다. 당신은 하나님을 신뢰했다. 하지만 그분이 돈을 공급해 주시지 않았고, 그래서 어쩔 수 없이 당신은 돈을 빌린 것이다. 하지만 우리가 때가 될 때까지 기다리면, 신실하신 하나님은 우리의 모든 필요를 반드시 채우신다."

빚이 없는 어느 교회의 목사가 이렇게 말했다. "만일 교회가 돈을 빌린다면, 교인들은 하나님보다 은행을 더 신뢰할 것입니다. 건물이 완공

되었을 때, 성도들은 '은행이 지어준 것을 보라'고 말할 것입니다. 그러나 빚 없이 건축하면 '모두 하나님이 하셨습니다'라고 말할 것입니다."

제프 버그와 짐 버게스는 「빚 없는 교회」(The Debt-Free Church)라는 책에서 사역을 하면서 돈을 빌릴 때, 직면할 수 있는 위험에 대해 말하고 있다.

- 융자 기관의 종이 된다.
- 헌금을 많이 하는 교인의 종이 된다.
- 재정적인 압력에 의해 곤궁에 빠지게 된다.
- 끊임없이 빌리는 악순환에 빠지게 된다.
- 사역을 위한 기회에 유연하게 반응하지 못하게 된다.

구약에서는 '미래의 사역'이 '현재의 돈'으로 지불되었다. 그러나 현대 교회는 '현재의 사역'이 '미래의 돈'으로 지불되고 있다. 구약에서는 말로만 약속한 것이 아니라 물질이 필요할 때 '먼저' 드렸다. 이것이 성경이 보여 주는 모범이다. 그런데 왜 우리는 그렇게 하지 않는가?

교인들이 건축 헌금을 하지 않는 것은 마음이 없기 때문이다. 이 경우는 건축을 추진해서는 안 된다. 중요한 것은 교인들의 믿음을 키우는 것이기 때문이다. 성전 건축이 그들의 현재 믿음을 넘어서서는 안 된다. '진행하면서 지불하는' 방법으로 건축하면, 헌금으로 교인들의 마음을 측정할 수 있다. 이런 경우, 건축이 시작되고 난 뒤 돈이 없어 사역자들이 비싼 대가를 치르는 모습을 종종 보게 된다. 교회는 오직 지혜로운 청지기직의 모델이 되어야 한다.

"부유하지 않은데, 어떻게 돈을 빌리지 않고 집을 사거나 교회 건물을 지을 수 있는가?"라고 물을 수도 있다. 하지만 그렇지 않다. 소득의 수준과 상관없이 빚 없는 가정과 교회는 수없이 많다. 그들은 빚이 없기 때문에 불황이든 호황이든 잘 이겨 나갈 수 있다.

빚 없이 오로지 절제, 분명한 목적, 인내로 사업을 시작하고 유지할 수 있듯이, 교회 건축도 그렇게 할 수 있다. 보통 사람들은 장기 대출을 받아 집을 사지만, 만약 6-7년 동안 열심히 저축하면 현금으로도 집을 살 수 있다. 문제는 자원이 부족한 것이 아니라 절제와 인내가 부족한 것이다.

사도행전 4장 32-35절을 보면, 다른 사람의 필요에 대해 교회는 즉각적으로 반응하라고 권면한다. 그러면 결국 "그중에 가난한 사람이 없으니"(행 4:34)로 끝이 난다. 신약의 성도들은 그들이 가진 적은 물질을 관대하게 드림으로 누군가의 필요를 완전하게 채웠다. 구약이나 신약 시대 모두, 하나님의 일을 위해 돈을 빌렸다는 사례는 없다. 그런데 왜 우리는 성경에서 기록되지 않은 수단에 의존하고 있는가?

교회 건축을 위해 빚 지지 않는 것의 유익

- 하나님을 더 의존하게 만든다.
- 하나님께 그분의 신실하심을 드러내실 기회를 드린다.
- 희생적인 드림의 중요성을 가르친다(고후 8:1-5).
- 빚을 피하도록 가르친다.
- 세상을 향해 복음의 실체에 대해 증언한다(빌 2:15 ; 벧전 2:9,12).
- 하나님의 공급하심을 신뢰함으로써 '성경적인' 모금 활동을 장려한다(고전 16:1-2).
- 믿는 자에게 재정적인 모범을 보인다.

- 경제적으로 어려움으로 사역이 어려움을 당하지 않도록 돕는다.
- 사역을 위한 기회에 바로 반응할 수 있다.

빌리는 것도 믿음의 행위인가?

종종 성전 건축을 위해 빚을 지는 것이 위대한 믿음의 행위로 간주되곤 한다. 빚이 많으면 많을수록 믿음도 크다고 생각한다. 그러나 성경은 정반대로 말한다. 하나님의 공급하심을 '추정'해서 시험하는 것은 믿음이 아니다. 하나님의 초자연적인 공급하심 대신 금융 기관에 의존하는 것 역시 믿음이 아니다. 물론 "대출금을 갚기 위해 믿음이 필요하다"고 말할 수 있다. 그러나 만일 이것이 사실이라면, 대출금이 많고 담보가 적을수록 더 큰 믿음이라고 결론지을 수밖에 없다. 이러한 관점은 필요한 자원이 부족하면 건축을 시작하지 말라는 예수님의 경고뿐 아니라(눅 14:28-30), 빌리는 것에 대한 모든 성경의 경고를 위반하는 것이다. 우리는 충분한 자금 없이 건축을 시작한 사람을 '믿음의 사람'이라고 부르지 않는다. 대신 그를 비웃는다.

"건축할 수 있는 자금이 준비될 때까지 기다리는 것은, 믿음으로 행하는 것이 아니다"라고 말할 수도 있다. 그러나 이러한 관점은 성경에 나오는 여러 비슷한 사례들을 무시하는 것이다. 만약 교회가 돈을 빌렸다면, 하나님이 현재 허락하지 않으신 것을 미래에 공급해 주시도록 그분께 의무를 지우는 것이다. 이것은 믿음이 아니라 '가정'이다. 불확실한 가정은 결코 믿음이 아니다.

교회는, 이스라엘의 성막과 성전 건축에 대해 가르칠 때 주의할 것이 있다. 하나님이 무조건 건축하는 것을 허락하시지 않는다는 것이다. 하나님이 어떤 교회 건축은 허용하시고 또 반대하시는지 판단할 성경적 기준은 없다. 그러므로 교회 지도자들은 건축을 시작하기 전에 하나님의 인도를 구하고 그분의 지혜를 요청해야 한다(약 1:5). 또한 가나안 땅에 간 열 명의 정탐꾼 이야기(수 13:1-14:45)를 예를 들며 건축이 하나님의 뜻이고, 그 뜻을 의심하면 하나님을 의심하는 것이라고 말해서도 안 된다. 이것은 교회의 분열을 초래할 뿐이다. (더 자세한 내용은 부록 B를 참조하라. 618쪽.)

빚으로부터의 탈출

우리가 선한 이유로든 나쁜 이유로든 돈을 빌리면, 가능한 빨리 갚을 책임이 있다. 이것은 성경이 분명하게 말하고 있다(마 5:25-26). 빚을 갚지 않는 것은 악한 것이다(잠 37:21). 파산이 법적으로는 문제가 없더라도 도덕적으로 옳은 선택은 아니다. 내가 아는 어느 신실한 성도는, 파산 신청을 통해 채무를 갚지 않아도 될 법적인 권리를 가졌지만, 10년이 넘는 기간 동안 모든 빚을 갚겠다고 작정했다. 하나님은 이와 같은 행동을 통해 영광을 받으신다고 믿는다.

만일 당신이 빚을 졌다면, 두 가지 중요한 질문을 하겠다. "어떻게 빚을 지게 되었는가, 그리고 어떻게 빚에서 빠져나올 것인가?" 첫 번째 질문이 중요한 이유는 미래의 결정에 도움을 주기 때문이다. 만일 지혜롭지 못해서 빚을 지게 되게 되었다면, 빚을 갚는 것을 넘어 다시는 잘못된 선택을 되풀이하지 않도록 결단해야 한다. 빚은 보이는 현상일 뿐, 진짜 문제는 당신의 탐욕, 충동, 무절제함이다. 이것이 하나님 앞에 빚을 가져가야 하는 이유다.

어떻게 빚으로부터 벗어날 수 있는가?

빚에서 벗어나기 위해 필요한 열 가지 조언이다.

첫째, 회개하라. 하나님이 아니라 세상을 따랐다는 것을 인정하라. 이제 돈, 원하는 것, 저축, 소비, 빚에 대한 당신의 마음과 행동을 바꾸라. "너희는 이 세대를 본받지 말고 오직 마음을 새롭게 함으로 변화를 받아 하나님의 선하시고 기뻐하시고 온전하신 뜻이 무엇인지 분별하도록 하라"(롬 12:2).

둘째, 첫 열매를 하나님께 즉시 드려라. 첫 열매를 하나님께 드리는 것은 "하나님이 모든 것의 주인이십니다. 저는 제가 하는 모든 순종에 하나님이 축복하실 것을 신뢰합니다"라고 고백하는 것이다.

불순종을 결코 합리화하지 마라. 하나님의 십일조와 헌금을 가로채면서 축복을 바라는 것은 모순이다. 빚에서 빠져나오기 위해서는 다른 어떤 것보다도 하나님의 축복이 필요하다.

온전한 십일조를 드려라. 십일조를 조금씩 늘려가지 마라. 그것은 마치 은행 강도가 점차적으로 강도 짓을 줄여 가는 것과 같다. 하나님의 것을 도적질하는 것을 지금 그만두라. 또한 과거에 그분의 것을 도적질한 것이 있다면, 주님께 용서를 구하고 어떻게 해야 할지를 여쭈라. 빚을 갚기 위해 생활이 불편해지더라도, 하나님을 바르게 섬기면 그분이 당신을 축복하실 것이다.

셋째, 새로운 빚을 지지 마라. "지금 여유가 없다면, 그것은 하나님의 뜻이 아니다"라는 원칙에 따라 행동하라.

넷째, 현재의 빚을 체계적으로 변제해라. 예산을 잘 세워라. 빚에서 벗어날 구체적인 계획을 세우라. 지혜로운 재정 상담을 받아라. 불필요한 것을 팔아 현금화하라. 좋은 계획과 결단력이 있다면 빚으로부터 벗어날 수 있다.

다섯째, 신용카드를 없애라. 신용카드가 빚을 지게 한다면 없애버리라. 물론 매월 카드 값을 지불할 수 있다면 예외일 수 있다. 단, 신용카드가 현금보다 쉽게 소비하게 만든다는 것을 기억하라.

여섯째, 빚을 지는 습관을 합리화하지 마라. 소비에 대한 당신의 약점을 잘 파악하여 그것이 당신을 지배하지 못하게 하라. 만약 당신이 집에 약하다면 이것을 기억하라. 나사렛의 목수께서 당신을 위해 하늘나라에 가장 완벽한 집을 짓고 계시다(요 14:2-3).

일곱째, 빚을 지는 것이 최선의 선택이라면, 기도하면서 신중하게 결정하라. 좋은 청지기로부터 객관적인 재정 상담을 받으라(잠 15:22).

여덟째, 저축과 소비의 차이를 배우라. 시작할 때보다 더 많은 돈을 가지게 되는 것이 저축이다. 만일 당신이 80달러짜리 스웨터를 30달러에 구입했다고 하자. 그러면 얼마를 저축한 것인가? 대부분의 사람들은 50달러라고 말한다. 그러나 아니다. 저축한 것은 없다. 30달러를 소비한 것뿐이다. '저축한다'고 말하면서 재정적인 속박에 빠져들지 마라.

아홉째, 빚의 목록을 작성하고 필요하다면 채권자를 만나라. 당신의 예산 안에서 채권자에게 어떻게 갚을지 실현 가능한 계획을 세우라. 빚의 이자율을 비교해 먼저 갚아야 할 우선순위를 정하고, 가장 높은 이자율의 빚부터 빠르게 갚으라.

만약 당장 갚기 어려운 상황이라면, 채권자를 만나 당신의 상환 계획을 설명하라. 파산하면 한 푼도 못 받게 되므로 채권자는 당신과의 만남을 환영할 것이다. 또한 더 저렴한 집과 차로 바꾸고 물건을 팔아 현금으로 만들라.

이때 지혜로운 조언을 듣는 것이 아주 중요하다. 우리는 보통 혼자 머리를 굴리다가 재정적인 어려움에 빠졌기 때문이다. 친구나 재정 상담가, 교회 지도자를 찾아가 조언을 구하거나 소비자 신용 상담 서비스를 이용하라. 그러나 다시 한 번 말하지만, 당신이 빚을 다 갚을 때까지 십일조나 헌금을 하지 말라고 조언한다면, 그것을 따르지 마라. 하나님의 것을 도적질하는 것은 결코 해결책이 아니다. 문제를 더 크게 만들 뿐이다.

열째, 모든 조치를 했음에도 불구하고 여전히 자금이 부족하다면, 소득을 늘릴 방법을 강구하라. 당신이 이미 풀타임으로 일하고 있다면, 더 일하는 것은 장기적으로 해결책이 아니다. 그러나 일시적인 대책으로 두 번째 직업을 갖거나 집에서 하는 일을 고려해볼 수 있다. 인내심을 가져라. 빚은 하룻밤 사이에 없어지지 않는다. 다만 빚을 갚기 위해 이러한 지침들을 따르고 있다면 희망이 있다. 곧 당신도 나눔을 통해 자유함을 경험하게 될 것이고, 하나님의 은혜와 축복을 누리게 될 것이다.

생활에 적용할 수 있는 재정 원칙

- 능력이 되지 않는다면 어떤 것도 좋은 거래가 될 수 없다.
- 스스로 해결하기 전에, 하나님께 기도드려라.
- 소득의 증가가 소비를 늘리라는 의미가 아니다. 우리는 드리기에 힘써야 한다.

수년 전 몇몇의 친구들이 멋진 저택을 구입하기 위해 엄청난 빚을 지게 되었다. 그래서 수년 동안 재정의 속박을 경험해야만 했다. 그때 하나님이 그들 마음속에 도움이 필요한 사람을 돕도록 도전하셨다. 그들은 기쁨으로 돕기를 원했지만 돈이 하나도 없었다. 그래서 결국 아주 어려운 결정을 내렸다. 손실을 감수하고 자존심을 버리고 작은 집으로 옮긴 것이다. 그러자 바로 하나님의 축복을 경험하게 되었다.

> "제게 필요한 모든 것을 당신 손으로 공급해 주셨습니다. 주님, 저를 향한 당신의 신실하심이 얼마나 큰지요!"

당신도 정말 이렇게 믿는가? 빚을 지는 삶의 방식은 하나님을 향한 신뢰를 깨뜨리고 허망한 것을 추구하도록 우리를 유혹한다. 빚의 손아귀에서 빠져나오는 것은 힘들지만, 지금 바로 결단하라. 하나님께로 피하라.

우리에게는 결코 책임이 면제되지 않는 하나의 빚이 이미 존재한다. "피차 사랑의 빚 외에는 아무에게든지 아무 빚도 지지 말라"(롬 13:8). 교부 오리겐은 이 말씀을 이렇게 표현했다. "사랑의 빚은 영속적이므로 날마다 갚고 또 날마다 져야 한다."

Chapter 18
저축, 은퇴, 보험

"벌 수 있는 만큼 최대한 벌고, 저축할 수 있는 만큼 최대한 저축하고, 줄 수 있는 만큼 최대한 주라."(존 웨슬리)

"부는 사용하기 위해 주어졌지 쌓으라고 준 것이 아니다. 움켜쥐는 것은 우상 숭배다."(디트리히 본회퍼)

수십 억 달러의 돈이 매년 저축성 계좌와 보험 등에 들어간다. 그런데 하나님이 맡기신 자금을 이렇게 투자하는 것이 지혜로운 행동인가? 이것들은 영적인 것인가? 이것들이 없다면 삶에 대해 무책임한 것인가? 이것들은 도덕적으로 중립적인가? 저축이나 보험이 있는 것은 위험 신호인가? 이것들을 평가할 수 있는 성경적인 원리가 있는가? 이 장에서는 이러한 질문에 대한 답을 찾아보려고 한다.

저축

성경에서 말하는 저축

저축의 목적은 미래를 위해 돈을 따로 떼어 놓는 것이다. 당장 써버리는 대신 나중을 위해 자원을 보존하는 것이다. "지혜 있는 자의 집에는 귀한 보배와 기름이 있으나 미련한 자는 이것을 다 삼켜 버리느니라"(잠 21:20). 어리석은 사람은 미래를 생각하지 않고 자원을 낭비하지만, 지혜로운 사람은 미래를 준비한다.

"게으른 자여 개미에게 가서 그가 하는 것을 보고 지혜를 얻으라 개미는 두령도 없고 감독자도 없고 통치자도 없으되 먹을 것을 여름 동안에 예비하며 추수 때에 양식을 모으느니라"(잠 6:6-8). 개미도 여름에 식량을 비축하지 않으면 겨울에 고생할 것을 알았다. 근시안적으로 사는 사람만이 미래를 위해 돈이나 식량, 비품을 준비하지 않는다.

요셉은 애굽의 총리로서 다가올 기근에 대비한 계획을 주의 깊게 세웠다(창 41:25-57). 그는 7년의 풍년 기간 동안 수확의 많은 부분을 저축했다. 그리고 7년 동안 기근이 이어졌을 때 비축된 곡식으로 살았다. 그의 지혜로 인해 이집트뿐 아니라 주위의 여러 나라가 살 수 있었다.

오늘 아끼라

미래의 필요가 성경에 나오는 이러한 예처럼 예측되지 않을 때가 많다. 농부는 계절에 따라 소득이 다르기 때문에, 이에 맞춰 계획을 세워야 한다. 그러나 대부분의 사람들이 일정한 월급을 받는다. 안정적인 소득이 있더라도 예상되는 비용과 예상 밖의 비용을 위해 자금을 떼어 놓는 것이 지혜로워 보일 수 있다. 하지만 대부분의 사람들이 그렇게 하지 않는다.

우리는 인류 역사상 가장 풍요로운 사회에 살고 있지만, 미국인 100명 중 85명은 250달러도 저축하지 못한 채 65세가 된다(은퇴 연금 제외). 이 말은 20세부터 일을 했다고 쳤을 때, 매년 6달러도 저축하지 못했다는 뜻이다. 저축하지 않는 이유가 가진 것을 의지하지 않고, 다른 사람의 필요를 채우기 위해서였다면, 마가복음 12장에 나오는 가난한 과부와 고린도후서 8장에 나오는 마게도냐 성도들의 무리에 속한다. 그러나 이런 경우는 거의 없다. 주로 방종과 엇나간 예측, 절제의 부족 등이 그 원인이다. 하나님은 이러한 이유로 저축하지 않는 것을 축복하지 않으신다.

직업을 잃거나 예상 밖의 비용이 발생하면, 미국 가정은 3-6주 안에 파산한다. 미국보다 못사는 나라의 국민들도 미래를 대비해 저축하는데 안타까운 현실이다. 근시안적인 사고로는 빈곤을 피할 수 없다. 미래의 기근을 대비하지 않고 지금 잔치를 즐기고 있다면, 그것은 자원을 잘못 관리하는 것이다. 특히 이런 사람들은 하나님 또는 다른 사람이 자신을 구제해줄 것이라고 착각한다.

우리는 돈을 현재의 관점뿐 아니라 영원의 관점에서 다뤄야 한다. 우리는 저축을 통해 이 땅에 쌓을 수도 있고, 드림을 통해 하늘나라에 쌓을 수도 있다. 가장 지혜로운 것은, 먼저 드리고 그 다음에 저축하고 마지막으로 소비하는 것이다. 그렇지 않으면 돈을 모두 소비해서 나누거나 저축할 것이 남지 않는다. 그때 진정한 필요가 발생하면 빚을 질 수밖에 없는 것이다.

저축은 돈에 대한 절제를 발전시키는 훈련이다. 저축을 통해 돈이 우리의 변덕스런 마음에 귀 기울이지 않도록 통제해야 하다.

저축하는 이유

첫 열매를 주님께 드리고 난 뒤, 미래를 위해 월급의 얼마를 저축할 수 있다. 나는 목적 없이 저축하지 않는다. 오직 구체적인 목적을 위해서만 한다. 장기적인 저축은 요셉이 한 것처럼 흉년의 해를 위한 준비로, 풍년의 수확을 쌓는 것이다. 우리는 은퇴 후의 삶을 대비해 저축할 수도 있고, 자녀의 대학 등록금을 위해 저축할 수도 있다. 물론 욕심 때문에 저축하는 사람도 있다. 그들은 돈을 쓰지 않고 무조건 저축한다. 또 누군가는 두려움 때문에 저축하기도 한다. 그들은 미래에 대한 염려로 가득하다. 이러한 저축은 하나님으로부터의 독립을 추구한다. 그래서 하나님의 공급하심과 보호하심을 더 이상 의존하지 않는다.

"돈을 저축하는 것은 성경적이다" 혹은 "돈을 저축하는 것은 성경적이지 않다"라고 말해서는 안 된다. 이유와 선택에 따라 언제든지 변할 수 있기 때문이다.

움켜쥐는 것의 위험

'움켜쥐는 것'은 아무 목적 없이 쌓기만 하는 것이다. 성경에 나오는 대표적인 인물인 어리석은 부자는 이렇게 말한다.

> "내가 이렇게 하리라 내 곳간을 헐고 더 크게 짓고 내 모든 곡식과 물건을 거기 쌓아 두리라 또 내가 내 영혼에게 이르되 영혼아 여러 해 쓸 물건을 많이 쌓아 두었으니 평안히 쉬고 먹고 마시고 즐거워하자"(눅 12:18-19).

하나님은 그에게 이렇게 말씀하셨다. "어리석은 자여 오늘 밤에 네 영혼을 도로 찾으리니 그러면 네 준비한 것이 누구의 것이 되겠느냐?" 또한 예수님은 "자기를 위하여 재물을 쌓아 두고 하나님께 대하여 부요하지 못한 자가 이와 같으니라"(눅 12:20-21)고 말씀하셨다.

어리석은 부자 이야기를 읽으며 우리가 하는 첫 번째 잘못은, 우리 자신이 그 사람만큼 부자가 아니라고 생각하는 것이다. 빌 게이츠나 워렌 버핏이 부자이지, 우리는 중산층이나 빈곤층에 속한다고 생각한다. 그러나 아니다. 전 세계를 기준으로 볼 때, 가장 가난한 미국인은 상위 20퍼센트에 속한다.

두 번째 잘못은, 우리는 절대 어리석지 않다고 생각하는 것이다. 우리는 어리석은 부자와 다르다고 생각하지만, 실제로는 아메리칸 드림을 추구하며 오락을 즐기면서 미래를 위해 돈을 쌓아 간다. 그러나 이들은 언젠가 인생이 갑자기 끝날 때, 자신을 향하여는 넉넉했고 하나님을 향하여는 인색했음을 깨닫게 될 것이다.

서구 그리스도인이 가지고 있는 수십 억 달러의 저축, 부동산, 보험, 주식 등은 결국 어떻게 될 것인가? 그리스도는 우리 자신을 위해 쌓는 대신 하나님을 향해 부유하라고 말씀하셨다. 그때 우리는 하나님께 영광을 돌리고 이웃을 도울 수 있다. 우리가 이렇게 살지 않으면, 어리석은 부자와 무엇이 다르겠는가?

단기간의 필요를 위해 저축하는 것은 지혜롭고, 수십 년 뒤를 위해 저축하는 것은 어리석다고 말한다면 앞뒤가 맞지 않는다. 그렇게 보일 수도 있지만, 우리는 성경을 통해 이 둘의 균형을 이루려고 한다. 우리는 잠언에서 말하는 저축에 대한 긍정적인 내용도, 예수님이 어리석은 부자를 냉혹하게 평가하신 것도 무시해서는 안 된다. 균형을 이루는 게 쉬운 일은 아니지만, 성경이 원하는 '위치'가 정확하게 있다. 두 가지 모두를 지지하며, 두 가지 모두를 존중하는 것이다.

재산을 축적하는 사람들은 자신들이 지혜롭다고 생각한다. 그러나 그것이 예수님은 어리석다고 말씀하신다. 그들은 물질적인 필요를 완벽하게 대비해 놓기 때문에 하나님이 필요 없다. 또한 하나님의 주권을 신뢰하고 미래의 공급하심을 구하기보다는, 자신의 주권을 주장한다.

이러한 사람들이 공통적으로 말하는 목표는 '재정적인 독립'을 이루는 것이다. 도대체 누구로부터 독립하길 원하는 것인가? 하나님인가, 가족인가? 물론 정부나 부모로부터 독립하는 것은 적극 찬성한다. 그런데 이것은 대단히 건강하지 못한 종류의 독립이다.

"자기의 재물을 의지하는 자는 패망하려니와 의인은 푸른 잎사귀 같아서 번성하리라"(잠 11:28). 생길 수 있는 모든 상황을 위해 재물을 쌓는다면, 하나님보다 재물을 신뢰한다는 뜻이 아닐까? 신약 성경의 가르침에 따르면, 우리는 돈과 소유의 '통로'가 되어야지 '창고'가 되어서는 안 된다. 저축하는 목적이 무엇이든 간에, 그것은 항상 드림과 나눔보다 우선시 되어서는 안 된다. 하나님의 대체품이 되어서는 절대로 안 된다.

재난을 대비하여 저축해야만 하는가?

어떤 그리스도인은 가족을 위해 수년간 필요한 물, 음식, 심지어 휴지까지 모아 놓아야 한다고 말한다. 한 저자는 핵전쟁이 일어나면 다른 나라로 도망칠 수 있도록 여권을 잘 보관해야 한다고도 말한다. 또 어떤 그리스도인 재정 상담가는 앞으로 닥칠 여러 경제 재난에 대비해 다이아몬드, 그림, 골동품 등에 투자할 것을 권한다. 또한 재산을 스위스 은행에 맡기라고도 한다. 결국에는 금밖에 없다고 강조하는 상담가도 많다.

Y2K(컴퓨터가 2000년 이후의 연도를 인식하지 못하는 결함)로 수 주 동안 혼란

이 생길 것을 대비해, 음식이나 물 같은 필수품을 준비하는 것은 적절한 행동처럼 보였다. 하지만 그것은 사람들의 마음을 테스트하는 계기가 되기도 했다. 그때 사람들은 얼마나 많이 쌓았으며, 누구를 위해 쌓았는가? 또 아무것도 준비하지 못한 이웃에게 나눠 줄 의사가 있었는가?

1999년 초, 수많은 매체에서 Y2K 관련 기사를 실었다. 우리 부부는 혹시나 하는 마음에 발전기를 구입하기로 결정했다. 그런데 돈을 치른 뒤 마음이 편치 않았다. 지금 당장 도움이 필요한 사람들에게 전할 수 있는 돈을, 불확실한 미래를 염려하며 딱 우리 가족만을 위해 사용했기 때문이다. 그래서 우리 가족은 그 발전기를 아메리칸 원주민을 선교하는 기관에 기증했다.

미래를 대비한 성실한 준비와 사재기에는 명백한 차이가 있다. 우리를 돌보신다고 약속하신 예수님이, 핵폭탄 대피소에 금괴를 쌓고 수년 동안 먹을 냉동 식품을 저장하기를 원하시겠는가? 만일 임박한 운명으로부터 자신을 보호하기 위해 부를 축적한다면, 우리의 믿음은 어디에 있는지 다시 한번 점검할 필요가 있다. 극도로 어려운 시기가 닥칠지 모른다. 신중한 예측과 준비는 지혜로울 수 있다. 그러나 그것이 공포와 사재기로 표현되어서는 안 된다.

그리스도인은 경제적인 재난이 닥쳤을 때, 자신이 가진 자원을 나눠야 한다. 사재기를 하는 대신 하나님 나라를 위해 나눈다면, 신실하신 하나님이 우리의 필요를 채워 주실 것이다. 야고보는 사재기를 하는 부유한 사람들을 향해 이렇게 경고한다.

"들으라 부한 자들아 너희에게 임할 고생으로 말미암아 울고 통곡하라 너희 재물은 썩었고 너희 옷은 좀먹었으며 너희 금과 은은 녹이 슬었으니 이 녹이 너희에게 증거가 되며 불 같이 너희 살을 먹으리라 너희가 말세에 재물을 쌓았도다 보라 너희 밭에서 추수한 품꾼에게 주지 아니한 삯이 소리 지르며 그 추수한 자의 우는 소리가 만군의 주의 귀에 들렸느니라 너희가 땅에서 사치하고 방종하여 살륙의 날에 너희 마음을 살찌게 하였도다"(약 5:1-5).

야고보는 사재기를 함으로써 미래의 환난을 피할 수 있다고 말하지 않는다. 반대로 그들의 사재기와 방종으로는 하나님의 다가올 진노를 피할 수 없다고 말한다. 사재기는 해결책과는 거리가 먼 것이다!

출애굽기에도 이와 관련한 생생한 교훈이 나온다. 하나님은 하늘에서 만나를 내리실 때, 그날에 필요한 것만 취하도록 말씀하셨다. 그런데 그때 만나를 많이 가져가 쌓아 둔 사람들이 있었다. 하나님은 그들이 쌓아 놓은 만나에 냄새가 나고 벌레가 생기게 하셨다(출 16:16-20). 이처럼 하나님은 그들의 '저축'을 결코 축복하지 않으셨다. 하나님은 먼저 그분의 나라를 구하는 지혜로운 자녀의 필요를 채워 주실 것이다(마 6:33).

저축과 축적의 구분

저축은 하나님 앞에서 '뻔뻔하지 않기 위한 수단'이다. 반면 축적은 하나님을 '대체하는 수단'이다. 저축은 필요가 생겼을 때, 다른 사람이 책임을 져야 한다는 뻔뻔함을 피할 수 있게 해준다. 우리는 다른 사람에게 필요가 생겼을 때 도와야 하지만, 축적은 누군가 도움으로부터 독립하기 위해 자기 자신에게만 집중하겠다는 결단이다.

개미에게서 배울 수 있는 또 다른 교훈이 있다. 개미탑은 날씨가 안 좋을수록 커진다. 그 이유는 음식물을 보관할 장소가 더 많이 필요하기 때문이다. 반면 날씨가 좋으면 개미탑은 작아진다. 개미는 다가오는 겨울을 위해서만 보관하지, 앞으로 10년간의 겨울을 대비하지 않기 때문이다.

나 역시 미래의 필요를 위해 얼마를 따로 떼어 저축한다. 하지만 하나님의 인도하심을 느끼면 곧바로 내어 드릴 것이다. 그러나 내가 축적을 한다면 어느 누구에게도 나누고 싶지 않을 것 같다. 이처럼 축적은 내 이웃을 내 몸처럼 사랑하지 못하게 한다.

저축과 축적의 차이는 '태도'에 달려 있다. '위기의 날'을 위해 500백 달러나 수천 달러를 저축하는 것과 '위기의 십 년'을 위해 25만 달러를 축적하는 것은 큰 차이가 있다. 어떤 사람은 백 년을 견디기에 충분한 금액을 쌓아 두기도 한다! 그런데 미래의 필요를 위해, 오늘날 도움이 필요한 사람을 무시해서야 되겠는가?

하나님은 어떤 것도 움켜쥐지 않으려는 사람에게 가장 좋은 축복을 부어 주신다. 그러나 '만일의 경우'를 중요시하는 사람은 그분의 축복을 받지 못할 것이다.

은퇴를 위한 저축

많은 사람들이 연금에 가입되어 있다. 재정 상담가들은 은퇴 준비를 설명하며 다리가 세 개 있는 의자를 예로 든다. 그것은 사회 보장, 근로자 퇴직 연금, 그리고 개인 저축이다.

다른 모든 저축처럼 은퇴를 위한 저축에도 동일한 질문을 해야 한다. 이것이 성경적인 적절한 계획인가, 아니면 하나님을 신뢰하는 것에 대한 대안인가?

은퇴를 대비해 지나치게 많이 저축하는 것이, 어리석은 부자의 축적과 무엇이 근본적으로 다른가? 우리는 이미 이 부자의 은퇴 계획에 대한 예수님의 뜻을 알고 있다(눅 12:16-21). 당신과 그 어리석은 부자와 어떻게 다른지 주님께 여쭈어 보라. 만일 차이가 전혀 없다면, 당신은 이제부터 바뀌어야 한다.

은퇴를 대비해 얼마를 저축하는 것이 적절한가? 어느 지점부터 탐욕스런 축적이라고 말할 수 있는가? 만일 은퇴를 대비해 저축한 금액의 일부나 전부를 하나님 나라를 위해 투자한다면, 어떤 일이 일어나겠는가? 재정 상담가들은 '은퇴 뒤 위태로운 삶을 살게 될 것'이라고 말하지만, 하나님은 '네 삶이 영원히 풍성하게 되리라'고 말씀하지 않으셨는가? 우리가 정직한 마음으로 열심히 하나님 나라에 투자한다면, 그분이 우리를 위태롭게 내버려 두시겠는가?

나는 레리 버켓의 다음 평가에 동의한다.

"높은 소득을 가진 그리스도인의 사고에는 은퇴 후 계획이 큰 부분을 차지하고 있다. 그래서 건들기만 해도 과잉 반응을 한다. 그들은 미래가 두려워서 하나님이 주신 물질로 하나님의 일을 하지 않는다. 하나님의 돈을 20년에서 40년까지 자신을 위해 챙겨 놓는다. 하나님은 은퇴를 포함한 미래를 위한 저축을 격려하시지만(잠 6:6-11, 21:20), 어리석은 부자의 예에서 보듯이 '망설이지 말고 주고, 축적하지 말라'고 누가복음 12장 16-20절을 통해 정확히 말씀하셨다."

우리는 이웃을 내 몸과 같이 사랑해야 한다. 만일 내 자녀가 굶주린다면 은퇴 자금을 빼서 먹이지 않겠는가? 그런데 이웃의 자녀들을 위해서는 왜 그렇게 하지 않는가? 오직 우리의 미래를 위해 축적해놓는다면, 어떻게 이웃을 내 몸처럼 사랑하라는 명령에 순종할 수 있겠는가?

나는 이 질문이 위협적인 것을 안다. 나도 마찬가지로 미래에 대한 고민이 있기 때문이다. 내 은퇴 계좌에도 많은 사람을 먹이고 많은 사람에게 복음을 전할 충분한 금액이 있다. 몇 주 전 우리 부부는 여기에서 얼마를 인출해 하나님께 드리기로 결정했다. 그래도 여전히 상당한 금액이 남아 있다. 또 언젠가 그중 일부나 전부를 드리거나, 아니면 아무것도 드리지 않을 수도 있다. 지금은 아무것도 확실할 수 없으나 한 가지 분명한 것은, 그것이 내게 속한 것이 아님으로 늘 하나님께 물어보아야 한다는 사실이다.

유럽에서 청년 사역을 하는 선교사들이 지금까지 모아둔 은퇴 자금을 사역에 드리기로 결정했다. 그때 많은 그리스도인들이 고개를 흔들며 어리석은 행동이라고 말했다. 그러나 마지막 두 동전을 드린 과부를 칭찬하셨던 하나님이 이들의 헌신을 칭찬하지 않으시겠는가? 그들의 행동은 "먼저 그의 나라와 그의 의를 구하라 그리하면 이 모든 것을 너희에게 더하시리라"(마 6:33)는 그리스도의 약속과 일치된다. 그런데 왜 이들이 어리석은가? 혹 우리가 어리석은 것은 아닌가?

어리석은 부자는 자신을 위해 쌓아 놓은 돈을 사용할 기회가 결코 없었다. 쌓아 둔 만나도 벌레가 생겨 쓸모없어졌다. 우리는 주님이 언제 다시 오실지 전혀 알지 못한다. 분명한 것은 반드시 오신다는 사실뿐이다. 그때 우리가 가진 것은 아무것도 쓸모가 없게 된다. 이제 당신은 남은 생을 어떻게 보내겠는가?

'건드려선 안 되는 것'은 무엇인가?

은퇴 계획에서 가장 큰 목표는, 원금을 건드리지 않고 충분한 '이자 소득'을 정기적으로 발생시키는 것이다. 상속받은 백만 달러를 하나님께 드리길 소원하는 사람이 있었다. 그리스도인 재정 상담가는 그에게 "이자 소득만 드리고, 원금은 절대 손대지 마세요. 그것만큼은 꼭 명심하세요"라고 조언했다. 그러나 우리는 하나님께 "원금은 건드리지 말아야 한다"고 감히 말해서는 안 된다. 우리가 누구이기에 한계를 정할 수 있단 말인가? 이자도 원금도 모두 하나님의 것이다. 만약 필요 이상의 돈이 생겼다면, 당장 하나님께 드려라. 기회의 문은 10년 후, 6개월 후, 혹은 다음 주에 닫힐 수 있다.

얼마만큼이 충분한가?

은퇴 계획의 상징인 세 다리의 의자를 사용할 때, 다리만 의지한 채 하나님께 의자를 잘 세워달라고 요청하는 것은 옳지 않다. 또한 자기 힘으로 모든 것을 해놓고, 하나님을 신뢰하지도 않으면서 그분께 우리의 필요를 '형식상' 요청하는 것도 옳지 않다. 빵 공장을 가지고 있는데 어떻게 "오늘날 우리에게 일용한 양식을 주옵소서"라고 진심으로 기도할 수 있겠는가?

많은 재정 상담가들이 나에게 은퇴 준비를 위해 준비가 덜 되었다고 말한다. 그러나 나는 성경을 읽을 때마다, 혹시 내가 너무 많이 쌓아 둔 것은 아닌지 고민한다. 그래서 날마다 주님의 뜻을 묻는다. 내가 신뢰할 것은 은퇴 자금이 아니라 하나님이시기 때문이다.

어리석은 부자는 자기 힘으로 모든 것을 해결하려고 했다. 그는 은퇴를 계획했지만 하나님과의 동행에 대해서는 준비하지 않았다. 돈으로 무엇을 할지 우주의 창조주와 상담하지 않았다. 나는 미래에 대한 계획이 없는 불쌍한 사람이 되고 싶지도, 미래에 대한 지나친 계획이 있는 사람이 되고 싶지도 않다. 둘 다 어리석기 때문이다. 나는 오직 영원한 미래를 위해 계획을 세우고 싶다.

많은 사람들이 돈뿐 아니라 가치 있는 소유물을 쌓아 놓는다. 우리는 이런 물질적인 자산들도 나누어야 하는데, 특별히 골동품, 예술품 등은 그 가치가 어마어마하다. 하지만 모두 하나님 나라를 위한 목적으로 사용해야지, 금고에 보관하면 안 된다.

당신은 기도와 말씀 묵상을 통해 하나님의 뜻을 알기 원하는가? 그런데 하나님이 관여하시면 안 되는 영역이 있는 것은 아닌가? 우리는 청지기가 되어야 한다. 하나님의 것을 착복해서는 안 된다. 만일 당신의 은퇴 자금을 하나님께서 간섭하실 수 없다면 당신은 청지기가 아니다. 하나님의 인도하심을 구할 때, 우리는 모든 것을 내려놓아야 한다.

찰스 스펄전은 이렇게 말한다.

"그리스도인은 전적으로 하나님을 신뢰하지 않는다… 만일 당신이 '일시적인 것'에도 하나님을 신뢰하지 못한다면, 어떻게 '영적인 것'을 하나님께 맡기겠는가? 당신의 필요에 비해, 당신이 원하는 것에 비해 그분이 너무 부족한 분이신가? … 당신의 필요가 너무나 커서 그분이 감당못할 것 같은가? 그분의 팔은 쉽게 피곤해지는가? 만일 그렇다면 다른 하나님을 찾으라. 그러나 그분이 무한하시고, 전능하시며, 신실하시고, 진실하시며, 지혜로우시다고 믿는다면, 또 다른 확신을 얻기 위해 사방팔방 방황할 이유가 없다. 하나님만이 유일한 반석이신데, 왜 자꾸 다른 터를 찾으려고 돌아다니는가? 모래 위가 아닌, 폭풍도 견딜 수 있는 만세반석 예수 그리스도 위에 당신의 집을 세우라."

고린도후서 8장 3-15절을 읽어 보라. 은퇴를 위해 돈을 저축하는 것이 지혜롭다고 말하고 있는가? 마게도냐 성도들은 부유하지 않았지만, 내일을 염려하지 않고 아낌없이 드렸다. 그렇다면 우리 역시 먼 미래를 위해 보물 쌓는 일로 그렇게 걱정할 필요가 없다. 사실 하나님의 자녀들은 은퇴 프로그램이 필요 없다. 많은 그리스도인들이 이것 없이 잘 살아가고 있다. 예전에도 그랬고 지금도 마찬가지이다.

만일 오늘날의 모든 그리스도인들이 자신의 은퇴 자금 중 4분의 1만 헌금한다면, 복음은 엄청나게 빨리 전파될 것이다. 이것은 단지 돈의 가치 때문이 아니라, 헌금하는 사람의 마음과 기도와 헌신이 뒤따르기 때문이다.

얼마만큼이 충분한가? 이 질문에 대해 나는 당신에게 대답해줄 수 없다. 나 자신도 그것을 계산해 보려고 얼마나 애를 썼는지 모른다. 그러나 내가 알게 된 것은 우리 각자가 진지하게 그 질문을 해야 한다는 사실이다. 또한 우리는 세상의 소음으로부터 귀를 막고, 하나님의 말씀에 귀를 기울여 그분의 대답을 들어야 한다. 세상의 흐름을 맹목적으로 따라가지 않기 위해서 성경의 가르침을 주목해야 한다.

무엇으로부터의 은퇴이며, 무엇을 위한 은퇴인가?

우리는 '은퇴 뒤 꿈'에 대해 말할 때, "그것이 누구의 꿈인가?"를 먼저 스스로에게 물어야 한다. 그 꿈은 하나님의 꿈인가? 언제부턴가 은퇴 뒤 다가올 벅찬 미래가 그리스도의 재림을 대체해버렸다.

65세에 은퇴한 남자가 심장마비를 일으킬 확률은 보통 사람의 두 배라는 연구 결과가 있다. 인간의 몸과 마음은 인위적인 '조업 중지' 날짜가 정해져 있지 않다. 성경 어디를 봐도 건강한 사람에게 일을 그만두라고 지시한 경우는 없다. 은퇴 뒤, 무보수로 일해도 좋고, 자원봉사를 해도 좋다. 분명한 것은 이 땅에서 사는 동안 당신을 향한 하나님의 목적이 있다는 것이다. 하나님은 아직 일할 수 있는 사람이, 해변에 한없이 드러누워 있거나 골프에 빠져 있거나 어두운 거실에서 텔레비전만 보기를 원하지 않으신다.

만일 당신이 은퇴에 필요한 돈을 모았고 소득을 위해 더 이상 일할 필요가 없다면, 교회나 가난한 어린이들을 위해 일할 수 있다. 또한 2년, 5년, 10년, 혹은 20년을 자비량 선교사가 되어 복음을 전할 수도 있다. 당신이 살아 있다면, 당신을 향한 하나님의 일은 아직 끝나지 않았다. 어쩌면 가장 많은 열매를 맺을 사역의 기회가 오고 있는지도 모른다.

기독교 재단의 저축과 투자, 그리고 드림

역사상 그리스도인이 이토록 많은 부를 가진 적은 없었다. 기독교 재단도 이렇게 많았던 적이 없었다. 재단은 비영리 기관으로, 전문적으로 보조금을 만든다. 그들은 기본 자산이 있으며, 이자나 후원금으로 자본을 늘리기도 한다. 유명한 재단의 한 고문이 내게 이렇게 말했다. "적은 돈을 지속적으로 후원하는 사람이 하나님 나라를 움직이는 '원동력'입니다. 그들은 저희를 기도로 돕고 격려해 줍니다. 그리고 안정적으로 재정을 운영하게 해줍니다."

기독교 재단은 일반적으로 일정 금액의 이자를 창출해 매년 나누고, 자본은 그대로 유지한다. 통상적으로 원금은 손을 대지 않는다. 보통 법적인 최소치만 나누면 되기 때문에, 원금은 줄어들기보단 늘어난다. 그래서 재단의 자산은 매년 증가하는 것이 일반적이다. 개인이나 가족, 회사가 재단을 설립할 수 있다. 이런 경우에는, 전문가가 설립 과정을 돕는다. 재단은 개인이 할 수 없는 일을 하며, 아무도 시도하지 못한 사업에 뛰어들기도 한다.

자신들의 나눔에 자녀를 동참시키기 원하는 부유한 사람들에게는 재단이 유용한 도구가 되기도 한다. 반면 어떤 부유한 사람들은 재단을 만드는 대신, 일생 동안 번 재산을 특정 재단에 모두 기증한다. 어떤 경우에는 재단이 전문적인 컨설팅을 제공하기도 한다. 그들은 선교 단체와 동역하며, 기부를 확장시키는 데 필요한 노하우를 제공한다.

나는 기독교 재단이 이 사회에 좋은 일을 많이 했다고 확신한다. 만약 당신이 재단을 설립하고 싶다면, 다음 질문들을 스스로에게 물어보라.

1. 재단의 순자산에 '나의 가치'는 얼마나 포함되어 있는가? 지위를 얻고 인정을 받는 것이 중요한가? 나는 혹 영향력을 행사하고 싶은가? 만일 내가 더 이상 기부할 재산이 없을 때, 기부를 받는 기관이 내게서 등을 돌리지는 않을까? 나는 그렇게 되더라도 기쁘게 살 수 있는가?

2. 재단에 돈을 내면서 그곳을 통제하고 싶은 것은 아닌가? 재단에 상당한 재산을 기부하려고 하는 것이 기부자로서의 권력과 명예를 누리려는 이기적인 선택은 아닌가? 혹 재단을 설립하는 이유가 사후에도 그들을 통제하고 싶어서는 아닌가?

3. 하나님이 왜 오늘날의 그리스도인들에게 많은 자원을 맡기셨다고 생각하는가? 그 이유가 앞으로 20-30년 이후에 생길지도 모르는 필요를 만족시키기 위함인가, 아니면 오늘날의 절박한 필요를 만족시키기 위함인가? 예루살렘 초대 교회는 미래에 발생할지 모르는 필요를 위해 자원을 쌓아 놓지 않았다. 대신 현재의 실제적인 필요를 채우기 위해 그 자원을 사용했다(행 2:44-45, 4:34-35). 만일 예루살렘 교회가 자원

을 축적했더라면, 그렇게 많은 사람들을 돕지 못했을 것이다. 하나님은 현재의 필요를 채우라고 계속해서 그들에게 공급해 주셨기 때문이다. 또한 그들에게 도움이 필요할 때는, 다른 사람들이 그들을 돕도록 하셨다. 우리도 마찬가지다. 우리는 바로 지금 도움이 필요한 사람들을 도와야 한다. 우리가 자원을 쥐고 있을 이유가 어디 있는가?

하나님이 공급해 주신 것들을 축적하고 미래의 필요를 위해 아끼면서 현재의 필요를 채울 수 있을까? 죽어 가는 사람들이 지금 이 세상에 가득한데, 앞으로 20년 뒤 죽어 갈 사람들을 위해 현재 드리는 것을 연기하는 것이 적절한가? 하나님이 오늘의 필요를 채우신다고 믿는다면, 앞으로의 필요도 채우시리라 믿어야 하지 않는가? 존 웨슬리는 이렇게 말했다. "내가 태어나기 전에 세상을 다스렸던 사람들은 내가 죽을 때도 똑같이 세상을 다스릴 것이다. 나의 책임은 현재의 상황을 개선하는 것이다."

4. 많은 자금을 축적하고 있는 재단은 그리스도가 다시 오실 때 연기처럼 사라질 것이다. 지금부터라도 자원을 어떻게 하면 전부 나눌 수 있는지 계획한다면, 하나님 나라를 위해 얼마나 많은 일을 할 수 있겠는가?

5. 많은 선교 단체들이 거액을 한 번에 받을 준비가 되어 있지 않다고 주장한다. 그렇다면 사역을 잘하는 다른 단체들과 나누면 되지 않겠는가? 만일 재단의 자산이 굉장히 많다면, 수년에 걸쳐 나누는 계획을 세울 수 있다. 그러나 만일 긴급 상황이 생기면, 바로 분배해야 한다. 움켜쥐는 것이 아니라 '당장' 나누는 것이 최선의 행동이 되어야 한다.

6. 만일 하나님이 당신에게 돈을 버는 특별한 능력을 주셨다면, 그 능력을 후세에 남기고 싶진 않은가? 당신의 후손도 당신처럼 우선순위

를 세워 살아가리라 확신할 수 있는가?

장성한 자녀들을 아무리 신뢰한다 해도 그들에게 나누는 삶을 가르칠 필요가 있다. 두 딸이 십 대가 되었을 때, 나는 내 책의 인세를 기부할 기관을 그들이 선택하도록 했다. 나는 딸들에게 각각 만 달러씩 기부하도록 정해 주었다. 그들은 여러 기관에 대한 정보를 알아보면서 영원에 투자하는 기회를 배우게 되었고, 여러 사역에 마음이 열리게 되었다. 나는 그들이 결혼한 뒤에도 똑같은 일을 시켰다. 그때 그들은 남편과 함께 나누는 기쁨을 누렸다.

그런데 자녀를 재단 이사로 세우고자 할 때, 우리가 나눔의 모범을 보여 주지 않는다면 그들이 재단을 어떻게 관리하겠는가? 그들은 움켜쥐는 것이 아닌, 주는 것을 가장 먼저 배워야 한다. 그리고 그들 자신의 노력을 통해 그것을 키워 나가야 한다. 자녀에게 부모보다 더 나은 모델이 어디 있겠는가?

7. 첫해에 500만 달러의 원금을 드리는 것보다 향후 이십 년 동안 500만 달러의 이자를 드리는 것이 정말 더 나은가? 당신은 하나님의 약속보다 세상의 말을 더 믿는가?

8. 당신이 자원을 나누지 않음으로써 그 책임이 자녀에게 전가되는 것을 진정으로 원하는가? 자녀는 큰 부담을 떠안게 될 것이다.

드리는 것을 연기하는 것

"만군의 여호와가 이같이 말하여 이르노라 이 백성이 말하기를 여호와의 전을 건축할 시기가 이르지 아니하였다 하느니라 … 이 성전이 황폐하였거늘 너희가 이때에 판벽한 집에 거주하는 것이 옳으냐"(학 1:2,4).

당신은 하나님 나라의 일이 먼저인가, 개인의 왕국을 건설하는 것이 먼저인가? 하나님은 백성들이 "시기가 이르지 아니하였다"라고 말하며 그분의 일을 지연시키는 것을 꾸짖으셨다. 당시 이스라엘 백성들은 자신의 집을 짓기에 바빴다.

그들은 "성전을 짓지 않을 것이다"라고 말하지 않았다. 그들도 언젠가는 지으려 했을 것이다. 다만 "아직은 시기가 아니다"라고 말했다. 오늘날 많은 그리스도인들도 이와 비슷한 말을 한다. "언젠가 드릴 것이다. 다만 아직은 때가 아니다." 그들은 늘 자신이 먼저다.

나중에 드릴 것이라는 생각으로 돈을 움켜쥐는 것은, 자기 자신을 속이는 일이다. 이런 사람들은 절대로 하나님의 뜻을 따르지 않고 돈과 함께 세상에 머물기를 원할 것이다. '언젠가 드릴 것'이라는 것과 실제로 '드리는 것'은 근본적으로 다르다.

하나님은 이스라엘의 재정적인 문제를 하나님의 일에 드리지 못한 것과 연결 지으셨다.

> "너희는 너희의 행위를 살필지니라 너희가 많이 뿌릴지라도 수확이 적으며 먹을지라도 배부르지 못하며 마실지라도 흡족하지 못하며 입어도 따뜻하지 못하며 일꾼이 삯을 받아도 그것을 구멍 뚫어진 전대에 넣음이 되느니라"(학 1:5-6).
>
> "너희가 많은 것을 바랐으나 도리어 적었고 너희가 그것을 집으로 가져갔으나 내가 불어 버렸느니라 나 만군의 여호와가 말하노라 이것이 무슨 까닭이냐 내 집은 황폐했으되 너희는 각각 자기의 집을 짓기 위하여 빨랐음이라 그러므로 너희로 말미암아 하늘은 이슬을 그쳤고 땅은 산물을 그쳤으며 내가 이 땅과 산과 곡물과 새 포도주와 기름과 땅

의 모든 소산과 사람과 가축과 손으로 수고하는 모든 일에 한재를 들게 하였느니라"(학 1:9-11).

우리는 하나님께 드리지 않으면, 그만큼 다른 사람보다 앞서 가고 있다고 착각한다. 그러나 하나님은 정반대의 말씀을 하셨다. 드리지 않는 것은 저주를 자초하는 일이라고 말이다.

드림을 연기하는 것은 순종을 연기하는 것이고, 그것은 곧 불순종이다. 찰스 스펄전은 이것에 대해 다음과 같이 말했다.

"돈에 눈먼 사람은 헌금하는 것을 아까워하고, 헌금을 내지 않는 것을 경제적이라고 말한다. 하지만 그것은 스스로를 가난하게 만드는 일이다. 그들은 가족을 돌봐야 한다고 변명하지만, 하나님의 집을 등한시하는 것이 바로 그들의 가정을 파괴하는 가장 확실한 방법인 것을 모른다. 하나님은 우리의 계획을 초월하여 성공하게도 하시며, 우리의 계획을 좌절하게도 하신다. 그분은 관대한 사람을 부유하게 하시고, 십일조를 유보하는 구두쇠를 가난하게 하신다.
나는 관대한 그리스도인이 항상 행복하고 번성하는 것을 보아 왔다. 반면 돈에 눈먼 그리스도인이 자신의 인색함으로 인해 가난해지는 경우도 많이 보았다. 주인이 종을 신뢰하면 할수록, 더 많은 것을 맡기게 되어 있다. 하나님도 마찬가지이다. 되로 드리는 사람에게 말로 갚아 주신다. 하나님께 아무것도 드려본 적 없는 사람은 결코 십일조를 드릴 때 느낄 수 없다."

보험

보험의 본질

보험은 손실에 대한 보장이다. 상대적으로 적은 돈으로 보험에 가입하여 뜻하지 않은 손실이 발생했을 때 보장받는 것이다. 사람뿐 아니라 집, 자동차, 건물, 수집품 등 거의 모든 것이 보험의 대상이다. 심지어 음악가의 손도 가능하다. 사람에 대한 보험의 종류로는 의료보험, 상해보험, 생명보험 등이 있다. 또한 법적으로 모든 자동차 소유주는 보험을 들어야 한다.

보험이 유익한 것은 분명하다. 감당할 수 있는 비용으로 상당한 손실을 피할 수 있기 때문이다. 도난, 화재, 사고, 질병, 혹은 갑작스런 죽음이 닥칠 경우, 사람들은 보험에 들은 것을 아주 감사하게 생각한다. 사람들이 보험에 기꺼이 가입하는 이유는 마음의 평안을 얻기 위해서다.

그렇다면 성경이 말하는 보험의 약점은 무엇인가? 그중 하나는, 하나님을 향한 신뢰를 상실하는 것이다. 성경은, 하나님이 시련과 손실을 통해 우리를 다듬으신다고 가르친다. 만일 집이 불에 다 탔다고 가정해 보자. 상당한 피해를 입었지만, 화재보험을 들었다면 보상금으로 오히려 더 좋은 집으로 이사를 갈 수 있다. 그렇다면 과연 이럴 때 당신은 하나님을 더 신뢰하게 되겠는가?

자동차 사고가 나면 수리가 보장된다. 아프면 병원비가 지불된다. 혹 우리가 죽으면 가족에게 상당한 위로금이 전해진다. 이렇듯 보험을 들면 모든 상황에 완벽하게 대처할 수 있다고 생각한다. 그래서 하나님의 공급하심을 구하지 않게 된다.

'회사보험'과 '공동체보험'

예전에는 병이 들면, 하나님께 치유와 물질적 공급을 위해 기도드렸다. 그래도 호전되지 않아 아무 경제 활동을 못하게 되면, 기도뿐 아니라 친척이나 믿음의 공동체에 도움을 구했다. 이때 그의 '보험'은 공동체였다. 사람들은 서로 돌보고 돕고 기도했다. 하나님은 이러한 관계를 통해 물질뿐 아니라 영적인 필요도 채우셨다. 이웃이 죽으면, 다른 이웃이 앞장서 그의 가족을 돌보았다. 그러나 보험으로 인해 모든 것이 바뀌었다. 당신이 보기에 더 나은 방향으로 바뀐 것 같은가?

백 년 전만 해도, 누군가의 집이 불타면 이웃들과 교인들이 모여 자신들의 시간과 돈을 들여 그의 집을 다시 지어 주었다. 그러나 오늘날은 보험 회사가 이러한 일을 모두 담당하고 있다. 그러면서 점점 서로에 대한 관심이 줄어들기 시작했고, 사람들은 이기적으로 변해 갔다. 보험회사가 잘 돌봐주는데 굳이 우리가 나설 이유가 있겠는가?

자, 지금부터 이 둘을 구분하기 위해, 보험 회사에서 제공하는 보험을 '회사 보험'이라 부르고, 영적 공동체에 의해 행해지는 자발적인 공급을 '공동체 보험'이라 부르도록 하자. 회사 보험이 보편화되면서 공동체 보험의 역할은 축소되었고, 지금은 거의 사라졌다.

공동체 보험의 종언(終焉)은, 공동체 속에서 자연스럽게 일어나는 진정한 돌봄을 사라지게 했다. 또한 다양한 정부 정책에도 많은 악영향을 끼쳤다. 회사 보험은 이처럼 사람 간의 친밀한 관계를 멀어지게 했을 뿐 아니라, 관계로부터 도망친 사람들의 공허함 속으로 기어들어 왔다.

물론 이렇게 말하는 사람도 있을 것이다. "하나님이 교회나 공동체를 통해 일하셨듯 보험 회사를 통해 일하시지 않겠습니까?" 맞는 말이다. 하나님은 어떤 것을 통해서도 일하실 수 있다. 그러나 하나님은 비인간적인 거대한 회사가 찍어 내는 돈으로 쉽게 일을 해결하기 원하시진 않을 것이다.

나는 친절하고 동정심이 많은 어느 보험 설계사를 알고 있다. 그는 자신의 의무 이상으로 돕기 위해 노력한다. 하지만 그렇다고 해서 그가 내 이웃은 아니다. 그가 돕는 돈은 회사에서 나오는 것이다. 그 돈은 서로 알지도 못하고 서로 알려고도 하지 않는 수백만의 사람들이, 사랑하는 마음이 아닌 그냥 지불한 것이다.

의료보험

의료보험을 여러 가지 관점에서 볼 수 있다. 첫째로, 우리 사회의 터무니없이 높은 의료비를 고려할 때 의료보험을 가지지 않는 것은 위험하고 무책임하게 보인다.

치솟는 의료비의 냉엄한 현실과 수십만 달러의 의료비를 지불한 사례를 들으며 보험의 필요성을 절감하지만, 이것이 이상적이라고는 믿지 않는다. *그러면 무엇이 이상적인가? 그리스도인 공동체, 바로 그 자체가 이상적이다.* 이 말은 교회가 보험료를 납부한다거나 보험 회사처럼 처리를 해준다는 의미가 아니다. *사실 교회는 사회나 정부가 그들이 하던 일을 대신할 때까지, 가난하고 병든 사람들을 돌보았다.* 오늘날의 교회도 이러해야 한다. 보험 회사가 아니라 교회가 그리스도의 몸이다. 하나님이 어찌 그분의 교회를 통해 필요한 것을 공급하지 않으시겠는가?

만일 그리스도인들이 보험 회사에 지불할 엄청난 보험료를 자발적으로 교회에 낸다고 가정해 보자. 그러면 그 즉시 엄청난 사람들을 돕고 복음을 전할 수 있지 않겠는가? 같은 지역 안에 있는 여러 교회가 함께 이 일을 할 수도 있다. 재정적인 이점은 차치하고, 많은 교회들이 한 뜻으로 동참한다면 얼마나 아름답겠는가?

1993년부터 크리스천 돌봄 사역 기관(Christian Care Ministry)에서는 '의료비 나눔'(Medi-Share)이라는 프로그램을 운영하고 있다. 현재 이 프로그램에는 서로 다른 13개 교단에서 4만 5천 명이 넘는 회원이 가입되어 있다. 많은 의료계 종사자들도 가입되어 있는데, 이들은 서로의 의료비를 공동으로 부담한다. 즉, 의료 보험 대용 프로그램인 것이다. 이렇게 했을 때, 많은 가정들이 매년 수천 달러를 절약할 수 있었다.

이들은 연회비 150달러와 매달 발생하는 회원들의 의료비를 나누어 부담하고 있다. (5만 달러를 초과하는 비용이 발생하면 500만 달러까지 보상받을 수 있다.) 이 프로그램의 존재 목적은 청지기직을 수행하는 것이다. 대부분의 회원들이 이 프로그램을 통해 의료비를 아낄 수 있었고, 그리하여 더 많은 돈을 하나님의 일을 위해 사용할 수 있었다. 또한 이 프로그램은 건강한 삶의 방식에 대해 교육하고 있으며, 낙태 같은 비성경적이고 비윤리적인 일에는 비용을 절대 지불하지 않는다. 나는 이러한 기관이 널리 알려져야 한다고 믿는다.

우리는 오늘날의 사회 시스템을 그대로 받아들이기에 앞서 보다 성경적인 대안을 하나님께 구해야 한다.

생명보험

생명보험은 가입자가 죽어야 보상을 받기 때문에, 실제로는 '사망보험'이다. 생명보험의 주된 목적은 소득의 공급자가 죽었을 때, 그 소득을 대체하는 것이다. 당신이 보험 설명회에 참석한 적 있다면, 당신이 사망했을 시, 가족의 현재 생활 수준을 앞으로 5-20년 동안 유지하기 위해 얼마의 보험금이 있어야 하는지 들었을 것이다. 일반적으로 엄청난 금액이 필요하며, 이에 따라 당신의 보험료도 높게 책정될 것이다.

그러나 이 모든 고려 대상에 하나님은 어디 계시는가? 만일 집안의 가장이 내일 당장 죽는다면, 남은 식구들에게는 기본적인 필요를 채울 돈이 필요할 것이다. 아이들이 성인이 될 때까지 들어갈 돈을 계산하면 막막할 것이다. 바로 이럴 때 생명보험은 남은 가족들에게 큰 도움이 될 것이다. 그러나 생명보험이 모든 상황을 대비해 주는 해결책은 아니다. 사랑하는 사람과의 이별을 통해 유익을 얻는 것도 바람직하지 못하다.

나는 자신이 살아 있을 때의 가치보다 죽었을 때의 가치가 더 높다고 말한 한 사람을 알고 있다. 당시 그는 직장을 잃고 괴로워하고 있었고, 그래서 죽음을 심각하게 고민 중이었다. 이처럼 한 가정의 가장이 가족에게 물질적인 도움을 주기 위해 죽음을 생각한다면, 그것은 대단히 잘못된 것 아닌가?

내가 죽었을 때, 성도들이 이렇게 말하는 것을 나는 원치 않는다. "목사님은 홀로 남은 아내의 필요를 완벽하게 준비해 놓은 좋은 공급자였다." 오히려 나는 우리 교회가 아내를 돌봐 주기를 원한다. 물론 아내는 저축 등 여러 가지 방법으로 현명하게 잘 살아가겠지만, 그 무엇보다 교회로부터 받는 지속적인 돌봄과 격려가 필요하지 않겠는가? 언젠가 내가 죽으면, 우리 가족에게 물질적인 도움이 필요할 것이다. 하지만 그것이 그토록 불행한 일인가? 그리스도의 몸을 이루는 우리가 서로 돕고 도움을 받는 것이 얼마나 아름다운가?

나는 도움이 필요한 이들을 돌볼 책임을 보험 회사, 정부, 혹은 자선 기관에 돌리고 이기적으로 살아가는 그리스도인들을 많이 보았다. 심지어 이단들도 정성껏 이웃을 돕지 않는가? 우리는 이 사실에 대해 부끄러워해야 한다.

생명보험 설계사는 보험료를 계산할 때, 중요한 변수들을 고려하지 않는다. 예를 들어, 아내의 재혼이다(물론 남편도 해당된다). 여자가 많은 돈을 가지고 재혼하는 것은 좋지 못하다. 또한 평소 검소하게 지내던 자녀들이, 아버지의 죽음 뒤 사치하게 되면 그 어머니에게 상처가 될 수도 있다. 자녀들은 그들의 필요를 채워 주실 오직 한 분, 하나님을 알 필요가 있다. 가정에 책임을 다하기 위해 보험을 드는 것은 그저 한 방법일 뿐이다.

보험은 하나님의 도구인가, 대체품인가?

보험의 가장 큰 위험은, 그것이 하나님을 의지하는 길을 막는다는 것이다. 따라서 우리는 보험에 드는 동기를 주의 깊게 평가해야 한다. 보험을 하나님의 공급하심으로 생각하는가, 아니면 하나님을 더 이상 찾고 싶지 않은 회피책으로 여기는가?

이스라엘의 왕들은 이집트와 시리아의 왕들에게 공물을 바쳤다. 이때 이사야 선지자는 하나님 대신 세상의 권력을 신뢰하는 그들을 정죄했다(사 30:1-2). 보험 회사의 능력을 의지하는 행위는, 하나님으로부터 독립 선언을 하는 것이다. 당신이 든 각종 보험이 당신의 재정적인 바벨탑은 아닌지, 하나님이 도와 주시지 않을 때를 대비한 보호 수단은 아닌지 고민해 보라.

그리고 최종적으로 이것을 점검하라. 보험이 하나님의 정당한 도구인가, 아니면 그분을 대체하는 수단인가? 보험이 우리의 우상은 아닌가? 당신은 이 질문에 정직하게 대답할 필요가 있다.

만약 신약 시대 때 보험 제도가 있었다면, 예수님은 보험에 가입하셨을까? 사도들도 가입했을까? 만일 보험에 들지 않으셨다면, 왜 그랬을까? 반대로 보험에 들었다면, 무슨 보험에 들고 보험료는 얼마나 내셨을까? 성경에는 보험과 견줄 만한 것이 나오지 않기 때문에, 보험이 옳은 것인지 잘못된 것인지를 증명할 방법은 없다. 누군가는 보험을 가족의 필요를 공급하는 정당한 것이라고 믿는다. 또 누군가는 믿음이 부족한 증거라고 믿는다. 그러나 둘 다 '추정'의 죄를 범할 수 있다.

나는 어떤 사람보다는 더 많은 금액의, 또 어떤 사람보다는 더 적은 금액의 보험에 가입되어 있다. 하지만 보험을 통해 미래에 일어날 일에 대한 준비는 하되, 하나님 나라를 위해 사용할 비용은 더 많이 남겨 두어야 한다고 믿는다.

나는 여기에서 모든 사람이 따라야 할 기준을 세우지 않을 것이다. 저마다 상황과 형편이 다르기 때문이다. 우리는 각자의 기준을 세워야 한다. 보험을 들 때, 우리에게 맞는 여러 요소를 고려하고, 그리스도 안에서 계속적으로 평가하라. 아울러 하나님의 뜻이 무엇인지 분별하고, 그분의 인도를 따르겠다고 결단하라.

왜 염려하는가?

"너희는 먼저 그의 나라와 그의 의를 구하라 그리하면 이 모든 것(먹는 것, 마시는 것, 입는 것)을 너희에게 더하시리라"(마 6:33).

세상 사람들이 이러한 모든 것들을 쫓고 내일을 염려하는 것과는 다르게, 성도들은 하나님의 공급하심을 신뢰하며 믿음으로 살아간다(마 6:25-34). 예수님은 하나님이 새들도 돌보신다고 말씀하셨다. 하나님은 새들을 그분의 형상대로 지으시지 않았고, 예수님도 새들을 위해 십자가에 달려 돌아가시지 않았다. 성령님도 새들 안에 거하시지 않는다. 훗날 새들은 그리스도와 함께 이 땅을 다스릴 것도 아니다. 그러나 우리는 그렇게 될 것이다! 이때 예수님은 제자들에게 "너희는 이것들보다 귀하지 아니하냐"(마 6:26)라고 물으셨다. 이처럼 예수님은 오늘도 우리를 소중하게 돌보고 계신다.

새들은 둥지를 짓고 먹이를 구해 오는 노력을 통해 당장의 필요를 채운다. 그러나 한 둥지는 산에, 다른 한 둥지는 해변에 짓지 않는다. 또한 잡은 벌레를 모아 두지도 않는다. 새들은 본능적으로 창조주가 그들을 돌보신다는 것을 신뢰한다. 그런데 하나님의 은혜를 아는 우리가 새보다도 하나님을 덜 신뢰한다는 것이 말이 되는가?

생명보험은 예수님이 하지 말라고 명령하신 염려를 미끼로 하여 우리에게 다가온다. 예수님은 이렇게 말씀하신다. "나의 주권과 선함을 받아들인다면, 내일을 염려할 필요가 없을 것이다. 나를 신뢰하라." 반면 보험 설계사는 이렇게 말한다. "우리 보험에 드시면 내일을 염려할 필요가 없을 것입니다. 저희를 믿으세요"라고 말한다. 우리는 여기서 하나님이 제시하시는 보증의 범위가 적절한지 질문해야 한다. 또한 그 제안을 뒷받침하는 충분한 자원을 가지고 계신지 확인해야 한다.

우리 모두는 무엇인가를 신뢰한다. 그리고 *신뢰하는 대상이 믿을 만하면 할수록 염려는 줄어든다.* 주식 시장이 하나님이 아니고, 경제 전문지가 성경이 아니며, 자산관리인이 제사장이 아니고, 재정 전문가가 예언자가 아니다. 이것들 자체가 나쁘다는 것이 아니라 신뢰의 대상이 아니라는 의미이다. 만약 주식 시장이 당신의 신뢰의 대상이 된다면, 염려는 증폭될 것이다. 하나님만이 우리가 믿을 수 있는 유일한 대상이다. 그런데 이 진리를 왜 그토록 받아들이기 어려운가? 왜 그분의 약속을 믿지 못하는가?

만일 하나님이 당신의 자원을 오늘 당장 다른 사람에게 나누라고 요구하신다면, "주님, 저의 공급이 어디서 오는지 모르기 때문에 전 그렇게 할 수 없어요"라고 말해서는 안 된다. 당신은 이미 알고 있다. 당신의 모든 필요는 하나님께로부터 온다!

염려하지 마라. 염려는 우리에게 어떠한 도움도 주지 못할 뿐더러 우리에게 상처만 남길 것이다.

결론 : 의존성

이 장에서 다룬 저축, 은퇴, 보험은 사실 동일한 문제를 다룬다. 이것들이 하나님에 대한 의존을 감소시키는가, 아니면 증가시키는가? 하나님의 인도하심에 대한 신뢰를 감소시키는가, 아니면 증가시키는가? 은퇴 자금이나 보험에 쓰인 돈이, 하나님 나라를 위해 쓰이는 것보다 유익한가?

만일 당신에게 이러한 것들이 없다면, 그 이유가 하나님을 신뢰하고 도움이 필요한 사람들을 돕기 위해서인가, 아니면 당신이 게으르고 무책임하기 때문인가? 하나님은 희생적인 믿음의 순례자를 귀히 여기신다. 반면 게으르고 어리석은 자는 책망하신다. 돈을 탕진했던 어리석은 부자는 하나님 나라에 투자하는 데 실패했다. 당신은 믿음과 어리석음 사이에 분명한 선을 그어야 한다.

은퇴 자금을 모두 선교지에 드린 선교사의 이야기가 기억나는가? 하나님은 이러한 사람을 특별하게 여기신다. 하나님을 위해 자원해서 짐을 진 사람은 그렇지 않은 사람과 확연히 다른 삶을 살 것이다. 하나님은 그분의 나라를 구하며 물질적인 희생을 치르는 사람에게 모든 필요를 채워 주시겠다고 약속하셨다(마 6:32-33 ; 빌 4:19).

    이것이 세상의 흐름을 거스른다 할지라도, 우리는 다음에 나오는 윌리엄 맥도날드의 간곡한 요청을 뿌리칠 수 없다.

> "나 스스로 준비해 놓은 것을 버팀목으로 삼을 때 그것은 주님을 향한 신뢰를 대신하게 된다. 우리는 보이는 것을 신뢰할 때 보이지 않는 분을 신뢰하기 어렵다. 미래를 위해 준비하겠다고 결정하면, 다음과 같은 문제들에 빠지게 된다. 어느 정도가 충분한가? 얼마나 오래 살 것인가? 불경기가 올 것인가? 인플레이션이 있을 것인가? 과중한 의료비를 지불하게 될 것인가? 그러나 아무리 고민해도 우리는 어느 정도가 충분한지 알 수 없다. 그래서 재산을 축적하며 모든 삶을 허비하다, 어느 순간 하나님을 잃어버린다.
>
> 현재의 필요를 위해 부지런히 일하고, 최선을 다해 주님을 섬기고, 필요 이상으로 공급되는 것은 주님의 일을 위해 모두 드려라. 미래를 위해 그분을 신뢰하는 것은 얼마나 아름답고 유익한 일인가?"

    당신은 저축도 하고 은퇴 자금도 마련하고, 보험에도 가입하겠다고 결정할 수 있다. 단 그분이 필요하지 않을 만큼은 하지 않도록 주의하라.

Chapter 19
도박, 투자, 상속

"손실보다는 죄를 피하라."(리처드 마터)

"자녀에게 많은 부를 남기고 싶다면, 먼저 하나님의 돌보심을 가르쳐라. 그리고 부유함이 아닌 덕과 기술을 남겨라. 부를 상속받은 자녀는 악함을 숨길 수 있는 수단을 가지게 되므로, 그 외에 다른 어떤 것에도 관심을 갖지 않게 될 것이다."(존 크리소스톰)

도박

최근 자전거를 타고 가다가 물을 사러 편의점에 들어갔다. 그런데 그 조그만 가게에 사람들이 꽉 차 있었다. 내 앞에는 열 명이나 줄을 서 있었다. 도대체 무슨 일인가 궁금해 하고 있을 때, 갑자기 점원이 이렇게 외쳤다. "기계가 고장 나서 더 이상 로또 복권을 판매할 수 없습니다." 그러자 순식간에 사람들이 모두 나가버렸다.

미국 주정부는 로또를 사도록 설득하기 위해 매년 수천만 달러를 지출하고 있다. 그들은 어마어마한 액수의 1등 당첨금을 선전하지만, 휴지 조각이 되는 천문학적인 나머지 복권들의 숫자는 알리지 않는다. 로또는 벼락부자를 꿈꾸는 사람을 대상으로 한다. 국민을 보호해야 할 정부가 그들의 파멸을 조장하는 셈이다.

시카고의 어느 빈민촌에는 일리노이 주 로또 광고판이 세워져 있다. "로또는 당신이 이곳에서 빠져나올 수 있는 티켓이 될 수 있습니다." 로또는 가난한 사람들이 돈을 탐진하게 유혹하는 최악의 윤리며, 하나님을 대적하는 것이다. 또한 사람들에게 잘못된 희망을 주며, 가난한 사람들의 돈을 착취한다.

로또에 인생을 걸고 무책임하게 살아가는 그리스도인도 많다. 그러나 목회자들은 자신의 설교가 율법적이라는 비판을 받거나 성도들의 감정을 상하게 할까 봐 그것을 반대하는 설교도 하지 못한다. 이런 목회자들은 사역에 실패한 것이나 다름없다.

적절한 위험을 부담하는 것과 도박 사이에는 차이가 있다. 도박은 일을 해서 돈을 벌어야 하는 하나님의 창조 질서를 깨고 '지름길'을 추구한다. 도박으로 인한 부의 분배는 일, 서비스, 혹은 개인적인 필요가 아닌 오로지 '우연'에 의해 일어난다. 베리 아놀드 목사는 도박에 대해 이렇게 말했다.

> "만일 당신에게 절도, 파산, 아동 학대, 가정 폭력, 자살 등에 가담할 기회가 주어진다면, 그렇게 하겠는가? 만일 당신이 오늘 선택한 쾌락으로 인해 부도가 나고, 15년 뒤 딸의 결혼 생활을 망치고, 아들이 절도로 감옥에 가게 한다면, 그 쾌락을 계속 즐길 것인가, 아니면 멈출 것인가? 미국인이 매년 도박에 사용하는 돈은 식료품 구입비보다 많다. 성인의 5-8퍼센트가 도박에 중독되어 있는데, 그중 75퍼센트가

도박을 하려고 범죄를 저지른다. 도박 때문에 노숙자 된 사람들도 다수이다. 경찰 관계자들은 도박장이 들어서는 곳마다 범죄가 따라온다고 경고한다."

놀랍게도 많은 교회들이 모금을 위해 복권 같은 방법을 사용한다. 이러한 교회는 사람들에게 중독의 대안을 제시하는 것이 아니라, 중독을 조장하고 있다.

어떤 사람은 도박을 해도 자기 통제력을 잃지 않지만, 대부분의 사람들은 도박에 한 번 빠지면 헤어 나오지 못한다. 또한 도박의 중독에서 회복되는 확률도 너무 낮다.

도박꾼의 야심은 '한탕' 치는 것이다. 그러나 그 한탕은 다른 사람의 손실에서 나온다. 예를 들어, 포커에서 따는 돈은 다른 이의 손실로부터 만들어진다. 도박은 속기 쉽고, 게으른 사람에게 잘 먹힌다. 도박장의 금고에는 생산적인 목적으로 사용해야 할 돈이 악한 용도로 채워져 있다. 주정부가 결국에는 로또를 구입하는 사람에게 재정 지원을 해야 한다는 것이 역설적으로 들리지 않는가? 부모가 음식 살 돈으로 로또를 사서 날렸다면, 그로 인해 이틀 동안 굶은 아이에게 도박은 아무 해가 없는 단순한 재미라고 설명할 수 있겠는가?

주정부가 로또로 발생한 수익으로, 좋은 일을 한다고 선전하는 것이 얼마나 부끄러운가? (대부분의 사람들이 좋은 일을 하기 위해 도박을 하지 않는다.) 도박으로 인해 위태롭게 된 가정을 보호하는 일은 도대체 누가 해야 하는가? 정부는 자신들이 잘하고 있다고 자화자찬하지만, 우리는 그들을 향해 도덕성을 높이라고 외쳐야 한다.

자동차 범퍼스티커 중에 이렇게 적힌 것이 있다. "로또는 계산할 줄 모르는 사람에게 부과하는 세금!"로또 1등에 당첨되는 것보다 번개에 맞을 확률이 더 높다. 만에 하나 1등에 당첨되더라도 그것은 하나님이 공급하시는 수단이 아니다. 진정한 수익은 열심히 일한 결과로 주어진다(잠 14:23).

도박의 가장 큰 역설 중 하나는, 대부분의 사람들이 돈을 잃는다는 것이고, 돈을 딴 사람도 행복하지 못하다는 것이다. 아니, 때로 많은 사람들이 인생을 망치기도 했다. 1999년에 발표된 보고서는 이러한 글이 있다. "로또에 당첨되고 6개월 뒤, 당신은 교통사고로 전신 마비가 된 것보다 불행할 것이다." 650만 파운드가 당첨된 어느 영국인은 이렇게 고백했다. "로또 당첨 뒤, 나는 수영장, 맨션, 고급차 등 모든 것을 가지게 되었지만, 비참함만 더해졌을 뿐이다. 나는 벼락부자가 되었을 때 가난할 때보다 훨씬 많은 문제가 야기 되는 것을 깨달았다."

하나님은 질투하시는 분이시며, 그분 홀로 높임받기를 원하신다. 도박은 우상 숭배며 잘못된 희망을 준다. 성경은 우리의 소망을 하나님께 두라고 말한다(시 42:5,11). 하나님은 일을 해서 생활하라고 하셨지, 도박을 하거나 부자가 되는 지름길을 추구하라고 하지 않으셨다(잠 28:19-20).

예수님은, 우리의 마음이 항상 보물을 따라간다고 말씀하셨다(마 6:21). 돈을 도박에 쏟아부으면, 우리 마음도 도박으로 향한다. 성경은 탐욕에 대해 경고하고(신 5:21), 가진 것에 만족하라고 요구한다(빌 4:11-12). 그런데 도박은 전자를 키우고 후자를 막는다.

예수님은 이웃을 사랑하라고 명령하셨다(마 22:39). 그런데 도박처럼 다른 사람의 돈을 갈취하려고 약점을 이용하는 것은 이와 정반대되는 행동이다. 도박에서는 한 사람의 이익이 곧 많은 사람들의 손실을 의미한다.

그럼에도 불구하고 많은 그리스도인들이 도박을 단순한 재미로 생각한다. 그렇다면 다음 설명을 잘 들어보라. 하나님은 그분의 자녀가 정직하게 일해서 돈을 벌고, 그것을 지혜롭게 사용하고, 관대하게 나눌 때, 상급을 주실 것이다. 당신은 예수님이 도박한 것에 대해서도 상급을 주실 것이라고 생각하는가? 그렇지 않다면, 당신은 이제 어떻게 해야 하는가?

투자

투자의 성경적인 원리

도박은 성경적인 원리를 범하는 것이지만, 투자는 정당하면서도 동시에 위험 요소가 내포되어 있다. 예수님은 금 다섯 달란트, 두 달란트, 한 달란트 받은 종들의 비유를 들어 투자의 개념을 말씀하셨다(마 25:14-29 ; 눅 19:12-26). 우리는 여기서 예수님이 지혜로운 투자를 허용하셨음을 알 수 있다. 영원한 것에 투자하라는 그분의 명령은, 이 땅의 투자에 대해 올바른 관점을 가지라는 것이지, 그것을 금한다는 의미가 아니다.

투자는 단순히 투자자에게만 이익을 가져다 주는 것이 아니다.(그렇게 되지 않을 때도 있다.) 우리가 투자한 회사에게도 이익을 준다. 그러나 그리스도인은 옳지 않은 일로 이익을 내는 기업에는 투자하면 안 된다. 예를 들어, 우리는 누구나 집을 담보로 대출을 받으면 위험하다는 것을 알고 있다. 그러나 이를 잘 알면서도 대출 기관에 투자하는 것은, 결과적으로 타인의 잘못된 결정으로부터 이익을 챙기려는 시도나 다름없다.

오늘날 가장 보편적인 투자 형태인 뮤추얼펀드는 투자자의 돈을 다양한 회사에 투자하기 때문에 어떤 돈은 반기독교적인 회사에 투자되기도 한다. 비록 적은 금액이라도 낙태나 담배, 술과 관련된 산업에 자금을 댄다는 것은, 양심에 거리끼는 일이다. 여기서 중요한 것은, 투자해서 돈을 버느냐 못 버느냐가 아니라 투자 금이 정확하게 어디에 투자되는지를 아는 것이다. 우리는 하나님의 청지기다. 그분의 돈이 악한 일을 부추기는 회사에 투자되지 않도록 해야 한다.

가치 중심의 투자

대부분 교회와 선교 단체는 헌금과 후원금이 어떻게 번 돈인지 상관하지 않고 모두 환영한다. 마찬가지로 많은 그리스도인들도 어디서 투자 소득이 발생했는지 별 관심이 없다. 그러나 하나님은 다른 기준을 적용하셨다. "창기의 번 돈과 개 같은 자의 소득은 어떤 서원하는 일로든지 네 하나님 여호와의 전에 가져오지 말라 이 둘은 다 네 하나님 여호와께 가증한 것임이니라"(신 23:18).

하나님은 그 돈이 어떻게, 어디서 온 것인지를 다 보신다. 성경적인 원리는 주로 헌금을 드리는 사람에게 적용되지 받는 사람에게 적용되진 않는다. 그러나 목사나 영적 지도자들이 하나님이 기뻐하지 않으시는 돈을 받았다면, 이 문제를 그냥 넘겨서는 안 된다. 헌금에도 이러한 기준이 적용된다면, 투자할 때에는 더 구체적으로 적용되어야 하지 않겠는가?

'사회적으로 책임감 있는 투자'를 해야 한다고 외친 애미 도미니는, 올바르지 않는 일을 하는 회사는 투자 대상에서 배제하고, 사회적인 관점에 부합하는 도덕적 기준을 새롭게 세웠다. 이러한 기준에 따라 선별된 회사들은 8년간 주식시장에서 S&P 500지수(Standard&Poor's 500 Index)를 앞질렀다. 물론 우리에게는 양심이라는 기준이 있다. 양심이 실용주의를 압도해야 한다. 많은 그리스도인들이 "투자를 감독하기가 어려울 뿐 아니라 가치 중심의 투자 결과는 좋지 않다"고 말한다. 하지만 당신이 환경 문제의 심각성을 알고, 핵무기나 무기 생산을 반대한다면, 절대 그곳에 투자하지 않을 것이다. 또한 낙태, 포르노그래피, 반기독교적 행동, 아동 학대 등에 반대한다면 그것도 마찬가지 아니겠는가? 당신은 올바른 곳에 용감하게 투자해야 한다.

에베소서를 보면 "너희는 열매 없는 어둠의 일에 참여하지 말고 도리어 책망하라"(엡 5:11)는 말씀이 있다. 그렇다. 열매 없는 어둠의 일에 참여하는 회사에 투자하는 것은 정당화될 수 없다. 그것은 믿지 않는 자와 멍에를 함께 메지 말라는 경고를 범하는 것이다(고후 6:14-18).

물론 수많은 회사들의 돈의 흐름을 따져 보는 것은 결코 쉬운 일이 아니다. 그리스도인들은 플레이보이 잡지에 투자하는 것이 잘못이라고 생각한다. 그런데 인터넷 회사 텔레스캔(Telescan)이 플레이보이 웹사이트에 정보 검색 도구를 제공하는 것까지 알기는 어렵다.

휴렛팩커드는 미국의 가장 큰 낙태 유발 기관인 '가족 계획'(Planned Parenthood)이란 기관을 후원하고 있고, 릭스카브렛인터내셔널(Rick's Cabaret Internal)은 자신의 회사를 토플리스(topless, 반나)유흥을 제공하는 성인나이트클럽이라고 묘사한다. 「당신의 양심이 있는 곳에 당신의 돈을 투자하라」(In Putting Your Money Where Your Morals Are)에서, 스콧 페렌바흐는 투자하지 말아야 할 회사 리스트를 제공했다. 이 회사들 중에는 낙태를 행하는 미국에서 두 번째로 큰 병원 테넷과 동성애를 적극적으로 홍보하는 아메리칸익스프레스가 있다.

많은 뮤추얼 펀드가 ABC 방송, ESPN 방송, A&E 네트워크, 그리고 미라맥스, 터치스톤, 헐리우드픽처스를 소유한 디즈니사에 투자한다. 이중 미라맥스는 이성 간 동성 간의 섹스, 강간, 살인 등을 소재로 많은 영화들을 제작하고 있다. 또한 디즈니는 그리스도인을 모독하는 영화를 제작했다. 「디즈니 : 배반한 생쥐」(Disney: The Mouse Betrayed)라는 책에서 피터 슈바이처와 로셀 슈바이처는 미라맥스의 영화 "키즈"(Kids)에서 나타난 어린이에 대한 이상 성욕을 상세하게 다루었다. 이런 회사에 투자하지 않는 것이 주식을 파는 것보다 더 많은 것을 이룰 때가 많다. 한 재정 상담가가 내게 이러한 글을 보낸 적이 있다.

"리바이스 같은 회사가 반기독교적임을 깨닫고 해당 주식을 팔면, 주가를 낮추게 된다. 하지만 주식 시장은 금세 낮은 가격에 관심이 높아져 사람들이 몰리게 되면서 곧 원래 수준으로 돌아간다. 반면 이 회사의 제품을 구입하지 않기로 작정하면 수익에 직접적인 영향을 끼친다. 물론 한 사람이 구매하지 않는다고 회사가 망하는 것은 아니지만, 불매 운동을 할 수도 있다. 만일 리바이스의 수익률이 떨어지면, 회사의 가치도 하락하고 투자가 줄 것이다. 그러면 더 나은 가치를 추구하는 최고경영자가 새롭게 선출될 수도 있다.

불행하게도 그리스도인들은 특정 기관을 자의적으로 인식하는 경향이 있고, 나쁘다고 판단되면 아무 조사도 하지 않고 다른 기관으로 경제적인 후원을 옮겨 버린다. 청바지를 만드는 다른 회사는 어떤가? 그들은 어떤 식으로 회사를 운영하는가? 그들은 동성배우자에게 혜택을 주거나 낙태 운동 기관을 후원하는가? 당신은 이런 사실을 알고 있는가? 이러한 것들을 알아내기 위해 얼마나 많은 시간을 투자하는가?"

모두 타당한 질문이다. 주식을 팔아 회사의 가치를 하락시키려는 노력의 여부와 상관없이, 우리에게는 여전히 하나님의 돈을 어디에 투자할 것인지에 대한 책임이 있다.

스콧 페렌바흐는, 그리스도인들은 하나님의 돈을 살인이나 강간을 부추기는 음악, 부도덕적인 영화, 폭력성이 강한 게임, 포르노그래피, 유흥업소, 낙태, 음주, 담배 등의 사업에 투자해서는 안 된다고 설득력 있게 주장했다. 오늘날 많은 기업들이 기독교 신앙을 배척한다. 그런데 우리가 하나님의 돈으로 이러한 회사들에 투자한다는 것이 옳은가? 그러나 안타깝게도 이러한 일이 매일 일어난다.

가치 중심의 투자가 새로운 개념은 아니다.

> "1800년대 초 퀘이커 교도는 노예 무역에 관련된 회사와의 모든 관계를 청산했다. 1920년대 미국 교회는 술, 담배, 도박과 관련된 제품을 생산하는 회사들에 투자하는 것을 '죄악을 낳는 투자'라고 정의하며 적극적인 조사에 나섰다."

은퇴 자금은, 낙태나 포르노그래피 같은 "기독교 원칙에 상반되는 영업을 하는 회사에는 투자를 하지 않는다"는 원칙을 분명하게 밝힌 회사에만 투자해야 된다. 물론 이러한 회사들이 이득을 주지 못할 때도 많다. 하지만 이득을 준다 한들 우리는 그리스도를 욕되게 하는 곳에는 결코 투자하면 안 된다.

쉬운 일은 아니겠지만, 만일 당신이 청지기라면 투자하기 전에 주의 깊게 조사해 보라. 이때 전문가의 도움을 받아도 좋다. 문제는 누구에게서 어떻게 이 문제에 대한 정확한 정보를 얻느냐이다.

만일 많은 그리스도인들이 가치 중심의 투자를 받아들인다면, 뮤추얼펀드나 투자사를 바꾸거나 전문가에게 자산을 맡기는 것도 현명한 방법이다. 비록 다른 사람들은 그렇게 하지 않더라도, 그 책임은 하나님이

져 주실 것이고 보상해 주실 것이다.

투자의 위험 부담

어떤 뮤추얼펀드는 신중하게 투자되고, 안정적이고 지속적인 성장을 추구한다. 또 어떤 것은 등락이 심하고, 성장 가능성과 함께 손실 가능성도 크다. 그렇다면 우리는 하나님의 돈으로 어느 정도의 위험까지 감수할 수 있을까?

성경은 조급한 투자를 반대하며, 지속적으로 노력하는 투자 원리를 가르친다. "부지런한 자의 경영은 풍부함에 이를 것이나 조급한 자는 궁핍함에 이를 따름이니라"(잠 21:5). 단기간의 높은 수익률을 바라며 높은 위험 부담을 안고 뛰어든 투자자는, 자신을 손실과 파멸로 몰고 가는 것이다. "망령되이 얻은 재물은 줄어가고 손으로 모은 것은 늘어가느니라"(잠 13:11). 그리스도인들 중에도 이러한 사람들이 있다. 그들은 부푼 꿈을 안고 투자했다가 엄청난 손실로 잠 못 이루는 밤을 보내게 된다.

어떤 투자든지 잠재적인 수익이 높을수록 이에 따른 위험도 크다. 나는 어느 주식 공모 안내서에서 1년에 10배로 투자자의 돈을 불려 주겠다고 약속하는 내용을 읽은 적이 있다. 은행 대출을 10퍼센트 이하의 이자로 얻을 수 있는데, 투자자의 돈에 10배의 이자를 지불하겠다는 이유가 무엇인가? 아마도 그 사업이 위험하거나 정당하지 않아 은행에서 돈을 빌리지 못했을 것이다. 은행은 항상 돈을 빌려 주고 싶어 한다는 사실을 기억하라. 그들이 거절했다면 반드시 타당한 이유가 있을 것이다.

모든 투자는 위험 부담을 안고 있다. 농부도 씨를 뿌릴 때 위험 부담을 안는다. 날씨도 농산물 시장도 불확실하기 때문이다. 어떤 것도 보장된 것이 없다. 이렇듯 인생은 위험 부담을 안고 살아가는 것이다.

투자는 도박인가?

위험 부담이 있다고 해서 모두 도박은 아니다. 그러나 위험 부담이 너무 크면 '선'을 넘은 것이다. 주식 시장은 분명히 위험성이 있다. 그렇지만 특별한 주의를 기울인다면, 주식도 투자할 가치가 있다. 물론 그렇더라도 전부를 날릴 가능성은 여전히 있다. 어느 시대에나 주식 시장이 갑자기 안 좋아질 때가 많았다. 어떤 사람은 위험 부담이 큰 신생 기업이나 두각을 나타내기 시작하는 벤처 기업에 투자하는 것을 선호한다. 아마도 그는 무슨 일이 일어날지 모르므로 마음을 굳게 먹고 있어야 할 것이다.

주식에 투자하는 사람은 주식이 그들의 주된 관심이 되지 않도록 해야 한다. 그리스도를 따르는 삶, 오직 이 하나의 목적에서 빗나가면 절대로 안 된다. 주식 시장의 등락에 따라 마음이 요동한다면 주식을 해서는 안 된다.

나 역시 적은 금액으로 주식 투자를 한다. 15년 전 내가 목회를 할 때, 어느 컴퓨터 회사에 600백 달러를 투자했다. 그런데 석 달 만에 그 가치가 세 배로 뛰어, 어느 날 아침 그것을 팔려고 하는 찰나에 전화벨이 울렸다. 어느 교인이 병원에 입원했다는 전화였다. 나는 곧장 병원으로 달려가 그날 하루를 함께 보냈다. 다음 날 아침, 주식을 팔려고 연락을 했는데, 하루 만에 가격이 폭락했음을 알게 되었다. 병원에 가므로 인해 800백 달러의 비용을 지불한 셈이다.

그때 나는 도움이 필요한 이들을 돌보는 것이 돈보다 훨씬 더 중요함을 깨달았다. 그러자 실망과 염려가 사라졌다. 중요한 것은 돈이 내 것이 아니라 하나님의 것이라는 사실이다. 그분이 그것에 대해 걱정하지 않으시는데, 우리가 왜 염려하는가?

우리는 투자할 때, 모든 위험 요소에 대해 알아야 하고, 마음이 편안

해야 한다. 돈만 생각할 것이 아니라 시간과 에너지, 감정도 고려해야 하는 것이다. 한 크리스천 재정 상담가가 형제와 함께 토지에 투자했던 일에 대해 말해 준 적이 있다. 먼저 그는 토지 구입 비용을 만드는 것이 얼마나 어려웠는지 설명했다. 그리고 토지 개발을 하면서 얼마나 많은 시간과 에너지를 소모했는지 말해 주었다. 그러다 결국 가족들에게까지 과도한 스트레스를 주어 아내는 병들었고, 형제 관계도 깨졌다고 했다. 그리고 이렇게 고백했다. "처음에는 엄청난 투자의 기회로 보였지만, 결국 우리는 막대한 희생을 지불했습니다."

어떤 투자는 우리의 기대대로 잘 된다. 그러나 어떤 투자는 위의 경우처럼 악몽으로 변해버린다. 무엇이든 대가를 치르지 않고 얻는 것은 없다.

왜 투자하는가?

이익을 내지 않으면 투자라 할 수 없다. 그래서 이익을 얻기 위해서는 결국 되팔아야 한다. 그렇지 않으면 그것은 단순한 구입이다. 그래서 아주 드문 경우를 제외하고, 결혼반지나 자동차, 별장을 사는 것을 '투자'라고 하지 않는다. 만일 우리가 계속 소유하려 한다면, 그것은 투자가 아니라 구입이다.

재정 상담가 래리 버켓은 투자하기에 앞서 다음 네 가지를 주의하라고 말했다.

- 욕심(딤전 6:9)
- 질투(시 73:3)
- 자만심(딤전 6:17)
- 무지(잠 14:7)

두려움과 불안 때문에 투자해서는 안 된다. 그 이유는 하나님이 우리의 필요를 공급해주겠다고 약속하셨기 때문이다. 만일 하나님 나라를 위해서가 아니라 자신을 위한 투자라면, 그것은 성경적인 투자가 아니다. 당신 자신에 대하여 부유하고, 하나님을 향하여는 그렇지 못했기 때문이다(눅 12:21). 만일 어려운 사람들을 돕기 위한 목적으로 투자한다면 이것은 선한 동기가 될 수 있다. 많은 재단과 사람들이 수익금을 하나님 나라를 위해 드린다.

하나님께 드리면, 그분이 펀드 매니저보다 더 많은 수익을 올려주실 것이다. 우리의 돈은 하나님의 손에 안전하게 있다. 그렇지만 아무리 좋은 의도라도 우리가 그것을 쥐고 있으면, 돈을 드리기 전에 돈이 우리를 떠나든, 우리가 돈을 떠나게 될 것이다. 많은 그리스도인이 주식 시장의 폭락, 기업의 합병과 파산으로 인해 값비싼 대가를 치르면서 이 진리를 발견했다. 그렇지만 투자로 더 많이 나누게 된 사람도 많다. 이것이 바로 하나님이 원하시는 투자일 수 있다. 그럼에도 불구하고 가장 확실하고 가장 안전한 투자는, 이 땅에 투자하는 것이 아니라 가난한 과부처럼 하나님 나라에 지금 드리는 것이다.

투자에 대한 지침

여윳돈이 하나도 없는데 투자를 하면 안 된다. 조급하게 투자를 해서도 안 된다. 언제나 투자로 인해 생길 수 있는 재정적, 정신적, 감정적, 영적인 비용을 고려해야 한다. 수백만 달러를 투자하는 사람이 그렇지 않은 사람보다 훨씬 더 많은 속박에 매일 수 있다는 것을 기억하라.

당신이 어리석은 청지기라면 드림과 빚을 청산하는 방법 등 재정적인 책임을 배울 필요가 있다. 슬픈 사실은, 투자하는 사람들 대부분이 신용카드 빚을 포함하여 부채가 심각하다는 사실이다. 이들이 먼저 해야 할 일은 투자가 아니라 빚을 갚는 것이다. 빚 때문에 상당한 손실을 보면서도 가능성만 보고 투자하는 것은 현명하지 못하다. 또한 불안한 투자를 피해야 한다. 만약 지인들로 부터 투자 권유를 받을 때 "곧 대박날 것이니 이 기회를 놓치지 말라"고 독촉한다면 조심하라.

어느 크리스천 투자 회사가 기독교 대학 근처에서 세미나를 열었다. 그들은 결코 놓쳐서는 안 될 투자 기회에 대해 설명했다. 우리 교회에 다니는 한 부부도 그들의 말에 넘어가 저축한 돈을 몽땅 그곳에 투자했다. 오래지 않아 그 회사는 모든 투자금을 가지고 날랐다. 오늘날 가장 큰 비극은, 이와 같은 일이 여전히 일어난다는 사실이다.

우리 부부는 다섯 쌍의 부부와 함께 소그룹 성경공부를 하던 중, 돈을 주제로 대화를 나누게 되었다. 한 부부는 은퇴 후에 쓸 자금을 투자로 다 날려버렸다고 하면서 눈물을 흘렸다. 또 다른 부부는 콘도 개발에 투자했다가 돈을 날렸다고 했고, 다른 부부도 투자해서 엄청난 손실을 보았다고 말했다. 어느 부부는 존경받는 크리스천 사업가의 보증을 섰다가 빚을 떠맡게 되었는데, 그는 잘 살면서도 지금까지 한 푼도 갚지 않았다고 말했다.

여섯 쌍 중 네 쌍이 이런 끔찍한 상황을 경험했다. 가장 큰 아픔은 아마도 손실 그 자체가 아니라, 이 일이 그들의 마음과 관계에 끼친 영향이었을 것이다. 우리는 그날 밤, 하나님 나라를 위해 투자할 돈과 시간, 에너지를 잘못 사용했다는 것을 깨닫고 충격을 받았다. 이처럼 인간에게 맡겨진 보물은 쉽게 잃어버릴 수 있다. 반면 하나님께 맡겨진 것은 영원히 안전하다(마 6:19-21).

지혜롭지 못한 투자로 인한 손실이 믿음의 공동체 안에서 계속 증가

하고 있다. 나는 이러한 문제가 자칭 그리스도인이라 부르는 사람들이 만들어 낸 '영적 신뢰성'에 기인하다고 본다. 대체로 성도들은 기도를 인도하고, 설교를 하는 신실한 그리스도인은 거짓말을 안 하고, 남의 것을 훔치지 않고, 누군가를 속이지 않을 것이라고 믿는다. 하지만 착각이다.

특별히 목사나 크리스천 지도자가 투자에 관여하게 되면 더 큰 비극을 낳게 된다. 많은 사람들이 그들을 믿고 따르기 때문이다. 어떤 목사가 교인이 주도하는 프로젝트에 투자하기 위해 집을 담보로 두 번째 대출을 받았다. 그리고 그 목사를 따라 다른 교인들도 투자에 참여했는데, 1년이 되기도 전에 모두 돈을 잃어버렸다. 또 어떤 목사는 교인이 개발한 제품이 엄청난 이익을 가져다 줄 것이니 투자하라고 공개적으로 말했다가 수많은 교인들이 돈을 잃게 만들었다.

투자한 돈을 잃었다고 해서 그 투자가 모두 부정하다고 할 수는 없다. 정직해도 지혜롭지 못한 투자를 할 수 있다. 마찬가지로 지혜롭지 못한 투자로 돈을 벌 수도 있고, 지혜로운 투자로 돈을 잃을 수도 있다.

우리가 착각하는 것이 하나 있다. 그것은 우리 마음이 바르면, 하나님이 축복해 주실 것이라고 믿는 것이다. 하나님은 우리를 무조건적으로 지지해주지 않으신다. P.T. 바눔은 이렇게 말했다. "잘 속는 사람이 1분마다 태어난다." 교회 안에서 더욱 그렇다.

어떤 사람은 잘못된 투자에 대한 보호막이 있을 것이라고 착각한다. 그렇지만 많은 잘못된 투자가 합법적일 때도 있으므로 이것은 사실이 아니다. 기껏해야 책임자를 기소하는 것이 고작이다. 투자자가 돈을 돌려받는 경우는 아주 드물다.

"나를 훈계하신 여호와를 송축할지라 밤마다 내 양심이 나를 교훈하도다"(시 16:7).
"주의 증거들은 나의 즐거움이요 나의 충고자니이다"(시 119:24).

하나님의 말씀은 언제나 우리에게 최고의 조언이 된다. 우리가 만일 말씀의 교훈과 충고대로 살아간다면, 그리스도인이든 비그리스도인이든 인간적인 상담과는 근본적으로 다른 관점을 발견하게 될 것이다. 이 책에서 다루는 많은 성경적인 원리가, 그 어떤 조언보다 훨씬 더 중요하다. 지혜로운 조언을 통해 얻는 유익은 많다.

"대저 지혜는 진주보다 나으므로 원하는 모든 것을 이에 비교할 수 없음이니라"(잠 8:11).
"미련한 자는 자기 행위를 바른 줄로 여기나 지혜로운 자는 권고를 듣느니라"(잠 12:15).
"의논이 없으면 경영이 무너지고 지략이 많으면 경영이 성립하느니라"(잠 15:22).
"너는 권고를 들으며 훈계를 받으라 그리하면 네가 필경은 지혜롭게 되리라"(잠 19:20).
"조용히 들리는 지혜자들의 말들이 우매한 자들을 다스리는 자의 호령보다 나으니라"(전 9:17).

중요한 결정을 할 때, 성경은 여러 사람의 조언을 구하라고 분명히 말한다. 여기서 중요한 것은 양이 아니라 질이다. 조언자가 진정 지혜로워야 하는 것이다. 지혜는 하나님을 경외하는 것에서부터 시작되므로(잠 9:10), 상담가는 하나님의 원리에 따라 살아가는 그리스도인이어야 한다. 경건하지 못한 조언이 우리의 기준이 되어서는 안 된다(시 1:1). 성경 말씀과 사람들의 조언을 염두에 두면서 하나님의 지혜를 구하라. 그분은 구하는 자에게 지혜를 주신다(약 1:5).

성경적인 재정 상담가보다 이름만 크리스천 재정 상담가인 사람들을 만나기가 훨씬 쉽다. 재정 상담가를 선정할 때, 그들의 신앙 고백뿐 아니라, 성경 지식, 경제 지식, 그들의 과거와 인격 등도 고려해야 한다.

일반적으로 투자 자산에 대해 일정한 수수료를 받는 재정 상담가가, 투자 회사에서 커미션을 받는 재정 상담가보다 훨씬 나은 조언을 해줄 수 있다. 자신이 투자자를 끌어올 때마다 돈을 벌 수 있는데, 어떻게 객관적인 조언을 할 수 있겠는가? 그는 당신의 이익이 아니라 자신의 이익을 위해 당신을 설득하려 할 것이다. 이것이 한 사람 이상에게서 조언을 구해야 하는 또 다른 이유다(잠 11:14, 24:6).

조언자를 구할 때 어떤 이해 관계가 있는지 살펴보아야 한다. 어느 날 재산이 많은 두 여성이 나를 찾아와, 어떤 사역에 후원해야 할지 정기적으로 조언해줄 수 있느냐고 물었다. 내가 이들에게 성실하게 조언 해줄 수 있는 유일한 방법은, 그들로부터 어떠한 이득도 챙기지 않는 것이었다. 그래서 나는 간단한 기본 원칙을 세웠다. "기쁜 마음으로 조언하되, 그들에게서 어떠한 물질적인 혜택도 받지 않는다." 이렇게 이해 관계의 가능성을 제거했을 때, 그들은 나를 믿을 수 있었고, 나 역시 나 자신을 신뢰할 수 있었다.

일단 조언을 받으면 결정은 당신의 몫이다. 그 조언이 지혜롭지 못하거나 올바르지 못하다고 의심되면, 더 이상 투자를 진행해서는 안 된다. 믿음을 따라 하지 아니하는 것은 다 죄이기 때문이다(롬 14:23).

배우자와 의논하라

"슬기로운 아내는 여호와께로서 말미암느니라"(잠 19:14).

투자 결정이나 재정적인 헌신을 하기 전에 배우자와 진지하게 상의하라. 지혜롭지 못한 결정은 남편이 혼자 결정하는 것이다. 부부의 재정적인 결정이 나뉘면, 심각한 결과를 초래한다. 합의를 보지 못하면 평생 서로를 비난하게 될 것이다.

언젠가 결혼한 여성 5명 중 4명은 과부가 될 것이다. 아내가 남편보다 오래 살 확률이 80퍼센트이므로, 남편은 중요한 재정적인 결정을 할 때 아내와 의논해야 한다. 남편들이여, 만일 당신이 오늘 죽는다면 아내가 당신의 재산을 정확히 다 알 수 있는가? 재정에 관해 서로 공유하지 않는다면 아내에게 또 다른 부담이 될 수 있다.

남편이 아내에게 줄 수 있는 가장 좋은 선물 중 하나는, 아내를 위해 재정 안내서를 만들어 놓는 것이다. 필요하다면 믿을 수 있는 사람을 상담자로 정할 수도 있다.

돈을 남기는 것

상속

인류 역사상 가장 엄청난 부의 이동은 미국에서 일어났다. 제2차 세계 대전을 경험한 세대가 자녀들에게 준 유산은 약 7 - 10조 달러로 추정된다. 상속으로 인한 부의 이동이 현재의 추세대로 진행된다면, 2015년까지 14조 달러가 될 것이다.

"선인은 그 산업을 자자손손에게 끼쳐도"(잠 13:22). 구약 시대에 땅의 소유권을 자녀나 손자에게 넘겨주는 것은 중요한 일이었다. 후손들은 땅 없이 농사를 짓거나 가축을 키울 수 없었기 때문이다. 곧 생존이 달린 문제였다.

그렇지만 오늘날의 서구 사회는 상황이 아주 다르다. 일반적으로 *자녀들은 경제적으로 독립해 있기 때문에 유산은 뜻밖의 횡재가 된다.* 그들은 충분한 소득의 원천을 가지고 있기 때문에, 상속을 받게 되면 생활 수준을 높이는 게 거의 대부분이다.

이스라엘에서 장자는 유산의 두 배를 받을 자격이 있었다(신 21:17). 아들 없이 죽으면 딸에게 그 유산이 돌아갔고, 딸도 없으면 형제에게, 형제가 없으면 가장 가까운 친척에게 돌아갔다(민 27:1-11). 또한 토지는 영원히 잃어버리는 일이 없도록 희년에 원래 주인에게 되돌려 주었다.

또한 딸은 종종 아버지의 집에 같이 살았으며, 남편과 살더라도 아버지의 땅을 물려받는 혜택을 누렸다. 아버지의 유산이 일반적으로 딸에게 상속되지 않은 것은, 그들을 돌볼 남편의 책임을 방해하지 않으려고 했던 것 같다. 나 역시 딸을 가진 아버지로서, 사위의 책임을 방해하고 싶지 않다. 내가 무엇이기에 그들에게서 열심히 일하라는 신성한 부르심을 빼앗을 수 있겠는가? 많은 부모가 선한 뜻으로 성장한 자녀에게 돈을 남기지만, 이것이 결혼한 자녀들에게 심각한 갈등을 초래하기도 한다. '남편의 돈'과 '아내의 돈'은 그들의 결혼 생활을 분리시키며, 건강하지 못한 독립심을 키우기 때문이다. 유산을 상속받은 결혼한 부부는 그것이 서로를 분리시키지 않도록 조심해야 한다.

우리는 유산을 남기기 전에, 상속의 목적을 이해하고 하나님 나라를 위해 많은 부분을 남기고, 자녀에게는 적은 부분만 남기는 것을 심각하게 고려해야 한다. 자녀들은 열심히 일하고, 계획을 잘 세우고, 하나님을 신뢰하는 기쁨을 경험해야 한다. 이제 성장한 자녀에게 얼마를 남길지는 하나님이 결정하시게 하자. 하나님의 공급하심 가운데 우리가 번 돈은 자녀들의 것이 아니라 하나님의 것이다.

성경은, 많은 유산을 남기는 것의 위험함을 우리에게 보여 준다. 많은 유산을 남긴다는 것은 곧 하나님의 공급하심을 나누기보다 축적했다는 것을 증명한다. 존 웨슬리는 찬송가뿐만 아니라 책을 저술하여 많은 돈을 벌었다. 그렇지만 그가 죽을 때 남긴 것은 단지 28파운드뿐이었다.

웨슬리가 적게 남긴 것은 계획을 잘못 세웠기 때문이 아니라, 계획을 너무 잘 세웠기 때문이다. 낭비했기 때문이 아니라 그리스도를 위해 그것을 관대하게 나누었기 때문이다. 그가 추구했던 목표는 죽을 때 가능한 한 적은 돈을 남기는 것이었다. 말년에 그는 일기장에 이런 글을 남겼다. "어느 누구에게도 돈을 남기지 않은 것은, 내가 돈이 없기 때문이다." 엄청난 유산을 남기고 죽는 많은 그리스도인들과 얼마나 대조되는가!

성경은 주라고 명령한다. 예수님은 가난한 과부가 생활비 전부를 드린 것을 칭찬하셨다. 또한 부자 청년에게 "네 유산을 가난한 사람에게 남기라"가 아닌 "가진 모든 것을 팔아 가난한 자에게 주라"고 말씀하셨다. 하나님은 그분을 따르는 모든 사람에게 주라고 하신다. 죽기 직전이나 죽고 나서가 아니라, 지금 주라고 하신다.

하나님의 돈을 누구에게 남겨야 하는가?

우리는 죽을 때 얼마의 돈과 소유를 남기게 될 것이다. 심지어 존 웨슬리도 28파운드를 남겼다! 남겨질 자산에 대한 쓰임을 선택할 시간은 지금밖에 없다. 결코 지체해서는 안 된다. 미국인의 70퍼센트가 유언을 남기지 못하고 죽는다. 만약 당신이 이미 유언장을 작성했다면, 그 내용이 성경적인 원리와 부합되는지 검토해야 한다.

막대한 금액이 그것을 다룰 준비가 전혀 되지 못한 사람들에게 상속되고 있다. 그러나 영원의 관점을 가지고 충성되게 다룰 능력이 없는 사람에게 돈과 재산을 남기는 것은 다섯 살 아이에게 사탕을 무한정 주는 것보다 더 무책임한 일이다.

성경적인 원칙을 따르지 않으면, 심각한 재난이 닥칠 수 있다. 하나님 나라에 그분의 재산이 투자될 기회를 영영 놓칠 수도 있다. 자녀의 인생을 망칠 수도 있다. 성장한 자녀에게 많은 유산을 남겼을 때 일어날 수 있는 최선의 일은, 그들이 그 유산을 영원의 관점으로 지혜롭게 사용하는 것이다. 하지만 그 유산이 일할 동기를 빼앗고, 주제넘게 살게 하고, 하나님에 대한 신뢰를 없애고, 가정을 깨뜨리고, 하나님의 자원을 낭비하는 등 악영향을 끼칠 가능성이 너무 많다. 론 부루는 유산을 남길 때 다음 세 가지 질문을 하라고 제안했다.

1. 유산을 남긴 뒤 일어날 수 있는 최선의 일과 최악의 일은 무엇인가?
2. 그것은 얼마나 심각한가?
3. 그 일이 일어날 때 우리 자녀는 어떻게 되겠는가?

사람들은 종종 가난한 어린 시절이 가장 큰 축복이었다고 고백한다.

그때 인격의 훈련과 절제, 그리고 하나님을 신뢰하는 것을 배웠다고 말한다. 그런데 이렇게 고백하는 사람들이 자녀들에게 많은 돈을 남겨 그들에게서 좋은 기회를 박탈하는 것이 이해가 안 된다.

일반적으로 상속 재산은 자녀가 일정 나이가 될 때까지 신탁 계좌에 보관된다. 그리고 평균 20-60세 사이에 유산을 물려받는다. 때론 유산을 남기는 대신, 많은 돈을 자녀에게 직접 주는 경우도 있다. 어떤 사람은 결혼한 자녀에게 고급 주택을 사 주었다가, 오히려 그들이 그 수준에 맞춰 살게 하는 악영향을 끼쳤다. 우리는 많은 유산을 남기는 대신 자녀들을 위해 기도하고, 꼭 필요한 도움이 생길 때 경제적으로 돕되 그들이 돈을 낭비하지 않도록 해야 한다.

대부호인 앤드류 카네기는 이렇게 말했다. "'*전지전능한 달러*'*를 자녀에게 상속하는 것은* '*전지전능한 저주*'*를 퍼붓는 것과 같다.* 이러한 불이익을 자녀에게 넘겨줄 권리가 있는 사람은 아무도 없다. 그런 사람은 정직하게 질문을 자신에게 던져 보아야 한다. 나의 재산이 자녀와 함께 안전할 것인가? 그리고 나의 자녀가 나의 재산과 함께 안전할 것인가?"

카네기의 질문은 사람들을 따라다니며 괴롭힌다. 나는 수년 동안 부유한 성도들과 접촉할 기회들이 많았는데, 그들을 통해 유산으로 인해 생긴 충격적인 이야기를 많이 접했다. 두 부유한 상속녀가 쓴 「상속된 부의 유산」(The Legacy of Inherited Wealth)은 17명의 상속인들이 유산을 통해 경험한 축복과 저주를 재조명하고 있는데, 그들의 이야기에 따르면 축복보다 저주가 훨씬 많았다. 분노, 의심, 불안, 원한 등은 그들의 특징이었다.

내가 상속을 반대하는 가장 큰 이유는, 자녀에게 물려줄 유산을 남기느라 지금 당장 도움이 필요한 사람을 돕지 못하기 때문이다. 이처럼 우리는 선한 일을 할 기회를 잃음과 동시에 상속을 통해 발생할 심각한 문제까지도 껴안고 있다. 또한 나이에 상관없이 거액의 유산을 물려받는다는 것은 삶을 태만하게 만들 수 있다. 젊으면 젊을수록 문제가 심각하다. 더 많은 유혹으로 비생산적인 사람이 되거나 판단력을 빼앗길 수도 있다.

유산은 사람을 불행하게 하고, 탐욕적이거나 냉소적으로 만드는 경향이 있다. 평생 먹고살 돈이 있는데 누가 열심히 일하려고 하겠는가? 또한 이러한 부는 종종 '중독'으로 이어진다. 절제하지 못하는 사람에게 돈을 주는 것은 불에다 기름을 붓는 격이다. 또한 많은 유산보다 형제 관계를 깨뜨리는 것도 없다. 하나님 나라를 위해 더 많은 것을 남기고, 자녀를 위해 더 적게 남기는 것은, 하나님을 향한 사랑의 표현일 뿐 아니라 자녀를 향한 사랑의 증표기도 하다.

부를 다루는 것에 대해 상당한 식견이 있는 사람들의 말을 들어 보자.

"재산은 한번 불어나면, 눈사태처럼 불어난다! 그때 불어나는 속도보다 더 빨리 나누어야 한다! 그렇게 하지 않으면, 당신을 포함해 자손 대대로 돈에 짓밟힐 것이다."(프레드릭 게이츠)

"유산은 마약처럼 일을 하려는 의욕에 죽음을 가져오는 것이 분명하다."(코넬리우스 벤더빌트)

"유산은 상속자를 자멸시킨다."(헨리 포드)

"처음에 속히 잡은 산업(상속)은 마침내 복이 되지 아니하느니라"(잠 20:21).

선교사 훈련을 마치고 선교지로 떠나게 된 어느 선교사의 아내가, 사식 없이 죽은 고모부로부터 갑자기 많은 재산을 상속받게 되었다. 그들은 자비량 선교사가 된다는 사실에 기뻐했다. 그리고 어느 날 그들이 내게 조언을 청했다. 나는 그들에게 독립적으로 선교지에 나가지 않도록 충고하면서 유산의 대부분을 영원을 위해 투자할 기회를 주신 하나님께 감사하며 드리라고 제안했다. 그러면 선교지에서의 계획을 제대로 진행할 수 있을 것이라고 덧붙였다. 그러나 그들은 그렇게 하지 않았다. 뿐만 아니라 아내는 자신의 유산임을 강조하며 그 유산을 은행에 맡겼다. 수년 뒤 그들의 관계는 멀어졌고, 자녀들의 삶 또한 그리 아름답지 못했다. 결국 그들의 결혼 생활은 이혼으로 끝났다. 유산이 선교사 가정에 부정적인 영향을 끼친 것이다. 결국 그 돈은 축복을 가장한 저주였던 것이다.

나는 재정 상담가 론 부루에게 "3, 4대에 걸쳐 부가 성공적으로 이어진 사례를 알고 있느냐?"고 물은 적이 있다. 그는 겨우 한두 건에 불과하다고 대답했다. 만일 상속받은 유산을 성공적으로 관리했다 하더라도, 그는 하나님을 신뢰하며 열심히 일한 돈의 가치를 결코 깨닫지 못할 것이다. 상속받은 돈은 하나님의 공급하심뿐만 아니라 자신의 능력에 대해서도 항상 의문을 남길 것이다.

자녀에게 유산을 남기겠다고 결심한 그리스도인 부모들은 다음과 같은 전략을 고려해 보라. 당신이 아직 살아 있을 때, 적은 금액을 자녀에게 맡겨 보라. 그들이 그 돈을 어떻게 다루는지 보면 얼마나 많이, 혹은 얼마나 적게 남겨야 할지 확신을 가질 수 있을 것이다. 우리는 작은 것에 충성한 자녀에게 많은 것을 맡겨야 한다(눅 16:10).

자녀에게 지혜보다 재산을 먼저 넘겨주어서는 안 된다. 지혜 없는 부유함은 자녀들에게 큰 피해를 줄 것이다. 거짓말처럼 들릴지 모르지만, 내가 확실하게 믿고 있는 것이 있다. "내가 만일 사탄이라면 그리스도인 공동체를 파괴하기 위해, 부모가 자녀들에게 많은 유산을 남기도록 노력할 것이다." 오랜 경험을 통해 내가 알게 된 사실은, 많은 재산을 상속받는 것보다 그 돈을 불에 태우는 것이 훨씬 낫다는 것이다.

하지만 우리가 살아 있을 때, 하나님 나라를 위해 돈을 사용하면 돈을 불태우거나 자녀들의 삶을 망칠 이유가 없다. 론 부루가 말했듯이 살아 있을 때 주면, 그것이 어디로 가는지 알 수 있다.

공평한 것이냐, 아니면 옳은 것이냐?

유산의 금액과는 상관없이, 대부분의 사람들은 "각 자녀마다 공평하게 동일한 금액을 주어야 한다"라고 말한다. 만일 상속자들이 동일하게 영적이고, 동일하게 선한 청지기이고, 동일한 환경에서 살고 있다면, 유산을 공평하게 나누어 주어도 괜찮다. 그렇지만 아마 제각각 다를 것이다. 우리는 차별 없이 그들을 사랑해야 하지만, 돈에 대해서는 꼭 그럴 필요가 없다.

낭비가 심한 자녀에게 유산을 많이 남기는 것은, 그들에게 더 죄를 지으라고 초대하는 것과 같다. 나는 그리스도를 높이지도 않고, 돈을 다루는 능력도 없는 사람에게 돈을 남기는 것이 비양심적이라고 생각한다.

한 청년이 예수께 나아와 이렇게 말했다. "선생님 내 형을 명하여 유산을 나와 나누게 하소서"(눅 12:13). 그러자 예수님은 이렇게 경고하셨다. "삼가 모든 탐심을 물리치라 사람의 생명이 그 소유의 넉넉한 데 있지 아니하니라"(눅12:15). 그리고 나서 어리석은 부자의 예화를 들으시며 그에게 물으셨다. "그러면 네 준비한 것이 누구의 것이 되겠느냐"(눅 12:20).

유산을 남길 때, 문제는 '공평하냐'가 아니라 '올바르냐'이다. 자녀에게 당신의 돈이 필요한가? 그리고 자녀는 그것을 지혜롭게 사용할 수 있는가? 첫 번째 질문에 대한 대답이 '아니요'라면, 유산을 남길 수밖에 없다고 하면 안 된다. 또 두 번째 질문에 대한 대답이 '아니요'라면, 유산을 어쩔 수 없이 남기지 말아야 한다. 자녀들마다 대답이 다르다면, 그것에 따라 다르게 대처해야 한다. 이러한 과정과 통해 유산을 다르게 상속하면 서로 감정이 상할 가능성도 있다. 하지만 하나님이 맡기신 대부분을 그분께 드리면 이러한 일을 피할 수 있다.

나는 유산을 놓고 가족끼리 싸우는 것을 많이 보았다. "그것은 공정하지 못해. 그 애는 현금으로 받고, 나는 팔지도 못할 집을 받았잖아", "내가 원하는 골동품 의자를 그 애가 가졌어", "엄마가 아플 때 그 애가 한 일이 도대체 뭐야?", "그 애는 돌볼 가족도 없는데 어떻게 나랑 같은 금액을 받을 수가 있지?" 처음부터 내 것이 아닌 물질을 가지고, 말다툼하고 불평하는 것은 정말 좋지 않다. 하지만 조금만 더 미리 생각하고 대화한다면 분명 이런 일을 피할 수 있을 것이다.

개인적인 의미가 있는 것은 유산으로 남기고, 나머지는 모두 하나님 나라를 위해 드릴 수도 있다. 자녀들은 적게 남길수록 적게 싸울 것이다. 돌아가신 부모의 재산을 가지고 싸울 정도면, 나는 그 자녀들이 하나님의 영광을 위해 돈을 사용하리라 생각하지 않는다. 그들의 욕심만 채우지, 결코 좋은 방향으로 개선되지 않을 것이다. 당신의 자녀들이 만약 이렇다면 반드시 기도와 지도가 필요하다. 아마도 그들에게 가장 필요하지 않은 것은 더 많은 돈일 것이다.

상속에 대한 가족 회의

상속의 대부분이나 전부를 하나님 나라에 드리겠다고 결정했다면, 자녀들에게 그 계획을 미리 설명해 주어야 한다. 그래야지 자녀들이 잘못된 기대를 갖지 않고, 부모에게 원한을 품지 않을 것이다. 또한 부모의 죽음으로부터 이득을 챙기려는 죄책감에서 자유로워질 것이다. 어떤 사람은 부모의 죽음을 마치 로또 당첨으로 여기며 마음놓고 빚을 지기도 한다. 이러한 악한 행실은 빨리 바로잡아 줘야 한다.

나는 상속에 대해 가족 회의를 할 것을 모두에게 권하고 싶다. 어느 부유한 부모가 얼마를 하나님께 드리고, 얼마를 아들에게 남길지에 대해 20대의 아들과 대화를 했다고 한다. 처음에는 서로가 불편했지만, 신앙이 좋은 아들은 그 재산이 부모의 것이지 자기 것이 아님을 인정하고, 관대하게 드리도록 격려했다고 한다. 즉, 부모에게 자유를 준 것이다.

우리 부부도 딸들과 비슷한 대화를 한 적이 있다. 우리는 그들이 삶의 방식을 바꾸지 못할 만큼만 남기기로 결정했다. 그래서 이 뜻을 딸들에게 전했고, 딸들도 동의해 주었다. 어찌되었든 모두 하나님의 돈이지 우리의 돈이 아니며 그들의 돈도 아니다. 유산을 남기는 것은 우리가 아니라 하나님의 몫이다. 하나님만이 그들이 다룰 수 있는 적절한 금액을 아신다. 나는 유산을 남김으로써 자녀들의 삶을 향한 그분의 계획을 방해하고 싶지 않다.

상속 문제를 이런 식으로 바라보면 좋을 것 같다. *당신의 모든 재산을 책임지던 관리자가 죽었는데, 그가 당신의 모든 돈을 자신의 자녀들에게 다 나누어 주었다. 그렇다면 당신은 어떤 생각이 들겠는가?* 정말 상상도 할 수 없는 일이다. 왜 그런가? 관리인이 죽으면 그 돈은 마땅히 주인에게로 돌아가야 하기 때문이다. 진심으로 하나님을 당신의 주인으로 여긴다면 당신도 이렇게 해야 한다.

도이스 로즈는 자신이 경험한 '특별한 가족 회의'에 대해 이야기해 주었다. 그는 성장한 자녀들을 불러 가난한 나라에 교회들을 세울 계획이므로, 자녀들에게 많은 유산을 남기지 않을 것이라고 설명했다. 그는 자녀들이 "아버지는 저희를 사랑하지 않으세요"라고 말할까 봐 사실 불안했다. 그때 딸이 이렇게 말했다. "부모님은 항상 그렇게 사셨잖아요. 그래서 일찍부터 저희들은 각자의 재능을 사용해서 일해야 한다는 것을 알고 있었어요. 유산은 생각하지도 않았는 걸요. 부모님이 저희에게 남겨 주신 최고의 유산은, 바로 이런 관대한 나눔의 삶이에요. 저희는 지금 이 유산을 누리고 있어요. 저도 제 자녀에게 이러한 삶을 가장 남겨 주고 싶어요. 부모님은 모든 재산이 하나님께 속해 있음을 삶으로 보여 주셨어요."

1988년 로즈 가족의 재산으로 시작된 국제협력사역(International Cooperating Ministries)은 지금까지 17개국에서 1,100개 이상의 교회와 여섯 개의 훈련 센터, 한 개의 신학교와 대학원을 세웠다. 로즈 부부만이 아니라 그들의 자녀들과 손자들도 이 일에 기쁨으로 동참하고 있다. 그들은 재산을 하나님 나라에 투자함으로써, 그분의 일하심을 삶 가운데서 경험하고 있다.

또 다른 예화로 한 부유한 남자가 자녀들과 그들의 배우자들이 모인 자리에서 자신의 재산을 전부 기부하겠다고 말했다. 그러자 사위가 그를 옆으로 끌고 가더니 이렇게 말했다. "고맙습니다. 이제야 아내를 먹여 살리는 일이 진정으로 제 몫임을 느끼게 됩니다." 사실 지금까지 그는, 장인어른이 남길 유산에 비교하면 자신이 버는 돈이 보잘것없다고 생각해 왔던 것이다. 하지만 이제 그는 하나님이 정확하게 원하시는, 가족을 책임지는 위치에 서게 되었다.

바울은 하나님이 어떤 사람에게는 '풍부하게' 주어, 적게 가진 사람에게 나누라 하셨고, 그의 나눔을 통해 적게 가진 사람은 '부족하게' 되지 않고, 그는 '너무 많이' 가지지 않게 된다(고후8:14-15)고 말했다.

자녀들에게 돈이 더 필요하냐고 물으면, 대부분의 부모들은 그렇지 않다고 대답한다. 또한 "자녀가 당신의 유산을 어떻게 사용할 것이라고 기대하십니까?"라고 물으면, "필요한 사람에게 주면 정말 좋겠습니다"라고 대답한다. 자녀들이 유산을 어떻게 써야 복된 것인지 안다면, 지금 당장 유언장을 작성하거나 고쳐라. 또 자녀들에게 재산을 어디에 어떻게 나눌지 점검하라.

신앙생활을 잘하는 자녀도, 유산의 대부분을 하나님께 드리지 않을 수 있다. 그들은 부모님이 유일하게 남기신 재산인데, 분명 나를 위해 사용하길 원하실 거라고 믿기 때문이다. 어떤 사람은 자기가 받은 유산을 부모의 소원대로 사용해야 할 것 같다고 말하기도 한다.

많은 백만장자들이 엄청난 유산을 남긴다. 하지만 돈과 함께 욕심, 방종, 배신, 간음, 교만, 속물 근성, 자기중심적인 태도 등도 자녀들에게 물려준다. 반면, 수많은 그리스도인들이 유산을 하나도 남기지 않는다. 하지만 그들은 인격과 영적인 가치를 지닌 경건한 유산을 자녀들에게 남긴다. 이러한 유산은 돈보다 가치 있다. 많은 돈을 유산으로 받은 자녀들이 부모를 원망할 때, 많은 영적인 유산을 받은 자녀들은 그들의 부모로 인해 하나님을 찬양하고 있다. 이제 우리 사회의 분별력 없는 상속의 전통을 깨야 할 때가 되었다. 새로운 청지기직의 모델을 세워 자녀들이 영원의 관점으로 살도록 돕자.

유언

유언을 집행하는 것이, 이 땅에서 당신이 할 수 있는 청지기직의 마지막 일일 것이다. 그리고 유언만이 당신이 원하는 것이 실행되리라 확신할 수 있는 유일한 도구다.

은퇴 전, 미국인 10명 중 3명 이상이 죽는다. 물론 결국에는 10명 모두가 죽는다. 그런데 이중 7명이 유언 없이 죽는다. 유언 없이 죽으면, 본인이 결정하고 싶은 중요한 결정들을 법원이 하게 된다.

일단 유언서를 작성하면, 주기적으로 새롭게 수정해야 한다. 자녀들이 어렸을 때 나는 다음과 같은 유언서를 작성했다. "자녀들에게 재산의 3분의 1을 주고 그들이 성인이 될 때까지 후견인이 관리한다. 그 돈은 대부분 대학등록금으로 사용될 것이고, 나머지 3분의 1은 후견인에게 맡겨져 남은 가족을 위해 사용한다. 그리고 마지막 3분의 1은 교회에 헌금하는데, 그중 10분의 1은 일반 재정에, 나머지는 장로들의 지시에 따라 선교 헌금으로 드려지도록 한다."

그러나 딸들이 결혼한 뒤, 나는 유언서를 수정했다. 극히 일부만 딸의 가족들에게 주도록 했고, 나머지는 하나님의 사역에 쓰이도록 했다. 물론 이 유언서는 가족의 필요나 환경이 바뀌면, 그것에 따라 다시 수정될 것이다.

돈을 남기는 것이 돈을 드리는 것과 같은가?

유산을 교회나 기독교 사역 단체, 혹은 재단에 남기는 것이 진정한 '드림'은 아니지만, 적어도 본질적인 의미에서는 그렇다. 드리는 것은, 내가 현재 가질 수 있는 것을 나누는 선택이다. 그러나 죽을 때는, 선택할 수 없다. 그저 남길 따름이다. 나는 하나님이 우리가 죽기 전에 드린 것에 대해서만 하늘나라에서 상급을 주실 것이라고 생각한다.

어떤 사람이 수백만 달러를 하나님 나라를 위해 남겼다는 이야기를 들으면서 감명받을 수 있다. 그러나 그만큼의 돈을 가지고 죽었다는 것은, 그가 살아 있을 때 하나님의 것을 움켜쥐고 있었음을 말해 준다. 어쩌면 그는 하나님을 신뢰하지 못했을 수도 있다. "한 번 죽는 것은 사람에게 정해진 것이요 그 후에는 심판이 있으리니"(히 9:27). 죽음은 줄 수 있는 최선의 기회가 아니라, 그 기회를 영영 잃었음을 의미한다. 하나님은 분명 이 땅에서 행한 믿음의 행위를 보상하실 것이다.

좀 더 자세히 설명하면 만약 내게 잘못을 한 사람에게 "나는 당신을 용서한다"는 말을 친구 스티브가 전해 주도록 유언서를 작성했다고 가정해 보자. 그것이 과연 하나님이 원하시는 용서인가? 성경의 이야기를 예로 들어 보자. 만약 생활비 전부를 바친 과부가 그 돈을 자신이 살아 있을 때가 아니라 죽고 난 뒤 성전에 바쳐달라고 유언을 남겼다면, 예수님이 칭찬하셨을까? 나는 그렇게 생각하지 않는다. 그녀의 행위는 믿음과 희생, 어느 것도 충족되지 않았기 때문이다.

그렇다면 우리는 어느 정도 남겨야 하고, 오늘 드릴 수 있는 것을 얼마나 연기해야 하는가? 많은 교회들과 기독교 단체들이 유언을 통해 받은 돈으로 좋은 일을 하고 있다. *그러나 죽을 때 드리는 것이 '최선'을 의미하지는 않는다. 살아 있을 때 드리는 것이 훨씬 낫다.* 그것을 통해 자신의 믿음을 하나님께 증명해 보일 수 있기 때문이다.

언젠가 다윗 왕은 완전한 값을 지불하겠다고 고집한 적이 있다. "내가 반드시 상당한 값으로 사리라 내가 여호와께 드리려고 네 물건을 빼앗지 아니하겠고 값없이는 번제를 드리지도 아니하리라"(대상 21:24). 하나님은 우리의 희생과 믿음에 반드시 보상하신다. '드리는 것'은 어떤 것을 내려놓겠다는 선택이지만 '남기는 것'은 간직할 수 없는 것의 용도를 정하는 것에 불과하다. 남긴다는 말은, 숨을 거두는 순간까지 보물을 쥐고 있었다는 뜻이고, 그것은 보상받을 만한 태도가 아니다.

성경은 "네가 죽을 때 하나님을 위해 재산을 남기면, 하늘나라 창고

문을 열어 너를 축복하는지 안 하는지 시험해 보라"고 말하지 않는다. 오직 현재의 드림에 대해서만 말한다. "남기라, 그러면 남긴 것에 따라 보상해 줄 것이다"라고도 말하지 않는다. 오직 "주라, 그리하면 주는 것에 따라 너에게 도로 돌려줄 것이다"라고 말한다.

주는 것과 남기는 것은 완전히 다르다. 주는 것은 '자원해서' 재산을 나누는 것이고, 남기는 것은 '도둑맞는' 것에 더 가깝다. 어떤 면에서 죽음은, 순식간에 그리고 완전하게 우리의 재산을 가져가는 도둑과 같다.

어떤 사람이 당신의 계좌에서 백만 달러를 훔쳐 굶주린 사람을 먹였다고 가정해 보자. 그렇다면 당신의 돈으로 좋은 일을 한 것은 틀림없다. 그러나 이 일로 당신이 상급을 받을 수 있을까? 절대로 못 받는다.

지금이 아닌 미래를 위해 드리는 삶을 연기하는 것은 위험하다. 그 동기가 믿음이 아닌 두려움이기 때문이다. 또한 그것은 주님께 전부 드리고 싶지 않다는 증거다. 돈을 우리의 지배 아래 두는 한, 여러 가지 유혹에 빠질 수 있다. 다윗 왕은 이렇게 말했다. "내가 어려서부터 늙기까지 의인이 버림을 당하거나 그의 자손이 걸식함을 보지 못하였도다"(시 37:25). 왜 그런가? 부모가 자녀에게 많은 돈을 남겼기 때문인가? 아니다. 그 이유는 다음과 같다. "그는 종일토록 은혜를 베풀고 꾸어 주니 그의 자손이 복을 받는도다"(시 37:26).

Chapter 20
크리스천 가정은 물질만능주의와 어떻게 싸울 것인가?

"'저 돼지가 자라면 정말 무섭고 못생긴 자식들을 낳겠지? 그래도 그중 잘 생긴 돼지가 한 마리는 있을 거야'라고 중얼거리며, 자기가 알고 있는 아이들 중 돼지처럼 생긴 아이들을 떠올렸다."(「이상한 나라의 앨리스」 중에서, 루이스 캐롤)

"자녀를 가르치는 방법은 세 가지밖에 없다. 첫째도 모범이요, 둘째도 모범이요, 셋째도 모범이다."(알버트 슈바이처)

잠비아의 한 남자가 새 양복과 오토바이를 샀다. 그런데 그의 아내와 아이들은 영양실조로 고통받고 있다. 가장 어린 자녀는 굶어 죽어 가고 있다. 만일 그가 양복을 사지 않거나 오토바이를 판다면 가족을 1년간 먹일 수 있다.

이제 대서양을 가로질러 미국에 사는 한 남자를 보자. 그는 재산이 충분하지만, 더 많이 벌기 위해 주 20시간 이상의 초과 근무를 하고 있다.

물론 그의 아내도 일을 하고 있다. 그들은 최고급 레스토랑에서 음식을 먹고, 사교 클럽의 회원이고, 아이들에게 명품 옷을 입힌다. 딸의 열두 번째 생일에는 말을, 아들의 열여섯 번째 생일에는 새 차를 사 주었다. 자녀들은 최신 컴퓨터와 비싼 스키 장비들을 가지고 있다. 부모는 자녀들을 제일 좋은 대학에 보내려고 한다. 그는 자녀와 대화를 나누거나 함께 교회에 가서 예배드릴 시간이 없다. 자녀들은 아빠를 하루에 잠깐밖에 못 보더라도 그의 돈은 언제나 가까이 있음을 느꼈다.

이상의 두 사람, 두 물질만능주의자는 유사한 점이 많다. 첫 번째 남자는 주님 앞에 설 때, 체면과 쾌락을 위해 소중한 아내와 자녀들이 고통받게 내버려 둔 것에 대해 결산하게 될 것이다. 두 번째 남자는 자신의 돈, 소유, 지위란 욕망의 제단 위에 가장 절실한 가족의 영적인 필요를 희생시킨 것에 대해 결산할 날이 올 것이다. 자녀들이 하고 싶은 대로 방임함으로써 그들의 가치 체계를 왜곡시키고, 결코 회복할 수 없는 상태로 키운 것에 대해서도 대답해야 할 것이다. 생각이 있는 사람이라면, 심판 날에 이들처럼 되고 싶겠는가?

믿음의 가정에서의 물질만능주의

성경은 자녀의 필요를 공급하는 것이 부모의 책임이라고 말한다. 그리스도인이 자녀나 궁핍한 친척을 돌보지 않는 것은 믿음을 져버리는 것이고 불신자보다 못한 것이다(딤전 5:8). 마찬가지로 연로하고 병든 부모나 친척을 돌보는 책임 역시 국가나 보험 회사가 아닌 성장한 자녀에게 있다(막 7:10-12 ; 딤전 5:8,16).

예수님은 영적인 이유 때문에 가족의 필요를 등한시하는 것을 경고하셨다(막 7:9-13). 하나님은 사랑하는 사람이 도움을 필요로 할 때, 그를 도우라고 말씀하셨다. 예수님은 십자가에서 죽으실 때, 어머니를 한 제자에게 부탁하셨다(요 19:26-27).

부자병

바로 앞에서도 말했지만, 자녀의 필요를 공급하는 것은 부모의 책임이다. 그러나 자녀가 물질만능주의자가 되도록 소유물로 질식시키는 것은 전혀 다른 문제다. 믿음의 가정에서도 원하는 것을 다 가질 수 있는 환경에서 자라는 자녀들이 많다. 이러한 환경에서 양육되는 자녀들은 '부자병'이라고 불리는 치명적인 병에 걸릴 수밖에 없다.

> "부자병은 유복한 부모 밑에서 자라는 아이가 걸리는 만성질환이다. 원하는 것을 다 얻을 수 있어도 그들은 극도의 빈곤 상태에서 나타나는 현상, 즉 우울증, 염려, 의미 상실, 절망 등의 현상을 보인다. 그래서 부자병 환자는 술이나 마약, 자살 등으로 현실을 도피하려고 한다. 이러한 현상은 부모가 자녀의 사랑을 돈으로 사려고 애쓰거나 부모의 부재를 느끼며 자란 부유한 아이들에게서 가장 많이 발견된다."

전형적인 미국의 성탄절을 생각해 보라. 백화점마다 수많은 사람들로 붐비고, 연중 소비액이 최고로 높아진다. 하지만 그 열매는 과연 무엇인가? 곧바로 버려지는 포장지와 부서지고 방치되는 장난감 외에 무엇이 남는가? 크리스마스의 참 의미는 사라지고 원하는 선물을 갖고 싶어 욕심 부리는 자녀들만 만들어내지는 않는가?

우리는 자녀들을 사랑한다. 할아버지나 할머니, 친척과 조카, 친구들도 마찬가지다. 그런데 어떤 경우에는 그 사랑의 척도가 '어떤 선물을 주느냐'에 따라 평가되는 것 같다. 자녀들은 건전지로 움직이는 로봇이 아니다. 이들은 장난감이나 인형이 아닌 영적, 정신적, 감정적인 것에 깊은 필요를 느낀다. 물론 이를 알면서도 자신의 행동을 돌이키지 않는 부모가 너무 많다.

그래서 자녀들은 점차 선물에 대해 감사하지 않게 되고, 심지어 불쾌감을 느끼기까지 한다. 늘 음식을 배불리 먹던 사람이 음식 기피 현상을 보이는 것처럼 말이다. 이렇듯 물질에 대한 탐닉은 그것에 대한 관심과 애정을 잃어버리게 만든다. 결국 자기와 다른 누군가의 소유를 경멸하는 태도로까지 이어지는데 이것은 지나친 방종의 결과다.

은혜를 나누는 대신 물질을 주는 잘못을 범할 때, 자녀들은 심각한 상처를 입는다. 원하는 것을 다 얻으며 자라는 그들의 장래는 뻔하다. 결국 그들의 인생은 망가질 것이다. 그리고 가정과 교회, 사회의 무책임한 구성원이 될 것이다. 그들은 쉽게 다른 사람을 비난하거나, 불평하고, 책임을 전가할 것이다. 내가 이러한 사람들을 수없이 상담하며 확신하게 된 것은, 그 원인이 대부분 무턱대고 원하는 것을 만족시켜 준 부모에게 있다는 것이다.

잘못된 사랑으로 자녀를 망가트린 부모는 그것이 사랑이 아닌 아동학대였음을 깨달아야 한다. 이러한 영적인 학대는 개인과 사회에 피해를 끼친다.

어느 기독교 상담가는, 만일 부모가 자녀에게 그들의 친구만큼도 물질적인 필요를 채워 주지 않는다면, 자녀들이 믿음을 거부하고 떠날 것이라고 말한다. 이런 왜곡된 시각은 도대체 어디에서 시작되었는가? 분명 하나님의 말씀에서는 나오지 않았다.

오늘날, 많은 믿음의 가정이 물질적인 유익을 빼앗기지 않으려고 하나님이 원하시는 삶의 방식을 멀리하고 있다. 그 결과 부모는 자녀에게서 영적이고 영원한 유익을 빼앗았다.

만일 당신이 외딴 선교지로 떠난다면, 당신의 자녀는 물질적인 것들을 누리진 못해도 엄청난 영적 유익을 누리게 될 것이다. 부모는 하늘나라의 관점을 가지고 자신과 자녀에게 무엇이 최선인지 배워야 한다. 우리의 관심사는 언제나 영원한 삶의 기준에 근거해야 한다. 그것은 부모가 자녀에게 줄 수 있는 가장 위대한 유산이다.

존 웨슬리는 부모들에게 "욕망은 계속 커진다"라는 원리를 상기시키며 다음과 같이 질문한다.

- 왜 원하는 것을 사 줌으로써, 더 큰 욕심과 허영심을 일으키는가? 왜 상처가 될 욕망을 만족시키는가?
- 자녀들을 유혹에 빠뜨리는 데 왜 돈을 사용하는가?

모범이 되는 부모

자녀는 식탁 예절에서부터 모든 것을, 부모로 부터 배운다. 그래서 가정은 이 사회의 심장이고 정신이다. 학교가 아니라 가정이 배움의 가장 중요한 장소다.

이 책에서 장려하는 모든 재정적인 관점과 습관은, 부모의 모범을 통해 자녀들에게 가장 잘 전해질 것이다. 자녀들은 부모의 말이 아닌 행동을 통해 배운다. 돈과 소유에 대한 교육은 자녀들이 태어나자마자 시작해야 한다. 잘하든 못하든 우리는 매순간 그들의 가정 교사 역할을 충실히 감당해야 한다. 의식적이든 무의식적이든 우리는 그들을 훈련하고 있음을 잊어서는 안 된다.

오래전 우리 딸들이 각각 두 살과 네 살일 때, 나는 그들을 데리고 아침을 먹으러 나갔다. 그런데 식사를 마치고 차로 돌아오는 길에 두 아이 모두 입에 이쑤시개를 물고 있는 것을 보고 깜짝 놀랐다. 그때 나 또한 이쑤시개를 물고 있었다. 식당을 나올 때, 습관적으로 이쑤시개를 물고 나온 것이다. 어린 딸들은 그것이 무엇인지도 모르고 내 행동을 모방한 것이었다. 순간 나는 우리 아버지가 종종 이러셨음을 기억해 냈다. 그리고 지금 내 자녀들도 똑같이 그 행동을 하고 있다! 이것이 자녀 교육의 핵심이다. 자녀들은 중요하든 중요하지 않든, 바람직하든 바람직하지 않든, 부모가 하는 모든 것을 모방한다. 자녀들이 부모의 말을 듣지 않을 때가 종종 있다. 그러나 부모를 따라하지 않을 때는 거의 없다.

나는 믿음의 가정에서 자라지 않았지만, 우리 아버지는 결코 돈을 낭비하지 않으셨고 나누는 것에 관대하셨다. 그런 아버지의 삶은 내게 지울 수 없는 흔적을 남겼다. 나는 이런 아버지를 주신 하나님께 감사드린다.

부부 간의 드림에 대한 갈등

주님께 드릴 헌금의 액수로 배우자와 부딪혀 본 적이 있는가? 나는 모든 그리스도인이 이것을 경험했으리라고 생각한다. 한 쪽은 드리는 은사가 있는데, 다른 쪽은 잡아당기는 은사가 있을 수 있다!

교회에서 특별 헌금을 할 때, 우리 부부는 각자 금액을 정한 뒤 함께 그 금액을 비교한다. 그리고 대체로 높은 금액을 헌금한다. 수년 전만 해도 한쪽에서 계속 높은 숫자를 제시했다. 그러나 요즘은 그렇지 않다. 내가 높은 숫자를 제시할 때도 있고, 아내가 그럴 때도 있다.

나는 다음과 같은 질문을 자주 받는다. "저는 십일조와 헌금을 드리고 싶은데, 불신자인 남편이 반대합니다. 어떻게 해야 하지요? 저와 자녀들의 입장이 곤란합니다." 우리 어머니는 예수님을 영접하신 뒤 돌아가실 때까지 12년을 이렇게 사셨다. 베드로전서 3장 1-6절에 의하면, 아내는 믿지 않는 남편에게도 복종해야 한다. 따라서 남편이 반대한다면 드리지 않는 것이 맞다.

만일 당신에게 개인 소득이 있다면, 남편에게 십일조에 대해 말할 수 있다. 소득이 없더라도, 허락해 준다면 한 달에 얼마라도 헌금할 수 있게 해달라고 요청해 보라. 만약 그가 반대한다면 자신의 소비를 줄여서라도 헌금을 드리고 싶다고 말해 보라. 그리고 남편에게 말라기 3장 10절과 누가복음 6장 38절 말씀을 들려주며 도전을 줄 수도 있다. 만약 헌금하는 것을 허락해 준다면, 1년(혹은 3-6개월)간 허락해줄 것을 요청한 뒤, 그 기간이 지나고 형편이 나아졌는지 나빠졌는지 비교해 보자고 말하라. 만일 형편이 나아졌다면 헌금을 늘릴 수도 있을 것이다. 드리지 않는 배우자는 드리는 배우자에게 주시는 하나님의 축복을 간접적으로 누리게 될 것이다(고전 7:14).

이것은 하나님이 자신을 시험해 보라고 하신 영역이므로, 이를 통해 배우자가 살아 계신 하나님을 만날 수 있도록 끊임없이 기도하라. 나는 이러한 문제가 두 사람을 분리시키는 대신 오히려 하나가 되고, 불신자인 배우자가 예수님을 영접하는 통로가 되는 경우를 많이 보았다.

부모를 대신할 것은 아무것도 없다

많은 부모들이 자신들의 부재를 물질로 보상하려고 한다. 그러나 부모를 대신할 것은 아무것도 없다.

자녀가 다섯인 어느 남자와 대화를 나눈 적이 있다. 그는 열심히 일해서 아름다운 집을 사고 많은 재산을 모았다. 그런데 너무나 열심히 일한 나머지, 최근 3년간 가족과 휴가를 단 한 번도 가지 못했다! 자녀들은 풍요를 누리며 자랐지만, 슬프게도 아버지의 부재를 느끼며 성장했다. 부모가 자녀에게 감동을 주려면, 그들과 함께 시간을 보내야 한다. 그들이 기억하는 것은 부모가 사 준 물건이 아니라 함께한 시간이다.

미국 어린이들의 40퍼센트가 싱글 부모 밑에서 자란다. 이러한 경우 싱글 부모에게 가장 큰 유혹은, 자녀에게 보상해주기 위해 더 많은 물질을 주는 것이다. 그런데 여기서 진짜 피해를 입는 사람은 사랑은 결핍된 채 물질적인 욕망으로만 채워진 우리의 자녀들이다.

진정한 크리스마스의 의미

가정의 물질만능주의 패턴을 바꿀 수 있는가? 물론이다. 크리스마스를 예로 들어 보자. 우리는 이전보다 훨씬 크리스마스 비용을 줄일 수 있다. 미리 예산을 정해 놓거나 선물을 직접 만들거나 한두 달 전에 미리 선물을 구입할 수도 있다. *중요한 것은 우리의 초점을 그리스도께 맞추는 것이다.* 그러면 받는 것보다 주는 것에 초점을 맞추게 되고, 가난한 사람들을 찾아가 베풀게 된다.

아내는 딸과 딸의 친구들에게 '예수님의 생일 파티'를 종종 열어 주었다. 아이들은 예수님을 위해 직접 만든 선물들을 하나씩 가져왔다. 언젠가는 촛불을 켜 놓고 손을 잡고 앉아 주님께 감사의 고백을 드렸다. 함께 기도도 하고 크리스마스 캐럴도 불렀다. 우리는 그 시간을 평생 잊지 못할 것이다.

지금부터라도 크리스마스에 성경을 읽고 캐럴을 부른 후, 선물을 나누자. 우리에게 가장 귀한 선물은 예수 그리스도이다. 그분께 먼저 감사를 드리자. 이것은 단지 시작에 불과하다. 당신은 보다 급격한 변화를 줄 수도 있다. 어느 11월 우리 교회에서 파송한 선교사가 아프리카 수단에 있는 가난한 성도들에 대해 얘기를 나누었는데, 이것을 들은 수많은 가정들이 크리스마스 선물을 포기하고 그곳에 헌금을 보냈다. 그때 우리 모두는 정말 행복한 크리스마스를 보냈다.

결코 물질만능주의의 희생자가 되지 마라. 전심으로 그리스도를 예배하라.

돈에 대해 가르치라

"마땅히 행할 길을 아이에게 가르치라 그리하면 늙어도 그것을 떠나지 아니하리라"(잠 22:6). 돈과 관련된 자녀의 모든 경험이 가르침의 기회가 된다. 어떠한 가르침에는 아픔이 있을 수도 있다. 만일 자녀들이 부주의해서 그들이 가장 좋아하는 물건을 잃어버리거나 망가트렸다면, 비록 슬프겠지만 소중한 교훈을 배울 것이다. 또한 나눔을 통해 누군가가 기뻐하는 것을 보는 것도 좋은 교훈이 될 것이다. 때때로 부모들은 말로 가르치려 하지만 자녀 스스로 직접 경험한 것보다 나은 것은 없다.

부모가 정신을 바짝 차리고 살아가면, 자녀를 가르칠 기회가 얼마나 많은지 모른다. 딸이 어릴 때, 함께 슈퍼마켓에 가서 현금인출기를 사용한 적이 있다. 그때 딸아이는 카드를 기계에 넣자 돈이 나오는 것을 보았다. 이후 내가 돈이 없어서 해줄 수 없다는 말을 하자 딸은 이렇게 말했다. "돈 기계에 가서 돈을 빼 오면 되잖아요?" 바로 그 순간이 돈이 정확하게 무엇인지, 그것을 벌기 위해 어떻게 해야 하는지 등에 대해 설명할 수 있는 기회였다. 나는 이렇게 기회가 주어질 때마다 시간을 내어 열심히 설명했다. 유창하게 설명하지 않아도 상관없다. 단지 시도하기만 하라. 그러면 자녀는 배울 것이다.

무심코 내뱉는 말이 우리의 자녀들에게 얼마나 큰 영향력을 끼치는지 아는가? 딸아이가 일곱 살 때, 이런 기도를 드렸다. "하나님 아버지, 우리가 너무 부하지도 않고, 너무 가난하지도 않은 것에 대해 감사합니다." 어떻게 어린아이가 그런 기도를 드릴 수 있단 말인가? 나중에 곰곰이 생각해 보니, 6개월 전 나는 딸아이와 함께 "나를 가난하게도 마옵시고 부하게도 마옵시고"(잠 30:8)라는 잠언 말씀을 함께 읽은 적이 있었다.

자녀의 또 다른 선생들

우리가 자녀에게 돈을 가르치는 것보다 사회에서의 가르침이 훨씬 '공격적'이다. 우리 집은 토요일 오전에만 만화 영화나 어린이 프로그램 시청을 허락했는데, 그때마다 텔레비전 광고에 신경이 많이 쓰였다. 광고는 아이들에게 물질만능주의를 심어 주었고, 심지어 아이들은 그것을 사줄 때까지 졸랐다.

우리는 자녀들과 텔레비전을 볼 때, 광고가 전달하려는 것이 무엇인지, 그리고 그것의 진정한 목적이 무엇인지 함께 나눌 수 있다. 자녀들에게 이렇게 질문해 보라. "이 광고가 하나님께 얼마나 중요한 것이라고 생각해?" "이것이 네 인격의 성장이나 영적 생활에 도움이 될까?" 광고의 영향력을 무시하지 말고, 그것에 대해 자녀들과 대화를 나누라.

어느 날 저녁 우리 딸들이 인기 있는 카드게임 중 하나인 "LIFE 게임"(The Game of LIFE)을 하자고 졸랐다. 나는 그 게임에 대해 들어보기만 했지 실제로 해본 적은 없었다. 나는 게임을 하면서, 이 게임이 우리 사회의 사고방식을 얼마나 정확하게 반영하고 있는지 발견하게 되었다. 딸들은 늘 선생이 되고 싶어 했다. 그러나 게임 속에서 선생이 되면 크게 실망했다. 왜 실망했는지 아는가? 선생은 게임 내내 적은 월급을 받기 때문이다. 결국 이 게임에서 돈은 인간의 삶의 전부였다.

또한 이 게임에서는 자녀를 몇 명 가질지 선택할 수도 있었는데, 그것은 게임의 승패와 별 상관이 없었기에 우리 딸들은 자녀보다는 돈을 택했다. 아이들은 '우리 부모가 이런 잘못된 결정을 했다면 우리는 어떻게 되었을까'라고 전혀 생각하지 못하는 눈치였다. 오히려 돈 대신 자녀를 선택하면 잘못된 결정이라고 생각했다! 자녀를 선택하는 것이 게임에 지는 것을 의미한다면, 누가 지는 게임을 하겠는가? 이 카드 게임은 잘못된 인식을 주입하고 있는 것이 분명했다! 그래서 우리 부부는 자녀가 돈보다 얼마나 가치 있는지 알려 주는 성경 구절을 딸들과 함께 읽었다. 그리고 '이기는 것'과 '성공'을 바라보는 하나님의 관점과 세상의 관점이 얼마나 다른지에 대해서도 나누었다.

오늘날 우리의 삶에는 돈에 대한 비성경적인 가르침이 팽배해져 있다. 부모들은 이것에 대항할 강력한 아군이 필요하다. 주위를 찾아보면 청지기직에 대한 기본적인 원리를 가르치는 자료들이 많이 나와 있다. 부모는 이런 자료들을 통해 배우고 가르쳐야 한다. 먼저 성경을 보라. 돈이 무엇이고, 그것으로 무엇을 하며, 그것에 대해 하나님이 무엇이라 하시고, 어떻게 벌고 나누고 아끼고 소비해야 하는지 설명해 주는 교과서는 성경뿐이다.

성인이 된 자녀에게 은행 계좌의 잔고를 계산하는 방법에서부터 어떻게 경제가 움직이는지에 이르기까지 여러 주제를 가르치라. 때론 친구들과 물품을 팔아 그 수익금을 선교지에 보내도록 해보라. 자녀들은 이렇게 함으로써 긍정적인 방법으로 창출되는 부에 대해서 배우게 될 것이다. 또한 부를 관대하고 지혜롭게 사용해야 하는 중요성을 깨닫게 될 것이다. 이러한 일들은 홈스쿨링을 하는 가정에서도 할 수 있다. 무엇보다

이 주제가 얼마나 중요한지 부모가 먼저 확신을 가져야 시작할 수 있다.

죽음에 대해 가르치라

여행을 떠나기 전에 나는 아이들에게 종종 이런 말을 한다. "만일 아빠에게 어떤 일이 일어난다면, 우리가 하늘나라에서 다시 만난다는 걸 꼭 기억하렴."

죽음은 우리 모두의 현실이다. 만일 죽음이 존재하지 않는 것처럼 살아간다면, 우리가 얻는 것은 무엇이며, 자녀가 얻는 것은 또 무엇인가? 나는 언젠가 죽을 것이다. 당신도 마찬가지다. 우리 자녀도 마찬가지다.

열 살이든 마흔 살이든, 얼마나 많은 자녀들이 부모의 갑작스런 죽음으로 충격을 받는가? 그러므로 일찍부터 죽음에 대해 알려 주는 것이 좋다. 또한 죽음이 끝이 아니라 영원한 천국과 지옥의 삶이 있음을 반드시 알려 주라. 그리스도인은 언젠가 죽어서 잠시 이별을 맛보겠지만, 또 언젠가 멋진 재회의 순간을 맞을 것이다.

죽음에 대해 이야기하는 것은 결코 부적절한 것이 아니다. 죽음이 염려의 기초가 된다면 그것은 진리를 부정하는 것이다. 당신이 사랑하는 사람에게 남겨 줄 가장 큰 선물 중 하나는, 우리가 하늘나라를 위해 지음 받았고, 그곳에서 다시 만나 영원히 살 수 있다는 기대감이다.

쓰레기 하치장 견학

자녀들에게 어떻게 하면 물질만능주의 진면모를 보여줄 수 있을까? 가장 좋은 방법은 그들을 쓰레기 하치장에 데리고 가는 것이다. 그 앞에서 한때는 누군가의 소중했던 '보물'들이 어떤 모습으로 변해 있는지 확실히 보여주라. 지금은 쓰레기 하치장에 버려진 이 보물로 인해 누군가는 우정이 깨졌고, 거짓말을 하게 되었고, 이혼하게 되었음을 말해 주라. 그리고 현재 우리가 가지고 있는 것도 언젠가 이렇게 버려질 것임을 알려 주라. 모든 것이 불에 타버릴 것이라고 한 베드로후서 3장 10-14절 말씀을 읽어준 뒤 이 질문을 던지라. "모든 소유는 이렇게 버려지고 말 텐데, 네가 네 소유를 통해 할 수 있는 일 중에서 영원까지 영향을 끼칠 일은 무엇이겠니?"

드림에 대해 가르치라

우리는 '축적하는 사람'이 아니라 '드리는 세대'를 일으켜야 한다. 그런데 다음 세대는 벌써부터 상속 등을 통해 엄청난 부를 안고 자라고 있다. 그들은 드리지도 않고, 영원에 투자하지도 않으며, 하나님이 가난한 사람이나 잃어버린 영혼을 위해 그 물질을 허락하셨다는 것도 모른다.

내가 가지고 있는 모든 통계에 의하면, 젊을수록 적은 금액을 드리는 것이 문제가 아니라 비율적으로 적게 드리는 것이 문제였다. 자녀들에게 드림을 가르치지 않은 부모나 교회는 마땅히 비난받아야 한다. 부모가 자녀들에게 양육할 가장 귀한 습관 중 하나는 드리는 습관이다. 드림은 영적 삶의 선택 과목이 아니라, 필수 과목이 되어야 한다. 자녀가 부모에게 드림에 대해 배우지 못한다면, 누구에게 그것을 배우겠는가?

"마땅히 행할 길을 아이에게 가르치라 그리하면 늙어도 그것을 떠나지 아니하리"(잠 22:6).

"네 아들들과 네 손자들에게 알게 하라"(신 4:9).

"내가 그로 그 자식과 권속에게 명하여 여호와의 도를 지켜 의와 공도를 행하게 하려고 그를 택하였나니"(창 18:19).

"이는 우리가 들어서 아는 바요 우리의 조상들이 우리에게 전한 바라 우리가 이를 그들의 자손에게 숨기지 아니하고 여호와의 영예와 그의 능력과 그가 행하신 기이한 사적을 후대에 전하리로다 여호와께서 증거를 야곱에게 세우시며 법도를 이스라엘에게 정하시고 우리 조상들에게 명령하사 그들의 자손에게 알리라 하셨으니 이는 그들로 후대 곧 태어날 자손에게 이를 알게 하고 그들은 일어나 그들의 자손에게 일러서 그들로 그들의 소망을 하나님께 두며 하나님께서 행하신 일을 잊지 아니하고 오직 그의 계명을 지켜서"(시 78:3-7).

자녀들의 마음이 예수님을 향해 열리길 원하면서, 왜 그들의 마음이 드림을 통해 하늘나라를 향한다는 예수님의 가르침은 간과하는가?(마 6:19-21). 결과적으로 부모로부터 드림의 삶을 배우지 못한 자녀는 그리스도를 위해 살 수 있는 능력 또한 약해진다. 우리는 이 세대에게 '드리는 훈련'을 시켜야 한다. 자녀들이 하나님 나라를 위해 더 많이 드릴 수 있도록 빚과 지출 등에 대해 철저히 가르쳐야 한다. 자녀에 대한 우리의 의무는 분명하다. "오직 주의 교훈과 훈계로 양육하라"(엡 6:4).

영화 "불의 마차"에서 에릭 리들은 이렇게 말한다. "나는 하나님이 나를 만드신 목적이 있다고 믿는다. 나는 뛸 때, 그분의 기쁨을 느낀다." 우리의 자녀들 역시 그들이 나눌 때마다 부모가 얼마나 기뻐하는지 느끼게 될 것이다. 또한 하나님도 이를 기뻐하신다는 것을 배우게 될 것이다.

Chapter 21
어떻게 자녀들에게 '돈과 소유'에 대해 가르칠 것인가?

"감사하지 않는 자녀는 부모에게 독사의 이보다 더 날카로운 아픔을 준다."(윌리엄 셰익스피어)

"자신을 위해서는 더 적게 사용하고 다른 사람에게 더 많이 주면, 우리의 영혼은 더 충만한 행복과 축복을 누린다."(허드슨 테일러)

21장에서는 20장에 대한 실제적인 적용을 다루려고 한다. 당신이 자녀를 선하고 관대한 청지기로 양육하리라 다짐했다는 가정하에 쓴 내용이다.

스스로 경험하게 내버려 두기

자녀들은 경험을 통해 좋거나 나쁜 것 모두를 배운다. 때때로 우리 부부는 딸들이 충동구매 같은 누구나 경험할 수 있는 잘못된 결정을 하도록 내버려 둔다. 사실 이것은 내게 무척 어려운 일이다. 나는 돈을 낭비하는 대신, 잘 관리해야 하는 이유를 설명하고 싶은 충동을 항상 느끼기 때문이다. 그러나 내가 바로 개입한다면, 자녀들은 경험을 통해 지혜를 얻지 못할 것이다.

원하는 것을 마음대로 사라고 하면, 자녀들은 스스로 경험을 통해 배울 것이다. 반지나 스티커 같은 일시적인 즐거움을 위해 돈을 다 써버려서 정말 필요한 것을 사야 할 때, 돈이 없음을 깨닫고 후회하게 될지도 모른다. 이때 부모는 "자, 이번 일을 통해 좋은 교훈을 배웠지? 이제 네가 원하는 것을 사 줄게"라고 말하지 않도록 조심해야 한다. 그들 스스로가 어리석은 소비의 결과에 직면해 봐야 비로소 교훈을 얻을 수 있기 때문이다.

자녀가 좋아하는 장난감을 잃어버리거나 망가트리면, 부모가 새것으로 대체해 주는 경우가 많다. 하지만 자녀의 배울 기회를 빼앗는 행동이다. 자녀는 무엇이든 소중하게 잘 다루어야 한다는 교훈을 얻어야 하기 때문이다. 부모가 결과에 대한 책임을 제거해 버리면, 자녀는 잘못된 교훈을 배우게 된다. "어떻게 되든 원하는 것을 갖게 될 텐데 좀 부주의해도 괜찮아." 이런 잘못된 사고는 다시 교정하기 어렵다.

열두 살 된 자녀가 점심 값으로 용돈을 낭비했다면 어떻게 해야 하는가? 아무것도 해서는 안 된다. 용돈을 벌든지, 저금한 돈을 사용하든지, 점심을 거르든지 해야 한다. 부모가 개입하지 않으면, 삶의 교훈은 아주 간단하고 효과적으로 새겨진다!

그런데 누군가가 자녀의 장난감을 망가트렸거나 돈을 훔쳐 갔다면 어떻게 해야 하는가? 우리가 잘못하지 않아도 이런 불행한 일은 수도 없이 일어난다. 비록 자녀가 억울해하더라도, 그들이 교훈을 얻을 수 있도록 아무것도 해주지 마라.

자녀가 자전거를 갖고 싶어 한다고 가정해 보자. 만일 당신이 돌아다니면서 알아본다면, 다른 집에서 사용하지 않는 중고 자전거를 20달러에 사거나 심지어 무료로도 구할 수 있을 것이다. 그러나 자녀는 당신이 고른 것에 만족해 하지 않을 수 있다. 만약 자녀가 새 자전거를 원한다면 어떻게 할 것인가? 그때, 일반 시세의 이자율로 돈을 빌려주겠다고 제안해 보라. 그리고 동시에 상환 계획을 세우게 하며 100달러짜리 자전거를 실제로 어느 정도의 비용으로 살 수 있는지, 또한 다 갚는데 얼마나 걸리는지 배우게 하라. (어쩌면 이 제안을 하자마자 자전거를 포기할지도 모른다. 그렇다면 그것도 자녀에게 유익하다.) 자녀가 여러 가지 집안일을 하며 돈을 다 갚을 때까지 6개월 이상 걸릴 수도 있다. 하지만 오래 걸릴수록 빚에 대한 개념을 결코 잊지 않을 것이다. 또한 나중에는 중고 자전거도 감사하게 될 것이다. 그리고 이를 통해 배운 교훈은 나중에 자동차, 집, 혹은 다른 어떤 것을 구입할 때 큰 도움이 될 것이다.

자녀, 일, 그리고 돈

우리 부부는 딸과 사위가 현명하고 관대하게 재정을 사용하는 것을 보며 얼마나 기쁜지 모른다. 두 사위의 부모가 우리와 같은 지혜를 그들에게 심어 준 것에 대해 정말 감사한다. 그것은 평생 영향을 끼치는 소중한 유산이기 때문이다.

부모는 자녀가 돈과 일을 연결 지어 생각하도록 도와야 한다. 돈은 하늘에서 떨어지는 것이 아니다. 맡은 일을 열심히 잘 수행함으로써 얻는 것이다. 자녀가 일을 하거나 무엇인가를 만들어 팔 수 있도록 격려하라. 그러면 일하는 즐거움도 가르칠 수 있다.

부모들이 일반적으로 하는 잘못이 있다. 그것은 자녀가 나이를 먹어도 아무 조건 없이 돈을 주는 것이다. 그러면 자녀들은 돈을 쉽게 얻을 수 있다고 믿게 된다. 결과적으로 돈과 일을 분리시키며, 일하지 않아도 돈을 가질 권리가 있다고 생각하게 된다. 이러한 잘못된 사고는 어른이 되어서도 정부의 생활 보조금에 의존하게 만든다.

자녀들이 일해서 자전거와 좋아하는 옷을 구입하게 되면, 그들은 그것들을 소중하게 다룰 것이다. 열여덟 살 생일 선물로 새 차를 받은 자녀는, 돈을 모아 1,800달러 중고차를 구입한 자녀와는 완전히 다른 관점으로 살아가게 된다.

모든 일이 돈과 관련되는 것은 아니다. 자녀가 집안일을 도왔다고 해서 무조건 돈으로 보상해서는 안 된다. 다만 정당하게 보상받을 수 있는 집안일을 정해 두라. 예를 들면 세차, 잔디 깎기, 아기 돌보기처럼 집 밖에서도 할 수 있는 일이 좋다.

일을 할 때 직업 윤리를 가르치는 것 역시 중요하다. 또한 일에 집중하면서도 필요한 의무를 수행하게 하는 것도 동일하게 중요하다. 내가 중고등부 담당목사였을 때, 많은 아이들이 일이나 운동, 음악, 학교 활동 등의 이유로 예배를 드리지 않으며 영적으로 고통받는 것을 보았다. 일이 주는 유익이 아무리 좋아도 그들의 영적 성장을 방해한다면 문제가 심각해진다. 부모가 성경의 가르침보다 다른 것을 더 추구하도록 격려하면, 자녀가 성인이 되었을 때, 돈을 번다고 하나님을 멀리할 확률이 높다.

저축 훈련

자녀는 돈의 가치와 절제의 훈련을 저축을 통해 배운다. 저축할 때마다 돈이 늘어나는 것을 보면 기억에 오래 남을 것이다.

자녀들이 망원경과 같은 고가의 물건을 원할 때, 6개월에서 1년간 저축을 하게 하라. 아마도 한 달에 15-30달러를 저축할 수 있을 것이다. 자녀가 오랜 기간 충실하게 저축한다면 망원경을 충동 구매로 살 수 없다. 또한 관리도 잘 할 것이다. 단기간의 목적과 장기간의 목적 모두를 위해 어떻게 저축해야 하는지 자녀에게 보여 주라.

때론 학교 행사 때 수백 달러의 비용이 드는 경우가 종종 있다. 이때 부모가 비용을 지불하면 자녀에게 해가 된다. 이럴 때는 몇 달 전부터 그 비용을 위해 일을 시키라. 그래야만 돈의 가치를 진정으로 이해하게 된다. 또한 자녀들이 다양한 창조적인 선택을 할 수 있게 된다. 예를 들어, 행사에 필요한 옷을 사는 대신 빌릴 수 있음을 알게 되는 것이다.

부모님이 내게 해주신 것처럼 나도 딸들의 대학 등록금을 도와주었다. 그렇지만 부모가 대학등록금을 무조건 내주면 안 된다. 고등학교를 졸업하고 대학을 위해 1년 동안 일을 하게 한다면, 인성 개발과 재정적인 개념을 잡는 데 유익하다.

우리 교회의 한 부모는 자녀에게 대학 등록금의 반을 내주겠다고 약속했다. 그런데 대학 생활을 즐기다가 그만 세 과목이나 낙제를 하고 말았다. 그래서 그들은 즉시 약속을 수정했다. 아들이 모든 학비를 먼저 지불하고, 한 학기가 끝난 뒤 C학점 이상을 받은 과목만 배상해 주기로 한 것이다. 이들은 책임의 중요성을 아는 현명한 부모였다. 사실 학점은 학생 자신이 상당한 부분을 희생할 때 향상되는 경우가 많다. 또한 나는 자녀가 어릴 때부터 대학등록금을 저축할 것을 권한다.

어떤 저축은 투자로 향하는 통로가 되므로, 자녀에게 주식을 가르칠 필요가 있다고 생각한다. 어렸을 때, 우리 아버지는 딸기나 양배추를 수확한 돈을 내게 주시며 주식에 투자해 보라고 하셨다. 이것은 아주 흥미로운 경험이었다. 그래서 나는 일찍부터 주식 시장과 경제가 어떻게 움직이는지 이해하게 되었고 이후로도 많은 도움이 되었다.

드림 훈련

재정에 대해 자녀들이 배워야 할 가장 근본적인 교훈은 드림이다. 부모가 자녀의 손에 돈을 쥐어 주며 헌금하도록 하는 것은 그저 자녀가 부모의 돈을 전달하는 것밖에 되지 않는다. 진정한 드림이 되기 위해서는 자녀에게 속한 것을 드리는 훈련을 시켜야 한다.

우리부부는 딸들이 아주 어렸을 때부터 십일조를 가르쳤다. 어떠한 곳에서 소득이 들어오든지, 심지어 선물이라 하더라도 그것의 10퍼센트는 주님의 것이고, 그것에 손을 대면 안 된다고 가르쳤다. 그래서 딸들은 할아버지에게 크리스마스 선물로 10달러를 받았으면 "10달러로 무엇을 하지요?"가 아니라 "9달러로 무엇을 하지요?"라고 물었다.

나는 "자녀에게 십일조를 요구하지 마세요"라고 단호하게 주장하는 글을 여러 곳에서 읽었으나 이에 동의하지 않는다. 이러한 충고는 마치 자녀가 식사 전에 손을 씻고, 바람이 불 때 외투를 입고, 장난감을 정리하고, 교회에 가는 것을 막는 일과 다름없다.

누군가는 이렇게 말할지도 모른다. "그러나 드리는 것은 마음에서부터 우러나와야지, 강요해서는 안 됩니다." 나는 이 말에 "그렇지만 드리는 것은 습관이고, 다른 좋은 습관들처럼 계발되어야 합니다"라고 대답하고 싶다. 부모가 삶을 통해 직접 보여 주는 것보다 더 효과적으로 드리는 습관을 키울 방법은 없다.

나는 양치질을 하는 것보다 십일조하는 것을 더 중요시하는 사람을 알고 있다. 이 가정에서 십일조를 하지 않는 것은, 냉장고 문을 닫지 않는 것처럼, 수도꼭지를 잠그지 않는 것처럼, 식사 전에 기도하지 않는 것처럼 상상할 수 없는 일이었다. 물론 이런 습관이 영적으로 충만한 삶을 보장하는 것은 아니다. 그러나 거룩한 드림의 습관은 성경 공부, 기도, 전도 훈련처럼 우리의 영적 생활에 유익하다.

우리 부부는 딸이 각각 세 살, 다섯 살이 되었을 때부터 매주 50센트씩 '임금'을 주었다. '임금'이라 부르는 이유는, 그들이 일을 할 때 주는 것이었기 때문이다. (보통 '용돈'은 그에 상응하는 대가 없이 정기적으로 주는 돈을 뜻한다.) 아이들은 50센트 중에서 5센트를 구별하여 주님께 드렸고, 종종 더 많이 드리기를 원했다. 우리 부부는 진정한 드림은 십일조 이후부터 시작하는 것임을 상기시켜 주며 늘 아이들을 격려했다.

언제부터인가 아이들은 많이 드리면 드릴수록 자신들이 소비할 돈이 줄어든다는 것을 이해하게 되었다. 그래서 쓸 돈이 빠듯할 때가 있었는데, 이때도 우리 부부는 도와주지 않았다. 도우면 드림의 핵심 정신이 훼손되기 때문이다. 하나님이 원하시는 대로, 그분의 시간에, 그분의 방법으로 상급을 주시게 해야지 우리가 개입해서는 안 된다.

딸들이 "이번 주 용돈을 모두 하나님께 드리고 싶어요"라고 말할 때마다 우리 부부는 '합리적'으로 생각하라고 가르치지 않았다. 우리는 자녀가 인도함을 받는 그대로 드리기를 원했다. 만일 마가복음 12장의 과부와 고린도후서 8장의 마게도냐 성도들처럼 비합리적이게 보이더라도 막지 마라. 그것이 바로 가장 가치 있고 영원히 남을 일이다.

딸들이 다섯 살과 일곱 살이 되었을 때, 우리는 세 개의 병에 각각 '드림', '저축', '소비'라고 적힌 이름표를 붙여 주었다. 그러면 아이들은 임금을 받을 때마다 10퍼센트는 드림의 병에 넣었고, 나머지는 원하는 대로 다른 두 병에 넣었다. 그러나 일단 드림의 병에 돈을 넣으면, 주님께 드려졌기 때문에 다시 꺼낼 수 없었다. 아이들은 주일 아침마다 드림의 병을 비워 교회 헌금함에 넣었다.

저축의 병에 돈을 넣으면, 특별한 경우가 아니면 꺼내 소비할 수 없었다. 그렇지만 저축과 소비의 병에서 드림의 병으로, 또 소비에서 저축의 병으로는 자유롭게 옮길 수 있었다. 병들을 나란히 진열해 놓으면 이런 식이 되었다. 병의 왼쪽으로는 돈을 자유롭게 옮길 수 있었지만, 오른쪽으로는 옮길 수 없는 것이다.

나는 이 '새로운 시스템'을 딸들에게 설명하던 날을 결코 잊지 못할 것이다. 그들은 너무 흥분해서 가지고 있던 돈을 즉시 병에 나누어 넣기 시작했다. 옷장 바로 위에 병을 올려놓고, 음식이 식는 줄도 모르고 종이와 연필을 꺼내 이런저런 계산을 하며 몇 시간을 보냈다. 그러더니 일곱 살 된 딸이 계산기로 퍼센트를 어떻게 계산하는지 알려달라고 했다. 그리고 자신의 병 이름표에 이렇게 써 붙였다. "드림 : 매주 20센트", "저축 : 매주 30센트", "소비 : 매주 50센트." 수년 동안 이 방법을 사용하면서 우리는 재정에 대한 대화를 많이 나누었다. 이 간단한 시스템은 우리 부부가 시도한 어떤 재정 교육보다 효과가 있었다.

자녀들은 그들이 관리할 돈이 없거나 노력으로 번 돈이 없으면 돈에 대해 배울 수가 없다. 자녀들이 요구하는 것을 이야기할 때마다 돈을 주면, 절대 청지기직을 가르칠 수 없음을 명심하고 또 명심하라.

드리는 가정

어떤 사람이 이런 편지를 보내왔다. "저희 부부는 자녀들이 아주 어릴 때부터 하나님을 위해 드리는 사람이 되라고 가르쳤어요. 지금 저희 가정은 예수를 사랑하는 네 자녀들과 함께 축복을 누리고 있는데, 저희의 충성스런 드림으로 인해 자녀들이 그렇게 되었다고 믿어요. 하나님의 보상은 항상 물질적인 것만은 아닌 것 같아요."

어떤 모임에서 드림에 대해 나눌 때, 대니얼 아놀드라는 남자는 이렇게 말했다. "저희 가족의 공동 목표는 주님의 영광과 이 땅에서 하나님 나라를 확장하기 위해 드리는 것입니다. 저희는 기도로 하나님의 뜻을 묻고, 함께 모여 의견을 나누며 한마음이 되었습니다. 드리는 것은 하나님을 신뢰하는 삶으로 우리를 인도해 줍니다." 이렇듯 청지기직은 가정에서 가르치는 만큼 습득된다.

나는 가족들이 '선교 여행'에 동참하기를 권한다. 그러면 해외에 있는 선교사들이나 고아들을 도우면서 *자신이 얼마나 좋은 환경에서 살고 있는지 인식하게 되고, 가난한 사람들을 도와야겠다는 생각을 스스로 하게 될 것이다.*

가족 여행은 계획하면서 왜 선교지는 방문하지 않는가? 두 딸이 여섯 살과 여덟 살 때, 우리 가족은 두 달 동안 교회에서 후원하는 영국, 오스트리아, 그리스, 이집트, 케냐에 있는 선교사 다섯 가정을 방문했다. 이 여행이 준 감동은 자녀들에게 평생 영향을 끼쳤다. 처음에는 하나님이 공급하심에 감동했고, 그 다음에는 하나님이 행하시는 놀라운 일을 보며 감동했다. 딸들은 학교를 두 달이나 빠졌지만, 더 많은 것들을 배웠다. 이 여행은 이 땅에서의 삶뿐만 아니라 영원의 삶에도 영향을 끼쳤다.

절제 훈련

자녀에게 "노"(No)라고 말하는 것은 대단히 중요하다. 어떤 실교사가 이런 이야기를 했다. "어느 날 나는 주님께 물었다. '주님, 주님께 백만 년은 어느 정도입니까?' 주님은 '아들아, 백만 년은 내게 1초에 불과하단다'라고 대답하셨다. 이번에는 '주님, 주님께 백만 달러는 어느 정도입니까?'라고 물었다. 그러자 주님은 '아들아, 그것은 1센트에 불과하단다'라고 대답하셨다. 그때 나는 '좋습니다. 주님, 제게 딱 백만 달러만 주십시오'라고 말씀드렸다. 그러자 주님은 '물론이지. 아들아, 그런데 일 초만 기다리거라'고 대답하셨다."

어떨 때는 원하는 것을 얻기 위해 오래 기다려야 한다. 그리고 그 과정 속에서 인격을 닦고 절제를 배운다. 아이들이 충동적으로 돈을 쓰는 것은 자연스러운 일이다. 절제는 저절로 생기는 것이 아니기 때문이다. 아이스크림이나 사탕, 새 장난감 등을 사달라는 아이들에게 "노"라고 말할 때마다 우리는 자녀들에게 다음과 같은 중요한 것을 가르치게 된다.

- 어떤 것이 특별하게 되기 위해서는 그것이 예외가 되어야지 일상적인 것이 되어서는 안 된다.
- 일시적인 만족보다 더 높은 가치가 있다.
- 충동을 따르는 것보다 하나님의 돈을 사용하는 더 나은 방법이 있다.

이런 관점으로 양육된 자녀는 모든 일에 절제하기 때문에 범죄에 빠질 가능성도 적다. 부모가 원하는 것을 다 들어 주지 않았던 자녀는 원하는 것을 다 얻으며 자란 자녀보다 매사에 만족함을 느낀다. 또한 무엇이든 신중하게 요청한다. 반면 원하는 대로 다 얻는 자녀는, 부모를 교묘하게 '다루는 기술'을 연마하게 된다.

물론 자녀들의 요구를 다 거절해서는 안 된다. 지나친 거절과 인색함은 방종을 키울 수 있다. '균형'이 해결의 열쇠다. 우리의 목표는 구두쇠가 되는 것이 아니라 청지기가 되는 것이다. 하나님의 돈을 신중하게 사용해야 하는 핵심은, 더 많은 자원이 하나님 나라를 위해 사용되는 데 있음을 기억하라. 그 과정을 통해 우리는 그리스도를 닮아가게 된다.

소비 훈련

부모는 자녀에게 지혜로운 소비 방법을 가르칠 수 있다. 같은 물건이라도 최적의 구매 장소를 선택하고 가격을 비교하는 방법을 가르칠 수 있다. 충동구매를 피하기 위해 우리 가족은 구매 전에 적어도 몇 달은 고심하기로 규칙을 정했다. 만약 4개월이 지난 뒤에도 여전히 그 물건이 사고 싶다면, 그것은 충동 구매가 아니다.

취미 삼아 하는 쇼핑도 가능한 줄이기를 권한다. 목적 없이 이 가게 저 가게를 돌아다니다 보면 불필요한 소비를 하게 된다. 때론 구입할 수 없는 고가의 상품을 보며 현실에 불만족할 수도 있다. 그러므로 자녀가 구체적인 목적을 가지고 쇼핑하게 하라. 또한 쇼핑이 하나님 나라를 위해 도움이 되는 것인지 스스로 묻게 하라.

어느 날 쇼핑 센터를 지나며 우연히 깨달은 것이 있다. 진열된 상품들이 마치 필요한 상품처럼 보일 수 있다는 것이다. 그러나 진열된 99.9퍼센트는 필수품이 아니었다. 나는 이것을 자녀들에게 가르치기 위해, 쇼핑 센터로 데려가 '원하는 물건'과 '필요한 물건'을 구별하는 임무를 주었다. 그들은 원하는 것이 얼마나 많고, 필요한 것이 얼마나 적은지 깨달으며 집으로 돌아왔다.

자녀에게 소비를 가르치는 가장 효과적인 방법은, 부모가 돈을 어떻게 쓰는지 몸소 보여 주는 것이다. 가계부를 기록할 때 자녀와 함께하면 좋다. 은행에서 가계의 수입 전체를 1달러짜리로 바꿔 오게 하라. 이때 가짜 돈을 사용할 수도 있다. 그러고는 얼마나 많은 돈이 어디에 달마다 지출되는지 항목별로 돈을 쌓아 보여 주면, 시각적으로 소비에 대한 인식을 분명히 새겨줄 수 있다. 이렇게 하면 무엇이 우선순위고, 무엇이 불필요한 소비인지 한눈에 알 수 있다. 그 뒤 자녀들의 생각을 물어보라. 어쩌면 하나님께 드리는 금액과 자신을 위해 사용하는 금액의 차이를 보고 양심에 가책을 느낄 수도 있다. 전등을 잘 끄고 다니는 등 책임 있는 행동을 할 수도 있다. 이렇듯 백 마디 말보다 한 번 직접 체험하는 것이 효과적이다.

부모로부터 독립시키기

부모의 목적은 자녀가 스무 살이 될 때까지 단순히 의식주만 제공하는 것이 아니다. 선한 청지기, 선량한 시민으로 키워 세상에 내보내는 것이다. 자녀는 성장하면서 부모로부터 '경제적인 젖'을 떼야 한다. 특히 고등학교 졸업 후에는 스스로 재정에 더 많은 책임을 져야 한다. 이때부터는 부모에게 의존하는 습관이 형성되지 않도록 주의해야 한다. 우리는 자녀들을 잘 독립시켜야 한다.

자녀들에게 재정적인 책임을 많이 맡길수록, 그들은 자신들이 믿을 수 있는 사람임을 부모에게 증명해야 한다. 그럴 때 하나님도 그들에게 더 많은 것을 맡기실 것이다.

부모는 아무런 준비나 가르침 없이 성인이 된 자녀에게 재산을 넘겨주어서는 절대로 안 된다. 만약 그렇게 된다면 자녀의 삶이 망가질 것이다.

격려로서의 보상

9장에서 살펴본 바와 같이, 하나님은 단기간의 상급과 장기간의 상급을 약속하는 '보상 시스템'을 사용하신다. 그런데 어떤 부모는 자녀 양육에 있어 이 시스템을 따르지 않는다. 제임스 답슨 박사는 「훈련에 있어서의 대담함」(Dare to Discipline)이란 책에서 보상의 의미를 이렇게 설명한다.

"어른들은 보상을 뇌물로 착각하기 때문에 자녀들에게 보상을 하지 않으려 한다. 가장 효과적인 교육 수단이 이런 오해로 인하여 무시되는 것이 안타깝다. 모든 사회가 보상 시스템 위에 세워졌는데, 우리는 그것이 가장 필요한 자녀에게 적용하지 않고 있다."

보이 스카우트, 걸 스카우트 등이 크게 성공한 이유는, 그들이 성취한 일에 대한 보상을 아끼지 않았기 때문이다. 그들은 배지, 등급 등 눈에 보이는 보상을 확실히 했다. 물론 보상이 언제나 유익한 것은 아니지만 자녀들에게 적절한 동기 부여는 반드시 필요하다. 부모는 가장 건강한 목적을 향하여 가장 효과적인 방법으로 동기 부여를 하도록 훈련의 방향을 잡아야 한다.

하나님은 우리가 행한 것과 그것을 어떻게 했는지, 왜 그것을 했는지에 따라 상급을 주신다(고전 4:2,5). 나는 딸들에게 그들을 격려하는 차원에서 작지만 물질적인 보상을 해주었다.

물론 모든 보상이 물질적일 필요는 없다. 하나님이 충성스런 종에게 "잘하였도다"라고 말씀하신 것처럼, 부모의 칭찬은 가장 큰 보상이 될 수 있다. 부모가 칭찬할 때, 자녀는 가장 큰 만족감을 얻는다. 자녀는 부모의 사랑을 노력으로 얻지 않는다. 그러나 ㄱ 노력을 통해 인정과 보상을 얻을 수 있다. 자녀들에게 이러한 훈련이 되어 있지 않으면, 상급을 주시는(히 11:6) 하나님 나라의 일을 책임 있게 할 수 없을 것이다.

나누는 자녀

대부분의 부모가 "내 자녀가 잘 나누는 사람이 되면 좋으련만…" 하고 한탄한다. 부모는 탐심과 소유욕이 강한 자녀를 보며 당황할 때가 종종 있다. 그런데 대개 이런 경우는 부모가 나누는 삶의 본이 되지 못했기 때문이다.

우리는 1년에 몇 번밖에 사용하지 않은 장비를 이웃에게 빌리지 않고 구입한다. 이러한 결정은 결과적으로 불필요한 비용을 발생시키고, 나눔의 삶을 통해 돈독해질 수 있는 관계를 깨뜨린다. 또한 자녀들이 홀로 생활하도록 훈련시킨다.

이웃에게 차를 빌려줬는데, 지저분한 상태로 돌려주었다. 그래서 한참을 불평했는데, 그것을 들은 자녀가 무엇을 배우겠는가? 당신은 "우리 텐트를 빌려 주는 것도 이번이 마지막이야"라는 말을 자녀들 앞에서 하지 않았는가? 만일 우리 재산이 진정으로 하나님께 속해 있다고 믿는다면, 비록 손해를 보더라도 기쁨으로 빌려줘야 한다. 이것이 나눔이다. 자녀가 진정한 나눔을 배우려면, 부모가 본을 보여야 한다.

자녀들에게 다른 사람을 대접하는 것도 가르쳐야 한다. 집에 손님들을 초대해 극진히 대접하고 친절히 섬기며 본을 보이라. 혹 부지중에 천사를 대접할지도 모른다(히 13:2).

감사하는 자녀

우리는 모두 죄성을 가지고 살아가므로 저절로 감사할 수 없다. 그래서 부모는 자녀에게 감사를 반드시 가르쳐야 한다. "내 영혼아 여호와를 송축하며 그의 모든 은택을 잊지 말지어다"(시 103:2). 부모들은 자녀 앞에서 이런 감사의 고백을 해야 한다. 이때 주의할 것은 일이 뜻대로 되지 않을 때, 불평하지 않는 것이다. 부모의 불평을 들으며 자녀들이 무엇을 배우겠는가?

우리 부부는 딸들이 잠들기 전, 하나님께 감사의 고백을 하게 한다. 처음에는 어려워했는데, 시간이 지나면서 하나님의 돌보심에 민감해지는 것을 느낄 수 있었다. 여러 감사의 제목들이 있지만 감사의 제일 꼭대기에는 우리를 구속해 주신 하나님이 계셔야 한다.

아이들은 물질 외에도 건강을 주신 것, 살 수 있는 집과 공기, 햇빛, 비, 꽃과 나무를 주신 것에도 감사할 수 있다. 자유롭게 예배드리고 신앙생활을 할 수 있는 나라에서 태어나게 해주신 것도 감사할 수 있다. 이때 초점은 내가 누리고 있는 것이 아닌, 그것을 누리게 해주신 하나님께 두어야 한다. 그러면 몸이 아프고, 가난하고, 집이 좁더라도 하나님의 선하심과 신실하심을 감사할 수 있다.

감사를 배운 자녀는, 자신이 '우연히 왔다가 우연히 사라지는' 상품이 아니라 하나님이 지으신 아름다운 존재임을 인식하게 된다. 그렇지 않으면 매일 아무렇지 않게 쓰고 버리는 사회에서, 자신의 소유에 감사하는 마음을 키우기 어려울 것이다.

감사하는 마음을 막는 많은 방해물들이 있다. 하지만 우리는 그것을 극복하고 항상 감사해야 한다(살전 5:18). 또한 자녀들이 "미안합니다", "고맙습니다"라는 말을 항상 하도록 가르쳐야 한다. 이러한 예절을 배우지 못하면, 성인이 되어 메마른 삶을 살 수밖에 없다.

좋은 유산이란?

물질만큼 하나님과의 관계를 방해하는 것은 없다. 자녀에게 줄 수 있는 가장 위대한 유산은, 그들이 평생 하나님을 사랑하고 섬기도록 가르치는 것이다. 우리는 이러한 교훈을 자녀들에게 가르치고, 그들이 좋은 인격과 진리로 무장해 이 시대의 물질만능주의 풍조를 이겨 나갈 수 있도록 격려해야 한다.

많은 부모들이 자녀에게 유산을 물려주고 싶어 한다. 하지만 진정으로 부모가 물려줄 것은 신앙이다. 당신의 영적 유산이 자녀 세대를 거쳐 계속 흘러가게 하라.

결론

이제, 우리는 어떤 방향으로 나아가야 하는가?

"삶의 원리를 우리의 상황에 적용하려고 할 때, 부와 권력을 사랑하는 타고난 본성이 즉각적으로 이 경우만은 예외라고 주장하는 것을 결코 인정해서는 안 된다."(윌리엄 윌버포스)

"삶과 양심 사이의 적대 관계는 다음 두 가지 방법으로 제거될 수 있다. 삶을 바꾸거나 아니면 양심을 바꾸거나!"(톨스토이)

이 장에서는 지금까지 다룬 내용 중 도움이 되는 중요한 요점과 원리를 정리하여 제시할 것이다.

돈에 대해 내가 읽은 가장 인상적인 글 중 하나는 전혀 예상하지 못한 사람이 쓴 글이었다. 바로 공포 스릴러 소설의 거장으로 잘 알려진 스티븐 킹이다. 그는 〈패밀리서클〉(Family Circle)에서, 이타주의가 아닌 사리사욕에서 유래한 물질만능주의의 정신을 열정적인 논법으로 깨트렸다. 비록 영원의 관점에서 다룬 글도 아니고, 그가 하나님께 영광을 돌리거나 다른 사람에게 유익을 주고 또한 하늘나라의 영원한 상급 같은 것을 인식하는 것도 아니었지만 그는 이 땅에서 나누는 것이 좋은 일이며, 즐거움을 주는 것임을 알고 있었다.

"나는 교통사고로 진흙과 피로 뒤범벅된 오른쪽 다리가 폭풍우에 부러진 나뭇가지처럼 청바지를 뚫고 나왔을 때 깨달았다. 지갑에 마스터카드가 있더라도 이런 모습으로 시궁창에 누워 있을 때는 아무도 내 카드를 받지 않는다는 사실을. 우리는 벌거벗은 몸과 빈털터리로 이 땅에 왔다. 이 땅을 떠날 때도 마찬가지다. 워렌 버핏, 빌 게이츠, 톰 행크스, 그들도 모두 빈털터리로 떠날 것이다. 당신의 돈과 주식도 연기처럼 사라질 것이다. 값싼 전자시계로 시간을 말하든 롤렉스 시계로 시간을 말하든 늦은 건 늦은 것이다. 그러므로 어떻게 하면 당신 인생이 오래 남을 선물이 될지 고민해 보았으면 한다. 당신은 왜 나누려 하지 않는가? 당신이 가지고 있는 모든 게 어차피 빚으로 장만한 것 아닌가? 당신이 나누는 것만이 영원히 남는다.

가난한 이 세상이 아름답게 보이지는 않지만, 우리는 도울 수 있는 능력과 변화시킬 수 있는 능력을 가지고 있다. 그런데 왜 그 능력을 사용하지 않는가? 죽어서도 그것이 필요하다고 생각하는가? 제발 정신 차려라. 나누는 것은 받는 사람보다 나누는 사람에게 더 중요하다. 나누는 사람 자신에게 유익이 되기 때문이다. 돈으로 좋은 일을 할 수 있음을 알면서도 지갑을 열지 않는 사람은, 자신을 좋게 보이기 위해서만 지갑을 연다. (중략) 단지 돈뿐 아니라 시간과 열심을 드리는 삶도 보상을 받는다. 물론 이러한 삶도 언젠가는 빈손이 되겠지만, 현재 하고 있는 일이 옳다는 데 만족감을 느낄 것이다. 바로 지금, 우리는 다른 사람과 우리 자신을 위해 훌륭한 일을 할 수 있는 능력을 가지고 있다. 자, 이제 나눔의 삶을 시작하자. 꾸준히 나누자. 언젠가 당신은 가진 것보다 훨씬 많은 것을 누리고, 꿈꾼 것보다 훨씬 더 좋은 일을 했음을 발견하게 될 것이다."

스티븐 킹의 관점과는 대조적으로, 우리 교회의 한 성도가 나눔에 대한 설교를 들은 뒤 익명으로 내게 다음과 같은 내용의 편지를 보냈다.

"지난 주일 예배를 드리며 정말 실망했습니다. 안 믿는 친구와 함께 참석했었는데, 당신이 무슨 설교를 한지 기억합니까? 바로 돈입니다! 난 설교가 시작하자마자, 친구가 설교에 감동받지 않을 것을 확신할 수 있었습니다. 설교할 수 있는 소재가 얼마든지 많은데 왜 하필이면 돈이었습니까? 앞으로 돈에 대한 설교를 하는 건 재고해 보시는 게 좋을 것 같습니다. 돈은 하나님께 맡기시고, 그분이 모든 것을 다루게 하세요. 목사님, 날 믿으세요. 나는 이 교회를 사랑하고 당신의 설교 또한 좋아하지만, 이번 설교는 정말 엉망이었습니다."

편지를 보낸 사람은 날카롭게 휘갈겨 쓴 글씨체로 "하나님의 말씀을 듣기 위해 교회에 가는 것을 사랑하는 그리스도인으로부터"라고 쓰고는 편지를 마무리했다. 내 설교는 분명히 성경적이었다. 그러나 슬프게도 이렇게 반응하는 사람들이 꽤 있다. "하나님의 말씀 듣는 것을 사랑한다"라고 말하면서, 자신의 삶에 방해가 되는 말씀은 듣고 싶어 하지 않는 사람들을 볼 때마다, 나는 솔직히 감정이 상한다.

돈에 대한 주제를 피하는 것이 해결책일까? 그렇지 않다! 우리가 "하나님의 뜻을 다 여러분에게 전하였음이라"(행 20:27)고 선언하기 위해서는, 반드시 이 주제에 대해 목소리를 높여야 한다.

교회나 선교 단체가 '드림'에 대해 언급할 때 자주 하는 잘못은, 자신들만의 특정 프로젝트와 필요만을 강조하는 것이다. 그들은 헌금이 줄어들거나 건축 헌금이 필요할 때만 드림에 대해 설교한다. 따라서 사람들에게 드림은 모금 활동이나 어떤 목표를 달성하는 수단처럼 보인다. 드림에 대한 메시지는 항상 전하는 것이 바람직하다. 그리스도인들은 잘못된 사고와 삶에 노출되어 있다. 목사가 분명하게 성경적인 드림의 원리를 가르치지 않는 한, 그들은 진리를 받아들일 수 없다.

나는 이 책을 읽는 독자들이 출석하는 교회의 담임목사를 찾아가 드림과 나눔에 대해 설교해달라고 요청했으면 좋겠다. 대부분의 목사들은 이 주제에 대해 설교하는 것을 부담스러워하기 때문이다. 또한 우리는 청지기직에 대해 서로 가르쳐야 한다. 초신자는 성경적인 원리가 삶에서 어떻게 구체적으로 적용되는지 알아야 할 필요가 있다. 한때 빚의 노예였던 사람은 다른 사람에게 빚의 위험성을 경고할 필요가 있다. 또 젊은 부부는 드림의 기쁨을 나누는 장로의 간증을 들을 필요가 있다. 나는 목회를 할 때, 열 가정의 간증을 담은 책자를 만들어 나누어 주기도 했다.

나는 성경 학교, 기독교 대학, 신학교 등에서 청지기직과 드림의 성경적인 신학 과정을 개발하면 좋겠다. 우리에게는 모든 그리스도인이 직면한 중대한 문제, 곧 돈과 소유를 다루는 것에 대한 성경 중심적이고 그리스도 중심적인 신학이 필요하다.

나눔의 수준을 높여라

나는 우리 모두가 정말 필요한 금액을 제외하고는 모두 나누는 데 사용하기를 바란다. 어떤 사람은 이것을 '결승점을 정해 놓는 것'이라고도 부른다. 이 말은 더 이상 돈을 축적하지 않는다는 것을 의미한다. 그것은 희생이 아니다. 능력에 따라 드리는 것이다. 그런데 대부분은 이러한 삶을 급진적이라 여기며 이렇게 살려고 하지 않는다.

주위를 보라. 우리가 나눠야 할 사람들이 얼마나 많은가. 존 웨슬리가 추위에 떠는 하녀를 보며 자신의 삶을 바꾸었듯 우리도 그렇게 해야 한다. 이 사건으로 인해 웨슬리는 소득의 증가가 삶의 수준을 높이는 것이 아닌 드림의 기준을 높이는 기회임을 확실히 알았다. 그는 전 생애를 이렇게 살았다. 이 땅에 보물을 쌓는 것이 두려워 돈이 들어오자마자 바로 나누었다. 그의 삶은 성경 말씀에 순종하는 삶이었다(고후 8:14, 9:11). 자, 이제 나눔으로써 하나님이 우리를 보상하게 해드리자.

서로에게 배우는 공동체

바울은 로마서 12장 6-8절에서 예언, 섬김, 가르침, 자비, 드림 등을 포함한 일곱 가지 은사에 대해 열거하고 있다. 나는 오늘날 이 은사들 가운데 '드림의 은사'와 '나눔의 은사'가 가장 등한시되고 있다고 확신한다. 서구 교회에 의해 깊이 묻혀버린 은사이기도 하다.

물론 우리 모두는 특별한 은사가 없더라도 섬기고, 자비를 베풀고, 드리도록 부름받았다. 그러나 나는 시대의 필요와 상황에 따라 하나님께서 특정한 은사를 나누어 주신다고 믿는다. 하나님이 세계 복음화를 성취하길 원하시고, 고통받는 많은 사람들을 돕길 원하신다고 가정해 보자. 이때 하나님이 어떤 은사를 가장 많이 나누어 주실 것 같은가? 바로 드림과 나눔의 은사다. 그렇다면 이 은사를 받은 사람에게 하나님이 기대하시는 것은 무엇일까? 자신의 돈과 소유를 팔아 어려운 사람들의 필요를 채우고, 그분의 나라를 확장하는 데 사용하길 원하실 것이다.

주위를 돌아보라. 하나님이 행하신 일이 정확하게 이런 일이 아닌가? 문제는 하나님이 맡기신 부로 잃어버린 사람을 찾아가고 고통당하는 사람을 돕기 위해, 과연 우리는 무엇을 하고 있는가이다.

본이 되는 지도자의 역할

사람들은 지도자나 동료 가운데 본받을 수 있는 사람을 만나면 가장 효과적으로 변화될 수 있다(대상 29:9 ; 대하 24:10). 그리스도인 공동체 안에 만연된 물질만능주의의 흐름을 끊기 위해서는, 하나님에 초점을 맞추고 살아가는 모범적인 인물이 절대적으로 필요하다. 우리는 다양한 사람들의 드림에 대한 간증을 듣고 배워야 한다.

성경은 사람에게 보이기 위해 의를 행하지 말라고 한다(마 6:1). 이 말은 간증을 하지 말라는 의미가 아니다. 물론 교만은 늘 주의해야 한다. 예수님은 또한 이렇게 말씀하셨다. "이같이 너희 빛이 사람 앞에 비치게 하여 그들로 너희 착한 행실을 보고 하늘에 계신 너희 아버지께 영광을 돌리게 하라"(마 5:16). 우리는 우리의 선한 행동을 통해 이 땅에 영향을 끼쳐야 한다.

주는 것이 받는 것보다 더 복되다. 당신은 이 약속을 믿는가? 하늘의 보물을 생각하며 기쁨으로 드린다면, 교만해질 수 없다. 영원한 나라에서 상급을 얻기 위한 행동인데 자랑할 이유가 어디 있겠는가?

유감스럽게도 우리는 성경의 가르침을 잘못 해석해, 드림의 삶을 등한시하게 되었다. 그래서 다른 사람들에게도 드림에 대해 가르치지 못하고 있으며 공동체 안에도 드림의 기쁨이 결핍되어 있다.

다윗 왕은 백성들에게 성전 건축을 위해, 정확하게 얼마를 드리겠다고 말했다. 그러자 백성들도 동참하기 시작했다. "백성들은 자원하여 드렸으므로 기뻐했으니 곧 그들이 성심으로 여호와께 자원하여 드렸으므로"(대상 29:9). 이렇듯 본이 될 만한 지도자의 역할이 중요하다.

하나님의 목적을 인식하라

당신이 이 책을 읽게 되었다는 것은, 먼저 하나님이 당신의 삶을 바꾸시고, 그 다음으로는 역사와 영원을 바꾸시려는 계획일 수 있다.

모르드개가 에스더에게 말한 것을 기억하라. "이때에 네가 만일 잠잠하여 말이 없으면 유다인은 다른 데로 말미암아 놓임과 구원을 얻으려니와 너와 네 아비 집은 멸망하리라 네가 왕후의 자리를 얻은 것이 이 때를 위함이 아닌지 누가 알겠느냐"(에 4:14).

에스더가 특권을 누리는 위치에 있었던 것처럼, 나는 이 책을 읽는 당신 역시 그러하다고 생각한다. 당신은 글을 읽고 쓸 수 있는가? 음식, 의복, 집, 자동차, 그리고 전자 제품을 가지고 있는가? 그렇다면 당신은 부유층에 속한다. 그렇다면 왜 하나님은 당신에게 '부유함의 특권'을 맡기셨을까? 바로 모르드개가 말한 '이때'를 위함이다. 하나님의 위대한 목적을 위해 드리라. 그것은 소명이자 특권이다.

당신이 이 시간, 이 장소에 살게 된 것은 결코 우연이 아니다. 왜 하나님이 당신에게 이렇게 많은 것을 맡기셨는지 생각해 보라. "이제 너희의 넉넉한 것으로 그들의 부족한 것을 보충함은 후에 그들의 넉넉한 것으로 너희의 부족한 것을 보충하여 균등하게 하려 함이라 … 너희가 모든 일에 넉넉하여 너그럽게 연보를 함은 그들이 우리로 말미암아 하나님께 감사하게 하는 것이라"(고후 8:14, 9:11).

하나님은 오늘날 위대한 '드림의 용사'를 일으키고 계신다. 그리고 우리에게 그 사명을 주셨다. 우리를 드림의 용사로 부르신 것이다. 많은 사람들이 '야베스의 기도'를 한다. "내게 복을 주시려거든 나의 지역을 넓히시고"(대상 4:10). 그런데 왜 당신은 드림에 대해서는 기도하지 않는가? 왜 당신은 하나님께 꼭 필요한 돈만 제외하고 나머지 돈은 모두 나누겠다고 말씀드리지 않는가?

수년 전 빌 브라이트가 복음 전파를 위해 백만 달러를 기증한 것을 보고 스캇 루이스가 도전을 받았다. 스캇의 사업은 연소득 5만 달러도 채 되지 않았기 때문에 그에게 빌 브라이트의 기부액은 마치 딴 나라 이야기 같았다.

스캇은 전년도에 1만 7천 달러를 하나님께 드렸는데, 빌 브라이트는 다음 해에 5만 달러를 드려 보라고 그에게 도전했다. 처음에 스캇은 어이가 없어 할 말을 잊었다. 그러나 그와 아내는 하나님께 기도드리기 시작했다. 오랜 기간이 지나지 않아 그들은 백만 달러를 하나님께 드릴 수 있었고, 그들의 드림은 거기서 멈추지 않았다. 드림의 액수에 엄청난 변화가 생긴 것이다.

왜 우리는 드리지 않는가?

많은 사람들이 하는 질문이 있다. "내 소유를 왜 내 마음대로 사용하지 못하는가?" 그러나 성경적인 질문은 "내 소유를 왜 드리지 못하는가?"이다. 문제는 왜 우리가 드려야 하는가가 아니라 왜 우리가 드리지 않는가이다. 어떻게 우리가 말씀에 저항할 수 있는가?

"하나님이 맡기신 것을 축적해야 하는가, 아니면 나누어야 하는가?"

라는 질문은 처음부터 틀린 것이다. 드리는 것은 당연한 것이다. 소비하거나 축적해야 할 분명한 이유가 없는 한, 우리는 모두 드려야 한다.

최근에 한 사람이, 드리는 것을 지나치게 강조하면 한쪽으로 치우치게 된다고 내게 주의를 주었다. 그는 이럴 경우 가족의 필요를 등한시하게 될 것이라고 경고했다. 하지만 나는 드림의 삶을 살고 있는 나와 다른 사람의 삶을 볼 때, 이런 일은 일어날 가능성이 거의 없다고 말해 주었다.

그리스도의 심판대 앞에 섰을 때 그분이 이렇게 말씀하시겠는가? "너는 너무나 많이 나누었기 때문에 잘못했어. 너 자신을 위해 사용했어야지!" 예수님은 결코 "너무 많이 주고 너무 적게 갖는 것은 어리석은 짓이다"라고 말씀하지 않으셨다. 오히려 그 반대를 어리석다고 말씀하신다(눅 12:20-21).

이 땅의 번성함이 얼마나 지속될지 아무도 모른다. 다만 부유한 지금 나누라. 바울은 고린도 교회 성도들에게 마게도냐 성도들의 본을 따르라고 권고했다. "이 은혜(드림)에도 풍성하게 할지니라"(고후 8:7). 그러고 나서 그들의 삶이 다른 사람들에게 격려가 될 것이라고 말했다(고후 9:12-14). 개인, 가정, 교회는 전략적인 삶의 방식, 절제된 소비, 관대한 드림의 정신을 가질 수 있다. 또한 상상하지 못한 더 넓은 영역을 그리스도께 바칠 수 있다.

아낌없는 드림의 부흥은, 하나님이 일으키시는 은혜의 부흥이다. 우리는 그리스도의 몸으로서 돈과 소유에 대한 하나님의 지시를 잘 배우고 따라야 한다. 그러면 그리스도의 목적이 우리의 삶 가운데 이뤄지고, 그분의 백성은 칭송을 받게 될 것이다.

본질적인 문제를 회피하는 것

정당하지 않고 부차적인 재정 문제 때문에 사명에서 빗나가는 행동을 할 경우가 종종 있다. 한 가지 예로 '세금 반대 운동'을 들 수 있는데, 미국 전역에 걸쳐 수천 명의 그리스도인들이 여기에 동참하고 있다. 그들은 세금이 왜 부당하고 비헌법적인지 수많은 이유들을 열거하며 소득세 납부를 거부하고 있다. 그러나 바울은 부당하더라도 정부에 복종하고 세금을 납부하라고 명령했다(롬 13:1-7).

바리새인들이 가이사에게 세금을 내야 하느냐고 물었을 때, 예수님은 그들의 초점을 더 중요한 곳으로 옮기셨다(막 12:13-17). 가이사에게 세금을 내는 문제는, 자신의 삶을 하나님께 드리는 것과 비교하면 중요한 것이 아니다. 예수님은 세금을 납부해야 한다고 하셨지만, 우리가 관심을 가져야 할 훨씬 높은 가치를 강조하셨다.

수천 가지의 다른 주제와 마찬가지로 세금은 진정한 제자도의 부차적인 문제다. 비록 어떤 세금은 합리적이지도 공정하지도 않다. 하지만 예수님과 바울은 세금을 내는 것이 우리의 의무라고 말씀하셨다. 우리는 세금 제도에 반대할 수 있고, 법 개정을 후원할 수도 있고, 세금 경감을 위해 적극적으로 운동을 전개할 수도 있다. 그러나 반드시 세금을 납부해야 한다. 우리는 본질을 떠나 비본질적인 것에 관심을 두어서는 안 된다.

지금 드릴 것인가, 나중에 드릴 것인가?

"지금 당장 드려야 합니까, 아니면 투자 가치가 상승할 때까지 기다렸다가 더 많은 돈을 드리는 것이 낫습니까?"라고 사람들이 묻는다. 이에 대한 적절한 대답은 다음과 같다. "당신은 하나님의 축복을 얼마나 일찍 체험하기를 원하십니까?" "그 돈이 하나님 나라에 확실히 드려지길 원하십니까, 아니면 드려지지 못할 수도 있는 위험을 감수하시겠습니까?"

지금 드리지 않으면 실제적인 위험이 따른다.

- 갑작스런 변화로 인해 적게 드릴 수 있다. 우리는 내일 무슨 일이 일어날지 모르고, 얼마를 벌 수 있을지도 모른다. 수많은 투자자들이 아무리 확신해도 하룻밤 사이에 투자한 돈을 다 날릴 수 있다.
- 마음이 바뀌어 더 이상 드리고 싶지 않을 수 있다. 삭개오는 "지금 내 소유를 드리겠습니다"라고 말했다. 만일 당신이 미루면, 드리겠다고 다짐했던 마음이 나중에는 바뀔지 모른다. 왜 그런가? 드리는 것을 연기한다는 것은, 이 땅에 대한 당신의 관심이 증가하고, 하늘나라에 대한 관심이 줄어드는 것을 의미하기 때문이다.
- 작정한 것을 드리기 전에 우리 삶이 끝날 수 있다. 하나님 앞에 섰을 때 "주식이 최고점에 오르기 전에 내게 바치다니, 너 때문에 내가 손해를 보았구나"라고 책망하실 리가 없다.

불타오르다

예수님께서 재림하신다면, 우리의 모든 재산에 어떤 일이 일어날까? 다 탈 것이다(고전 3:11-15). 굶주린 사람을 먹이고 지상 명령을 위해 사용되어졌어야 할 돈이 불타게 되는 것이다.

존 웨슬리는 이렇게 말했다. "돈은 결코 우리와 함께 살 수 없다. 만일 그렇다면 돈이 나를 태울 것이다. 마음에 돈이 자리 잡지 못하도록 가능한 빨리 우리의 손에서 떠나보내야 한다." 그의 목표는 관대하게 드림으로써 죽을 때 아무것도 남기지 않는 것이었다. 그리고 그는 그 목표를 달성했다.

당신은 '원카드 게임'을 해본 적 있는가? 이 게임에서는 마지막에 손에 남은 카드가 많으면 많을수록 불리하다. 반대로 아메리칸 드림은 가능한 많은 카드를 가지고 죽는 것이 성공이라고 이야기 한다. 우리는 거꾸로 살 수 있다. 우리의 전략은 존 웨슬리처럼 인생이 끝날 때 가능한 한 카드를 적게 남기는 것이다.

역사상 하나님이 가장 풍성하게 공급하실 때, 교회는 가장 인색해졌다. 사람들은 그 이유를 종말에 두고 있는데, 예수님이 곧 오시리라고 믿는 사람들이, 경제 왕국을 건설하는 데는 왜 그렇게 빠르고, 하나님 나라를 건설하는 데는 왜 그렇게 느린 것인가?

당신의 삶을 영원의 계좌에 예금하라

허드슨 테일러가 중국내지선교회의 은행 계좌를 개설할 때, 자산 목록을 신청서에 적어야 했다. 그는 이렇게 자신의 자산을 적었다. "자산의 총합계 : 10파운드와 하나님의 모든 약속" 우리의 가장 큰 자산은 영적인 것이지 물질적인 것이 아니다. 그것은 이 세상에 쌓을 수 없다.

어느 날 아침 식당에 있는데, 한 여자가 쏜살같이 문을 열고 들어오면서 친구에게 큰 소리로 불평했다. "내 포르쉐의 와이퍼는 또 고장 났고, 아우디는 수리하느라 맡겼어. 차가 꼭 필요한데 말이야!"

나는 웃음이 나면서 이 '가난한 여자'로 인해 정말 슬펐다. 영원의 관점으로 살아가는 성도들의 모습과 얼마나 대조가 되는가.

"내가 궁핍하므로 말하는 것이 아니니라 어떠한 형편에든지 나는 자족하기를 배웠노니 나는 비천에 처할 줄도 알고 풍부에 처할 줄도 알아 모든 일 곧 배부름과 배고픔과 풍부와 궁핍에도 처할 줄 아는 일체의 비결을 배웠노라 내게 능력 주시는 자 안에서 내가 모든 것을 할 수 있느니라"(빌 4:11-13).

여기서 바울은 풍부하게 사는 것이 잘못이라고 말하는 것이 아니라, 동일한 만족의 비밀이 가난하게 살 때에도 적용된다고 말하고 있다. 또한 이것을 '만족'을 통해 배웠다고 한 것에 주목하라. 만족은 물질적인 풍요에서 비롯되는 것이 아니라, 그리스도 안에 있는 보이지 않는 자원으로부터 나온다. 3세기의 사이프러스 사람, 카르다고 주교는 풍족한 사람에 대해 이렇게 묘사했다.

"재산이 그들을 쇠사슬로 묶고, 쇠사슬은 그들의 용기를 짓밟고 믿음을 질식시키며 판단을 흐리게 하고 영혼을 숨 막히게 한다 … 만일 그들이 보물을 하늘나라에 쌓는다면 그곳에는 적도 없고, 도둑도 없다. 그들은 소유주가 따로 있는데도 자신이 주인인 것처럼 착각한다. 그들은 돈의 주인이 아니라 노예가 된다."

하나님은 그분의 돈으로 우리가 무엇을 하는지 빠짐없이 기록하고 계신다. 우리가 그리스도를 만나는 순간, 모든 계좌는 거래가 중지되고, 모든 자산과 비용은 최종 회계 감사를 받게 될 것이다. 그때 하늘나라 은행의 소유주시며 관리자시며 감사이신 하나님께서 우리가 우리의 소유를 어떻게 사용했는지에 따라 각자에게 상급을 주실 것이다.

C.T. 스터드는 자신의 전 재산을 드리고 선교지로 떠난 유명한 영국의 운동 선수였다. 그는 자신을 헌신하게 만든 동기에 대해 이렇게 요약했다. "나에겐 오직 하나의 삶밖에 없고, 그것은 지나갈 수밖에 없다. 그러나 오직 그리스도를 위해 행한 것은 영원히 남을 것이다."

우리가 따르는 사람은 누구인가?

예수님이 돈에 대해 말씀하셨을 때 바리새인들은 이렇게 반응했다. "바리새인들은 돈을 좋아하는 자들이라 이 모든 것을 듣고 비웃거늘"(눅 16:14). 바리새인들은 당시 종교적인 보수주의자였다. 여기서 우리의 모습을 발견하게 되는데, 우리는 성경 말씀을 믿고 주를 위해 기꺼이 죽을 수 있다고 외치면서, 바리새인처럼 돈과 소유에 대한 예수님의 가르침은 거부하고 있다.

우리의 지갑은 우리가 예수님을 따르고 있느냐 아니냐를 보여 준다. 인류 역사상 가장 부요한 이때에, 우리는 하나님 나라를 위해 이전보다 적게 드리고 있다. 이것은 무엇을 뜻하는가? 우리가 그리스도가 아닌 세상을 따르고 있다는 것이다. 유명한 설교자인 G. 캠벨 모건은 이렇게 말했다.

"교회가 시대 정신에 영향을 받은 정도가 바로 교회의 실패 정도다. 왜냐하면 그것은 교회가 진리에 충실하지 않았다는 증거이기 때문이다. 오늘날 교회에 가장 필요한 것이 시대 정신을 가지는 것이라고 말하는 사람들이 종종 있다. 나는 수백 번, 수천 번 이에 반대할 수밖에 없다. 교회에 가장 필요한 것은 시대정신을 교정하는 것이다. 고린도 교회는 고린도의 시대 정신을 가짐으로써 무기력하고 연약해져서 복음을 전하는데 실패했다. 물질만능주의와 군국주의, 탐욕과 이기심이 만연한 런던의 시대 정신에 침략당한 교회는 이제 너무 약해져서 런던을 구할 수가 없다. … 시대 정신이 교회에 밀어닥쳐 교회가 실패했다면, 교회의 성공은 교회의 정신이 도시를 점령하는 것이다. 하나님의 교회는 도시의 방법, 원칙, 관습에 순응할 때 항상 실패했다. 반면 초자연적인 교회의 본질에 충실하면서 도시로부터 완전히 분리될 때 항상 성공했다. 오직 이렇게 되었을 때만 교회는 도시에 영향력을 미치고 도움을 줄 수 있다."

서구 교회는 풍요로 인해 감각이 무뎌졌다. 하나님의 말씀이 교회를 깨우고 있음에도 불구하고 그들은 아무 생각 없이 자신들에게만 열중하고 있다.

우리가 있건 없건 하나님은 일하고 계신다. 그분의 계획을 완성하고 계신다. 그분은 세계 곳곳에서 사람들의 삶을 변화시키고 영향을 끼치기 위해 헌신된 제자들의 시간과 에너지, 기술과 자원을 사용하고 계신다. 하나님이 일하고 계시는가 안하고 계시는가가 문제가 아니다. 문제는 당신이 하나님과 같은 배에 탔느냐 안 탔느냐이다. 만일 타지 않았다면, 당신은 예외 없이 손해를 볼 것이다.

우리 자신을 살펴봄

윌리엄 맥도널드는 「진정한 제자도」(True Discipleship)란 책에서 자신이 깨달은 믿음의 삶에 대해 다음과 같이 말했다.

"하나님의 뜻은, 우리가 '그분만 의지하려는 위기 의식'을 갖는 것이다. 그런데 우리가 이 땅에 보물을 쌓으면, 그분의 뜻을 저버리는 것이다. 믿음의 삶은 그리스도인이 된다고 해서 자동적으로 따라오는 것이 아니다. 믿음은 우리의 의지적인 행동을 요구한다. 이것은 특히 풍족한 사회일수록 그러하다. 성도는 하나님을 신뢰하지 않으면 안 되는 위치에 자신을 놓아야 한다. 그러려면 자신이 의지하는 대상을 모두 제거해야 한다. 하나님은 오직 그분만을 의지하고 구하는 사람에게 가장 소중한 축복을 부어 주신다. 이기적인 사람은 아무런 축복도 받지 못할 것이다. 은혜의 시대에 살고 있는 우리가 어떻게 값비싼 소유물들을 자신을 위해 움켜쥘 수 있는가?"

예수 그리스도의 제자라고 고백하는 사람들이 이러한 관점을 어리석고 율법적이라고 불평하고, 저항하고, 악평하는 것이 놀라울 뿐이다. 그것은 곧 돈과 소유에 대한 그리스도의 가르침보다 세상의 가르침이 훨씬 더 좋다고 스스로 증명하는 것이 아닌가? 왜 세상적인 기준으로 성공을 판단하는 유명 인사에게 위안을 얻으려고 하는가? 왜 예수님이 아닌 누군가로부터 자신의 임무를 배우려고 하는가? 왜 당신은 1세기에 살았다면, 오천 명을 먹일 때 티켓을 팔아 수익을 올렸을 사람의 말과 죽은 나사로를 살릴 때 관람료를 챙겼을 사람의 말을 들으려고 하는가? 이제 당신은 "하나님이 요구하시면 어떤 것이라도 기꺼이 포기할 수 있다"라는 이론을 넘어서서, 그분이 명령하시는 것을 행하는 삶을 살아야 하지 않겠는가?

예수님이 오늘날 미국에 사신다면 그분께 4만 달러짜리 고급차를 사는 데 돈을 쓰실 것인지, 아니면 가난한 사람들을 돕는 데 돈을 쓰실 것인지 묻는 것은 어리석다. 당신이라면 이렇게 묻겠는가? 그런데 당신은 왜 부름을 받은 모습과는 동떨어진 모습으로 살아가고 있는가?

톨스토이는 "삶과 양심의 적대 관계는 삶을 바꾸든지 양심을 바꿈으로써 제거될 수 있다"라고 말했다. 요즘 많은 사람들이 삶을 바꾸는 대신 양심을 바꾸는 선택을 한다. 인간의 '정당화시키는 능력'은 정말 끝이 없는 것 같다. 이러한 삶은 우리의 도움이 필요한 사람들에게 무관심하게 만들고, 사치하면서 살게 한다.

당신은 나의 말이 불쾌하게 들리는가? 그래서 죄책감을 불러일으키는 것은 그 어떤 것도 말하지 않았으면 하는가? 만약 그렇다면, 그것은 용서받지 못할 죄악이다. 재판관 앞에 서서 비참한 모습이 되기 전에 돌이켜라. 지금 바로 궤도를 수정하면 심판을 피할 수 있다. "우리가 우리를 살폈으면 판단을 받지 아니하려니와"(고전 11:31).

그리스도를 위해 어리석은 자가 되라(고전 1:18-31, 4:8-13). 문제는 우리가 어리석은 사람으로 보이느냐 보이지 않느냐가 아니라, 언제 누구에 의해 어리석게 보이느냐 하는 것이다. 다른 사람들의 눈에 어리석어 보이는 것이, 하나님의 눈에 영원히 어리석어 보이는 것보다 훨씬 낫다.

하나님의 자금 관리자로서의 책임

고대 시대에는 오직 내시에게만 왕의 후궁을 맡겼다. 다른 남자들은 아름다운 여인을 보고 욕망을 품을 수 있었지만, 내시는 그렇지 않았기 때문이다. 그리스도인은 돈과 소유에 있어 '내시'가 되어야 한다. 우리는 돈과 소유에 빠져서도, 그것에 의해 타락하거나 휩쓸려서도 안 된다. 우리는 물질을 있는 그대로 보고 조심해서 다루며 그것을 주신 하나님께 감사를 돌려야 한다. 돈과 소유는 우리의 기본적인 필요를 채우고, 하나님의 목적을 이루는 자산이다. 그러나 그것이 욕망의 대상이 될 때, 물질은 부채가 된다.

"알지 못하고 맞을 일을 행한 종은 적게 맞으리라 무릇 많이 받은 자에게는 많이 요구할 것이요 많이 맡은 자에게는 많이 달라 할 것이니라" (눅 12:48). 인류 역사를 통틀어 우리보다 더 풍요로운 그리스도의 제자들이 있었는가? 다시 말해 우리보다 하나님으로부터 더 많은 것을 요구받을 세대가 없다는 말이다. 그런데 이 말은 당신은 하나님께서 지금까지 부어 주신 물질로 무엇을 했는가? 그것은 모두 어디로 가버렸는가? 그것이 영원을 위해 공헌한 것은 무엇인가?

초대 교부인 존 크리소스톰은 동료들에게 이렇게 경고했다. "여러분은 그리스도께 속한 자원을 아무렇게나 써버렸습니다. 이것에 대해 책임을 져야 할 때가 곧 올 것입니다." 오늘이 바로 당신의 돈과 소유의 중간 정산을 할 때다. 아직 기회가 있을 때 하나님께 드리라.

하나님은 그분께 순종하기 위해 필요한 모든 자원을 우리에게 주셨다(벧후 1:3). 만일 우리가 불순종했다면, 순종할 수 없었기 때문이 아니라 순종하지 않았기 때문이다. 교회 안의 풍요로움에 대해 찰스 스펄전은 이렇게 말한다.

"그리스도인은 고난을 당할 때보다 번성을 누릴 때, 자신의 신앙을 부인하게 된다. 그런 의미에서 번성은 고난보다 위험하다. 지금 우리는 하나님이 주신 영적인 축복을 무시하며, 영혼은 메말라 있다! '풍부에 처할 수 있다'라고 한 사도 바울의 고백은 필수품의 문제가 아니었다. 우리는 풍부할 때 그것을 어떻게 사용해야 하는지 알고 있어야 한다. 풍족한 은혜가 있어야 풍족한 번성을 감당할 수 있다. 배 밑바닥에 많은 짐을 채워야 배가 균형을 잡고 안전하게 항해할 수가 있다."

우리 중 누군가는 방종한 삶의 방식과 타인의 필요와 영원의 관점에 대한 무관심을 용서해 달라고 하나님께 구해야 할 것이다. 반면 누군가는 지금까지 살펴본 원리들을 적용하며, 영원을 향해 계속 앞으로 나아갈 것이다. 우리 모두는 하나님의 돈과 소유를 다룸에 있어 모든 성경의 원리에 순종하고, 헌신해야 할 것이다.

나는 당신이 그리스도의 초청에 응하기를 간절히 원한다. "주라 그리하면 너희에게 줄 것이니"(눅 6:38). 하나님이 더 많은 것을 주실 때, 관대하게 나눠 주라. 당신이 줄 때 하나님의 기쁨을 경험하게 될 것이다.

어제 나의 저서 「부자 그리스도인」을 읽은 사람과 전화 통화를 했다. 그는 큰 사업체를 운영하고 있었는데, 이 책을 읽고 나서야 왜 하나님이 자신을 축복해 주셨는지 깨달았다고 했다. 그는 이제 하나님 나라를 위하여 물질을 사용하겠노라고 말했다. 나는 그에게 좋은 사역 단체들과 복음을 위해 박해받는 그리스도인들을 돕는 방법에 대해 말해 주었다. 그러자 그는 자신에게도 놀라운 투자 기회가 있다는 것에 대해 크게 감동받았다. 나는 당신도 그의 흥분된 목소리를 들었으면 좋겠다고 생각했다. 그는 이제 물질적인 속박에서 해방되었다. 정말로 가치 있는 일을 발견했다!

하나님이 당신에게 맡긴 재산을 이용하여 그분의 나라를 기쁨으로 섬기는 일에 동참하기를 초청한다. 안전한 하늘나라에 당신의 보물을 보내라. 그때, 당신은 비로소 자유를 느끼고, 하나님의 미소를 보게 될 것이다.

우리가 무엇이기에 감히 순종을 연기하겠는가? 확신의 순간보다 더 빨리 지나가는 것은 없다. 그 순간을 회피하지 말고, 그 기회를 낭비하지 말고 바로 순종하라.

이 장의 마지막에는 '하나님과의 재정 서약'이 있다. 기도하는 마음으로 신중하게 읽으라. 만일 당신이 이 서약서에 서명한다면, 결코 후회하지 않을 것이다.

영원에 집중하기

"우리가 주목하는 것은 보이는 것이 아니요 보이지 않는 것이니 보이는 것은 잠깐이요 보이지 않는 것은 영원함이라"(고후 4:18). 우리는 이 말씀에 비추어 살아가는 법을 배워야 한다. A.W. 토저는 "어떠한 일시적인 소유물도 영원히 지속될 보화로 바뀔 수 있다. 그리스도께 드려질 때 우리의 소유는 즉각 불멸의 것으로 바뀐다"라고 했다. 또한 마르틴 루터는 "내 손에 가진 것은 모두 잃어버렸다. 그러나 하나님의 손에 드린 것은 여전히 존재한다"라고 말했다.

하나님은 '오늘' 세상의 보물을 하늘의 보물로 바꾸어 '내일'을 준비하라고 말씀하신다. 우리는 영원토록 모든 족속과 나라와 언어로 하나님을 예배할 것이다. 또한 이 땅에서 많은 사람들과 사랑을 나눌 것이다. 이것은 얼마나 큰 특권인가! 혹 아침에 눈을 떴을 때 걱정부터 하는가? 그렇다면 하늘나라에서 누릴 우리의 특권을 떠올려 보라. 삶의 목적이 분명해질 것이다.

죽은 지 채 5분도 안 되어, 우리는 이 땅에서 살 때 무엇이 가장 중요했었는지 깨닫게 될 것이다. 이제 영원의 관점을 가지고 모든 것을 바라보라. 당신은 아직 기회가 있을 때 주님께 순종하겠는가, 아니면 영영 그 기회를 놓치겠는가? 죽음 뒤 깨닫게 될 가장 중요한 것이, 바로 지금 당신에게 가장 중요한 것이 되기를 바란다.

하나님과의 재정 서약

나는 전능하신 주 하나님께 복종합니다. 나 자신과 내 삶 모든 영역에 하나님의 소유권을 인정합니다. 나의 모든 돈과 소유는 하나님의 것임을 선언합니다. 하나님께서 모든 것의 주인이시며, 나는 맡기신 재산을 관리하는 청지기입니다.

하나님을 향한 완전한 굴복의 표시와 드리는 삶의 시작으로, 제가 가진 모든 것의 10퍼센트를 구별하여 따로 떼어 놓겠습니다. 하나님의 것을 도적질하지 않고 저주를 자초하지 않도록 완전한 십일조를 드리겠습니다. 하나님의 축복과 함께 남은 90퍼센트로 살아가는 것이, 축복 없이 100퍼센트로 살아가는 것보다 비교할 수 없을 정도로 복된 것임을 깨닫게 하여 주시옵소서.

십일조를 온전히 드리는 것으로 만족하지 않고 삶 전부를 하나님께 드리도록 매진하겠습니다. 또한 맡겨 주신 90퍼센트도 하나님의 인도하심을 느낄 때마다 관대하고 자발적으로 드리겠습니다. 하나님께서 재산을 맡기신 것은 "왕처럼 살라"가 아니라 "모든 일에 넉넉하여 너그럽게"(고후 9:11) 살도록 하신 것임을 깨달았기 때문입니다. 이제는 결코 십일조를 유보하거나 하나님께서 주라고 하시는 것을 움켜쥐면서 하나님의 것을 도적질하지 않겠습니다. 굶주린 사람들을 먹이고, 잃어버린 영혼들을 찾아가겠습니다. 그리스도께 온전히 드려진 사역과 가치 있는 목적에 투자하겠습니다. 하나님께서 맡기신 것을 지혜롭고 성경적으로 사용하도록 가르쳐 주시고 깨닫게 해주시옵소서.

재정적인 속박에 매이지 않으며 더욱 자유롭고 온전한 마음으로 하나님을 섬기겠습니다. 언젠가 이 땅을 떠날 때 아무것도 가져갈 수 없음을 알기에 이 땅이 아닌 하늘나라에 보화를 쌓아 하나님께 영광을 돌리고, 사람들에게는 선한 영향력을 끼치겠습니다. 하늘나라가 나의 본향이며 그리스도가 나의 주인이심을 날마다 마음에 새기겠습니다. 하나님의 인도하심을 구하고 명령하시는 모든 일에 순종하겠습니다. 나를 주께 드리오니 받아 주시옵소서.

서명: _____

증인: _____

날짜: _____

부록

MONEY·POSSESSIONS·ETERNITY

A. 교회와 선교 단체의 재정적인 성실성과 책임

고린도후서 8장에서 바울은 교회의 재정을 정직하고 책임감 있게 다뤄야 한다고 말한다. 당시 고린도 교인들은 가난한 예루살렘 교인들에게 전할 상당한 헌금을 모았다. 바울은 디도와 이름은 나오진 않지만 '여러 교회의 택함을 받아 우리가 맡은 은혜의 일로 우리와 동행하는 자'(고후 8:19)라고 표현된 한 사람을 그들에게 소개하고 있다. 또한 헌금을 전달하는 일의 감독자로 신임을 받는 제3의 그리스도인 형제도 언급한다. 아마도 이런 사람들이 헌금을 다루고 분배했으므로 고린도 교인들은 믿고 맡길 수 있었을 것이다.

바울은 자신이 아닌 다른 사람이 자금을 감독하는 과정에 참여한 것에 대해 결코 분개하지 않았다. 아니, 오히려 그가 그들을 참여시킨 것처럼 보인다. 안타깝게도 자신이 아닌 다른 사람이 재정적인 책임을 맡는 것에 대해 분개하는 지도자들이 있다. 그들의 이런 행동은 오히려 의심을 갖게 만든다. 이처럼 자신만 신뢰하는 지도자는 결코 다른 사람으로부터 신뢰를 받지 못한다.

오래전 나는 기금을 횡령했던 어느 지도자와 대화를 나눈 적이 있다. 그의 몰락은 재정적인 위기가 찾아왔을 때 시작되었는데, 나중에 갚으면 된다는 생각에 그는 공금을 건드렸다고 했다. "이것을 조심함은 우리가 맡은 이 거액의 연보에 대하여 아무도 우리를 비방하지 못하게 하려 함이니"(고후 8:20). 모든 재정적인 일에, 바울이 정직하고 책임감 있는 사람들을 동참시킨 것은 정말 잘한 일이었다.

바울은 또한 이렇게 말했다. "이는 우리가 주 앞에서뿐 아니라 사람 앞에서도 선한 일에 조심하려 함이라"(고후 8:21). 재정적인 성실성과 책임감을 유지할 수 있는 '두 가지 안전망'이 있다.

첫째, 재정을 바르게 관리하려면 불편을 감수해야 한다. 재정의 투명성을 보여주는 시스템은 불편하거나 시간이 오래 걸릴 수 있다. 때론 불필요하게 느껴지기도 한다. 하지만 이러한 불편을 감수하고 재정을 투명하게 잘 관리해야 한다.

둘째, "주님 앞에서 내 양심은 깨끗합니다"라고 말하는 것으로 충분하지 않다. '주 앞에서만 아니라 사람 앞에서도' 비난받지 않을 행동을 해야 한다. 그러기 위해서는 인격적으로 훌륭하고 검증된 사람을 재정 책임자와 관리자로 세워야 한다. 특히 지도자의 가족이나 친척, 지인을 세우는 관습은 이제 지양해야 한다.

어떤 교회나 사역에 있어 가장 중요한 질문 중 하나는 "의사 결정자가 비성경적으로 행동할 때, 그것을 꼬집어 말할 수 있는 용기와 권위가 있는 사람은 누구인가?"이다.

데이빗 베렛의 조사에 따르면, 2000년 한 해 동안 전 세계 교회에서 발생한 공금 횡령액은 약 160억 달러이고, 1980년부터 2000년 사이에는 약 750억 달러였다고 한다. 그는 "그리스도인들은 자신들이 드린 돈을 교회가 어떻게 사용하는지 엄격하게 살펴보아야 하며, 이를 위해 적절한 통제와 보호 장치의 도입이 필요하다"라고 조언했다.

이제 모든 교회와 기독교 단체는 이러한 과거를 반면교사 삼아, 하나님과 사람 앞에 재정적으로 책망받지 않도록 필요한 조치를 취해야 한다.

B. 건물이나 건축을 위한 재정의 사용

선교 단체가 건물에 지불하는 비용은 정당한가? 만일 그렇다면 어떤 종류의 건물이어야 하고, 어느 수준까지 허용되어야 하는가? 어떤 교회는 일반 교인의 가정집보다 비싸지 않는 건물만 소유하고 있고, 또 어떤 교회는 1억 달러가 넘는 건물을 소유하고 있다. 어떤 선교 단체는 심지어 이보다 더 많은 부동산을 가지고 있다. 이 세상 곳곳에 시급한 필요가 널려 있다는 관점에서 볼 때, 이러한 엄청난 부의 축적이 정당화 될 수 있는가?

존 화이트의 「금송아지 예배자」(The Golden Cow. 규장. 2005)에 나오는 다음의 글을 읽어보라.

"수년 전 어느 비 오는 밤, 나는 런던에 있는 중국내지선교회(CIM) 본부 건물을 신기하게 바라보고 있었다. … 나는 오래전부터 이들의 필요를 하나님께 구하며 또 그분의 공급하심을 보며 흥분해 하고 새 힘을 얻기도 했다. 나는 그 건물 벽에 손을 가만히 대 보았다. 마치 거룩한 물건처럼 느껴졌다. 그 건물은 인간의 믿음에 대하여 하나님이 반응해 주신 실체였다. 기념비와도 같았다. 오늘날에도 세계 곳곳에 이러한 '믿음의 기념비'가 많이 세워져 있다. 그러나 안타깝게도, 대부분이 자신의 능력을 과시하거나 후원금을 더 많이 걷기 위한 수단이 되어버렸다. 이것은 하나님 앞에서 얼마나 큰 교만인가? 그런데 바로 우리 손으로 그것을 지었다. 하나님이여, 우리를 불쌍히 여기소서!"

사역을 위해 건물에 돈을 쓰는 것이, 본질적으로 옳거나 잘못된 것은 아니다. 어떤 경우에는 건물을 통해 하나님께 영광을 돌리기도 하지만,

또 어떤 경우에는 많은 빚과 분열, 사치와 교만, 오용을 통해 하나님의 이름을 더럽히기도 한다.

나는 교회가 소유한 건물을 두고 사람들이 비난하는 말을 많이 들었다. "그 돈으로 가난한 사람들을 돕거나 선교를 했으면, 이보다 훨씬 위대한 일을 했을 텐데…." 그렇지만 만약 그 건물이 전도 훈련을 목적으로 사용되었다면, 얼마나 큰 영향력을 끼쳤겠는가?

어릴 적, 나는 교회 건축에 대해 전혀 감동을 받지 못했었다. 그래서 건축 헌금 대신 선교 단체에 헌금했다. 그러다가 목사가 되어 14년 동안 사역을 하다 보니 생각이 많이 바뀌었다. 교회 건축도 사역을 감당할 수 있는 가치 있는 도구가 될 수 있음을 깨닫게 된 것이다. 특히 교인들이 늘어나면서 교회를 건축하는 것이 자연스럽게 느껴졌다.

집이 없으면 텐트나 이웃집에서 생활할 수 있듯이, 교회도 건물 없이 모든 기능을 할 수 있다. 우리 교회도 첫 5년간은 시설을 빌려 사용했었다. 그러나 효율적으로 사역을 하기에 어려움이 많았다. 사역에 도움이 된다면 교회를 건축하는 것도 지혜로운 일이며 영원에 대한 진정한 투자라고 믿는다.

반면, 우리는 건물이나 건축 자체에 관심을 갖는 것에 대해 조심해야 한다. 교회가 선교보다 대출 이자에 더 많은 돈을 쓰고 있다면, 무엇인가 크게 잘못된 것이다. 교회 건축 때문에 선교비 지출이 줄어드는 것 역시 마찬가지다. 그렇다면 교회의 크기를 키우는 대신 개척 교회를 지원하는 것이 훨씬 더 나을지도 모른다.

미국의 대형 교회 중 하나인 새들백교회 릭 워렌 목사는 교회 건물에 대해 이렇게 말했다.

"교회가 하는 모든 일들, 즉 예배, 제자 훈련, 전도, 교제 등이 반드시 교회 건물 안에서만 행해져야 한다고 믿는 것은 심각한 잘못이다. 때때로 교회 건물은 교회 성장에 장애물이 되기도 하고, 교회 건축은 돈 낭비가 되곤 한다.

현재 미국은 어마어마한 규모의 교회 건축을 계획하고 있으나 나는 이것이 바람직하지 못하다고 믿는다. '미래 세대는 과거 세대가 세운 예배당을 결코 채우지 못할 것이다'라는 말을 역사는 반복해서 증명해 보이고 있다. 예를 들어, 스펄전 기념 교회는 재건축을 할 때마다 규모를 줄여 나갔다. 하나님은 각 세대마다 무엇인가 새로운 일을 하길 원하시지만, 사람에게 성령의 기름을 부으시지 건물에 붓지 않으신다.

우리가 또한 기억해야 할 필요가 있는 것은, 기독교가 가장 빠르게 성장한 첫 300년간은 교회 건물이 전혀 없었다는 사실이다. 오늘날 전 세계에 빠르게 성장하는 교회 개척 운동은 교회 건물 없이 진행되고 있다. 건물은 사역을 위한 도구가 되어야지 '기념비'가 되어서는 안 된다. 내가 새들백 교인들에게 반복해서 말하는 것은, 교회 건물이 사람들을 인도하는 일에 방해가 된다면 허물어버릴 수 있는 건물을 지어야 한다는 것이다. 교회는 사람을 세우는 일에 초점을 맞춰야지, 건물을 세우는 일에 맞춰서는 안 된다! 이것이 바로 목적이 이끄는 삶의 전부이다. 이것은 사람을 세우는 과정이다. 뾰족탑을 세우기 전에 사람을 세우라.

교회를 건축하는 것에 대한 나의 생각은, 21년 전 새들백교회를 시작할 때부터 지켜온 것이었다. 그래서 우리가 설정한 목표 중 하나는, 교회의 성장은 꼭 교회 건축에 달려 있지 않다는 것을 증명하는 것이었다. 그것이 평균 출석 교인이 만 명 넘을 때까지 건물을 짓지 않은 이유다! 나는 우리가 추구해 온 가치를 증명했다고 믿는다. 매주 2천 명씩 성경 공부 그룹에 연결되는데, 우리가 그들을 교회 건물 안에 모두 수용하려고 했다면, 그렇게 많은 수를 섬기지 못했을 것이다.

나는 일주일에 한두 번밖에 사용하지 않는 어떠한 시설물도 반대한다. 목사가 이런 용도로 건물을 세우는 것은 하나님의 돈을 무능하고 무책임하게 사용하는 것이다. 그런데 여기에는 작은 비밀이 있다. 단지 목사들만이 대형 교회를 진정으로 좋아한다는 사실이다! 대개는 적절한 규모의 예배당을 선호한다. 나는 건물 없이도 사람들과 접촉하고 교회를 성장시키는 빠르고 저렴한 방법을 각 교회가 실험해 보고 찾아볼 것을 권한다. 건물 문제로 영혼들의 삶을 변화시키는 일을 방해받지 말라!"

나 역시 하나님께 예배하는 좋은 환경을 만들고 싶은 열망을 잘 안다. 그러나 예배는 결코 사치스러운 것을 요구하지 않는다. 교회든 선교단체든 경제적으로 지어져야 한다. 하나님이 거주하시는 장소는 우리가 지은 건물이 아니라, 바로 '우리 자신'임을 잊지 마라.

웅장한 건축물은 종종 '자만의 기념물'이 된다. 잃어버린 자를 찾아가고 궁핍한 자를 돕는 등 우리가 영원에 투자할 기회만 생각하고 있다면, 이러한 건물은 하나님의 사람들 사이에서 발붙일 자리가 없을 것이다.

C. 돈 빌려 주기, 이자 부과하기, 융자에 대한 연대보증

돈 빌려 주기

사람들은 왜 돈을 빌려 주는가? 누군가의 필요를 채우기 위함일 수도 있고, 이자로 이익을 보기 위함일 수도 있다. 그러나 빌려 주는 것 자체가 잘못된 것은 아니다. 돈을 빌려 주는 입장에 서는 것은 하나님의 축복의 증거이다(신 28:12). 의로운 사람은 기꺼이 주고 빌려 주는 사람이다(시 37:21,26). 하나님은 관대하게 빌려 주는 사람을 인정하신다(시 112:5).

어떤 경우에는 채권자가 빚을 면제해 주기도 한다(마 18:32-33). 이스라엘에서는 희년에 모든 부채를 탕감해 주었다(신 15:1-3 ; 느 10:31).

예수님은 빌려 줄 때 되돌려 받을 것을 기대하지 말라고 말씀하셨다(눅 6:34-35). 그래서 우리는 마치 그냥 주는 것처럼 빌려 주어야 한다. 만일 빚 독촉을 할 것이라면, 처음부터 빌려 주지 말아야 한다.

주님이 가르치신 기도에 나오는 구절이지만 실제로는 실천하기 어려운 것이 있다. "우리가 우리의 빚진 자들을 탕감해 준 것처럼 우리의 빚을 탕감해 주소서"(Forgive us our debts, as we also have forgiven our debtors. 마 6:12, NIV)이다.

채권자는 돈을 빌려 주기 전에 채무자에 대해 먼저 알아봐야 한다. 마약 중독자나 상습 도박꾼, 사이비 종교의 광신자에게 돈을 쥐어 주는 것은 무책임한 일이기 때문이다. 더 나아가 왜 돈을 빌리려고 하는지에 대해서도 검토해야 한다. 빚의 여러 위험성을 고려할 때, 안 빌려 주는 것이 나을 수도 있기 때문이다. 재정적으로 훈련되지 못한 사람에게 돈을 빌려 주는 것은, 불난 집에 기름을 붓는 격이다.

또한 돈을 빌려 줌으로써 서로의 관계에 미칠 영향도 계산해 보아야 한다. 상식적으로는, 돈을 빌려 주면 그 사람에게서 사랑을 받을 것 같지만, 나는 관계가 깨지는 것을 자주 보았다. '당신에게 빚진 친구'가 '당신과 가장 먼 친구'다. 만일 다시는 보고 싶지 않은 친구가 있다면, 그에게 돈을 빌려 주라!

이자 부과하기

구약 성경에는 빌리는 것과 빌려 주는 것에 대한 규정이 나와 있다. 그러나 담보로 물건을 취할 수는 있어도, 차가운 밤에 몸을 따뜻하게 해 주는 옷 같은 필수품을 담보로 취할 수는 없었다(출 22:26-27 ; 신 24:10-17).

이자를 부과하는 것은 채권자가 채무자에게서 이익을 챙기는 수단이다. 이것은 바벨론, 로마, 그리고 다른 고대 문화에서도 일반적인 관행이었다. 그러나 이스라엘에서는 외국인에게만 이자를 부과할 수 있었고, 그것이 착취의 수단이 되지 못하게 했다(신 23:19-20). 또한 같은 유대인에게 빌려 줄 때는 항상 무이자로 빌려 주어야 했다(출 22:25 ; 레 25:35-37 ; 신 23:20). 이자를 부과하든 부과하지 않든, 항상 자비로운 마음으로 빌려 줘야 한다(신 15:8,10). 어떤 사람도 다른 사람의 불행에서 이득을 취해서는 안 된다. 또한 돈을 받으려고 형제를 법정으로 끌고 가서도 안 된다(고전 6:1-7).

이스라엘에는 전반적으로 물가 상승이 일어나지 않았지만, 만약 물가가 상승한다면 그 비율만큼 이자를 부과하는 것이 옳을 것이다. 하지만 먼저 빌려 주는 목적이 무엇인지 늘 생각하라. 그것은 은혜를 나누는 것이지 상환을 요구하는 것이 아니기 때문이다.

교회사를 통해 볼 때, 기독교 지도자들은 이익을 얻으려고 고리대금을 하는 것을 강력히 반대했다. 오늘날 고리대금이라는 말은, 지나치게 높은 이자를 부과하는 것으로 이해되지만, 당시에는 이자를 붙이는 모든 행위를 일컬었다. 4세기 밀라노의 주교였던 엠브로스는 "고리대금을 하는 것은 도적질이고, 여기에 더 이상 영생은 없다"라고 말했고, 존 칼뱅은 "교회는 전문적인 대금 업자를 추방해야 한다"라고 주장했다. 또한 마르틴 루터는 "구두쇠와 고리대금 업자는 모든 사람 위에 군림하려고 하기 때문에, 이 땅에서 이들보다 센 적은 사탄밖에 없다"고 말했다.

그럼에도 불구하고 예수님은 이자를 취하는 것에 대해 정죄하지 않으셨다(눅 19:23). 비록 비유에서 언급하신 것이지만, 잘못된 것을 긍정적인 예로 사용하진 않으셨을 것 같다. 이처럼 이자를 부과하는 것 자체가 잘못은 아닐 것이다. 다만 이자를 부과할 때 물가 상승률을 고려하라. 또한 빚지는 것을 조장하지 말라.

다시 한번 강조하지만, 빌려 주는 것보다 그저 주는 것이 그리스도인으로서의 올바른 도리다.

다른 사람의 대출에 보증을 서는 것

연대보증이란, 빚을 진 당사자가 지불하지 못할 때, 이 빚에 대한 책임이 제3자에게 넘어가는 것을 말한다. 성경은 분명하게 연대보증을 서지 말라고 말하고 있다.

"타인을 위하여 보증이 되는 자는 손해를 당하여도 보증이 되기를 싫어하는 자는 평안하니라"(잠 11:15).

"너는 사람과 더불어 손을 잡지 말며 남의 빚에 보증을 서지 말라 만일 갚을 것이 네게 없으면 네 누운 침상도 빼앗길 것이라 네가 어찌 그리 하겠느냐"(잠 22:26-27).

당신이 이미 누군가를 위해 보증을 섰다면, 성경은 그 의무에서 자유롭게 될 때까지 편안하게 잠잘 수 없을 것이라고 분명히 말하고 있다(잠 6:1-5). 다른 사람의 빚을 내가 책임지겠다고 하는 것은 어리석은 판단이다(잠 17:18). 당신이 이 성경의 가르침을 믿지 못하겠다면, 연대보증을 선 주위 사람들에게 물어보라. 아마도 50퍼센트 이상이 빚을 떠안았을 것이다.

누군가를 위해 보증서에 서명하는 것은, 이렇게 말하는 것과 같다. "이것이 지혜로운 결정이든 아니든 상관없이, 나는 이 사람에 대한 모든 재정적인 책임을 지겠습니다."

만일 누군가를 진정으로 돕고 싶다면, 돈을 주든지 빌려 주든지 아니면 적절한 조언을 해주라. 정말 중요한 것은, 처음부터 빚지지 않는 것이다. 그리고 누군가 당신에게 연대보증을 서 달라고 부탁하면, "못한다"고 말하라.

D. 소비를 통제하기 위한 실제적인 지침

요즘 알코올 중독이나 도박처럼 '소비'에 중독된 사람들이 많다. 소비를 강요하는 진정한 적은 그 사람 안에 있다. 우리는 단기간에 만족을 얻으려는 욕구를 장기적인 관점으로 대체할 필요가 있다. 우리의 '방종'을 성령의 열매인 '절제'로 바꾸어야 한다(갈 5:23). "자기의 마음을 제어하지 아니하는 자는 성읍이 무너지고 성벽이 없는 것과 같으니라"(잠 25:28). 절제하지 못하면 수많은 외부의 공격에 무너질 수밖에 없다. 다음 열 가지 지침은, 당신이 현명한 소비를 할 수 있도록 도와줄 것이다.

1. 여유가 없다면 어떤 것도 좋은 거래가 아님을 명심하라. 15만 달러의 집을 12만 달러에 산다면, 그것은 아주 훌륭한 거래다. 자주 사용하진 않아도 400달러짜리 스키 장비를 80달러에 구입한다면 그것도 좋은 거래다. 그러나 그것을 살 여유가 없다면 아무리 '좋은 거래'라도 나쁜 선택이 될 수밖에 없다.

2. 좋은 거래의 배후에는 하나님이 계시지 않음을 명심하라. 반대로 여유가 있다면, 아무거나 마음대로 구입해도 괜찮은가? 아니다. 하나님만이 우리에게 가장 좋은 것을 알고 계시고, 우리를 통해 이루실 가장 좋은 계획을 가지고 계신다. 그래서 우리는 종종 '좋은 거래'를 거절해야 한다.

3. 소비와 저축의 차이를 이해하라. 저축은 미래의 목적을 위해 돈을 따로 떼어 놓는 것이다. 그것은 자기 자신이나 타인의 필요를 위해 준비해 놓은 것이다. 그렇지만 소비한 돈은 이미 자신을 떠난 것이기 때문에

더 이상 마음대로 할 수 없다. 80달러짜리 스웨터를 30달러에 구입했다고 치자. 그러면 50달러를 저축한 것인가? 만약 이렇게 생각한다면, 당신은 저축의 개념을 전혀 이해하지 못하고 있는 것이다. 저축했다고 생각한 50달러는 도대체 어디에 있는가? 존재하지 않는다. 그저 30달러를 소비한 것뿐이다. 만일 당신이 이런 식으로 '저축'을 계속해 나간다면, 머지않아 빈털터리가 될 것이다!

4. 단기간뿐 아니라 장기간의 비용도 따져 보라. 만약 멋진 스테레오 오디오를 사면, 좋은 CD들도 많이 구입하게 될 것이고, 고장 나면 수리비도 들 것이다. 만약 새 차를 사면, 조금만 긁혀도 신경이 쓰이므로 좋은 보험에 들 것이다. 만약 애완용 강아지를 선물받는다면, 개밥으로 매달 20달러를 쓰고 1,200달러를 들여 담을 만들고 병원비도 400달러나 들 것이다. 이제 무엇인가를 사기 전에, 그것을 구입함으로써 추가적으로 생기는 비용도 함께 계산하라. 어떤 것은 구매가보다 훨씬 비싼 유지비용이 필요할 것이다.

5. 소비하기 전에 기도하라. 정말 필요한 것이라면, 하나님이 공급해 주실 것이다. 그러나 우리는 그것을 기다리지 못하고 충동적으로 소비할 때가 얼마나 많은가. 내 친구는 좋은 자전거를 사고 싶어 했다. 350달러짜리 턴투리라는 브랜드의 모델이었는데, 그는 하나님께서 그것을 주실 것이라고 믿고 기도한다고 했다. 그와 헤어진 며칠 뒤, 나는 중고품 매장에 갔다가 그가 원하는 자전거를 보고 깜짝 놀라 바로 전화를 걸었다. 그는 350달러짜리 자전거를 25달러에 살 수 있었다.

나 역시 C.S. 루이스가 커버를 장식한 1947년판 〈타임〉을 구하는 중에 이와 비슷한 경험을 한 적 있다. 나는 이것을 인터넷 경매사이트인 이베이에서 구하려고 여러 번 시도했지만 번번이 실패했다. 거듭 경매에 실패했던 어느 날, 나는 이렇게 기도드렸다. "주님, 제가 지금까지 시간만 낭비한 것 같습니다. 그것이 제게 반드시 필요한 것은 아니지만, 정말 가지고 싶습니다. 주님, 제가 그것을 가지길 원하신다면, 제게 구해 주세요."

실제로 그것을 구할 수 있는 가능성은 없었지만, 나는 내 욕망을 주님께 복종했다는 것만으로도 기분이 좋아졌다. 그런데 이 일이 있은 지 얼마 뒤, 어느 독자가 그 잡지를 선물해 주었다! 하나님이 나를 위해 공급해주신 것이다. 꼭 필요한 것이 아니었는데도 말이다. 만약 내가 내 힘으로 이것을 구했다면, 하나님의 손길을 결코 체험하지 못했을 것이다.

우리는 원하는 것을 사든지, 아니면 포기하든지, 아니면 하나님의 공급하심을 기다리는 것을 선택할 수 있다. 만일 하나님께서 당신이 간절히 바라는 것을 공급해 주지 않으시더라도 실망하지 마라. 주님은 당신에게 필요한 것이 무엇인지 가장 잘 알고 계신다.

기다림은 충동 구매를 막아 준다. 당장은 좋아 보여도 한두 달 지나고 나면 왜 사고 싶어 했는지도 잊어버리는 경우가 대다수 아닌가? 또한 기다림은 하나님을 경험할 수 있는 좋은 기회임을 꼭 명심하라.

6. 청지기의 관점에서 모든 구매를 검토하라. 우리는 돈을 쓸 때마다 무언가를 얻고 또 잃는다. 잃는 것은 단순히 돈뿐 아니라, 그 돈을 다르게 사용했을 때 이룰 수 있는 일까지도 포함한다. 무언가를 구매할 때마

다 그 돈으로 굶주린 사람을 먹이고, 복음을 전한다면 어떨까 생각해 보라.

우리는 하나님의 돈을 어떻게 사용해야 하는지, 여러 대안을 비교해 보고 검토해 보아야 한다. 나는 때때로 꼭 필요하지 않은 것을 구입하는데, 그렇게 하면 당장은 기분 좋지만 곧 후회가 된다. 화려한 보석을 갖는 것이 잘못은 아니다. 다만 하나님의 말씀을 바탕으로 '정밀 조사'를 다 마친 후, 구매를 결정해야 한다. 우리는 하나님의 돈을 다룰 때 늘 기도해야 한다.

7. 화려한 광고에 속지 말라. 광고의 목적은 욕망을 자극해 현재의 삶, 즉 하나님이 공급해 주신 것들에 만족하지 못하게 만드는 것이다. 또한 필요하지 않은 것을 사도록 유혹한다. 다음 광고 카피들을 보라. "당신은 반드시 이 차가 필요합니다." "이 옷을 입지 않는다면 당신은 사랑받지 못할 것입니다."

광고는 사실을 왜곡해 그들이 짜 놓은 각본 안에 우리를 밀어 넣는다. 이때 우리는 하나님의 말씀으로 광고의 속임수에 대항해야 한다. 욕심과 불만족을 키우는 광고를 멀리해야 한다. 그러기 위해서는 텔레비전, 광고지 등을 적게 보고, 쇼핑하는 횟수를 줄여야 한다.

8. 불필요한 소비에서 벗어나는 법을 배우라. 기대하지 않았던 큰 금액의 수표를 받은 적이 있다. 대부분 하나님의 나라를 위해 사용했는데, 그럼에도 불구하고 2천 달러나 남았다. 나는 순간적으로 오랫동안 갖고 싶었던 물건을 재빠르게 골랐다. 1,995달러짜리였다. 혹시 더 싸게 파는 데가 있을까 싶어 더 알아본 뒤 다음 날 사기로 거의 마음을 굳혔다.

그런데 내 안에서 갈등이 생기기 시작했다. 불안과 염려가 밀려왔다. '이 돈도 하나님 나라를 위해 사용해야 하는 게 아닐까?' 결국 나는 그것을 사러 갔다가 그냥 나왔다. 그러자 내 마음이 기쁨과 평안으로 채워지기 시작했다. 그때 내가 누린 첫 번째 축복은 그 물건으로부터 자유하게 된 것이었고, 두 번째 축복은 하나님 나라를 위해 그 돈을 드린 것이었다.

9. 작은 것이 쌓여 큰 것이 됨을 인식하라. 작은 물방울이 한 방울 한 방울 떨어져 커다란 양동이를 채우듯, 푼돈처럼 여겨지는 소비가 얼마나 많은 소비의 부분을 차지하고 있는지 우리는 깨달아야 한다. 수도꼭지가 새서 한 방울 한 방울 낭비되듯, 하나님 나라를 위해 쓰일 엄청난 돈이 이렇게 새고 있다. 이러한 소비 습관을 고치지 않는다면, 우리는 결코 더 높은 목적을 위해 돈을 사용할 수 없을 것이다.

10. 예산을 세우고 그에 맞춰 살아가라. 당신이 자금 관리인에게 전 재산을 맡기게 되었다고 가정하자. 당신은 전 재산을 그에게 맡기며, 필요할 때마다 꺼내 쓰고 나머지는 지혜롭게 투자해서 이익을 남기라고 당부했다. 몇 달 뒤, 그를 불러 재정 상태에 대해 물었을 때, 그는 당황해하며 이렇게 말했다. "투자는 전혀 못했습니다. 그런데 남은 돈이 하나도 없습니다. 여기저기 쓰다 보니 그렇게 되었는데, 정확하게 어디에 썼는지 기억이 안 납니다."

당신이라면 이때 어떤 생각이 들겠는가? 기분이 어떻겠는가? 그런데 당신이 지금 하나님 앞에서 이렇게 행동하고 있진 않는가? 만약 당신이 근무하는 회사의 재정을 이렇게 사용한다면, 감옥에 갈 것이다!

"네 양 떼의 형편을 부지런히 살피며 네 소 떼에게 마음을 두라 대저 재물은 영원히 있지 못하나니"(잠 27:23-24). 소 떼와 양 떼는 농장주의 기본 재산 단위이다. 하나님은 당신의 재산이 무엇이며, 그것이 어디로 가는지 알라고 말씀하신다.

우리는 하나님의 재산을 잘 관리해야 한다. 만일 우리가 하나님의 돈으로 무엇을 해야 할지 계획을 세우지 않는다면, 결국엔 쓸데없는 소비만 하게 될 것이다. 계획적이고 합리적인 소비를 위해 가계부를 기록하고 예산을 세우는 것은 중요하다. 이것은 나쁜 소비 습관을 줄이고 좋은 습관을 계발해 준다. 또한 재정적인 스트레스도 줄여 준다.

어떤 사람에게는 '봉투 시스템'이 가장 좋은 방법이다. 봉투 시스템이란, 받은 월급을 문화생활비, 식료품비, 의료비 등 각 항목별로 나누어 봉투에 넣는 것이다. 만약 그달의 반도 지나지 않아 문화생활비가 바닥난다면, 다음 달이 되기 전까지 더 이상 영화를 볼 수 없다. 이처럼 봉투 시스템은, 모든 자원에 한계가 있음을 가르쳐 준다.

예산에 맞추어 생활하면 많은 돈을 절약할 수 있다. 나는 연 1만 8천 달러 소득으로도 예산을 세워 잘 생활하는 가정도 보았고, 월 2만 달러의 소득이 있으면서도 항상 재정적인 위기 속에 살아가는 가정도 만난 적이 있다. 얼마나 많이 버는가는 중요하지 않다. 그것을 어떻게 다루느냐가 중요하다.

E. 드림은 항상 비밀로 해야 하나?

"너는 구제할 때에 오른손이 하는 것을 왼손이 모르게 하여 네 구제함을 은밀하게 하라 은밀한 중에 보시는 너의 아버지께서 갚으시리라"(마 6:3-4).

작년 한 해 동안, 교회에 헌금을 한 번도 하지 않았다는 연말정산용 영수증을 받은 한 남자가 화가 잔뜩 나 찾아왔다. 그는 오른손이 하는 것을 왼손이 모르게 하라는 말씀에 순종한 것뿐이라고 말했다. 그러나 위의 성경 구절과 다른 구절들을 주의 깊게 살펴보면, 그의 주장이 틀렸음을 알게 될 것이다.

지금부터 마태복음 6장의 내용을 살펴보자. 이 장의 핵심은 바로 첫 구절에 나온다. "사람에게 보이려고…"(마 6:1). 이 말씀의 의미는, 다른 사람들이 우리의 드림, 기도, 금식 등 모든 착한 행실을 알면 안 된다는 것이 아니라, 사람에게 인정받기 위해 착한 행실을 하지 말라는 것이다. "…그리하지 아니하면(즉, 사람들의 인정을 얻기 위해 선한 일을 하면) 하늘에 계신 너희 아버지께 상을 받지 못하느니라"(마 6:1). 문제는 하나님이 아닌, 사람에게서 상급을 구하려고 하는 우리의 잘못된 목적이다.

"그러므로 구제할 때에 외식하는 자가 사람에게서 영광을 받으려고 회당과 거리에서 하는 것 같이 너희 앞에 나팔을 불지 말라"(마 6:2). 이 구절은 '사람에게서 영광을 받으려고' 관심을 끄는 위선자들의 동기를 지적한다. 사람들의 인정을 구하면, 그들은 이미 자기 상을 받은 것이다(마 6:5). 만일 사람의 인정을 얻기 위해 드린다면, 당신이 추구하는 것을 얻는 대신, 진정으로 추구해야 할 하나님의 인정을 잃게 될 것이다.

다시 처음에 나누었던 말씀으로 돌아가 보자. "너는 구제할 때에 오른손이 하는 것을 왼손이 모르게 하여 네 구제함을 은밀하게 하라"(마 6:3-4). 여기서 예수님이 전달하시고자 하는 메시지는 무엇인가? 아마도 이런 것이 아닐까 생각한다. "조용하고 겸손하게 드리라." "헌금함에 헌금을 넣을 때 덩크슛을 하는 것처럼 요란하게 넣지 마라." "예배하는 마음으로 드리라." "헌금자 명단에 이름이 오르는 것을 위해 드리지 마라." "자축하는 마음으로 드리지 마라." "드린 것에 애착을 가지지 마라." 우리는 드림, 기도, 금식 등을 할 때, 하나님이 원하시는 대로 분별력을 가지고 해야 한다.

그렇다면 위의 말씀은 우리의 드림을 누군가가 알면 무조건 안 된다는 의미인가? 그렇지 않다. 사도행전 2장 45절에서 성도들은 자신들의 소유를 팔아 궁핍한 사람들에게 나누어 주었고, 이때 그들은 서로가 무엇을 나누었는지 다 알고 있었다. 사도행전 4장 32-35절에도 많은 성도들이 재산을 팔아 바치는 부분이 나온다. 구체적인 이름은 명시되어 있지 않지만, 당시 성도들은 그 이름을 다 알고 있었을 것이다.

사도행전 4장 36-37절에는 "…바나바라(번역하면 위로의 아들이라) 하니 그가 밭이 있으매 팔아 그 값을 가지고 사도들의 발 앞에 두니라"고 기록되어 있다. 바나바의 동기는 사람들의 인정을 받고자 함이 아니었기에, 하나님은 이러한 바나바의 행동을 성경에 기록해 놓으셨다. 반면 아나니아와 삽비라는 잘못된 동기로 하나님께 드렸다. 그들은 더 많이 드린 것처럼 보이고 싶어서 성령을 속였다.

"이같이 너희 빛이 사람 앞에 비치게 하여 그들로 너희 착한 행실을 보고 하늘에 계신 너희 아버지께 영광을 돌리게 하라"(마 5:16). 여기에서 예수님은 착한 행실을 숨기라고 하지 않으셨다. 앞에서 살펴본 드림, 기도, 금식 역시 착한 행실이다. 따라서 이 성경 구절과 마태복음 6장 3-4절의 말씀은 서로 균형을 이루어야 한다.

바울은 자신을 모델로 삼으라고 했다. "내가 그리스도를 본받는 자가 된 것 같이 너희는 나를 본받는 자가 되라"(고전 11:1). 그러나 우리는 예수님을 본받지 않으면서 기도하고 책을 쓰고 설교를 할 수 있다. 하나님의 인정이 아닌 사람의 인정을 받기 위해서 말이다. 그러나 잘못된 동기의 자체를 피하려고 아무것도 하지 않는다면 그것 역시 잘못이다.

만일 예수님이 "너의 드림에 대해 어느 누구도 알지 못하게 하라"는 원리를 세우신 것이라면, 사도행전 4장 36-37절에 나오는 초대 교회의 성도들은 모두 그 명령을 어긴 것이다. 구약의 민수기 7장은, 성막을 짓기 위해 물건을 드린 사람들의 이름을 나열하고 있다. 역대상 29장은 성전을 건축하기 위해 이스라엘 지도자들이 얼마를 드렸는지 정확하게 기술하고 있으며, 바로 이어서 다음 성경 구절이 나온다. "백성들은 자원하여 드렸으므로 기뻐하였으니 곧 그들이 성심으로 여호와께 자원하여 드렸으므로"(대상 29:9) 또한 고린도후서 8장 2-3절에서도 관대한 드림이 언급되어 있다. 이처럼 마태복음 6장 1-4절의 의미를 정확하게 이해하기 위해서는, 다른 성경 구절들도 함께 읽어야 한다.

"너는 기도할 때에 네 골방에 들어가 문을 닫고 은밀한 중에 계신 네 아버지께 기도하라 은밀한 중에 보시는 네 아버지께서 갚으시리라"(마 6:6). 여기에서 예수님은 바리새인들의 기도에 대해 책망하셨다. 그러면 모든 기도가 은밀해야 하는가? 그렇지 않다. 성경에는 공중 기도와 연합

기도의 예가 많이 나온다. 은밀하게만 기도해야 한다면, 누가 예배 때 대표 기도를 하고, 기도회를 인도하고, 가정 예배 때 기도를 하겠는가? 우리가 은밀하게 기도를 하든지, 그렇게 하지 않든지 중요한 것은 우리 마음의 동기와 목적이다.

가난한 과부는 헌금을 공개적으로 드렸다. 예수님은 그녀가 헌금함에 얼마를 넣는지 다 보셨다(눅 21:1-4). 그리고 그 모든 것을 공개하심으로써 그분의 교훈을 가르치셨다. 이렇듯 숨기지 않고 공개하는 것이 유익이 될 때도 있다.

때론 은밀하게 행한 착한 행실이 또 다른 유혹을 낳을 수 있다. 예를 들어, 헌금자 명단을 공개하지 않는다면, 그것을 빌미로 많은 이들이 헌금을 내지 않을 수 있다. 모이기를 힘쓰라는 명령에 불순종하는지는 쉽게 알 수 있어도, 개개인이 드리는 것에 불순종하는지는 어떻게 알 수 있겠는가?

그리스도의 몸된 교회는 착한 행실을 행하는 모범이 필요하다. 만약 드림을 통해 하나님을 더욱 경험한 성도가 있다면, 겸손한 마음으로 간증을 하라. 그 간증은 많은 성도들에게 도전과 도움을 줄 것이다.

하나님은 마음의 중심을 보신다. 또한 드림의 진정한 동기를 아신다(고전 4:5). 성경 어디에도, 하나님이 단순히 다른 사람이 알았다는 이유로 상급을 빼앗으셨다는 구절은 없다. 우리가 사람이 아닌 하나님을 기쁘시게 하기 위해 드린다면, 그 상급은 절대 빼앗기지 않을 것이다.

히브리서 10장 24절은 "서로 돌아보아 사랑과 선행을 격려하라"고 권면한다. 우리는 서로를 돌아보아야 한다. 그래야만 서로 격려할 수 있다.

영원의 관점을 배우는
스터디 가이드

MONEY · POSSESSIONS · ETERNITY

하나님은 왜 돈을 중요하게 여기시는가?　01

* 본문 읽기 : 서문, 1장

성경은 돈에 대해 어떻게 말하는가? 성경은 왜 돈과 소유에 대해 관심이 많은가? 돈과 소유가 어떻게 우리의 삶과 연결될 수 있는가? 인생 여정에서 하나님의 관점을 이해하고 영원의 관점을 갖기에 도움이 될 만한 지침서는 무엇인가? 돈과 소유를 사용하는 데 있어 가장 중요한 핵심은 영원의 관점을 갖는 것이다. 이제부터 영원의 관점을 이해하기 위한 핵심 구절들을 살펴보자.

1. 눅 3:7-14. 세례 요한은 어떻게 살아야 하는지, 그리고 어떻게 나누어야 하는지에 대해 전했다.

   1) 눅 3:11. 이 구절에 의하면 우리의 소유는 누구에게 속해 있는가? 소유에 따르는 책임은 무엇인가?

   2) 눅 3:12-14. 일을 하는 사람에게 주어진 특별한 책임은 무엇인가?

   3) 돈과 소유에 대한 말씀을 통하여 내린 결론은 무엇인가? 그것을 잘못 사용하면 어떤 위험이 따르는가?

2. 눅 19:1-10. 예수님과 삭개오 이야기에서 돈의 사용 원칙을 찾아보라.

3. 마 19:16 - 30. 예수님은 부자 청년에게 소유에 대한 변화를 요구하셨다. 당신은 이 말씀을 통해 부와 예수님을 자원해서 따르는 것에 대해 어떤 결론을 내릴 수 있는가?

4. 행 2:42 - 47. 여기에는 진정한 공동체의 모범이 기록되어 있다. 하나님이 원하시는 돈과 소유에 대한 태도는 무엇인가?

5. 행 4:32 - 35. 구원의 감격은 구약에서 요구하는 기준보다 훨씬 더 넘치는 관용을 베풀도록 만든다. 지금, 당신도 그러한가?

🌿 주님, 영원의 관점을 깨닫도록 도와주소서. 주님이 맡기신 모든 것에 대한 주님의 계획을 따르게 해주소서.

금욕주의와 물질만능주의 – 두 가지 잘못된 길

02

*본문 읽기 : 2, 3장

"돈은 항상 악하다. 돈은 항상 선하다." 돈에 대한 이 두 가지 관점은 둘 다 잘못되었다. 하지만 돈과 소유에 대한 성경적인 이해를 위해서는 꼭 짚고 넘어가야 할 문제다. 이제부터 금욕주의와 물질만능주의라는 서로 상반되는 세계관에 대해 살펴보자.

1. 잠 30:8-9. 이 구절은 물질적인 것을 부인하는 것에 대해 무엇이라고 말하는가? 금욕주의가 가져올 수 있는 폐해는 무엇인가?

2. 눅 7:36-50. 예수님은 선물을 즐기고 감사하는 것에 대해 어떻게 말씀하셨는가? 아낌없는 드림과 사랑, 용서 등의 영적인 가치는 어떻게 연결되는가?

3. 딤전 4:3-5. 우리에게 주어진 선물을 적절하게 사용하기 위한 '열쇠'는 무엇인가?

4. 딤전 6:17. 물질만능주의와 금욕주의의 균형 있는 대안은 무엇인가?

5. 자신이 알고 있는 금욕주의의 잘못된 예들에 대해 나누라. 그것은 성경이 말하는 것과 어떻게 다른가?

6. 눅 12:15. 금욕주의가 해답이 아니라면 그 반대인 물질만능주의는 어떠한가? 예수님은 물질만능주의에 대해 이렇게 경고하셨다. "삼가 모든 탐심을 물리치라 사람의 생명이 그 소유의 넉넉한 데 있지 아니하니라"(눅 12:15). 이 경고가 당신에게 의미하는 것은 무엇인가? 당신의 선택과 우선순위와는 어떤 관계가 있는가?

7. 눅 12:13-21. 탐심은 하나님께 대항하는 행위다. 음욕을 품은 사람은 간음한 자이고(마 5:28), 미워하는 사람은 살인자이고(요일 3:15), 탐심을 품은 사람은 우상 숭배자이다(골 3:5). 탐심이 우상 숭배인 이유는 무엇인가? 이런 경험을 직간접적으로 한 적 있는가?

8. 눅 16:19-31. 부자와 거지 나사로의 비유를 읽고 '역전 이론'에 대해 나누라. 아마도 천국에서는 이 땅과는 정반대의 삶을 사는 사람들이 많을 것이다. 현대판 부자(대기업 회장, 재정 상담가 등)와 나사로(노숙자, 가난한 사람)의 배역을 정해 짧은 스킷 드라마를 해보자. 역전 이론이 이 세상에 어떤 영향을 끼쳐야 한다고 생각하는가?

❧ 주님, 모든 것이 주님 것이므로 주님께 돌립니다.

물질만능주의의 위험

03

＊본문 읽기 : 4장

"물질만능주의는 하나님이 가장 싫어하시는 우상 숭배와 간음 이 두 가지 모두에 해당된다" 이러한 관점을 가지고 더 자세히 나누어 보자.

1. 사 57:3-9 ; 렘 3:1-10 ; 겔 16:1-48. 구약의 선지자들은 이스라엘의 우상 숭배에 대해 예리하게 지적했다. 당신에게 돈과 소유는 어떤 방법으로 우상이나 주인이 되는가?

2. 전 2:1-11. 공허함과 허무함은 물질만능주의의 열매다. 지나친 탐심으로 인해 경험한 공허함에 대해 나눠 보자. 솔로몬은 왜 물질만능주의에 대해 결론을 내릴 수 있는 자격을 가진 사람인가?

3. 딤전 6:9-10. 이 성경 구절은 돈을 사랑하는 사람에 대해 어떻게 말하고 있는가? 이것이 믿음의 삶에 어떠한 영향을 끼치는가?

4. 다음 거부들의 고백 중 누구의 것이 가장 충격적으로 다가오는가?
    "나는 수백만 달러를 벌었지만, 결코 행복하지 않았다." (존 록펠러)
    "2억 달러는 사람도 죽일 수 있을 만큼 큰 돈이다. 그러나 거기에는 기쁨이 없다." (코넬리우스 벤더빌트)

"나는 세상에서 가장 불행한 사람이다." (존 제이콥 아스토)

"나는 자동차 수리공이었을 때가 가장 행복했다." (헨리 포드)

"백만장자는 웃을 때가 거의 없다." (앤드류 카네기)

5. 사 10:1-3 ; 렘 5:27-28, 15:13 ; 호 12:8 ; 암 5:11 ; 미 6:12. 의로운 부자가 드문 이유는 무엇이라 생각하는가?

6. 다음 문장을 완성하라.
물질만능주의는 _____이다.

🌿 주님, 물질에 대한 유혹을 떨쳐버리고 주님만 갈망하게 하소서.

04 물질만능주의, 교회, 그리고 복음

＊본문 읽기 : 5, 6장

미가서 3장 11절을 보면, 하나님이 타락한 제사장과 선지자를 책망하시는 장면이 기록되어 있다. 베드로전서 5장 2절에서 베드로는, 교회 지도자는 열정적으로 섬기고 돈에 욕심을 내서는 안 된다고 말한다. 바울도 돈을 사랑하면 안 된다고 했다. 그런데 어떻게 물질만능주의가 교회 안에 들어와 심각한 문제를 일으키고 있는가? 물질만능주의 복음을 가르치는 설교자는, 그리스도인이 누리는 번성함을 예로 들며 자신을 정당화한다. 다음 질문들을 통해 이것에 대해 더 자세히 나누어 보자.

1. 다음 구절은 물질적인 부와 하나님이 주시는 축복의 관련성을 묘사하고 있다. 각 성경 구절에서 핵심 단어를 찾아보라.

　아브라함(창 13:1-7) :

　이삭(창 26:12-14) :

　야곱(창 30:43) :

　요셉(창 39:2-6) :

　솔로몬(왕상 3:13) :

　욥(욥 42:10-17) :

2. 신 15:10 ; 잠 3:9-10,11:25 ; 말 3:8-12. 신실하게 드리는 사람에게 약속하신 하나님의 축복은 무엇인가?

3. 신 28장. 구약 성경은 부에 대해 경고하고 있다. 하나님께 순종하지 않을 때, 어떤 저주가 닥치는가?

4. 시 37:35-36 ; 전 7:15 ; 눅 15:1-2 ; 요한복음 9:34. 그리스도인만 번성함을 누린 것이 아니다. 예수님 시대의 바리새인들을 생각해 보라. 그들은 번성함이 곧 영성이 아님을 어떻게 보여 주고 있는가?

5. 마 10:16-20 ; 막 10:42-45 ; 눅 14:33 ; 요 15:18-20 ; 딤후 3:12 ; 벧전 5:9. 이 말씀에 의하면, 그리스도인은 항상 번성해야 하는가?

6. 마 5:45,19:23-24. 예수님은 '번성함의 원리'에 대해 무엇을 가르치고 계신가?

7. 빌 1:29, 2:5-11, 3:7-8. 번성함에 대한 사도 바울의 견해는 무엇인가?

❧ 주님, 제게 공급해 주신 모든 것에 감사드리고, 그것들을 주님의 영광을 위해 사용하도록 도와주소서.

두 보물 – 이 땅과 하늘나라   05

*본문 읽기 : 7장

예수님은 항상 두 나라, 두 보물, 두 관점, 두 주인을 염두에 두셨다. 우리는 자신을 위해서든 하나님 나라를 위해서든 자신이 가장 가치를 두고 있는 곳에 하나님의 돈을 사용한다. 다음 질문들을 통해 이것에 대해 더 자세히 나누어 보자.

1. 예수님은 어떠한 근거로 이 땅에 보물을 쌓지 말라고 말씀하셨는가? 그리고 왜 하늘나라에 보물을 쌓으라고 말씀하셨는가? 왜 이것이 중요한가?

2. 당신은 "자신을 위해 보물을 쌓지 말라"는 예수님의 말씀에 동의하는가? 만일 동의한다면 그 이유는 무엇인가? 만일 동의하지 않는다면, 당신 뜻에 맞게 문장을 수정해 보라.

3. 우리가 어떤 보물을 쌓든지 그것에 부여된 권리를 얻게 되는 이유는 무엇인가?

4. <u>마 6:21</u>. 어떻게 하면 가난하고 도움이 필요한 사람들을 돕는 긍휼의 마음을 키울 수 있는가?

5. 우리는 이 땅이든 하늘나라든 자신이 선택한 나라에 '투자'하게 될 것이다. 이 세상에 투자하는 방법에 대해 나눈 뒤, 하나님 나라에 투자하는 방법에 대해서도 나눠 보라.

6. 마 13:44. "하늘나라의 보물을 얻기 위해 가진 모든 것을 팔라"는 말은 어떤 의미인가? 만일 「부자 그리스도인」을 읽은 사람이 있다면, 간단히 요약해서 이야기해 보라.

7. 빌 3:7-11. 바울은 이 세상의 보물에 대해 어떻게 말하는가? 왜 예수님이 우리의 보물인가?

🌿주님, 제가 간직한 보물을 이 땅에서 하늘나라로 옮길 수 있도록 도와주소서.

청지기의 과업

06

＊본문 읽기 : 8, 9장

웹스터사전은, '청지기'를 가사 일을 관리하기 위해 고용된 사람, 회계를 맡은 대리인, 자금의 공급과 분배를 감독하는 사람 등으로 정의한다. 우리는 하나님의 재산을 관리하는 청지기로 부름받았다. 또한 나 자신의 영원한 영적 행복과 타인의 행복을 위해 일하는 대리인으로 부름받았다. 8장에 나오는 '잃어버린 영원에 대한 감각' 부분을 찾아 읽은 뒤, 시편 39편에 나오는 다윗의 기도를 드리라. 다음 질문들을 통해 이것에 대해 더 자세히 나누어 보자.

1. 잠 24:12 ; 렘 17:10 ; 행 17:31 ; 롬 2:12-16 ; 벧전 4:5. 하나님은 어떤 분이신가? 이러한 하나님의 모습은 삶에 어떠한 영향을 끼치는가?

2. 마 10:28, 13:40-42, 25:41-46 ; 막 9:43-44 ; 눅 16:22-31. 이 성경 구절에서 지옥을 묘사하는 단어들을 모두 찾아보라.

3. 계 5:11-13, 7:15, 19:9, 21:19-21, 22:5 ; 눅 22:29-30. 이 성경 구절들을 보고 하늘나라를 묘사하는 단어들을 모두 찾아보라.

4. 9장에 나오는 표를 살펴보라. 하늘나라의 상급에 등급이 있는가? 거듭남과 상급의 관계에 대해 서로 나누어 보라.

5. 마 6:1-18. 어떻게 금식과 드림, 기도의 훈련이 이 땅에서 소유와 권력, 쾌락을 포기하고 하나님 나라를 위한 보다 높은 목적을 달성하는 데 도움이 되는지 말해 보라.

6. 소유와 권력, 쾌락이 항상 나쁜 것인가, 아니면 유익할 때도 있는가? 어떤 경우에 유익한지 성경을 통해 설명해 보라. 다음 표에 영원의 관점에서 본 긍정적인 부분과 부정적인 부분을 적어 보라.

	긍정적인 부분	부정적인 부분
소유		
권력		
쾌락		

7. 6번 질문에 대해 심도 있게 나눈 뒤, 청지기직을 지혜롭게 감당할 수 있도록 함께 기도하자.

청지기와 순례자 07

*본문 읽기 : 10, 11장

청지기직은 그리스도인의 삶의 하위 개념이 아니라 그리스도인의 삶 자체다. 우리는 하나님이 맡기신 모든 것을 올바르게 사용해야 한다. 다음 질문들을 통해 이것에 대해 더 자세히 나누어 보자.

1. 눅 16:1 - 13. 본문 10장에서 말하는 이 비유에 대한 여러 해석을 살펴보라. 당신은 이 비유가 의미하는 것이 무엇이라고 생각하는가? 또한 당신 삶에 적용할 메시지는 무엇인가?

2. 눅 16:10. 예수님은 "지극히 작은 것에 충성된 자는 큰 것에도 충성되고 지극히 작은 것에 불의한 자는 큰 것에도 불의하니라"고 하셨다. 이 말씀의 의미는 무엇인가?

3. 눅 16:11 - 12, 17, 19. 이 성경 구절의 중심 단어는 무엇인지 찾아보라.

4. 마 25:14 - 30. 이 비유는 3번 질문에서 찾은 중심 단어를 어떻게 입증하는가?

5. 눅 19:11-27. 이 비유에서 청지기직에 대한 어떤 통찰력을 발견했는가?

6. 본문 10장을 읽고 다음 표를 작성하라.

주인에 대한 교훈	종, 청지기에 대한 교훈

7. 본문 10장에서 특별히 와 닿는 교훈은 무엇인가?

8. 우리는 이 땅에서 '순례자'로 살아간다. 순례자는 물질은 오직 사명을 위해서만 사용해야 한다. 당신의 고향은 이 땅인가, 하늘나라인가? 순례자라는 정체성은, 재정적인 결정을 내릴 때 어떤 영향을 끼치는가?

9. 당신은 "그리스도인 순례자는 이 땅과 하늘나라 모두에서 최선의 것을 가진다"라는 말에 동의하는가, 그렇지 않은가?

🌿 주님, 여전히 이 땅에 뿌리를 내린 것이 있다면 뿌리 뽑아 주시고, 제가 이 땅에서 순례자로, 하나님 나라의 충성스런 대사로 살도록 도와주소서.

십일조와 드림 08

*본문 읽기 : 12, 13장

십일조는 모든 것의 10분의 1이다. 그것은 주님께 속한 것이지 우리에게 속한 것이 아니다. 십일조는 구별되어 주님께 드려져야 한다. 다음 질문들을 통해 이것에 대해 더 자세히 나누어 보자.

1. 말 3:8-10. 하나님의 것을 도적질해도 되는가? 이 성경 구절은 십일조뿐 아니라 헌금에 대해서도 언급하고 있다. 혹 드리는 것을 유보함으로써 하나님의 것을 훔치고 있진 않는가?

2. 창 14:20, 28:22 ; 신 14:23. 십일조가 어떻게 시작되었는지 살펴보라. 또 십일조의 목적은 무엇인가?

3. 마 23:23 ; 눅 11:42. 예수님은 바리새인과의 대화에서 눈에 보이는 순종보다 더 많은 것을 기대하셨다. 그것은 무엇인가?

4. 행 2:44-45, 4:32-37. 초기 성도들은 십일조를 넘어 그들이 가진 모든 것을 나누었다. 신약에서 '은혜로 드리는 헌금'은 구약에서 말하는 십일조의 기준을 낮추는 것인가, 아니면 높이는 것인가?

5. 다음 성경 구절들을 찾아 읽고, 각 드림의 삶에 있어 말씀이 교훈하는 바가 무엇인지 나누어 보라.

- 막 14:3-9
- 고전 16:2
- 고후 8:11
- 고후 9:7
- 대하 24:10
- 고후 9:7
- 고후 8:5
- 막 12:43-44
- 행 11:29
- 삼하 24:24
- 고후 8:3
- 마 6:1,4
- 약 2:1-5

6. 말 3:8-10. 이 성경 본문을 제외하고 하나님이 그분을 시험하라고 말씀하신 구절이 또 있는가? 만일 십일조와 관대한 드림으로 하나님을 시험한 적 있다면, 당신은 그때 무엇을 배웠는가? 만일 그런 일이 없다면, 당신은 왜 그렇게 하지 않았는가?

7. 눅 6:38. "드리는 자에게 모든 필요를 공급하시겠다는 하나님의 약속은, 이스라엘 백성에게만 적용되는 것이다"라고 말하는 사람들이 있다. 당신은 어떻게 생각하는가? 이 성경 구절을 비추어 말해 보라.

🌿 주님, 주님의 은혜로 사는 법을 가르쳐 주시고, 주님께 드리는 기쁨을 허락해주소서.

드림-가난한 자에게 다가감　09

＊본문 읽기 : 14, 15장

가난한 자를 돌보는 것이 성경의 주요 주제다. 다음 질문들을 통해 이것에 대해 더 자세히 나누어 보자.

1. 레 19:9-10 ; 신 15:10-11. 가난한 자를 위한 율법의 훈계를 읽어 보라. 우리는 왜 가난한 자를 도와야 하는가? 이 성경 구절들은 하나님에 대해 어떻게 말하고 있는가? 또 이 땅에서 우리의 상황이 어떻다고 말하는가?

2. 눅 19:8,10:36-37. 모든 사람이 우리의 이웃이라면, 잔치의 비유에서 배울 수 있는 구체적인 교훈은 무엇인가? 이를 잠언 19장 17절, 22장 9절, 28장 27절과도 비교해 보라.

3. 눅 14:12-23. 이 비유는 가난한 사람이 베풂과 소망의 복음에 더 열려 있다고 말해 준다. 이것은 오늘날 우리의 상황과 어떤 유사점이 있는가?

4. 잔치의 비유가 드림에 대한 당신의 책임에 어떠한 영향을 미치는가? 예수님의 우선순위에 비추어 볼 때, 당신은 끊임없이 기부를 요청하는

사역들에 어떻게 반응해야 하는가? 또한 이 비유가 당신의 기부에 어떤 도움을 주는가?

5. 본문 15장에 나오는 기금과 관련된 지침들을 살펴보고 서로 나누라. 그리고 사역이나 선교 단체를 평가하는 목록도 검토해 보라. 이러한 작업은 왜 중요한가?

6. 당신은 영원의 관점으로 살아가는 당신의 삶에 몇 점을 주겠는가?

🌿 주님, 드림에 있어 명확한 목적과 지혜로움, 그리고 충성됨을 허락하소서.

신실한 삶의 방식

10

*본문 읽기 : 16장

그리스도인은 돈을 많이 벌 권리가 있는가? 만일 돈이 많다면, 그것을 움켜쥘 권리가 있는가? 하나님은 우리에게 "믿음으로 살아가라"고 말씀하셨다. 여기에 중간 지대는 없다. 다음 질문들을 통해 이것에 대해 더 자세히 나누어 보자.

1. 잠언 12:11,13:4,14:23 ; 전 9:10 ; 살전 4:11 – 12 ; 살후 3:10 ; 딛 3:14. 이 성경 구절들을 읽고, 각 구절에서 제시하는 지혜를 우리의 삶에 적용해 보자. 돈을 버는 하나님의 방법은 일하는 것이다! 우리는 이 돈으로 무엇을 해야 하는가?

2. 막 1:16 – 20. 이 성경 구절에서 암시하고 있는 그리스도인의 삶의 방식은 무엇인가?

3. 막 2:14 – 15. 이러한 접근이 제자들과는 어떻게 다른가?

4. 막 8:34 – 37. 이 성경 구절은 '십자가'에 대해 어떻게 말하고 있는가? 이렇게 극단적인 방법으로 그리스도를 따르는 것은 돈과 소유에 어떤 영향을 끼치는가?

5. 막 10:17 - 31. 이 성경 구절을 잘못 해석하는 두 가지 관점에 대해 나누어 보라.

6. 딤전 6:17 - 19. 부자는 모든 부를 포기해야 하는가? 그들이 모든 상황에서 해야 할 일은 무엇인가?

7. 피터 데이비드는 이렇게 말했다. "성경적인 삶의 방식은 이 땅의 삶의 방식과 정반대이다. 이 둘은 전혀 다른 관점으로 만들어진 것이다." 이 말의 의미는 무엇인가?

☘ 주님, 일을 통해 필요를 채워 주시고, 주님을 섬길 수 있게 해 주셔서 감사합니다.

빌리는 것, 저축, 투자   11

*본문 읽기 : 17, 18, 19장

재정적인 책임과 관련하여 저자가 제시하는 주제들에 대해 심도 있게 나눠보자.

1. 본문 17장을 읽고 서로의 생각을 나누어 보라.
    1) 성경은 빚에 대해 어떻게 말하고 있는가?
    2) 돈을 빌리고 빌려 주는 문제에 직면했을 때, 가장 빠지기 쉬운 함정은 무엇인가?
    3) 빚으로부터 빠져나오는 것이 왜 영적인 문제인가?

2. 본문 18장을 읽고 서로의 생각을 나누어 보라.
    1) 어떤 경우에 저축하는 것이 선한 청지기직을 수행하는 것인가?
    2) 축적하는 것은 왜 위험한가?
    3) 지금 당신은 은퇴 후 삶을 준비하고 있는가? 본문은 은퇴에 대한 당신의 관점을 어떻게 바꾸라고 요구하는가?
    4) 그리스도인은 정말 보험이 필요한가? 그 이유는 무엇인가? 보험이 필요하지 않다면 왜 그런가? 보험은 어떤 경우에 좋은 영향을 미치고, 어떤 경우에 악영향을 미치는가?

3. 본문 19장을 읽고 서로의 생각을 나누어 보라.

1) 그리스도인은 도박을 해도 되는가? 복권을 구입하는 것은 해로운 일인가?

2) 당신은 본문을 읽고 투자에 대해 어떤 결론을 내렸는가?

3) 위험 부담을 안고 사는 삶이 진정한 그리스도인의 삶이라고 생각하는가?

4) 영원의 관점에서 볼 때, 당신의 재산은 지금 누구에게 속해 있는가? 상속의 의미와 영향에 있어 히브리 문화와 우리의 차이는 무엇인가?

🌿 주님, 주님이 맡겨 주신 돈과 소유를 소중하게 여기는 좋은 청지기가 되게 해주소서. 주님이 말씀하시면 언제든 드릴 수 있도록 날마다 가르쳐 주소서.

믿음의 가정의 물질만능주의

12

*본문 읽기 : 20장

성경은 자녀의 필요를 공급할 책임이 부모에게 있다고 말한다. 그리고 가족의 필요를 등한시하는 것은 곧 믿음을 부인하는 것이고, 불신자보다 더한 심판을 받을 것이라고 말한다(딤전 5:8). 다음 질문들을 통해 이것에 대해 더 자세히 나누어 보자.

1. 저자는 자녀들에게 가능한 많은 유산을 남겨야 한다는 상식을 거부한다. 그는 우리에게 "만일 당신의 자금 관리인이 죽으면서 당신의 돈을 그의 자녀에게 남긴다면 어떻겠는가?"라고 묻는다. 당신은 그의 생각에 동의하는가, 동의하지 않는가? 유산처럼 스스로 번 돈이 아니면, 쉽게 낭비하거나 심각하게는 인생을 망칠 수 있다는 말에 대해 당신은 어떻게 생각하는가?

2. 당신은 "부모가 자녀들에게 유산을 공평하게 남겨야 한다. 그것이 자녀들을 향한 사랑이다"라는 말에 동의하는가, 동의하지 않는가?

3. 알버트 슈바이처는 "자녀를 가르치는 방법은 세 가지밖에 없다. 첫째도 모범이고 둘째도 모범이고 셋째도 모범이다"라고 했다. 당신은 가정에서 모범이 되고 있는가? 그 예를 몇 가지 들어보라.

4. 당신이 살고 있는 집, 자녀가 다니는 학교, 타고 다니는 자동차 등 모든 것이 자녀들에게 메시지를 전달하고 있다. 당신은 자녀들에게 어떠한 메시지를 전달하고 있는가? 또 앞으로 어떤 메시지를 전달하고 싶은가?

5. 당신은 하나님 나라를 위해 물질을 드림으로써 자녀들에게 어떤 영향을 끼치길 원하는가?

6. 드리는 것이 어떤 면에서 물질만능주의의 압박을 깰 수 있는가?

7. 당신은 나눔에 대해 부모로부터 무엇을 배웠는가? 그리고 지금 자녀들에게 무엇을 가르치고 있는가?

🌿 주님, 제가 어떤 것도 하나님 위에 두지 않도록 도와주소서. 저뿐 아니라 저희 자녀들도 이렇게 살 수 있도록 도와주소서.

결론

13

*본문 읽기 : 21장, 결론

먼저 각자 필기도구를 준비한 뒤, 다음 질문들을 살펴보자.

1. 본문 21장을 읽고 서로의 생각을 나누어 보라.
   1) 어떤 문장이 가장 마음에 와 닿았는가?
   2) 어떤 문장이 가장 마음에 와 닿지 않았는가?
   3) 저자가 제시하는 것 중, 가장 실천하고 싶은 것은 무엇인가?

2. 지금까지 당신은 '그리스도인의 재정적인 책임'에 대해 배웠다. 자, 이제 그 내용을 전하고 싶은 사람을 떠올린 뒤, 그에게 편지를 작성하라.

3. 만약 누군가가 당신이 쓴 동일한 내용의 편지를 전해 줬다면, 당신의 삶은 지금 어떻게 변했을 것 같은가?

4. 본문의 마지막 장인 결론을 다시 한번 집중해서 읽은 뒤, 당신의 것으로 만들어라.

🌿주님, 죽은 후에야 깨닫게 될 가장 중요한 것이, 제 삶에서 지금 당장 가장 중요한 것이 되게 하소서.

돈, 소유, 영원

1판 1쇄　2014년 9월 15일
1판 6쇄　2023년 7월 10일

지은이　랜디 알콘
옮긴이　김신호
발행인　조애신
편집　이소연
디자인　임은미
마케팅　전필영, 권희정
경영지원　전두표

발행처　도서출판 토기장이
주소　서울시 마포구 동교로 71-1 신광빌딩 2F
출판등록　1998년 5월 29일 제1998-000070호
전화　02-3143-0400
팩스　0505-300-0646
이메일　tletter77@naver.com
인스타그램　togijangi_books_

ISBN　978-89-7782-316-7

- 이 책은 저작권 법에 따라 보호를 받는 저작물이므로 무단 전재와 무단 복제를 금합니다.
- 이 책의 전부 또는 일부를 이용하려면 반드시 저자와 도서출판 토기장이의 동의를 받아야 합니다.

도서출판 토기장이는 생명 있는 책만 만듭니다.
"우리는 진흙이요 주는 토기장이시니 우리는 다 주의 손으로 지으신 것이니이다" (이사야 64:8)